聖典博伽瓦譚

第一篇 1～9

創　造

聖維亞薩戴瓦編纂

國際奎師那意識協會創始人阿查爾亞
聖恩A.C.巴克提韋丹塔・斯瓦米・帕布帕德譯註

巴帝維丹達書籍出版有限公司
Bhaktivedanta Books Ltd.
香港・洛杉磯・倫敦・斯德哥爾摩・孟買・悉尼

ŚRĪMAD-BHĀGAVATAM
(canto 1 - chapter 1 to 9)

中文書名：聖典博伽瓦譚第一篇(第一章至第九章)

中文版授權：巴帝維丹達書籍出版有限公司

國際書號：ISBN 962-8011-30-8

Printed in Taiwan

出版者：巴帝維丹達書籍出版有限公司

地　址：香港尖沙咀漆咸道南27號海景大廈6字樓

電　話：(02) 2778 1456 (台灣)/ 2739 6818 (香港)

傳　真：(02) 2778 1456 (台灣)/ 2724 2186 (香港)

印　刷：安芃彩色印刷有限公司

出　版：2005年5月第二版(2,000)

梵文翻譯：聖恩A.C.巴克提韋丹塔・斯瓦米・帕布帕德

英文翻譯：嘉娜娃

讀者如對本書的主題感興趣，請與我們聯絡：

(1) 巴帝維丹達書籍出版有限公司
通訊處：香港尖沙咀郵政信箱98919號
地　址：香港尖沙咀漆咸道南 27 號海景大廈 6 字樓
電　話：2739 6818 / 傳　真：2724 2186
e-mail ： bbl.hong.kong@pamho.net

(2) 中華奎師那意識協會
(奉愛瑜伽文化中心)
地　址：台灣106台北市復興南路一段103號9F-9
電　話：(02)2778 1456
e-mail ： jahnava@in.com.au

(3) 台北市奎師那意識協會
(統一編號：83864494)
地　址：台灣106台北市汀州路三段192號4樓
電　話：(02)2365 8641 / (02)2365 3463
e-mail ： dayal.nitai.tkg@pamho.net

(4) http://www.krishna.com/chinese/teachings.htm
(5) http://www.krishna.org.tw

聖恩 **A.C.**巴克提韋丹塔．斯瓦米．帕布帕德

部份著作一覽表

《博伽梵歌原意》
《聖典博伽瓦譚》第 1-10 篇
《永恆的柴坦亞經》共 17 篇
《主柴坦亞的教導》
《奉愛的甘露》
《教誨的甘露》
《至尊奧義書》
《簡易星際旅行》
《奎師那意識——瑜伽體系的頂峰》
《奎師那——快樂的泉源》共 2 卷
《完美的問答綠》
《主卡皮拉的教導》
《帕拉德．瑪哈茹阿佳超然的教導》
《靈性辯證論——西方哲學的韋達視野》
《琨緹王后的教導》
《覺悟自我的科學》
《臻善》
《追求解脫》
《生命來自生命》
《瑜伽的完美境界》
《超越生死》
《知識之王》
《培養奎師那意識》
《奎師那意識——無與倫比的禮物》
《回歸首神雜誌》(創辦人)

獻給

我的靈性導師

聖帕布帕德

巴克提希丹塔·薩茹阿斯瓦提

哥斯瓦米·瑪哈茹阿佳

獻於第二十六次紀念他的隱跡日儀式上

他永遠活在他神聖的教導中

他的追隨者永遠與他同在

目錄

序言

我們必須瞭解當前人類社會的需要。這需要是什麼呢？如今，人類社會已不再受限於由邊界劃分的國家或社區。比起中世紀，今日人類社會的交流範圍要廣大得多，整個世界正趨向於朝著一個國家或整體人類社會的方向發展。按《聖典博伽瓦譚》(Śrīmad-Bhāgavatam)中的說法：靈性共產主義的理想，或多或少是建立在世界大同的基礎上，這不僅是指人類，更是指眾生的整體能量。偉大的思想家們都想要實現這一理想。《聖典博伽瓦譚》將滿足人類社會的這一需要。為此，《韋丹塔·蘇陀》(Vedānta-sūtra)用“至尊主是萬事萬物的源頭(janmādy asya yataḥ)”這句哲學格言作為開始，以建立共同的理想目標。

如今的人類社會雖然還沒有淹沒在黑暗中，整個世界在物質享受、教育和經濟發展等方面發展迅速，但人類社會這個機體卻有著如針刺般的困擾，因此即使是一些微不足道的小事，也會引起軒然大波。人類社會如何能懷著一個共同的目標成為和平、友好和繁榮的整體呢？這需要啟示！《聖典博伽瓦譚》能給予我們這種啟示，因為它是使整個人類社會恢復靈性的文化瑰寶。

為了改變社會的邪惡面貌，偉大的學生奉獻者帕拉德·瑪哈茹阿佳(Prahlāda Mahārāja)推薦各級學校都應該介紹《聖典博伽瓦譚》。他說：

kaumāra ācaret prājño
dharmān bhāgavatān iha
durlabhaṁ mānuṣaṁ janma
tad apy adhruvam arthadam

“有足夠智慧的人，應該在人生的開始階段便好好利用他的人體。換句話說，應該從小開始練習做奉愛服務，而非從事其它的活動。人體是最難得到的，儘管它像其它軀體一樣短暫，但卻極有意義；因為只有

人才能做奉愛服務。哪怕是真誠地做一點點奉愛服務，也能使人達到徹底的完美。”(《聖典博伽瓦譚》7.6.1)

人類社會之所以不和諧，是因爲在無神論文明中缺少原則。世上存在著神——全能的整體，萬事萬物來自祂，由祂維繫，最後進入祂安息。物質主義科學家試圖找出創造的起源，但卻不成功。不過，萬事萬物都有起源這一點卻是事實！優美的《聖典博伽瓦譚》合理且權威地解釋了萬物這一起源。

《聖典博伽瓦譚》是一門超然的科學；透過它，不僅能讓我們瞭解一切的起源，還能使我們認清自己與祂的關係，明瞭我們肩負的責任——基於這完美的知識建立完美的人類社會。《聖典博伽瓦譚》是用梵文寫成的著作，可以給讀者強大的力量。現在，它被精心地翻譯成中文。人只要仔細地閱讀就可以完美地瞭解神，並在最終受到足夠的教育後能保護自己，免遭無神論的凶猛攻擊。除此之外，讀者還將具備足夠的力量使他人相信神的存在。

《聖典博伽瓦譚》首先給“起源”下了定義，而這是作者聖維亞薩戴瓦基於他的另一部著作《韋丹塔·蘇陀》所下的權威性定義。以這個權威性定義爲開始，《聖典博伽瓦譚》從第一篇到第九篇講述的內容逐漸提升，直到最高的層面——對神的覺悟。研習這部記載著超然知識的巨著所需要的唯一資格是：逐字逐句、一行一行、一章接一章循序漸進地研讀，而不是像對待普通書籍那樣隨便跳著讀。這部巨著的閱讀編排程序是原始梵文詩節、英文音譯、字對字翻譯、譯文及要旨，以使讀者循序漸進地閱讀完前九篇後，肯定對神有了覺悟。

《聖典博伽瓦譚》第十篇的內容與前九篇不同，它直接描述了至尊人格首神奎師那的超然活動。沒有循序漸進地讀完前九篇的人，不可能獲得閱讀第十篇所該獲得的預期效果。《聖典博伽瓦譚》一共有十二篇，每一篇都是一部獨立的作品，但大家如果按順序一段一段細細地閱讀，就能得到最佳的效果。

我必須承認，我翻譯、評註的這部《聖典博伽瓦譚》中仍有不足之處。儘管如此，我還是希望思想家和社會領袖們能好好地接受《聖典博伽瓦譚》中所蘊涵的信息，正如其中第 1 篇第 5 章的第 11 節詩所說：

tad-vāg-visargo janatāgha-viplavo
yasmin prati-ślokam abaddhavaty api
nāmāny anantasya yaśo 'ṅkitāni yac
chṛṇvanti gāyanti gṛṇanti sādhavaḥ

"從另一方面說，充滿了描述至尊主的聖名、威望、形象和娛樂活動之超然榮耀的文獻，將在被誤導的文明的罪惡生活中引發革命，因此是超然的創造。這種超然的文獻即使存在著寫作上的缺陷，仍被完全真誠的純潔之人所接受、聆聽和吟唱。"

Oṁ tat sat
A.C.巴克提韋丹塔・斯瓦米

導言

“這部像太陽一樣光芒萬丈的《博伽梵往世書》(Bhāgavata Purāṇa)，出現於主奎師那剛離開地球回自己的住所，且宗教和知識也隨祂而去之時。被喀歷(Kali)年代愚昧的濃密黑暗蒙住了雙眼的人，將從這部往世書中得到光明。”(《聖典博伽瓦譚》1.3.43)

韋達經中古老的梵文詩所呈獻的永恆的印度智慧，涉及人類知識的所有領域，最早是經口述流傳的，後由神的文學化身聖維亞薩戴瓦(Vyāsadeva)在五千年前先用梵文記載下來。維亞薩戴瓦編纂韋達經後，又將其精華寫成格言，取名《韋丹塔．蘇陀》(Vedānta-sūtra)。《聖典博伽瓦譚》(《博伽梵往世書》)是維亞薩戴瓦給《韋丹塔．蘇陀》寫的評註，是他在靈性生活成熟期按他靈性導師納茹阿達．牟尼(Nārada Muni)的指示寫的。《聖典博伽瓦譚》最完整、最權威地闡述了韋達知識，因此被喻爲是“韋達文獻之樹上成熟了的果實”。

維亞薩編纂《聖典博伽瓦譚》後，把其中的概要講給他兒子聖舒卡戴瓦．哥斯瓦米聽。後來，在哈斯提納普爾(Hastināpura, 新德里)的恆河岸邊，當著聚集在一起的博學聖人的面，聖舒卡戴瓦．哥斯瓦米(Śukadeva Gosvāmī)給帕瑞克西特王(Parīkṣit)講述了《聖典博伽瓦譚》。帕瑞克西特王不僅是當時全世界的君王，而且是一位偉大、聖潔的君王(rājarṣi)。他在得到警告“將在一星期內死去”後，放棄了他的整個王國，到恆河岸邊接受靈性啓迪，並禁食直到死亡。《聖典博伽瓦譚》始於帕瑞克西特王嚴肅地詢問舒卡戴瓦．哥斯瓦米：“您是大聖人和奉獻者們的靈性導師，因此我乞求您給所有的人，特別是快死的人，指出通向完美的路。請告訴我，人應該聽什麼，吟誦、吟唱什麼，記憶和崇拜什麼，以及他什麼不該做。請給我解釋這一切。”

舒卡戴瓦．哥斯瓦米對帕瑞克西特王問的這個問題和其它許多問題的回答，涉及了方方面面的內容，從自我的本性直到宇宙的起源無所不包，使聚集在一起的聖人們全神貫注地連續聆聽了七天七夜，直到君王離開人世。舒卡戴瓦·哥斯瓦米第一次講述《聖典博伽瓦譚》時，蘇塔·哥斯瓦米(Śūta Gosvāmī)也在聚會現場聆聽，並於後來當聖人們在奈彌沙冉亞(Naimiṣāraṇya)森林聚會時對他們複述。在奈彌沙冉亞森林聚會的聖人們關心普通大眾的靈性利益，因此聚集在一起舉行一場長期、連續的祭祀，以抵消喀歷年代初期所具有的墮落影響。聖人們請求蘇塔·哥斯瓦米講述韋達智慧的精華，蘇塔·哥斯瓦米作爲回應，複述了他所記住的舒卡戴瓦·哥斯瓦米講述的含有一萬八千節詩的《聖典博伽瓦譚》。

《聖典博伽瓦譚》的讀者，既能讀到蘇塔·哥斯瓦米複述帕瑞克西特王提的問題，以及舒卡戴瓦·哥斯瓦米所作的回答，也能讀到蘇塔·哥斯瓦米有時對紹納卡·瑞希(Śaunaka Ṛṣi)提的問題所給予的直接回答，而紹納卡·瑞希是在奈彌沙冉亞森林聚會的聖人們的代言人。因此，讀者可以同時讀到兩組對話：一組是帕瑞克西特王和舒卡戴瓦·哥斯瓦米在恆河岸邊的對話；一組是蘇塔·哥斯瓦米與以紹納卡·瑞希爲首的聖人們在奈彌沙冉亞森林中的對話。此外，在教導帕瑞克西特王時，舒卡戴瓦·哥斯瓦米經常引用歷史事件，解釋納茹阿達·牟尼和瓦蘇戴瓦(Vasudeva)等偉大的靈魂之間所作的長篇哲學探討。瞭解《聖典博伽瓦譚》的這一歷史背景後，讀者將能輕易地跟上它其中那些來源各不相同，但卻混在一起的對話。飽含哲學智慧的詩節雖然不是按時間順序呈獻的，但卻極爲重要，因此需要讀者留意《聖典博伽瓦譚》的主題，以便能完全欣賞到其中所蘊涵的深刻信息。

《聖典博伽瓦譚》這個版本的譯註者把整部著作比喻爲是蔗糖，無論我們品嚐哪一個部份，都會發現它與其它部份一樣的甜美。因此，爲了品嚐《聖典博伽瓦譚》的甜美，我們可以從任何一篇開始閱讀。但我們的建議是：在經過初試後，真誠的讀者應該採用最佳的閱讀方式，那就是：返回第一篇，從頭開始按原有的順序循序漸進地閱讀。

這部包含了詩節與評註的《聖典博伽瓦譚》譯本，首次被完整地翻譯成中文並呈獻給廣大的中文讀者。前十二篇(從第一篇直到第十篇的第一部份)，都是聖恩 A.C.巴克提韋丹塔·斯瓦米·帕布帕德(A.C.Bhaktivedanta Swami Prabhupāda)的奉愛及學術結晶；而他本人是國際奎師那意識協會的創辦人，當今世上教導古印度宗教與哲學思想的最著名的導師。他完美的梵文學術成就，以及對韋達文化、思想和現代生活方式的極度熟悉，使他能把這部極爲重要的古典作品所包含的崇高、豐富的信息揭示給當今世人。聖帕布帕德於 1977 年離開這個世界後，他那不朽的工作——譯註《聖典博伽瓦譚》的工作，由他的門徒慧達亞南達·哥斯瓦米(Hridayananda dāsa)和哥琵帕茹阿納丹·達斯(Gopīparāṇadhana dāsa)繼續完成。

讀者們將出於許多原因而認定這部巨著有非凡的價值。對想要尋找古印度文化根源的人來說，這部巨著是一個能真正提供各方面線索的資料庫。對研究比較宗教和哲學的學生來說，《聖典博伽瓦譚》給予洞徹一切的視力，讓人能理解古印度靈性知識的深奧內涵。對社會學家和人類學家來說，《聖典博伽瓦譚》啓示了可以實現平靜與祥和的具體方法，以及韋達制度中建立在高度發展的靈性視野基礎上的科學組織管理。對研究文學的學生來說，《聖典博伽瓦譚》是壯麗詩篇的傑作。對研究心理學的學生來說，《聖典博伽瓦譚》提供了有關意識、人類行爲和對自我身份的哲學研究等方面的重要觀點。最後，對於想要得到靈性見識的人來說，《聖典博伽瓦譚》提供了簡便而又實際的靈修指導，以使人瞭解絕對真理，獲得最高的靈性覺悟。由巴帝維丹達書籍出版有限公司呈獻的這部卷帙浩繁的巨著，無疑在相當長的時間裡，將在現代人類的知識、文化和靈性生活領域中佔據極爲重要的地位。

——出版者

緒論

神的概念和絕對真理的概念不在同一個層面上。《聖典博伽瓦譚》(Śrīmad-Bhāgavatam)把談論的焦點集中於絕對真理。神的概念所指的是控制者，而絕對真理的概念是指至善——一切能量的最初源頭。人們對神作爲控制者具有人格特徵這一點沒有異議，因爲控制者不可能是不具人格特徵的。當然，現代政府，特別是民主政府有某種程度的非人格特徵，但最終，政府的最高首長還是一個人，而政府的非人格特徵是在人的監管下展現的。所以毫無疑問，每當我們談到管理控制他人，我們必須承認人格特徵的存在。在不同的管理崗位上有不同的管理者、控制者，所以世上有許多小神。按照《博伽梵歌》(Bhagavad-gītā)第 10 章的第 41 節詩中的教導，有特殊非凡力量的控制者都是"被至尊主授權了的控制者(vibhūtimat sattva)"。世上有許多這種具有各種特殊力量的控制者或小神，但絕對真理是獨一無二的。《聖典博伽瓦譚》中把絕對真理——至善，稱爲帕茹阿麼·薩提亞麼(paraṁ satyam)。

《聖典博伽瓦譚》的作者聖維亞薩戴瓦(Śrīla Vyāsadeva)，首先恭恭敬敬地向絕對真理(paraṁ satyam)致敬，因爲絕對真理是一切能量最初的源頭，絕對真理是至尊的人。其他的小神或控制者無疑也都是人，但他們用以控制的力量來自絕對真理——至尊的人。梵文詞"伊士瓦爾(īśvara, 控制者)"是指神明，但至尊人的梵文是帕茹阿梅刷爾(parameśvara)——至高無上的伊士瓦爾。至尊人帕茹阿梅刷爾是有著意識的至尊人物，祂因爲沒有從任何源頭那裡得到任何力量，所以是絕對獨立自主的。其它韋達文獻中描述布茹阿瑪(Brahmā)是最重要的神，是因鐸(Indra, 天帝)、昌鐸(Candra, 月神)和瓦茹納(Varuṇa, 水神)等其它小神的領袖。但是，《聖典博伽瓦譚》證實，考慮到布茹阿瑪所擁有的力量及知識的來源，就連布茹阿瑪也不是獨立自主的，是處在每一個生物體心中的至尊人把知識以韋達經(Vedas)的形式傳授給他的(《博伽梵歌》15.15)。那位至尊的人物直接和間接地瞭解著一切。每一個渺小的人都是至尊人物不可缺少的一部份，他們也許可以直接和間接地瞭解有關自己的身體或外貌，但至尊人物知道有關祂的外在和內在的一切特徵。

《聖典博伽瓦譚》第 1 篇第 1 章的第 1 節詩中的梵文“展示了的宇宙的創造、維繫和毀滅(janmādy asya)”一句表明，一切創造、維繫或毀滅的根源，就是那位有著意識的至尊人。即使根據我們現在的經驗，我們也可以知道，沒有什麼是由無生命的物質產生的，但有生命的實體卻可以生產出無生命的物質。例如：通過與有生命的實體接觸，物質軀體發展成一個能運作的機器。知識貧乏的人把肉體這台機器誤認爲是有生命的實體，但事實上，有生命的實體是肉體這台機器的基礎。生命火花一旦離開肉體，肉體這台機器馬上就不再有任何用處了。同樣，至尊人是一切物質能量的最初源頭。所有的韋達文獻都說明了這一事實，所有的靈性科學闡釋者都公認這一真理。梵文稱生命力是布茹阿曼(Brahman, 梵)，最偉大的導師(ācārya)之一聖商卡爾阿查爾亞(Śrīpāda Śaṅkarācārya)教導說：布茹阿曼是實體，而宇宙世界是範疇。一切能量的最初源頭是生命力，經邏輯推理，祂被接受爲是至尊人。因此，祂覺察著過去、現在和未來，以及祂的物質展示和靈性展示中的每一個角落。有缺陷的生物體甚至不知道自己體內發生的事；他吃進食物，但不知道這食物是如何轉爲能量，如何滋養他的身體的。當生物達到完美境界時，他就會察覺到所發生的一切。由於至尊人是絕對完美的，所以瞭解一切事物的所有細節對祂來說是很自然的事。正因爲如此，《聖典博伽瓦譚》中把這位完美的人物稱爲華蘇戴瓦(Vāsudeva)，即：在覺察一切並完全擁有其完整能量的情況下無所不在的人物。這一切在《聖典博伽瓦譚》中有清楚的解釋，讀者將有大量的機會對這一切進行甚至是挑剔的研究。

在現在這個喀歷年代裡，聖主柴坦亞．瑪哈帕布(Caitanya Mahāprabhu)以實際示範的方式宣講《聖典博伽瓦譚》。透過聖柴坦亞沒有緣故的仁慈這一媒介，人們更容易深入理解《聖典博伽瓦譚》中談論的主題。因此，我們在此對祂的生活和訓誡作一個簡短的介紹，將有助於讀者瞭解《聖典博伽瓦譚》的真正價值所在。

極爲重要的一點是：人必須從“真人博伽瓦譚”那裡學習《聖典博伽瓦譚》。“真人博伽瓦譚”是指畢生都按《聖典博伽瓦譚》的教導實踐的人。由於聖柴坦亞・瑪哈帕布是至尊人格首神，所以祂既是至尊主(Bhagavān)，又是以真人和聲音展現的《博伽瓦譚》。因此，祂所教導的學習《聖典博伽瓦譚》的程序，對全世界所有的人都很實用。祂的願望是：出生在印度的人，應該把《聖典博伽瓦譚》傳遍世界的每一個角落。

《聖典博伽瓦譚》是有關至尊人格首神奎師那的科學，我們從祂講述的《博伽梵歌》中對祂有了基本的瞭解。聖柴坦亞・瑪哈帕布曾經說：任何人，無論他是誰，只要他精通有關奎師那的科學(《聖典博伽瓦譚》和《博伽梵歌》)，他就可以成爲被授權的傳教士或有關奎師那科學的教師。

爲了世上所有受苦之人的利益，人類社會中急需奎師那科學。我們請求所有國家的領導人，爲了他們自己的利益，爲了社會的利益，爲了全世界人民的利益，請學習這門奎師那科學吧！

《聖典博伽瓦譚》的傳播者主柴坦亞
生平與教導簡介

聖主柴坦亞・瑪哈帕布是傳播對神的愛的偉大先驅，聚眾歌頌神的聖名的創始人。按照外士納瓦日歷計算，祂是在一四八六年法勒古納月(二到三月)的一個滿月的夜晚，親自降臨在孟加拉的納瓦兌帕(Navadvīpa)城中的聖地瑪亞普爾(Māyāpura)的。

祂父親聖佳干納特・彌刷(Jagannātha Miśra)是西勒特(Sylhet)地區的一個博學的布茹阿瑪納(brāhmaṇa, 婆羅門)。當時，納瓦兌帕被視爲是教育和文化中心，所以他以學生的身份來到納瓦兌帕。他娶了納瓦兌帕博學的大學者聖尼蘭巴爾・查夸瓦爾提(Nīlāmbara Cakravartī)的女兒聖莎祺黛薇(Śacīdevī)為妻後，便在恆河岸邊定居下來。

佳干納特・彌刷跟他妻子聖莎祺黛薇生了好幾個女兒，但大多在很小的時候就夭折了。他們還生了兩個兒子——聖維施瓦茹帕(Viśvarūpa)和維施宛巴爾(Viśvambhara)，這兩個兒子最後成了他們寄托父母深情的對象。他們的第十個兒子，也就是最小的兒子維施宛巴爾，後來被稱為尼邁・潘迪特(Nimāi Paṇḍita)，在進入棄絕階層後被稱為聖柴坦亞・瑪哈帕布。

聖柴坦亞・瑪哈帕布用四十八年的時間展示祂超然的活動，隨後於一五三四年在普瑞(Purī)隱跡。

祂前二十四年作為學生和居士住在納瓦兌帕。祂的第一任妻子是聖拉珂施蜜普瑞亞(Lakṣmīpriyā)，她很年青時就在至尊主離家出游時離開了人世。當柴坦亞從東孟家拉返回家時，祂母親要求祂娶第二個妻子，祂同意了。祂的第二任妻子是聖維施努普瑞亞(Viṣṇupriyā)女神，她一生都在忍受與至尊主的分離。至尊主二十四歲當托缽僧(sannyāsī)時，聖維施努普瑞亞才剛剛十六歲。

進入棄絕階層後，主柴坦亞應祂母親聖薩祺黛薇的要求，把祂的總部設在了佳干納特・普瑞(Jagannātha Purī)，在那裡住了二十四年。在那期間，祂一直不斷地在印度各地旅行(特別是南印度各地)，宣講《聖典博伽瓦譚》。

主柴坦亞不僅宣講《聖典博伽瓦譚》，而且以最實際的方式傳播《博伽梵歌》的教導。在《博伽梵歌》中，聖主奎師那被描述為是至尊人格首神；在那部教導超然知識的巨著中，至尊主的最高教誨是：停止所有種類的宗教活動，只把祂(聖主奎師那)接受為是值得崇拜的至尊主。至尊主接著保證：祂所有的奉獻者都會受到保護，免於一切罪惡；他們根本不必煩惱。

不幸的是：儘管聖主奎師那親自給予保證並傳授了《博伽梵歌》，

但智力欠佳的人還是誤以爲祂只不過是位偉大的歷史人物，無法承認祂是至尊人格首神本人。這種知識貧乏的人被很多非奉獻者所誤導。所以，就連大學者們也錯誤地闡釋《博伽梵歌》的教導。聖主奎師那隱跡後，有那麼多博學的學者都對《博伽梵歌》作評註，致使有關的評註多達幾百種，然而幾乎所有的人都懷著個人的目的註釋《博伽梵歌》。

聖柴坦亞・瑪哈帕布就是聖主奎師那本人。但這一次，爲了向普通大衆、神職人員和哲學家宣傳聖主奎師那(一切原因的起因)的超然地位，祂以至尊主偉大的奉獻者的身份顯現。祂傳教的精髓是：以布阿佳王南達・瑪哈茹阿佳(Nanda Mahārāja)的兒子的身份顯現在布阿佳布彌(Vrajabhūmi)的聖主奎師那，是至尊人格首神，因此值得所有生物的崇拜。由於至尊主的名字、聲望、形象和祂展示自己的地方都與至尊主一樣是絕對的，所以溫達文聖地(Vṛndāvana-dhāma)與至尊主沒有區別，像至尊主一樣值得崇拜。對至尊主的最超然的崇拜方式，由布阿佳布彌的少女們以對至尊主純粹的愛的形式展現出來。聖主柴坦亞・瑪哈帕布評價這一形式是最崇高的崇拜形式。祂認爲聖典《博伽梵往世書》(Bhāgavata Purāṇa)是幫助人瞭解至尊主的毫無瑕疵的文獻，祂宣揚，全體人類的最高人生目標是達到愛神的境界。

聖溫達文・達斯・塔庫爾(Vṛndāvana dāsa Ṭhākura)、聖珞禪・達斯・塔庫爾(Locana dāsa Ṭhākura)、聖奎師那達斯・喀維茹阿佳・哥斯瓦米(Kṛṣṇadāsa Kavirāja Gosvāmī)、聖卡維-卡爾納普爾(Kavi-karṇapūra)、聖帕博達南達・薩茹阿斯瓦提(Prabodhānanda Sarasvatī)、聖茹帕・哥斯瓦米(Rūpa Gosvāmī)、聖薩納坦・哥斯瓦米(Sanātana Gosvāmī)、聖茹古納特・巴塔・哥斯瓦米(Raghunātha Bhaṭṭa Gosvāmī)、聖吉瓦・哥斯瓦米(Jīva Gosvāmī)、聖哥帕拉・巴塔・哥斯瓦米(Gopāla Bhaṭṭa Gosvāmī)、聖茹阿古納特・達斯・哥斯瓦米(Raghunātha dāsa Gosvāmī) 、聖夏瑪南達・哥斯瓦米(Śyāmānanda Gosvāmī)、聖納若塔瑪・達斯・塔庫爾(Narottama dāsa Ṭhākura)，以及在他們之後，於二百多年前出現的聖維施瓦納特・

查夸瓦爾提(Viśvanātha Cakravartī)、聖巴拉戴瓦·維迪亞布善(Baladeva Vidyābhūṣana)、聖巴克提維諾德·塔庫爾(Bhaktivinoda Ṭhākura)和我們的靈性導師聖巴克提希丹塔·薩茹阿斯瓦提·塔庫爾(Bhaktisiddhānta Sarasvatī Ṭhākura)等許多主柴坦亞的奉獻者，以及許多優秀、著名的學者，都就有關主柴坦亞的生平及教導寫了大量的著作和文獻。所有這些文獻都以韋達經、往世書、奧義書、《茹阿瑪亞納》、《瑪哈巴茹阿特》和其它歷史，以及被公認的靈性導師們所認可的權威文獻爲基礎。這些文獻的寫作手法獨一無二，呈現的內容及描述風格無與倫比，其中充滿了超然的知識。不幸的是，世人對它們至今一無所知。然而，當這些絕大多數用梵文和孟加拉語寫成的文獻出現在世人面前，當它們被呈獻在有思想的人面前時，印度的光榮和愛的信息就會淹沒這個病入膏肓的世界。這個生病的世界目前正用那些未經師徒傳承中的靈性導師認可的各種不實際的方法，在徒勞地追求著和平與繁榮。

這篇對主柴坦亞的生平與教導的簡短描述，將有助於讀者進一步閱讀聖溫達文·達斯·塔庫爾所著的《聖柴坦亞-巴嘎瓦特》(Śrī Caitanya-bhāgavata)及聖奎師那達斯·喀維茹阿佳·哥斯瓦米所著的《永恆的柴坦亞經》(Caitanya-caritāmṛta)。《聖柴坦亞-巴嘎瓦特》的作者用最迷人的方式呈現了主柴坦亞早年的生活；至於祂的教導，《永恆的柴坦亞經》中給予了更生動的解釋。人們現在可以讀到以《主柴坦亞的教導》一書所呈獻的主要內容。

主柴坦亞早年的生活由祂的一個主要的奉獻者聖穆茹阿瑞·古普塔(Murāri Gupta)記錄下來，聖穆茹阿瑞·古普塔是主柴坦亞的同齡人、當時的開業醫師。聖柴坦亞·瑪哈帕布後期的生活由祂的私人秘書聖達摩達爾·哥斯瓦米(Dāmodara Gosvāmī)記錄下來。聖達摩達爾·哥斯瓦米又被稱爲聖斯瓦茹帕·達摩達爾(Svarūpa Dāmodara)，他基本上一直陪同主柴坦亞住在普瑞。這兩位奉獻者記錄了幾乎所有主柴坦亞的活動事件，上述兩部著作都是後來以聖達摩達爾·哥斯瓦米和穆茹阿瑞·古普塔的筆記(kaḍacā)爲基礎編纂而成的。

祂的誕生

至尊主本人於一四八六年二月一個滿月的夜晚親自降臨，由於至尊主的意願，當晚出現了月蝕。印度的風俗習慣是，在月蝕發生的時候，民眾都到恆河或任何其它聖河中去沐浴，同時吟誦、吟唱韋達讚歌，以淨化自己。當主柴坦亞在月蝕的時候降生時，哈瑞-奎師那　哈瑞-奎師那　奎師那-奎師那　哈瑞-哈瑞/哈瑞-茹阿瑪　哈瑞-茹阿瑪　茹阿瑪-茹阿瑪　哈瑞-哈瑞的吟唱聲，響徹了整個印度大地。由至尊主聖名的十六名字所組成的這首讚歌，在許多往世書和奧義書中都有記載，被描述爲是這個年代裡“使人解脫的超然的聲音振盪(Tāraka-brahma nāma)”。啓示經典中(śāstras)推薦說：沒有冒犯地吟誦、吟唱至尊主的這些聖名，能使墜落的靈魂從物質束縛中被釋放出去。印度內外可以聽到至尊主的無數的名字，這些名字因爲都指至尊人格首神，所以都一樣好。然而，由於上述這十六個名字組成的讚歌是專門推薦給這個年代的，人們應該加以充分的利用，同時走那些按照啓示經典中的規則練習並獲得成功的偉大靈性導師所走過的路。

祂的使命

至尊主顯現時發生月蝕，表明至尊主這一次顯現的使命極爲特殊。這使命是，宣傳在這個喀歷(紛爭)年代中吟誦、吟唱至尊主的聖名的重要性。在現在這個年代裡，甚至一點點小事就能引起紛爭，所以啓示經典推薦了在這個年代裡大眾覺悟自我所用的方法，那就是：吟誦、吟唱至尊主的聖名。人們可以聚集在一起，用他們各自的語言和旋律優美的歌曲讚美至尊主；如果與會者在沒有冒犯的情況下從事這項活動，那他們無疑就會逐漸達到靈性的完美，而不必經歷那些要求更嚴格的程序。

在這樣的聚會中，每一個人，無論他是博學的還是愚蠢的，是富人還是窮人，是印度教徒還是伊斯蘭教徒，是英國人還是印度人，是吃狗肉的人(caṇḍāla)還是布茹阿瑪納(婆羅門)，都能聽到超然的聲音，從而清除心鏡上覆蓋的物質塵埃。當祂的使命徹底達成時，全世界所有的人都將把吟誦、吟唱至尊主的聖名接受爲是全人類的宗教。換句話說，聖名隨著聖主柴坦亞的降臨而降臨。

祂兒童時期的娛樂時光

當主柴坦亞還在祂母親的懷抱中時，只要女士們圍著祂拍手打節拍吟唱聖名，祂就會立刻停止哭喊。這一奇異的舉動使鄰居們肅然起敬。有時，少女們喜歡先把主柴坦亞弄哭，然後再通過吟唱聖名使祂停止哭泣。因此，至尊主從祂小時候開始就宣傳吟誦、吟唱聖名的重要性。聖主柴坦亞小時候的名字是尼邁(Nimāi)。這名字是祂親愛的母親給祂起的，因爲祂就出生在祂父親家的院子裡的一棵尼姆樹下。

當主柴坦亞六個月大，家人爲祂舉行首次進食五穀儀式(anna-prāśana)，給祂吃固體食物時，祂表明了祂今後要從事的活動。在這個儀式上，按傳統會給孩子錢幣和書籍讓孩子選擇，就有關孩子今後的志趣愛好得到一些提示。那時，在主柴坦亞面前，一邊擺放著錢幣，另一邊擺放著《聖典博伽瓦譚》，主柴坦亞抓了《聖典博伽瓦譚》而沒有去抓錢幣。

當祂還是個在院子裡滿地爬的嬰兒時，一天，一條蛇出現在祂面前，祂便開始跟牠玩耍。房子裡的人看到這一情景都嚇呆了，但過了一小會兒，那條蛇便離開了，而主柴坦亞的母親也趕快把孩子抱了起來。一次，小偷把祂偷偷抱走，要找一個僻靜的地方盜取祂身上戴的裝飾品，但祂高興地坐在被迷惑了的賊的肩頭展開了祂的旅程。事情的結果是：竊賊四處遊蕩，最後不知不覺又回到了佳干納特·彌刷的房子前；因爲害怕被抓，他們只得立刻扔下孩子跑走了。當然，心急如焚的父母和親屬都很高興看到失而復得的孩子。

一次，佳干納特·彌刷在家接待一位朝聖的布茹阿瑪納。當這位布茹阿瑪納向首神供奉食物時，嬰兒柴坦亞出現在他面前，享受準備好的食物。由於孩子觸碰過那份食物，那份食物就不能再供奉給首神了，所以布茹阿瑪納不得不再準備另一份食物。布茹阿瑪納在第二次供奉食物時，同樣的事情又發生了。當同樣的事情第三次又發生時，人們只好把嬰兒柴坦亞安置在床上。半夜十二點鐘時，當房子裡所有的成員都在他們各自門窗緊閉的房子裡很快入睡後，朝聖的布茹阿瑪納再次給神像供奉他特殊準備的食物；同樣，嬰兒柴坦亞又出現在朝聖的布茹阿瑪納面前，吃他供奉給神像的食物。那位布茹阿瑪納開始哭泣，但由於大家都睡熟了，沒人能聽到他的哭聲。那時，嬰兒柴坦亞在幸運的布茹阿瑪納面前展示祂就是奎師那本人。祂禁止布茹阿瑪納公開這一事件，隨後回到祂母親的懷抱中。

在主柴坦亞童年時期，有許多類似的事情發生。作爲一個淘氣的孩子，祂經常去戲弄那些習慣在恆河中沐浴的傳統布茹阿瑪納。當布茹阿瑪納們向祂父親抱怨祂不去學校上課，卻向他們潑水時，主柴坦亞會突然出現在祂父親面前，穿著校服，拿著書本，像是剛剛從學校回來的樣子。在河邊沐浴的台階(ghāṭa)上，祂也經常跟鄰家的少女們開玩笑。那些少女爲了嫁一個好丈夫而忙於崇拜希瓦，這是印度家庭中未婚少女們通常都會做的事情。當她們正忙於這種崇拜時，主柴坦亞會頑皮地出現在她們面前說："我親愛的姐姐們，請把你們剛剛給主希瓦帶來的供品交給我。主希瓦是我的奉獻者，帕爾瓦緹是我的女僕。如果你們崇拜我，主希瓦和所有其他半神人就會對你們更滿意。"有些少女拒絕按照頑皮的主柴坦亞的話去做，祂就會詛咒她們說，因爲她們的拒絕，她們會嫁一個已經跟前妻們生有七個孩子的老頭子。出於害怕，有時也出於愛，少女們會給祂各種各樣的物品。如果是這樣，祂就會祝福她們，並向她們保證：她們會有一個年輕的好丈夫；會當一個有許多孩子的母親。祂的祝福會使少女們很快活，但她們經常向她們的母親抱怨這些事情。

祂的學生生活

就這樣，主柴坦亞度過了祂早期的孩童時光。祂在剛滿十六歲時開設了祂自己的私塾學校(catuṣpāṭhī, 博學的布茹阿瑪納開設的鄉村學校)。在這間學校裡，祂只解釋奎師那，哪怕在講授文法時也不例外。爲了取悅主柴坦亞，聖吉瓦·哥斯瓦米後來編寫了教授梵文文法的書籍，其中用來解釋文法規則的例子，列舉的都是至尊主的聖名。這部語法教材至今還通用，書名是《至尊主聖名的甘露語法書》(Hari-nāmā-mṛta-vyākaraṇa)，在孟加拉的學校裡作爲規定教材使用。

這期間，有一位名叫凱沙瓦·卡什米瑞(Keśava Kāśmīrī)的喀什米爾大學者來到納瓦兌帕，就啓示經典(śāstras)展開辯論。這位喀什米爾的學者(paṇḍita)是一位水平一流的學者，他遊遍印度所有有學問的地方，最後來到納瓦兌帕，要與當地博學的學者一比高下。納瓦兌帕的學者們決定讓尼邁·潘迪特(主柴坦亞)與喀什米爾的學者較量。他們想：如果尼邁·潘迪特輸了，他們可以有另一次機會與那位學者辯論，因爲尼邁·潘迪特只不過是個少年而已；但如果喀什米爾的學者輸了，那他們就會更光榮，因爲人們會稱頌說，納瓦兌帕的一個少年打敗了聞名全印度的一流學者。事情的結果是，尼邁·潘迪特在恆河岸邊散步時與凱沙瓦·卡什米瑞相遇；祂要求凱沙瓦·卡什米瑞即興作一首梵文詩讚美恆河，這位學者在很短的時間內就作了一首含有一百個詩節的長詩，以一瀉千里的氣勢朗誦出來，顯示了他的博學和功力。尼邁·潘迪特立刻一字不差地記住了所有的詩文。祂複述了六十個詩節，指出其中所犯的修辭和文法錯誤。祂特別指出那位學者用巴瓦妮-巴爾圖(bhavānī-bhartuḥ)一詞是多餘的，因爲巴瓦妮的意思是希瓦的妻子，而誰能當她的巴爾塔——丈夫呢？祂還指出了詩中其它幾個前後不一致的說法，喀什米爾學者驚呆了。他很驚訝一個還在學習文法的學生竟能指出他這個博學的學者所犯的文學錯誤。儘管這次會面發生在公開競賽大會之前，但消息很快就傳遍了納瓦兌帕。最後，學問女神在凱沙瓦·卡什米瑞的夢中指示他臣服於主柴坦亞，這位喀什米爾的學者于是便成了至尊主的追隨者。

祂發動的和平抗爭運動

接著，主柴坦亞舉行了盛大的喜慶婚禮；從那時起，祂開始在納瓦兌帕宣傳聚眾歌頌至尊主的聖名。當地的一些布茹阿瑪納嫉妒祂的聲望，給祂設置了許多障礙。他們妒火中燒，最後終於忍不住把這件事呈報給納瓦兌帕的穆斯林地方行政官。孟加拉當時由帕坦人(Pathan)統治，其省長名叫胡森·沙(Hussain Shah)。納瓦兌帕的穆斯林地方行政官很重視當地布茹阿瑪納的抱怨；他先是警告尼邁·潘迪特的追隨者不要大聲歌唱至尊主哈爾依(Hari)的名字。但主柴坦亞要求祂的追隨者違抗地方行政官卡西的命令，繼續像往常一樣聚眾歌頌神的聖名(saṅkīrtana)。地方行政官接著派警察打斷他們的吟唱，還打破了幾個姆瑞噹嘎鼓(mṛdaṅga)。尼邁·潘迪特聽說這件事後，組織集會進行和平抗爭。祂是印度境內爲正義而發動和平抗爭運動的先驅。祂組織了由十萬人組成的遊行隊伍，帶著幾千個姆瑞噹嘎鼓和鐃鈸在納瓦兌帕的街道上遊行，抗議卡西發布的命令。遊行隊伍最後來到卡西住的房子，卡西因爲害怕群眾而躲在樓上。聚集在卡西房子前的大批群眾表示了他們的強烈不滿，但至尊主要求他們平靜下來。這時，卡西從樓上下來，試圖通過稱祂爲外甥安撫祂。他說，尼蘭巴爾·查夸瓦爾提(Nīlāmbara Cakravartī)把他當姪子，那麼尼邁·潘迪特的母親聖薩祺黛薇自然就是他的妹妹了。他問至尊主，他妹妹的兒子是否應該對舅舅生氣；至尊主回答說，既然卡西是祂舅舅，那麼作爲舅舅，卡西應該讓外甥有賓至如歸的感覺。就這樣，事態緩和下來，兩位博學的學者開始就《可蘭經》和印度經典進行長時間的討論。至尊主提出了屠殺乳牛的問題，卡西根據《可蘭經》的教導給予了適當的回答。作爲回應，卡西也向至尊主提出了韋達經的乳牛祭祀的問題；至尊主回答說，韋達經中提出的這種祭祀，實際上不是對乳牛的屠殺。在那種祭祀中，獻祭一頭年老的公牛或母牛，是爲了藉助韋達曼陀(mantra)的力量，使牠們得到一個年輕的新生命。然而，在喀歷年代裡，由於沒有合格的布茹阿瑪納能夠主持這樣的祭祀，乳牛祭祀是被禁止的。事實上，在喀歷年代裡所有的祭祀都是被禁止的，因爲這些祭祀在喀歷年代裡已經失去了作用，只有愚蠢的人才會去舉行這種祭祀。在喀歷年代裡，唯一被推薦的祭祀其實是聚眾歌頌神的聖名的祭祀(saṅkīrtana yajña)。通過這番談話，至尊主最後說服了卡西，使他成爲主柴坦亞的追隨者。卡西當時宣布，誰都不許給主柴坦亞發動的聚眾歌頌神的聖名運動設置障礙。爲了子孫後代的利益，卡西甚至把他的這個命令寫在了遺囑中。卡西的墓至今仍在納瓦兌帕地區，印度朝聖者都去那裡表達他們的敬意。卡西那些住在當地的子孫後代，從沒有反對過聚眾歌唱神的聖名運動，即使在印度教徒和回教徒發生激烈沖突期間也不例外。

這個事件清楚地表明，主柴坦亞不是一個所謂的膽小的外士納瓦。外士納瓦是至尊主勇敢無畏的奉獻者；出於正當的理由，他可以爲達到目的而做任何該做的事。阿爾諸納(Arjuna)是主奎師那(Kṛṣṇa)的一個奉獻者，爲了滿足至尊主，他英勇奮戰。同樣，哈努曼(Hanumān)是主茹阿瑪(Rāma)的一個奉獻者，他狠狠地教訓了非奉獻者茹阿瓦納(Rāvaṇa)的黨羽。外士納瓦的原則是，用一切方法滿足至尊主。外士納瓦本性善良，是非暴力、平和的生物，具有神的一切美好品質；但當非奉獻者褻瀆至尊主或祂的奉獻者時，外士納瓦就絕不會容忍這樣的厚顏無恥。

這件事發生後，主柴坦亞開始更有力地推動和宣揚祂的聚眾歌唱神的聖名運動(Bhāgavata-dharma)，任何膽敢反對推廣這一經典推薦的年代宗教(yuga-dharma)的人，都受到了應有的懲罰。至尊主的另一個舅舅，名叫哥帕勒-查帕勒(Gopāla-Cāpala)的布茹阿瑪納紳士，就受到了患痲瘋病的懲罰；後來，當他懺悔後，主柴坦亞接納了他。主柴坦亞爲了祂的傳教工作，曾經每天派祂的追隨者，包括祂團隊的兩名主要幹將聖尼提阿南達·帕布(Nityānanda Prabhu)和塔庫爾·哈瑞達斯(Ṭhākura Haridā-sa)，挨門逐戶地宣講《聖典博伽瓦譚》。祂的聚眾歌唱神的聖名運動在整個納瓦兌帕地區轟轟烈烈地展開了，祂的總部當時設在施瑞瓦斯·塔庫爾(Śrīvāsa Ṭhākura)和聖阿兌塔·帕布(Advaita Prabhu)的家裡。他們是祂的兩個主要的居士追隨者；這兩個布茹阿瑪納階層博學的領袖人物，是主柴坦亞的運動最熱心的支持者。聖阿兌塔·帕布是促使主柴坦亞降臨的主要人物。阿兌塔·帕布看到整個人類社會充斥著物質主義者的活動，但卻沒人做能夠拯救全人類擺脫物質存在三種苦的奉愛服務時，出於祂對墮落的人類社會沒有緣故的同情，強烈祈求至尊主降臨，並爲此一直不斷地用恆河水和聖樹圖拉西(tulasī)的葉子崇拜至尊主。就宣傳推廣聚眾歌唱神的聖名運動而言，參與其中的每一個人都按照至尊主的命令做好自己的本職工作。

教化罪惡之人

一天，尼提阿南達·帕布和聖哈瑞達斯·塔庫爾正走在一條主要的街道上時，看到一大群人聚在一起大聲喊叫。他們詢問路人後明白，原來有名叫佳蓋(Jagāi)和瑪戴(Mādhāi)的兩兄弟，酒醉後在大庭廣眾面前鬧事。他們還聽說，這兄弟倆出生在一個受人尊敬的布茹阿瑪納家庭，但由於不良交往，他們學壞，成了最糟糕的浪蕩子。他們不僅是酒鬼，還吃肉、追女人、打砸搶，無惡不作。聖尼提阿南達·帕布聽了他們兩人的事情後決定：必須先拯救這兩個墮落的靈魂；如果把他們從罪惡的生活中拯救出來，就會給主柴坦亞的美名增添更多的光彩。這樣想著，尼提阿南達·帕布和哈瑞達斯便擠過人群來到那兩兄弟的面前，請他們吟唱至尊主哈爾依的聖名。喝醉酒的兩兄弟被這請求所激怒，便用髒話辱罵尼提阿南達・帕布。不僅如此，兩兄弟還趕著他們跑了很長的一段距離。傍晚，當奉獻者們向主柴坦亞匯報傳教的情況時，主柴坦亞很高興尼提阿南達和哈瑞達斯爲拯救這一對愚蠢的兄弟所做的努力。

第二天，尼提阿南達・帕布又去訪問那兩兄弟，一旦他靠近他們，他們中的一人就向他投擲一塊泥罐碎片。那塊碎片正好打在尼提阿南達・帕布的前額上，鮮血立刻流了出來。尼提阿南達・帕布是那麼仁慈，他不但沒有對這可惡的行爲予以反擊，反而對他們說道："你們向我投擲這碎片我不在意，我還是請求你們吟唱至尊主哈爾依的聖名。"

兩兄弟中名叫佳蓋的，看到尼提阿南達・帕布的這一舉動非常震驚，立刻拜倒在祂的足下，請求祂原諒自己那罪惡的兄弟。當瑪戴企圖再次攻擊尼提阿南達・帕布時，佳蓋阻止他並哀求他給尼提阿南達・帕布頂禮。就在這段時間內，尼提阿南達遭到攻擊的消息傳到了主柴坦亞那裡，主柴坦亞立刻狂怒地奔向出事地點。祂招來祂最強大的武器蘇達爾珊(Sudarśana)飛輪，要殺了那兩個惡徒，但尼提阿南達・帕布提醒祂有關祂的使命。主柴坦亞的使命是拯救喀歷年代中無可救藥的墮落靈魂，而佳蓋和瑪戴兩兄弟就是這些墮落靈魂的典型代表。這個年代中百分之九十的人口都像這兩兄弟一樣，即使出身高貴，是世俗的體面人士也不例外。按照啓示經典的定論，這個年代裡所有的人從素質上看都將是最低賤的庶鐸(śūdra, 首陀羅)，甚至比庶鐸更低賤。應該注意的是：聖柴坦亞・瑪哈帕布從沒有承認按出身決定人所屬於的社會階層；相反，就有關一個人的真正身份(svarūpa)，祂嚴格按照啓示經典的規定。

正當主柴坦亞招來祂的蘇達爾珊飛輪，而聖尼提阿南達・帕布懇求祂寬恕那兩兄弟之際，那兩兄弟雙雙拜倒在主柴坦亞的蓮花足下，乞求祂原諒他們的低劣行爲。尼提阿南達・帕布也請求主柴坦亞接受這兩個有悔改之意的靈魂；主柴坦亞最後同意接受他們，但有一個條件，那就是：他們必須徹底杜絕所有的罪惡活動，不再縱情酒色。兄弟倆都同意並承諾要去除所有的罪惡習慣，仁慈的主柴坦亞便既往不咎，接受了他們。

這是主柴坦亞的特殊仁慈。在這個年代中，沒人能說自己是清白無辜的。那是不可能的。但主柴坦亞接受所有種類的罪惡之人，而祂提出的唯一條件是：人必須承諾，接受真正的靈性導師給予的靈性啓迪後，不再縱容自己的罪惡習慣。

在這兩兄弟的事件中，我們應該接受的富有教育意義的重點是：在這個喀歷年代裡，幾乎所有的人都跟佳蓋和瑪戴一樣；他們想要擺脫他們的惡報，就必須托庇於主柴坦亞·瑪哈帕布，在接受靈性啓迪後避免再從事啓示經典中禁止的那些活動。在主柴坦亞對聖茹帕·哥斯瓦米的教導中，談到了那些禁忌。

主柴坦亞在祂度過居士生活的階段，並沒有如人們所期望的那樣展示太多像祂這種人物該展示的奇跡。但有一次，當奉獻者們聚集在施瑞瓦斯·塔庫爾家中歌頌神的聖名氣氛達到高潮時，祂問奉獻者們想吃什麼；當祂得知他們想吃芒果時，祂要了一粒芒果種子，儘管當時並不是產芒果的季節。祂拿到芒果種子後把它種在施瑞瓦斯的院子裡，種子立刻發芽長出一根葡萄植物。這根葡萄植物瞬間就變成了一棵掛滿了沈甸甸芒果的大樹，芒果已經成熟到奉獻者們可以吃的程度。這棵樹一直在施瑞瓦斯的院子裡，從那時起，奉獻者們想吃多少芒果就在那棵樹上摘取多少芒果。

主柴坦亞就布阿佳布彌(溫達文)的少女們對奎師那的愛情給予了高度的評價；由於極爲欣賞她們爲至尊主所做的純粹服務，聖柴坦亞·瑪哈帕布有一次竟然歌唱牧牛姑娘們(gopīs)的聖名而不是至尊主的聖名。當時祂的一些學生兼門徒正好來看祂，他們看到主柴坦亞在吟唱牧牛姑娘們的名字時都驚呆了。他們愚蠢透頂地問主柴坦亞爲什麼歌唱牧牛姑娘的名字，並建議祂應該唱奎師那的名字。主柴坦亞那些愚蠢的學生，就這樣打擾了正處在如癡如醉狀態中的祂。祂責罵他們，並把他們趕走了。那些學生與主柴坦亞年齡相仿，所以他們錯誤地以爲主柴坦亞只不過是他們中的一員而已。他們開了一個會，最後一致決定：如果祂膽敢再以同樣的方式對待他們，他們就要以牙還牙。這件事情在大眾中引起了一些謠言。

當主柴坦亞察覺到這一點時，祂開始考慮社會中各種類型的人。祂注意到：當時，學生、教授、功利性活動者、瑜伽師，以及各種類型的無神論者，尤其反對爲至尊主做奉愛服務。祂想："我的使命是拯救這個年代裡所有的墮落靈魂，但如果他們冒犯我，認爲我是一個普通人，那他們就不會受益。他們要開始他們的靈性生活，就必須以某種方式對我表示尊敬。"爲此，主柴坦亞決定當托缽僧(sannyāsī)，因爲人們一般都會尊敬托缽僧。

祂當托缽僧

五百年前的社會環境還不像現在這樣墮落。那時，人們會對托缽僧表示敬意，托缽僧也會嚴格地遵守棄絕階層的人所該遵守的戒律。聖柴坦亞．瑪哈帕布並不是很讚同這個喀歷年代裡的人進入棄絕階層，但那只不過是因爲這個年代裡的少數托缽僧不能遵守棄絕階層的人所該遵守的戒律。聖柴坦亞．瑪哈帕布決定當一名理想的托缽僧，以便大眾向祂表示敬意。人們理應向托缽僧表示敬意，因爲托缽僧被視爲是處在所有社會階層及靈性階段人士的靈性導師。

就在主柴坦亞仔細考慮要當托缽僧時，住在卡特瓦(孟家拉境內)的一個名叫凱沙瓦．巴茹阿提(Keśava Bhāratī)的假象宗派(Māyāvādī)托缽僧到訪納瓦兌帕，並受到邀請與主柴坦亞一起用餐。凱沙瓦．巴茹阿提來到主柴坦亞的房子後，主柴坦亞便要求他授予自己托缽僧的頭銜。這是一個必經的程序。當托缽僧要先由另一位托缽僧同意。至尊主雖然在所有的方面都是獨立的，但還是遵守啓示經典中的規定，從凱沙瓦．巴茹阿提那裡接受了托缽僧的稱號，儘管凱沙瓦．巴茹阿提並不屬於外士納瓦宗派(Vaiṣṇava-sampradāya)。

主柴坦亞與凱沙瓦・巴茹阿提商議後離開納瓦兌帕，前往卡特瓦正式接受托缽僧的稱號。陪同祂前往卡特瓦的有聖尼提阿南達・帕布、昌鐸囉卡爾・阿查爾亞(Candraśekhara Ācārya)和穆琨達・達塔(Mukunda Datta)。這三位是去協助祂處理有關儀式的細節的。就主柴坦亞當托缽僧一事，在聖溫達文・達斯・塔庫爾所著的《柴坦亞・巴嘎瓦特》一書中有詳細的描述。

就這樣，主柴坦亞在祂二十四歲結束那年，於瑪格哈(Māgha)月正式當了一名托缽僧。在進入棄絕階層後，祂成爲一名資格俱全的聚眾歌頌神的聖名運動的推動者。儘管祂在居士生活階段做同樣的宣傳工作，但當祂體會到祂的傳教過程中存在著一些障礙時，祂甚至犧牲舒適的家庭生活，以拯救墮落的靈魂。在祂的居士生活階段，協助祂的主要是聖阿兌塔・帕布和聖施瑞瓦斯・塔庫爾；祂當了托缽僧後，主要協助祂的人物就成了被指定在孟加拉地區傳教的聖尼提阿南達・帕布，和以聖茹帕・哥斯瓦米、薩納坦・哥斯瓦米爲首的六位哥斯瓦米(茹帕・哥斯瓦米、薩納坦・哥斯瓦米、吉瓦・哥斯瓦米、哥帕拉・巴塔・哥斯瓦米、茹阿古納特・達斯・哥斯瓦米和茹古納特・巴塔・哥斯瓦米)。這六位哥斯瓦米被指定去溫達文發掘現在的這些聖地。就這樣，憑聖主柴坦亞・瑪哈帕布的願望，溫達文現在的城市和布阿佳布彌的重要性被揭示出來了。

主柴坦亞接受了托缽僧稱號後，立刻啓程要去溫達文。連續三天，祂一直行走在恆河沒有流經的地方(Rāḍha-deśa)，去溫達文的念頭使祂心醉神迷。然而，聖尼提阿南達改變了祂的路線，把祂帶回阿兌塔・帕布在善提普爾(Śāntipura)的家。主柴坦亞在聖阿兌塔・帕布的家中住了幾天，聖阿兌塔・帕布很清楚主柴坦亞準備永久地離開祂的家，因此派人到納瓦兌帕去把薩祺母親接來，讓她最後見她的兒子一面。有些無恥之徒說，主柴坦亞當了托缽僧後還會見過祂妻子，把祂的木製拖鞋留給她讓她崇拜，但權威人士們從沒告訴過我們這次會面。祂母親在阿兌塔·帕布家與祂會面，看到兒子一身托缽僧的打扮後痛哭不已。爲了有所補救，她要求兒子把總部設在普瑞，以使她能夠比較容易得到有關兒子的消息。主柴坦亞答應了祂親愛的母親提出的最後的請求。這之後，主柴坦亞啓程去普瑞，把納瓦兌帕的全體居民留在了與祂分離的悲傷海洋中。

偷煉乳的哥琵納特

主柴坦亞在去普瑞的路上走訪了許多重要的地方。祂朝拜了聖哥琵納特(Gopīnātha)神廟，聖哥琵納特曾經爲祂的奉獻者聖瑪達文朵·普瑞偷煉乳。從那以後，哥琵納特便以“偷煉乳的哥琵納特(Kṣīra-corā-gopīnātha)”聞名天下了。主柴坦亞津津有味地聆聽了這個故事，感到極爲快樂。就連絕對者也有偷竊的傾向，但這一傾向因爲是由絕對者展現出來的，所以失去了它的非正當性，甚至使主柴坦亞都無比崇拜。這種崇拜基於從絕對層面的考慮，即：至尊主與祂的偷竊傾向沒有分別。有關哥琵納特的這個有趣的故事，在奎師那達斯·喀維茹阿佳·哥斯瓦米所著的《永恆的柴坦亞經》中有生動的解釋。

在奧瑞薩(Orissa)省巴拉掃爾(Balasore)地區的瑞穆納(Remuṇā)城，朝拜了偷煉乳的哥琵納特神廟後，主柴坦亞繼續向普瑞進發。在路上，祂又朝拜了薩克西-哥帕勒(Sākṣi-gopāla)的神廟；在兩位布茹阿瑪納奉獻者家庭出現爭執時，薩克西-哥帕勒神像當了他們的見證人。主柴坦亞極爲高興地聽了薩克西-哥帕勒的故事，祂要讓無神論者們記住：由偉大的靈性導師(ācārya)們公認的、可在神廟中崇拜的神像，絕非像知識貧乏的人所說的那樣是偶像。神廟中的神像是人格首神的神像(arcā)化身，因此在所有的方面都與至尊主本人沒有區別，祂根據奉獻者對祂的感情給予相應的回應。在薩克西-哥帕勒的事件中，當時有至尊主的兩個奉獻者家庭產生了誤解；爲了緩解紛爭，也爲了向祂的僕人們表示特殊的仁慈，至尊主以祂的神像化身薩克西-哥帕勒的形象，從溫達文走到了奧瑞薩省內一個名叫維迪亞納嘎爾(Vidyānagara)的小村莊。從那裡，神像被帶往庫塔克；直至今日，還有成千上萬的朝拜者在去佳嘎納特·普瑞的途中朝拜薩克西-哥帕勒的神廟。主柴坦亞在那裡過了一夜，第二天便繼續趕往普瑞。在路途中，祂的托缽僧手杖被尼提阿南達·帕布折斷(《永恆的柴坦亞經》中篇 1.97)；主柴坦亞對此顯得很生氣，于是撇下祂的同伴們，獨自前往普瑞(《永恆的柴坦亞經》中篇 1.98)。

與巴塔查爾亞的會晤

在普瑞，祂一旦進入佳干納特(Jagannātha)神廟，就立刻沉浸在超然的如癡如醉狀態中，昏到在神廟的地上。照管神廟的人不明白主柴坦亞這種超然的昏迷，但當時在場的有一位名叫薩爾瓦寶瑪·巴塔查爾亞(Sārvabhauma Bhaṭṭācārya)的傑出的博學學者(paṇḍita)，他明白主柴坦亞一進入佳干納特神廟就昏死過去這件事絕非尋常。薩爾瓦寶瑪·巴塔查爾亞被奧瑞薩君王帕塔帕茹鐸·瑪哈茹阿佳(Mahārāja Pratāparudra)，指定爲是朝廷中的首席學者。他深受聖主柴坦亞·瑪哈帕布朝氣蓬勃的光輝的吸引，能明白祂這種超然的恍惚狀態極爲罕見，只有完全遺忘了物質存在，已經處在超然層面的最高級的奉獻者才會出現這種狀況。只有解脫了的靈魂才會展現這種超然的徵象，學識淵博的巴塔查爾亞因爲熟悉超然的文獻，知道其中記載有這種徵象，所以能明白發生在主柴坦亞身上的現象。因此，他要求照管神廟的人不要打擾這位陌生的托缽僧(sannyāsī)。他讓他們把主柴坦亞抬到他家裡，以便進一步觀察祂昏迷的狀態。薩爾瓦寶瑪·巴塔查爾亞當時是國家梵文文學院的院長(sabhā-paṇḍita)，權利很大，所以照管神廟的人立刻遵照他的指示把主柴坦亞抬到了他家裡。這位博學的學者想要仔細檢測主柴坦亞的超然的昏迷。他這麼做的原因是：當時有很多無恥的假奉獻者，爲了吸引無辜的人並利用他們，便模仿這種身體方面的表現，以炫耀他們獲得了超然的成就。像巴塔查爾亞這樣博學的學者能看穿這類僞裝者，他一旦查到證據，就立刻把他們趕走。

巴塔查爾亞根據啓示經典的提示，對主柴坦亞・瑪哈帕布展現的所有徵象逐一進行了仔細的檢測。他是作爲一名科學家在作檢測，而不是愚蠢的感情用事之人。他觀察了主柴坦亞的胃的蠕動、心臟的跳動和鼻息，也把了主柴坦亞的脈，看到祂身體的一切活動都完全中止了。他把一小片棉布放在主柴坦亞的鼻孔前，發現棉花的細小纖維有輕微的移動，說明主柴坦亞有輕微的呼吸。這使他明白主柴坦亞所處的昏迷狀態是真的，他開始以經典規定的方式治療主柴坦亞。然而，對主柴坦亞・瑪哈帕布只能用特殊的方式加以治療，那就是：只有當祂的奉獻者吟唱至尊主的聖名時祂才會有反應。薩爾瓦寶瑪・巴塔查爾亞不知道這一特殊的治療方法，因爲主柴坦亞對他來說還是陌生人。巴塔查爾亞從在神廟中第一眼看到主柴坦亞開始，就一直把祂當作是眾多的朝聖者之一。

在此期間，比主柴坦亞晚些時候到神廟的祂的同伴們，聽說了祂超然的昏迷，以及被巴塔查爾亞帶走的事情；廟裡的朝聖者還在對此事議論紛紛。主柴坦亞的同伴之一嘎達達爾・潘迪特與當時在場的哥琵納特・阿查爾亞進行了交談，從他那裡聽說，主柴坦亞正躺在薩爾瓦寶瑪・巴塔查爾亞家中，還處在昏迷的狀態中，而薩爾瓦寶瑪・巴塔查爾亞正巧是哥琵納特・阿查爾亞的姐夫。嘎達達爾・潘迪特把主柴坦亞的同伴們都介紹給了哥琵納特・阿查爾亞，哥琵納特・阿查爾亞帶著大家一起去巴塔查爾亞的家中，主柴坦亞正處在靈性的恍惚狀態中昏迷不醒地躺著。接著，大家像往常一樣大聲吟唱主哈爾依的聖名，主柴坦亞清醒過來，恢復了祂的意識。那以後，巴塔查爾亞接待了包括主尼提阿南達・帕布在內的到他家去的所有成員，邀請他們當他的貴賓。一行人，包括主柴坦亞在內，都去海裡沐浴，巴塔查爾亞則安排他們在卡希・彌施茹阿(Kāśī Miśra)的家中住宿和吃飯，他的小舅子哥琵納特・阿查爾亞也從旁協助他作各種安排。他們兩人對有關主柴坦亞的神性身份問題進行了一些友好的交談；在交談中，比巴塔查爾亞更早瞭解主柴坦亞的哥琵納特・阿查爾亞試圖說明主柴坦亞是人格首神，而巴塔查爾亞試圖說明祂是至尊主的一個偉大的奉獻者。他們兩人都以真正的啓示經典爲依據說明自己的論點，而不是基於感情用事的公眾輿論。是否是神的化身，要靠真正的啓示經典中提供的說明來判定，而不是愚蠢的狂熱者用民主投票來決定。自從神的真正化身主柴坦亞顯現後，愚蠢的狂熱者們在不以真正的經典爲依據的情況下指鹿爲馬，錯誤地把很多普通人說成是神的化身。但是，薩爾瓦寶瑪・巴塔查爾亞和哥琵納特・阿查爾亞不會愚蠢地感情用事；相反，他們都努力依靠真正的經典的力量承認或否定主柴坦亞的神性身份。

薩爾瓦寶瑪・巴塔查爾亞後來告訴大家，他也來自納瓦兌帕地區，而具他瞭解：主柴坦亞的外祖父尼蘭巴爾・查夸瓦爾提正好是他父親的同班同學。由於這層關係，年輕的托缽僧主柴坦亞喚起了巴塔查爾亞對祂的父親般的感情。巴塔查爾亞是商卡爾阿查爾亞學派(Śaṅkarācārya-sampradāya)的許多托缽僧的教授，他本人也屬於那個宗派。所以，巴塔查爾亞希望年輕的托缽僧主柴坦亞也能聆聽他對《韋丹塔-蘇陀》(Vedānta-sūtra)的講解。

商卡爾學派的追隨者通常被稱爲韋丹塔主義者(Vedāntist)。但這並不意味著只有商卡爾傳承才研究《韋丹塔-蘇陀》。所有真正的傳承都研究《韋丹塔-蘇陀》，但都有各自的解釋。然而，世人只知道商卡爾傳承的傳人們是韋丹塔主義者，卻不知道外士納瓦也是韋丹塔主義者。正因爲如此，外士納瓦們首次給本著作的作者授予了巴克提韋丹塔(Bhaktivedanta)的頭銜。

主柴坦亞同意聽巴塔查爾亞講解《韋丹塔-蘇陀》，他們于是在主佳干納特的神廟中相對而坐。巴塔查爾亞連續講了七天，主柴坦亞全神貫注地聆聽，從不打斷他。主柴坦亞的沈默使巴塔查爾亞心生疑惑；他問主柴坦亞，爲什麼不就他解釋的《韋丹塔-蘇陀》提出任何問題或給予任何評論。

主柴坦亞在巴塔查爾亞面前顯得像是個愚蠢的學生，因爲巴塔查爾亞覺得聆聽《韋丹塔-蘇陀》是托缽僧的責任，所以便聽他講解。然而，主柴坦亞並不同意他講解的內容。通過這麼做，主柴坦亞表明，商卡爾傳承及其它不按照聖維亞薩戴瓦的指示研究《韋丹塔-蘇陀》的傳承中的韋丹塔主義者，只是在機械地學習《韋丹塔-蘇陀》。他們並不十分清楚這門超凡的知識。《韋丹塔-蘇陀》的作者本人對它的解釋，都包含在《聖典博伽瓦譚》中。對《聖典博伽瓦譚》一無所知的人，將很難知道《韋丹塔-蘇陀》說的究竟是什麼。

作爲學識淵博的學者，巴塔查爾亞能領會主柴坦亞對他這個所謂著名的韋丹塔主義者的諷刺，因此問主柴坦亞：對祂聽不懂的地方，祂爲什麼不提出詢問。巴塔查爾亞能明白主柴坦亞在聽他講解期間不發一言的目的——這說明主柴坦亞心中有想法。爲此，巴塔查爾亞要求主柴坦亞揭示祂內心的想法。

祂就韋丹塔發表的談話

這時，主柴坦亞開始說話了。祂說：“親愛的先生，我能理解《韋丹塔-蘇陀》中說的‘絕對真理是萬事萬物的起源(janmādy asya yataḥ)’，‘必須從權威經典學習絕對真理的知識(śāstra-yonitvāt)’，以及‘詢問絕對真理的時刻到了(athāto brahma jijñāsā)’等箴言的意思，但當你以你自己的方式解釋時，它們變得讓我很難理解了。那些箴言的意思本來已經很清楚，但你用你的解釋遮蓋了本來很明顯的意思。你不直接接受那些箴言的意思，卻間接地加入你自己的解釋。”

就這樣，主柴坦亞抨擊了所有爲達到自己的目的而用自己有限的思考力解釋《韋丹塔-蘇陀》，以追趕潮流的所謂韋丹塔主義者。祂以此方式譴責了那些拐彎抹角地解釋《韋丹塔-蘇陀》等真正典籍的行爲。

主柴坦亞接著說：“聖維亞薩戴瓦總結了《韋丹塔-蘇陀》中那些奧義書裡所含的讚美詩(mantras)的直接意思。不幸的是，你不接受其中的直接意思，而以不同的方式拐彎抹角地解釋它們。

“韋達經(Vedas)的權威性無可挑戰且毋庸質疑。韋達經中所說的一切都必須予以全盤的接受，否則就是在挑戰韋達經的權威。

“海螺和牛糞分別是兩種生物體的骨頭和糞便。但由於韋達經中說它們是純淨的，人們便出於對韋達經的權威性的認可而予以接受。”

要明白的是：人不能把自己不完美的推理置於韋達經的權威之上。我們必須原原本本地執行韋達經中的指示，而不加任何世俗的推理。韋達訓諭的所謂追隨者們以自己的方式解釋韋達訓諭，從而建立韋達宗教的各種不同的團體和宗派。佛祖直接否定韋達經的權威性，建立了自己的宗教。正因爲如此，嚴格遵循韋達經的人不接受佛教。然而，那些所謂遵循韋達經的人，比佛教徒更有害。佛教徒有勇氣直接否定韋達經，但所謂的“韋達經遵循者”沒有膽量否定韋達經，而是間接地違背所有的韋達經的訓諭。主柴坦亞譴責了這種人。

就有關這方面，主柴坦亞舉的海螺和牛糞的例子十分恰當。如果有人爭辯說，“倘若牛糞是純淨的，博學的布茹阿瑪納的糞便就該更純淨”，他的辯論將不會被接受。牛糞被接受爲是純淨的，但地位崇高的布茹阿瑪納的糞便則不是。主柴坦亞繼續說道：

“韋達訓諭自具權威性，如果塵世中有哪個生物體篡改韋達經的闡釋，他就是公然蔑視韋達經的權威性。認爲自己比聖維亞薩戴瓦還要有智慧是荒謬可笑的。聖維亞薩戴瓦在他編纂的經典中已經表達了他要說的內容，根本不需要比他次要的人物去幫助他。他的著作《韋丹塔-蘇陀》如正午的太陽般燦爛，當有人給太陽般自明的《韋丹塔-蘇陀》加上自己的解釋時，他只不過是用自己想象的烏雲遮擋這個太陽。

“韋達經和往世書(Purāṇas)要達到的目的都一樣。它們要弄清比一切都偉大的絕對真理。對絕對真理最高的認識，是認識到擁有絕對控制力量的絕對的人格首神。因此，絕對的人格首神必然是完整地充滿了富有、力量、名望、美麗、知識和棄絕這六種品質。儘管如此，超然的人格首神還是令人驚訝地被說成是不具人格特徵的。

“韋達經中描述的絕對真理的非人格特徵，是爲了去除人對絕對整體的世俗概念。至尊主的人格特徵，與一切種類的世俗特徵截然不同。生物都是個體的人物，都是至尊整體不可缺少的一部份。如果不可缺少的部份都是個體人物，那他們的來源必然不是不具人格特徵的。在所有的人物中，祂是至尊人。

“韋達經告訴我們，一切從祂(布茹阿曼)那裡發散出來，一切都棲息在祂之上；毀滅後，一切都進入祂體內。所以，祂是一切原因的授予原因、動因及提供方面的原因。而這一切不可能是一個不具人格特徵的對象所擁有的。

“韋達經告訴我們，祂獨自一人變出多樣化的一切存在；當祂想這樣時，祂掃視物質自然。在祂掃視物質自然之前，根本沒有物質的宇宙創造。因此，祂的掃視絕非是物質的。當至尊主掃視物質自然時，物質的心智或感官還沒有產生。韋達經中的這些描述證明，至尊主毫無疑問有超然的眼睛和超然的心智。它們不是物質的。所以，描述祂的非人格特徵只不過是對說祂具有物質性的否定，而不是否定祂超然的人格特徵。

“布茹阿曼(Brahman, 梵)最終是指人格首神。對布茹阿曼的非人格特徵的認識，只不過是對物質產物所具有的概念的否定。超靈(Paramātmā)是布茹阿曼在局部區域——一切種類的物質軀體中的展示。對至尊布茹阿曼的最高認識是認識到人格首神，而啓示經典提供的所有證據證明，聖主奎師那就是至尊人格首神。祂是維施努範疇(viṣṇu-tattvas)的最高源頭。

“往世書也是韋達經的補充文獻。對普通人來說，韋達讚歌太難理解了。婦女、庶鐸(首陀羅)和高階層中所謂的再生者，都無法理解韋達經的內涵。爲此，《瑪哈巴茹阿特》和往世書被編纂出來，以便讓人更容易理解韋達經中解釋的真理。布茹阿瑪(Brahmā)在幼童聖奎師那面前祈禱說，以聖南達·瑪哈茹阿佳(Nanda Mahārāja)和雅首達媽姨(Yaśodā-mayī)爲首的布茹阿佳布彌的居民們具有無限的好運，因爲永恆的絕對真理成了他們的親人。

“韋達讚美詩中說，絕對真理沒有腿和手，但行動卻比誰都快，而且接受以奉愛之心向祂供奉的一切。讚美詩後來又明確提示了至尊主的人格特徵，儘管祂的手和腿不同於物質的手、腿或其它感官。

“因此，布茹阿曼從不是不具人格特徵的；但是，當類似這樣的讚美詩被扭曲地解釋後，就會使人錯誤地認爲，絕對真理不具備人格特徵。絕對真理人格首神完全擁有所有的財富，所以祂有一切存在、知識和極樂的超然形象。既然這樣，人怎麼能說絕對真理是不具人格特徵的呢？

“充滿了一切財富的布茹阿曼擁有各種各樣的能量，《維施努往世書》(6.7.60)中權威地把這些能量分爲三類，其中說，主維施努的超然能量主要有三種；祂的靈性能量和生物能量屬於高等能量，而物質能量是滋生愚昧的低等能量。

“生物這種能量梵文術語稱爲邊緣能量(kṣetrajña-śakti)。這種邊緣能量雖然在質上與至尊主一樣，但因爲愚昧而變得受物質能量的控制，從而經受各種各樣的物質痛苦。換句話說，生物屬於介乎高等(靈性)能量和低等(物質)能量之間的邊緣能量，按照生物與物質或靈性能量接觸的深淺程度，生物相應地被置於存在的高等或低等層面上。

“前面談過，至尊主超越低等和邊緣能量，而祂的靈性能量以三個方面展示，那就是：永恆的存在、永恆的極樂和永恆的知識。就永恆存在而言，它由桑迪尼(sandhinī)力量掌管。同樣，極樂和知識分別由拉迪尼(hlādinī)和薩麼維特(saṁvit)力量掌管。作爲能量源頭的至尊主，祂是靈性、邊緣和物質能量的至尊控制者。而所有這些不同種類的能量，都以永恆的奉愛服務的形式與至尊主相連。

“至尊人格首神就這樣以祂超然的永恆形象享樂。有人竟敢稱至尊主沒有能量，那難道不是令人很驚訝的事情嗎？至尊主是一切能量的控制者，而生物是祂不可缺少的一種能量。所以，至尊主與生物之間有著天壤之別。人怎麼能說至尊主和生物是一樣的呢？《博伽梵歌》中也描述說，生物屬於至尊主的高等能量。根據能量與能量擁有者之間的關係密切原則，兩者之間也沒有區別。因此，至尊主與生物從能量擁有者與能量的角度看是沒有區別的。

"土、水、火、空氣、空間、心、智和假我，都是至尊主的低等能量，但生物是與這些不一樣的高等能量。這是《博伽梵歌》(7.4)的說法。

"至尊主的超然形象永恆存在，而且充滿了超然的極樂。這樣的一個形象怎麼可能是物質的善良屬性的產物呢？因此，任何不相信至尊主有形象的人，無疑是不信神的惡魔，所以是不可觸碰的。這種不受歡迎、不配讓人看一眼的人，只配由冥王星的君王去懲罰他。

"佛教徒們之所以被稱爲無神論者，是因爲他們不尊敬韋達經。但上述那些僞裝成韋達經的追隨者，實際上卻公然違抗韋達結論的人，其實比佛教徒們更危險。

"聖維亞薩戴瓦非常仁慈地把韋達知識編入他的《韋丹塔-蘇陀》中，但人如果去聽(以商卡爾傳承爲代表的)假象宗派(Māyāvāda)對這部經典的註解，無疑就會在靈性覺悟的路途上被引入歧途。

"發散理論是《韋丹塔-蘇陀》一開始談論的主題。所有的宇宙展示都由絕對人格首神用祂不可思議的各種能量發散出來。點金石的例子就很適於這個發散理論。點金石可以把無限量的鐵轉變爲金子，但本身不變。同樣道理，至尊主可以用祂不可思議的能量創造所有展示了的世界，但自己仍然保持完整不變。祂是整體(pūrṇa)，儘管祂發散出無數的整體，祂還是完整的整體。

"假象宗派的假象、錯覺理論，是基於以絕對真理發散出其他的一切後就會變質的理論提出的。如果真是這樣，維亞薩戴瓦就錯了。爲了避開這個問題，他們巧妙地提出了假象、錯覺理論。但整個世界或宇宙創造並非假象宗派人士所說的是假的。它只不過不是永恆的存在而已。非永恆的事物不應該被說成是假的。但是，有關物質軀體就是自我的概念無疑是錯誤的。

“韋達經中的帕納瓦(praṇava)也就是歐麼(oṁ)或者歐麼卡爾(oṁkāra)，是最原始的讚美詩。這超然的聲音振盪與至尊主的形象一樣。所有的韋達讚歌都以這句帕納瓦·歐麼卡爾爲基礎。塔特·特瓦麼·阿西(tat tvam asi)只不過是韋達文獻中的一個次要的短語，所以不可能是韋達經的最原始的讚美詩。相對於最原始的歐麼卡爾一詞，聖商卡爾阿查爾亞更強調塔特·特瓦麼·阿西這句次要的短句。”

主柴坦亞接著講解《韋丹塔·蘇陀》，反駁了假象宗派所有的說法。*巴塔查爾亞試圖通過玩邏輯和文法遊戲來爲自己和他的假象宗派辯護，但主柴坦亞以雄辯挫敗了他。主柴坦亞堅定地說，我們都永恆地與人格首神相連，奉愛服務是我們用以交流情感的永恆活動。這樣交流的結果是，我們獲得了對首神的愛(premā)。有了對首神的愛之後，對其他生物的愛很自然地隨之到來，因爲至尊主是所有生物的總體。

主柴坦亞說，要不是韋達經中談了“與神的永恆關係”、“與祂的交流”和“獲得對祂的愛”這三項主題，它其中所有的指示就都是多餘和捏造的。

主柴坦亞進一步說，聖商卡爾阿查爾亞所教授的假象宗哲學，是對韋達經的虛構性解釋。然而，聖商卡爾阿查爾亞不得不這麼教，因爲是人格首神命令他這麼教的。《帕德瑪往世書》(Padma Purāṇa)中說，人格首神命令主希瓦把人類從祂(人格首神)那裡引開。人格首神就這樣被隱藏起來，結果導致人們生育越來越多的人。主希瓦對帕爾瓦緹女神說：“在喀歷年代裡，我將裝扮成一個布茹阿瑪宣傳假象宗哲學。假象

* 在我們的《主柴坦亞的教導》一書中，有對所有這些哲學辯論更詳盡的記載；而對哲學觀點的澄清則記載在《聖典博伽瓦譚》中。

宗哲學不是別的，其實就是陰雲密布的佛教。”

聽了聖主柴坦亞．瑪哈帕布講述的這些內容後，對主柴坦亞講述的內容的驚訝，以及對祂本人的敬畏之情一起湧上巴塔查爾亞的心頭，他啞口無言。主柴坦亞接下來鼓勵巴塔查爾亞，對他說不必驚訝。祂說：“我說為人格首神做奉愛服務是人生最高的目標”。祂接著引述《博伽瓦譚》中的詩文，向他保證：就連全神貫注於心靈和靈性覺悟的解脫了的靈魂，都要為主哈爾依做奉愛服務，因為人格首神所具有的超然品質，甚至吸引解脫了的靈魂的心。

這之後，巴塔查爾亞想要聽主柴坦亞解釋《博伽瓦譚》中的“阿特瑪茹阿瑪(ātmārāma)”(1.7.10)那節詩的含義。主柴坦亞請巴塔查爾亞先解釋，然後自己再解釋。巴塔查爾亞用特殊的邏輯推理方式對那節詩進行了學術性的解釋。他是當時最著名的邏輯學者，因此以邏輯為基礎，用九種不同的方式解釋了那節詩。

聽了巴塔查爾亞的解釋後，主柴坦亞先感謝他以學術的方式講解了那節詩，然後應他的要求，在沒有觸及他所給予的九種解釋的情況下，用另外六十四種不同的方式解釋了那節詩。

聽了主柴坦亞對“阿特瑪茹阿瑪”那節詩(śloka)的解釋後，巴塔查爾亞堅信：這種學術性的呈獻，不是地球上的生物體所能給予的。在此之前，聖哥琵納特．阿查爾亞試圖讓他相信主柴坦亞的神性身份，但他那時不能接受。但自從被主柴坦亞對《韋丹塔-蘇陀》的說明及“阿特瑪茹阿瑪”一詩的解釋震驚後，他開始認為自己因為沒有認識到主柴坦亞就是奎師那本人而嚴重地冒犯了主柴坦亞的蓮花足。巴塔查爾亞隨即臣服於主柴坦亞，懺悔自己先前對待祂的方式，主柴坦亞十分仁慈地接受了巴塔查爾亞。出於沒有緣故的仁慈，主柴坦亞先在巴塔查爾亞面前展示了祂的四臂納茹阿亞納(Nārāyaṇa)形象，然後又展現了祂手拿笛子的兩臂主奎師那的形象。

巴塔查爾亞立刻撲倒在主柴坦亞的蓮花足下，憑藉祂的恩典作長詩恰如其分地讚美祂。他所作的讚美主柴坦亞的長詩，近乎有一百個詩節。主柴坦亞隨即擁抱了他，超然的心醉神迷使巴塔查爾亞的肉體失去了知覺，流淚、顫抖、心悸、流汗、感情起伏、跳舞、唱歌、哭喊這八種靈性恍惚的徵象，全都展現在巴塔查爾亞的身上。看到主柴坦亞的恩典令姐夫發生了這種不可思議的變化，聖哥琵納特・阿查爾亞感到非常驚訝和高興。

在巴塔查爾亞所作的讚美主柴坦亞的那首有一百個詩節的著名長詩中，以下兩個詩節的內容最重要。這兩節詩重點解釋了主柴坦亞的使命。

一、我歸依人格首神，祂現在顯現為聖主柴坦亞・瑪哈帕布。祂是一切仁慈之洋，現在降臨下來教我們如何超脫物質世界，給我們知識，教我們為至尊主本人做奉愛服務的藝術。

二、由於為至尊主做純粹的奉愛服務的藝術被淹沒在時間的長河中，至尊主顯現，以恢復那些原則，因此我恭恭敬敬地向祂的蓮花足頂禮。

主柴坦亞解釋，穆克提(mukti)一詞等同於維施努(Viṣṇu)一詞，也就是人格首神。要獲得穆克提——擺脫物質存在的束縛，就是要獲得為至尊主服務的機會。

祂與茹阿瑪南達・若依的會晤

主柴坦亞接著啓程去南印度一段時間；在途中，祂把祂遇到的人都轉變成了聖主奎師那的奉獻者。這些奉獻者又使其他許多人改信奉愛服務教派(Bhāgavata-dharma)。接下來，主柴坦亞到了哥達瓦瑞(Godāvarī)河岸邊，在那裡遇到了聖茹阿瑪南達・若依(Rāmānanda Rāya)，他那時代表奧瑞薩的君王帕塔帕茹鐸・瑪哈茹阿佳當馬德拉斯州的州長。就有關超然知識的更高覺悟而言，主柴坦亞與茹阿瑪南達・若依的談話內容十分重要。我們雖然已經以小冊子的形式出版了他們的談話內容，但還是應該在此做一個摘要。

聖茹阿瑪南達·若依是解脫了的靈魂。儘管從外表看，他的社會地位低於布茹阿瑪納(婆羅門)，而且他不是托缽僧，相反是高級政府官員，但聖柴坦亞·瑪哈帕布卻基於他對超然知識的高度覺悟而把他視爲解脫了的靈魂。同樣，主柴坦亞把來自穆斯林家庭的聖哈瑞達斯·塔庫爾(Haridāsa Ṭhākura)接受爲是至尊主的資深奉獻者。至尊主還有許多其他的優秀奉獻者，分別來自不同的團體、宗派和社會階層。主柴坦亞只根據每個人的奉愛服務水準作評判；祂不考慮出身、頭銜等與肉體有關的外在因素，而只關心內在的靈魂及其活動。因此要瞭解：聖主柴坦亞·瑪哈帕布所有的傳教活動都是靈性的，所以祂的教派——聚眾歌頌神的聖名(Bhāgavata-dharma)教派，與世俗的社會、政治、經濟發展等生活領域毫無關係。《聖典博伽瓦譚》是專門爲滿足靈魂超然的渴望而編纂的。

主柴坦亞在哥達瓦瑞河岸邊遇到聖茹阿瑪南達·若依時，向他談起了印度人所遵循的社會四階層和靈性四階段制度(varṇāśrama-dharma)。聖茹阿瑪南達·若依說：靠遵循人類生活中的社會四階層和靈性四階段制度，任何人都能覺悟到神的超然存在。主柴坦亞的看法是：就有關對靈性價值的高度覺悟而言，社會四階層和靈性四階段制度所起的作用非常小，僅僅是作一些表面文章而已。人生最高的完美境界是：超脫對物質世界中各種人事物的依戀，深入瞭解對至尊主的超然愛心服務的藝術。人格首神接納在這條路上向前邁進的生物。因此，奉愛服務是培養一切知識所獲得的最高成就。當至尊人格首神聖奎師那爲拯救所有墮落的靈魂而降臨時，祂這樣忠告要獲得拯救的眾生說：所有的生物都來自至尊絕對的人格首神，所以必須用各自從事的活動崇拜祂，因爲我們所看到的一切都是祂能量的擴展。那才是真正的達到完美的途徑，過去和現在所有真正的靈性導師都承認這一點。社會四階層和靈性四階段制度或多或少是建立在倫理道德原則的基礎上，對覺悟神的超然存在所起的作用非常小。聖主柴坦亞・瑪哈帕布把這種制度視爲是作表面文章而加以拒絕；祂要求聖茹阿瑪南達・若依就如何覺悟神的超然存在給予進一步的建議。

聖茹阿瑪南達・若依接著建議要把功利性活動獻給至尊主。有關這一點，《博伽梵歌》第 9 章的第 27 節詩中勸告說："無論你做什麼，吃什麼，供奉或施捨什麼，從事什麼苦行，都應該把它們當作給我的供奉去做。" 聖茹阿瑪南達・若依就有關活動者獻出自己的活動給人格首神的建議，使人向人格首神更邁進了一步；這雖然比單純的社會四階層和靈性四階段制度只能讓人覺悟至尊神的非人格概念要好一些，但生物與至尊主的關係在那種交流方式中還是顯得不清楚。所以主柴坦亞拒絕了這一建議，要求茹阿瑪南達・若依提出進一步的建議。

茹阿瑪南達・若依接下來建議放棄社會四階層和靈性四階段制度，直接做奉愛服務。主柴坦亞考慮到人突然打破他現有的狀態，也許並不能帶來預期的結果，因此沒有同意這個建議。

以恭順的態度聆聽的重要性

茹阿瑪南達・若依進一步說：對生物來說，獲得靈性覺悟，擺脫生命的物質概念是他可以獲得的最高成就。主柴坦亞沒有同意這種說法，因爲不講道德的人就是以這種靈性覺悟爲藉口制造了很多大混亂；所以突然改變現狀是不可能的。茹阿瑪南達・若依隨後又提出一個建議，那就是：與覺悟了自我的靈魂聯誼，以恭順的態度聆聽有關人格首神娛樂活動的超然信息。主柴坦亞欣然接受了茹阿瑪南達・若依的這個建議。這條建議是按照布茹阿瑪的教導提出的，布茹阿瑪說：人格首神被稱爲阿吉塔(ajita)——誰都無法征服或接近的人，但這樣的阿吉塔卻可以通過非常簡易的方法使其變成吉塔(jita)—— 被征服的人；這簡單的方法就是，必須去除自以爲是神本人的傲慢態度。人必須非常謙卑恭順，努力通過聆聽覺悟了自我的靈魂超然的講話過一種平靜的生活。覺悟了自我的靈魂總是談論歌頌至尊主及其奉獻者的宗教(Bhāgavata-dharma)。歌頌偉大的人物本是生物的本性，但現代教育體制卻有意訓練他們不去歌頌至尊主。人只要在與至尊主那些覺悟了自我的奉獻者聯誼的情況下歌頌至尊主，就可以獲得完美的人生。*覺悟了自我的奉獻者，是那種把一切全部獻給至尊主，根本不依戀物質成就的人。物質成就與感官享樂，以及為促進這兩者的進展而取得的科技進步，都是人類社會的愚昧活動所造成的結果。斷絕與神及其奉獻者的聯繫的社會，不可能有和平與友誼。因此，真誠地尋找與純粹奉獻者的聯誼，耐心地聆聽他們講的信息並安於生活的現狀，是極為重要的。一個人生活的狀況無論是好是壞，並不妨礙他走覺悟自我的路。人唯一要做的事情就是，有規律地聆聽覺悟了自我的靈魂講述的信息。這樣的靈魂也會按照覺悟了絕對真理的前輩靈性導師的解釋，給我們講授韋達文獻的課程。聖主柴坦亞．瑪哈帕布推薦這個簡單的覺悟自我的方法——通常被稱為歌頌至尊主及其奉獻者的宗教(Bhāgavata-dharma)。《聖典博伽瓦譚》是引領我們達到這一目的的完美嚮導。

主柴坦亞和聖茹阿瑪南達．若依這兩位偉大的人物，除了談論上述這些主題，還談了更高級的靈性話題。我們現在有意不談那些話題，是因為人必須達到靈性層面後，才能聽主柴坦亞與聖茹阿瑪南達．若依所談的那些內容。我們在另一本書(《主柴坦亞的教導》)中呈獻了聖茹阿瑪南達．若依與主柴坦亞所談的更深層次的內容。

在這次會面即將結束時，主柴坦亞建議聖茹阿瑪南達．若依從他所服務的政府部門退休，然後到普瑞來；這樣，他們就能生活在一起，品味奎師那與奉獻者之間的超然情感了。這次會面後過了一段時間，聖茹阿瑪南達．若依退休並從國王那裡領取了一筆退休金，回到了他在普瑞的住所。他是主柴坦亞在普瑞時最信任的奉獻者之一。普瑞還有一個名叫希克伊．瑪黑提(Śikhi Māhiti)的紳士，他與茹阿瑪南達．若依一樣也

* 國際奎師那意識協會就是為達到這一目的建立的。

是主柴坦亞極爲信任的奉獻者之一。主柴坦亞經常與祂在普瑞的三到四個奉獻者談論機密的靈性話題，以那種方式度過了十八年靈性狂喜的時光。祂的談話都由祂的私人秘書聖達摩達爾·哥斯瓦米記錄了下來。聖達摩達爾·哥斯瓦米是祂的四個最親密的奉獻者之一。

主柴坦亞走遍了印度南部所有的地方。瑪哈茹阿施陀(Mahārāṣṭra)一地有個名叫聖圖卡茹阿瑪(Tukārāma)的偉大聖人，也得到主柴坦亞的啓迪。聖圖卡茹阿瑪接受主柴坦亞的啓迪後，把聚眾歌頌神的聖名(saṅkīrtana)運動以排山倒海之勢傳遍了瑪哈茹阿施陀，這超然的洪流至今仍在偉大的印度西南半島湧流著。

主柴坦亞在南印度發掘出兩部重要的古老典籍——《布茹阿瑪-薩密塔》(Brahmā-saṁhitā)和《奎師那-卡爾納姆瑞塔》(Kṛṣṇa-karṇāmṛta)，奉愛傳承中的人被允許研讀這兩部珍貴的著作。結束了南印度之旅後，主柴坦亞回到普瑞。

小哈瑞達斯事件的教訓

祂回到普瑞，使所有焦慮不安、心急如焚的奉獻者們又恢復了他們的正常生活。主柴坦亞在普瑞繼續祂未完的超然覺悟的娛樂活動。在那段時間發生的最重要的事情是，祂同意帕塔帕茹鐸王僅見祂。帕塔帕茹鐸王是至尊主優秀的奉獻者，他把自己當作至尊主委派清掃神廟的僕人之一。聖柴坦亞·瑪哈帕布非常欣賞帕塔帕茹鐸王的這種服從的態度。帕塔帕茹鐸王請求巴塔查爾亞和茹阿瑪南達·若依安排他與主柴坦亞會面。然而，當主柴坦亞的這兩位忠誠的奉獻者向主柴坦亞提出他的請求時，主柴坦亞斷然拒絕了他的請求，儘管這請求是由茹阿瑪南達·若依和薩瓦寶瑪·巴塔查爾亞這兩位與主柴坦亞私交密切的奉獻者提出的。主柴坦亞堅持說：與婦女及具有金錢意識的世俗之人有親密的接觸，對一個托缽僧來說是危險的。主柴坦亞是托缽僧的完美典範。沒有婦女可以接近主柴坦亞，哪怕是爲了致敬都不行。婦女的座位被安置在遠離主柴坦亞的地方。作爲一名理想的教師和靈性導師(ācārya)，祂嚴格按照托缽僧的標準行事。主柴坦亞不僅是化身降臨的神本人，還是人類的典範。祂的行爲舉止從不會讓人產生絲毫質疑。在祂以靈性導師的身份行事時，祂比霹靂還強硬，比玫瑰還柔軟。祂的一個同伴小哈瑞達斯(Haridāsa)因爲用好色的目光瞥了一眼一個年輕女子而鑄成大錯，主柴坦亞作爲超靈可以看穿小哈瑞達斯內心閃過的性慾，于是立刻把他趕走，不再允許他聯誼；而且，無論有誰請求主柴坦亞原諒小哈瑞達斯犯的錯誤，主柴坦亞都從沒有再接納過他。小哈瑞達斯後來因爲不能再與主柴坦亞在一起而結束了自己的生命。他自殺的消息被正式告知給主柴坦亞，即使到那時，主柴坦亞都沒有原諒他犯的錯誤，而是說，小哈瑞達斯得到了應有的懲罰。

主柴坦亞知道，棄絕階層的生活原則和紀律是不容妥協的。所以，祂雖然知道帕塔帕茹鐸王是卓越的奉獻者，但僅僅因爲他有金錢意識，所以還是拒絕見他。主柴坦亞想要藉由這個例子強調超然主義者正確的行爲舉止。超然主義者與婦女和金錢沒有關係。他必須始終避免與這兩者的親密接觸。然而，憑藉奉獻者們巧妙的安排，帕塔帕茹鐸王還是得到了主柴坦亞的優待。這意味著，至尊主心愛的奉獻者可以比至尊主本人更慷慨地給予初習者以恩典。因此，純粹的奉獻者從不冒犯另一位純粹奉獻者的蓮花足。如果冒犯至尊主本人的蓮花足，至尊主有時還仁慈地給予原諒，但冒犯奉獻者的蓮花足對真正想在奉愛服務路途上取得進步的人來說是極爲危險的。

聚眾歌頌神的聖名運動的力量

主柴坦亞留在普瑞時，祂的奉獻者經常在主佳干納特的茹阿塔-亞陀(Ratha-yātrā)車節期間來看祂，人數多達好幾千。在車節期間，由主柴坦亞親自監督著清洗貢地查(Guṇḍicā)神廟是一項重要的工作。主柴坦亞開展的聚眾歌頌神的聖名運動，對普瑞的民眾來說是天下無雙的。那是把大眾的注意力轉向靈性覺悟的方法。主柴坦亞開創了聚眾歌頌神的聖名的運動；所有國家的領袖都可以利用這個靈性運動，以使人民大眾保持友好地和平共處的純潔狀態。這現在是全體人類社會的迫切需求。

在普瑞住了一段時間後，主柴坦亞再次啓程，開始祂印度北部的旅程。祂決定朝拜溫達文及其鄰近的地方。祂穿過佳瑞康達(Jharikhaṇḍa)叢林，那裡所有的野生動物也都加入了祂的歌頌神的聖名運動。凶猛的老虎，大象、熊和溫馴的鹿一起給主柴坦亞伴唱，主柴坦亞與牠們一起歌唱。通過這麼做，主柴坦亞給世人證明：普及聚眾歌頌神的聖名運動，就連凶猛的野獸都能友好地和平共處，更不要說文明的人類了。在這個世界上，沒人會拒絕參加聚眾歌頌神的聖名運動，而主柴坦亞開展的這個運動也不限制任何階層、宗教、膚色的人或各個物種的生物體參加。這裡就是對祂偉大的使命的直接證明：祂甚至允許野獸動物參加祂這個非凡的運動。

在祂從溫達文返回的路途上，祂先到了帕亞哥(Prayāga)，在那裡見了茹帕・哥斯瓦米(Rūpa Gosvāmī)和他弟弟阿努帕瑪(Anupama)。祂接著來到貝拿勒斯(Benares)—— 瓦茹阿納希(Vārāṇasī)，用兩個月的時間教授聖薩納坦・哥斯瓦米(Sanātana Gosvāmī)超然的科學。薩納坦・哥斯瓦米(以前名叫沙卡爾・瑪力卡)曾在地方行政官胡森王統治下的孟加拉政府任內閣大臣。與主柴坦亞見過面後，他決定跟隨主柴坦亞，所以辭退了政府職位(主柴坦亞給聖薩納坦・哥斯瓦米的教導內容很多，所以我們不可能在此呈獻全部的內容，只好在第 39 頁摘錄些主要的內容)。

在瓦茹阿納希(Vārāṇasī)，主柴坦亞還當了聖塔帕納・彌刷(Tapana Miśra)和昌鐸矖卡爾的賓客，一名來自瑪哈茹阿施陀的布茹阿瑪納協助他們招待主柴坦亞。當時，瓦茹阿納希由一個名叫聖帕卡沙南達・薩茹阿斯瓦提的假象宗派的大托缽僧領導。主柴坦亞在瓦茹阿納希時，由於開展聚眾歌頌神的聖名運動，人民大眾變得更受主柴坦亞・瑪哈帕布的吸引。祂所到之處，特別是維施瓦納特(Viśvanātha)神廟，好幾千的朝聖者就會跟隨祂，其中有些人是受祂的身體特徵的吸引，有些是被祂歌頌至尊主的聖名時用的優美旋律所吸引。

假象宗派的托缽僧都稱他們自己是納茹阿亞納(Nārāyaṇa)。瓦茹阿納希至今仍住滿了眾多的假象宗派的托缽僧。有些人在主柴坦亞的聚眾歌頌神的聖名的隊伍中看到主柴坦亞後，認爲祂才是真正的納茹阿亞納。這消息傳到了大托缽僧帕卡沙南達的總部裡。

在印度一直存在著假象宗派(Māyāvāda)和奉愛宗派(Bhāgavata)之間的靈性對抗，因此當有關主柴坦亞的消息傳到帕卡沙南達的耳朵裡時，他知道主柴坦亞是外士納瓦托缽僧，所以在向他匯報消息的人面前表現出對主柴坦亞的重要性的極度蔑視。他聲稱不讚成主柴坦亞的活動，因爲祂推廣聚眾歌頌神的聖名運動，而在他看來，那只不過是宗教性的多愁善感而已。帕卡沙南達對《韋丹塔-蘇陀》有深入的研究，他忠告他的追隨者們把注意力集中在研究《韋丹塔-蘇陀》上，而不要沈迷於參加聚眾歌頌神的聖名運動。

一個成爲主柴坦亞的奉獻者的布茹阿瑪納，不喜歡聽帕卡沙南達對主柴坦亞的批評，于是到主柴坦亞那裡表達自己的遺憾。他告訴主柴坦亞，當他在托缽僧帕卡沙南達面前說出主柴坦亞的名字時，帕卡沙南達強烈地抨擊了主柴坦亞。令那位布茹阿瑪納感到驚訝的是，托缽僧帕卡沙南達雖然可以好幾次說出柴坦亞的名字，但卻一次都發不出奎師那的聲音振盪。

主柴坦亞微笑地向那位奉獻者布茹阿瑪納解釋了假象宗人士(Māyāvādī)發不出奎師那聖名的原因。祂說：“假象宗派的人雖然一直在發出布茹阿瑪(brahma)、阿特瑪(ātmā)或柴坦亞(caitanya)等聲音，但卻冒犯了奎師那的蓮花足。而由於他們冒犯了奎師那的蓮花足，他們實際上無法發出奎師那聖名的聲音。奎師那的名字和人格首神奎師那本人是一樣的。在絕對的區域內，絕對真理的名字、形象和絕對真理本人之間沒有區別，因爲在絕對的區域內，一切都是超然極樂的。人格首神奎師那的靈魂和軀體沒有分別。祂不同於那些始終與外在軀體有區別的生物。由於人格首神奎師那的地位太超然，外人很難真正瞭解祂的聖名和形象等。祂的名字、聲望、形象和娛樂活動都是超然的一體，靠操練物質的感官根本無法瞭解這一切。

“至尊主超然的娛樂活動中所有的超然關係，是比通過覺悟布茹阿曼(梵)或與至尊者合一所體驗到的極樂還要快樂得多的源泉。如果事實不是這樣，那些已經處在布茹阿曼的超然極樂中的靈魂，就不會被至尊主的娛樂活動的超然極樂所吸引了。”

祂與假象宗派托缽僧帕卡沙南達的談話

這之後，主柴坦亞的奉獻者安排了一次盛大的集會，邀請了所有的托缽僧，包括主柴坦亞本人和帕卡沙南達。在這次聚會上，兩位學者(主柴坦亞和帕卡沙南達)就有關聚眾歌頌神的聖名運動的靈性價值問題進行了長談，摘要如下：

假象宗派的大托缽僧帕卡沙南達詢問主柴坦亞：相比較研究《韋丹塔-蘇陀》而言，祂更喜歡聚眾歌頌神的聖名運動的原因是什麼。帕卡沙南達說：托缽僧的責任是研究《韋丹塔-蘇陀》，是什麼原因使主柴坦亞沈迷於聚眾歌頌神的聖名呢？

聽了帕卡沙南達的詢問，主柴坦亞謙恭地回答道：“相比較研究《韋丹塔-蘇陀》而言，我之所以更喜歡聚眾歌頌神的聖名運動，是因爲我是個大傻瓜。”就這樣，主柴坦亞把自己說成是這個年代裡根本沒有能力研究韋丹塔哲學的無數傻瓜中的一員。沈溺於研究《韋丹塔-蘇陀》的傻瓜們，給社會制造了許許多多混亂。所以主柴坦亞繼續說：“由於我是個大傻瓜，我的靈性導師禁止我研究韋丹塔哲學。他說我最好吟誦、吟唱至尊主的聖名，因爲那將使我擺脫物質束縛。

“在這個喀歷年代裡，除了靠吟誦、吟唱至尊主的聖名來歌頌祂，沒有其它的宗教，而這是所有啓示經典的訓諭。我的靈性導師教了我一節詩(記載在《畢爾漢-納茹阿迪亞往世書》中)，那就是：在這個喀歷年代裡要覺悟自我，除了歌唱主哈爾依的聖名、歌唱主哈爾依的聖名、歌唱主哈爾依的聖名，沒有其它的方法、沒有其它的方法、沒有其它的方法(harer nāma harer nāma harer nāmaiva kevalam kalau nāsty eva nāsty eva nāsty eva gatir anyathā)。

“所以，聽從我靈性導師的命令，我吟誦、吟唱哈爾依的聖名，現在我爲這聖名而瘋狂。每當我說出聖名，我就變得忘乎所以，像個瘋子一樣時而大笑、時而哭泣，時而舞蹈。我認爲這個吟誦、吟唱程序實際上使我失去了理智；當我向靈性導師詢問有關這一點時，他告訴我：這是吟誦、吟唱聖名的真正效果——產生了罕見的超然情感。那是愛至尊神的徵象，而愛至尊神是生命的最高目標。對神的愛超越解脫(mukti)，因此被稱爲靈性覺悟的第五個階段，這階段甚至高於解脫的階段。吟誦、吟唱奎師那的聖名，可以使人達到愛至尊神的階段，好在我幸運地得到了祝福。”

聽了主柴坦亞的這番說明，假象宗派托缽僧帕卡沙南達詢問主柴坦亞：吟誦、吟唱聖名的同時研究《韋丹塔-蘇陀》會有什麼害處。帕卡沙南達很清楚：主柴坦亞是納瓦兌帕的一個學識極其淵博的學者，以前的名字是尼邁．潘迪特，祂把自己說成是大傻瓜，其中必有原因。聽了托缽僧帕卡沙南達詢問的這個問題，主柴坦亞微笑著說“親愛的先生，如果你不介意的話，我將回答你的問題。”

在場所有的托缽僧都因爲主柴坦亞的坦率而很喜歡祂，所以同聲回答他們不會介意祂回答的內容。主柴坦亞于是便回答道：

“《韋丹塔-蘇陀》由超然的人格首神說出的超然話語或聲音組成，因此其中不可能有錯誤、幻想、欺騙或廢話等任何人類的缺陷。奧義書(Upaniṣads)的信息都在《韋丹塔-蘇陀》中表達了，那裡所說的一切無疑都是直接的讚美。然而，商卡爾阿查爾亞所給予的解釋與經典的內容沒有直接關係，因此這樣的評註糟蹋了一切。

“布茹阿曼(梵)一詞是指一切當中最偉大的，其中充滿了超然的財富，優於一切的。布茹阿曼最終是指人格首神，拐彎抹角的解釋及把祂說成是沒有人格特徵的作法把祂遮了起來。靈性世界裡的一切，包括至尊主的形象、身體、地方和隨身用品，都充滿了超然的極樂，都永恆地具有意識，永恆的快樂。商卡爾阿查爾亞這樣解釋《韋丹塔-蘇陀》並不是他的錯誤，但誰要是接受了這種解釋，誰無疑就毀了。同意說人格首神的超然身體是由某種物質構成的人，無疑是對人格首神最大的不敬。”

就這樣，主柴坦亞對瓦茹阿納希的托缽僧說了祂在普瑞對巴塔查爾亞說的內容幾乎相同的一番話，用祂的雄辯駁斥了假象宗派對《韋丹塔-蘇陀》的解釋。在場所有的托缽僧都斷言，主柴坦亞是韋達經的人格化身，是人格首神本人。所有的托缽僧都改信奉愛(bhakti)教派，都接受了聖主奎師那的聖名；他們把主柴坦亞團團圍住，與祂一起用餐。托缽僧們的這種轉變，擴大、提高了主柴坦亞在瓦茹阿納希的聲望，好幾千人聚攏來看主柴坦亞本人。主柴坦亞廢除了獲得靈性覺悟的所有其它體系，建立了神聖的聚眾歌頌神的聖名的宗教(Śrīmad-Bhāgavata-dharma)。那之後，瓦茹阿納希所有的人都沉浸在超然的聚眾歌頌神的聖名的運動中。

主柴坦亞住在瓦茹阿納希期間，薩納坦．哥斯瓦米辭退政府職務後也趕到了那裡。他以前是地方行政官胡森王統治下的孟加拉政府的一個內閣大臣，辭退這一政府職務時遇到很大的困難，因爲地方行政官不甘願讓他離開。儘管如此，他最終還是到了瓦茹阿納希，主柴坦亞在那裡教授他有關奉愛服務的原則。祂教導薩納坦．哥斯瓦米的內容包括：生物的原本地位；生物受制於物質環境的原因；生物與人格首神的永恆關係；至尊人格首神的超然地位；祂擴展出的各種完整擴展及化身；祂對宇宙各個部份的控制；祂超然住所的性質；奉愛活動，以及這些活動不同的發展階段；要逐步達到不同的靈性完美階段所該遵守的規範守則；

不同年代中的不同化身所具有的特徵，以及如何參考啓示經典的內容認出這些化身。

《永恆的主柴坦亞經》中用很大的一章，記載了主柴坦亞對薩納坦・哥斯瓦米的教導內容，要詳細地解釋整個教導需要用一部書的篇幅。因此，我們以《柴坦亞的教導》呈獻了祂對薩納坦・哥斯瓦米的教導。

至尊主走訪了瑪圖茹阿和溫達文

在瑪圖茹阿(Mathurā)，主柴坦亞走訪了所有重要的地方。那之後，祂到達了溫達文。儘管主柴坦亞顯現在一個高階層布茹阿瑪納家庭中，而且作爲托缽僧，祂是所有處在社會四階層和靈性四階段人士的訓導老師，但祂曾經接受來自各個社會階層的外士納瓦給祂提供的食物。在瑪圖茹阿，薩諾迪亞・布茹阿瑪納(Sanoḍiyā brāhmaṇa)被視爲是社會中的低階層布茹阿瑪納，但主柴坦亞也在這樣的布茹阿瑪納家中進餐，因爲這爲布茹阿瑪納是瑪達文朵・普瑞(Mādhavendra Purī)的門徒。

在溫達文，主柴坦亞在二十四個重要的沐浴點(ghāṭa)沐浴。祂行遍了所有十二個重要的森林(vana)。在這些森林裡，所有的乳牛和飛禽都歡迎祂，彷彿祂是牠們的老朋友。主柴坦亞也擁抱森林中所有的樹木，這樣做使祂感到了超然的狂喜並展示了所有的狂喜徵兆。祂有時昏倒在地，但吟誦、吟唱奎師那的聖名就會使祂清醒過來。主柴坦亞在溫達文的森林裡漫遊期間，祂身上所展現出的超然徵象都極爲獨特，根本無法解釋，我們只能給予大概的描述。

主柴坦亞在溫達文朝拜過的一些重要的地點分別是：卡迷亞文(Kāmyavana)、阿迪施瓦爾(Ādīśvara)、帕瓦納-薩若瓦爾(Pāvana-sarovara)、卡迪爾文(Khadiravana)、蛇薩沙伊(Śeṣaśāyī)、凱拉-提爾塔(Khela-tīrtha)、般迪茹阿文(Bhāṇḍīravana)、巴鐸文(Bhadravana)、施瑞文(Śrīvana)、勞哈文(Lohavana)、瑪哈文(Mahāvana)、哥庫拉(Gokula)、卡利亞湖(Kāliya-hrada)、杜瓦達沙迪提亞(Dvādaśāditya)和凱西-提爾塔(Keśī-tīrtha)

等。祂看到跳茹阿薩舞(rāsa-līlā)的地點時，立刻在神性的心醉神迷狀態中摔倒在地。祂在溫達文期間，把祂的總部設在了阿庫茹阿-嘎塔(Akrū-ra-ghāṭa)。

祂使印度西北邊境的阿富汗人改信外士納瓦教

在溫達文，主柴坦亞的私人僕從奎師那達斯・維帕(Kṛṣṇadāsa Vipra)勸祂回帕亞哥，於瑪哥哈-梅拉(Māgha-melā)期間在帕亞哥沐浴。主柴坦亞同意這個提議，他們于是啓程去帕亞哥。在路上，他們遇到有些住在印度西北邊境的阿富汗人(Prayāga)，在他們中間有一位博學的神學家(Moulana)。主柴坦亞與這位神學家及他的同伴進行了交談，使神學家確信，在《可蘭經》中也有對奎師那及奉愛宗教(Bhāgavata-dharma)的描述。結果，那些住在印度西北邊境的阿富汗人都改變信仰，開始信奉主柴坦亞的奉愛服務教。

主柴坦亞回到帕亞哥時，與聖茹帕・哥斯瓦米和他弟弟在賓杜-瑪達瓦(Bindu-mādhava)神廟附近相見。這一次，帕亞哥的人民更加崇敬地歡迎了主柴坦亞。當時住在帕亞哥河對岸的一個名叫阿戴拉(Āḍāila)村落中的瓦拉巴・巴塔(Vallabha Bhaṭṭa)，要在自己的總部裡接待主柴坦亞；但在去那裡的途中，主柴坦亞跳進了雅沐娜河。大家費了九牛二虎之力才把處在昏迷狀態的祂撈上岸。最後，祂終於走訪了瓦拉巴・巴塔的總部。這位瓦拉巴・巴塔曾是主要欽佩主柴坦亞的人之一，但他後來開啓了自己的傳承——瓦拉巴傳承(Vallabha-sampradāya)。

在帕亞哥的達沙斯瓦梅達下河沐浴處的岸邊台階上(Daśāśvamedha-ghāṭa)，主柴坦亞一連十天教導茹帕・哥斯瓦米爲至尊主做奉愛服務的科學。祂告訴茹帕・哥斯瓦米，物質世界的生物體共有八百四十萬種。接著，祂告訴茹帕・哥斯瓦米對人類的劃分。在人類中，祂論述了韋達原則的追隨者，以及其中的功利性活動者。祂接著談了功利性活動者當中的經驗主義哲學家，以及其中解脫了的靈魂。祂說，聖主奎師那真正純粹的奉獻者極爲罕見。

聖茹帕·哥斯瓦米是薩納坦·哥斯瓦米的弟弟；他從政府部門退休後，帶回家裝滿了兩條船的金幣。這意味著他用他的勞動換回並積累了上百萬的盧比。他在離開家去見主柴坦亞·瑪哈帕布之前，把這筆錢財作了如下的分配，即：百分之五十用於爲至尊主和祂的奉獻者服務，百分之二十五留給親屬，另外的百分之二十五留在個人緊急需要時用。他以這種方式爲所有的居士樹立了榜樣。

奉愛服務路途上的障礙

主柴坦亞教導茹帕·哥斯瓦米有關奉愛服務的一切，把奉愛服務比作是一根蔓藤，忠告他要小心翼翼地保護好這根奉愛蔓藤，不要讓"冒犯純粹奉獻者"這頭瘋狂的大象去糟蹋它。除此之外，還要保護這根蔓藤，使其免受感官享樂、一元論的解脫及獲得神秘瑜伽之神通的影響。它們都是奉愛服務征途上的有害物。同樣，用暴力對待眾生，想要獲得塵世的利益、塵世的名望和大眾的歡迎，都不利於奉愛(Bhāgavata-dharma)蔓藤的成長。

做純粹奉愛服務的人必須免於所有的感官享樂慾望，不圖名、不圖利，不培養一元論的知識；必須去除一切分別心。當人變得超然純潔時，就可以用純淨的感官爲至尊主做服務了。

人只要還有一絲一毫的感官享樂慾望、與至尊者合一的慾望或擁有神通的慾望，就談不上到達了純粹奉愛服務的階段。

奉愛服務分兩個階段：基礎練習做奉愛服務的階段，以及出於不由自主的情感做奉愛服務的階段。當人上昇到出於不由自主的情感做奉愛服務的階段時，他就可以藉由靈性的依戀、感情、愛取得不斷的進步，上昇到許多無法用世俗語言表達的奉愛生活的更高境界。我們嘗試著在我們的《奉愛的甘露》一書中解釋奉愛服務的科學。《奉愛的甘露》一書，以聖茹帕·哥斯瓦米所著的《奉愛服務的純粹甘露之洋》(Bhaktirasāmṛta-sindhu)爲基礎寫成。

在超然的奉愛服務中，奉獻者與至尊主有五個階段的交流：

一、剛剛擺脫物質束縛後的自我覺悟狀態，稱爲中性階段(śānta)。

二、那之後，當有了對至尊主的內在財富的進一步的超然認識後，奉獻者達到以僕人(dāsya)的心態做服務的階段。

三、發展出與至尊主相互尊重的兄弟友愛關係，再進一步就展示出了與至尊主平等相處的友情。這兩個階段都稱爲以朋友的心態做奉愛服務的階段(sākhya)。

四、在這些階段之上的是對至尊主產生了父母般的感情，而這稱爲以父母般的情感爲至尊主做奉愛服務階段(vātsalya)。

五、最高級的階段是對至尊主產生了情侶之愛(mādhurya)，這個階段雖然在質上與上述階段沒有分別，但卻是愛神的最高階段。

就這樣，主柴坦亞把奉愛科學傳授給茹帕·哥斯瓦米，並委托他去溫達文發掘至尊主從事過超然的娛樂活動的地點。這以後，主柴坦亞回到瓦茹阿納希，拯救那裡的托缽僧，教導茹帕·哥斯瓦米的哥哥。這些我們在上面已經談過了。

純粹奉獻者祈禱的八個内容

主柴坦亞寫下來的教導只有稱爲八訓規(Śikṣāṣṭaka)的八節詩(ślokas)。有關祂的神性教導的其它大量文獻，都是由主柴坦亞的主要追隨者——溫達文的六位哥斯瓦米和他們的追隨者寫的。柴坦亞的哲學教導是世上內容最豐富的教導，被公認爲是當代放之四海而皆準且充滿活力的宗教(viśva-dharma)。我們很高興有像巴克提希丹塔·薩茹阿斯瓦提·哥斯瓦米·瑪哈茹阿佳(Bhaktisiddhānta Sarasvatī Gosvāmī Mahārāja)及他的門徒那樣熱心的聖人在傳播這一宗教。我們應該渴盼聖主柴坦亞·瑪哈帕布開創的聚眾歌頌神的聖名的宗教(Bhāgavata-dharma)——愛神的宗教(prema-dharma)所帶來的快樂日子。

主柴坦亞寫下的八訓規的全部內容是：

(一)榮耀歸於聚眾歌頌聖主奎師那聖名的運動(Śrī Kṛṣṇa saṅkīrtana)。這運動清除心中經年積累的灰塵，熄滅受制約生活的火焰——生死輪迴的火焰。這聚眾歌頌神的聖名運動傳播月亮恩澤的光芒，是對全人類最大的祝福。它是一切超然知識的生命。它擴展了超然極樂的海洋。它讓我們能夠充分品嚐我們渴望已久的甘露。

(二)我的主啊！僅僅您的聖名就能賜予眾生所有的祝福，因此您有千百萬個如奎師那和哥文達(Govinda)那樣的名字。您將您所有的超然能量注入這些超然的名字。歌頌這些聖名甚至沒有一成不變的規定。我的主啊，出於仁慈，您讓我們藉由歌頌您的聖名輕易地接近您，可是我太不幸，以致這些聖名吸引不了我。

(三)人應該以謙卑的心態歌頌至尊主的聖名，認爲自己比路上的一根稻草還要卑微；人應該比一棵樹還要寬容、忍受，沒有絲毫虛榮感，願意向他人致以所有的敬意。有這種心態的人可以一直不斷地歌頌至尊主的聖名。

(四)全能的主啊！我無意累積財富，不想有漂亮的女人，也不想要任何追隨者。我只希望一世復一世爲您做純粹的奉愛服務。

(五)南達·瑪哈茹阿佳之子(奎師那)啊！我是您永恆的僕人，但不知怎的，我墜入了生死苦海。請將我從生死苦海中救起，並將我如一顆原子般放在您的蓮花足下。

(六)我的主啊！我何時才會在歌頌您的聖名時眼裡不停湧流出愛的淚水？何時才會喉頭哽咽、唱不出聲，何時才會因歌頌您的聖名而毛髮直豎？

(七)哥文達啊！與您分離，一刻更甚一個世紀。我淚如雨下；您不在，整個世界一片空虛。

(八)除了奎師那誰也不是我的主，即使祂擁抱我時對我粗暴，離開我時叫我心碎，祂仍是我的主。祂喜歡怎樣便怎樣，因爲祂是我永恆無條件崇拜的主。

第一章

聖人們的詢問

第 1 節

ॐ नमो भगवते वासुदेवाय
जन्माद्यस्य यतोऽन्वयादितरतश्चार्थेष्वभिज्ञः स्वराट्
तेने ब्रह्म हृदा य आदिकवये मुह्यन्ति यत्सूरयः ।
तेजोवारिमृदां यथा विनिमयो यत्र त्रिसर्गोऽमृषा
धाम्ना स्वेन सदा निरस्तकुहकं सत्यं परं धीमहि ॥१॥

oṁ namo bhagavate vāsudevāya
janmādy asya yato 'nvayād itarataś cārtheṣv abhijñaḥ svarāṭ
tene brahma hṛdā ya ādi-kavaye muhyanti yat sūrayaḥ
tejo-vāri-mṛdāṁ yathā vinimayo yatra tri-sargo 'mṛṣā
dhāmnā svena sadā nirasta-kuhakaṁ satyaṁ paraṁ dhīmahi

om — 至尊主啊 / namaḥ — 我頂拜 / bhagavate — 向人格首神 / vāsudevāya — 向華蘇戴瓦(瓦蘇戴瓦之子)、聖主奎師那、原始的至尊主 / janma-ādi — 創造、維繫及毀滅 / asya — 展示了的宇宙的 / yataḥ — 從那 / anvayāt — 直接地 / itarataḥ — 間接地 / ca — 和 / artheṣu — 目的 / abhijñaḥ — 無所不知 / sva-rāṭ — 完全獨立的 / tene — 傳授 / brahma — 韋達知識 / hṛdā — 心傳 / yaḥ — 誰 / ādi-kavaye — 向最初被創造的生物體 / muhyanti — 受迷惑 / yat — 有關他 / sūrayaḥ — 偉大的聖哲和半神人 / tejaḥ — 火 / vāri — 水 / mṛdām — 土地 / yathā — 正如 / vinimayaḥ — 作用與反作用 / yatra — 在其上 / tri-sargaḥ — 創造的三種屬性、創造能力 / amṛṣā — 幾乎是事實的 / dhāmnā — 與所有的超然設施 / svena — 自給自足地 / sadā — 總是 / nirasta — 因沒有而否定 / kuhakam — 錯覺、幻覺 / satyam — 真理 / param — 絕對的 / dhīmahi — 我冥想

譯文　啊，我的主，聖奎師那，瓦蘇戴瓦的兒子！無所不在的人格首神啊！我恭恭敬敬地頂拜您。我冥想聖主奎師那，因為祂是絕對真理，是展示了的物質宇宙創造、維繫和毀滅的根源。祂直接、間接地察覺著所有的展示；祂是獨立的，因為除祂之外沒有其它起因。是祂先把韋達知識傳到第一個生物體布茹阿瑪的心中。祂甚至使偉大的聖人和半神人都產生錯覺，情況恰似人看到火中水或水中陸地的幻象會倍感困惑。僅僅因為祂的緣故，物質宇宙——由物質自然三種屬性相互作用產生的短暫展示，才顯得真實，儘管它們是幻象。為此，我冥想祂——永恆住在超然居所中的聖主奎師那，那超然的居所永無物質世界裡的幻象。我冥想祂，因為祂是絕對真理。

要旨　人格首神華蘇戴瓦(Vāsudeva)是瓦蘇戴瓦(Vasudeva)和黛瓦克伊(Devaki)的神性兒子；向祂致敬，就是直接向聖主奎師那(Śrī Kṛṣṇa)致敬。這一真象在這部巨著中將有更明確的解釋。聖維亞薩戴瓦(Śrī Vyāsadeva)在後面的詩中斷言，聖奎師那是存在中的第一位人格首神，其他都是祂直接或間接的完整擴展，或者是擴展的擴展。聖吉瓦·哥斯瓦米(Jīva Gosvāmī)在他的《論奎師那》(Kṛṣṇa-sandarbha)中更明確地解釋了這個主題。這個宇宙中的第一個生物體布茹阿瑪(Brahmā)，在他的專著《布茹阿瑪-薩密塔》(Brahma-saṁhitā)中，對聖奎師那進行了實質性的解釋。《薩瑪·韋達》(Sāma-veda)中的一篇奧義書(Upaniṣad)也聲明，聖主奎師那是黛瓦克伊的神性兒子。因此，這段祈禱中第一個說明的主題是：聖主奎師那是原始至尊主；應該明白，如果有任何一個超然的名字可以完整體現絕對人格首神的特質，這個名字必定就是"奎師那"。梵文"奎師那"的意思是"有絕對的吸引力"。在《博伽梵歌》(Bhagavad-gītā)中的許多地方，至尊主都聲稱祂自己是存在中的第一位人格首神。有關這一點，阿爾諸納(Arjuna)，以及納茹阿達(Nāra-

國際奎師那意識協會創辦人、一代宗師
聖恩A.C.巴克提韋丹塔・斯瓦米・帕布帕德

聖巴克提希丹塔・薩茹阿斯瓦提・哥斯瓦米・瑪哈茹阿佳
聖恩A.C.巴克提韋丹塔・斯瓦米・帕布帕德的靈性導師
近代最重要的學者和奉獻者。

聖高爾克首爾・達斯・巴巴吉・瑪哈茹阿佳
聖巴克提希丹塔・薩茹阿斯瓦提・哥斯瓦米・瑪哈茹阿佳的靈性導師
聖塔庫爾・巴克提維諾德親密的學生。

聖塔庫爾·巴克提維諾德
把奎師那意識傳遍全世界的先驅。

▲ 主柴坦亞開創了聚眾歌頌神的聖名的運動；所有國家的領袖都可以利用這個靈性運動，以使人民大眾保持友好地和平共處的純潔狀態。這現在是全體人類社會的迫切需求。（見第35頁）

▲ 主柴坦亞穿過佳瑞康達叢林，那裡所有的野生動物也都加入了祂的歌頌神的聖名運動。凶猛的老虎，大象、熊和溫馴的鹿一起給主柴坦亞伴唱，主柴坦亞與牠們一起歌唱。通

過這麼做，主柴坦亞給世人證明：普及聚眾歌頌神的聖名運動，就連凶猛的野獸都能友好地 和平共處，更不要說文明的人類了。（見第35頁）

▲ 很久以前，為了取悅至尊主和祂的奉獻者，以聖哲紹納卡為首的大聖人們，曾聚在奈彌沙冉亞森林的一處聖地，舉行了一場為期一千年的祭祀。（見第63頁）

▲ 超然的人格首神間接地與激情、善良和愚昧這三種物質自然屬性接觸。僅僅是為了物質世界的創造、維繫和毀滅，祂才以布茹阿瑪、維施努和希瓦這三個屬性化身的形式降

臨。在這三者中，全體人類可以從善良屬性化身維施努那裡得到最高的利益。
（見第123頁）

▲ 在喀歷年代初期，至尊主為了哄騙那些嫉妒忠誠的有神論者的人，為了阻止以祭祀為名屠殺動物的暴力行為，在嘎亞省顯現為安佳娜的兒子佛陀。（見第168頁）

▲ 這部《博伽梵往世書》如同光芒萬丈的太陽，就在主奎師那由宗教和知識等陪伴著離開地球回祂自己的住所後昇起。在喀歷年代中因愚昧的濃密黑暗而失去視野的人，將從這部往世書中得到光明。（見第196頁）

▲ 為了保護阿爾諸納，奎師那從戰車上下來，拿起戰車的車輪，憤怒地急速衝向彼士瑪戴
瓦，恰似一頭獅子去殺一頭大象。祂把外衣扔在地上，但因為狂怒竟不知道自己把外衣

扔了。看到這情景，彼士瑪戴瓦立刻放下自己的武器，站在那裡等著他心愛的主奎師那去殺他。（見第518頁）

▲ 在尤帝士提爾王舉行的茹阿佳蘇亞祭祀現場，聚集了世上最多的精英、王室成員和博學的知識份子。在那盛大的聚會上，聖主奎師那作為最高貴的人格首神，受到與會者的崇拜。（見第524頁）

da)、維亞薩等偉大的聖人和許多其他人都給予了證實。《蓮花往世書》(Padma Purāṇa)中也聲明，在至尊主數不勝數的名字中，奎師那這個名字是最首要的。華蘇戴瓦是指人格首神的完整擴展，至尊主所有不同的形象因爲都與華蘇戴瓦相同，所以這節詩談的內容是指至尊主所有的形象。然而，華蘇戴瓦這個名字特別是指瓦蘇戴瓦和黛瓦克伊的神性兒子。棄絕階層中最優秀的人士——至尊天鵝(paramahaṁsa)，永遠都冥想聖奎師那。

華蘇戴瓦——聖主奎師那，是一切原因的起因。存在的一切都由至尊主發散出來，這部巨著後面的篇章將會對一切是如何運作的加以解釋。聖柴坦亞・瑪哈帕布描述這部巨著是無瑕的往世書，因爲它其中包含的是對人格首神聖奎師那的超然敘述。《聖典博伽瓦譚》(Śrīmad-Bhāgavatam)的歷史也很光榮。它是聖維亞薩戴瓦在超然知識領域達到成熟階段後，按他靈性導師聖納茹阿達的指示編纂的。維亞薩戴瓦編纂了所有的韋達文獻，其中包括四部韋達經(Veda)、《韋丹塔・蘇陀》(Vedānta-sūtras, 或稱《布茹阿瑪-蘇陀》)、眾多的往世書(Purāṇa)、《瑪哈巴茹阿特》(Mahābhārata)等。但儘管如此，他並不滿意。他的靈性導師納茹阿達看出他的不滿，于是建議他專門描述聖主奎師那的超然活動。這些超然的活動，在《聖典博伽瓦譚》這部巨著的精華篇——第十篇中有特別詳盡的描述。但是，人必須通過培養各種相關的知識，逐漸達到能夠欣賞那些機密活動的階段。

有哲學頭腦的人自然想要瞭解創造的起源。夜幕降臨，當他抬頭仰望空中的星斗時，他自然就會想，那些星星是什麼？它們上面的情況如何？有誰住在上面……等等。人類的意識層面因爲發展得比動物高，所以自然會詢問這些問題。《聖典博伽瓦譚》的作者對這樣的詢問給予了直接的回答。他說：至尊主——聖奎師那，是一切創造的源頭。祂不僅是宇宙的創造者，而且也是毀滅者。根據至尊主的意願，宇宙自然界在一定的時期內展示，維繫一段時間後又根據祂的意願被毀滅。因此，在所有宇宙活動的背後是至尊意願在操縱。當然，世上各種各樣的無神論者都不相信有一個創造者，但那是知識貧乏所致。舉例來說，現代科學家發明了人造衛星，靠一些科技方法把它們發射到外太空，然後在離它們很遙遠的地方控制它們在太空中飛行一段時間。同樣道理，包含了無數恆星和行星在內的所有宇宙，都受人格首神的智慧的控制。

韋達文獻中說：絕對真理——人格首神，是一切生物的領袖。眾生，從第一個被創造的生物體布茹阿瑪開始直到最微小的螞蟻，都是個體生物。在布茹阿瑪之上，還有能力各異的其他生物，人格首神也是這樣的生物。祂與其他生物一樣，是個體生物。但至尊主——至尊生物，擁有最高的智慧，以及各種最不可思議的能量。人們很輕易地就可以想象出，如果一個普通人類的頭腦能製造出人造衛星，那麼比人類更高級的頭腦就能製造出比人造衛星這類神奇的東西要非凡得多的東西。明智的人很容易就接受這個論點，但頑固不化的無神論者卻永遠都不會同意這一點。然而，聖維亞薩戴瓦立即把至高無上的智慧接受爲是至尊控制者(parameśvara)。他向被稱爲至尊(para)、至尊控制者或至尊人格首神的至高智慧恭恭敬敬地頂禮。而那位至尊控制者，就是《博伽梵歌》及維亞薩戴瓦編纂的其它經典，特別是這部《聖典博伽瓦譚》中所明確說明的聖主奎師那。在《博伽梵歌》中，至尊主說：除了祂之外，沒有其他的至善(para-tattva)。因此，聖維亞薩戴瓦立刻崇拜這位至善——聖奎師那，祂的超然活動都記載在這部《聖典博伽瓦譚》的第十篇中。

無恥之徒會直接去閱讀第十篇，特別是描述至尊主跳茹阿薩舞(rāsa)的那五章。《聖典博伽瓦譚》的這部份，是這部非凡文獻中最機密的部份。人除非完全掌握了有關至尊主的超然知識，否則必定會誤解至尊主那稱爲茹阿薩舞的值得崇拜的超然娛樂活動，以及祂與牧牛姑娘們(gopī)之間的戀愛事件。這個主題的內容高度靈性，只有逐漸到達至尊天鵝階段的解脫之人，才能超然地欣賞這種茹阿薩舞。正因爲如此，聖維亞薩戴瓦給讀者提供了一個逐漸發展靈性覺悟的機會，以便後來能真正欣賞品味至尊主娛樂活動的精華。爲此，他有意用嘎雅垂・曼陀(Gāyatrī mantra)——迪瑪黑(dhīmahi)來祈禱。這個嘎雅垂・曼陀是爲靈性進步的人準備的。當人成功地吟誦了這個嘎雅垂・曼陀時，他就能進入至尊主超然的境界。所以，爲了能成功地吟誦嘎雅垂・曼陀，以便達到能覺悟至尊主超然的名字、形象、特質……的階段，人必須培養布茹阿瑪納(brāhmaṇa, 婆羅門)的品格，或者說完全處在善良屬性的層面上。

《聖典博伽瓦譚》是對至尊主通過祂的內在能量所展示的形象(svarūpa)的描述，祂的這種內在能量與祂在物質宇宙中展示的、我們所體驗到的外在能量不同。聖維亞薩戴瓦在這節詩中對這兩種能量做了明確的區分。聖維亞薩戴瓦在這節詩中說，展示了的內在能量是真實的，而以物質存在的形式所展示的外在能量，只不過是像沙漠中的海市蜃樓一樣短暫的幻象。在沙漠中的海市蜃樓裡只有水的景象，沒有真正的水。真正的水在其它地方。展示了的宇宙創造顯得像是真實存在的事物，但那只不過是真實的影子，真實存在於靈性世界。絕對真理不在物質天空，而在靈性天空中。在物質天空中的一切都是相對的真理，也就是說，一個真理只有依靠其他的真理才能存在。這個宇宙創造是物質自然三種屬性相互作用的結果，各種短暫的展示被創造得恰似真實存在，目的是爲了迷惑以各種生命形式展現的受制約的靈魂，就連布茹阿瑪、因鐸(Indra)、昌鐸(Candra)等高等半神人也不例外。事實上，在我們這個展示了的世界裡沒有真實存在，但看起來有。這是因爲真正的實體存在於靈性世界，人格首神與祂超然的一切都在那裡實實在在地存在著。

負責建造一個複雜建築物的主任工程師，自己不親自去蓋房子，但對建築物的每一個角落都很清楚，因爲一切都是在他的指揮下進行的。他直接或間接地瞭解有關那建築物的一切。同樣道理，這個宇宙創造的最高工程師人格首神，對宇宙的每一個角落都很清楚，儘管具體處理宇宙事務的是半神人們。在物質創造中，從布茹阿瑪開始下到小螞蟻，沒有誰是獨立自主的，至尊主的掌控無所不在，隨處可見。所有的物質元素及所有的靈性火花，都是祂發散出來的。這個物質世界裡被創造的一切，只不過是絕對真理(人格首神聖奎師那)發散出的物質及靈性這兩種能量的互動。化學家在實驗室裡可以用氫和氧混合製造出水來，但事實上，他是在至尊主的指導下在實驗室裡工作，而他工作用的原料也是由至尊主提供的。至尊主直接和間接地瞭解一切，知道每一個微小的細節。祂是完全獨立的。祂被比喻爲是金礦，而宇宙創造中豐富多彩的展現被比喻爲是用金子做成的金戒指、金項鏈等製品。金戒指和金項鏈在質上與金礦中的金子一樣，但在量上與金礦中的金子不同。因此，絕對真理同時既是一體又有區別。沒有什麼能完全與絕對真理平等，但同時，沒有什麼是不依賴絕對真理而存在的。

受制約的靈魂，從整個宇宙的工程師布茹阿瑪開始下到微不足道的小螞蟻，都在創造，但沒有一個是不受至尊主支配的。物質主義者錯誤地認爲，除了他自己以外沒有創造者。這稱爲錯覺——瑪亞(māyā)。物質主義者知識貧乏，所以看不到他有缺陷的感官之外的事物。正因爲如此，他才會認爲，在沒有更高智慧的幫助下，物質自動成形。聖維亞薩戴瓦否定這種觀點說："既然完整的整體——絕對真理是一切的源頭，便沒有什麼能獨立於絕對真理的身體而存在。"軀體無論發生什麼狀況，被困在軀體中的靈魂都會很快知道。同樣，宇宙創造是絕對整體的身體，所以絕對者直接、間接地知道創造中發生的一切。

韋達讚歌(śruti-mantra)中也說：絕對整體——布茹阿曼(Brahman，梵)，是一切的源頭。祂發出一切，維繫一切，最後一切都進入祂體內。那就是大自然的規律。韋達經的補充文獻(smṛti-mantra)中證實這一點說，在布茹阿瑪的一生中一切的來源，以及一切最終進入其中的儲存所，是絕對真理——布茹阿曼(梵)。持唯物論的科學家認定星系的始源是太陽，但卻解釋不了太陽的來源。而有關這個最初的源頭，這節詩給予了解釋。按照韋達經典的說法，儘管布茹阿瑪是這個宇宙的創造者，但他必須先打坐冥想才能從至尊主那裡得到創造的靈感。因此，布茹阿瑪和太陽都不是最初的創造者。這節詩中說，布茹阿瑪的知識是人格首神傳授給他的。有人也許會爭論說，作爲第一個生物體，布茹阿瑪不可能得到啓示，因爲當時沒有其他的生物在。對此，這節詩說明，爲了使第二創造者布茹阿瑪能履行他的創造職責，至尊主給布茹阿瑪以啓示。因此，在一切創造背後的至高智慧，就是絕對真理聖奎師那。在《博伽梵歌》中，聖主奎師那聲明，是祂在親自指揮構成物質整體的創造能量——帕奎緹(prakṛti)。因此，聖維亞薩戴瓦崇拜的不是布茹阿瑪，而是指導布茹阿瑪進行創造的至尊主。

這節詩中的“充分認識(abhijñaḥ)”和“完全獨立(svarāṭ)”這兩個詞意義重大，它們把至尊主與所有的其他生物區分開來。其他的生物沒有一個是“充分認識”“和完全獨立”的，都必須從更高的權威那裡獲取知識。就連布茹阿瑪都必須爲創造而去冥想至尊主並祈求祂的幫助。如果就連布茹阿瑪本人在沒有從更高權威那裡得到知識的情況下都不能創造，那就更不要說愛因斯坦等大物質科學家了！現代科學家爲自己的發明能力感到無比自豪，但實際上卻完全依賴更高來源的幫助，最終依賴至尊主的幫助。這些科學家的大腦無疑不是任何一個普通人類所能製造的。要是有誰能造出愛因斯坦那樣的大腦，他就不會讚美其他科學家的頭腦，而會自己大量生產同樣的大腦了。既然科學家都造不出這樣的大腦，更何談那些公然蔑視至尊主權威的愚蠢的無神論者？持非人格神主義理論的假象宗派人士(Māyāvādī)，自以爲他們能變得與至尊主一樣，但他們既沒有“充分認識”，也不是“完全獨立”的。這樣的非人格神主義者從事嚴酷的苦行，以便獲得知識，變得與至尊主一樣。但最後，他們卻變得依賴某個有錢的門徒，爲他們提供金錢蓋修道院和廟宇。像茹阿瓦納(Rāvaṇa)和黑冉亞卡希普(Hiraṇyakaśipu)那樣的無神論者，在能夠蔑視至尊主的權威前都必須經歷嚴酷的苦行。但最終，他們還是絕望了，當至尊主以殘酷的死亡形式出現在他們面前時，他們根本救不了自己。現代無神論者也如此，他們也蔑視至尊主的權威。這種無神論者的下場都一樣，因爲歷史本身在不斷地重復。無論何時，誰忽視至尊主的權威，大自然和她的法律就會處罰誰。對此，《博伽梵歌》中一節著名的詩裡確認說：“阿爾諸納啊！無論何時何地，每當宗教衰落，反宗教盛行，我就會親自降臨。”(《博伽梵歌》4.7)

所有的韋達讚歌(śruti-mantra)都證實至尊主是絕對完美的，其中說：絕對完美的至尊主瞥視了一眼物質，便創造了所有的生物體。生物是至尊主不可缺少的一部份，至尊主把這些靈性火花的種子注入巨大的物質創造。這樣，創造的能量便開始活動，製造出那麼多神奇的創造物。無神論者也許爭辯說，神並不比鐘錶匠更能幹。但神當然更偉大，因爲祂能創造男性和女性兩種形象的同一類機器。不同種類的男性和女性形象的機器，在不需要神進一步照料的情況下不斷生產出數不勝數的同類機器。如果一個人能製造這樣一部在不需要他進一步照料的情況下就能自動生產出其它機器的機器，那他的智慧就接近神的智慧了。但這是不可能的，因爲每一個機器都必須有人去操作。所以，沒人能像神一樣地創造。神的另一個名字是阿薩矛爾德瓦(asamaurdhva)，其意思是“沒人與祂平等或比祂偉大”。至尊真理(paraṁ satyam)，就是那個沒人與之平等或高於祂的人。韋達讚歌中都證實這一點說：在物質宇宙創造之前，只有眾生的主人至尊主存在；那位至尊主把韋達知識傳授給布茹阿瑪，眾生必須在所有的方面都按那位至尊主的意願行事；想要擺脫物質束縛的人，必須投靠、服從祂。對此，《博伽梵歌》中也給予了證實。

人除非投靠至尊主的蓮花足，否則無論他有多聰明，無疑都會被迷惑。正如《博伽梵歌》中所證實的，只有當有智慧的人投靠奎師那的蓮花足，徹底瞭解奎師那是一切原因的起因時，這種有智慧的人才能成爲偉大的靈魂——瑪哈特瑪(mahātmā)。但這種偉大的靈魂很罕見。只有偉大的靈魂才能明白至尊主是一切創造的起源。祂是最高的真理(parama)，因爲所有其他的真理都與祂有關。祂是全知的。對祂來說，沒有錯覺可言。

有些假象宗派學者爭辯說，《聖典博伽瓦譚》不是聖維亞薩戴瓦編纂的。他們中的有些人甚至說，這部著作是由一個名叫沃帕戴瓦的現代人創作的。爲了反駁這種毫無意義的爭論，聖施瑞達爾·斯瓦米(Śrīdhara Svāmī)指出，在最古老的往世書(Purāṇa)中有許多地方提及《博伽瓦譚》。這部《博伽瓦譚》的第一節詩中包含了嘎雅垂·曼陀，而最古老的往世書——《瑪茨亞往世書》(Matsya Purāṇa)中就談到了這一點。那部往世書裡不僅說《博伽瓦譚》中有許多靈性教導都以嘎雅垂·曼陀爲開始，還說《博伽瓦譚》中記載了一個名叫維陀惡魔(Vṛtrāsura)的歷史故事。人如果在滿月那一天把這部巨著當作禮物送人的話，就會達到生命的最高完美境界——回到首神那裡去。其它的往世書中也提及《博伽瓦譚》，其中清楚地說明，這部著作共有十二篇一萬八千節詩(śloka)。在《蓮花往世書》中記載的高塔瑪(Gautama)與安巴瑞施王(Mahārāja Ambarīṣa)的對話中，也談到了《博伽瓦譚》。在那段對話中，高塔瑪建議安巴瑞施王如果想要擺脫物質束縛，就要有規律地閱讀《聖典博伽瓦譚》。毫無疑問，在這種情況下，《博伽瓦譚》的權威性不容置疑。在過去的五千年中，許多博學的學者和像吉瓦·哥斯瓦米(Jīva Gosvāmī)、薩納坦·哥斯瓦米(Sanātana Gosvāmī)、維施瓦納特·查夸瓦爾提(Viśvanātha Cakravartī)、瓦拉巴查爾亞(Vallabhācārya)等一代宗師(ācārya)，以及繼主柴坦亞(Caitanya)時代之後的許多其他著名學者，都對《博伽瓦譚》作了精心的評註。真想學習《博伽瓦譚》的人會努力通讀全篇，以便更好地品味其中的超然信息。

聖維施瓦納特·查夸瓦爾提·塔庫爾特別談到原本純潔的性心理(ādi-rasa)，其中完全沒有世俗的污染。整個物質創造裡的一切活動，都圍繞著性生活在進行。在現代文明中，性生活是一切活動的焦點。人無論把臉轉向何方，都看到性生活佔據著優勢。因此，性生活並不是不真實的。它的真實在靈性世界中可以體驗到。物質世界裡的性生活，只不過是原有事實的扭曲了的倒影。原有事實存在於絕對真理中，所以絕對真理不可能不具人格特徵。在不具人格特徵的情況下還包含有純潔無瑕的性生活，是不可能的。結論是：非人格神主義哲學家因爲過分強調最高真理的非人格特徵，所以對令人惡心的世俗性生活間接地起到了推波助瀾的作用，使那些對真正的靈性形象一無所知的人，把被扭曲的物質性生活視爲一切。在有缺陷的物質狀態下過的性生活，與靈性存在中的性生活截然不同。

《聖典博伽瓦譚》將把不存偏見的讀者逐漸提昇到最高的超然完美階段。這將使讀者超脫韋達經中灌輸的功利性活動、哲學思辨和崇拜掌握職權的神明等受物質自然三種屬性控制的物質活動。對此，下一節詩將予以說明。

第 2 節 धर्मः प्रोज्झितकैतवोऽत्र परमो निर्मत्सराणां सतां
वेद्यं वास्तवमत्र वस्तु शिवदं तापत्रयोन्मूलनम् ।
श्रीमद्भागवते महामुनिकृते किं वा परैरीश्वरः
सद्यो हृद्यवरुध्यतेऽत्र कृतिभिः शुश्रूषुभिस्तत्क्षणात् ॥ २ ॥

dharmaḥ projjhita-kaitavo 'tra paramo nirmatsarāṇāṁ satāṁ
vedyaṁ vāstavam atra vastu śivadaṁ tāpa-trayonmūlanam
śrīmad-bhāgavate mahā-muni-kṛte kiṁ vā parair īśvaraḥ
sadyo hṛdy avarudhyate 'tra kṛtibhiḥ śuśrūṣubhis tat-kṣaṇāt

dharmaḥ — 宗教活動 / projjhita — 完全剔除 / kaitavaḥ — 由獲利的意圖所掩蓋 / atra — 在這裡 / paramaḥ — 最高的 / nirmatsarāṇām — 心中百分之百純潔的人的 / satām — 奉獻者 / vedyam — 可理解的 / vāstavam — 事實的 / atra — 在這裡 / vastu — 實質 / śivadam — 幸福 / tāpa-traya — 三重苦 / unmūlanam — 導致連根拔起 / śrīmat — 美麗的 / bhāgavate — 《博伽梵往世書》 / mahā-muni — 偉大的聖哲(維亞薩戴

瓦) / kṛte — 編纂之後 / kim — 什麼 / vā — 需要 / paraiḥ — 其他的 / īśvaraḥ — 至尊主 / sadyaḥ — 立即 / hṛdi — 在心中 / avarudhyate — 扎根 / atra — 在這裡 / kṛtibhiḥ — 由虔誠的人 / śuśrūṣubhiḥ — 由培養 / tat-kṣaṇāt — 沒有延誤

譯文　這部《博伽梵往世書》剔除所有懷著物質動機從事的宗教活動，呈獻只有心地純潔的奉獻者才能理解的最高真理。最高真理是有別於錯覺、幻象的真實，可以造福眾生。這樣的真理根除三種苦。這部優美的《博伽瓦譚》由偉大的聖人維亞薩戴瓦在其成熟期編纂，本身已經足以使讀者對神有充分的認識。因此還有什麼必要讀其它的經典呢？人一旦聚精會神、謙恭順從地聆聽《博伽瓦譚》，至尊主就會因這知識的培養而永駐他心間。

要旨　宗教包括虔誠活動、經濟發展、感官享樂和最終擺脫物質束縛這四項主要內容。非宗教生活是一種野蠻的狀態。事實上，宗教的開始才是人類生活的開始。吃、睡、恐懼和交配，是動物生活的四項原則。這些是動物和人類共有的活動。然而，宗教是人類特有的。沒有宗教，人類生活就不比動物生活強。正因爲如此，人類社會中才會有目標是覺悟自我並使人瞭解與神的永恆關係的宗教形式。

在人類文明的低級階段，總有爭著要主宰物質自然的傾向；換句話說，也就是爲滿足感官而相互競爭的傾向。受這種意識驅使，人便轉向宗教，開始從事虔誠的活動——爲了得到一些物質利益而從事宗教活動。但如果用其它方式就能得到這些物質利益，那些所謂的宗教就會被棄置一旁。這就是現代文明的狀況。人在經濟富裕時，就不會對宗教很有興趣。教堂、清真寺或神廟現在幾乎都是空的。人們對工廠、商店和電影院比對他們的祖先建立的宗教場所更感興趣。這實際上證明，從事宗教活動是爲了經濟所得。感官享樂需要經濟收入。當人追求感官享樂受到挫折時，他就會追求解脫，試圖變得與神一樣。因此，所有這些活動，都只不過是在追求不同種類的感官享樂。

韋達經中規定以規範的方式從事上述四項活動，以使人們不會為感官享樂而過度競爭，但《聖典博伽瓦譚》超越所有這些感官享樂活動。它是純粹超然的文獻，只有超越為感官享樂而競爭的至尊主純粹的奉獻者才能理解。在物質世界裡，動物與動物之間，人與人之間，社團與社團之間，國家與國家之間，存在著激烈的競爭。但至尊主的奉獻者超越這樣的競爭。他們不與物質主義者競爭，因為他們正走在回歸首神的路上，將在祂身邊與祂一起過永恆、極樂的生活。這樣的超然主義者不嫉妒，心地純潔。在物質世界裡，生物體彼此之間都相互嫉妒，因此才有競爭。但至尊主超然的奉獻者不僅沒有物質的嫉妒，而且還是眾生的祝願者。他們為建立一個以神為中心的沒有競爭的社會而努力。現代社會主義者所構想的"無競爭社會"的概念是人為造作、不切實際的，因為在社會主義國家裡有對獨裁者一職的競爭。從韋達經的觀點或普通人類活動的角度看，感官享樂是物質生活的基礎。韋達經中談到三種途經：一種是為了昇入更好的星球而忙於功利性活動，另一種是為了同樣的目的(昇入半神人居住的星球)而忙著崇拜不同的半神人，還有一種是專注於認識絕對真理的非人格特徵，目的是與祂合一。

絕對真理的非人格特徵不是祂的最高特徵。在祂的非人格特徵之上，是祂的超靈(Paramātmā)形象，而在超靈形象之上的，是絕對真理巴嘎萬(Bhagavān)的具有人格特徵的形象。《聖典博伽瓦譚》給出了有關絕對真理個人特徵的資訊，其中記載的知識，高於韋達經的哲學思辨之部 (jñāna-kāṇḍa)中所記載的對絕對真理的非人格特徵進行哲學性推測的知識，甚至高於韋達經的功利性活動之部(karma-kāṇḍa)和崇拜半神人之部(upāsanā-kāṇḍa)中所記載的知識，因為它推薦人們崇拜至尊人格首神——聖主奎師那。在韋達經的功利性活動之部中，有為了到天堂星球進行更好的感官享樂而進行的競爭；當然，在韋達經的哲學思辨之部和崇拜半神人之部中也有類似的競爭。《博伽瓦譚》中記載的知識高於所有這一切，因爲它的目標是至尊真理——各種範疇的實體或根源。從《聖典博伽瓦譚》中，人可以清楚地瞭解實體與範疇。實體是絕對真理——至尊主，而祂發散出的一切，包括眾生，都是能量的相對形式。沒有什麼是與實體分開的，但同時能量又有別於實體。這一觀點並不矛盾。《聖典博伽瓦譚》以"展示了的宇宙的創造、維繫和毀滅(janmādy asya)"這句箴言爲開始，明確宣布了《韋丹塔-蘇陀》(Vedānta-sūtra)中的"同時既是一體又有區別"的哲學概念。

至尊主的能量與至尊主同時既是一體又有區別的知識，是對心智思辨者試圖建立"能量就是絕對者"的理論的回答。當人真正明白這一知識時，他就會看到，一元論和二元論概念的缺陷。以"同時既是一體又有區別"的概念爲基礎所發展起來的超然意識，使人立即進入擺脫物質三種苦的階段。物質的三種苦分別是：(一)精神和身體的痛苦，(二)由其他生物體強加的痛苦，以及(三)自己控制不了的自然災禍所造成的痛苦。《聖典博伽瓦譚》以奉獻者向絕對人物歸依爲開始。奉獻者完全清楚，他與絕對者既是一體，同時又是絕對者永恆的僕人。持有物質概念的人錯誤地以爲自己是所看到的一切的主人，因此總是被充滿三種痛苦的物質生活攪的心神不寧、焦慮不堪。然而，人一旦瞭解他自己的真正地位是超然的僕人，他便立即不再受所有痛苦的影響。生物只要還試圖控制物質自然，就不可能明白自己的真正地位是至尊者的僕人。人只有清楚自己的靈性身份時才能爲至尊主做服務；靠這樣的服務，人可以立刻跨越物質障礙。

除此之外，《聖典博伽瓦譚》是聖維亞薩戴瓦本人對《韋丹塔-蘇陀》所作的評註，是他憑藉納茹阿達的仁慈在他靈性生活的成熟階段編纂的。聖維亞薩戴瓦是人格首神納茹阿亞納(Nārāyaṇa)授權的化身。因此，他的權威性毋庸置疑。儘管他除了是《聖典博伽瓦譚》的作者，也是所有其它韋達文獻的作者，但他還是強調學習《聖典博伽瓦譚》更重要。其它的往世書(Purāṇa)中記載了人可以用以崇拜半神人的不同方法。但《博伽瓦譚》中只談至尊主。至尊主是整體，半神人們是整體的不同部份。因此，崇拜至尊主的人不需要崇拜半神人。至尊主會立即牢固地駐留在衪奉獻者的心中。主柴坦亞·瑪哈帕布(Caitanya Mahāprabhu)評論《聖典博伽瓦譚》是無瑕的往世書，有別於所有其它的往世書。

接受這超然信息的正確方法是，謙恭地聆聽它。挑戰的心態不能幫助人覺悟這超然的信息。爲了給予正確的指導，這節詩裡用了“靠培養(śuśrūṣu)”一詞。人必須渴望聆聽這超然的信息。真誠聆聽的願望是首要的資格。不夠幸運的人對聆聽這部《聖典博伽瓦譚》絲毫不感興趣。程序簡單，但實行起來是困難的。不幸的人能找到足夠的時間去聽無聊的社會和政治談話，可一旦奉獻者邀請他們來聆聽《聖典博伽瓦譚》，他們就突然變得很不情願，或者聽他們根本沒資格聽的那一部份。有時，以閱讀《博伽瓦譚》爲職業的人，會直接跳到談論至尊主機密的娛樂活動的話題去，從表面上著眼，把它們解釋爲是性文學。《聖典博伽瓦譚》專門是要從頭開始聆聽的。這節詩中提到了那些適合吸收這部知識著作的人說：“人在積累了許許多多功德後變得有資格聆聽《聖典博伽瓦譚》。”善於深思熟慮的有智慧之人，可以得到偉大的聖人維亞薩戴瓦給他的保證，那就是：他可以通過聆聽《聖典博伽瓦譚》直接認識至尊主。這麼做使那些光是同意接受這訊息的人，能不必經歷韋達經中所談的認識至尊主要經歷的不同階段而直接昇上至尊天鵝(paramahaṁsa)的層面。

第3節

निगमकल्पतरोर्गलितं फलं
शुकमुखादमृतद्रवसंयुतम् ।
पिबत भागवतं रसमालयं
मुहुरहो रसिका भुवि भावुकाः ॥ ३ ॥

nigama-kalpa-taror galitaṁ phalaṁ
　śuka-mukhād amṛta-drava-saṁyutam
pibata bhāgavataṁ rasam ālayaṁ
　muhur aho rasikā bhuvi bhāvukāḥ

nigama — 韋達文獻 / kalpa-taroḥ — 如願樹 / galitam — 完全成熟了 / phalam — 果實 / śuka — 《聖典博伽瓦譚》的第一位講述者聖舒卡戴瓦・哥斯瓦米 / mukhāt — 從……的嘴唇 / amṛta — 甘露 / drava — 半固體和柔軟的，因此容易吞嚥 / saṁyutam — 十全十美的 / pibata — 從中取樂、享受它 / bhāgavatam — 有關與至尊主的永恆關係科學的書 / rasam — 液汁(津津有味的) / ālayam — 直至解脫或甚至在解脫的情況下 / muhuḥ — 總是 / aho — 啊 / rasikāḥ — 那些完全瞭解有關靈性情感和關係的知識的人 / bhuvi — 在地球上 / bhāvukāḥ — 幹練及深思的

譯文　思想深刻的專家們啊！欣賞韋達文獻這棵如願樹上的成熟果實《聖典博伽瓦譚》吧。儘管對包括解脫靈魂在內的眾生來說，這果實的甘甜汁液已足夠美味，但因爲從聖舒卡戴瓦・哥斯瓦米的雙唇間流淌出來，所以味道就更加醇美了。

要旨　前兩節詩(śloka)明確證實，《聖典博伽瓦譚》的超然特性，決定了它是高於所有其它韋達經典的至尊文獻。它超越一切世俗活動和世俗知識。這節詩中說，《聖典博伽瓦譚》不僅僅是更高的文獻，而且是所有韋達文獻的成熟果實。換句話說，它是所有韋達文獻的精華。考慮到所有這些，耐心、恭順地聆聽無疑是必要的。人應該滿懷敬意、全神貫注地接受《聖典博伽瓦譚》所傳授的信息和教導。

韋達經之所以被比喻爲是如願樹，是因爲其中包括了全體人類可認知的內容，闡述了塵世需求和靈性覺悟的一切知識。韋達經中涵蓋了社會、政治、宗教、經濟、軍事、醫藥、化學、自然科學、形而上學，以及爲維持生命所可能需要的各種知識和規範原則。除此之外更高的，是

專門引導人獲得靈性覺悟的知識。按照規定原則培養這種知識，就會使生物逐漸昇上靈性層面。認識人格首神是一切靈性感受(rasa, 茹阿薩)的源頭，是最高的靈性認識。

這個物質世界裡的眾生，從最先出生的布茹阿瑪開始，下到微不足道的小螞蟻，都渴望體驗來自感官享受的滋味。這些感官享受梵文術語稱爲茹阿薩(rasa)。這樣的茹阿薩種類繁多。啓示經典中列舉了十二種茹阿薩，它們分別是：(1)憤怒(raudra)，(2)驚訝(adbhuta)，(3) 情侶、夫妻之愛(śṛṅgāra)，(4)滑稽(hāsya)，(5)騎士精神(vīra)，(6)仁慈(dayā)，(7)主僕關係(dāsya)，(8)朋友關係(sakhya)，(9)恐懼(bhayānaka)，(10)震驚(bībhatsa)，(11)中性關係(śānta)，以及(12)父母般的情感(vātsalya)。

所有這些茹阿薩總稱爲情感或愛。這種愛的徵象首先表現爲崇拜、服務、友誼、父母親的愛，以及情侶、夫妻之愛。當這五種情感不在時，愛就間接地表現爲憤怒、驚訝、滑稽、騎士精神、恐懼、震驚等。例如：當一個男人愛上一個女人時，那種茹阿薩就是情侶、夫妻之愛；但當這種戀愛受到打擾時，就會有驚訝、憤怒、震驚，或者甚至是恐懼。有時，兩人之間的戀愛，以可怕的謀殺爲結局。這樣的茹阿薩展示在人與人之間，動物和動物之間，等等。人與動物或這個物質世界裡的其他生物體之間，不可能有這樣的交流——茹阿薩。只有在同一物種中的成員之間才有這樣的情感交流。但談到靈性的靈魂，他們與至尊主在質上是一樣的。因此，茹阿薩最初就在靈性的個體靈魂和靈性整體至尊人格首神之間進行交流。在靈性存在中，個體靈魂和至尊主之間的靈性交流——茹阿薩，充分展示出來。

正因爲如此，韋達讚歌(śruti-mantra)中把至尊人格首神描述爲是“一切茹阿薩的源頭”。當生物與至尊主交往，以他與至尊主原本有的關係交流時，他就感到了真正的快樂。

這些韋達讚歌指出，每一個生物都有他原本的地位，具有與人格首神以一定方式交流的茹阿薩。僅僅在解脫的狀態中，這一原始的茹阿薩才能得到充分的交流。在物質存在中，原始的茹阿薩以短暫的扭曲形式被感受到。正因爲如此，物質世界裡的茹阿薩是以憤怒等物質形式展示出來的。

這些不同的茹阿薩都是活動的動力，完全瞭解它們的人可以明白原始茹阿薩在這個物質世界裡倒影般的扭曲表現。這樣的博學學者不斷追求，渴望感受到真正、靈性的茹阿薩。開始時，他想要與至尊主合一。缺乏智慧的超然主義者，除非瞭解不同茹阿薩的靈性表現，無法超越要與至尊主合一的概念。

這節詩中明確地說明：這部《聖典博伽瓦譚》因爲本身是所有韋達知識的成熟果實，所以人們可以通過它體驗到甚至在解脫階段才能體驗到的靈性茹阿薩。靠懷著謙恭的心態聆聽這部超然的文獻，人可以獲得他心中所嚮往的全部快樂。但是，人必須十分謹慎，要從正確的來源聆聽這種訊息。《聖典博伽瓦譚》本身就完全是從正確的來源那裡接收的。它由納茹阿達・牟尼從靈性世界帶來，給予他的門徒聖維亞薩戴瓦。聖維亞薩戴瓦後來把那信息傳授給他兒子聖舒卡戴瓦・哥斯瓦米(Śukadeva Gosvāmī)，舒卡戴瓦・哥斯瓦米又在帕瑞克西特王死前七天內把它傳授給了這位君王。聖舒卡戴瓦・哥斯瓦米從一出生就是解脫了的靈魂。他甚至在他母親的子宮中就已經解脫了，所以不必像他人那樣在出生後接受靈性訓練。無論從世俗還是靈性的角度講，都沒人是在出生時就具備了資格的。但聖舒卡戴瓦・哥斯瓦米作爲一個完美解脫了的靈魂，不需要經歷靈性覺悟的漸進過程。然而，儘管他是處在超越物質自然三種屬性層面上的完全解脫了的靈魂，他還是受至尊人格首神的超然茹阿薩的吸引。至尊主備受歌唱韋達讚歌的解脫靈魂的崇敬，相比較世俗之人來說，祂的娛樂活動更吸引解脫的靈魂。祂無疑不是不具人格特徵的，因爲超然的茹阿薩只可能與具有人格特徵的個體生物進行交流。

覺悟了的靈魂聖舒卡戴瓦・哥斯瓦米，在《聖典博伽瓦譚》中有系統地講述了至尊主超然的娛樂活動，因此其內容對所有等級的人都充滿魅力，包括爲了享受與至尊整體合一的快樂而尋求解脫的人。

在梵文中，鸚鵡稱爲舒卡(śuka)。成熟的果實一旦被鸚鵡用牠紅色的鳥嘴啄食過，味道就更加甜美了。韋達知識成熟之果，經聖舒卡戴瓦·哥斯瓦米的雙唇講述出來。舒卡戴瓦·哥斯瓦米之所以被比喻爲是鸚鵡，並不是因爲他有能力把他從學識淵博的父親那裡聽來的《聖典博伽瓦譚》信息原封不動地背誦出來，而是因爲他有能力把這一巨著以所有等級的人都能受吸引的方式呈獻出來。

這部巨著經舒卡戴瓦·哥斯瓦米的雙唇被如此呈獻出來，以致任何認真的聆聽者以謙恭的態度聆聽後，都能立即品嚐到那與物質世界裡的反常味道不一樣的超然滋味。這成熟的果實不是突然一下子從最高的星球奎師那珞卡(Kṛṣṇaloka)上掉下來的；相反，它是通過不間斷的師徒傳承被小心翼翼地傳下來的。舒卡戴瓦·哥斯瓦米按照超然覺悟的不同階段十分小心地呈獻這果實，那些不在超然的師徒傳承中的愚蠢之人，企圖在不跟隨舒卡戴瓦·哥斯瓦米的情況下，瞭解那被稱爲茹阿薩舞的最高境界的超然茹阿薩，結果鑄成大錯。考慮到舒卡戴瓦·哥斯瓦米這樣的人物竟如此謹慎地處理《聖典博伽瓦譚》的內容，人應該足夠聰明能瞭解《聖典博伽瓦譚》的地位。傳遞《聖典博伽瓦譚》信息的師徒傳承的程序規定，即使到將來，人們也必須從聖舒卡戴瓦·哥斯瓦米的真正代表人物那裡去瞭解這信息。以朗誦《聖典博伽瓦譚》爲職業非法掙錢的人，無疑不是舒卡戴瓦·哥斯瓦米的代表。這種人只是在賺取他們的生活費而已。因此，我們應該避免聽這種職業人士的講課。這種人通常不經過瞭解這莊嚴主題必須經過的漸進過程，而是直接跳到文獻的最機密部份——被愚蠢之人所誤解的描述茹阿薩舞的部份。他們有些人認爲茹阿薩舞傷風敗俗，有些人則試圖靠他們愚蠢的解釋去掩蓋它。他們根本不追隨聖舒卡戴瓦·哥斯瓦米。

因此，人應該得出結論：認真研究茹阿薩的學生，要從聖舒卡戴瓦·哥斯瓦米的師徒傳承中接受《聖典博伽瓦譚》的信息。舒卡戴瓦·

哥斯瓦米從頭開始講述《聖典博伽瓦譚》，而不會異想天開地去滿足那些對超然科學所知甚少的俗人。《聖典博伽瓦譚》被如此謹慎地呈獻出來，以致真誠的人可以僅僅通過喝飲由舒卡戴瓦·哥斯瓦米或他真正的代表的嘴中流淌出的甘露，就立刻享受到韋達知識的成熟果實。

第4節　नैमिषेऽनिमिषक्षेत्रे ऋषयः शौनकादयः ।
सत्रं स्वर्गाय लोकाय सहस्रसममासत ॥ ४ ॥

naimiṣe ’nimiṣa-kṣetre
ṛṣayaḥ śaunakādayaḥ
satraṁ svargāya lokāya
sahasra-samam āsata

naimiṣe — 在名叫奈彌沙冉亞的森林中 / animiṣa-kṣetre — (從不閉上眼睛的)維施努特別喜愛的地方 / ṛṣayaḥ — 聖哲們 / śaunaka-ādayaḥ — 以聖哲紹納卡爲首 / satram — 祭祀 / svargāya — 在天上受到讚美的至尊主 / lokāya — 對於總是與至尊主接觸的奉獻者 / sahasra — 千 / samam — 年 / āsata — 舉行

譯文　很久以前，為了取悅至尊主和祂的奉獻者，以聖哲紹納卡為首的大聖人們，曾聚在奈彌沙冉亞森林的一處聖地，舉行了一場為期一千年的祭祀。

要旨　《聖典博伽瓦譚》的前奏在前三節詩中被講述出來，現在開始呈獻這部偉大文獻的主題。《聖典博伽瓦譚》第一次由聖舒卡戴瓦·哥斯瓦米當眾吟誦後，在納彌沙冉亞(Naimiṣāraṇya)一地第二次被複述。

《外雅維亞·坦陀》(Vāyavīya Tantra)中說，我們這個宇宙的工程師布茹阿瑪，凝視著能夠圍住宇宙的巨輪。這個巨大圓圈的中心點，固定在稱爲奈彌沙冉亞的地方。同樣，在《瓦茹阿哈往世書》(Varāha Purāṇa)中也有對奈彌沙冉亞森林的另一個證明，其中說：在這個地方舉行祭祀，可以減弱邪惡之人的力量。正因爲如此，很多布茹阿瑪納(brāhmaṇa, 婆羅門)更喜歡在奈彌沙冉亞森林舉行這樣的祭祀。

主維施努的奉獻者們只是爲了讓祂高興，便一直向祂供奉各種各樣的祭祀。奉獻者總喜歡爲至尊主服務，但在物質世界裡受苦的墮落靈魂卻沒有這種喜好。《博伽梵歌》中說，在物質世界裡從事的任何活動，如果目的不是爲了取悅主維施努而是其它原因，就都會給從事活動的人造成進一步的束縛。因此經典囑咐，所有的活動都必須是爲了滿足維施努和祂的奉獻者而從事的。這將給眾生帶來和平與繁榮。

偉大的聖人總是渴望爲普通大眾謀福利。爲此，以紹納卡爲首的聖人們聚集在納彌沙冉亞這個聖地，舉行一連串的祭祀儀式。健忘的人不知道獲得和平與繁榮的正確途經，但聖人們很清楚。因此，爲了全體人類的利益，他們總是渴望從事會給世界帶來和平的活動。他們是眾生真誠的朋友，他們總是冒著危險，克服個人的不便，爲眾生的利益而侍奉至尊主。主維施努就像一棵參天大樹，所有其他的生物體，包括半神人、人類、希達哈(Siddha)、查冉納(Cāraṇa)、維迪亞達爾(Vidyādhara)和其他生物體，都像那棵樹的樹枝、嫩枝和樹葉一樣。給樹根澆水，樹的各個部份自然就得到了滋養，只有那些從樹上掉下來的樹枝和樹葉才得不到滋養。想盡辦法給脫離了大樹的樹枝和樹葉澆水，它們還是會逐漸枯死。同樣道理，人類社會一旦與人格首神脫離關係，就會像從樹上掉下來的樹枝和樹葉，沒有能力再吸收水份了，還試圖給落葉和斷枝澆水的人只不過是在浪費他的能量和資源。

世俗的物質主義社會已經與至尊主脫離了關係，所以毫無疑問，持無神論觀點的領袖無論制定什麼計劃，都會在每一個環節上遇到障礙。儘管如此，他們就是不醒悟。

在這個年代，經典推薦的獲得和平與繁榮的祭祀方法是：聚眾歌頌至尊主的聖名。聖主柴坦亞·瑪哈帕布以最科學的方式呈獻了這一方法，有智慧的人爲了給世界帶來真正的和平與繁榮，就會接受並運用祂的教導。《聖典博伽瓦譚》的呈獻也是爲了同樣的目的，這一點將在後面的經文中專門作出解釋。

第 5 節 त एकदा तु मुनयः प्रातर्हुतहुताग्नयः ।
सत्कृतं सूतमासीनं पप्रच्छुरिदमादरात् ॥ ५ ॥

ta ekadā tu munayaḥ
prātar huta-hutāgnayaḥ
sat-kṛtaṁ sūtam āsīnaṁ
papracchur idam ādarāt

te — 聖哲們 / ekadā — 有一天 / tu — 但是 / munayaḥ — 聖哲們 / prātaḥ — 早上 / huta — 燃燒 / huta-agnayaḥ — 祭祀之火 / sat-kṛtam — 適當的尊敬 / sūtam — 聖蘇塔·哥斯瓦米 / āsīnam — 坐在 / papracchuḥ — 詢問 / idam — 有關以下的問題 / ādarāt — 以應有的尊敬

譯文　一天，大聖人們在點燃祭祀之火，完成清早的職責後，便把聖蘇塔·哥斯瓦米請到上座，恭恭敬敬地向他詢問如下的問題。

要旨　早晨是從事靈性活動最好的時間。偉大的聖人們給《博伽瓦譚》的講述者準備一個以示尊敬、高於其它座位的上座。這種座位稱爲維亞薩座(vyāsāsana)。聖維亞薩戴瓦(Vyāsadeva)是全人類的第一位靈性導師，所有其他的導師都被視爲是他的代表。能夠正確呈獻聖維亞薩戴瓦觀點的人，才是他的代表。聖維亞薩戴瓦把《博伽瓦譚》的信息灌輸給聖舒卡戴瓦·哥斯瓦米，蘇塔·哥斯瓦米(Sūta Gosvāmī)則從舒卡戴瓦·哥斯瓦米那裡聆聽了這訊息。聖維亞薩戴瓦所有在師徒傳承中的真正代表，都被視爲是哥斯瓦米，因爲他們控制了他們的感官，忠誠地走在前輩靈性導師(ācārya)走過的路上。哥斯瓦米們不會任性地去解釋《博伽瓦譚》；相反，他們跟隨把這靈性訊息完整地傳授給他們的前輩靈性導師，謹小慎微地做他們的服務，履行他們的職責。

聆聽《博伽瓦譚》課程的人，爲了更清楚地理解其中的含義，也許會向講課者發問，但發問時絕不應該懷著挑戰的心態。人必須懷著極爲尊敬講課者和所講述的主題的心態，謙恭地向講課者詢問。這一方式也是《博伽梵歌》所推薦的。人必須以從正確的源頭那裡謙恭地聆聽這一方式，學習超然的主題。正因爲如此，聖人們恭恭敬敬地對講述者蘇塔·哥斯瓦米說話。

第 6 節

ऋषय ऊचुः
त्वया खलु पुराणानि सेतिहासानि चानघ ।
आख्यातान्यप्यधीतानि धर्मशास्त्राणि यान्युत ॥ ६ ॥

ṛṣaya ūcuḥ
tvayā khalu purāṇāni
setihāsāni cānagha
ākhyātāny apy adhītāni
dharma-śāstrāṇi yāny uta

ṛṣayaḥ — 聖哲們 / ūcuḥ — 說 / tvayā — 由你 / khalu — 無可懷疑的 / purāṇāni — 有實例解說的韋達經補充文獻 / sa-itihāsāni — 以及歷史 / ca — 和 / anagha — 清白無罪 / ākhyātāni — 解釋 / api — 雖然 / adhītāni — 通曉 / dharma-śāstrāṇi — 對生命發展給予正確指示的經典 / yāni — 所有這些 / uta — 說

譯文 聖人們說：尊敬的蘇塔·哥斯瓦米，您純潔無瑕，免於一切惡行。您精通所有指導宗教生活的著名經典，以及注世書和歷史典籍，因為您一直在正確的指導下學習，自己也解釋它們。

要旨　聖維亞薩戴瓦真正的代表——哥斯瓦米(gosvāmī)，必須免於一切惡行。四項主要的惡行是：(1)與婦女有非法的接觸，(2)屠宰動物，(3)服用麻醉自我的物品，(4)從事任何形式的投機、賭博。一位哥斯瓦米必須免於所有這些惡行後，才敢坐上維亞薩座。沒有免於上述惡行，不是純潔無瑕的人，不應該被允許坐上維亞薩座。坐上維亞薩座的人不僅應該免於所有這些惡行，還必須很清楚所有啓示經典或韋達經中的經文。眾多的往世書(Purāṇa)和《瑪哈巴茹阿特》(Mahābhārata,《摩訶婆羅多》)、《茹阿瑪亞納》(Rāmāyaṇa,《羅摩衍那》)等史詩，也是韋達經的一部份。靈性導師(ācārya)——哥斯瓦米，必須很清楚所有這些文獻。聆聽和解釋這些文獻比閱讀它們更重要。人可以光靠聆聽和解釋這些文獻，消化、吸收文獻中呈獻的知識。梵文稱聆聽是刷瓦納(śravaṇa)，解釋是克伊爾坦(kīrtana)。聆聽和解釋，是靈性生活取得進步最重要的兩個步驟。只有通過謙恭地聆聽、正確地理解從正確的源頭傳達出的超然知識，人才能正確地解釋它。

第 7 節

यानि वेदविदां श्रेष्ठो भगवान् बादरायणः ।
अन्ये च मुनयः सूत परावरविदो विदुः ॥ ७ ॥

yāni veda-vidāṁ śreṣṭho
bhagavān bādarāyaṇaḥ
anye ca munayaḥ sūta
parāvara-vido viduḥ

yāni — 所有這些 / veda vidām — 韋達經的學者 / śreṣṭhaḥ — 最年長的 / bhagavān — 首神的化身 / bādarāyaṇaḥ — 維亞薩戴瓦 / anye — 其他人 / ca — 和 / munayaḥ — 聖哲們 / sūta — 蘇塔・哥斯瓦米啊 / parāvara-vidaḥ — 精通自然科學和形而上學的知識淵博的學者 / viduḥ — 一個知道的人

譯文 蘇塔·哥斯瓦米啊，您理解最博學的韋丹塔主義者、首神的化身維亞薩戴瓦所記載的知識，也瞭解其他精通自然科學和形而上學知識的聖人所傳授的知識。

要旨 《聖典博伽瓦譚》(Śrīmad-Bhāgavatam)是對《維丹塔-蘇陀》(Vedānta-sūtra, 又稱《布茹阿瑪-蘇陀》)的自然評論。之所以稱它爲自然評論，是因爲維亞薩戴瓦既是《維丹塔-蘇陀》的作者，又是一切韋達文獻的精華《聖典博伽瓦譚》的作者。除了維亞薩戴瓦，韋達文獻中還記載了其他六位建立了六種不同哲學體系的聖人，他們分別是：高塔瑪(Gautama)、喀納德(Kaṇāda)、卡皮拉 (Kapila)、帕譚佳里(Patañja-li)、齊彌尼(Jaimini)和阿施塔瓦夸(Aṣṭavakra)。《韋丹塔-蘇陀》中完整地闡釋了有神論，但在其它的哲學思辨系統中幾乎沒有提到過一切原因最初的起因。一個人只有在精通了所有這些哲學體系後才能坐上維亞薩座，以便能完整呈獻《博伽瓦譚》的有神論觀點，駁斥所有其它哲學體系的內容。聖蘇塔·哥斯瓦米是適合的老師；爲此，奈彌沙冉亞森林中的聖人們把他請上維亞薩座。這節詩中把聖維亞薩戴瓦稱作人格首神，因爲他是被賦予了權利的化身。

第 8 節 वेत्थ त्वं सौम्य तत्सर्वं तत्त्वतस्तदनुग्रहात् ।
ब्रूयुः स्निग्धस्य शिष्यस्य गुरवो गुह्यमप्युत ॥ ८ ॥

vettha tvaṁ saumya tat sarvaṁ
tattvatas tad-anugrahāt
brūyuḥ snigdhasya śiṣyasya
guravo guhyam apy uta

vettha — 你很精通 / tvam — 你閣下 / saumya — 一個溫和、純潔的人 / tat — 那些 / sarvam — 所有 / tattvataḥ — 事實上 / tat — 他們的 / anugrahāt — 由於……的恩典 / brūyuḥ — 將會告訴 / snigdhasya — 一個服從的人的 / śiṣyasya — 門徒的 / guravaḥ — 靈性導師們 / guhyam — 祕密 / api uta — 賦予

譯文　　而且，由於您很服從，是服從的門徒，您的靈性導師們便把所有的恩典都賜給了您。您因而有能力告訴我們，您以科學的方法從他們那裡學到的一切。

要旨　　在靈性生活中取得成就的祕訣是，取悅靈性導師，從而得到他真誠的祝福。聖維施瓦納特．查夸瓦爾提．塔庫爾(Viśvanātha Cakravartī Ṭhākura)，在他寫的讚頌靈性導師的著名的八節詩中說："我恭恭敬敬地向我靈性導師的蓮花足頂禮。人只有令他滿意，才能取悅人格首神。他不滿意時，靈性覺悟的路途上就只有浩劫。"因此，門徒必須對真正的靈性導師非常恭順，非常服從。作爲門徒，聖蘇塔．哥斯瓦米具備所有這些資格，所以聖維亞薩戴瓦等博學、覺悟了自我的靈性導師們，賜予了他所有的祝福。奈彌沙冉亞森林中的聖人們確信，聖蘇塔．哥斯瓦米是有資格的。爲此，他們渴望聆聽他的講述。

第 9 節　　तत्र तत्राञ्जसायुष्मन् भवता यद्विनिश्चितम् ।
पुंसामेकान्ततः श्रेयस्तन्नः शंसितुमर्हसि ॥ ९ ॥

tatra tatrāñjasāyuṣman
bhavatā yad viniścitam
puṁsām ekāntataḥ śreyas
tan naḥ śaṁsitum arhasi

tatra — 由此 / tatra — 由此 / añjasā — 使變得容易 / āyuṣman — 得到了長壽的祝福 / bhavatā — 由你自己 / yat — 什麼 / viniścitam — 確定了 / puṁsām — 對一般大眾 / ekāntataḥ — 絕對的 / śreyaḥ — 最終的利益 / tat — 那 / naḥ — 對我們 / śaṁsitum — 解釋 / arhasi — 值得

譯文　您很幸運地得到了長壽的祝福，所以請您以容易理解的方式為我們解釋，您查明了的普通大衆的最高、絕對利益是什麼。

要旨　《博伽梵歌》中教導我們要崇拜靈性導師(ācārya)。靈性導師和哥斯瓦米們總是想著衆生的利益，尤其是他們的靈性利益。物質利益隨著靈性利益的到來而自動到來。正因爲如此，靈性導師們給普通大衆以獲取靈性利益的指導。聖人們預見到，在這個紛爭的鐵器年代——喀歷(Kali)年代裡，人們都沒有資格、沒有能力，于是要求蘇塔・哥斯瓦米對所有的啓示經典作一個總結性的介紹。由於這個年代裡的人幾乎在所有的方面都很不幸，聖人們便詢問，對人們來說，什麼是最高的利益——絕對的利益。這個年代中人們的不幸狀態，在下面的詩節中有所描述。

第 10 節　प्रायेणाल्पायुषः सभ्य कलावस्मिन् युगे जनाः ।
मन्दाः सुमन्दमतयो मन्दभाग्या ह्युपद्रुताः ॥१०॥

prāyeṇālpāyuṣaḥ sabhya
kalāv asmin yuge janāḥ
mandāḥ sumanda-matayo
manda-bhāgyā hy upadrutāḥ

prāyeṇa — 似乎總是 / alpa — 貧乏不足 / āyuṣaḥ — 壽命 / sabhya — 有學問的人 / kalau — 在喀歷(紛爭的)年代 / asmin — 在這裡 /

yuge — 年代 / janāḥ — 大眾 / mandāḥ — 懶惰的 / sumanda-matayaḥ — 被誤導 / manda-bhāgyāḥ — 不幸 / hi — 尤其 / upadrutāḥ — 心緒不寧的

譯文　博學的人啊！在喀歷這個鐵器年代裡，人類的壽命很短。他們懶惰、喜歡爭鬥、被誤導、不幸，而且總是心煩意亂。

要旨　至尊主的奉獻者總是為普通大眾的靈性進步問題而焦慮。奈彌沙冉亞森林中的聖人們，分析了這個喀歷年代裡的人的狀態後預言：在這個年代裡，人類的壽命會很短。人類在喀歷年代裡短壽的原因，主要不是由食物不足造成的，而是由不良習慣導致的。靠保持有節制的習慣和吃簡單、無害的食物，任何人都能維持他的健康。暴飲暴食、過度的感官享樂、過分依賴他人的仁慈，以及非自然的生活方式，極大地損傷了人的生命能量——元氣，使人的壽命被大大地縮短了。

這個年代的人也很懶惰，無論是在物質方面還是在覺悟自我方面都如此。人生是專為覺悟自我用的。那就是說，人應該瞭解自己是什麼，世界是什麼，最高真理是什麼。人體是生物可以用來結束在物質存在中苦苦掙扎，從而回歸他永恆的家園、回到首神身邊的工具。但不健全的教育體制，使如今的人們根本不知道有覺悟自我的真正途徑。即使他們知道有這件事，他們也不幸成為被誤導了的老師的犧牲品。

在這個年代裡，人們不僅是各種政治教義和黨派的犧牲者，也是電影、運動、賭博、俱樂部、世俗圖書館、不良交往、吸煙、酗酒、欺騙、偷竊、爭吵等形形色色感官享樂消遣活動的犧牲者。他們的心總是受打擾，總是因為忙於許許多多各種不同的事情而充滿了焦慮。在這個年代裡，有很多無恥之徒杜撰根本不以啟示經典為基礎的他們自己的宗教信念，而沈溺於感官享樂的人們經常受這類人的吸引。結果是：許多罪惡活動以宗教的名義進行著，人民大眾既沒有平靜的心，也沒有健康的身體。靈修團體的學生(brahmacārī, 貞守生)再也得不到供養，居士不再遵守居士生活(gṛhastha-āśrama)的規範守則，致使從這種居士階段逐漸退出的人(vānaprastha)及托缽僧(sannyāsī)很容易脫離嚴格的宗教路途。在喀歷年代中，整個氣氛是沒有信仰的氣氛。人們對靈性價值完全失去了興趣。物質的感官享樂是現代文明的標準。為了維持這樣的物質文明，人組建了複雜的國家和共同體，而在這些不同的群體之間一直存在著關係緊張的冷戰和熱戰。因此，要提昇靈性標準十分困難，因為現代人類社會中的價值觀已經被扭曲了。奈彌沙冉亞的聖人們非常渴望幫助所有墮落的靈魂，使他們得以解脫。在這節詩中，他們向聖蘇塔·哥斯瓦米詢問醫治墮落靈魂的方法。

第 11 節 भूरीणि भूरिकर्माणि श्रोतव्यानि विभागशः ।
अतः साधोऽत्र यत्सारं समुद्धृत्य मनीषया ।
ब्रूहि भद्राय भूतानां येनात्मा सुप्रसीदति ॥११॥

bhūrīṇi bhūri-karmāṇi
śrotavyāni vibhāgaśaḥ
ataḥ sādho 'tra yat sāraṁ
samuddhṛtya manīṣayā
brūhi bhadrāya bhūtānāṁ
yenātmā suprasīdati

bhūrīṇi — 五花八門的 / bhūri — 很多 / karmāṇi — 責任 / śrotavyāni — 可學習的 / vibhāgaśaḥ — 靠把論題分類 / ataḥ — 因此 / sādho — 聖哲啊 / atra — 在此 / yat — 任何 / sāram — 精華 / samuddhṛtya — 通過挑選 / manīṣayā — 據你所知是最好的 / brūhi — 請告訴我們 / bhadrāya — 為了……的好處 / bhūtānām — 眾生 / yena — 由 / ātmā — 自我 / suprasīdati — 完全滿足

譯文 世上的經典種類繁多，其中記載了很多規定職責，人們要花許多年去進行分類研究，才能有所瞭解。因此，聖人啊！請篩選出所有這些經典的精華內容，並為眾生的利益而加以解釋，使他們藉助這樣的教導獲得內心徹底的滿足。

要旨　阿特瑪(ātmā)——自我，不同於物質元素。他本質上是靈性的，因此靠大量的物質計劃永遠無法使他滿足。所有的經典和靈性教育，都是爲了滿足這個自我而設的。經典推薦了在不同的時間和不同的地點，不同的生物可以用的不同方法。正因爲如此，啓示經典卷帙浩繁。這些數不勝數的啓示經典推薦了不同的方法和規定職責。考慮到在這個喀歷年代中人們普遍墮落的情況，奈彌沙冉亞樹林中的聖人們建議聖蘇塔·哥斯瓦米講述這些經典的精華，因爲在這個喀歷年代中的墮落靈魂，沒有能力在社會四階層(varṇa)和靈性四階段(āśrama)制度中瞭解並實際運用所有這些不同經典中的教導。

社會四階層和靈性四階段制度被認爲是把人提昇到靈性層面的最佳制度，但由於喀歷年代(Kali-yuga)的影響，人民大眾既無法執行這一制度中的規範守則，也無法完全按照社會四階層和靈性四階段制度的規定切斷與家庭的關係。整個氣氛充斥著對抗。考慮到這些，我們可以看出：對這個年代裡的普通人來說，靈性解放十分困難。聖人們向聖蘇塔·哥斯瓦米提出這個問題的原因，將在後面的詩節中給予解釋。

第 12 節　सूत जानासि भद्रं ते भगवान् सात्वतां पतिः ।
देवक्यां वसुदेवस्य जातो यस्य चिकीर्षया ॥१२॥

sūta jānāsi bhadraṁ te
bhagavān sātvatāṁ patiḥ
devakyāṁ vasudevasya
jāto yasya cikīrṣayā

sūta — 蘇塔·哥斯瓦米呀 / jānāsi — 你知道 / bhadram te — 所有的祝福歸於你 / bhagavān — 人格首神 / sātvatām — 純潔奉獻者的 /

patiḥ — 保護者 / devakyām — 在黛瓦克伊的子宮中 / vasudevasya — 由瓦蘇戴瓦 / jātaḥ — 生於 / yasya — 爲了 / cikīrṣayā — 執行

譯文　啊，蘇塔·哥斯瓦米，我們祝福您！您知道人格首神在黛瓦克伊子宮中顯現、當瓦蘇戴瓦之子的眞正目的。

要旨　巴嘎萬(Bhagavān)的意思是：控制著一切財富、力量、聲望、美麗、知識和棄絕的全能的神。祂是純粹奉獻者的保護者。神雖然平等對待眾生，但對祂的奉獻者尤其關心。梵文詞薩特(sat)的意思是“絕對真理”。爲絕對真理服務的人稱爲薩特瓦塔(sātvata)。保護這種純粹奉獻者的人格首神，就是薩特瓦塔的保護者。在這節詩中，聖人們說“祝福您(bhadraṁ te)”，表明他們渴望從講述者那裡瞭解絕對真理。聖主奎師那——至尊人格首神，顯現在瓦蘇戴瓦(Vasudeva)的妻子黛瓦克伊(Devakī)的子宮中。瓦蘇戴瓦是至尊主顯現其中的超然狀態的象徵。

第 13 節　तन्नः शुश्रूषमाणानामर्हस्यङ्गानुवर्णितुम् ।
यस्यावतारो भूतानां क्षेमाय च भवाय च ॥१३॥

tan naḥ śuśrūṣamāṇānām
arhasy aṅgānuvarṇitum
yasyāvatāro bhūtānāṁ
kṣemāya ca bhavāya ca

tat — 那些 / naḥ — 向我們 / śuśrūṣamāṇānām — 那些致力於 / arhasi — 應該要做 / aṅga — 蘇塔·哥斯瓦米呀 / anuvarṇitum — 按前輩靈性導師的教導來解釋 / yasya — 他們的 / avatāraḥ — 化身 / bhūtānām — 眾生的 / kṣemāya — 爲了好處 / ca — 和 / bhavāya — 提高 / ca — 和

譯文　蘇塔·哥斯瓦米啊！我們渴望瞭解有關人格首神和

祂的化身的一切。請為我們解釋前輩靈性導師傳下來的那些知識，講述和聆聽它們使人受益並獲得靈性進步。

要旨　這節詩中提出了聆聽有關絕對真理訊息的條件。第一個條件是：聽眾必須非常真誠並渴望聆聽，講述者必須是公認的靈性導師(ācārya)傳下來的師徒傳承中的成員。全神貫注於物質的人，瞭解不了絕對者的超然訊息。在真正的靈性導師的指導下，人才能逐漸變得純潔。因此，人必須進入師徒傳承，學習"謙恭地聆聽"這門靈性的藝術。蘇塔・哥斯瓦米(Sūta Gosvāmī)和奈彌沙冉亞(Naimiṣāraṇya)森林中的聖人們，符合所有這些條件；聖蘇塔・哥斯瓦米來自聖維亞薩戴瓦(Vyāsadeva)的師徒傳承，聚集在奈彌沙冉亞森林中的聖人都是渴望真相的真誠靈魂。因此，有關聖主奎師那的超凡活動，祂的化身、出生、出現或消失，以及祂的形象、名字，等等，所有這些超然的話題，對他們來說都很容易懂，因為聆聽有關絕對真理訊息的條件都具備了。談論這些超然的話題，對所有走在靈性覺悟之途上的人都有幫助。

第 14 節　आपन्नः संसृतिं घोरां यन्नाम विवशो गृणन् ।
ततः सद्यो विमुच्येत यद्बिभेति स्वयं भयम् ॥१४॥

āpannaḥ saṁsṛtiṁ ghorāṁ
yan-nāma vivaśo gṛṇan
tataḥ sadyo vimucyeta
yad bibheti svayaṁ bhayam

āpannaḥ — 被糾纏 / saṁsṛtim — 在由生死編織的羅網中 / ghorām — 太複雜了 / yat — 什麼 / nāma — 絕對的名字 / vivaśaḥ — 不自覺地、無意地 / gṛṇan — 吟誦、吟唱 / tataḥ — 從那 / sadyaḥ — 立即 / vimucyeta — 得到自由 / yat — ……的 / bibheti — 感到懼怕 / svayam — 本人 / bhayam — 恐懼本身

譯文　奎師那的聖名甚至令恐懼的人格化身都感到懼怕，被束縛在由生死編織的複雜羅網中的衆生，哪怕是無意識地歌唱奎師那的聖名，都能立即獲得自由。

要旨　華蘇戴瓦(Vāsudeva)——絕對的人格首神主奎師那(Kṛṣṇa)，是一切最高的控制者。在整個創造中，沒人不懼怕全能者的盛怒。茹阿瓦納(Rāvaṇa)、黑冉亞卡希普(Hiraṇyakaśipu)和康薩(Kaṁsa)等大惡魔，以及其他強有力的生物體，都被人格首神殺死了。全能的華蘇戴瓦，把祂本人的力量賦予祂的聖名。跟祂有關的一切都與祂一樣。這節詩中說，就連恐懼的人格化身都懼怕奎師那的聖名。這說明，奎師那的名字與奎師那本人沒有區別，同樣有力。因此，任何人都可以利用聖主奎師那的聖名，即使處在最危險的境況中也不例外。哪怕是在被迫的情況下或在無意識的情況下說出奎師那的超然名字，都能幫助人擺脫生死的束縛。

第 15 節　यत्पादसंश्रयाः सूत मुनयः प्रशमायनाः ।
सद्यः पुनन्त्युपस्पृष्टाः स्वर्धुन्यापोऽनुसेवया ॥१५॥

yat-pāda-saṁśrayāḥ sūta
munayaḥ praśamāyanāḥ
sadyaḥ punanty upaspṛṣṭāḥ
svardhuny-āpo 'nusevayā

yat — 那些人的 / pāda — 蓮花足 / saṁśrayāḥ — 那些托庇於 / sūta — 蘇塔．哥斯瓦米呀 / munayaḥ — 偉大的聖哲們 / praśamāyanāḥ — 專心奉獻於至尊主 / sadyaḥ — 立即 / punanti — 使聖潔 / upaspṛṣṭāḥ — 僅僅靠聯誼 / svardhunī — 神聖的恆河 / āpaḥ — 水 / anuseva-yā — 使用

譯文　蘇塔啊！那些完全托庇於至尊主蓮花足的偉大聖人，可以立刻淨化去接觸他們的生物體，但恆河之水卻在長時間使用後才能淨化使用者。

要旨　至尊主純粹的奉獻者比神聖的恆河還要強大有力。一個人在長時間使用恆河水後可以得到靈性的利益，但憑藉至尊主純粹奉獻者的仁慈卻可以立刻被神聖化。《博伽梵歌》中說，任何人，無論其出生爲庶鐸(śūdra)、婦女還是商人，都可以托庇於至尊主的蓮花足，從而回到首神身邊。托庇於至尊主蓮花足的意思是：托庇於純粹的奉獻者。一生只做服務的純粹奉獻者被譽爲帕布帕德(Prabhupāda)和維施努帕德(Viṣṇupāda)，以說明這樣的奉獻者是至尊主蓮花足的代表。因此，任何人只要接受這樣的純粹奉獻者作爲自己的靈性導師，以此方式托庇於純粹奉獻者的蓮花足，就能立即得到淨化。至尊主想要物質世界裡的墮落靈魂能回歸家園，回到祂身邊，至尊主的這些奉獻者就去拯救這樣的靈魂，爲至尊主做最機密的服務，因此人們像尊敬至尊主本人一樣尊敬至尊主的這些奉獻者。啓示經典更把這種純粹的奉獻者稱爲至尊主的副手。儘管純粹奉獻者真誠的門徒，認爲他的靈性導師與至尊主一樣，但純粹奉獻者本人永遠認爲自己是至尊主僕人的謙卑僕人。這就是純粹的奉愛之途。

第 16 節　को वा भगवतस्तस्य पुण्यश्लोकेड्यकर्मणः ।
शुद्धिकामो न शृणुयाद्यशः कलिमलापहम् ॥१६॥

ko vā bhagavatas tasya
puṇya-ślokeḍya-karmaṇaḥ
śuddhi-kāmo na śṛṇuyād
yaśaḥ kali-malāpaham

kaḥ — 誰 / vā — 寧願 / bhagavataḥ — 至尊主的 / tasya — 祂的 /

puṇya — 有道德的、正直的 / śloka-īḍya — 被人們以祈禱的形式崇拜 / karmaṇaḥ — 行爲 / śuddhi-kāmaḥ — 想要擺脫所有的罪惡 / na — 不 / śṛṇuyāt — 聆聽 / yaśaḥ — 榮耀 / kali — 紛爭之年代的 / mala-apaham — 聖化的工具

譯文 想要從紛爭年代的邪惡環境中掙脫出來的人，有誰不願意聆聽至尊主正義的榮耀？

要旨 紛爭不斷的特徵使喀歷年代(Kali-yuga)成爲最不幸的年代。邪惡、墮落的習慣充斥著喀歷年代，以致一個小小的誤解就能引起一場大戰。爲至尊主做純粹奉愛服務的人，沒有任何自我膨脹的慾望，完全不受功利性活動和枯燥的哲學思辨的影響。這種人有能力超越這個複雜年代的紛爭。人民大眾的領袖們非常渴望和平與友誼，但他們對聆聽至尊主的榮耀這一簡單的方法一無所知。相反，這樣的領袖竭力反對宣揚至尊主的榮耀。換句話說，愚蠢的領袖們想要徹底否認至尊主的存在。這樣的領袖以非宗教國家的名義每年制定各種計劃。但由於至尊主的物質自然紛繁複雜、無法超越，他們所制定的全部計劃都總是以失敗而告終。他們是睜眼瞎，看不到他們爲和平與友誼所做的努力都失敗了。但這節詩裡提供了克服困難的建議。如果我們想要真正的和平，我們就必須敞開瞭解至尊主奎師那的大門，按照《聖典博伽瓦譚》中描述的至尊主的各種活動讚美祂。

第 17 節 तस्य कर्माण्युदाराणि परिगीतानि सूरिभिः ।
ब्रूहि नः श्रद्दधानानां लीलया दधतः कलाः ॥१७॥

tasya karmāṇy udārāṇi
parigītāni sūribhiḥ
brūhi naḥ śraddadhānānāṁ
līlayā dadhataḥ kalāḥ

tasya — 祂的 / karmāṇi — 超然的活動 / udārāṇi — 寬宏大量的 / parigītāni — 廣爲傳播 / sūribhiḥ — 由偉大的靈魂 / brūhi — 請講述 / naḥ — 向我們 / śraddadhānānām — 恭順地聆聽 / līlayā — 娛樂活動 / dadhataḥ — 降臨 / kalāḥ — 化身

譯文 祂超然的行為高貴莊嚴、慈祥親切，受到納茹阿達那樣偉大、博學的聖人的歌頌。我們渴望聆聽至尊主以祂的各種化身所從事的激動人心的活動，所以請講給我們聽。

要旨 人格首神不像某些缺乏智慧的人所說的那樣，是永遠不活動的。祂所做的一切壯麗輝煌，高尚無私。祂創造的靈性世界和物質世界都精彩絕倫、豐富多彩、應有盡有。對此，聖納茹阿達(Nārada)、維亞薩(Vyāsa)、瓦勒彌克依(Vālmīki)、戴瓦拉(Devala)、阿西塔(Asita)、瑪德瓦(Madhva)、聖柴坦亞(Caitanya)、茹阿瑪努佳(Rāmānuja)、維施努斯瓦米(Viṣṇusvāmī)、寧巴爾卡(Nimbārka)、施瑞達爾(Śrīdhara)、維施瓦納塔(Viśvanātha)、巴拉戴瓦(Baladeva)、巴克提維諾德(Bhaktivinoda)、希丹塔・薩茹阿斯瓦提(Siddhānta Sarasvatī)等解脫了的靈魂，以及許多其他博學的覺悟了自我的靈魂，都給予了生動、細緻的描述。無論物質世界還是靈性世界，至尊主的這些創造中都充滿了富裕、美麗和知識，但不同的是：靈性範疇內因為充滿了知識、極樂和永恆，所以更壯麗、華美。物質世界作為靈性王國的扭曲了的倒影，就像電影一樣會展示一段時間。它們只會吸引那些對虛假事物感興趣的智力欠佳的人。這種愚蠢的人對真實一無所知，理所當然地把虛假的物質展示當作一切。然而，有更高智慧的人在維亞薩和納茹阿達那樣的聖人指導下，知道神的永恆王國更可愛、更廣大，而且永恆充滿了極樂與知識。那些不熟悉至尊主的活動及祂超然王國的人，有時得到至尊主的優待，在祂化身前來從事激動人心的活動時，有幸參加並目睹祂展示的、祂在超然區域內與奉獻者們永恆快樂的交流。祂靠這樣的活動吸引物質世界裡受制約的靈魂。

這些受制約的靈魂，有的忙於從事非真實的物質感官享樂，有些則致力於否認他們在靈性世界裡過真正生活的可能性。這些缺乏智慧的人被稱爲功利性活動者——卡爾彌(karmī)，和枯燥的哲學思辨者——格亞尼(jïānī)。但超越這兩種人之上的，是被稱爲薩特瓦塔(sātvata)的超然主義者，也就是奉獻者。他們既不從事猖獗的物質活動，也不憑推測否定物質，而是積極地爲至尊主做服務，因此有資格得到功利性活動者和哲學思辨者不知道的最高的靈性利益。

作爲物質世界和靈性世界至高無上的控制者，至尊主有特徵各不相同的無數化身。祂的布茹阿瑪(Brahmā)、茹鐸(Rudra)、瑪努(Manu)、普瑞圖(Pṛthu)和維亞薩(Vyāsa)等化身，是祂的物質屬性化身；但祂的茹阿瑪(Rāma)、尼爾星哈(Narasiṁha)、瓦茹阿哈(Varāha)和瓦瑪納(Vāmana)等化身，是祂超然的化身。聖主奎師那本人是所有化身的源頭，因此是一切原因的起因。

第 **18** 節　अथाख्याहि हरेर्धीमन्नवतारकथाः शुभाः ।
लीला विदधतः स्वैरमीश्वरस्यात्ममायया ॥१८॥

athākhyāhi harer dhīmann
avatāra-kathāḥ śubhāḥ
līlā vidadhataḥ svairam
īśvarasyātma-māyayā

atha — 因此 / ākhyāhi — 描述 / hareḥ — 至尊主的 / dhīman — 賢明的人啊 / avatāra — 眾多化身 / kathāḥ — 描述 / śubhāḥ — 吉祥的 / līlā — 奇遇 / vidadhataḥ — 履行 / svairam — 娛樂活動 / īśvarasya — 至尊控制者的 / ātma — 個人的 / māyayā — 能量

譯文　智者蘇塔啊！請為我們講述，至尊首神的各種化身從事的超然娛樂活動。至尊控制者——至尊主，用祂的內在力量從事這些吉祥且激動人心的娛樂活動。

要旨　為了物質世界的創造、維繫和毀滅，人格首神至尊主本人以成千上萬的化身形象顯現。祂以那些超然的形象顯現時所從事的獨特的冒險活動，都非常吉祥。當祂從事這種活動時有幸在場的人，以及聆聽對這些超然活動描述的人，都受益無窮。

第 19 節　वयं तु न वितृप्याम उत्तमश्लोकविक्रमे ।
यच्छृण्वतां रसज्ञानां स्वादु स्वादु पदे पदे ॥१९॥

vayaṁ tu na vitṛpyāma
uttama-śloka-vikrame
yac-chṛṇvatāṁ rasa-jñānāṁ
svādu svādu pade pade

vayam — 我們 / tu — 但是 / na — 不 / vitṛpyāmaḥ — 會感到厭倦 / uttama-śloka — 由超然的讚歌歌頌的人格首神 / vikrame — 激動人心的活動 / yat — ……的 / śṛṇvatām — 靠不斷地聆聽 / rasa — 令人快樂的感受 / jñānām — 那些精通於 / svādu — 享受 / svādu — 美味的 / pade pade — 每一步

譯文　人格首神為讚美詩和祈禱文所讚頌，聆聽祂超然的娛樂活動，我們永不厭倦。愛好聆聽奉獻者與祂以各種超然關係交流的人，每時每刻都享受聆聽祂的娛樂活動。

要旨　世俗的故事、小說或歷史，與對至尊主的超然娛樂活動的描述相比，有著天壤之別。整個宇宙的歷史，包含了對至尊主的化身所從事的娛樂活動的記載。《茹阿瑪亞納》(Rāmāyaṇa,《羅摩衍那》)、《瑪哈巴茹阿特》(Mahābhārata,《摩訶婆羅多》)和往世書(Purāṇa)，是記載與至尊主的化身所從事的娛樂活動有關的遠古歷史，因此即使重復閱讀，也始終有新鮮感。例如：一個人有可能畢生重復閱讀《博伽梵歌》(Bhagavad-gītā)和《聖典博伽瓦譚》(Śrīmad-Bhāgavatam)，但還是能不斷從中得到新的啓發。正因爲物質是無生命、靜止的，靈魂是充滿活力、始終活躍的，所以世俗新聞是靜態、無生命的，而超然的消息是動態、充滿活力的。培養了對瞭解超然主題的愛好的人，對聆聽相關的敘述樂此不疲。世俗活動使人很快就感到厭倦，但沒人會對超然的奉愛活動感到厭倦。烏塔瑪-詩珞卡(uttama-śloka)是指那些不導致無知的文獻。世俗文獻受愚昧、無知屬性的控制，超然的文獻與之截然不同。超然的文獻超越愚昧屬性的控制，隨著循序漸進地閱讀及對超然主題的領悟，人會得到越來越多的啓明。所謂解脫了的人永遠都不會滿足於只重復梵文“ahaṁ brahmāsmi”這句梵文。對他們來說，這種對布茹阿曼(Brahman, 梵)的虛假認識，變得陳腐、平庸；爲了體驗真正的快樂，他們轉而聆聽對《聖典博伽瓦譚》的敘述。假象宗派裡不太幸運的人則轉向利他主義和塵世的慈善事業。這說明假象宗派(Māyāvāda)的哲學是世俗的，而《博伽梵歌》和《聖典博伽瓦譚》的哲學是超然的。

第 20 節 कृतवान् किल कर्माणि सह रामेण केशवः ।
अतिमर्त्यानि भगवान् गूढः कपटमानुषः ॥२०॥

kṛtavān kila karmāṇi
saha rāmeṇa keśavaḥ
atimartyāni bhagavān
gūḍhaḥ kapaṭa-mānuṣaḥ

kṛtavān — 由……做 / kila — 什麼 / karmāṇi — 活動 / saha — 以及 / rāmeṇa — 巴拉茹阿瑪 / keśavaḥ — 聖主奎師那 / atimartyāni — 超人的 / bhagavān — 人格首神 / gūḍhaḥ — 在……的掩飾下 / kapaṭa — 表面上 / mānuṣaḥ — 人類

譯文 聖主奎師那——人格首神，與巴拉茹阿瑪一起扮演人類的角色。在這樣的掩飾下，祂從事衆多的超人活動。

要旨 擬人論和神像獸形化論的理論永遠都不適用於人格首神聖奎師那。當今世上，特別是在印度，“人可以靠苦行成爲神”的理論泛濫成災。自從聖人們看出主茹阿瑪、主奎師那和主柴坦亞·瑪哈帕布就是啓示經典中指出的人格首神後，有許多無恥之徒就杜撰了他們自己的化身；尤其在孟買，製造一個神的化身已成爲一件很普通的事。有一點神通的大衆人物只要表演一些戲法，就很容易被大衆視爲是首神的化身。聖主奎師那不是那種化身。祂一出現就是真正的人格首神。祂在祂所謂的媽媽面前以四臂維施努(Viṣṇu)的形象顯現。後來，應母親的要求，祂把自己變成一個人類的孩子，並立即離開她到住在哥庫拉(Gokula)的另一個奉獻者家中，在那裡被視爲是南達王和雅首達媽媽的兒子。同樣，與聖奎師那長得幾乎一樣的兄弟聖巴拉戴瓦，也被視爲是聖瓦蘇戴瓦的另一個妻子所生的一個人類之子。在《博伽梵歌》中，至尊主說：祂的出生和所作所爲都是超然的，任何一個幸運到能夠瞭解祂出生和活動的超然性的人，將立即解脫，有資格回歸神的王國。因此，只瞭解聖主奎師那的出生和所作所爲的超然本性，就足以使人獲得解脫，更不要說熟悉細節性的知識了。《博伽瓦譚》在前九篇中描述了至尊主的超然本性，在第十篇中描述了祂特殊的娛樂活動；循序漸進地閱讀這部文獻的人，將瞭解一切。然而，在此要強調的一點是：至尊主即使在祂母親的懷中時，就已經展示了祂的神威；祂所做的一切都是超人的(如七歲時舉起哥瓦爾丹山)，而祂所有的活動都清楚地證明，祂是真正的至尊人格首神。儘管如此，在祂神秘力量的掩護下，祂總是被祂所謂的父母親及其他親屬視爲是一個普通人類的孩子。無論祂做了什麼非凡的事，祂的父母都以爲是別人做的。他們滿足於把祂當作孝順的兒子去愛祂，而這種愛從沒有動搖過。正因爲如此，奈彌沙冉亞森林中的聖人們說祂表面上看起來是人類的一員，但實際上是至尊全能的人格首神。

第 **21** 節 कलिमागतमाज्ञाय क्षेत्रेऽस्मिन् वैष्णवे वयम् ।
आसीना दीर्घसत्रेण कथायां सक्षणा हरेः ॥२१॥

kalim āgatam ājñāya
kṣetre 'smin vaiṣṇave vayam
āsīnā dīrgha-satreṇa
kathāyāṁ sakṣaṇā hareḥ

kalim — 喀歷年代(紛爭的鐵器年代) / āgatam — 已到達了 / ājñāya — 知道這一點 / kṣetre — 在這塊土地上 / asmin — 在這 / vaiṣṇave — 特別爲至尊主的奉獻者 / vayam — 我們 / āsīnāḥ — 坐著的 / dīrgha — 延長的 / satreṇa — 爲了舉行祭祀 / kathāyām — 以……的言詞 / sakṣaṇāḥ — 有大量的空閑時間 / hareḥ — 人格首神的

譯文 我們很清楚喀歷年代已經開始，因此聚在這處聖地，聆聽首神大量的超然信息，以這一方式舉行祭祀。

要旨 在金器年代(Satya-yuga)、銀器年代(Tretā-yuga)和銅器年代(Dvāpara-yuga)中所用的覺悟自我的方法，根本不適用於這個鐵器年代(Kali)年代。就覺悟自我來言，生活在金器年代的人壽命長達十萬年，所以可以長時間地打坐冥想；在銀器年代裡的人因爲壽命是一萬年，所以是通過舉行盛大的祭祀達到覺悟自我的目的；在銅器年代中，當人的壽命是一千年時，人們靠在宏大的神廟內崇拜至尊主的神像達到覺悟自我的目的。但在喀歷年代中，人的壽命最多只有一百年，考慮到人們靈修的各種困難，經典推薦的覺悟自我的程序是，聆聽和吟誦、吟唱至尊主的聖名、聲望和娛樂活動。奈彌沙冉亞森林裡的聖人們，在一個專門爲至尊主的奉獻者準備的地方開始了這一程序。他們準備用一千年的時間來聆聽至尊主的娛樂活動。這些聖人們樹立的榜樣告訴我們，有規律地聆聽和朗誦《博伽瓦譚》是覺悟自我的唯一途經。其它的努力只不過是在浪費時間而已，因爲那些方法並不給人以實質性的結果。聖主柴坦亞·瑪哈帕布宣揚有規律地聆聽和朗誦《博伽瓦譚》(Bhāgavata-dharma)這一覺悟自我的方法，建議所有出生在印度的人，都該肩負起弘揚聖奎師那的信息的責任，主要是《博伽梵歌》的原本信息的責任。人一旦透徹瞭解了《博伽梵歌》的教導，就可以開始學習《聖典博伽瓦譚》(Śrīmad-Bhāgavatam)，以得到有關覺悟自我的進一步啓明。

第 22 節　त्वं नः सन्दर्शितो धात्रा दुस्तरं निस्तितीर्षताम् ।
कलिं सत्त्वहरं पुंसां कर्णधार इवार्णवम् ॥२२॥

tvaṁ naḥ sandarśito dhātrā
dustaraṁ nistitīrṣatām
kaliṁ sattva-haraṁ puṁsāṁ
karṇa-dhāra ivārṇavam

tvam — 您閣下 / naḥ — 向我們 / sandarśitaḥ — 聚會 / dhātrā — 憑天意 / dustaram — 不能克服的 / nistitīrṣatām — 那些想越過的人 / kalim — 喀歷年代 / sattva-haram — 那損壞良好品質的 / puṁsām — 人的 / karṇa-dhāraḥ — 船長 / iva — 作爲 / arṇavam — 海洋

譯文　我們認爲：憑天意，我們得遇您閣下。我們公認，喀歷年代就好比所有人類的美好品德都在其中被減損的困苦海洋，對想要渡過它的人來說，您就是那渡船的船長。

要旨　喀歷(Kali)年代對人類來說十分危險。人生是專爲覺悟自我而設的，但由於這個危險的年代，人們完全忘了人生的目的。在這個年代裡，人的壽命將逐漸縮短。人們將逐漸喪失他們的記憶力，以及美好的情操、力量和高尚的品德。這部巨著的第十二篇中羅列了這個年代的異常現象。因此，對那些想用這一生覺悟自我的人來說，這個年代十分艱難。人們如此沈溺於感官享樂，以致完全忘了要覺悟自我。由於喪失了理智，人們認識不到這短暫的人生只不過是我們通向覺悟自我的漫長旅程中的一瞬間而已，因此便率直地說他們不需要覺悟自我。如今，整個的教育體系只不過是在爲人們進行感官享樂做準備；有學問的人如果對這種教育體系進行一番審視就會發現，這個年代裡的孩子們被有意送到所謂教育的屠宰場裡。因此，有知識的人必須對這個年代十分小心；如果他們真想跨越喀歷年代這個危險的海洋，他們必須以奈彌沙冉亞森林中的聖人們爲榜樣，把蘇塔·哥斯瓦米或他真正的代表接受爲船長。這船是以《博伽梵歌》和《聖典博伽瓦譚》爲形式呈獻的聖主奎師那的信息。

第 23 節　ब्रूहि योगेश्वरे कृष्णे ब्रह्मण्ये धर्मवर्मणि ।
स्वां काष्ठामधुनोपेते धर्मः कं शरणं गतः ॥२३॥

brūhi yogeśvare kṛṣṇe
brahmaṇye dharma-varmaṇi
svāṁ kāṣṭhām adhunopete
dharmaḥ kaṁ śaraṇaṁ gataḥ

brūhi — 請你告訴 / yoga-īśvare — 一切神秘力量的主人 / kṛṣṇe — 聖主奎師那 / brahmaṇye — 絕對的真理 / dharma — 宗教 / varmaṇi — 保護者 / svām — 自己的 / kāṣṭhām — 住所 / adhunā — 現在 / upete — 已經離開 / dharmaḥ — 宗教 / kam — 向誰 / śaraṇam — 庇護 / gataḥ — 去了

譯文　既然絕對真理、一切神秘力量的主人聖奎師那都起程離開地球，前往祂自己的住所，那麼請告訴我們，宗教原則如今去哪裡尋求庇護了。

要旨 宗教是人格首神本人規定並宣布的法律。每當宗教原則被嚴重地誤用或忽視，至尊主就會親自顯現來恢復宗教原則；《博伽梵歌》第 4 章的第 8 節詩詞中說明了這一點。在這節詩中，奈彌沙冉亞森林裡的聖人們就在詢問：至尊主離開後，這些原則將如何維持下去。對他們提出的這個問題，後面的篇章中將給予答案，那就是：《聖典博伽瓦譚》是人格首神超然的聲音代表，因此其中充滿了超然的知識和宗教原則。

到此為止，結束了巴克提韋丹塔對《聖典博伽瓦譚》第 1 篇第 1 章——“聖人們的詢問”所作的闡釋。

第二章

神與對神的服務

第 1 節

व्यास उवाच

इति सम्प्रश्नसंहृष्टो विप्राणां रौमहर्षणिः ।
प्रतिपूज्य वचस्तेषां प्रवक्तुमुपचक्रमे ॥ १ ॥

vyāsa uvāca
iti sampraśna-saṁhṛṣṭo
viprāṇāṁ raumaharṣaṇiḥ
pratipūjya vacas teṣāṁ
pravaktum upacakrame

vyāsaḥ uvāca — 維亞薩說 / iti — 這樣 / sampraśna — 完美的詢問 / saṁhṛṣṭaḥ — 完全滿足 / viprāṇām — 那裡的聖哲們的 / raumaharṣaṇiḥ — 柔瑪哈爾珊納之子烏卦刷瓦 / pratipūjya — 在答謝過他們後 / vacaḥ — 字句 / teṣām — 他們的 / pravaktum — 回答他們 / upacakrame — 試圖

譯文　聖維亞薩戴瓦說，烏卦刷瓦(蘇塔·哥斯瓦米)——柔瑪哈爾珊納之子，對布茹阿瑪納們提出這些最恰當的問題感到十分滿意，于是向他們表示謝意，並準備給予答復。

要旨　聚集在奈彌沙冉亞森林中的聖人們，向蘇塔·哥斯瓦米詢問了六個問題，所以他現在準備逐一回答他們的問題。

第2節

सूत उवाच

यं प्रव्रजन्तमनुपेतमपेतकृत्यं
द्वैपायनो विरहकातर आजुहाव ।

पुत्रेति तन्मयतया तरवोऽभिनेदु-
स्तं सर्वभूतहृदयं मुनिमानतोऽस्मि ॥२॥

sūta uvāca
yaṁ pravrajantam anupetam apeta-kṛtyaṁ
dvaipāyano viraha-kātara ājuhāva
putreti tan-mayatayā taravo 'bhinedus
taṁ sarva-bhūta-hṛdayaṁ munim ānato 'smi

sūtaḥ — 蘇塔．哥斯瓦米 / uvāca — 說 / yam — ……的人 / pravrajantam — 在出家的途中 / anupetam — 沒有接受聖線的淨化過程 / apeta — 沒有經歷儀式 / kṛtyam — 規定職責 / dvaipāyanaḥ — 維亞薩戴瓦 / viraha — 分離 / kātaraḥ — 因爲害怕 / ājuhāva — 呼喊 / putra iti — 我的兒子啊 / tat-mayatayā — 全神貫注地 / taravaḥ — 所有的樹 / abhineduḥ — 回應 / tam — 向他 / sarva — 所有 / bhūta — 生物體 / hṛdayam — 心 / munim — 聖哲 / ānataḥ asmi — 頂拜

譯文　　聖蘇塔．哥斯瓦米說：請允許我恭敬地向偉大的聖人(舒卡戴瓦．哥斯瓦米)敬禮，他能進入衆生的心中。當他離家出走過棄絕生活時，並沒有舉行接受聖綫儀式或進入更高階層所必須有的一些儀式。他父親維亞薩戴瓦害怕與他分離，呼喊著，“我的兒子啊！”事實上，當時只有沈溺於相同別離情感的樹木，為回應悲傷的父親而發出回聲。

要旨　　社會四階層 (varṇa)和靈性四階段(āśrama)制度中，規定了許多這一制度的追隨者所該遵守的規範職責。比方說，要學習韋達經(Veda)的人必須去找一位真正的靈性導師，請求靈性導師接受他當門徒。聖線是那些向真正的靈性導師(ācārya)學習韋達經的合格人選所戴的標誌。聖舒卡戴瓦．哥斯瓦米(Śukadeva Gosvāmī)因爲一出生就是解脫了的靈魂，所以沒有經過這樣的淨化儀式。

人出生時通常都是普通人，經過淨化儀式後獲得第二次出生。當他看到一線曙光，尋找靈性進步的指導時，他就去找一位靈性導師學習韋達經中的教導。靈性導師只接受真誠的人當他的門徒，並授予門徒聖線。這樣，一個人便獲得第二次出生(dvija)。由於經過第二次出生而具備資格後，人可以學習韋達經；等他精通韋達經後，他就成了一個合格的布茹阿瑪納(brāhmaṇa,婆羅門)。合格的布茹阿瑪納(vipra)，以此方式認識絕對者並在靈性生活中不斷取得進步，直至達到外士納瓦(Vaiṣṇava)階段。外士納瓦階段是布茹阿瑪納的研究生階段。進步的布茹阿瑪納必須成爲外士納瓦，因爲外士納瓦是博學、覺悟了自我的布茹阿瑪納。

聖舒卡戴瓦·哥斯瓦米從一出生就是外士納瓦，因此根本不需要經歷社會四階層和靈性四階段制度的所有過程。社會四階層和靈性四階段制度的最終目的，是要把一個沒有教養的人轉變成至尊主純粹的奉獻者——外士納瓦。因此，任何一個被一流的外士納瓦(uttama-adhikārī Vaiṣṇava)接受而成爲外士納瓦的人，無論其出身和過去的所作所爲如何，已經被視爲是布茹阿瑪納了。聖柴坦亞·瑪哈帕布認可這一原則，正式任命聖哈瑞達斯·塔庫爾(Haridāsa Ṭhākura)爲吟誦聖名的一代宗師(ācārya)，儘管哈瑞達斯·塔庫爾出生在一個穆斯林家庭中。總之，聖舒卡戴瓦·哥斯瓦米一出生就是外士納瓦，因此不必經過任何儀式就已經是布茹阿瑪納了。出身卑微的人，無論他是克伊茹阿塔(Kirāta)、胡納(Hūṇa)、安朵(Āndhra)、菩林達(Pulinda)、菩勒喀沙(Pulkaśa)、阿比茹阿(Ābhīra)、松巴(Śumbha)、亞瓦納(Yavana)、喀薩(Khasa)，甚或更卑微，他都能憑藉外士納瓦的仁慈昇上最高的超然層面。聖舒卡戴瓦·哥斯瓦米是聖蘇塔·哥斯瓦米的靈性導師，因此聖蘇塔·哥斯瓦米在開始回答奈彌沙冉亞森林中的聖人們提出的問題前，先恭恭敬敬地向舒卡戴瓦·哥斯瓦米致敬。

第 3 節　　यः स्वानुभावमखिलश्रुतिसारमेक-
मध्यात्मदीपमतितितीर्षतां तमोऽन्धम् ।

संसारिणां करुणयाह पुराणगुह्यं
तं व्याससूनुमुपयामि गुरुं मुनीनाम् ॥ ३ ॥

yaḥ svānubhāvam akhila-śruti-sāram ekam
adhyātma-dīpam atititīrṣatāṁ tamo 'ndham
saṁsāriṇāṁ karuṇayāha purāṇa-guhyaṁ
taṁ vyāsa-sūnum upayāmi guruṁ munīnām

yaḥ — ……的他 / sva-anubhāvam — 自己吸收到的(經驗到的) / akhila — 全面的 / śruti — 韋達經 / sāram — 奶油 / ekam — 唯一的 / adhyātma — 超然的 / dīpam — 火炬 / atititīrṣatām — 想跨越 / tamaḥ andham — 黑暗的物質生活 / saṁsāriṇām — 物質主義者的 / karuṇayā — 出於沒有緣故的仁慈 / āha — 說 / purāṇa — 韋達經的補充讀物 / guhyam — 非常機密的 / tam — 向他 / vyāsa-sūnum — 維亞薩戴瓦的兒子 / upayāmi — 讓我頂拜 / gurum — 靈性導師 / munīnām — 聖哲們的

譯文 請允許我恭敬地向他(舒卡)致敬，他是全體聖人的靈性導師、維亞薩戴瓦的兒子。出於對那些為跨越物質存在黑暗地帶而苦苦掙扎的十足的物質主義者的深切同情，他自己體驗消化了這被比作韋達知識的奶油部份的最機密的補充文獻後，把它講述出來。

要旨 在這段祈禱中，聖蘇塔·哥斯瓦米基本上總結了對《聖典博伽瓦譚》的完整介紹。《聖典博伽瓦譚》是對《韋丹塔-蘇陀》(Vedānta-sūtra)自然的補充性評註。《韋丹塔-蘇陀》——《布茹阿瑪-蘇陀》(Brahma-sūtra)，是維亞薩戴瓦為呈獻韋達知識的精華而編纂的，《聖典博伽瓦譚》則是對這一精華所給予的評註。聖舒卡戴瓦·哥斯瓦米是徹悟了《韋丹塔-蘇陀》的靈性導師，因此必然也領悟了對它的評註——《聖典博伽瓦譚》。為向那些想要徹底征服無知的迷惑了的物質主義者表示他無限的仁慈，他第一次當眾吟誦了這機密的知識。

物質主義者不可能快樂這一點根本無需爭論。物質世界裡的生物體，無論是偉大的布茹阿瑪(Brahmā)，還是一隻微不足道的小螞蟻，沒有一個能夠快樂。眾生都在努力制定一個使自己永遠快樂的計劃，但在物質自然法律面前都遭到了失敗。正因爲如此，這個物質世界被稱爲神的創造中的黑暗地帶。然而不快樂的物質主義者只要想擺脫這一黑暗地帶，就可以解脫。但是非常不幸，物質世界裡的眾生是那麼愚蠢，以致根本不想從這個地帶逃出去。正因爲如此，他們被比喻爲是喜歡吃荊棘的駱駝。駱駝喜歡鮮血與荊棘混在一起的滋味，認識不到那鮮血是荊棘刺破牠的舌頭後流出來的。同樣，對物質主義者來說，他自己的血就像蜂蜜一樣甜美，儘管他總是被他從事的物質活動搞得煩惱不堪，但他從不想逃脫。這樣的物質主義者被稱爲卡爾彌(karmī)。在千百萬的卡爾彌中，只有少數人對物質活動感到厭倦，想要逃出物質的迷宮。這種明智的人被稱爲格亞尼(jñānī)。《韋丹塔-蘇陀》就是針對這種格亞尼所給予的指導。但作爲至尊主的化身，聖維亞薩戴瓦能夠預見到《韋丹塔-蘇陀》將被肆無忌憚的人所誤用，因此親自編纂《博伽梵往世書》(Bhāgavata Purāṇa)——《聖典博伽瓦譚》作爲補充。經典中明確地說：這部《博伽瓦譚》是對《韋丹塔-蘇陀》的原始評註。聖維亞薩戴瓦把《博伽瓦譚》也傳給了他的兒子——已經處在超然解脫階段的聖舒卡戴瓦·哥斯瓦米。聖舒卡戴瓦自己先領悟了它，然後再解釋它。憑藉聖舒卡戴瓦的仁慈，所有想要擺脫物質存在的真誠靈魂才有可能得到這部《博伽瓦譚》。

《聖典博伽瓦譚》是對《韋丹塔-蘇陀》獨一無二、無與倫比的評註。聖商卡爾阿查爾亞(Śaṅkarācārya)繞過《聖典博伽瓦譚》——對《韋丹塔-蘇陀》的自然評註，撰寫了自己對《韋丹塔-蘇陀》的評註(Śārīraka-bhāṣya)，因爲他知道《聖典博伽瓦譚》所談論的主題是他所無法駕馭的。但是，他那些所謂的追隨者卻輕視《博伽瓦譚》，把它視爲是某個“新”作品。我們不應該被假象宗派(Māyāvāda)這種直接反對《博伽瓦譚》的宣傳所誤導。從這節介紹性的詩中，剛開始學習的學生應該知道：《聖典博伽瓦譚》是專門爲那些至尊天鵝(paramahaṁsa)和完全沒有惡意及怨恨之心的人準備的唯一一部超然的文獻。儘管商卡爾阿查爾亞承認人格首神納茹阿亞納(Nārāyaṇa)超越物質創造，但假象宗派人士卻嫉恨人格首神。有嫉妒心的假象宗派人士不可能接近《博伽瓦譚》，但真正渴望擺脫這個物質存在的人就會托庇於這部《博伽瓦譚》，因爲它是由解脫了的聖舒卡戴瓦·哥斯瓦米講述的。它是超然的火炬，人可以靠它清楚地看到超然的絕對真理，認識到絕對真理的布茹阿曼(Brahman, 梵)、超靈(Paramātmā)和博伽梵(Bhagavān)三個方面的特徵。

第 4 節　नारायणं नमस्कृत्य नरं चैव नरोत्तमम् ।
देवीं सरस्वतीं व्यासं ततो जयमुदीरयेत् ॥ ४ ॥

nārāyaṇaṁ namaskṛtya
naraṁ caiva narottamam
devīṁ sarasvatīṁ vyāsaṁ
tato jayam udīrayet

nārāyaṇam — 人格首神 / namaḥ-kṛtya — 在致以崇敬地頂拜後 / naram ca eva — 和納茹阿亞納．瑞希 / nara-uttamam — 最高等的人 / devīm — 女神 / sarasvatīm — 學識的女主人 / vyāsam — 維亞薩戴瓦 / tataḥ — 此後 / jayam — 用以戰勝的一切 / udīrayet — 被宣布

譯文　在朗誦這用以獲勝的工具《聖典博伽瓦譚》之前，人應該恭恭敬敬地頂拜人格首神納茹阿亞納、最高等的人納茹阿-納茹阿亞納聖人，以及學問女神薩茹阿斯瓦緹母親和作者聖維亞薩戴瓦。

要旨 所有的韋達文獻和往世書都是用來戰勝物質存在的黑暗區域的。生物之所以遺忘他與神的關係，是因爲他從無法追溯的年代起就過分依戀物質的感官享樂。他長期在物質世界裡爲生存而苦苦掙扎，光靠制定計劃是無法擺脫這種狀況的。他如果真想戰勝這長期爲生存而掙扎的狀況，就必須重建他與神的永恆關係。想要採用這一改善方法的人，必須托庇於韋達經和往世書等文獻。愚蠢的人說，往世書與韋達經沒有關係。但往世書其實是爲了讓不同的人對韋達經有清晰的認識而作的補充性解釋。人並不是平等的。有人受善良屬性的影響，有人受激情屬性的控制，有人則受愚昧屬性的控制。往世書的劃分就是要使這些不同等級的人都能充分利用它們，逐漸恢復已經失去的地位，擺脫這種爲生存而苦苦掙扎的狀態。聖蘇塔·哥斯瓦米指出吟誦這些往世書的方法，渴望弘揚韋達文獻和往世書的人都會按他的方法做。《聖典博伽瓦譚》是毫無瑕疵的往世書，是專爲那些想要永遠擺脫物質束縛的人準備的。

第 5 節 मुनयः साधु पृष्टोऽहं भवद्भिर्लोकमङ्गलम् ।
यत्कृतः कृष्णसम्प्रश्नो येनात्मा सुप्रसीदति ॥ ५॥

munayaḥ sādhu pṛṣṭo 'haṁ
bhavadbhir loka-maṅgalam
yat kṛtaḥ kṛṣṇa-sampraśno
yenātmā suprasīdati

munayaḥ — 聖哲們啊 / sādhu — 這是有意義的 / pṛṣṭaḥ — 詢問 / aham — 我自己 / bhavadbhiḥ — 由你們全體 / loka — 世界 / maṅgalam — 福利 / yat — 因爲 / kṛtaḥ — 做 / kṛṣṇa — 人格首神 / sampraśnaḥ — 恰當的問題 / yena — ……的 / ātmā — 自我 / suprasīdati — 徹底滿足

譯文 聖人們啊！你們向我提的問題十分恰當。你們的問題極有價值，因為它們與主奎師那有關，因而關係到世界的福利。只有這類問題，才能徹底滿足自我。

要旨 既然前面解釋過《博伽瓦譚》講述的是絕對真理，而奈彌沙冉亞森林中的聖人們提出的問題都是有關至尊人格首神奎師那——絕對真理的，所以那些問題都十分恰當、恰到好處。在《博伽梵歌》第15 章的第 15 節詩中，人格首神說：全部的韋達經除了鼓勵人去追尋祂——奎師那，沒談別的。因此，韋達知識要解釋的，就是與奎師那有關的問題。

這個世界充滿了問題和答案。飛禽、走獸和人類都忙於無休止的詢問和回答。清晨，鳥巢裡的鳥兒就開始問問題和尋找答案，到了晚上，同樣的鳥兒們飛回巢穴後又忙著詢問和回答問題。人除了晚上睡熟後不再想問題，否則也是一直在問問題和尋找答案。市場裡的商人忙於詢問和解答，法庭裡的律師和學校裡的學生也不例外。大家雖然畢生都在這樣不斷地問問題和尋找答案，但卻一點兒都不滿足。靈魂只有在詢問和回答有關奎師那的問題時才會感到滿足。

奎師那是我們最親的主人、朋友、父親、兒子或戀愛的對象。由於遺忘奎師那，我們製造了那麼多的問題與答案的對象，但其中沒有一個能使我們完全滿足。除了奎師那，所有其他的一切都只給予短暫的滿足，因此我們如果想要徹底滿足，就必須詢問和解答有關奎師那的問題。沒有詢問和解答，我們一刻都活不下去。《聖典博伽瓦譚》中記載的都是與奎師那有關的詢問和回答，所以光靠閱讀和聆聽這超然的文獻就能使我們得到最高的滿足。人應該學習《聖典博伽瓦譚》，尋找出解決社會、政治或宗教事宜中一切問題的萬能方法。《聖典博伽瓦譚》和奎師那包含了一切。

第 6 節

स वै पुंसां परो धर्मो यतो भक्तिरधोक्षजे ।
अहैतुक्यप्रतिहता ययात्मा सुप्रसीदति ॥ ६ ॥

sa vai puṁsāṁ paro dharmo
yato bhaktir adhokṣaje
ahaituky apratihatā
yayātmā suprasīdati

saḥ — 那 / vai — 肯定地 / puṁsām — 爲人類 / paraḥ — 崇高的 / dharmaḥ — 活動 / yataḥ — 由那 / bhaktiḥ — 奉愛服務 / adhokṣaje — 向超然性 / ahaitukī — 沒有緣故地 / apratihatā — 永不中斷的 / yayā — 由那 / ātmā — 自我 / suprasīdati — 徹底滿足

譯文　能讓人為超然的至尊主做奉愛服務的職責，才是全人類最崇高的職責(達爾瑪)。要想徹底滿足自我，就必須毫無自私動機、連續不斷地做這樣的奉愛服務。

要旨　在這段說明中，聖蘇塔·哥斯瓦米回答了奈彌沙冉亞森林中的聖人們提出的第一個問題。聖人們請他總結啓示經典的類別，呈獻最精華的部份，以便墮落之人或人民大眾能更容易地接受它。韋達經爲人類規定了兩種職責，一種稱爲感官享樂之途(pravṛtti-mārga)，另一種稱爲棄絕之途(nivṛtti-mārga)。享樂之途低等，爲至尊源頭而奉獻的途徑崇高。生物的物質存在狀態，是真實生活的生病狀態。真實生活是靈性存在(brahma-bhūta)。靈性存在的生活永恆、極樂並充滿知識，而物質存在短暫、虛假並充滿錯誤，毫無快樂可言。在物質存在中，爲擺脫痛苦所做的無效努力，只能使痛苦暫時停止一下，而這短暫的中斷就被錯誤地稱爲快樂。因此，短暫、痛苦和充滿錯覺的物質享樂漸進之途是低等的。但是，爲至尊主做奉愛服務能使人過上永恆、極樂和全知的生活，做奉愛服務被稱爲崇高的職責。這崇高的職責有時會因爲與低等品質混合而受到污染。例如：通過做奉愛服務獲取物質所得，無疑是棄絕之途上前進的障礙。爲最高的利益而棄絕或放棄，必定比在生活的疾病狀態中享樂更好。這樣的享樂只會使疾病加重，延長生病的時間。所以，爲至尊主做奉愛服務，必須不帶絲毫的物質享樂慾望，必須保持品質的純正。爲此，人應該爲至尊主做奉愛服務，以這樣的形式履行高等職責，在全部過程中不夾雜絲毫多餘的慾望、功利性行爲和哲學性臆測。這樣做本身就能使人在爲至尊主服務的過程中體驗到永久的慰藉。

我們有意把梵文詞達爾瑪(dharma)翻譯成職責，因爲達爾瑪一詞的基本意思是"維持生物生存的那一事物"。維持生物體的生存之道是，按照他與至尊主奎師那的永恆關係調整他的活動。奎師那是眾生的中心人物；在全體永恆存在的生物中，祂是最有魅力的永恆存在的生物。在靈性存在中，每一個生物都有他永恆的形象，而奎師那永恆地吸引著全體生物的注意力。奎師那是完整的整體，所有的一切都是祂不可缺少的部份。我們與祂的關係是服務與被服務的關係。這種關係超然，與我們在物質存在中體驗到的關係截然不同。這種服務與被服務的關係，是親近神的最恰當的形式。對這一點的領悟將隨著我們做奉愛服務的進步程度而加深。所有的人都應該爲至尊主做超然的愛心服務，即使現在處在物質存在的受制約狀態中也不例外。奉愛服務將逐漸給人以有關真實生活的提示，使人感到徹底的滿足與喜悅。

第 7 節 वासुदेवे भगवति भक्तियोगः प्रयोजितः ।
जनयत्याशु वैराग्यं ज्ञानं च यदहैतुकम् ॥ ७ ॥

vāsudeve bhagavati
bhakti-yogaḥ prayojitaḥ
janayaty āśu vairāgyaṁ
jñānaṁ ca yad ahaitukam

vāsudeve — 向奎師那 / bhagavati — 向人格首神 / bhakti-yogaḥ — 通過奉愛服務 / prayojitaḥ — 被應用於 / janayati — 確實產生 / āśu — 很快 / vairāgyam — 不執著 / jñānam — 知識 / ca — 和 / yat — ……的 / ahaitukam — 沒有緣故的

譯文 通過爲人格首神聖奎師那做奉愛服務，人立刻不明原因地獲得知識，不再依戀這個世界。

要旨 那些認爲爲聖主奎師那做奉愛服務是某種物質性的感情用事的人，也許會爭論說：啓示經典中推薦的是祭祀、布施、苦修、知識、神秘力量和其它類似的獲得超然覺悟的程序。按照他們的想法，爲至尊主做奉愛服務(bhakti)的程序，是爲不能從事更高級的活動的人而設的。人們通常以爲，奉愛瑜伽是爲庶鐸(śūdra, 首陀羅)和外夏(vaiśya, 吠舍)階層的人士，以及智力欠佳的婦女準備的。但那並非事實真相。爲至尊主做奉愛服務是最高級的超然活動，因此它即崇高又容易。對真誠地想要與至尊主取得聯繫的純粹奉獻者來說，它很高尚；對初探奉愛寶庫的初學者來說，它很容易。與至尊人格首神聖奎師那取得聯繫的過程，是一門非凡的科學。這門科學對包括庶鐸、外夏、婦女和甚至比庶鐸還要低的一切眾生都是公開的，所以更不要說對有資格的布茹阿瑪納(brāhmaṇa, 婆羅門)和偉大的覺悟了自我的君王們那些高階層人士了。以祭祀、布施、苦修等爲代表的其它高級活動的結果，都會隨著從事純粹、科學的奉愛活動而自動得到。

知識與不執著的原則，是超然覺悟路途上的兩個重要因素。完整的靈性程序使人獲得對物質和靈性的一切的完美知識，而這種完美知識的結果是，人變得不再留戀物質的情感，而是依戀靈性的活動。變得不依戀物質事物並不像知識貧乏的人所想象的那樣，意味著變得完全沒有活力了。梵文“奈斯卡爾瑪(naiṣkarma)”的意思是不從事會產生好或壞結果的活動。否定並不意味著否定積極的活動。否定不重要的東西並不意味著否定精華。同樣道理，不依戀物質的形象並不意味著不要真實事物的形象。爲至尊主做奉愛服務，就是爲了認識真實事物的形象。當人覺悟到真實事物的形象後，自然就忽視了影像。因此，隨著人不斷地做奉愛服務，專心、積極地爲真實事物的形象做服務，他自然就會變得不留戀低級的事物，轉而依戀高級的事物。同樣，爲至尊主做奉愛服務作爲生物最崇高的職責，將引導生物放棄物質的感官享樂。那就是純粹奉獻者展現的徵象。他既不是白痴，也不會從事低級的物質活動，更不會有物質的價值觀念。這種結果不可能靠枯燥的思辨得到，而是靠全能者的恩典才能得到。結論是：純粹的奉獻者具有知識、不執著等所有美好的品質，但光是有知識或不執著品質的人不一定瞭解爲至尊主做奉愛服務的原則。奉愛服務是人類的最高職責。

第 8 節　धर्मः स्वनुष्ठितः पुंसां विष्वक्सेनकथासु यः ।
नोत्पादयेद्यदि रतिं श्रम एव हि केवलम् ॥ ८॥

dharmaḥ svanuṣṭhitaḥ puṁsāṁ
viṣvaksena-kathāsu yaḥ
notpādayed yadi ratiṁ
śrama eva hi kevalam

dharmaḥ — 職責、活動 / svanuṣṭhitaḥ — 根據人的地位執行的…… / puṁsām — 人類的 / viṣvaksena — 人格首神(完整擴展) / kathāsu — 在……的信息中 / yaḥ — 什麼 / na — 不 / utpādayet — 產生 / yadi — 如果 / ratim — 吸引 / śramaḥ — 徒勞無功 / eva — 只有 / hi — 肯定地 / kevalam — 完全的

譯文　如果人們按各自的狀況所從事的職業活動並沒有使他們受人格首神信息的吸引，那麼從事這些活動就是徒勞無益的。

要旨　人的生命觀念不同，所從事的職業活動就不相同。對那些看不到肉體以外的事物的唯物主義者來說，沒有什麼能是高於感官的。因此，他的職業活動就局限在狹隘和擴大的自私範疇內。所謂狹隘的自私，就是只圍繞自己的軀體，通常多表現在低等動物中。擴大的自私體現在人類社會裡，圍繞著以肉體舒適爲目標的家庭、社會、團體、國家和世界。比這些十足的物質主義者層次高一些的，是那些在心智範疇內徘徊、盤旋的心智思辨者，他們的職責是創作詩和哲學，或者宣傳一些僅僅局限於以滿足軀體和精神爲目標、以自我爲中心的換湯不換藥之"主義"。然而，在軀體和精神之上的是沈睡著的靈性靈魂，他一旦離開軀體，圍繞軀體和精神的自私便毫無用處了。

愚蠢的人不但對靈魂一無所知，更不知道他如何超越軀體和精神的範疇，因此在履行他們的職責時並不感到滿足。至此，有關自我滿足的問題浮現了出來。自我超越粗糙軀體和精微心智的範疇；他是致使軀體和心念活動的根源。在不知道沈睡的靈魂真正需要什麼的情況下，人不可能僅僅因爲軀體和心智得到一點點的滿足就感到快樂。軀體和心智只不過是包裹靈性靈魂的一層多餘的外殼。靈性靈魂本身的需求必須得到滿足。僅僅清洗鳥籠，不可能使住在裡面的鳥兒滿意。人必須真正瞭解鳥兒本身的需求。

靈性靈魂的需求是，脫離有限的、受制約的物質領域，實現徹底自由的願望。他想要從巨大的宇宙圍牆內逃出去。他想要看到自由之光和靈性能量。那種徹底的自由只有在他遇到完整的靈魂(人格首神)時才能得到。每一個生物體的心中都潛伏著對神的情感；這種靈性的情感透過粗糙的軀體和心念以對粗糙和精微的物質的扭曲情感展現出來。因此，我們必須從事能喚起我們神性意識的活動，而這只有靠聆聽和歌唱至尊主的神性活動才能辦到。這節詩中說，任何不促使人依戀聆聽和歌唱首神超然信息的活動，都只不過是讓人浪費時間而已。這其中的原因是，其它職責(無論它們可能屬於什麼主義)無法給靈魂以解脫。即使是追求解脫的人，如果他們不瞭解一切自由的源頭，他們的傳教活動也被視爲是無效勞動。實際上，十足的物質主義者能看到他的物質所得只局限於這個世界或另一個世界的時間和空間內。即使他上昇到天堂星球(Svargaloka)，他也會發現對他那渴望的靈魂來說，那裡不是永久的住所。渴望的靈魂必須透過完美的奉愛服務的完美科學程序得到滿足。

第 9 節 धर्मस्य ह्यापवर्ग्यस्य नार्थोऽर्थायोपकल्पते ।
नार्थस्य धर्मैकान्तस्य कामो लाभाय हि स्मृतः ॥ ९॥

dharmasya hy āpavargyasya
nārtho 'rthāyopakalpate
nārthasya dharmaikāntasya
kāmo lābhāya hi smṛtaḥ

dharmasya — 從事的活動 / hi — 肯定地 / āpavargyasya — 終極的解脫 / na — 不 / arthaḥ — 結果 / arthāya — 爲了物質得益 / upakalpate — 是爲了 / na — 也不 / arthasya — 物質收益的 / dharma-eka-antasya — 對於一個從事終極活動的人 / kāmaḥ — 感官享樂 / lābhāya — 達到 / hi — 正確的 / smṛtaḥ — 由偉大的聖哲描述

譯文 所有的職責安排，無疑都是爲了使人獲得最終的解脫。人們永遠不該爲物質所得而履行職責。此外，按聖人們的說法，專職做最高服務的人，永遠不該用物質所得去進行感官享樂。

要旨 我們已經談論過，人只要爲至尊主做純粹的奉愛服務，自然而然就會培養完美的知識，而且不再依戀物質存在。但也有很多人認爲，所有種類的職責，包括宗教職責，都是爲了物質所得。無論在世上的哪一個地方，一般人都傾向於靠從事宗教活動或其它職業去換取物質利益。就連韋達文獻中推薦的所有種類的宗教活動，也都會許以物質所得作誘惑，而絕大多數人都被這種誘惑或信奉宗教能得到的祝福所吸引。這種所謂的宗教人士爲什麼會受物質所得的吸引呢？因爲物質所得可以滿足人的慾望——滿足感官享樂的慾望。所謂的篤信宗教後可以有物質所得，而有了物質所得就可以滿足慾望：這就是職責所組成的循環，而所有履行規定職責的人，追求的通常都是感官享樂。但是，正如蘇塔．哥斯瓦米在《聖典博伽瓦譚》這節詩中聲明的，最後的定論是：這樣做毫無價值。

人既不應該僅僅爲了物質所得而去履行規定職責，也不該利用物質所得進行感官享樂。究竟該如何利用物質所得，下面將有解釋。

第 10 節　**कामस्य नेन्द्रियप्रीतिर्लाभो जीवेत यावता ।**
जीवस्य तत्त्वजिज्ञासा नार्थो यश्चेह कर्मभिः ॥१०॥

kāmasya nendriya-prītir
lābho jīveta yāvatā
jīvasya tattva-jijñāsā
nārtho yaś ceha karmabhiḥ

kāmasya — 慾望的 / na — 不 / indriya — 感官 / prītiḥ — 滿足 / lābhaḥ — 收益 / jīveta — 自我保護 / yāvatā — 以致 / jīvasya — 生物的 / tattva — 絕對真理 / jijñāsā — 詢問 / na — 不 / arthaḥ — 目的 / yaḥ ca iha — 任何其它的 / karmabhiḥ — 由職業性活動

譯文　人生的渴望永遠不該被導向感官享樂。既然人生的目的是要探尋絕對真理，人就應該只想過健康的生活——維持生命的生活。活動應該只是為此目的。

要旨　完全迷失了方向的物質文明，被錯誤地導向滿足感官享樂慾望的方向。在這樣的文明中，生活所有領域的最高目標都是感官享樂。在政治、社會服務、利他主義、慈善事業領域，以及最後在宗教領域，甚至是追求解脫方面，都有感官享樂的色彩，這色彩濃重到了佔主導地位的程度。在政治領域，領袖人物爲滿足他們個人的感官享樂慾望而彼此爭鬥，選民只有在他們的領袖許以他們感官享樂時才敬重這些所謂的領袖，一旦他們的感官享樂慾望得不到滿足，就罷免他們的領袖；這些領袖們因爲滿足不了選民們的感官，必然總是讓選民們失望。所有其它領域也如此，沒人認真對待生命真正的問題，就連那些因爲想要與絕對真理合一而走在追求解脫路途上的人也不例外，竟然爲了感官享樂而想要在靈性上自殺。但是，《聖典博伽瓦譚》說：人不該爲感官享樂而活著。人應該只是爲了維持生命去滿足感官，而不是進行感官享樂。軀體由感官組成，感官則需要一定量的滿足。爲此，經典作出規定，以指導人按照一定的原則滿足這些感官。但是，感官不是讓人用來進行不受限制地享樂的。例如：男人和女人結婚是爲了繁衍後代的需要，而不是爲了感官享樂。由於人們做不到自我克制，就有了對家庭計劃的宣傳，但愚蠢的人不知道：人一旦追尋絕對真理，就會自動實施家庭計劃。真誠追求絕對真理的學生，始終沈浸在對真理的探究工作中，所以從來都不會受感官享樂的誘惑而去做不必要做的事。因此，在生活的每一個領域中，最終的目標都必須是追尋絕對真理。這樣做將使人快樂，因爲他會越來越少地從事各種感官享樂。絕對真理是什麼，下面將給予解釋。

第 11 節 वदन्ति तत्तत्त्वविदस्तत्त्वं यज्ज्ञानमद्वयम् ।
ब्रह्मेति परमात्मेति भगवानिति शब्द्यते ॥११॥

vadanti tat tattva-vidas
tattvaṁ yaj jñānam advayam
brahmeti paramātmeti
bhagavān iti śabdyate

vadanti — 他們說 / tat — 那 / tattva-vidaḥ — 有學識的靈魂 / tattvam — 絕對真理 / yat — 那 / jñānam — 知識 / advayam — 非二元性的 / brahma iti — 稱爲布茹阿曼(梵) / paramātmā iti — 稱爲帕茹阿瑪特瑪 (超靈) / bhagavān iti — 稱爲巴嘎萬 (博伽梵) / śabdyate — 這樣稱呼

譯文　博學的超然主義者瞭解絕對眞理，把這沒有相對性的實體稱爲梵(布茹阿曼)、超靈(帕茹阿瑪特瑪)或人格首神(巴嘎萬)。

要旨　絕對真理既是主體又是客體，其中沒有質上的分別。因此，布茹阿曼(Brahman, 梵)、帕茹阿瑪特瑪(Paramātmā, 超靈)和巴嘎萬(Bhagavān, 人格首神)，在質上都是一樣的。這同樣的實體被研究奧義書(Upaniṣad)的學生領悟爲是不具人格特徵的布茹阿曼(梵)，被瑜伽師(yogī)悟爲是處在局部區域的帕茹阿瑪特瑪(超靈)，被奉獻者視爲是巴嘎萬(人格首神)。換句話說，人格首神(Bhagavān)是最高的絕對真理，超靈是人格首神在局部區域的代表，而不具人格特徵的梵光是人格首神放射出的耀眼光芒，就像太陽神放射的太陽光芒一樣。研究絕對真理的不同學派中的智力欠佳的學生，都認爲自己的領悟最高並爲此而辯論，但完美地瞭解絕對真理的人清楚，絕對真理的上述三種特徵只不過是從不同的角度對同一個絕對真理的不同觀察。

正如《聖典博伽瓦譚》這一篇第一章的第一節詩中解釋的，至尊真理是自給自足、洞察一切、免於一切相對性錯覺的。在相對的世界裡，瞭解者與被瞭解者不同，但在絕對真理中，瞭解者與被瞭解者是同一個整體。在相對的世界裡，瞭解者是有生命的靈魂——高等能量，而被瞭解者是無生命的物質——低等能量，因此存在著低等能量和高等能量這種相對性。然而，在絕對的世界中，瞭解者和被瞭解者同樣都是高等能量。至高無上的能量擁有者有三種不同的能量；能量擁有者與能量之間沒有區別，但能量的性質之間有區別。絕對的世界與生物同屬高等能量，而物質世界是低等能量構成的。生物與低等能量接觸時就被迷惑，認為自己屬於低等能量。因此，在物質世界中有相對的概念。在絕對的世界中，瞭解者與被瞭解者沒有區別，所以一切都是絕對的。

第 **12** 節 **तच्छ्रद्दधाना मुनयो ज्ञानवैराग्ययुक्तया ।**
पश्यन्त्यात्मनि चात्मानं भक्त्या श्रुतगृहीतया ॥१२॥

tac chraddadhānā munayo
jñāna-vairāgya-yuktayā
paśyanty ātmani cātmānaṁ
bhaktyā śruta-gṛhītayā

tat — 那 / śraddadhānāḥ — 認真好問的 / munayaḥ — 聖哲們 / jñāna — 知識 / vairāgya — 不執著 / yuktayā — 具備 / paśyanti — 看 / ātmani — 在他心中 / ca — 和 / ātmānam — 超靈 / bhaktyā — 在奉愛服務中 / śruta — 韋達經 / gṛhītayā — 從正確的來源接受到

譯文 **認真、好學的學生或聖人，具備知識及超脫心，用他從韋丹塔哲學典籍(Vedānta-śruti)中學到的知識做奉愛服務，藉此領悟絕對真理。**

要旨 人格首神華蘇戴瓦(Vāsudeva)是一切俱全的絕對真理，為祂做奉愛服務的整個程序，將使人對絕對真理有完整的認識。布茹阿曼(梵)是祂超然身體的光芒，超靈是祂的部份代表。正因為如此，認識到絕對真理是梵和超靈的覺悟，只不過是對絕對真理的部份認識。世上有四種人：功利性活動者(karmī)、哲學思辨者(jñānī)、瑜伽師(yogī)和奉獻者，其中功利性活動者是物質主義者，而其他三種人是超然主義者。一流的超然主義者是覺悟到至尊人的奉獻者，二流的超然主義者是對絕對人的完整擴展有部份認識的人，三流的超然主義者是對絕對人的靈性方面有極少認識的人。正如《博伽梵歌》和其它韋達文獻中說明的，至尊人要靠做奉愛服務去認識，而奉愛服務以完整的知識為基礎，與物質毫無關係。我們已經談論過，為至尊主做奉愛服務後自然就會具有完美的知識，且不再依戀物質存在。既然對絕對真理的梵光和超靈的認識是不完美的認識，那麼專門用來覺悟梵光和超靈的方法，即哲學思辨(jñāna)和練瑜伽的方法，也就是不完美的覺悟絕對真理的方法。以完整的知識和不依戀物質存在為基礎，以聆聽韋丹塔哲學典籍(Vedānta-śruti)為不變原則的奉愛服務，是認真探尋的學生能認識絕對真理的唯一完美的方法。因此，奉愛服務不是為缺乏智慧的超然主義者準備的。奉獻者也分一流、二流和三流。三流奉獻者——初習奉獻者，沒有知識且仍然執著於物質存在，但卻被廟宇中對神像崇拜的基礎程序所吸引。這樣的奉獻者被稱為世俗的奉獻者。相對於超然的利益來說，世俗的奉獻者更受物質利益的吸引。因此，人必須爭取進步，使自己從世俗奉獻者的層面提昇到二流奉獻者的層面。在二流層面上的奉獻者，能看到人格首神、祂的奉獻者、愚昧者和心懷惡意者這四者之間的區別。人必須使自己至少昇上二流奉獻者的層面，以便有資格瞭解絕對真理。

為此，三流的奉獻者必須從巴嘎瓦特(Bhāgavata)的權威源頭那裡接受有關奉愛服務的教導。最好的巴嘎瓦特是一流的奉獻者本人，另一個巴嘎瓦特是首神的信息。因此，為了學習有關奉愛服務的教導，三流奉獻者必須去找奉獻者本人。這種奉獻者不是以朗誦《博伽瓦譚》為職業賺錢的人。這樣的奉獻者必須像蘇塔·哥斯瓦米那樣是舒卡戴瓦·哥斯瓦米的代表，必須為了全民的整體利益而傳播奉愛服務的文化。初習奉獻者對聆聽權威的話只有很少的興趣。這樣的奉獻者為了滿足自己的感官，賣弄性地從那些以朗誦《聖典博伽瓦譚》為職業的人那裡聆聽。這種聆聽和吟誦已毀了一切，所以人應該小心這種有缺陷的程序。正如《博伽梵歌》和《聖典博伽瓦譚》中所反復強調的，首神的神聖信息無疑是超然的主題，但即使如此，我們也不能從那些以吟誦這些啟示經典爲職業賺錢的人那裡接受這種超然的信息，他們會像毒蛇用舌頭觸碰牛奶後毀壞牛奶那樣毀壞超然的信息。

因此，爲了有利於自身的進步，真誠的奉獻者必須準備聆聽奧義書(Upaniṣad)、《韋丹塔》(Vedānta)和其它由前輩權威或哥斯瓦米們留下的文獻。沒有聆聽這類文獻的人，不可能取得真正的進步。不聆聽、不跟隨經典中的教導，表演性地做奉愛服務毫無價值，且成爲奉愛服務路途上的一種打擾。因此，奉愛服務除非以韋達經(śruti)、韋達經的補充文獻(smṛti)、往世書(purāṇa)或潘查茹阿陀(pañcarātra)等權威經典中的原則爲基礎，否則應該立刻拒絕這種表演性質的奉愛服務。未經權威認可的奉獻者永遠都不該被接受爲是純粹的奉獻者。通過吸收韋達文獻中的超然信息，人可以在自己心中不斷看到人格首神無所不在的局部展示。這稱爲薩瑪迪(samādhi)。

第 13 節 अतः पुम्भिर्द्विजश्रेष्ठा वर्णाश्रमविभागशः ।
स्वनुष्ठितस्य धर्मस्य संसिद्धिर्हरितोषणम् ॥१३॥

atah pumbhir dvija-śreṣṭhā
varṇāśrama-vibhāgaśaḥ
svanuṣṭhitasya dharmasya
saṁsiddhir hari-toṣaṇam

ataḥ — 這樣 / pumbhiḥ — 由人類 / dvija-śreṣṭhāḥ — 最傑出的再生者啊 / varṇa-āśrama — 把社會分成四個社會階層和四個靈性階段的社會制度 / vibhāgaśaḥ — 通過劃分 / svanuṣṭhitasya — 自己的規定職責的 / dharmasya — 職業性的 / saṁsiddhiḥ — 最高完美成就 / hari — 人格首神 / toṣaṇam — 取悅

譯文 再生者中最優秀的人啊！結論是，履行按社會階層和靈性階段制度規定給自己的職責，所能獲得的最高完美成就，就是取悅人格首神。

要旨 全世界人類社會被分爲四個社會階層和四個靈性生活階段。四個社會階層分別是：知識份子階層、武士階層、生產階層和勞工階層。這些階層是按照人的工作和資格劃分，而不是按照出身劃分。除了社會四階層外，還有對靈性生活階段的劃分，那就是：學生生活階段、居士生活階段、退出家庭生活階段和專心致志地做奉愛服務的生活階段。爲了人類社會的最高利益，必須對生活進行這樣的分類，否則沒有任何社會機構可以健康成長。在上述任何一個社會階層和靈性階段中，最高的目標都是取悅至高無上的人格首神。人類社會的這一制度，稱爲社會四階層和靈性四階段制度(varṇāśrama-dharma)，這一制度對文明生活來說是相當自然的。社會四階層和靈性四階段制度的制定是爲了使人能夠覺悟絕對真理，而不是爲了製造一個階級壓迫另一個階級的機會。換句話說，當因爲太執著於感官享樂(indriya-prīti)而使人失去覺悟絕對真理這一人生目標時，社會四階層和靈性四階段制度就會像我們前面談論過的那樣，被自私的人們利用去欺壓社會中的弱者。在喀歷年代(Kali-yuga)， 也就是這個紛爭的年代中，這種人爲製造的欺壓弱者的現象已經相當普遍，但頭腦清醒的人很明白，社會階層和靈性階段的劃分是爲了使社會交往更順利，讓人過覺悟自我、思想崇高的生活，而不是爲了任何其它的目的。

《聖典博伽瓦譚》在這節詩中的聲明是：生活的最高目標，或者說社會四階層和靈性四階段制度的最高完美境界，是使人共同合作滿足至尊主。《博伽梵歌》第 4 章的第 13 節詩中也確認了這一點。

第 14 節 तस्मादेकेन मनसा भगवान् सात्वतां पतिः ।
श्रोतव्यः कीर्तितव्यश्च ध्येयः पूज्यश्च नित्यदा ॥१४॥

tasmād ekena manasā
bhagavān sātvatāṁ patiḥ
śrotavyaḥ kīrtitavyaś ca
dhyeyaḥ pūjyaś ca nityadā

tasmāt — 因此 / ekena manasā — 一心一意地 / bhagavān — 人格首神 / sātvatām — 奉獻者的 / patiḥ — 保護者 / śrotavyaḥ — 應該聽 / kīrtitavyaḥ — 應該讚美 / ca — 和 / dhyeyaḥ — 應該記憶 / pūjyaḥ — 應該崇拜 / ca — 和 / nityadā — 不斷地

譯文 所以，人應該集中精力一直不斷地聆聽、讚美、銘記和崇拜人格首神。祂是奉獻者的保護人。

要旨 既然對絕對真理的認識是生命的最高目標，那就必須用所有的方法去實現這一目標。在上述的任何一個社會階層和靈性階段中，都應該從事讚美、聆聽、記憶和崇拜至尊主這四種一般的規定活動。沒有這些生活原則，沒人能生存下去。生物的活動中需要包含這四項原則性的生活內容。尤其是在現代社會中，所有的活動都或多或少地依賴聆聽和讚美。任何人，無論其社會地位如何，只要他在每天的報紙中受到讚美，不管真假，他都能在很短的時間內成爲人類社會中的知名人士。不同黨派的政治領袖們，有時也通過報紙做宣傳廣告。靠這種讚美方式，一個微不足道的小人物轉眼之間就能成爲重要人物。但是，這種靠不實地讚美一個沒有資格的人作宣傳的手法，既不會給被宣傳的人帶來利益，也不會給社會帶來任何好處。這種宣傳也許有些短暫的效應，但卻沒有永久的影響，因此無疑是在浪費時間。真正該讚美的對象，是爲我們創造了一切的至尊人格首神。我們從《聖典博伽瓦譚》開篇第 1 節詩中的梵文“創造、維繫和毀滅展示了的宇宙(janmādy asya)”一句開始，廣泛地論述了這一事實真相。必須把讚美或聆聽他人的傾向轉向真正該讚美的對象——至尊生物。這將給我們帶來快樂。

第 15 節　यदनुध्यासिना युक्ताः कर्मग्रन्थिनिबन्धनम् ।
छिन्दन्ति कोविदास्तस्य को न कुर्यात्कथारतिम् ॥१५॥

yad-anudhyāsinā yuktāḥ
karma-granthi-nibandhanam
chindanti kovidās tasya
ko na kuryāt kathā-ratim

yat — 那 / anudhyā — 記憶 / asinā — 劍 / yuktāḥ — 具備了 / karma — 業報 / granthi — 結 / nibandhanam — 互相編織 / chindanti — 砍斷 / kovidāḥ — 聰明的 / tasya — 祂的 / kaḥ — 誰 / na — 不 / kuryāt — 將做 / kathā — 訊息 / ratim — 注意

譯文　智者把銘記人格首神當作利劍，手握著它揮砍捆綁人的業報枷鎖。因此，有誰會對人格首神的信息置若罔聞呢？

要旨　人要是想從功利性活動的作用與反作用中解脫出來，就必須砍斷靈性火花與物質元素接觸所產生的結。解脫意味著擺脫有報應的活動形成的循環；而這種解脫將會隨著人一直不斷地記憶人格首神的超然娛樂活動而自動到來。原因是：至尊主的每一項活動(lila)都超越所有種類的物質能量，是絕對有吸引力的靈性活動，所以一直不斷地與至尊主的靈性活動接觸就會逐漸使受制約的靈魂靈性化，最終砍斷物質束縛的結。

因此，擺脫物質的束縛只不過是奉愛服務的副產品。僅僅獲取靈性知識並不足以保證使人解脫。這樣的知識必須加上奉愛服務的內容，以達到奉愛服務最終獨自佔主導地位的目的。這時解脫才有可能。就連功利性活動者從事的有報應的活動，如果加上奉愛服務的內容，都可以把人導向解脫。功利性活動(karma)加上奉愛服務稱爲活動瑜伽(karma-yoga)。同樣，經驗性的知識加上奉愛服務稱爲知識瑜伽(jñāna-yoga)。然而，純粹的奉愛瑜伽(bhakti-yoga)不依賴功利性活動和經驗性知識；

它本身不僅能使人擺脫受制約的生活，而且能賜予人爲至尊主做超然愛心服務的機會。

正因爲如此，比缺乏知識的普通人要強的明智之人，必須一直不斷地靠聆聽至尊主，讚美至尊主、記憶至尊主和崇拜至尊主這些方法記住祂。這是奉愛服務的完美方式。經聖柴坦亞·瑪哈帕布授權去傳播奉愛文化的溫達文的哥斯瓦米們，嚴格遵守這一規定，爲我們的利益編纂了無數有關超然服務的文獻。他們爲處在各個社會階層和靈性階段的人士，制定了遵循《聖典博伽瓦譚》和其它同類權威經典教導的方法。

第 16 節 शुश्रूषोः श्रद्दधानस्य वासुदेवकथारुचिः ।
स्यान्महत्सेवया विप्राः पुण्यतीर्थनिषेवणात् ॥१६॥

śuśrūṣoḥ śraddadhānasya
vāsudeva-kathā-ruciḥ
syān mahat-sevayā viprāḥ
puṇya-tīrtha-niṣevaṇāt

śuśrūṣoḥ — 從事聆聽的人 / śraddadhānasya — 小心翼翼地 / vāsudeva — 與華蘇戴瓦有關的 / kathā — 訊息 / ruciḥ — 喜愛 / syāt — 變得可能 / mahat-sevayā — 靠侍奉純粹的奉獻者 / viprāḥ — 再生者啊 / puṇya-tīrtha — 那些清除了一切罪惡的人 / niṣevaṇāt — 通過服務

譯文　經過再生的聖人們啊！爲純潔無瑕的奉獻者服務，是在做非凡的服務。靠做這種服務，人培養起對聆聽華蘇戴瓦信息的愛好。

要旨　背叛至尊主是造成生物過受制約生活的原因。世上有一類人被稱爲虔誠敬神的生物體(deva)，有另一類人被稱爲反抗至尊主權威的惡魔(asura)。對那些反抗至尊主權威的惡魔，《博伽梵歌》第 16 章中生動地描述說：他們會一生復一生被置於越來越低等的愚昧生活的狀態中，陷入低等動物的軀體中，沒有對絕對真理——人格首神的任何知識。憑藉在不同國家中的至尊主那些已經解脫了的僕人的仁慈，這些反抗至尊主權威的惡魔才有機會按照至尊主的意願逐漸糾正自己的意識，上昇到神意識的層面。至尊主的那些奉獻者，是至尊主非常信任的同伴，當他們來到人類社會，拯救處在愚昧的危險中的人類時，他們被稱爲至尊主強大的化身、至尊主的兒子或至尊主的僕人。但他們中沒有一個人會不誠實地自稱自己是神本人。只有反抗至尊主權威的惡魔才會作這種不敬神的聲明，也只有這種惡魔邪惡的追隨者們才會把這種冒牌貨接受爲是神或神的化身。啓示經典中明確地記載了有關神的化身的具體信息。一個人除非得到啓示經典的確認，否則不應該隨便被接受爲是神或神的化身。

真正想要回歸首神的奉獻者們，像尊敬神一樣地尊敬神的僕人們。神的這些僕人被稱爲偉大的靈魂瑪哈特瑪(mahātmā)或提爾塔(tīrtha)，他們根據不同的時間和地點，以不同的方式傳播神的信息。神的僕人們敦促人們成爲至尊主的奉獻者。他們從不容忍自己被他人稱爲神。按照啓示經典的記載，聖柴坦亞・瑪哈帕布(Caitanya Mahāprabhu)就是神本人，但祂卻扮演奉獻者的角色。當知道祂是神的人稱祂爲神時，祂總是用雙手捂住自己的耳朵，吟唱主維施努(Viṣṇu)的聖名。祂強烈反對被稱爲神，儘管祂無疑就是神本身。至尊主這樣做，是警告我們要反對那些以被稱爲神爲樂的無恥之徒。

神的僕人們來傳播神意識，明智的人應該在各個方面與他們合作。爲神的僕人服務，比直接爲神本人服務更能取悅神。至尊主非常珍愛那些冒著各種危險爲祂服務的僕人，因此在看到祂的這些僕人們得到適當的尊敬時會非常高興。至尊主在《博伽梵歌》第 18 章的第 69 節詩中說，祂最珍愛的人是那些冒著各種風險傳播祂榮耀的奉獻者。爲至尊主這樣的僕人服務，使人逐漸獲得這些僕人的美德，變得有資格聆聽神的榮耀。渴望聆聽有關神的知識，是奉獻者得以進入神的王國的首要資格。

第 17 節 शृण्वतां स्वकथाः कृष्णः पुण्यश्रवणकीर्तनः ।
हृद्यन्तः स्थो ह्यभद्राणि विधुनोति सुहृत्सताम् ॥१७॥

śṛṇvatāṁ sva-kathāḥ kṛṣṇaḥ
puṇya-śravaṇa-kīrtanaḥ
hṛdy antaḥ stho hy abhadrāṇi
vidhunoti suhṛt satām

śṛṇvatām — 那些培養了聆聽訊息的渴望之人 / sva-kathāḥ — 祂自己的話 / kṛṣṇaḥ — 人格首神 / puṇya — 美德 / śravaṇa — 聆聽 / kīrtanaḥ — 吟誦、吟唱 / hṛdi antaḥ sthaḥ — 在心裡 / hi — 肯定地 / abhadrāṇi — 想享受物質 / vidhunoti — 洗滌 / suhṛt — 恩人 / satām — 誠實人的

譯文 作為眾生心中的超靈、誠實奉獻者的恩人，人格首神聖奎師那會把渴望聆聽祂信息的奉獻者心中的感官享樂慾望清除掉。正確地聆聽和歌唱祂的信息是虔誠活動。

要旨 有關人格首神聖奎師那的信息與祂本人沒有區別。因此我們應該明白：無論何時，只要人們沒有冒犯地聆聽和讚美神，主奎師那就以超然的聲音形式出現在現場，那超然的聲音與至尊主本人一樣強大有力。聖柴坦亞·瑪哈帕布在祂寫的八訓規(Śikṣāṣṭaka)中明確地宣布，至尊主的聖名具有至尊主本人所有的力量，祂把同樣的力量注入祂無數的名字中。對歌頌聖名並沒有固定不變的時間規定，任何人都可以在他方便的時候懷著崇敬的心專注地歌頌聖名。至尊主對我們是如此仁慈，甚至親自以超然的聲音形式出現在我們面前，但不幸的是：我們對讚美至尊主的聖名和祂的活動沒有興趣。我們已經談過要培養對聆聽和歌頌與神有關的一切的愛好，但只有通過為至尊主的純粹奉獻者做服務才能做到這一點。

至尊主與祂的奉獻者們進行交流。當祂看到一個奉獻者十分真誠地

想要得到爲至尊主做超然服務的機會，並因此而變得渴望聆聽與祂有關的一切時，至尊主就會在奉獻者的心中給予啓示，使他能以對他來說相對容易的方式回到至尊主身邊。至尊主比我們更渴望帶我們進入祂的王國。除了極少數人，絕大多數人根本就不想回歸首神。但對於想要回歸首神的人，聖奎師那會從所有的方面幫助他。

人除非徹底清除了一切罪惡，否則無法進入神的王國。物質的罪惡是我們想要主宰物質自然的慾望的產物，而想要清除這種慾望十分困難。對奉獻者來說，婦女和錢財是妨礙他們在回歸首神的路途上前進的巨大障礙。許多走上奉愛路途的傑出奉獻者就是被這些誘惑所征服，結果從解脫之途上撤退下來。但當人得到至尊主本人的幫助時，憑藉至尊主的神恩，整個程序就會變得十分簡單、容易。

因爲與婦女和錢財接觸而變得焦躁不安並不令人驚訝，因爲每一個生物都幾乎從無法追憶的時候起就與這些打交道了，所以需要花時間使自己從這種異常的狀態中恢復過來。聆聽至尊主的榮耀，就會使人逐漸恢復自己的正常狀態。憑藉神的恩典，這樣的奉獻者得到足夠的力量保護自己不受打擾；逐漸地，所有打擾人的因素，就會從他的心中被清除。

第 18 節 नष्टप्रायेष्वभद्रेषु नित्यं भागवतसेवया ।
भगवत्युत्तमश्लोके भक्तिर्भवति नैष्ठिकी ॥१८॥

naṣṭa-prāyeṣv abhadreṣu
nityaṁ bhāgavata-sevayā
bhagavaty uttama-śloke
bhaktir bhavati naiṣṭhikī

naṣṭa — 被消滅 / prāyeṣu — 幾乎完全沒有 / abhadreṣu — 所有不吉祥的 / nityam — 經常地 / bhāgavata — 《聖典博伽瓦譚》或純粹的奉獻者 / sevayā — 通過侍奉 / bhagavati — 向人格首神 / uttama — 超然的 /

śloke — 祈禱 / bhaktiḥ — 奉愛服務 / bhavati — 出現 / naiṣṭhikī — 不可改變的

譯文 經常參加《博伽瓦譚》的課，並為純粹奉獻者做服務，就能消除心中幾乎所有的物質污染；為超然讚歌頌揚的人格首神做愛心服務，就會像無法改變的事實一樣被確定下來。

要旨 心中所有不吉祥的東西被認爲是覺悟自我路途上的障礙，而這節詩提供了消除心中那些不吉祥東西的方法。這方法是，與巴嘎瓦特(Bhāgavata)聯誼。巴嘎瓦特有兩種，分別是書籍巴嘎瓦特(《聖典博伽瓦譚》)和奉獻者巴嘎瓦特。這兩種巴嘎瓦特都很有效，兩者一起或其中的任何一者都足以清除障礙。奉獻者巴嘎瓦特幾乎與書籍巴嘎瓦特一樣，因爲奉獻者巴嘎瓦特以書籍巴嘎瓦特爲生活指導，而書籍巴嘎瓦特充滿了有關人格首神和祂純粹奉獻者的信息，而他們也都是巴嘎瓦特。巴嘎瓦特書籍與巴嘎瓦特人是一樣的。

奉獻者巴嘎瓦特是人格首神巴嘎萬(博伽梵)的直接代表。所以，靠取悅奉獻者巴嘎瓦特，人可以得到書籍巴嘎瓦特的好處。人理解不了怎麼能通過侍奉奉獻者巴嘎瓦特或書籍巴嘎瓦特在奉愛路途上逐漸提昇。但事實上，前生曾經是女僕兒子的聖納茹阿達戴瓦，已經解釋了所有這些事實。女僕曾經爲聖人們做一些卑微的服務，這使得兒子也有機會與聖人們接觸。僅僅靠與聖人們聯誼，吃聖人們吃剩下的食物，女僕的兒子便得到了成爲偉大奉獻者聖納茹阿達戴瓦的機會。這些是與巴嘎瓦特聯誼、交往的神奇效果。要想具體理解這些功效，首先應該注意：靠與巴嘎瓦特真誠地聯誼，人無疑很容易接受超然的知識，變得越來越穩定地爲至尊主做奉愛服務。隨著在巴嘎瓦特的指導下做奉愛服務逐漸取得進步，人就會變得越來越堅定地爲至尊主做超然的愛心服務。因此，人必須從奉獻者巴嘎瓦特那裡接受書籍巴嘎瓦特的信息，而這兩種巴嘎瓦特的結合將幫助初習奉獻者不斷取得進步。

第 19 節　तदा रजस्तमोभावाः कामलोभादयश्च ये ।
चेत एतैरनाविद्धं स्थितं सत्त्वे प्रसीदति ॥१९॥

tadā rajas-tamo-bhāvāḥ
kāma-lobhādayaś ca ye
ceta etair anāviddhaṁ
sthitaṁ sattve prasīdati

tadā — 在那時候 / rajaḥ — 在激情屬性中 / tamaḥ — 愚昧屬性 / bhāvāḥ — 處境 / kāma — 物質慾望 / lobha — 渴望 / ādayaḥ — 其他 / ca — 和 / ye — 不管他們是什麼 / cetaḥ — 心 / etaiḥ — 由這些 / anāviddham — 沒有受影響 / sthitam — 因爲堅定於 / sattve — 在善良屬性中 / prasīdati — 因此變得心滿意足

譯文　心中一旦堅定不移地決定做愛心服務，貪婪、渴望和嚮往等物質自然激情及愚昧屬性的產物，就會從心中消失。奉獻者于是便穩定地處在善良屬性的層面上，變得十分快樂。

要旨　生物處在他原本自然的狀態中時，就會因爲感受到靈性的喜悅而心滿意足。生存的這一狀態梵文稱爲布茹阿瑪-布塔(brahma-bhūta)、阿特瑪-南達(ātmā-nanda)或自我滿足的狀態。這種自我滿足的狀態，與不活動的白痴們所感受到的滿足不同。不活動的白痴們處在愚昧無知的狀態中，但內心滿足的阿特瑪南迪(ātmā-nandi)則處在超越物質存在的超然境界中。人一旦不再動搖、堅定地做奉愛服務，就達到這種完美的境界。奉愛服務不是不活動，而是靈魂真正的活動。

靈魂的活動一旦與物質接觸就變得混雜。這種不健全的活動以色慾、強烈的慾望、渴望、不活動、愚蠢和睡眠等形式表現出來。徹底清除激情和愚昧屬性的這些產物，奉愛服務的功效就會展現出來。奉獻者會立刻穩定地處在善良屬性的層面上，並進一步上昇到華蘇戴瓦(Vāsudeva)的層面。華蘇戴瓦層面又稱純粹的善良(śuddha-sattva)層面。

只有在這個純粹的善良層面上，人才能憑藉對至尊主純粹的愛一直不斷地與奎師那面對面地相見。

奉獻者總是處在純粹善良屬性的層面上，因此從不傷害任何人。但非奉獻者無論受過什麼教育，總是具有傷害性。奉獻者既不愚蠢，也不衝動。具有傷害性、愚蠢、衝動的人，雖然有時會把自己裝扮成奉獻者，但實際上成不了至尊主的奉獻者。奉獻者總是具有神的一切美好品質；就這方面而言，至尊主與祂的奉獻者在量上也許會有區別，但在質上是一樣的。

第 20 節 एवं प्रसन्नमनसो भगवद्भक्तियोगतः ।
भगवत्तत्त्वविज्ञानं मुक्तसङ्गस्य जायते ॥२०॥

evaṁ prasanna-manaso
bhagavad-bhakti-yogataḥ
bhagavat-tattva-vijñānaṁ
mukta-saṅgasya jāyate

evam — 如此 / prasanna — 喜悅 / manasaḥ — 心的 / bhagavat-bhakti — 對至尊主的奉愛服務 / yogataḥ — 由……的接觸 / bhagavat — 有關人格首神 / tattva — 知識 / vijñānam — 科學的 / mukta — 解脫的 / saṅgasya — 接觸的 / jāyate — 生效

譯文 這樣處在純粹善良屬性層面上的人，因為不斷為至尊主做奉愛服務而心中充滿喜悅，在擺脫了一切物質接觸的階段，獲得對人格首神實質性的科學認識。

要旨 《博伽梵歌》第 7 章的第 3 節詩中說：在千百萬普通人中，只有一個幸運的人會追求生命的完美境界。絕大多數人都受激情屬性和愚昧屬性的控制，因此總是處在色慾、強烈的慾望、渴望、不活動、愚蠢和睡眠的狀態中。在眾多這類像人一樣的動物中，只會有一個人真正瞭解人生的責任，並努力通過履行規定的職責使生命變得完美。接著，在成千上萬這樣在人生中獲得成功的人裡面，也許只會有一個人對人格首神聖奎師那有了科學性的瞭解。《博伽梵歌》第 18 章的第 55 節詩中也說，只有憑藉做奉愛服務的程序(bhakti-yoga)，人才能對聖奎師那有科學性的認識。

這節詩中確認了同一個事實。沒有一個普通人，甚或是已經獲得成功人生的人，能全面地瞭解人格首神，對祂有科學性的認識。當人能瞭解自己不是物質的產物，而其實是靈魂時，他就能達到人生的完美境界了。人一旦瞭解自己與物質毫無關係，就會立刻停止物質的渴求，感受到屬靈生命的蓬勃生氣。當人超越物質的激情和愚昧屬性時，或者換句話說，當人真正成爲有資格的布茹阿瑪納(brāhmaṇa, 婆羅門)時，就有了獲得這種成功的可能性。布茹阿瑪納是善良屬性(sattva-guṇa)的象徵。其他沒有處在善良屬性層面上的人，不是查垂亞(kṣatriya, 刹帝利)、外夏(vaiśya, 吠舍)、庶鐸(śūdra, 首陀羅)，就是比庶鐸還要低的人。布茹阿瑪納階段因爲它本身的善良品質而成爲人生最高的階段。所以，人除非具有布茹阿瑪納的品質，否則不可能成爲奉獻者。奉獻者的行爲使他已經是布茹阿瑪納了。然而，布茹阿瑪納並不是終點。如上所述，這樣的布茹阿瑪納必須真正成爲實際處在超然層面上的外士納瓦(Vaiṣṇava)。純粹的外士納瓦是解脫了的靈魂，地位甚至比布茹阿瑪納還要高。在物質階段，就連布茹阿瑪納也是受制約的靈魂，因爲他雖然在布茹阿瑪納的階段覺悟了布茹阿曼(梵)——超然存在的概念，但還是缺乏對至尊主的科學性認識。人必須超越布茹阿瑪納階段，上達瓦蘇戴瓦(vasudeva)階段，以瞭解人格首神奎師那。有關人格首神的科學，是靈修的研究生研究的主題。缺乏知識的蠢人，不瞭解至尊主。他們按照自己的幻想詮釋奎師那。但事實上，人除非清除物質屬性的污染，甚至上昇到布茹阿瑪納的階段，否則不可能明白人格首神的科學。當有資格的布茹阿瑪納真正成爲外士納瓦時，他就能在解脫的充滿快樂的階段真正瞭解人格首神。

第 21 節 भिद्यते हृदयग्रन्थिश्छिद्यन्ते सर्वसंशयाः ।
क्षीयन्ते चास्य कर्माणि दृष्ट एवात्मनीश्वरे ॥२१॥

bhidyate hṛdaya-granthiś
chidyante sarva-saṁśayāḥ
kṣīyante cāsya karmāṇi
dṛṣṭa evātmanīśvare

bhidyate — 刺穿 / hṛdaya — 心 / granthiḥ — 結 / chidyante — 切得粉碎 / sarva — 所有 / saṁśayāḥ — 誤解 / kṣīyante — 終止 / ca — 和 / asya — 他的 / karmāṇi — 業報活動的鎖鏈 / dṛṣṭe — 看過了 / eva — 肯定地 / ātmani — 向自我 / īśvare — 支配著

譯文 至此，心中的結被打開，所有的誤解煙消雲散。當人看到自我是主人時，功利性活動的鎖鏈就此中斷。

要旨 獲得對人格首神的科學性認識，意味著同時看到了自己的本我。就有關生物的本體是靈性的自我這一點，存在著一些推測和誤解。物質主義者不相信存在著靈性的自我，經驗主義哲學家相信靈性整體的非人格特徵，否認生物的個體性。但超然主義者確認，靈魂和至尊靈魂是兩個不同的個體，在質上一樣，但在量上不同。世上還有許多其它理論，但人一旦通過奉愛瑜伽(bhakti-yoga)的程序真正覺悟到聖奎師那，所有這些不同的推測就會立即被清除。聖奎師那就像太陽，對絕對真理的物質性推測就像黑夜。奎師那太陽一旦在人的心中昇起，對絕對真理和生物的物質性推測的黑暗就會立刻被驅散。有太陽的時候，黑暗無法存在；憑藉以超靈的形式昇起在每一個人心中的奎師那的仁慈，人就會看清籠罩在愚昧的濃密黑暗中的相對真理只不過是相對的。

在《博伽梵歌》第 10 章的第 11 節詩中，至尊主說：爲向祂純粹的奉獻者展示祂特殊的恩惠，祂在奉獻者的心中親自打開純粹知識的明燈，驅散所有誤解所造成的濃密黑暗。因此，毫無疑問，由於人格首神負責照亮祂奉獻者的內心，滿懷愛心爲祂做超然服務的奉獻者不可能還停留在愚昧的黑暗中。他瞭解到與絕對真理和相對真理有關的一切知識。奉獻者不可能停留在黑暗中，由於人格首神會親自給予他知識，他的知識無疑是完美的。那些靠自己有限的腦力去推測絕對真理的人，不會得到這樣的結果。完美的知識稱爲帕讓帕茹阿(paramparā)，也就是：通過權威把知識下傳給靠服務和歸依獲得真正資格並以服從的態度聆聽知識的人。人不可能在挑戰至尊者權威的同時還能瞭解祂。祂保留不向這種有挑戰情緒的人揭示祂自己的權利。這樣的人只不過是整體的一個微不足道的火花、一個被錯覺能量控制的火花般的對象而已。奉獻者們都很服從，因此人格首神便把超然的知識下傳給布茹阿瑪(Brahmā)，又透過布茹阿瑪不間斷地下傳給他的兒子和門徒們。這一程序得到在這種奉獻者心中的超靈的幫助。這是學習超然知識的完美方式。

這種啓明使奉獻者們能夠完全區別靈性和物質的不同，因爲至尊主會把靈性和物質連起來的結打開。這個結稱爲假我(ahaṅkāra)，它迫使生物與物質進行錯誤的認同。因此，這個結一旦鬆開，所有的疑雲就會立刻消散；看清自己真正主人的人就會全心全意地爲至尊主做超然的愛心服務，徹底掙脫功利性活動那束縛人的鎖鏈。在物質存在中，生物製造他自己的功利性活動鎖鏈，一生復一生地承受好與壞的結果。然而，他一旦開始爲至尊主做愛心服務，就會立刻擺脫業報(karma)的鎖鏈。他的活動再也不會製造任何好與壞的報應了。

第 22 節 अतो वै कवयो नित्यं भक्तिं परमया मुदा ।
वासुदेवे भगवति कुर्वन्त्यात्मप्रसादनीम् ॥२२॥

ato vai kavayo nityaṁ
bhaktiṁ paramayā mudā
vāsudeve bhagavati
kurvanty ātma-prasādanīm

ataḥ — 因此 / vai — 肯定地 / kavayaḥ — 所有的超然主義者 / nityam — 從無法追溯的年代 / bhaktim — 對至尊主的服務 / paramayā — 至尊 / mudā — 以極大的喜悅 / vāsudeve — 聖主奎師那 / bhagavati — 人格首神 / kurvanti — 作出 / ātma — 自我 / prasādanīm — 使……快樂的

譯文　正因為如此，自無法追溯的年代至今，所有的超然主義者都必定會高興萬分地為人格首神主奎師那做奉愛服務，因為這樣的奉愛服務使自我感到無上的快樂。

要旨　這節詩中特意提到了爲人格首神聖奎師那做奉愛服務的特質。聖主奎師那本人就是人格首神的原本形象(svayaṁ-rūpa)；祂所有其他的形象，無論是聖巴拉戴瓦(Baladeva)、桑卡爾珊(Saṅkarṣaṇa)、華蘇戴瓦(Vāsudeva)、阿尼如達(Aniruddha)、帕杜麼納(Pradyumna)、納茹阿亞納(Nārāyaṇa)，還是擴展出的主宰化身(puruṣa-avatāra)、屬性化身(guṇa-avatāra)、娛樂活動化身(līlā-avatāra)、年代化身(yuga-avatāra)及成千上萬其他的展示，都是聖主奎師那的完整擴展和不可分割的部份。生物是人格首神不可缺少的分開部份。聖主奎師那是首神的原本形象，是超然存在的頂峰。正因爲如此，祂更吸引那些參與祂永恆娛樂活動的高級超然主義者。聖奎師那和巴拉戴瓦在布阿佳布彌與其他靈魂一起從事許多超然的娛樂活動，除了祂們，人格首神的其他形象不可能與其他靈魂有親密的個人接觸。聖主奎師那所從事的超然的娛樂活動，並不像某些智力欠佳人士所爭辯的那樣，是近期被杜撰出來的；祂的娛樂活動永恆，並且在布茹阿瑪的每一天定期展示一次，就像太陽每二十四小時就從東方的地平線上昇起一樣。

第 23 節　सत्त्वं रजस्तम इति प्रकृतेर्गुणास्तै-
युक्तः परः पुरुष एक इहास्य धत्ते ।
स्थित्यादये हरिविरिञ्चिहरेति संज्ञाः
श्रेयांसि तत्र खलु सत्त्वतनोर्नृणां स्युः ॥२३॥

sattvaṁ rajas tama iti prakṛter guṇās tair
yuktaḥ paraḥ puruṣa eka ihāsya dhatte
sthity-ādaye hari-viriñci-hareti saṁjñāḥ
śreyāṁsi tatra khalu sattva-tanor nṛṇāṁ syuḥ

sattvam — 善良 / rajaḥ — 激情 / tamaḥ — 黑暗的愚昧 / iti — 如此 / prakṛteḥ — 物質自然的 / guṇāḥ — 品質、屬性 / taiḥ — 由他們 / yuktaḥ — 與……接觸 / paraḥ — 超然的 / puruṣaḥ — 人物 / ekaḥ — 一個 / iha asya — 這個物質世界的 / dhatte — 接受 / sthiti-ādaye — 爲了創造、維繫及毀滅事宜 / hari — 人格首神維施努 / viriñci — 布茹阿瑪 / hara — 主希瓦 / iti — 如此 / saṁjñāḥ — 不同的形象 / śreyāṁsi — 終極的利益 / tatra — 在其中 / khalu — 當然 / sattva — 善良 / tanoḥ — 形象 / nṛṇām — 人類的 / syuḥ — 獲得

譯文　超然的人格首神間接地與激情、善良和愚昧這三種物質自然屬性接觸。僅僅是爲了物質世界的創造、維繫和毀滅，祂才以布茹阿瑪、維施努和希瓦這三個屬性化身的形式降臨。在這三者中，全體人類可以從善良屬性化身維施努那裡得到最高利益。

要旨　爲什麼應該通過爲聖主奎師那的完整擴展做愛心服務來爲奎師那服務的道理，在這節詩中作了解釋。聖主奎師那與祂所有的完整擴展都屬首神的範疇(viṣṇu-tattva)。聖奎師那擴展出巴拉戴瓦，巴拉戴瓦擴展出桑卡爾珊，桑卡爾珊擴展出全部的維施努主宰化身。維施努一

一物質世界中掌管善良屬性的神明，稱爲祺柔達卡沙依·維施努(Kṣīrodakaśāyī Viṣṇu)或超靈(Paramātmā)。布茹阿瑪是掌管激情屬性(rajas)的神明，希瓦是掌管愚昧屬性的神明。他們是這個物質世界中三個自然屬性的部門主管。布茹阿瑪掌管的激情屬性及爲創造而進行的努力，使創造得以實現；維施努掌管的善良屬性負責維持整個創造；當需要毀滅時，主希瓦通過跳毀滅之舞(tāṇḍavanṛtya)執行任務。物質主義者和愚蠢之人分別崇拜布茹阿瑪和希瓦。但純粹的超然主義者崇拜以各種形象展現的維施努——善良屬性形象。維施努以億萬的整體形象和分離形象展示出來。祂的整體形象被稱爲首神，分離形象被稱爲生物——吉瓦(jiva)。生物和首神都有他們各自原本的靈性形象。生物有時受物質能量的控制，但維施努的首神形象永遠控制著物質能量。當人格首神維施努在物質世界顯現時，祂是來拯救受物質能量控制的受制約的生物。這種生物懷著要主宰的目的出現在物質世界中，結果掉進物質自然三種屬性的羅網，不得不一直不斷地更換包裹他們的物質外殼，經歷不同的監禁。物質世界的監獄由布茹阿瑪按照人格首神的指示建造，在一個卡勒帕(kalpa)結束時由希瓦負責全部予以毀滅。至於對這個監獄的維持，則由維施努負責，就像國家監獄由國家維持一樣。因此，任何想要離開這個充滿了生老病死的物質存在監獄的人，都必須爲獲得釋放而取悅主維施努。要崇拜主維施努，只有通過做奉愛服務。如果有人必須繼續在這個物質世界裡過監獄生活，那麼他也許會爲了暫時緩解痛苦而向希瓦、布茹阿瑪、因鐸(Indra)和瓦茹納(Varuṇa)等不同的半神人請求賜予相關的便利條件。然而，沒有一個半神人能把被監禁在受制約的物質存在中的生物釋放出去。這只有維施努才能辦到。因此，最高的利益是由人格首神維施努賜予的。

第 24 節 पार्थिवाद्दारुणो धूमस्तस्मादग्निस्त्रयीमयः ।
तमसस्तु रजस्तस्मात्सत्त्वं यद् ब्रह्मदर्शनम् ॥२४॥

pārthivād dāruṇo dhūmas
　tasmād agnis trayīmayaḥ
tamasas tu rajas tasmāt
　sattvaṁ yad brahma-darśanam

pārthivāt — 從土 / dāruṇaḥ — 木柴 / dhūmaḥ — 煙 / tasmāt — 從那 / agniḥ — 火 / trayī — 韋達祭祀 / mayaḥ — 由……組成 / tamasaḥ — 在愚昧屬性中 / tu — 但 / rajaḥ — 激情屬性 / tasmāt — 從那 / sattvam — 善良屬性 / yat — 那 / brahma — 絕對真理 / darśanam — 覺悟

譯文　木柴是土的轉化，但煙比木頭强。更好的是火，因爲我們可以靠火 (通過韋達火祭) 獲取高級知識所帶來的那麼多利益。同樣道理，激情屬性比愚昧屬性强，但善良屬性最好，因爲善良屬性可以使人領悟絕對眞理。

要旨　正如上面解釋的，人可以通過爲人格首神做奉愛服務擺脫物質存在受制約的生活。從這節詩中我們可以進一步瞭解到，人必須上昇到善良(sattva)屬性的層面，以便能有資格爲至尊主做奉愛服務。在經驗豐富的靈性導師指導下，任何人，哪怕是處在愚昧屬性(tamas)層面上的人，都可以逐漸上昇到善良屬性的層面上，儘管前進的路途上存在著障礙。因此，真誠的學生必須爲了靈性進步去找一位經驗豐富的靈性導師。無論門徒處在什麼樣的生活狀態中，是處在愚昧、激情狀態中，還是處在善良狀態中，真正的、有經驗的靈性導師都有能力給門徒以指導。

認爲崇拜至尊人格首神的任何特性或任何形象都會得到同等利益的想法是錯誤的。除了維施努形象，所有分離的形象都受物質能量的制約。因此，物質能量的眾多形象，不能幫助人提昇到善良屬性的層面，而善良屬性本身就可以使人擺脫物質束縛。

未開化的生命狀態——低等動物的生命，受愚昧屬性控制。有著各種物質利益的人類文明生活，是激情屬性控制下的生活。激情屬性的生活以美好情操的形式，透過含有道德倫理原則的哲學、藝術和文化，使人對絕對真理有些微的認識。但相比之下，善良屬性在物質屬性中還是最高的，它幫助人真正認識絕對真理。換句話說，對布茹阿瑪、維施努和哈茹阿(希瓦)這三位不同的神明不同方式的崇拜，以及所得到的各種結果，在質上是不同的。

第 25 節 भेजिरे मुनयोऽथाग्रे भगवन्तमधोक्षजम् ।
सत्त्वं विशुद्धं क्षेमाय कल्पन्ते येऽनु तानिह ॥२५॥

bhejire munayo 'thāgre
bhagavantam adhokṣajam
sattvaṁ viśuddhaṁ kṣemāya
kalpante ye 'nu tān iha

bhejire — 爲……所做的服務 / munayaḥ — 聖哲們 / atha — 因此 / agre — 以前的 / bhagavantam — 向人格首神 / adhokṣajam — 超然性 / sattvam — 存在 / viśuddham — 在物質自然的三種屬性之上 / kṣemāya — 爲了得到最高的利益 / kalpante — 值得 / ye — 那些 / anu — 追隨 / tān — 那些 / iha — 在這個物質世界裡

譯文 人格首神的存在超越物質自然三種屬性，因此過去所有偉大的聖人都爲祂服務。他們爲了擺脫物質束縛而崇拜祂，因此獲得最高的利益。任何人，只要他追隨這些偉大的權威人士，就也有資格擺脫這個物質世界。

要旨 從事宗教活動既不是爲了得到物質利益，也不是爲了得到僅僅可以區別物質和靈性的簡單知識。從事宗教活動的最終目的，是爲了使人擺脫物質束縛，在人格首神是至尊人的超然世界裡重新過上自由的生活。因此，宗教法是直接由人格首神制定的；除了至尊主授權的代理(mahājanas)，沒人知道宗教的目的。世上有十二位至尊主授權、明瞭宗教目的的代理，他們都爲至尊主做超然的服務。想要獲得真正利益的人，應該追隨至尊主授權的這些代理，以獲得至高無上的利益。

第 26 節　**मुमुक्षवो घोररूपान् हित्वा भूतपतीनथ ।**
नारायणकलाः शान्ता भजन्ति ह्यनसूयवः ॥२६॥

mumukṣavo ghora-rūpān
hitvā bhūta-patīn atha
nārāyaṇa-kalāḥ śāntā
bhajanti hy anasūyavaḥ

mumukṣavaḥ — 希望得到解脫的人 / ghora — 恐怖的、駭人的 / rūpān — 像那樣的形象 / hitvā — 拒絕 / bhūta-patīn — 半神人 / atha — 爲了這個原因 / nārāyaṇa — 人格首神 / kalāḥ — 完整擴展 / śāntāḥ — 極樂的 / bhajanti — 進行崇拜 / hi — 肯定地 / anasūyavaḥ — 不妒嫉

譯文　真想獲得解脫的人，無疑沒有嫉妒心，而且尊敬衆生。儘管如此，他們卻排斥半神人們可怕的形象，只崇拜主維施努絕對快樂的形象和祂的完整擴展。

要旨　至尊人格首神聖奎師那是擴展出維施努範疇的最初的人。祂擴展出兩種不同的範疇，分別稱爲整體的完整擴展和分離的不可缺少的部份。分離的不可缺少的部份是僕人，而維施努的化身這部份整體的完整擴展，則是服務、崇拜的對象。

被至尊主賦予力量的全體半神人們，也是分離的不可缺少的部份。他們不屬於維施努範疇(viṣṇu-tattva)。眾多的維施努範疇是力量與人格首神的原本形象一樣有力的生物，祂們根據不同的時間、不同的環境展示不同種類的力量。至尊主分離的不可缺少的部份力量有限。他們不像

維施努範疇那樣有無限的力量。因此，人永遠都不該把人格首神納茹阿亞納(Nārāyaṇa)的完整擴展維施努範疇，與祂不可缺少的部份等同起來。這樣做的人會立刻成爲冒犯者(pāṣaṇḍī)。喀歷(Kali)年代中有許多愚蠢的人犯這種可怕的錯誤，把兩個範疇等同起來。

至尊主分離的不可缺少的部份在物質能量的評估中佔不同的地位；其中有些像卡拉-百茹阿瓦(Kāla-bhairava)、施瑪珊-百茹阿瓦(Śmaśāna-bhairava)、沙尼(Śani)、瑪哈卡莉(Mahākālī)和昌迪卡(Caṇḍikā)等半神人，絕大多數受到那些在愚昧屬性最低層的生物體的崇拜；其他像布茹阿瑪、希瓦、蘇爾亞(Sūrya)、甘內什(Gaṇeśa)等許多半神人，則被那些受物質享樂慾望驅使、在激情屬性控制下的人所崇拜。但真正處在物質自然善良屬性層面(sattva-guṇa)上的人，只崇拜維施努範疇中的人物。納茹阿亞納、達摩達爾(Dāmodara)、瓦瑪納(Vāmana)、哥文達(Govinda)和阿竇克沙佳(Adhokṣaja)等形象和名字都是維施努範疇中的代表。

有資格的布茹阿瑪納(brāhmaṇa, 婆羅門)崇拜以沙拉古茹阿瑪-希拉(śālagrāma-śilā)*爲代表的屬於維施努範疇的人物，查垂亞(刹帝利)和外夏(吠舍)等較高階層的人一般也崇拜屬於維施努範疇的形象。

處在善良屬性層面上的資深布茹阿瑪納，不反對其他人的其它崇拜方式。他們也尊敬半神人，哪怕他們是像卡拉-百茹阿瓦或瑪哈卡莉那種看起來很恐怖的半神人。資深布茹阿瑪納清楚地瞭解，那些有著恐怖長相的半神人都是至尊主在各種環境中的不同的僕人。儘管如此，資深布茹阿瑪納們拒絕崇拜半神人，無論其長相恐怖還是很有魅力。這些布茹阿瑪納真想從物質環境中解脫出去，所以只全神貫注於維施努的各種形象。半神人們，就連最高級的半神人布茹阿瑪，都不能賜予人解脫。黑冉亞卡希普(Hiraṇyakaśipu)爲長生不死而從事嚴酷的苦行，但他所崇拜的神明布茹阿瑪卻不能賜予他這種祝福，讓他滿意。只有維施努被稱爲穆克提-帕德(mukti-pāda)——能賜予我們解脫的人格首神。半神人們

*以圓形石頭顯現的納茹阿亞納神像。

就像物質世界裡的其他生物一樣，當物質結構毀滅時全部被消滅。他們自己不能解脫，更不要談給他們的奉獻者解脫了。半神人們只能給他們的崇拜者以短暫的利益，而不能給予最高的利益。

正是爲了這個原因，認真追求解脫的人雖然尊敬所有的半神人，但卻拒絕崇拜他們。

第 27 節　**रजस्तमःप्रकृतयः समशीला भजन्ति वै ।**
पितृभूतप्रजेशादीन् श्रियैश्वर्यप्रजेप्सवः ॥२७॥

rajas-tamaḥ-prakṛtayaḥ
sama-śīlā bhajanti vai
pitṛ-bhūta-prajeśādīn
śriyaiśvarya-prajepsavaḥ

rajaḥ — 激情屬性 / tamaḥ — 愚昧屬性 / prakṛtayaḥ — 懷有這種心理 / sama-śīlāḥ — 同一類別的 / bhajanti — 在崇拜 / vai — 實際地 / pitṛ — 祖先 / bhūta — 其他生物 / prajeśa-ādīn — 宇宙事務的掌管者 / śriyā — 豐富 / aiśvarya — 財富與權力 / prajā — 子孫 / īpsavaḥ — 這樣渴望

譯文　受激情屬性和愚昧屬性控制的人，被獲得女人、財產、權力和後代等物質慾望所驅使，崇拜祖先、其他生物體和掌管宇宙事務的半神人。

要旨　人如果真想回歸首神，就沒必要崇拜各種半神人。《博伽梵歌》第 7 章的第 20 節和第 23 節詩中明確地說：瘋狂追逐物質享樂的人因爲知識貧乏，所以爲了短暫的利益而去找不同的半神人。我們永遠都不該渴望增加物質享樂。人們應該只接受生活必需的物質享受，既不多也不少。接受超過生活必需的物質享受，意味著人把自己越來越緊地捆綁在物質存在的痛苦中。注重物質的人因爲不知道崇拜維施努能給他帶來的利益，所以竭力追求更多的錢財、更多的女人和虛假的貴族氣派。靠崇拜維施努，人不僅可以在這一生獲利，而且在死後的下一生也可以得到利益。遺忘這些原則的愚蠢之人，爲追求更多的錢財、妻子和孩子而崇拜各種各樣的半神人。人生的目的是結束生命的痛苦，而不是增加痛苦。

人沒有必要爲了物質享樂而去接近半神人們。半神人只不過是至尊主的僕人而已，他們的職責本來就是爲生物體提供水、光、空氣等生活所需。人應該辛勤工作，並用辛苦所得崇拜至尊主：這應該成爲我們生活的座右銘。人應該懷著對神的信心以正確的方式小心翼翼地做規定給自己的服務，而這將引導人在回歸首神的路途上穩步向前。

聖主奎師那親自降臨在布阿佳聖地時，曾經阻止布阿佳的居民崇拜半神人因鐸，建議他們要對神有信心，通過履行他們的職責崇拜神。爲物質所得而崇拜各種各樣的半神人，幾乎是宗教的變態。《博伽瓦譚》一開篇就譴責這種所謂的宗教活動是欺騙、虛僞的宗教(kaitava-dharma)。世上只有一種宗教是全體人類該遵循的，那就是教導人崇拜至尊人格首神的宗教(Bhāgavata-dharma)。

第 28-29 節 **वासुदेवपरा वेदा वासुदेवपरा मखाः ।**
वासुदेवपरा योगा वासुदेवपराः क्रियाः ॥२८॥
वासुदेवपरं ज्ञानं वासुदेवपरं तपः ।
वासुदेवपरो धर्मो वासुदेवपरा गतिः ॥२९॥

vāsudeva-parā vedā
vāsudeva-parā makhāḥ
vāsudeva-parā yogā
vāsudeva-parāḥ kriyāḥ

vāsudeva-paraṁ jñānaṁ
vāsudeva-paraṁ tapaḥ

vāsudeva-paro dharmo
vāsudeva-parā gatiḥ

vāsudeva — 人格首神 / parāḥ — 終極的目標 / vedāḥ — 啓示經典 / vāsudeva — 人格首神 / parāḥ — 爲了崇拜 / makhāḥ — 祭祀 / vāsudeva — 人格首神 / parāḥ — 達到的方法 / yogāḥ — 達到至尊主的方法 / vāsudeva — 人格首神 / parāḥ — 在祂控制之下 / kriyāḥ — 功利性活動 / vāsudeva — 人格首神 / param — 無上 / jñānam — 知識 / vāsudeva — 人格首神 / param — 最好的 / tapaḥ — 苦行 / vāsudeva — 人格首神 / paraḥ — 高等品質 / dharmaḥ — 宗教 / vāsudeva — 人格首神 / parāḥ — 終極的 / gatiḥ — 生命的目標

譯文　在啓示經典中，知識的最終目標是人格首神聖奎師那。舉行祭祀的目的是為取悅祂。練瑜伽是為認識祂。一切功利性活動的結果，最終都由祂賜予。祂是最高的知識，從事所有苦修都是要瞭解祂。為祂做愛心服務就是宗教(達爾瑪)。祂是生命的最高目標。

要旨　這兩節詩中確認說，人格首神聖奎師那是唯一該崇拜的對象。韋達文獻中談到同一個崇拜目標說：建立靈魂與至尊主的關係，最終恢復我們失去的爲祂做愛心服務的機會。這就是韋達經的要旨。在《博伽梵歌》中，至尊主本人親口證實這同樣的理論說：韋達經的最終目的只是爲了瞭解祂。所有的啓示經典都是人格首神聖奎師那透過祂的化身聖維亞薩戴瓦編纂，以使受物質自然制約的墮落靈魂想起至尊人格首神聖奎師那。半神人不能使靈魂擺脫物質束縛。那是所有韋達文獻的定論。對人格首神一無所知的非人格神主義者，低估至尊主的全能，把祂與所有其他生物等同起來。這樣做的唯一結果，是使非人格神主義者擺脫物質束縛的努力面臨巨大的困難。他們只有在用許許多多生世培養超然的知識後，才能投靠、服從祂。

有人也許會爭論說，韋達活動都以祭祀儀式爲基礎。那是事實。但所有這些祭祀也是爲了覺悟有關華蘇戴瓦(Vāsudeva)的真理。華蘇戴瓦的另一個名字是雅格亞(Yajña, 祭祀)，《博伽梵歌》中明確說明：所有的祭祀和活動都是爲了取悅人格首神雅格亞——維施努。這也是瑜伽(yoga)體系的目的。瑜伽的意思是與至尊主接上關係，其中所牽涉到的幾個身體方面的程序，如體位法(āsana)、控制呼吸法(prāṇāyāma)和冥想(dhyāna, 禪)等，都是爲了全神貫注於華蘇戴瓦在局部區域的代表超靈(Paramātmā)。對超靈的覺悟只不過是對華蘇戴瓦的部份覺悟，但人如果努力成功，就有可能取得更多的進步，最後對華蘇戴瓦有全面的認識。然而不幸的是，絕大多數瑜伽師(yogī)陷入通過身體的練習獲得神秘力量的困境中。至尊主會給這種不幸的瑜伽師一次機會，讓他們在來世投生在博學的布茹阿瑪納家庭中或富有商人的家庭中，使其能繼續完成對華蘇戴瓦的覺悟。布茹阿瑪納或富人的這種幸運的兒子如果正確利用自己得到的機會，就能通過與神聖之人的良好聯誼輕易獲得對華蘇戴瓦的覺悟。不幸的是，這種獲得恩典的人又再一次被物質財富和榮譽所吸引，忘了生命的目的。

培養知識也如此。按照《博伽梵歌》的說法，培養知識牽涉到十八個項目。靠這樣培養知識，人逐漸變得不驕傲、不虛榮、非暴力、寬容、單純、自制和深愛偉大的靈性導師。通過培養知識，人變得不再依戀家庭生活和家人，開始考慮生老病死的痛苦。培養知識達到的最高境界是爲人格首神華蘇戴瓦做奉愛服務。因此，華蘇戴瓦是培養所有不同知識的最終目標。培養引導人到超然層面與華蘇戴瓦相會的知識，是真正的知識。各種各樣物質性的知識，在《博伽梵歌》中被譴責爲是虛假的知識(ajñāna)。物質的知識最終是爲了滿足感官，使人延長在物質存在中的時間，繼續受三種苦。因此，延長物質存在痛苦生活的知識是無知。但如果用同樣的物質性知識引導人走上靈性理解路途，那它就可以幫助人結束物質存在的痛苦生活，開始在華蘇戴瓦的層面上過靈性存在的生活。

同樣的道理適合所有種類的苦行和苦修。梵文塔帕夏(tapasya)的意思是，爲了達到更高的生活目標而自願接受身體的痛苦。爲了達到進行感官享樂的目的，茹阿瓦納(Rāvaṇa)和黑冉亞卡希普(Hiraṇyakaśipu)從事了嚴重折磨身體的苦行。現代政治家爲了達到某種政治目的有時也會經歷嚴酷的苦行。這其實不是塔帕夏。人應該爲了瞭解華蘇戴瓦而自願承受身體的不便，因爲那才是真正的苦修。否則，所有種類的苦行都屬激情型和愚昧型的苦行。激情屬性和愚昧屬性不能終止生命的痛苦。只有善良屬性減輕生活中的三種苦。主奎師那所謂的父母瓦蘇戴瓦(Vasudeva)和黛瓦克伊(Devakī)，爲了讓華蘇戴瓦當他們的兒子，從事了巨大的苦修。聖主奎師那是所有生物的父親(《博伽梵歌》14.4)，是所有其他生物的源頭。在所有其他生物中，祂是原始永恆的享樂者。祂並不像無知之人所想的那樣，沒有人能是祂的生身父親。瓦蘇戴瓦和黛瓦克伊用他們從事的嚴酷苦修取悅聖主奎師那後，祂同意當他們的兒子。因此，如果要從事什麼苦修，其目的就必須是：達到知識的頂點——獲得華蘇戴瓦。

華蘇戴瓦是存在中的第一位人格首神聖主奎師那。正如前面解釋過的，存在中的第一位人格首神擴展出無數的形象。這些不同的形象，是祂通過祂的各種能量擴展出來的。祂的能量也數不勝數；從質上看，祂的內在能量屬於高等能量，祂的外在能量屬於低等能量。在《博伽梵歌》第 7 章的第 4-6 節詩中，至尊主的高等能量被稱爲帕茹阿・帕奎提(parā prakṛti)，低等能量被稱爲阿帕茹阿・帕奎提(aparā prakṛti)。所以，經由祂的內在能量擴展出的各種形象是高等形象，而經由祂的外在能量擴展出的各種形象屬低等形象。生物也是祂的擴展。受祂的內在能量保護的生物是永恆解脫了的靈魂，而受制於祂的物質能量的眾生是永恆受制約的靈魂。因此，培養知識、苦修、祭祀和活動等這一切，都應該是以改變影響我們的那些能量的特性爲目的。現在我們都受至尊主的外在能量控制；爲了改變物質自然屬性對我們的影響，我們必須努力培養靈性的能量。《博伽梵歌》中說，那些心胸無比開闊、致力於爲主奎師那服務的人，處在至尊主內在能量的影響下，結果是：這種心胸開闊的生物從不偏離、從不間斷地爲至尊主做服務。這應該是生命的目標，這也是韋達文獻的定論。人不應該麻煩自己去從事功利性活動或對超然的知識進行枯燥的推測。所有的人都應該立刻致力於爲至尊主做超然的愛心服務。半神人只不是至尊主創造、維繫和毀滅物質世界的不同助手而已，所以誰都不應該去崇拜那些不同的半神人。在物質世界裡有無數強有力的半神人在負責管理事務。他們都是主華蘇戴瓦不同的助手。就連主希瓦和主布茹阿瑪都屬於半神人，但主維施努——華蘇戴瓦的地位永遠是超然的。祂雖然掌管物質世界的善良屬性，但卻超越所有的物質屬性。爲了更清楚地解釋這一主題，我們舉個例子來說明：監獄裡有犯人和管理監獄的人，兩者都受君王制定的法律的約束；君王雖然有時也會去視察監獄，但卻不受制於監獄的法規。因此，正如君王總是超越監獄的法規，至尊主也總是超越物質世界的法律。

第30節 स एवेदं ससर्जाग्रे भगवानात्ममायया ।
सदसद्रूपया चासौ गुणमयागुणो विभुः ॥३०॥

sa evedaṁ sasarjāgre
bhagavān ātma-māyayā
sad-asad-rūpayā cāsau
guṇamayāguṇo vibhuḥ

saḥ — 那 / eva — 肯定地 / idam — 這 / sasarja — 創造了 / agre — 以前 / bhagavān — 人格首神 / ātma-māyayā — 由祂的內在能量 / sat — 緣由 / asat — 效果 / rūpayā — 由形狀 / ca — 和 / asau — 同樣的至尊主 / guṇa-maya — 在物質自然屬性之內 / aguṇaḥ — 超然的 / vibhuḥ — 絕對真理

譯文　在物質創造的一開始，這位絕對的人格首神(華蘇戴瓦)，便在祂超然的狀態中，用祂本人的內在能量創造了因果能量。

要旨　至尊主的地位永遠是超然的，因爲物質世界創造所需要的因果能量也都是由祂創造的。所以，祂永遠不受物質自然屬性的影響。祂的存在、形象、活動和隨身用品都存在於物質創造之前。*祂是絕對靈性的，與物質世界中的自然屬性無關。物質世界中的自然屬性在質上有別於至尊主的靈性屬性。

第 31 節　तया विलसितेष्वेषु गुणेषु गुणवानिव ।
अन्तःप्रविष्ट आभाति विज्ञानेन विजृम्भितः ॥३१॥

tayā vilasiteṣv eṣu
guṇeṣu guṇavān iva
antaḥ-praviṣṭa ābhāti
vijñānena vijṛmbhitaḥ

tayā — 由他們 / vilasiteṣu — 儘管處在 / eṣu — 這些 / guṇeṣu — 物質自然屬性 / guṇavān — 受到屬性的影響 / iva — 正如 / antaḥ — ……之內 / praviṣṭaḥ — 進入了 / ābhāti — 看來是 / vijñānena — 由超然的意識 / vijṛmbhitaḥ — 全知、無所不知

譯文　創造物質實體後，至尊主(華蘇戴瓦)擴展自己並進入其中。祂雖然身處物質自然屬性內，而且看似是其中一個被創造的生物體，但卻始終全知並處在超然的地位上。

---

*瑪亞瓦達學派的領袖聖商卡爾查爾亞，在他對《博伽梵歌》的評註中承認主奎師那的這一超然的地位。

要旨 生物是至尊主分離的不可缺少的一部份；其中沒有資格住在靈性王國中的受制約的生物，散佈在物質世界中最大限度地享受物質。至尊主作為生物永恆的朋友，以祂的一個完整擴展——超靈，住在生物體心中陪伴他們，在他們進行物質享樂時指導他們並見證他們的一切活動。在眾生享受物質環境時，至尊主不受物質氛圍的影響，始終保持祂超然的狀態。韋達文獻《蒙達卡奧義書》(Muṇḍaka Upaṇiṣad)第 3 篇第 1 章的第 1 節詩中說：一棵樹上有兩隻鳥，其中的一隻正在吃樹上的果實，而另一隻則在看著牠同伴的所作所為(dvā suparṇā sayujā sakhāyā sakhāyā samānaṁ vṛkṣaṁ pariṣasvajāte/tayor anyaḥ pippalaṁ svādv atty anaśnann anyo 'bhicākaśīti)。這裡的見證者是至尊主，吃果實者是受制約的生物。吃果實者(受制約的生物)忘了他真正的身份，沈溺於物質環境中的功利性活動，但至尊主(超靈)永遠充滿了超然的知識。那就是超靈與受制約靈魂之間的區別。受制約的靈魂——生物，受自然法律的控制；而超靈——帕茹阿瑪特瑪(Paramātmā)，是物質能量的控制者。

第 32 節 यथा ह्यवहितो वह्निर्दारुष्वेकः स्वयोनिषु ।
नानेव भाति विश्वात्मा भूतेषु च तथा पुमान् ॥३२॥

yathā hy avahito vahnir
dāruṣv ekaḥ sva-yoniṣu
nāneva bhāti viśvātmā
bhūteṣu ca tathā pumān

yathā — 就像 / hi — 正如 / avahitaḥ — 充滿著 / vahniḥ — 火 / dāruṣu — 在木頭中 / ekaḥ — 一個 / sva-yoniṣu — 展示的本源 / nānā iva — 如不同的生物 / bhāti — 照明 / viśva-ātmā — 作為超靈的至尊主 / bhūteṣu — 在生物中 / ca — 和 / tathā — 同樣的 / pumān — 至尊者

譯文　如火元素遍布木柴內，至尊主以超靈的形式無所不在。因此，祂雖然是唯一的絕對個體，但卻看似是衆多不同的個體。

要旨　至尊人格首神主華蘇戴瓦，透過祂的一個完整部份擴展自己，遍布整個世界，甚至在原子能量中都能感知到祂的存在。物質、反物質、質子、中子等，都是至尊主超靈特徵的不同作用結果。正如木柴可以展示出火，或者牛奶可以攪拌出奶油；透過正確的聆聽和吟誦奧義書(Upaniṣad)及《韋丹塔-蘇陀》(Vedānta-sutra)等韋達文獻中特別論述的超然主題這一程序，我們也可以感受到至尊主作爲超靈的存在。《聖典博伽瓦譚》是對這些韋達文獻的真實解釋。聆聽超然的信息可以使人覺悟到至尊主，這是體驗超然主題的唯一方法。正如用其它的火可以點燃木柴中的火，僅僅另一個神性恩典就可以激起人的神性意識。聖恩靈性導師可以透過善於接受知識的生物所具有的耳朵，把正確的靈性信息注入木柴般的生物心中，點燃他們的靈性之火。因此，人唯一需要做的是，懷著樂於接受的心態去找一位真正的的靈性導師，聆聽他的教導，這樣就可以逐漸覺悟到神性的存在。動物和人的區別就在於此。人可以正確的聆聽，但動物不能。

第 33 節　असौ गुणमयैर्भावैर्भूतसूक्ष्मेन्द्रियात्मभिः ।
स्वनिर्मितेषु निर्विष्टो भुङ्क्ते भूतेषु तद्गुणान् ॥३३॥

asau guṇamayair bhāvair
bhūta-sūkṣmendriyātmabhiḥ
sva-nirmiteṣu nirviṣṭo
bhuṅkte bhūteṣu tad-guṇān

asau — 那超靈 / guṇa-mayaiḥ — 由物質自然屬性所影響 / bhāvaiḥ — 自然地 / bhūta — 被創造 / sūkṣma — 精微的 / indriya — 感官 / ātmabhiḥ — 由生物 / sva-nirmiteṣu — 在祂自己的創造之內 / nirviṣṭaḥ — 進入 / bhuṅkte — 引起享樂 / bhūteṣu — 在生物之中 / tat-guṇān — 那些自然屬性

譯文 **超靈進入每一個受物質自然屬性影響的被造生物體的體內，使他們透過精微的心念享受這些屬性的產物。**

要旨 從最智慧的生物布茹阿瑪開始，下到微小的小螞蟻，物質世界中共有八百四十萬種生命形式。他們都按照粗糙物質軀體和精微心念的慾望享受這個物質世界。粗糙的物質軀體以精微心念的狀態爲基礎，感官是根據生物的慾望被製造出來的。由於生物本身在任何方面都沒有能力獨自得到他想要的一切，至尊主便作爲超靈幫助生物得到物質快樂。謀事在人，成事在天；生物起心動念，至尊主幫助安排。換一個角度說，生物是至尊主不可缺少的一部份，因此與至尊主是一體的。至尊主在《博伽梵歌》中宣稱，所有在各種各樣軀體中的生物都是祂的兒子。兒子的痛苦和享樂，間接也是父親的痛苦與享樂。儘管如此，兒子的痛苦與享樂無論如何都不會直接影響到父親。至尊主是如此仁慈，祂總是以超靈的形式與生物在一起，一直爲把生物引向真正的快樂而努力。

第 34 節 भावयत्येष सत्त्वेन लोकान् वै लोकभावनः ।
लीलावतारानुरतो देवतिर्यङ्नरादिषु ॥३४॥

bhāvayaty eṣa sattvena
lokān vai loka-bhāvanaḥ
līlāvatārānurato
deva-tiryaṅ-narādiṣu

bhāvayati — 維持 / eṣaḥ — 所有這些 / sattvena — 受善良屬性影響的 / lokān — 全宇宙 / vai — 一般的 / loka-bhāvanaḥ — 所有宇宙的主人 / līlā — 娛樂活動 / avatāra — 化身 / anurataḥ — 扮演……的角色 / deva — 半神人 / tiryak — 低等動物 / nara-ādiṣu — 在人類當中

譯文 **宇宙之主維繫著半神人、人及其他生物體居住的各種星球。祂以各種化身所扮演的角色從事娛樂活動，教化那些處在純粹善良屬性層面上的生物。**

要旨 物質世界中有無數的物質宇宙，在每一個宇宙中又有無數的星球，其上居住著受不同物質自然屬性影響、等級不同的生物。至尊主(維施努)化身前往每一個星球、每一個生物體的社會。祂在這些生物體中展示祂超然的娛樂活動，以激發這些生物回歸首神的願望。至尊主並沒有改變祂原本的超然狀態，但祂會按照具體的時間、環境和社會情況，以不同的形象展示自己。

祂有時自己化身前來，有時選出某個合適的生物，賦予他力量，讓他代表自己做事，但無論形式如何，宗旨都是相同的，即：至尊主想讓正在受苦的生物回歸家園，回到祂身邊。生物追求的快樂，在物質世界無數的宇宙和星球上的任何一個角落都找不到。生物渴望的永恆快樂，只有在神的王國中才能得到。然而，處在物質自然屬性影響下的健忘的生物，對神的王國一無所知。爲此，至尊主要麼親自化身前來，要麼通過祂真正的代表，以神的好兒子的身份前來，傳播有關神的王國的信息。神的這些代表和兒子，不僅在人類社會中作宣傳，讓人們回歸首神，而且也在半神人及其他物種等所有種類的社會中做工作。

到此爲止，結束了巴克提韋丹塔對《聖典博伽瓦譚》第 1 篇第 2 章——“神與對神的服務”所作的闡釋。

第三章

奎師那是所有化身的源頭

第 1 節

सूत उवाच
जगृहे पौरुषं रूपं भगवान्महदादिभिः ।
सम्भूतं षोडशकलमादौ लोकसिसृक्षया ॥१॥

sūta uvāca
jagṛhe pauruṣaṁ rūpaṁ
bhagavān mahad-ādibhiḥ
sambhūtaṁ ṣoḍaśa-kalam
ādau loka-sisṛkṣayā

sūtaḥ uvāca — 蘇塔說 / jagṛhe — 接受 / pauruṣam — 作爲菩茹沙(主宰化身)的完整擴展 / rūpam — 形象 / bhagavān — 人格首神 / mahat-ādibhiḥ — 以物質世界的成分 / sambhūtam — 因此便有創造 / ṣoḍaśa-kalam — 十六個基本原則 / ādau — 在開始的時候 / loka — 宇宙 / sisṛkṣayā — 爲了創造

譯文　蘇塔說：在創造的一開始，至尊主先擴展出主宰化身，展示物質創造所需的一切原料。因此，首先就有了對構成物質世界的十六種原材料的創造。這是爲了創造所有物質宇宙。

要旨　《博伽梵歌》(Bhagavad-gītā)中說，人格首神聖奎師那透過祂的完整擴展維繫這些物質宇宙。這節詩中所說的這個主宰(puruṣa)形象，證實了《博伽梵歌》中的敘述。存在中的第一位人格首神華蘇戴瓦(Vāsudeva)——主奎師那，以瓦蘇戴瓦王或南達王的兒子聞名於世。

祂絕對擁有所有的財富、力量、名望、美麗、知識和棄絕。祂的財富的一部份展示為不具人格特徵的梵光(Brahman)，一部份展現為超靈(Paramātmā)。人格首神聖奎師那的這個主宰(puruṣa)形象，是至尊主的第一位超靈展示。物質創造中有三個主宰形象，這個名為卡冉諾達卡沙依．維施努(Kāraṇodakaśāyī Viṣṇu)的形象，是三個形象中的第一個形象；其他兩個形象分別稱為嘎爾博達卡沙依．維施努(Garbhodakaśāyī Viṣṇu)和祺柔達卡沙依．維施努(Kṣīrodakaśāyī Viṣṇu)。這部巨著將會對祂們進行逐一地解釋。無數的宇宙由這位卡冉諾達卡沙依．維施努的皮膚毛孔中產生出來；接著，至尊主又以嘎爾博達卡沙依．維施努的形象進入每一個宇宙。

《博伽梵歌》中還提到，物質世界週而復始地被創造出來和被毀滅，從不間斷。創造和毀滅是至尊意願作用的結果，其目的是要造福受制約的靈魂——尼提亞-巴達(nitya-baddha)生物。尼提亞-巴達——永恆受制約的生物，持有驅使他們進行感官享樂的假我(ahaṅkāra)概念，這種感官享樂是他們在他們的原本地位上所無法進行的。至尊主是唯一的享樂者，所有其他生物都是被享受者。生物是被支配的享受者。但永恆受制約的靈魂忘記了自己的原本地位，極度渴望享受。為此，至尊主給受制約的靈魂在物質世界裡享受物質的機會，同時也給予他們機會，讓他們瞭解他們自己真正的原本地位。那些抓住絕對真理並投靠華蘇戴瓦蓮花足的幸運生物，在物質世界裡經歷了許許多多生世後，加入永恆解脫的靈魂的行列，從而被允許進入首神的王國。那以後，這類幸運的靈魂便不再需要進入這個臨時的物質創造。然而，無法瞭解真相的生物，就會在物質創造毀滅時再次進入物質創造實體——瑪哈特-塔特瓦(mahat-tattva)。當創造再次進行時，這個物質創造實體便再次釋放。這個物質創造實體容納物質展示所需要的一切原材料，包括受制約的靈魂。這個物質創造實體首先分為五種粗糙的物質元素和十一種工作感官(工具)這十六個部份。它就像晴朗天空中的雲朵。在靈性的天空中，梵光普照，萬事萬物都被靈性的光芒照耀得光輝燦爛。物質創造實體處在廣闊無垠的靈性天空中的一個角落，被物質創造實體遮住光芒的這部份稱爲物質天空。稱爲瑪哈特-塔特瓦(mahat-tattva)的這部份靈性天空，只不過是整個靈性天空微不足道的一小部份而已；而就在這樣一個物質創造實體中，有著數不勝數的物質宇宙。所有這些物質宇宙，都是由又被稱爲瑪哈-維施努的卡冉諾達卡沙依·維施努掃視物質天空，使其受孕後一起產出的。

第 2 節　　यस्याम्भसि शयानस्य योगनिद्रां वितन्वतः ।
नाभिह्रदाम्बुजादासीद् ब्रह्मा विश्वसृजां पतिः ॥२॥

yasyāmbhasi śayānasya
yoga-nidrāṁ vitanvataḥ
nābhi-hradāmbujād āsīd
brahmā viśva-sṛjāṁ patiḥ

yasya — ……的 / ambhasi — 在水中 / śayānasya — 躺下 / yoga-nidrām — 在冥想中睡著 / vitanvataḥ — 給予幫助的 / nābhi — 肚臍 / hrada — 從湖中 / ambujāt — 從蓮花中 / āsīt — 被展示 / brahmā — 生物體的祖父 / viśva — 宇宙 / sṛjām — 工程師 / patiḥ — 主人

譯文　　主宰化身的一個完整擴展在宇宙之水中躺下，從祂的肚臍長出一根蓮花莖；在蓮花莖頂部的蓮花上，宇宙中全體工程師的導師布茹阿瑪展現了。

要旨　　第一個主宰化身是卡冉諾達卡沙依·維施努。從祂皮膚的毛孔中，數不勝數的宇宙湧現出來。接著，主宰化身以嘎爾博達卡沙依·維施努的身份進入每一個宇宙，由祂身體流出的水填滿了宇宙的一半，而祂就躺在那水中。從嘎爾博達卡沙依·維施努的肚臍長出一枝蓮花，布茹阿瑪(Brahmā)就出生在那上面。布茹阿瑪既是宇宙內眾生的父親，又是那些像宇宙工程師一樣協助他設計並維持宇宙內部運作的全體半神人的導師。在那枝蓮花莖中，有十四層星系，地球級的星系就處在中間的層面上。在地球星系之上的，是條件更優越的星系，其中最高的星系稱爲布茹阿瑪珞卡(Brahmaloka)或薩提亞珞卡(Satyaloka)。在地球星系之下的，是七層低等星系，其上居住著惡魔(asura)和與他們類似的只注重物質的其他生物體。

嘎爾博達卡沙依·維施努隨後擴展出祺柔達卡沙依·維施努——處在眾生心中的超靈的源頭。祂名叫哈爾依(Hari)，宇宙中所有的化身都從祂那裡展示出來。

結論是：主宰化身展現爲三個形象，第一個是在物質創造實體中創造了物質原材料集合體的卡冉諾達卡沙依·維施努，第二個是進入每一個宇宙的嘎爾博達卡沙依·維施努，第三個是祺柔達卡沙依·維施努——每一個物質個體(有機體和無機體)中的超靈。知道人格首神這些完整形象的人，對首神有正確的瞭解。這樣的人就像《博伽梵歌》所證實的那樣，可以擺脫生老病死的物質處境。這節詩總結了有關瑪哈-維施努的主題。瑪哈-維施努出於祂的自由意願，躺在靈性天空的一處名叫卡冉納(kāraṇa)的汪洋上瞥視祂的物質自然，物質創造實體因而被立刻創造出來。這樣，受至尊主力量的激發，物質自然立刻創造出無數的宇宙，正如一棵樹在適當的時候長滿了數不勝數的果實。樹的種子在悉心的培育下發芽長大，在適當的時間裡結出許許多多的果實。沒有起因，什麼都不會發生。創造的源頭是瑪哈-維施努，因此祂躺下的汪洋被稱爲卡冉納汪洋——原因之洋(梵文卡冉納的意思“原因”)。我們不應該愚蠢地接受無神論者杜撰的有關創造的理論。《博伽梵歌》中描述無神論者說：無神論者不相信存在著創造者，但卻提不出解釋有關創造的更好的理論。正如婦女——帕奎緹(prakṛti)，如果沒有與男人——菩茹沙(puruṣa)結合，就生不出孩子；沒有主宰化身的力量，物質自然本身無力進行創造。男人使女人受孕，女人生產。我們不應該期望從山羊脖子上的袋狀瘤中擠出奶來，儘管它們看起來像乳頭。同樣道理，我們不應該期望物質原材料會有什麼創造的力量；我們必須相信使物質自然(帕奎緹)受孕的菩茹沙的力量。由於至尊主想要在冥想狀態中躺下，物質能量便立刻創造出無數的宇宙，至尊主隨後進入每一個宇宙並躺下；隨即，憑至尊主的意願，所有的星球和不同的相關事物被立即創造出來。至尊主有無限的力量，因此可以按照祂完美的計劃做祂喜歡做的事，儘管祂本人並沒有什麼需要做的事。沒有誰比祂偉大或與祂平等。那就是韋達經(Vedas)的定論。

第 3 節 यस्यावयवसंस्थानैः कल्पितो लोकविस्तरः ।
तद्वै भगवतो रूपं विशुद्धं सत्त्वमूर्जितम् ॥ ३ ॥

yasyāvayava-saṁsthānaiḥ
kalpito loka-vistaraḥ
tad vai bhagavato rūpaṁ
viśuddhaṁ sattvam ūrjitam

yasya — ……的 / avayava — 身體的擴展 / saṁsthānaiḥ — 處於 / kalpitaḥ — 被想象成 / loka — 星球 / vistaraḥ — 各類的 / tat vai — 但那是 / bhagavataḥ — 人格首神的 / rūpam — 形象 / viśuddham — 純潔的 / sattvam — 存在 / ūrjitam — 優異

譯文 據說宇宙中所有的星系都座落在主宰化身的龐大身軀上，但祂卻與被創造的物質原料毫無接觸。祂的身體永恆是絕對靈性的。

要旨 至尊絕對真理的宇宙形象(virāṭ-rūpa 或 viśva-rūpa)概念，是特別爲那些很難去想人格首神超然形象的初習者設計的。對這樣的人來說，形象一定是屬於這個物質世界的，所以在剛開始冥想絕對者時，有必要把注意力集中在至尊主的力量擴展這一與形象相對的概念上。如上所述，至尊主以容納了所有物質原材料的物質實體形式擴展祂的力量。至尊主擴展出的力量與至尊主本人從一個意義上說是一體的，但同時物質創造實體又有別於至尊主。因此，至尊主的能量與至尊主本人同時既是一體又有區別。所以說，特別爲非人格神主義者設計的宇宙形象的概念，與至尊主的永恆形象沒有區別。至尊主的永恆形象存在於物質實體被創造前，這節詩強調說：比起物質自然屬性，至尊主的永恆形象絕對靈性、超然。至尊主的這個超然形象透過祂的內在能量展示出來，而祂展示的眾多化身永遠與祂的超然形象一樣是超然的，不與物質實體接觸。

第 4 節 पश्यन्त्यदो रूपमदभ्रचक्षुषा
सहस्रपादोरुभुजाननाद्भुतम् ।
सहस्रमूर्धश्रवणाक्षिनासिकं
सहस्रमौल्यम्बरकुण्डलोल्लसत् ॥ ४ ॥

paśyanty ado rūpam adabhra-cakṣuṣā
sahasra-pādoru-bhujānanādbhutam
sahasra-mūrdha-śravaṇākṣi-nāsikaṁ
sahasra-mauly-ambara-kuṇḍalollasat

paśyanti — 看 / adaḥ — 普茹沙的形象 / rūpam — 形象 / adabhra — 完美的 / cakṣuṣā — 由眼睛 / sahasra-pāda — 上千的足 / ūru — 腿 / bhuja-ānana — 手和臉 / adbhutam — 奇妙的 / sahasra — 上千的 / mūrdha — 頭 / śravaṇa — 耳 / akṣi — 眼 / nāsikam — 鼻子 / sahasra — 上千的 / mauli — 花環 / ambara — 衣服 / kuṇḍala — 耳環 / ullasat — 全都發亮

譯文　奉獻者用他們完美的眼睛觀看有著千萬個小腿、大腿、手臂和臉龐的主宰化身的超然形象，一切都神奇非凡。那身體中有成千上萬的頭、耳朵、眼睛和鼻子，且都由千萬個頭盔、閃亮的耳環和無數的花環裝飾著。

要旨　用我們現有的物質感官，我們無法感知到超然的至尊主及與祂有關的任何超然的人、事、物。我們現有的感官需要經由奉愛服務的程序予以矯正；那之後，至尊主本人就會向我們揭示祂自己。《博伽梵歌》中證實說，只有通過做純粹的奉愛服務，才能感知到至尊主。韋達經中也證實說：只有奉愛服務才能把人引向至尊主身邊，只有奉愛服務才能揭示祂。《布茹阿瑪-薩密塔》(Brahma-saṁhitā)中也說，眼睛上塗了奉愛服務眼膏的奉獻者始終能看到至尊主。所以，我們必須從那些用塗過奉愛服務眼膏的完美眼睛真正看到至尊主的人那裡，獲取有關至尊主超然形象的信息。即使在物質世界中，我們用我們的眼睛也不是什麼都能看見；我們有時透過真正看到或做過事情的那些人的經驗看事物。如果那是感受世俗對象的方法，那麼在感知超然事物時，它就得到了更完美的運用。因此，唯有耐心和堅持不懈才能使我們覺悟有關絕對真理的超然主題和祂不同的形象。對初習者來說，祂沒有形象；但對精通爲祂做服務的祂的僕人來說，祂有超然的形象。

第 5 節　एतन्नानावताराणां निधानं बीजमव्ययम् ।
यस्यांशांशेन सृज्यन्ते देवतिर्यङ्नरादयः ॥५॥

etan nānāvatārāṇāṁ
nidhānaṁ bījam avyayam
yasyāṁśāṁśena sṛjyante
deva-tiryaṅ-narādayaḥ

etat — 這(形象) / nānā — 五花八門的 / avatārāṇām — 化身的 /

nidhānam — 本源 / bījam — 種子 / avyayam — 不能毀滅的 / yasya — ……的 / aṁśa — 完整擴展 / aṁśena — 完整擴展的部份 / sṛjyante — 創造 / deva — 半神人 / tiryak — 動物 / nara-ādayaḥ — 人類及其他

譯文　這個形象(主宰化身的第二個展示)是宇宙中多種化身的源頭及不滅的種子。從這個形象身上的各個部份及微粒，半神人、人和其他各種生物體被創造出來。

要旨　第一個主宰化身菩茹沙(puruṣa)在物質實體(mahat-tattva)中創造了數不勝數的宇宙後，以第二個主宰化身嘎爾博達卡沙依·維施努的形象進入每一個宇宙。祂看到宇宙中只有漆黑一片的空間而沒有休息的地方時，便用自己的汗水填滿宇宙的一半，然後在水面上躺下。這水稱爲嘎爾博達卡(Garbhodaka)。接著，從祂的肚臍發芽長出一枝蓮花，執行宇宙計劃的總工程師布茹阿瑪在那朵蓮花上誕生了。布茹阿瑪稱爲宇宙內的建築工程師，至尊主本人作爲維施努則負責維繫宇宙。布茹阿瑪產自物質自然(prakṛti)的激情屬性(rajo-guṇa)，維施努是善良屬性的控制者。超越一切屬性的維施努，始終遠離物質的影響：這一點已經解釋過了。從布茹阿瑪，負責掌管愚昧屬性的茹鐸(Rudra, 希瓦)誕生了。他按照至尊主的意願毀滅整個創造。綜上所述，我們瞭解到，布茹阿瑪、維施努和希瓦這三位人物，都是嘎爾博達卡沙依·維施努的化身。從布茹阿瑪，達克沙(Dakṣa)、瑪瑞祺(Marīci)、瑪努(Manu)等許多其他半神人誕生出來，負責繁衍這個宇宙中的生物體。韋達讚歌《對嘎爾巴的讚頌》(Garbha-stuti)，以描述至尊主有成千的頭爲開始讚頌嘎爾博達卡沙依·維施努。嘎爾博達卡沙依·維施努是宇宙之主，儘管祂看上去是躺在宇宙中，但實際上永遠是超然的。這一點也已經解釋過。嘎爾博達卡沙依·維施努的完整擴展是宇宙生命的超靈，祂被稱爲宇宙的維繫者或祺柔達卡沙依·維施努。這樣，我們就對原始主宰化身的三個形象有了一定的瞭解。這個宇宙中所有的化身都來自祺柔達卡沙依・維施努。

不同的年代有不同的化身，化身之多無以數計，但其中瑪茨亞(Matsya)、庫爾瑪(Kūrma)、瓦茹阿哈(Varāha)、茹阿瑪(Rāma)、尼爾星哈(Nṛsiṁha)、瓦瑪納(Vāmana)等許多化身非常著名。這些化身都被稱爲是娛樂活動化身(līlā)。除祂們之外，至尊主還有布茹阿瑪、維施努和希瓦(茹鐸)這些負責掌管不同物質自然屬性的屬性化身。

主維施努就是人格首神。主希瓦的地位處在人格首神和個體生物(jīva)之間。布茹阿瑪永遠屬於個體生物的範疇(jīva-tattva)。爲了創造，至尊主把力量授予祂最偉大的奉獻者——最虔誠的生物，那個生物就被稱爲布茹阿瑪。他的力量就像珍貴的石頭和寶石反射出的太陽的力量。當沒有合適的生物可以擔當布茹阿瑪一職時，至尊主本人就降臨履行布茹阿瑪的職責。

主希瓦不是普通生物。他是至尊主的完整擴展，但由於他直接與物質自然接觸，所以地位不完全像主維施努那樣超然。他與維施努之間的區別就像酸奶(優酪乳)與牛奶之間的區別。酸奶不是別的，就是牛奶，但卻不能代替牛奶。

接下來要介紹的化身是眾多的瑪努(Manu)。在布茹阿瑪的一天中(用我們的太陽年算是 4,300,000x1,000 年)，共有十四位瑪努。因此，在布茹阿瑪的一個月中有四百二十位瑪努，一年中有五千零四十位瑪努。布茹阿瑪活一百歲，所以在他的一生中共有五十萬四千位瑪努。物質世界裡有無數個宇宙，每一個宇宙中都有布茹阿瑪，而所有這些布茹阿瑪都在主宰化身的一個呼吸間被創造並被毀滅。如此我們可以想象一下，在主宰化身的一個呼吸間有千百萬個瑪努。

接下來是曼宛塔爾化身(manvantara-avatara)。這些曼宛塔爾化身是這個宇宙中瑪努統治時顯現的化身，他們分別是：斯瓦陽布瓦・瑪努(Svāyambhuva Manu)統治時的雅格亞(Yajña)，斯瓦柔祺施・瑪努(Svārociṣa Manu)統治時的維布(Vibhu)，烏塔瑪・瑪努(Uttama Manu) 統治時的薩提亞森納(Satyasena)，塔瑪斯・瑪努(Tāmasa Manu)統治時的哈爾依(Hari)，茹艾瓦塔・瑪努(Raivata Manu)統治時的外琨塔(Vaikuṇṭha)，查克舒沙・瑪努(Cākṣuṣa Manu)統治時的阿吉塔(Ajita)，外瓦斯瓦塔・瑪努(Vaivasvata Manu, 我們現在這個年代就由這個瑪努管理)統治時的瓦瑪納(Vāmana)，薩瓦爾尼・瑪努(Sāvarṇi Manu)統治時的薩爾瑪寶瑪(Sārva-bhauma)，達克沙薩瓦爾尼・瑪努(Dakṣasāvarṇi Manu)統治時的瑞沙巴(Ṛṣabha)，布茹阿瑪-薩瓦爾尼・瑪努(Brahma-sāvarṇi Manu)統治時的維施瓦克森納(Viṣvaksena)，達爾瑪-薩瓦爾尼・瑪努(Dharma-sāvarṇi Manu)統治時的達爾瑪賽圖(Dharmasetu)，茹鐸-薩爾瓦尼・瑪努(Rudra-sāvarṇi Manu)統治時的蘇達瑪(Sudhāmā)，戴瓦-薩瓦爾尼・瑪努(Deva-sāvarṇi Manu)統治時的尤給施瓦爾(Yogeśvara)，以及因鐸-薩瓦爾尼・瑪努(Indra-sāvarṇi Manu)統治時的畢爾哈德巴努(Bṛhadbhānu)。這是上面描述的在四十三億太陽年內一組十四位瑪努統治時的曼宛塔爾化身名單。

接下來，至尊主還有年代化身(yugāvatāra)。年代共有四個，它們分別是：薩提亞年代(Satya-yuga)、特瑞塔年代(Tretā-yuga)、杜瓦帕爾年代(Dvāpara-yuga)和喀曆年代(Kali-yuga)。每一個年代的化身膚色都不一樣，分別是白、紅、黑、黃。在杜瓦帕爾年代中顯現的是黑皮膚的主奎師那，在喀曆年代中顯現的是黃皮膚的主柴坦亞。

因此，啓示經典中談到了至尊主所有的化身，根本不給騙子以機會冒充至尊主的化身。如果是至尊主的化身，啓示經典(śāstras)中必然會提到。真正的化身不會聲稱自己是至尊主的化身，但偉大的聖人們根據啓示經典中提到的至尊主化身的特徵認出這些化身並予以公認。化身的特徵及具體要執行的使命，啓示經典中都有記載。

除了直接的化身，至尊主還有數不勝數的授予權利和力量的化身。啓示經典對他們也有描述。這樣的化身被直接或間接地授予了權利和力量。被直接授予權利和力量的至尊主的代表被稱爲化身，而間接被授予權利和力量的至尊主的代表被稱爲維布提(vibhūti)。被直接授予權利和力量的化身有庫瑪爾四兄弟(Kumāra)、納茹阿達(Nārada)、普瑞圖(Pṛthu)、阿南塔・蛇沙(Ananta Śeṣa)等。至於間接授予權利和力量的維布提，《博伽梵歌》維布提-瑜伽(絕對者的財富)一章中有很明確的描述。所有這些不同種類的化身，都來自嘎爾博達卡沙依・維施努。

第 6 節　स एव प्रथमं देवः कौमारं सर्गमाश्रितः ।
चचार दुश्चरं ब्रह्मा ब्रह्मचर्यमखण्डितम् ॥ ६ ॥

sa eva prathamaṁ devaḥ
kaumāraṁ sargam āśritaḥ
cacāra duścaraṁ brahmā
brahmacaryam akhaṇḍitam

saḥ — 那 / eva — 肯定的 / prathamam — 第一 / devaḥ — 至尊主 / kaumāram — 名叫庫瑪爾(不結婚的) / sargam — 創造 / āśritaḥ — 之下 / cacāra — 執行 / duścaram — 很難做到 / brahmā — 在布茹阿曼的境界 / brahmacaryam — 爲了覺悟絕對真理 (布茹阿曼)而遵守紀律 / akhaṇḍitam — 沒有中斷地

譯文　首先，在創造開始時有布茹阿瑪的四個兒子(庫瑪爾四兄弟)。他們發誓終生不娶，過獨身禁慾的生活，為領悟絕對真理而嚴格苦修。

要旨　物質世界定期地被創造、維繫和再次毀滅，週而復始，從不間斷。每一個宇宙中的生物體祖先布茹阿瑪不同，創造的名稱就不同。詩文中提到的庫瑪爾四兄弟，在物質世界的考瑪爾(Kaumāra)創造期出現，教導我們覺悟布茹阿曼(Brahman, 梵)的程序。他們嚴格遵守獨身禁慾者的戒律。這些庫瑪爾是被授予權利和力量的化身。他們在嚴格遵守獨身禁慾戒律之前，全部先成為有資格的布茹阿瑪納(brāhmaṇa, 婆羅門)。他們的例子給我們的啓示是：人必須先努力培養布茹阿瑪納的資格，然後才能按覺悟布茹阿曼的程序做；具備不具備布茹阿瑪納的資格，不是憑出生決定的。

第7節 द्वितीयं तु भवायास्य रसातलगतां महीम् ।
उद्धरिष्यन्नुपादत्त यज्ञेशः सौकरं वपुः ॥ ७ ॥

dvitīyaṁ tu bhavāyāsya
rasātala-gatāṁ mahīm
uddhariṣyann upādatta
yajñeśaḥ saukaraṁ vapuḥ

dvitīyam — 第二位 / tu — 但是 / bhavāya — 為……福利 / asya — 這個地球的 / rasātala — 最低地區的 / gatām — 去了以後 / mahīm — 地球 / uddhariṣyan — 舉起 / upādatta — 接受了 / yajñeśaḥ — 擁有者或至尊的享受者 / saukaram — 豬的 / vapuḥ — 化身

譯文 一切祭祀的至尊享受者化身為雄豬 (第二位化身)，把地球從地獄中托起，從而拯救了地球。

要旨 啓示經典中不但談到人格首神的每一個化身，而且還提到了每一個化身具體起的作用。每一個化身來臨時不可能沒有具體要起的作用；他們所起的作用永遠是非凡的，任何一個普通生物都不可能做到他們做的事情。雄豬化身的作用是把地球從不潔淨的冥府地帶托出來。把一些東西從骯髒的地方撿起來是豬做的事情，全能的人格首神扮演雄豬的角色做這件奇事，震驚了把地球藏在骯髒地帶的惡魔們(asuras)。對人格首神來說，沒有不可能做到的事情。祂雖然扮演雄豬的角色，但永遠是超然的，受到祂奉獻者的崇拜。

第 8 節 तृतीयमृषिसर्गं वै देवर्षित्वमुपेत्य सः ।
तन्त्रं सात्वतमाचष्ट नैष्कर्म्यं कर्मणां यतः ॥ ८ ॥

tṛtīyam ṛṣi-sargaṁ vai
devarṣitvam upetya saḥ
tantraṁ sātvatam ācaṣṭa
naiṣkarmyaṁ karmaṇāṁ yataḥ

tṛtīyam — 第三位 / ṛṣi-sargam — 聖哲的時代 / vai — 肯定地 / devarṣitvam — 半神人中聖哲的化身 / upetya — 接受了以後 / saḥ — 他 / tantram — 韋達經的說明 / sātvatam — 特別是爲了奉愛服務 / ācaṣṭa — 搜集 / naiṣkarmyam — 非功利性的 / karmaṇām — 工作的 / yataḥ — 由那

譯文 **在聖人們的年代，人格首神的第三位化身，以半神人中的偉大聖人納茹阿達這一被賦予力量的化身形象出現。他收集韋達經中闡述有關奉愛服務、鼓勵非功利性活動的經文。**

要旨 被人格首神賦予了力量的化身——偉大的聖人納茹阿達(Ṛṣi Nārada)，在全宇宙傳播奉愛服務。至尊主在這個宇宙裡所有星球上和物種中的傑出奉獻者，都是納茹阿達的門徒。《聖典博伽瓦譚》的編纂者聖維亞薩戴瓦(Vyāsadeva)，也是他的門徒。納茹阿達是《納茹阿達-潘查茹阿陀》(Nārada-pañcarātra)的作者，這部著作具體闡明韋達經中爲至尊主做奉愛服務的內容。這部《納茹阿達-潘查茹阿陀》訓練功利性活動者(karmī)擺脫功利性活動的束縛。受制約的靈魂因爲想要通過拋撒辛勤的汗水享受生活，所以幾乎都受功利性活動的吸引。在這個宇宙裡的所有物種中，都充滿了功利性活動者。功利性活動包括所有種類的經濟發展計劃。但自然法律規定，每一個活動都有它的反作用作爲結果，從事功利性活動的人會被好或壞的活動反應所束縛。虔誠活動的反應會引致相對的物質繁榮；相反，非虔誠活動的反應則會導致相對的物質痛苦。但物質情況無論是所謂的快樂還是所謂的痛苦，最終的結局都只是痛苦而已。愚蠢的物質主義者對如何得到不受制約的永恆快樂一無所知。聖納茹阿達教導這些愚蠢的功利性活動者如何認識真正的快樂。他指導這個世界中的病人如何能從當下做起，走上靈性解放之途。當人因爲吃奶製品而導致消化不良的痛苦時，醫師就會指導病人吃用牛奶製成的酸奶(優酪乳)進行治療。因此，生病的原因和治療疾病的原因也許相同，但醫生必須是像納茹阿達那樣經驗豐富的人。《博伽梵歌》中也給出了解決問題的同一個方案，即：用一個人的勞動成果爲至尊主服務。那將把人引向解脫(naiṣkarmya)之途。

第 9 節 तुर्ये धर्मकलासर्गे नरनारायणावृषी ।
भूत्वात्मोपशमोपेतमकरोद् दुश्चरं तपः ॥ ९ ॥

turye dharma-kalā-sarge
nara-nārāyaṇāv ṛṣī
bhūtvātmopaśamopetam
akarod duścaraṁ tapaḥ

turye — 在第四位 / dharma-kalā — 達爾瑪王的妻子 / sarge — 因爲生於 / nara-nārāyaṇau — 名爲納茹阿和納茹阿亞納 / ṛṣī — 聖哲們 / bhūtvā — 成爲 / ātma-upaśama — 控制感官 / upetam — 爲了得到 / akarot — 經過 / duścaram — 很吃力的 / tapaḥ — 苦行

譯文　至尊主的第四位化身，是達爾瑪王的妻子所生的孿生子納茹阿和納茹阿亞納。祂從事嚴格而典範的控制感官的苦修。

要旨　瑞沙巴王(Ṛṣabha)勸告他的兒子們說：塔帕夏(tapasya)——爲覺悟超然者而自願從事苦修，是人類的唯一職責；爲了樹立榜樣教導我們，至尊主本人就是這麼做的。至尊主對健忘的靈魂非常仁慈，因此親自降臨下來，不但爲我們留下必要的教導，而且還派祂優秀的兒子們作爲代表，召喚所有受制約的靈魂回歸首神。大家還記得，爲了同樣的目的，主柴坦亞在近期也顯現過，向這個鐵器工業年代中墮落的靈魂展示特殊的恩典。納茹阿亞納(nārāyaṇa)的化身，在喜馬拉雅山山脈的巴德瑞-納茹阿亞納(Badarī-nārāyaṇa)依然受到崇拜。

第 10 節

पञ्चमः कपिलो नाम सिद्धेशः कालविप्लुतम् ।
प्रोवाचासुरये साङ्ख्यं तत्त्वग्रामविनिर्णयम् ॥१०॥

pañcamaḥ kapilo nāma
siddheśaḥ kāla-viplutam
provācāsuraye sāṅkhyaṁ
tattva-grāma-vinirṇayam

pañcamaḥ — 第五位 / kapilaḥ — 卡皮拉 / nāma — 名叫 / siddheśaḥ — 完美者中最優秀的 / kāla — 時間 / viplutam — 失去 / provāca — 說 / āsuraye — 向名爲阿蘇瑞的布茹阿瑪納 / sāṅkhyam — 形而上學 / tattva-grāma — 創造元素的總和 / vinirṇayam — 說明

譯文　名為主卡皮拉的第五位化身，是完美生物中最優秀的一位。由於有關創造元素和形而上學的知識隨時間的流逝失傳了，祂給名叫阿蘇瑞的布茹阿瑪納重新講解這知識。

要旨　創造元素總計有二十四種，桑克亞(Sāṇkhya)系統中對每一種都進行了明確的解釋。桑克亞哲學一般被歐洲學者稱爲形而上學或玄學。從詞源學看，梵文桑克亞的意思是“通過對物質元素的分析解釋得非常清晰的那個……”。最先解釋這門哲學的是主卡皮拉(Kapila)，祂在這節詩中被說成是第五位化身。

第 **11** 節 षष्ठमत्रेरपत्यत्वं वृतः प्राप्तोऽनसूयया ।
आन्वीक्षिकीमलर्काय प्रह्लादादिभ्य ऊचिवान् ॥११॥

ṣaṣṭham atrer apatyatvaṁ
vṛtaḥ prāpto 'nasūyayā
ānvīkṣikīm alarkāya
prahlādādibhya ūcivān

ṣaṣṭham — 第六位 / atreḥ — 阿特瑞的 / apatyatvam — 兒子 / vṛtaḥ — 被祈求 / prāptaḥ — 得到 / anasūyayā — 由阿娜蘇雅 / ānvīkṣikīm — 有關絕對真理的主題 / alarkāya — 向阿拉爾卡 / prahlāda-ādibhyaḥ — 向帕拉德等 / ūcivān — 說

譯文 至尊主 (菩茹沙) 的第六位化身是阿特瑞之子。祂生於阿娜蘇雅的子宮，因阿娜蘇雅曾祈禱有至尊主的化身當兒子。祂給阿拉爾卡、帕拉德和其他人 (雅杜、亥哈雅等) 講解超然的主題。

要旨 至尊主本人化身爲聖人阿特瑞(Ṛṣi Atri)和他妻子阿娜蘇雅(Anasūyā)的兒子。至尊主化身爲達塔垂亞(Dattātreya)顯現的歷史，在《布茹阿曼達往世書》(Brahmāṇḍa Purāṇa)講述有關忠貞妻子的故事時提到過。那其中記載到，聖人阿特瑞的妻子阿娜蘇雅在主布茹阿瑪、維施努和希瓦面前祈禱說：“我親愛的主人們，如果您們對我滿意，如果您們允許我向您們請求某種祝福，那我就祈禱，您們結合在一起成爲我的兒子。”布茹阿瑪、維施努和希瓦都接受了這個請求，以她兒子達塔垂亞的身份顯現，詳細解釋有關靈性靈魂的哲學，並且特別教導了阿拉爾卡(Alarka)、帕拉德(Prahlāda)、雅杜(Yadu)和亥哈雅(Haihaya)等人。

第 **12** 節 ततः सप्तम आकूत्यां रुचेर्यज्ञोऽभ्यजायत ।
स यामाद्यैः सुरगणैरपात्स्वायम्भुवान्तरम् ॥१२॥

tataḥ saptama ākūtyāṁ
rucer yajño 'bhyajāyata
sa yāmādyaiḥ sura-gaṇair
apāt svāyambhuvāntaram

tataḥ — 此後 / saptame — 第七位 / ākūtyām — 阿庫提的子宮裡 / ruceḥ — 由生物體的祖先茹祺 / yajñaḥ — 至尊主作爲雅格亞的化身 / abhyajāyata — 降臨 / saḥ — 祂 / yāma-ādyaiḥ — 以瑪亞等 / sura-gaṇaiḥ — 與半神人 / apāt — 統治 / svāyambhuva-antaram — 斯瓦陽布瓦·瑪努時期

譯文　第七位化身是生物體祖先茹祺和他妻子阿庫緹的兒子雅格亞。祂在斯瓦陽布瓦·瑪努改朝換代時控制那段時間，並得到祂兒子亞瑪(**Yāma**)等半神人的協助。

要旨　爲維護物質世界的規則而被委以管理職責的半神人，都是些高度虔誠的生物。當缺乏這種虔誠的生物時，至尊主本人就會化身前來擔當布茹阿瑪、生物體祖先和天帝因鐸等管理職務。在斯瓦陽布瓦·瑪努統治期間(我們現在處在外瓦斯瓦塔·瑪努統治期)，因爲沒有合適的生物可以擔當天堂星球(Indraloka)帝王的職位，所以至尊主本人便在那時當了天帝因鐸。在祂兒子亞瑪等半神人的協助下，主雅格亞對宇宙事務進行了管理。

第 13 節　अष्टमे मेरुदेव्यां तु नाभेर्जात उरुक्रमः ।
दर्शयन् वर्त्म धीराणां सर्वाश्रमनमस्कृतम् ॥१३॥

aṣṭame merudevyāṁ tu
nābher jāta urukramaḥ
darśayan vartma dhīrāṇāṁ
sarvāśrama-namaskṛtam

aṣṭame — 第八位化身 / merudevyām tu — 在妻子梅茹黛薇的子宮裡 / nābheḥ — 納比王 / jātaḥ — 誕生 / urukramaḥ — 全能的主 / darśayan — 顯示出 / vartma — 途徑 / dhīrāṇām — 完美生物的 / sarva — 所有 / āśrama — 靈修階段 / namaskṛtam — 所尊敬

譯文 第八位化身是納比王和他妻子梅茹女神的兒子瑞沙巴王。至尊主透過這位化身指出通向完美之途，那些完全控制了自己的感官並受到所有其他靈性階層敬重的人都走這條路。

要旨 根據階層和階段，人類社會自然被一分爲八——四種職業分類和四個靈修階段。四種職業的分類分別是：知識份子階層、管理階層、生產階層和勞工階層。通向靈性覺悟之途的四個靈修階段分別是：學生生活、居士生活、退隱生活和棄絕生活。在這些階段中，棄絕生活階層——薩尼亞斯(sannyāsa)階層，被認爲是最高的階層，薩尼亞希(sannyāsī, 托缽僧)本是所有階層和階段中人的靈性導師。在棄絕階層中還有昇向完美境界的四個階段，它們分別稱爲：庫提查卡(kuṭīcaka)、巴胡達卡(bahūdaka)、帕瑞布阿佳卡查爾亞(parivrājakācārya)和帕茹阿瑪哈姆薩(paramahaṁsa, 至尊天鵝)。生命中的至尊天鵝階段是最高的完美階段。處在這個階段的人受到所有其他人的尊敬。納比王(Nābhi)和梅茹女神(Merudevī)的兒子瑞沙巴王(Mahārāja Ṛṣabha)，是至尊主的一個化身，祂教導祂的兒子們要走通過苦修(tapasya)達到完美的路途。苦修神聖化人的存在，使人能夠達到靈性快樂階段，這種快樂永恆且不斷增強。每一個生物都在尋求快樂，但沒人知道哪裡有永恆、無限的快樂。愚蠢的人把物質感官享樂當作真正的快樂去追求，但卻忘了，來自感官享樂的所謂的短暫快樂，連豬和狗都能享受到。飛禽或走獸等動物，沒有一個缺乏這種感官享樂。在每一個物種的生活中，包括人類生活中，這類快樂隨處可得。然而，人體生命不是用來追求這種廉價快樂的。人生是爲了靠靈性覺悟獲得永恆、無限的快樂。這種靈性覺悟靠自願從事苦行及節制物質享樂的苦修獲取。受訓節制物質享樂的人被稱為不受感官衝動打擾的人(dhīra)。只有這些不受感官衝動打擾的人，才能進入棄絕階層，逐漸晉昇到受所有社會人士敬重的至尊天鵝階段。瑞沙巴王傳播這一教導，祂在顯現的最後階段裡完全不理會物質軀體所需。這種狀態非常罕見，不是愚蠢的人所能效仿，而是該受到大眾崇拜的。

第 14 節　ऋषिभिर्याचितो भेजे नवमं पार्थिवं वपुः ।
दुग्धेमामोषधीर्विप्रास्तेनायं स उशत्तमः ॥१४॥

ṛṣibhir yācito bheje
navamaṁ pārthivaṁ vapuḥ
dugdhemām oṣadhīr viprās
tenāyaṁ sa uśattamaḥ

ṛṣibhiḥ — 由聖哲們 / yācitaḥ — 被祈求 / bheje — 接受 / navamam — 第九位 / pārthivam — 地球的統治者 / vapuḥ — 身體 / dugdha — 擠牛奶 / imām — 所有這些 / oṣadhīḥ — 地球的產物 / viprāḥ — 布茹阿瑪納啊 / tena — 由 / ayam — 這 / saḥ — 他 / uśatta-maḥ — 非常美麗的

譯文　眾布茹阿瑪納啊！至尊主的第九位化身應聖人們的祈禱而來。祂顯現為君王(普瑞圖)，耕地使其產出各種產物；為此，地球顯得美麗動人。

要旨　在普瑞圖王(Pṛthu)出現之前，普瑞圖王的父親，也就是前一任君王的邪惡生活，造成了國政管理的一場巨大浩劫。知識份子階層的人士(聖人們和布茹阿瑪納們)一邊向至尊主祈禱，請祂降臨，一邊罷免了前一任君王。君王應該虔誠，這樣才能照顧臣民的一切福利。無論何時，君王一旦玩忽職守，不履行職責，知識份子階層的人就必須罷免他。然而，知識份子階層的人不當君王；爲了大眾的利益，他們要承擔更重要的責任。正因爲如此，聖人和布茹阿納們不是自己去當君王，而是向至尊主祈禱，祈求祂化身前來。應他們的請求，至尊主以普瑞圖的身份降臨。真正有智慧的人——有資格的布茹阿瑪納，從不會想要從政。普瑞圖王(Mahārāja Pṛthu)從地球挖掘出許多物產，這不僅使他的臣民因爲有他這樣一位好君王而高興，也使地球變得美麗、更具吸引力。

第 15 節 रूपं स जगृहे मात्स्यं चाक्षुषोदधिसम्प्लवे ।
नाव्यारोप्य महीमय्यामपाद्वैवस्वतं मनुम् ॥१५॥

rūpaṁ sa jagṛhe mātsyaṁ
cākṣuṣodadhi-samplave
nāvy āropya mahī-mayyām
apād vaivasvataṁ manum

rūpam — 形象 / saḥ — 祂 / jagṛhe — 接受 / mātsyam — 魚的 / cākṣuṣa — 查克舒沙 / udadhi — 水 / samplave — 泛濫 / nāvi — 在船上 / āropya — 保持在 / mahī — 地球 / mayyām — 淹沒於 / apāt — 保護 / vaivasvatam — 外瓦斯瓦塔 / manum — 瑪努 (人類之父)

譯文 查克舒沙·瑪努統治結束後的一場特大洪水，把整個世界都淹沒在深水中。那時，至尊主化身爲一條魚，保護外瓦斯瓦塔·瑪努，讓他乘坐在一艘船上。

要旨 按照《博伽瓦譚》的最初評註者聖施瑞達爾·斯瓦米(Śrīdhara Svāmī)的說法，並不是每一次更換瑪努(Manu)後都有一次毀滅。但爲了給薩提亞瓦塔(Satyavrata)展示一些奇跡，查克舒沙·瑪努(Cākṣuṣa Manu)統治期結束後便有了一次洪水泛濫。聖吉瓦·哥斯瓦米(Jīva Gosvāmī)從《維施努-達爾摩塔茹阿》(Viṣṇu-dharmottara)、《瑪爾康戴亞往世書》(Mārkaṇḍeya Purāṇa)和《哈爾依-宛沙》(Harivaṁśa)等權威經典中引述證據說明，在每一次更換瑪努後都有毀滅。聖維施瓦納特．查夸瓦爾提(Viśvanātha Cakravartī)也支持聖吉瓦．哥斯瓦米的說法，他也從《巴嘎瓦塔姆瑞塔》(Bhāgavatāmṛta)中引述了這次更換瑪努後洪水泛濫的例子。除此之外，至尊主為了向祂的奉獻者薩提亞瓦塔(Satyavrata)展示特殊的恩典，在這段時間親自化身前來。

第 16 節　सुरासुराणामुदधिं मथ्नतां मन्दराचलम् ।
दध्रे कमठरूपेण पृष्ठ एकादशे विभुः ॥१६॥

surāsurāṇām udadhiṁ
mathnatāṁ mandarācalam
dadhre kamaṭha-rūpeṇa
pṛṣṭha ekādaśe vibhuḥ

sura — 有神論者 / asurāṇām — 無神論者的 / udadhim — 在海洋 / mathnatām — 攪拌 / mandarācalam — 曼達爾阿查拉山 / dadhre — 支撐 / kamaṭha — 龜 / rūpeṇa — 以……的形狀 / pṛṣṭhe — 龜甲 / ekādaśe — 第十一位 / vibhuḥ — 偉大的

譯文　至尊主第十一位化身的形象是隻烏龜，用龜殼馱著曼達茹阿查拉山丘，宇宙中的有神論者和無神論者用那山丘當攪拌杆。

要旨　很久很久以前，無神論者和有神論者忙著從海裡得到甘露，以便喝了甘露後變得長生不死。那時，曼達茹阿查拉(Mandarācala)山丘曾被用來當攪拌桿，而人格首神化身為烏龜，用龜殼在海水中當支撐山丘的底座。

第 **17** 節 धान्वन्तरं द्वादशमं त्रयोदशममेव च ।
अपाययत्सुरानन्यान्मोहिन्या मोहयन् स्त्रिया ॥१७॥

dhānvantaraṁ dvādaśamaṁ
trayodaśamam eva ca
apāyayat surān anyān
mohinyā mohayan striyā

dhānvantaram — 名叫丹宛塔瑞的首神化身 / dvādaśamam — 第十二位 / trayodaśamam — 第十三位 / eva — 肯定地 / ca — 和 / apāyayat — 給……喝 / surān — 半神人 / anyān — 其他人 / mohinyā — 以迷人的美麗 / mohayan — 誘惑 / striyā — 以女人的形象

譯文　至尊主顯現的第十二位化身是丹宛塔瑞，祂以祂第十三位化身那富有魅力的美女形象誘惑無神論者，把甘露給了半神人喝。

第 **18** 節 चतुर्दशं नारसिंहं बिभ्रद्दैत्येन्द्रमूर्जितम् ।
ददार करजैरूरावेरकां कटकृद्यथा ॥१८॥

caturdaśaṁ nārasiṁhaṁ
bibhrad daityendram ūrjitam
dadāra karajair ūrāv
erakāṁ kaṭa-kṛd yathā

caturdaśam — 第十四位 / nāra-siṁham — 至尊主半人半獅的化身 / bibhrat — 降臨 / daitya-indram — 無神論者之王 / ūrjitam — 強壯的 / dadāra — 分爲兩段 / karajaiḥ — 以指甲 / ūrau — 在膝蓋上 / erakām — 竹子 / kaṭa-kṛt — 木匠 / yathā — 正如

譯文　至尊主的第十四位化身顯現為尼爾星哈，用祂的指甲撕開無神論者黑典亞卡希普強壯的身體，彷彿木匠劈竹子。

第 19 節　पञ्चदशं वामनकं कृत्वागादध्वरं बलेः ।
पदत्रयं याचमानः प्रत्यादित्सुस्त्रिपिष्टपम् ॥१९॥

pañcadaśaṁ vāmanakaṁ
kṛtvāgād adhvaraṁ baleḥ
pada-trayaṁ yācamānaḥ
pratyāditsus tri-piṣṭapam

pañcadaśam — 第十五位 / vāmanakam — 侏儒布茹阿瑪納 / kṛtvā — 通過接受 / agāt — 走去 / adhvaram — 祭祀場 / baleḥ — 巴利王的 / pada-trayam — 只有三步 / yācamānaḥ — 乞求 / pratyāditsuḥ — 心中想收復 / tri-piṣṭapam — 三個星系的王國

譯文　以第十五位化身顯現時，至尊主扮作侏儒布茹阿瑪納(瓦瑪納)，到巴利王安排的祭祀場去。祂心裡雖然想收回三個星系的王國，但表面上卻只要求三步土地的佈施。

要旨　全能的神可以從很小處開始賜予任何人以整個宇宙那麼大的王國；同樣，祂也可以從請求一小塊土地開始拿走整個宇宙那麼大的王國。

第 20 節　अवतारे षोडशमे पश्यन् ब्रह्मद्रुहो नृपान् ।
त्रिःसप्तकृत्वः कुपितो निःक्षत्रामकरोन्महीम् ॥२०॥

avatāre ṣoḍaśame
paśyan brahma-druho nṛpān

triḥ-sapta-kṛtvaḥ kupito
niḥ-kṣatrām akaron mahīm

avatāre — 在神的化身中 / ṣoḍaśame — 第十六位 / paśyan — 看見 / brahma-druhaḥ — 不遵從布茹阿瑪納的命令 / nṛpān — 王族 / triḥ-sapta — 三乘七次 / kṛtvaḥ — 做了 / kupitaḥ — 因爲激怒 / niḥ — 否定 / kṣatrām — 統治階層 / akarot — 執行 / mahīm — 地球

譯文 至尊首神在以第十六位化身(布瑞古帕提)顯現時，鏟除當時的統治階層(查垂亞)二十一次，原因是祂對統治階層抗拒知識份子階層(布茹阿瑪納)感到憤怒。

要旨 查垂亞(刹帝利)——管理階層的人，應該在知識份子階層人士的指導下統治星球，而知識份子階層人士是根據記載啓示性知識的經典(śāstra)所制定的標準給予指導。統治階層按照知識份子階層人士所給予的指導進行管理。每當管理階層(查垂亞)不服從或違抗有學問、有智慧的布茹阿瑪納(婆羅門)的命令時，原有的管理者就會被迫離職，讓更好的管理者接位。

第 21 節 ततः सप्तदशे जातः सत्यवत्यां पराशरात् ।
चक्रे वेदतरोः शाखा दृष्ट्वा पुंसोऽल्पमेधसः ॥२१॥

tataḥ saptadaśe jātaḥ
satyavatyāṁ parāśarāt
cakre veda-taroḥ śākhā
dṛṣṭvā puṁso 'lpa-medhasaḥ

tataḥ — 此後 / saptadaśe — 第十七位化身 / jātaḥ — 降臨 / satyavatyām — 在薩提亞瓦緹的子宮裡 / parāśarāt — 由聖哲帕茹阿沙爾・牟尼 / cakre — 預備 / veda-taroḥ — 韋達經的如願樹的 / śākhāḥ — 枝幹 /

dṛṣṭvā — 靠看到 / puṁsaḥ — 一般人 / alpa-medhasaḥ — 智力欠佳的

譯文 那以後，首神的第十七位化身，通過柏茹阿沙茹阿．牟尼，以維亞薩戴瓦的身份顯現在薩緹亞娃緹的子宮中。他看到普通大衆都缺乏智慧，便把韋達經分爲幾個部份並對每一個部份作進一步的劃分。

要旨 韋達經(Veda)原本是一部。但聖維亞薩戴瓦把原有的韋達經分成《薩瑪》(Sāma,《娑摩》)、《亞諸爾》(Yajur,《耶柔》)、《瑞歌》(Ṛg,《梨俱》)和《阿塔爾瓦》(Atharva,《阿達婆》)四部，然後再進一步以往世書(Purāṇas)和《瑪哈巴茹阿特》(Mahābhārata,《摩訶婆羅多》)等各種分支形式進行解釋。韋達語言和所談論的主題對普通人來說非常深奧難懂，只有具有高度智慧和自我覺悟的布茹阿瑪納(婆羅門)才能懂。然而，如今這個喀歷年代中滿是無知的人。在這個年代中，就連那些父親是布茹阿瑪納的人都不比庶鐸(首陀羅)或婦女強。布茹阿瑪納、查垂亞(刹帝利)和外夏(吠舍)等經過再生的人，本應該經過一系列的淨化儀式(saṁskāra)以提高自身的素質和修養，但現在這個年代的不良影響，使所謂的布茹阿瑪納階層和其他高階層成員不再具有高文化素質。他們被稱爲再生者的朋友和家庭成員(dvija-bandhus)。但這些再生者的朋友和家庭成員與庶鐸和婦女屬同一個層次。爲這些再生者的朋友和家庭成員，以及庶鐸、婦女著想，聖維亞薩戴瓦把四部韋達經進一步劃分成各種分支部份，以及更分支性的典籍。

第 22 節 नरदेवत्वमापन्नः सुरकार्यचिकीर्षया ।
समुद्रनिग्रहादीनि चक्रे वीर्याण्यतः परम् ॥२२॥

nara-devatvam āpannaḥ
sura-kārya-cikīrṣayā

samudra-nigrahādīni
cakre vīryāṇy ataḥ param

nara — 人類 / devatvam — 神性的 / āpannaḥ — 擔任了……的形象 / sura — 半神人 / kārya — 活動 / cikīrṣayā — 目的是爲了執行 / samudra — 印度洋 / nigraha-ādīni — 控制等 / cakre — 確實執行了 / vīryāṇi — 超人的力量 / ataḥ param — 此後

譯文 至尊主的第十八位化身是茹阿瑪王。為了讓半神人們高興，祂通過控制印度洋展現了超人的力量，隨後殺死大洋彼岸那不信神的君王茹阿瓦納。

要旨 人格首神聖茹阿瑪(Rāma)以人類的形象化身降臨在地球上，做一些讓負責宇宙秩序、管理宇宙事務的半神人高興的事。有時，像茹阿瓦納(Rāvaṇa)和黑冉亞卡希普(Hiraṇyakaśipu)等大惡魔、無神論者，以及許多其他邪惡的人，會靠物質科學的幫助而取得物質文明的進步，並因爲從事挑戰至尊主建立的秩序等活動而變得很出名。例如：企圖靠物質手段飛到其它星球去，就是對已建立的秩序的一種挑戰。每一個星球的環境和生存條件都各不相同，至尊主的法典中記載著不同的人類住在不同地方的具體條件。但是，不信神的物質主義者因爲在物質進步方面取得小小的成功而狂妄自大，有時會挑戰神的存在，茹阿瓦納就是其中的一員。他想用物質的手段把普通人運載送到因鐸住的天堂星球去，而不考慮去那裡是需要一定的資格的。他想建一架直達天堂星球的梯子，以使人不需要從事必要的虔誠活動，就能進入天堂星球。他還想從事其它違反至尊主建立的規則的活動。他甚至挑戰人格首神聖茹阿瑪的權威，竟然綁架了茹阿瑪的妻子悉塔(Sītā)。主茹阿瑪無疑是來懲罰這個無神論者，回應半神人們的祈禱和願望的。爲此，祂向茹阿瓦納挑戰，祂所從事的一系列活動是《茹阿瑪亞納》(Rāmāyaṇa,《羅摩衍那》)

描述的主題。由於主茹阿瑪禪鐸(Rāmacandra)是人格首神，祂從事的一系列超人活動，並非人類，包括物質高度進步的茹阿瓦納所能從事。主茹阿瑪禪鐸用石頭在印度洋上建了一條浮在水面上的捷徑。現代科學家在無重量領域裡做了調查研究，但卻不可能使任何地方變成無重量狀態。但由於無重量狀態是至尊主的創造，祂用這種狀態使巨大的星球飄浮、飛在空中；因此對祂來說，在這個地球上使石頭變得沒有重量，並在沒有任何柱子支撐的情況下用它們在海上建一座石橋並不是什麼難事。那是神的力量的展示。

第 23 節 एकोनविंशे विंशतिमे वृष्णिषु प्राप्य जन्मनी ।
रामकृष्णाविति भुवो भगवानहरद्भरम् ॥२३॥

ekonaviṁśe viṁśatime
vṛṣṇiṣu prāpya janmanī
rāma-kṛṣṇāv iti bhuvo
bhagavān aharad bharam

ekonaviṁśe — 在第十九位 / viṁśatime — 也在第二十位 / vṛṣṇiṣu — 在維施尼王朝 / prāpya — 得到以後 / janmanī — 誕生 / rāma — 巴拉茹阿瑪 / kṛṣṇau — 聖主奎師那 / iti — 如此 / bhuvaḥ — 世界的 / bhagavān — 人格首神 / aharat — 解除 / bharam — 重擔

譯文 以第十九、二十位化身顯現時，至尊主出現在維施尼家族(雅杜王朝)，展現自己為主巴拉茹阿瑪和主奎師那。在這次展示中，祂去除了世界的沈重負擔。

要旨 這節詩中特別提到的梵文巴嘎萬(bhagavān)一詞是指，巴拉茹阿瑪(Balarāma)和奎師那(Kṛṣṇa)是至尊主的原本形象。這一點將在後面進一步解釋。正如這一章的一開始就告訴我們，主奎師那不是主宰化身(puruṣa)的一個化身。祂是存在中的第一位人格首神，巴拉茹阿瑪是祂的第一個完整展示。接著，巴拉戴瓦(巴拉茹阿瑪)擴展出華蘇戴瓦(Vāsudeva)、商卡爾珊(Saṅkarṣaṇa)、阿尼茹達(Aniruddha)和帕杜麼納(Pradyumna)這第一組完整擴展。聖主奎師那是華蘇戴瓦，巴拉戴瓦是商卡爾珊。

第 24 節 ततः कलौ सम्प्रवृत्ते सम्मोहाय सुरद्विषाम् ।
बुद्धो नाम्नाञ्जनसुतः कीकटेषु भविष्यति ॥२४॥

tataḥ kalau sampravṛtte
sammohāya sura-dviṣām
buddho nāmnāñjana-sutaḥ
kīkaṭeṣu bhaviṣyati

tataḥ — 此後 / kalau — 喀歷年代 / sampravṛtte — 隨著 / sammohāya — 爲了迷惑 / sura — 有神論者 / dviṣām — 那些嫉妒的人 / buddhaḥ — 佛陀 / nāmnā — 名叫 / añjana — 佛陀的母親 / sutaḥ — 兒子 / kīkaṭeṣu — 在嘎亞(比哈爾省) / bhaviṣyati — 會發生

譯文 接著，在喀歷年代初期，至尊主爲了哄騙那些嫉妒忠誠的有神論者的人，將在嘎亞省顯現爲安佳娜的兒子佛陀。

要旨 人格首神強有力的化身佛陀(Buddha)，作爲安佳娜(Añjanā)的兒子顯現在嘎亞省(Gayā,比哈爾)，傳播他自創的非暴力概念，甚至反對韋達經鼓勵的動物祭祀。佛祖顯現的那個時候，人們普遍是無神論者，尤其喜歡吃動物的肉。以舉行韋達祭祀爲藉口，所有的地方基本上都成了變相的屠宰場，人們毫無限制、隨心所慾地宰殺動物。佛陀宣傳說，他不相信韋達經中的教義，強調屠殺動物所導致的負面心理影響。喀歷年代中智力欠佳的人對神沒有信心，因此追隨他的教導，在當時受到道德修養和非暴力的訓練；而這是進一步走上認識神的路途的起始階段。主佛陀欺騙無神論者，因爲追隨他教導的這類無神論者不相信神，但卻對他絕對有信心，而他本身是神的化身。這樣，沒有信心的人就可以因爲相信佛陀而相信神了。讓對神沒有信心的人忠誠地追隨佛陀，是佛陀的仁慈。

在佛陀顯現之前，殺害動物是當時社會最突出的特徵。人們聲稱如此做是在舉行韋達祭祀。當人們不是經由權威的師徒傳承接受韋達經時，不認真的韋達經讀者就會被知識系統中的華麗辭藻所誤導。《博伽梵歌》把這種人稱爲愚蠢的學者(avipaścitaḥ)。那些不在乎是否從師徒傳承中具有超然覺悟的權威那裡接受韋達文獻超然信息的愚蠢學者，必定會迷惑。對他們來說，儀式就是一切。他們沒有更深的知識。《博伽梵歌》第 15 章的第 15 節詩中說：韋達經的整個知識體系，是要把人逐漸引向回歸至尊主的路途(vedaiś ca sarvair aham eva vedyaḥ)。韋達文獻的要點，是讓人瞭解至尊主、個體靈魂、宇宙環境和所有這一切相互間的關係。當關係清楚時，連接功能就開始起作用。這種作用的結果是：生命的最高目標——回歸首神，就會以最容易的方式達成。不幸的是，未經授權的韋達經學者，只受滌罪儀式的吸引，因而阻礙了自然的靈性進步。

對這種有無神論傾向的被迷惑的人來說，佛陀是有神論的象徵。因此，他首先要做的是阻止人們繼續殺害動物。殺害動物的人是回歸首神路途上的危險份子。殺害動物者分兩類，靈魂有時也被稱爲“動物”或生物。所以，屠殺動物的人和那些抹殺自己靈魂身份的人，都被稱爲殺害動物者。

帕瑞克西特王(Mahārāja Parīkṣit)說：只有殺害動物者才品嚐不到至尊主超然信息的甜美。因此，如果要教化人走上回歸首神之途，就必須告訴他們最首要的事情是，停止上述的殺害動物行爲。“殺害動物與靈性覺悟沒有關係”的說法，純屬無稽之談。由於有這種危險的理論，許多所謂的托缽僧(sannyāsī)藉著喀歷年代的墮落情況紛紛湧現，以韋達經爲幌子宣傳殺害動物。對這個主題，主柴坦亞和伊斯蘭統治者兼神學家昌德·卡西之間曾經進行過討論。韋達經中說明的動物祭祀，與在屠宰場內不受限制地宰殺動物有著天壤之別。由於惡魔(asura)或所謂的韋達文獻學者把韋達經中談到的殺動物當作證據提出來，主佛陀便特別否定了韋達經的權威性。佛陀對韋達經的這種否定，不但是爲了把人們從殺害動物的罪惡中拯救出來，也是爲了把可憐的動物從牠們那些叫囂著要建立"宇宙兄弟情、和平、正義"等的大哥哥們所開設的屠宰場中拯救出來。有對動物的屠宰，就不可能有正義。主佛陀要徹底制止對動物的殺害行爲，所以他的非暴力教義不僅在印度得到傳播，在印度之外也得到廣泛宣揚。

嚴格地說，佛陀的哲學被稱爲無神論，因爲其中並沒有承認至尊主，而且整個哲學體系否定韋達經的權威性。但那是至尊主的一個經過掩飾的行動。主佛陀是首神的一個化身。因此，他原本是韋達知識的提供者，不可能真正拒絕韋達哲學。他之所以表面拒絕韋達哲學，是因爲惡魔們(sura-dviṣa)總是嫉妒首神的奉獻者，企圖從韋達經的字裡行間找到支持屠殺乳牛、屠殺動物的依據，現代所謂的托缽僧(sannyāsī)如今就是這麼做的。爲此，佛陀不得不連韋達經的權威都一並加以拒絕。這只是他處理問題的技巧，否則經典不可能宣布他是首神的化身，外士納瓦(Vaiṣṇava)靈性導師兼詩人佳亞戴瓦(Jayadeva)也不可能在編寫的超然讚歌中崇拜他了。佛祖根據當時的情況教導韋達經中最初級的原則(商卡爾阿查爾亞也這麼做)，以建立韋達經的權威性。因此，佛陀和阿查爾亞·商卡爾 (Ācārya Śaṅkara)都在爲有神論鋪路，最後好讓外士納瓦靈性導師們，特別是聖主柴坦亞·瑪哈帕布(Caitanya Mahāprabhu)，引領人們走上對回歸首神有充分認識的覺悟之途。

我們很高興人們對佛陀的非暴力運動感興趣。但他們會非常認真地對待這個問題，把動物屠宰場統統關掉嗎？如果不是這樣，他們的非暴力(ahiṁsā)運動就沒有意義了。

《聖典博伽瓦譚》在喀歷年代即將開始前(大約五千年前)編纂而成，佛陀則大約顯現在二千六百年前，因此《聖典博伽瓦譚》預言了佛陀的降臨。這就是這部把一切都寫得清清楚楚的經典所展現的權威之所在。《聖典博伽瓦譚》中有許多這樣的預言，這些預言正在一個接一個地實現著。它們將表明《聖典博伽瓦譚》的權威性，其中絲毫沒有受制約的靈魂所具有的四項缺陷，即：錯誤、錯覺、欺騙和不完美。解脫的靈魂超越這些缺陷，因此能看到並預告今後會發生的事情。

第 25 節　अथासौ युगसन्ध्यायां दस्युप्रायेषु राजसु ।
जनिता विष्णुयशसो नाम्ना कल्किर्जगत्पतिः ॥२५॥

athāsau yuga-sandhyāyāṁ
dasyu-prāyeṣu rājasu
janitā viṣṇu-yaśaso
nāmnā kalkir jagat-patiḥ

atha — 此後 / asau — 同一位至尊主 / yuga-sandhyāyām — 在年代的交替 / dasyu — 掠奪者 / prāyeṣu — 幾乎所有 / rājasu — 統治者 / janitā — 會誕生 / viṣṇu — 名爲維施努 / yaśasaḥ — 姓亞沙的 / nāmnā — 名叫 / kalkiḥ — 至尊主的化身 / jagat-patiḥ — 創造之主

譯文　那之後，在兩個年代交接期，創造之主將化身為考克依，顯現為維施努·亞沙的兒子。那時，地球上的統治者將墮落為盜賊。

要旨　這節詩是對首神的另一個化身考克依(Kalki)降臨的預言。祂在兩個年代的連接期出現，即：在喀歷年代(Kali-yuga, 鐵年代)終結和薩提亞年代(Satya-yuga, 金年代)開始的那段時間顯現。薩提亞(Satya,

金)、特瑞塔(Tretā, 銀)、杜瓦帕爾(Dvāpara, 銅)和喀歷(Kali, 鐵)這四個年代的循環，就像日歷上的十二個月份週而復始地輪轉一樣。我們現在所處的這個喀歷年代共四十三萬二千年之久，在經歷了庫茹柴陀(Kurukṣetra)戰爭及帝王帕瑞克西特(Parīkṣit)政權結束後，到目前為止剛過了五千年，所以還剩下四十二萬七千年。在這個喀歷年代結束時，正如《聖典博伽瓦譚》這節詩所預言的，至尊主的化身考克依將會降臨。考克依的父親是博學的布茹阿瑪納(brāhmaṇa, 婆羅門)，名叫維施努・亞沙(Viṣṇu Yaśā)。就連考克依顯現的地方經典也提到了，說是在名叫商巴拉(Śambhala)的村莊。正如上面談到的，所有這些預言都會隨著時間的推移一一實現。這就是《聖典博伽瓦譚》的權威性。

第 26 節 अवतारा ह्यसङ्ख्येया हरेः सत्त्वनिधेर्द्विजाः ।
यथाविदासिनः कुल्याः सरसः स्युः सहस्रशः ॥२६॥

avatārā hy asaṅkhyeyā
hareḥ sattva-nidher dvijāḥ
yathāvidāsinaḥ kulyāḥ
sarasaḥ syuḥ sahasraśaḥ

avatārāḥ — 化身 / hi — 肯定地 / asaṅkhyeyāḥ — 無數的 / hareḥ — 至尊主哈爾依的 / sattva-nidheḥ — 善之洋的 / dvijāḥ — 布茹阿瑪納 / yathā — 如是 / avidāsinaḥ — 無窮無盡的 / kulyāḥ — 小河流 / sarasaḥ — 大湖泊的 / syuḥ — 是 / sahasraśaḥ — 上千的

譯文 眾布茹阿瑪納啊！至尊主的化身多得數不勝數，恰似從永不枯竭的泉源流出的無數條小溪。

要旨 這裡列出的人格首神化身的名單並不全，只不過是所有化身的一部份而已。首神的化身其實還很多，例如：聖哈亞貴瓦(Hayagrīva)、哈爾依(Hari)、漢薩(Haṁsa)、普瑞施尼嘎爾巴(Pṛśnigarbha)、維布(Vibhu)、薩提亞森納(Satyasena)、外琨塔(Vaikuṇṭha)、薩爾瓦寶瑪(Sārvabhauma)、維施瓦克森納(Viṣvaksena)、達爾瑪賽圖(Dharmasetu)、蘇達瑪(Sudhāmā)、尤給士瓦爾(Yogeśvara)、畢爾哈德巴努(Bṛhadbhānu)，以及過去其它年代中的化身。聖帕拉德王(Prahlāda Mahārāja)祈禱時說：“親愛的至尊主，為了保護忠於您的生物體，消滅對您不忠的生物體，您在水生物、蔬菜、爬行動物、飛禽、走獸、人類和半神人等所有種類的生命形式中都化身顯現。您根據不同年代的需要化身降臨。在喀歷年代中，您扮作奉獻者化身降臨。”至尊主在喀歷年代中的這個化身，就是柴坦亞·瑪哈帕布。《博伽瓦譚》和其它經典中還有許多其它地方，都明確地提到了至尊主的聖柴坦亞·瑪哈帕布化身。《布茹阿瑪-薩密塔》(Brahma-saṁhitā)中也間接地說，儘管至尊主有茹阿瑪(Rāma)、尼爾星哈(Nṛsiṁha, 半人半獅)、瓦茹阿哈(Varāha, 雄豬)、瑪茨亞(Matsya, 魚)、庫爾瑪(Kūrma, 烏龜)等許多化身，但有時還是會親自前來。主奎師那和聖主柴坦亞·瑪哈帕布都不是化身，而是一切化身的源頭。這一點將會在第二十八節詩中有明確的解釋。因此，至尊主是無數化身的無盡源頭。許多化身並不總是被提到，但他們因為能從事任何生物體都從事不了的非凡活動而聞名。這是識別至尊主直接和間接授權了的化身的一般標準。上述提到的瑪茨亞等化身幾乎全是至尊主的直接完整擴展。然而，也有些化身是被至尊主授予了權利和力量的化身。例如：庫瑪爾四兄弟(Kumāras)是被賦予了超然知識的化身，聖納茹阿達(Nārada)是被賦予了奉愛服務力量的化身，普瑞圖王(Mahārāja Pṛthu)是被賦予了執行力量的化身。因此，就像瀑布不停地流動，至尊主無數的化身一直不斷地在宇宙各處展現著，從沒有停止過。

第 27 節　ऋषयो मनवो देवा मनुपुत्रा महौजसः ।
कलाः सर्वे हरेरेव सप्रजापतयः स्मृताः ॥२७॥

ṛṣayo manavo devā
manu-putrā mahaujasaḥ
kalāḥ sarve harer eva
saprajāpatayaḥ smṛtāḥ

ṛṣayaḥ — 所有的聖哲們 / manavaḥ — 所有的瑪努 / devāḥ — 所有的半神人 / manu-putrāḥ — 所有瑪努的後裔 / mahā-ojasaḥ — 強有力的 / kalāḥ — 完整擴展的部份 / sarve — 所有的 / hareḥ — 至尊主的 / eva — 肯定地 / sa-prajāpatayaḥ — 和生物體的祖先一起 / smṛtāḥ — 叫做

譯文 所有的聖人、瑪努、半神人和瑪努那些特別强有力的後裔，都是至尊主的完整擴展和完整擴展的擴展。這也包括生物體的祖先們。

要旨 梵文稱那些相比較之下力量較弱的生物體爲維布緹(vibhūti)，稱那些相比較之下更有力量的生物體爲阿維沙(āveśa)化身。

第 28 節 एते चांशकलाः पुंसः कृष्णस्तु भगवान् स्वयम् ।
इन्द्रारिव्याकुलं लोकं मृडयन्ति युगे युगे ॥२८॥

ete cāṁśa-kalāḥ puṁsaḥ
kṛṣṇas tu bhagavān svayam
indrāri-vyākulaṁ lokaṁ
mṛḍayanti yuge yuge

ete — 所有這些 / ca — 和 / aṁśa — 完整擴展 / kalāḥ — 完整擴展的部份 / puṁsaḥ — 至尊的 / kṛṣṇaḥ — 主奎師那 / tu — 但是 / bhagavān — 人格首神 / svayam —親自、本人 / indra-ari — 因鐸的敵人 / vyākulam — 被打擾 / lokam — 所有星球 / mṛḍayanti — 給予保護 / yuge yuge — 在不同的年代

譯文　上面提到的所有化身，要麼是至尊主的完整擴展，要麼是完整擴展的部份，但其中的聖主奎師那，卻是存在中的第一位人格首神。每當無神論者製造混亂時，至尊主的這些化身就降臨不同的星球，保護有神論者。

要旨　這節詩把人格首神聖主奎師那，與祂其他的化身作了區分。之所以把祂算在阿瓦塔爾(avatāra, 化身)的名單中，是因爲祂出於沒有緣故的仁慈從祂超然的住所降臨到物質世界。梵文阿瓦塔爾的意思是“降臨者”。至尊主所有的化身，包括至尊主本人，爲了實現特定的目的，會降臨到物質世界內不同的星球上，以及不同的物種中。祂有時親自前來，有時則讓祂不同的完整擴展或完整擴展的部份，以及祂直接或間接賦予了力量的化身到這個物質世界，完成特定的使命。至尊主本人絕對擁有一切財富、力量、名望、美麗、知識和棄絕。我們應該注意：當祂的完整擴展或完整擴展的擴展部份地展示祂的各種財富時，意味著當時要完成祂們各自的使命就只需要祂所展示的那麼多的力量。一個房間裡亮著一盞小電燈，並不意味著整個發電廠要受小電燈泡的限制；同一個發電廠也可以同時提供眾多大功率的電動機用電，使它們運作起來。同樣道理，至尊主的眾多化身，根據具體的時間和要達到的目的，展現相應的力量。

例如：主帕茹阿舒茹阿瑪(Paraśurāma)通過殺戮違抗命令的查垂亞(kṣatriyas, 剎帝利)二十一次，主尼爾星哈(Nṛsiṁha)通過殺死極爲強大的無神論者黑冉亞卡希普(Hiraṇyakaśipu)，展現了祂們非凡的財富。黑冉亞卡希普是如此強大，以致只要他惡意地抬一下他的眉毛，其它星球上的半神人都會渾身顫抖。半神人們在物質存在中所處的層面遠遠高於人類，從壽命、美麗、富裕程度、生活設施等所有方面看，都優於世上最突出的人許許多多倍。儘管如此，他們還是懼怕黑冉亞卡希普。因此，我們可以想象一下黑冉亞卡希普在這個物質世界裡有多麼強大。然而，他卻被主尼爾星哈的指甲撕成了碎片。這意味著，任何在物質上強有力的生物體，一旦面對至尊主的指甲就變得不堪一擊。同樣，帕茹阿舒茹阿瑪通過殺死那些在各個國家中建立了強大政權的國王們，展現了至尊主的力量。至尊主授予了力量的化身納茹阿達(Nārada)和完整擴展化身瓦茹阿哈(Varāha)，以及被間接授予了力量的佛祖，在不同的人群中建立信心。化身茹阿瑪(Rāma)和丹萬塔瑞(Dhanvantari)展現至尊主的名望，巴拉茹阿瑪(Balarāma)、摩黑尼(Mohinī)和瓦瑪納(Vāmana)展現祂的美麗，達塔垂亞(Dattātreya)、瑪茨亞(Matsya)、庫瑪爾(Kumāra)兄弟和卡皮拉(Kapila)展現祂擁有的超然知識，而納茹阿(Nara)和納茹阿亞納聖人們(Nārāyaṇa Ṛṣis)則展現祂的棄絕。儘管至尊主所有這些化身，直接或間接地展現了祂的不同特質，但至尊主奎師那本人卻展示了首神的完整特質；正因爲如此，經典證實奎師那是所有其他化身的源頭。聖主奎師那所展示的最非凡的特質，是祂的內在能量所展現的祂與牧牛姑娘的娛樂活動。祂與牧牛姑娘的娛樂活動，雖然表面上看起來像是異性間的愛，但實際上是超然存在、極樂和知識的全部展現。祂與牧牛姑娘的娛樂活動所具有的特殊魅力，永遠都不應該遭到誤解。《聖典博伽瓦譚》在第十篇中講述了這些超然的娛樂活動；爲了讓學習《聖典博伽瓦譚》的人能正確地理解主奎師那與牧牛姑娘的娛樂活動的超然本性，《聖典博伽瓦譚》用前九篇逐漸提昇它的學生。

聖吉瓦・哥斯瓦米引述經典及前輩靈性導師的權威闡釋說明：主奎師那是所有其他化身的始源，而不是還有著其它源頭的化身。最高真理所具有的一切徵象，全部體現在聖主奎師那身上。在《博伽梵歌》中，至尊主明確聲明，沒有比祂更高或與祂平等的真理了。這節詩中專門用梵文“本人(svayam)”一詞來證實，主奎師那本人就是一切的始源，除了祂本人，再也沒有其它的源頭了。儘管至尊主的眾多化身因他們所起的特殊作用而在經典的其它地方被稱爲巴嘎萬(bhagavān)，但沒有一個地方稱他們是至尊人。然而，這節詩中的梵文“本人”一詞表明了主奎師那作爲至善的最高地位。

奎師那作爲至善是獨一無二的。祂本人(svayaṁ-rūpa)擴展出被稱爲斯瓦亞麼-帕卡沙(svayam-prakāśa)、塔德-艾卡特瑪(tad-ekātmā)、帕巴瓦(prābhava)、外巴瓦(vaibhava)、維拉薩(vilāsa)、阿瓦塔爾(avatāra)、阿維沙(āveśa)和吉瓦(jīva)等多種部份、完整擴展及微粒，並提供無數的能量，以適合這些人物的身份及從事活動的需要。在超然知識領域中的學識淵博的學者們，仔細分析至善奎師那後得出結論，說祂有六十四種主要的特性。至尊主奎師那的每一個擴展都只擁有祂這些特性中的一部份，但聖奎師那本人百分之百地擁有所有這些特性。斯瓦亞麼-帕卡沙、塔德-艾卡特瑪、帕巴瓦(prābhava)等祂本人的擴展，直到阿瓦塔爾(avatāra)範疇，都屬於維施努範疇(viṣṇu-tattva)，都能擁有最多達百分之九十三的這些超然特性。希瓦既不是阿瓦塔爾(avatāra)，不是阿維沙(āveśa)，也不介於兩者之間；他擁有這些特性中的幾乎百分之八十四的特性。以各種生命形式存在的個體靈魂——吉瓦，最多擁有這些特性的百分之七十八。在物質存在受制約的狀態中，生物體根據他們所從事的各種虔誠活動而不同程度地微量擁有那百分之七十八的特性。在每一個物質宇宙中，最完美的生物體是宇宙的最高管理者布茹阿瑪(Brahmā)。他全部擁有那百分之七十八的特性；所有其他半神人也擁有同樣種類的特性，但在量上比布茹阿瑪少。普通人類只微量擁有這些特性。一個人達到的完美標準是，發展這些特性直到完全擁有那百分之七十八。個體生物永遠都不可能擁有像希瓦、維施努或至尊主奎師那那樣多的超然特性。個體生物可以通過全部發展出奎師那的超然特性中那百分之七十八的特性而變得具有神性，但永遠都不可能成爲希瓦、維施努或至尊神奎師那。他可以在適當的時候當布茹阿瑪。所有住在靈性天空中的星球上的神性生物，都是至尊神永恆的同伴。這些靈性星球分別稱爲哈爾依-達瑪(Hari-dhāma)和瑪黑沙-達瑪(Maheśa-dhāma)。至尊主奎師那居住的地方在所有其它靈性星球之上，稱爲奎師那珞卡(Kṛṣṇaloka)或哥珞卡·

溫達文(Goloka Vṛndāvana)。靠完全發展出上述超然特性中的百分之七十八的特性而變得完美的生物，可以在離開現有的物質軀體後進入稱為奎師那珞卡的星球。

第 29 節 जन्म गुह्यं भगवतो य एतत्प्रयतो नरः ।
सायं प्रातर्गृणन् भक्त्या दुःखग्रामाद्विमुच्यते ॥२९॥

janma guhyaṁ bhagavato
ya etat prayato naraḥ
sāyaṁ prātar gṛṇan bhaktyā
duḥkha-grāmād vimucyate

janma — 誕生 / guhyam — 神秘的 / bhagavataḥ — 至尊主的 / yaḥ — 一個 / etat — 所有這些 / prayataḥ — 小心地 / naraḥ — 人 / sāyam — 晚上 / prātaḥ — 早晨 / gṛṇan — 背誦 / bhaktyā — 以愛心 / duḥkha-grāmāt — 從所有的痛苦 / vimucyate — 擺脫

譯文 無論是誰，只要他在清晨和傍晚時懷著奉愛之心仔細朗讀至尊主這些不可思議的顯現，他就能擺脫一切痛苦。

要旨 在《博伽梵歌》中，人格首神宣布說：瞭解祂顯現和活動的超然本性的人，無論是誰，都將擺脫現有的物質軀體並回到首神那裡去。所以，僅僅通過真正瞭解至尊主的化身在這個物質世界裡不可思議的活動方式，就能使人擺脫物質的束縛。至尊主本人所展示的祂的顯現和活動都不是普通的，展現的目的其實是為了普通大眾的福利。它們是那麼不可思議，只有通過培養靈性的奉愛之情而小心翼翼地努力深入探究的人，才能真正瞭解那些難以理解的神秘事物，從而擺脫物質束縛。為此，這節詩中勸告我們，懷著真誠的奉愛之心朗讀《聖典博伽瓦譚》這一章中描述至尊主不同化身顯現的內容，就會使人對至尊主的顯現和活動具有深刻的理解。這節詩中的“解脫(vimukti)”一詞指明，至尊主的顯現和活動都是超然的；否則，僅僅靠朗誦這些內容並不能使人獲得解脫。這些內容神秘而不可思議，那些不遵循經典及前輩靈性導師規定的奉愛服務規範守則的人，沒有資格進入至尊主顯現和活動的神秘領域。

第 30 節　एतद्रूपं भगवतो ह्यरूपस्य चिदात्मनः ।
मायागुणैर्विरचितं महदादिभिरात्मनि ॥३०॥

etad rūpaṁ bhagavato
hy arūpasya cid-ātmanaḥ
māyā-guṇair viracitaṁ
mahadādibhir ātmani

etat — 所有這些 / rūpam — 形象 / bhagavataḥ — 至尊主的 / hi — 肯定地 / arūpasya — 一個沒有物質形象的 / cit-ātmanaḥ — 超然性的 / māyā — 物質能量 / guṇaiḥ — 由品質 / viracitam — 被創造 / mahat-ādibhiḥ — 以物質成份 / ātmani — 在自我中

譯文　包裹著物質世界的至尊主的宇宙形象(維茹阿特)概念是虛構的。這概念使缺乏智慧的人(初級靈修者)，在心理上能夠適應“至尊主是有形體的”這一概念。但事實上，至尊主沒有物質的形體。

要旨　至尊主的宇宙形象(virāṭ-rūpa 或 viśva-rupa)的概念，並沒有與祂的多種化身一起被提及。這是因爲上述的至尊主化身都是超然的，祂們的身體不含絲毫的物質成份。這個物質世界裡的受制約的生物體，身體與靈魂之間是有區別的；但至尊主的化身們不同，祂們的身體與靈魂沒有區別。至尊主在物質世界裡的宇宙形象，是爲那些剛剛開始崇拜至尊主的人構想出來的。這一點將在第二篇中給予解釋。在宇宙形象中，各種物質星球的展示被設想爲至尊主的腿、手等。但事實上，所有這類描述都是爲了幫助初級靈修者。初級靈修者除了物質以外，想象不了別的。在羅列至尊主的真實形象的名單中，並沒有算進祂的宇宙形象這個物質世界裡的概念。至尊主作爲超靈(Paramātmā)，處在每一個物質形體中，甚至原子中。然而，對於至尊主和生物來說，外在的物質形象只不過是想象出來的東西。受制約的靈魂現有的外形也並不是真實的。結論是：至尊主的宇宙形體這一物質概念是想像的。至尊主和微小的個體生物，都是充滿活力的靈魂，都有各自原本的靈性身體。

第 31 節 यथा नभसि मेघौघो रेणुर्वा पार्थिवोऽनिले ।
एवं द्रष्टरि दृश्यत्वमारोपितमबुद्धिभिः ॥३१॥

yathā nabhasi meghaugho
reṇur vā pārthivo 'nile
evaṁ draṣṭari dṛśyatvam
āropitam abuddhibhiḥ

yathā — 如是 / nabhasi — 在天空 / megha-oghaḥ — 一團雲霧 / reṇuḥ — 塵 / vā — 還有 / pārthivaḥ — 泥濘 / anile — 在空中 / evam — 如此 / draṣṭari — 對觀看者 / dṛśyatvam — 爲了看 / āropitam — 推測 / abuddhibhiḥ — 由智力欠佳的人

譯文 空氣攜帶雲朵和灰塵，但智力欠佳的人說，天空多雲、空氣污濁。同樣道理，他們也把物質軀體的概念强加在靈性本我上。

要旨 這節詩裡進一步證實說，靠我們物質的眼睛和感官，我們看不到完全靈性的至尊主。我們甚至察覺不出存在於物質軀體內的生物這一靈性的火花。我們只看身體及精微的心智這些包裹靈魂的外殼，但卻看不到身體內的靈性火花。所以，我們不得不根據包裹生物的粗糙軀體來接受生物的存在狀態。正因爲如此，經典建議那些想要用他們現有的物質眼睛或感官看至尊主的人，去冥想被稱爲宇宙形象(virāṭ-rūpa)的至尊主巨大的外形。舉例說：當有個紳士坐進他的汽車時，我們用我們的肉眼很容易就看到了，於是便把汽車與坐在車裡的紳士視爲一體。當我們看到總統坐他的車出來時，我們說"總統來了"。我們暫時把總統和他坐的汽車視爲一體。同樣道理，缺乏智慧的人在不具備應有資格的情況下想要直接看到神；爲此，經典就讓他們先看巨大的物質宇宙，把它當作至尊主的形象，儘管至尊主同時既在萬物內又在萬物之外。就有關這一點，天空中的雲朵和藍色天空的例子可以給予更清楚的說明。儘管天空的藍色與天空本身不同，但我們卻認爲天空就是藍色的。然而，那只是外行人的一般概念。

第 32 節

अतः परं यदव्यक्तमव्यूढगुणबृंहितम् ।
अदृष्टाश्रुतवस्तुत्वात्स जीवो यत्पुनर्भवः ॥३२॥

atāḥ paraṁ yad avyaktam
avyūḍha-guṇa-bṛṁhitam
adṛṣṭāśruta-vastutvāt
sa jīvo yat punar-bhavaḥ

ataḥ — 這 / param — 超越 / yat — ……的 / avyaktam — 不展示的 / avyūḍha — 沒有正式的形狀 / guṇa-bṛṁhitam — 由品質招致 / adṛṣ-ṭa — 看不見的 / aśruta — 聽不到的 / vastutvāt — 像那樣 / saḥ — 那 / jīvaḥ — 生物 / yat — ……的 / punaḥ-bhavaḥ — 重復地誕生

譯文　在這粗糙形象的概念之上，是沒有形狀、看不見、聽不到且不展示的精微形象概念。除了這個精微形象概念，靈魂有他自己真正的形象。否則，他就不可能一再地出生了。

要旨 正如粗糙的宇宙展示被構想成是至尊主巨大的身軀，這節詩也談了祂的那個在看不到、聽不見或不展示的情況下單純去認識的精微形象概念。但事實上，所有這些軀體的粗糙或精微概念，都與微小的個體生物有關聯。這個物質世界裡的生物體除了有粗糙的肉身和精微的精神存在，本身還有他的靈性形象。生物一旦離開看得見的粗糙軀體，那具粗糙軀體的工作和精神活動就立刻停止下來；這時，我們就會說"他走了"，因爲我們察覺不到他的存在了。當一個人熟睡時，即使他的粗糙軀體沒有動，我們也可以憑他的呼吸知道他還在那軀體中。所以，充滿活力的靈魂離開他寄居的軀體，並不意味著他不存在。否則，他怎麼可能一再地出生呢？

結論是：至尊主以祂永恆的超然形體永遠存在著，那超然的形體與生物所具有的粗糙和精微軀體不同；物質世界裡的生物所具有的粗糙和精微身體，永遠都不能與祂的身體相比。所有這些有關神的粗糙和精微身體的概念，都是想象出來的。生物有他永恆的靈性形象，他只有在受到物質污染的情況下才會受物質軀體的束縛。

第 33 節 यत्रेमे सदसद्रूपे प्रतिषिद्धे स्वसंविदा ।
अविद्ययात्मनि कृते इति तद् ब्रह्मदर्शनम् ॥३३॥

yatreme sad-asad-rūpe
pratiṣiddhe sva-saṁvidā
avidyayātmani kṛte
iti tad brahma-darśanam

yatra — 每當 / ime — 所有這些之中 / sat-asat — 粗糙及精微的 / rūpe — 以……的形象 / pratiṣiddhe — 被取消 / sva-saṁvidā — 通過覺悟自我 / avidyayā — 由愚昧 / ātmani — 在自我中 / kṛte — 被強加於 / iti — 如此 / tat — 那是 / brahma-darśanam — 看見絕對真理的程序

譯文　人一旦靠覺悟自我體驗到，粗糙軀體和精微軀體都與純真本我毫無關係，他就看到了他自己，也看到了至尊主。

要旨　自我覺悟和物質錯覺之間的區別是：覺悟了自我的人知道，粗糙和精微的軀體，是物質能量套在真正自我外面的一個短暫或蒙蔽性的罩子。這種遮蔽之所以會發生，是愚昧使然。但是，這種遮蔽對人格首神本人卻從不起作用。清楚這一點並對此堅信不移被稱爲解脫，或是“看到了絕對真理”。這意味著，只有過神性或靈性的生活，才能徹底覺悟自我。覺悟自我的意思是：變得對粗糙和精微軀體的需求不再感興趣，而對有關自我的活動極感興趣。想要活動的動力來源於自我，但對自我真正身份的無知使這種活動變得不切實際。由於愚昧，人們認爲與粗糙和精微軀體有關的利益才是切身的利益，所以一生復一生從事著勞而無功的活動。但是，當人靠正確的知識培養認識自我後，自我的活動就開始了。正因爲如此，從事有關自我的活動的人，被稱爲“甚至在受制約的生存狀態中就已經解脫了的人(jīvan-mukta)”。

自我覺悟的這一完美階段，並非用自己杜撰的方法努力就能達到，而要靠托庇於永遠超然的至尊主的蓮花足才能達到。至尊主在《博伽梵歌》中說，祂處在每一個生物體的心中，所有的知識、記憶或遺忘都是祂賜予的。當生物想要享受物質能量(幻象世界)時，至尊主便用遺忘的神秘力量罩住生物，使其誤以爲粗糙的軀體和精微的心念就是他自己。當努力培養超然知識的生物乞求至尊主把他從遺忘的鉗制中解救出來時，至尊主就會出於沒有緣故的仁慈，把擋在生物面前的錯覺帷幕拉開，讓他認清真正的自我。接著，生物就會按自己永恆的原本身份爲至尊主做服務，從受制約的生活中解脫出來。這一切都是至尊主透過祂的外在能量或直接靠祂的內在能量做的。

第 34 節　यद्येषोपरता देवी माया वैशारदी मतिः ।
सम्पन्न एवेति विदुर्महिम्नि स्वे महीयते ॥३४॥

yady eṣoparatā devī
māyā vaiśāradī matiḥ
sampanna eveti vidur
mahimni sve mahīyate

yadi — 如果、然而 / eṣā — 他們 / uparatā — 消退 / devī māyā — 錯覺能量 / vaiśāradī — 充滿知識 / matiḥ — 啓蒙 / sampannaḥ — 豐富 / eva — 肯定地 / iti — 如此 / viduḥ — 認識到 / mahimni — 在榮譽中 / sve — 自我的 / mahīyate — 處於

譯文 如果靠至尊主的恩典，錯覺能量消退，生物完全具有了知識，那他就立即認清自我，從此恢復他光榮的狀態。

要旨 至尊主是絕對超然者，因此祂眾多的形象、名字、娛樂活動、特性、同伴和能量也都與祂一樣。祂是全能的，祂超然的能量按祂的旨意行事。同樣的能量可以作爲祂的外在能量活動，可以作爲祂的內在能量活動，也可以作爲祂的邊緣能量行事；靠祂的全能，祂可以通過上述的任何一個能量做祂想做的任何事。祂能憑祂的意願把外在能量轉爲內在能量。因此，受制約的靈魂越誠懇地悔改和從事苦修，憑至尊主的意願和恩典，迷惑生物的外在能量的影響就會越弱。接著，這同樣的能量就以幫助得到淨化的生物在覺悟自我路途上進步的方式行事。舉電能的例子說明這一點就很恰當。經驗豐富的電工可以僅僅靠調節電鈕，用電能來供熱或製冷。同樣道理，正在迷惑生物，使其不斷重復生死的外在能量，可以憑至尊主的意願轉化爲內在能量，把生物引向永恆的生活。當至尊主這樣降恩於生物時，生物就重新被置於他原本正確的位置上，享受永恆的靈性生活。

第 35 節 एवं जन्मानि कर्माणि ह्यकर्तुरजनस्य च ।
वर्णयन्ति स्म कवयो वेदगुह्यानि हृत्पतेः ॥३५॥

evaṁ janmāni karmāṇi
hy akartur ajanasya ca
varṇayanti sma kavayo
veda-guhyāni hṛt-pateḥ

evam — 如此 / janmāni — 誕生 / karmāṇi — 活動 / hi — 肯定地 / akartuḥ — 不活動的 / ajanasya — 不經出生就存在者的 / ca — 和 / varṇayanti — 描述 / sma — 在過去 / kavayaḥ — 有學識的 / veda-guhyāni — 通過研究韋達經所不能發現的 / hṛt-pateḥ — 心中的至尊主的

譯文　正因爲如此，博學之人描述那位“不經出生就存在且不活動者”的出生及活動，而這些就連單純研讀韋達文獻的人都理解不了。祂是心的主宰。

要旨　至尊主與生物本質上都是靈性的，因此都永恆存在，沒有出生與死亡。區別在於：至尊主所謂的出生和消失，與普通生物經歷的出生和死亡不同。普通生物的出生和死亡受物質自然法律的束縛。但是，至尊主所謂的出現和消失並不是物質自然作用的結果，而是至尊主內在力量的展示。偉大的聖人們爲了覺悟自我而描述至尊主的顯現和隱跡。至尊主在《博伽梵歌》中聲明，祂在物質世界裡所謂的出生，以及祂從事的活動，都是超然的。僅僅靠冥想祂從事的那些活動，就可以使人獲得對布茹阿曼(Brahman, 梵)的覺悟，從而掙脫物質捆綁。韋達讚歌中說，“不經出生就存在者”看起來誕生。至尊者不需要做任何事情，但由於祂的全能，一切都被祂自然而然地做妥了，就彷彿是自動完成的。事實上，至尊人格首神的顯現和隱跡，以及祂從事的各種活動，全都屬於機密內容，就連那些僅僅研究韋達文獻的人也理解不了。儘管如此，出於對受制約靈魂的仁慈，至尊主還是演出了這一切。對至尊主活動的敘述是以最方便、最令人愉快的方式在冥想布茹阿曼，所以我們應該時時刻刻加以充分的利用。

第 36 節 स वा इदं विश्वममोघलीलः
सृजत्यवत्यत्ति न सज्जतेऽस्मिन्।
भूतेषु चान्तर्हित आत्मतन्त्रः
षाड्वर्गिकं जिघ्रति षड्गुणेशः ॥३६॥

sa vā idaṁ viśvam amogha-līlaḥ
sṛjaty avaty atti na sajjate 'smin
bhūteṣu cāntarhita ātma-tantraḥ
ṣāḍ-vargikaṁ jighrati ṣaḍ-guṇeśaḥ

saḥ — 至尊的主 / vā — 輪流交替 / idam — 這 / viśvam — 展示了的宇宙 / amogha-līlaḥ — 一個活動沒有瑕疵的人 / sṛjati — 創造 / avati atti — 維持及毀滅 / na — 不 / sajjate — 受影響 / asmin — 在他們 / bhūteṣu — 在所有生物中 / ca — 還有 / antarhitaḥ — 居住於 / ātma-tantraḥ — 自我獨立 / ṣāt-vargikam — 賦予祂六項財富所具有的能力 / jighrati — 表面上依附著，像聞到香味一樣 / ṣaṭ-guṇa-īśaḥ — 六個感官的主人

譯文 活動永遠毫無瑕疵的至尊主，是六個感官的主人，是絕對擁有六種財富的全能者。祂創造、維繫並毀滅展示的宇宙，本身絲毫不受影響。祂在每一個生物體體內，永遠是獨立的。

要旨 至尊主與個體生物最基本的區別在於：至尊主是創造者，而生物是被創造者。這節詩中稱至尊主是“活動毫無瑕疵的人(amogha-līlaḥ)”，以說明在祂的創造中沒有任何令人遺憾的事物。那些在祂的創造中製造麻煩的人，是搬起石頭砸自己的腳。祂絕對擁有富裕、力量、聲望、美麗、知識和棄絕這六種財富，因此超越一切物質的苦惱，是感官的主人。為了教化在物質世界裡受三種苦的生物，祂創造這些展示的宇宙，維繫它們，並在適當的時間毀滅它們，但自己絲毫不受這一系列

活動的影響。祂與這個物質創造的接觸非常表淺，就像人根本沒有觸碰散發芳香的物品就聞到香氣一樣。不敬神的人，無論多努力，都永遠接近不了祂。

第 37 節　**न चास्य कश्चिन्निपुणेन धातु-**
रवैति जन्तुः कुमनीष ऊतीः ।
नामानि रूपाणि मनोवचोभिः
सन्तन्वतो नटचर्यामिवाज्ञः ॥३७॥

na cāsya kaścin nipuṇena dhātur
avaiti jantuḥ kumanīṣa ūtīḥ
nāmāni rūpāṇi mano-vacobhiḥ
santanvato naṭa-caryām ivājñaḥ

na — 不 / ca — 和 / asya — 祂的 / kaścit — 任何人 / nipuṇena — 由機巧 / dhātuḥ — 創造者的 / avaiti — 能夠知道 / jantuḥ — 生物 / kumanīṣaḥ — 以貧乏的知識 / ūtīḥ — 至尊主的活動 / nāmāni — 祂的種種名字 / rūpāṇi — 祂的種種形象 / manaḥ-vacobhiḥ — 通過想像或演講 / santanvataḥ — 展示 / naṭa-caryām — 一個戲劇演員 / iva — 如 / ajñaḥ — 愚蠢的人

譯文　知識貧乏的傻瓜們，不可能瞭解至尊主的形象、名字和活動的超然本質，祂像演員在演戲一樣在玩耍。他們無論是靠推測，還是用語言，都表達不了這樣的事情。

要旨　沒人能百分之百正確地描述絕對真理的超然本性，因此經典說祂超越心智和話語所表達的範疇。儘管如此，還是有那麼一些知識貧乏的人，想要靠有缺陷的主觀推測去理解絕對真理，並且錯誤地描述祂的活動。對門外漢們來說，祂的顯現和隱跡，祂的活動、名字、形象、個人用品、性格，以及所有與祂有關的一切，都是不可思議的。物質主義者有兩種，一種是功利性活動者，一種是經驗主義哲學家。功利性活動者對絕對真理幾乎是一無所知，而心智思辨者在他們從事功利性活動遭到挫敗時，就會把他們的臉轉向絕對真理，試圖靠主觀推測瞭解絕對真理。對所有這些人來說，絕對真理是個謎，就像對孩子來說魔術師變的戲法是個迷一樣。被至尊生物變的戲法蒙蔽了的非奉獻者們，也許很擅長功利性活動和心智思辨，但卻始終是愚昧無知的。他們用他們有限的知識，根本無法看穿超然領域的神祕事物。心智思辨者比功利性活動者(十足的物質主義者)稍微進步一些，但因爲還是在錯覺的鉗制中，所以便錯誤地以爲有形象、名字和活動的一切，都只不過是物質能量的產物。對他們來說，至尊靈魂是沒有形象、沒有名字，不活動的。由於這類心智思辨者把至尊主的超然名字和形象與世俗的名字和形象等同看待，所以他們實際上是處在愚昧的狀態中。用這種貧乏的知識，他們無法瞭解至尊生物的真正本質。正如《博伽梵歌》中聲明的，至尊主永遠處在超然的狀態中，就連祂在物質世界裡時也不例外。然而，愚昧之人卻認爲至尊主是這個世界裡的偉大的人物之一。他們就這樣被錯覺能量誤導了。

第 38 節 स वेद धातुः पदवीं परस्य
दुरन्तवीर्यस्य रथाङ्गपाणेः ।
योऽमायया सन्ततयानुवृत्त्या
भजेत तत्पादसरोजगन्धम् ॥३८॥

sa veda dhātuḥ padavīṁ parasya
duranta-vīryasya rathāṅga-pāṇeḥ
yo 'māyayā santatayānuvṛttyā
bhajeta tat-pāda-saroja-gandham

saḥ — 只有他 / veda — 能夠知道 / dhātuḥ — 創造者的 / padavīm — 榮耀 / parasya — 超然性的 / duranta-vīryasya — 非常強大者的 /

ratha-aṅga-pāṇeḥ — 手持輪子的主奎師那的 / yaḥ — 誰 / amāyayā — 沒有保留 / santatayā — 不中斷地 / anuvṛttyā — 想要取悅地 / bhajeta — 做出服務 / tat-pāda — 祂足下的 / saroja-gandham — 蓮花的芳香

譯文　只有那些按照手持飛輪的主奎師那的意願，一直不斷、毫無保留地為祂蓮花足服務的人，才能瞭解這位宇宙創造者全部的光榮、力量和超然性。

要旨　純粹奉獻者完全免於功利性活動和心智思辨的反應，所以只有他們才瞭解主奎師那超然的名字、形象和活動。純粹奉獻者在爲至尊主做奉愛服務時，不帶絲毫要獲取個人利益的自私動機。他們自覺自願、毫無保留、從不間斷地爲至尊主服務。在至尊主的創造中，每一個生物都在直接或間接地爲祂做服務，無一例外。這是至尊主定的法律；那些間接爲至尊主做服務的生物，被至尊主的錯覺能量這一代理人強迫著，不情願地爲祂做服務。相反，直接爲至尊主服務的生物，在至尊主心愛的代理人的指導下甘心情願地爲祂服務。這些甘心情願爲至尊主服務的生物，是至尊主的奉獻者；憑藉至尊主的仁慈，他們能進入超然的神秘領域。然而，心智思辨者卻始終停留在愚昧無知的狀態中。正如《博伽梵歌》中所說，由於奉獻者懷著發自內心的愛，自覺自願、一直不斷地爲至尊主做奉愛服務，至尊主本人就會親自指引這些純粹的奉獻者走覺悟自我的路。這是進入神的王國的祕訣。功利性活動和心智思辨，不會使人具備進入神的王國的資格。

第 39 節　अथेह धन्या भगवन्त इत्थं
यद्वासुदेवेऽखिललोकनाथे ।
कुर्वन्ति सर्वात्मकमात्मभावं
न यत्र भूयः परिवर्त उग्रः ॥३९॥

atheha dhanyā bhagavanta itthaṁ
yad vāsudeve 'khila-loka-nāthe
kurvanti sarvātmakam ātma-bhāvaṁ
na yatra bhūyaḥ parivarta ugraḥ

atha — 因此 / iha — 在這個世界 / dhanyāḥ — 成功地 / bhagavantaḥ — 完全覺察著 / ittham — 這些 / yat — 什麼 / vāsudeve — 向人格首神 / akhila — 包羅萬象的 / loka-nāthe — 向所有宇宙的擁有者 / kurvanti — 鼓舞 / sarva-ātmakam — 百分之百 / ātma — 靈魂 / bhāvam — 心醉神迷 / na — 永不 / yatra — 在裡面 / bhūyaḥ — 再次 / parivartaḥ — 重復 / ugraḥ — 可怕的

譯文 這種探尋，喚起生物對宇宙擁有者人格首神超然而心醉神迷的愛，所以在這個世界裡只有這樣探索，才能使人成功，有完美的認知，百分之百保證擺脫可怕的生死輪迴。

要旨 以紹納卡爲首的聖人們對絕對真理的探究是超然的，所以蘇塔·哥斯瓦米在這節詩中讚許這種探究。正如我們已經總結過的：只有至尊主的奉獻者，才能對至尊主有相當多的瞭解，其他人根本無法瞭解祂；因此，奉獻者對所有的靈性知識有完整的理解。人格首神是最高的絕對真理。不具人格特徵的梵光(Brahman)和處在局部區域的超靈(Paramātmā)，都包含在對人格首神的認知中。所以，瞭解人格首神的人，自然就會知道有關祂的一切、祂的多種能量和擴展。奉獻者因獲得這種完全的成功而得到祝賀。至尊主的純粹奉獻者，免於物質世界裡最可怕的生死輪迴的痛苦。

第 40 節 इदं भागवतं नाम पुराणं ब्रह्मसम्मितम् ।
उत्तमश्लोकचरितं चकार भगवानृषिः ।
निःश्रेयसाय लोकस्य धन्यं स्वस्त्ययनं महत् ॥४०॥

idaṁ bhāgavataṁ nāma
  purāṇaṁ brahma-sammitam
uttama-śloka-caritaṁ
  cakāra bhagavān ṛṣiḥ
niḥśreyasāya lokasya
  dhanyaṁ svasty-ayanaṁ mahat

idam — 這 / bhāgavatam — 描寫人格首神及祂的純粹奉獻者的書 / nāma — 名字是 / purāṇam — 韋達經的補充讀物 / brahma-sammitam — 聖主奎師那的化身 / uttama-śloka — 人格首神的 / caritam — 活動 / cakāra — 編纂 / bhagavān — 人格首神的化身 / ṛṣiḥ — 聖維亞薩 / niḥ-śreyasāya — 爲了終極的善 / lokasya — 所有人的 / dhanyam — 完全成功 / svasti-ayanam — 極樂的 / mahat — 十全十美

譯文　這部《聖典博伽瓦譚》是神的文學化身，由神的化身聖維亞薩戴瓦編纂而成。它專為全人類的最高利益而準備，是絕對圓滿、絕對吉祥、絕對完美的。

要旨　聖主柴坦亞．瑪哈帕布宣稱，《聖典博伽瓦譚》(Śrīmad-Bhāgavatam)是所有韋達知識及歷史無瑕的聲音代表。《聖典博伽瓦譚》中滿載那些與人格首神直接接觸的偉大奉獻者們的非凡歷史。《聖典博伽瓦譚》是聖主奎師那的文學化身，因此與祂本人毫無區別。我們應該像崇拜至尊主本人那樣尊敬地崇拜《聖典博伽瓦譚》。耐心、仔細地研讀它，可以使我們得到至尊主最高的祝福。《聖典博伽瓦譚》像神本人一樣光輝燦爛、充滿極樂、絕對完美。假如我們經由靈性導師這一透明的媒介接受《聖典博伽瓦譚》，就可以靠朗誦它得到至尊梵奎師那發出的所有超然的光芒。主柴坦亞的私人秘書聖斯瓦茹帕．達摩達爾．哥斯瓦米(Svarūpa Dāmodara Gosvāmī)，勸所有想要到普瑞(Purī)去見主柴坦亞的人，從“奉獻者-博伽瓦譚”那裡學習《聖典博伽瓦譚》。“奉獻者-博伽瓦譚”是覺悟了自我的、真正的靈性導師，人只有透過這樣的靈性導師才能理解《聖典博伽瓦譚》的教導，以得到正確的結果。研習《聖典博伽瓦譚》可以使人得到與至尊主本人交往所能得到的一切利益。與聖主奎師那本人交往，可以得到所有超然的祝福，而《聖典博伽瓦譚》中就滿載了祂給予的這一切祝福。

第41節 तदिदं ग्राहयामास सुतमात्मवतां वरम् ।
सर्ववेदेतिहासानां सारं सारं समुद्धृतम् ॥४१॥

tad idaṁ grāhayām āsa
sutam ātmavatāṁ varam
sarva-vedetihāsānāṁ
sāraṁ sāraṁ samuddhṛtam

tat — 那 / idam — 這 / grāhayām āsa — 使……接受 / sutam — 向他的兒子 / ātmavatām — 自我覺悟了的 / varam — 最受尊敬的 / sarva — 所有 / veda — 韋達文獻(知識的書籍) / itihāsānām — 所有歷史的 / sāram — 奶油 / sāram — 奶油 / samuddhṛtam — 取出

譯文 聖維亞薩戴瓦從所有韋達文獻和宇宙歷史中提取出這精華部份後，把它傳給自己的兒子——最受尊敬的覺悟了自我的人。

要旨 知識貧乏的人只接受佛陀顯現後或西元前六百年以後的世界歷史；按照他們的計算，經典裡談到的更早期的歷史，都只不過是虛構出的故事而已。那不是事實！往世書(Purāṇas)和《瑪哈巴茹阿特》(Mahābhārata)等韋達文獻中談到的故事，都是真實的歷史，不僅是這個星球的歷史，還有這個宇宙中其它百萬個星球上的歷史。對知識貧乏的人來說，經典裡有時談到的這個世界以外的星球上的歷史，是令人難以置信的。但他們不知道，不同星球的情況各不相同，不是都像地球一樣，所以來自其它星球的史實與我們在地球上經驗到的不相符。考慮到不同的星球具有不同的情況、時間和環境，就不會覺得往世書中記載的故事全都是"天方夜譚"了。我們應該永遠記住一條格言，那就是：一個人的食物是另一個人的毒藥。因此，我們不應該把往世書中記載的故事和歷史當作是虛構出來的而加以拒絕。像維亞薩那樣偉大的聖人(ṛṣi)，根本不可能把一些虛構出的故事放進他們的文獻中。

《聖典博伽瓦譚》中描述了從不同星球上的歷史中精選出的史實，因此被所有靈性的權威公認爲是偉大的往世書(Mahā-Purāṇa)。這些歷史的特殊重要意義在於，它們都與至尊主在不同時間和環境中所從事的活動有關。聖舒卡戴瓦·哥斯瓦米是所有覺悟了自我的靈魂中最崇高的人物，而他把《聖典博伽瓦譚》當作是從他父親維亞薩戴瓦那裡學習的內容。聖維亞薩戴瓦是偉大的權威，《聖典博伽瓦譚》的內容又是如此重要，以致他首先把其中的信息先傳給了他那偉大的兒子聖舒卡戴瓦·哥斯瓦米。《聖典博伽瓦譚》被比喻爲是牛奶中的奶油。奶油是牛奶最美味的精華；韋達文獻就像知識的牛奶海洋，而《聖典博伽瓦譚》因爲記載了至尊主與祂的奉獻者從事的所有令人愉快、富有啓發性且豐富多彩的真實活動，所以是知識的精華——牛奶中的奶油。但是，從沒有信仰之人、無神論者和把朗誦《聖典博伽瓦譚》當職業賺錢的人那裡接受《聖典博伽瓦譚》的信息，就什麼也得不到。《聖典博伽瓦譚》被傳給聖舒卡戴瓦·哥斯瓦米，而他不靠《聖典博伽瓦譚》賺錢。他不需要靠賺這種錢去付家庭開支。舒卡戴瓦是沒有家庭拖累的棄絕階層人士，我們必須從他那樣的人物那裡接受《聖典博伽瓦譚》。牛奶無疑非常有營養，給人以滋養，可一旦被毒蛇的嘴碰過後，就不再起滋養作用，相反變成了死亡的根源。同樣道理，不嚴格遵守外士納瓦(Vaiṣṇava, 維施努的奉獻者)戒律的人，不應該用《聖典博伽瓦譚》去賺錢，造成眾多的聆聽者靈性的死亡。至尊主在《博伽梵歌》中說，所有韋達經的目的是爲了瞭解祂(主奎師那)。《聖典博伽瓦譚》是以被記錄下來的知識爲形式展現的聖主奎師那本人。因此，它是全部韋達經典的精華。它包含了時間的長河中所有與聖奎師那有關的歷史事實，因此，實際上是所有歷史的精華。

第 42 節 स तु संश्रावयामास महाराजं परीक्षितम् ।
प्रायोपविष्टं गङ्गायां परीतं परमर्षिभिः ॥४२॥

sa tu saṁśrāvayām āsa
mahārājaṁ parīkṣitam
prāyopaviṣṭaṁ gaṅgāyāṁ
parītaṁ paramarṣibhiḥ

saḥ — 維亞薩戴瓦之子 / tu — 再次 / saṁśrāvayām āsa — 使……聽得到 / mahā-rājam — 向帝王 / parīkṣitam — 名叫帕瑞克西特 / prāya-paviṣṭam — 坐在那裡不飲不食，直至死亡 / gaṅgāyām — 在恆河岸 / parītam — 被圍著 / parama-ṛṣibhiḥ — 由偉大的聖哲們

譯文 舒卡戴瓦·哥斯瓦米——維亞薩戴瓦的兒子，接著把這部《博伽瓦譚》傳給了偉大的帝王帕瑞克西特，當時帝王正坐在恆河岸邊斷食斷水等待死亡，身邊圍繞著衆多的聖人。

要旨 在師徒傳承中，所有超然的信息都被正確地接受。梵文稱這師徒傳承爲帕讓帕茹阿(paramparā)。《聖典博伽瓦譚》或任何其它的韋達文獻，除非是經師徒傳承接受的，否則不可能對其中傳達的知識有正確的瞭解。維亞薩戴瓦把《聖典博伽瓦譚》的信息傳給舒卡戴瓦·哥斯瓦米，蘇塔·哥斯瓦米又從舒卡戴瓦·哥斯瓦米那裡接受了同樣的信息。因此，人應該從蘇塔·哥斯瓦米或他的代表那裡接受《聖典博伽瓦譚》的信息，而不是從不恰當的解釋者那裡接受。

帝王帕瑞克西特(Parīkṣit)被告知他死亡的時間後立刻離開他的王國

和家庭，到恆河岸邊坐下，斷食直到死亡。由於他是當時的帝王，所有偉大的聖哲賢人、神秘主義者等都趕到那裡。就有關他當時的責任問題，他們向他提出許多建議，最後決定：他該聆聽舒卡戴瓦．哥斯瓦米講述有關主奎師那的一切。就這樣，舒卡戴瓦．哥斯瓦米給他講述了《聖典博伽瓦譚》。

聖商卡爾查爾亞(Śaṅkarācārya)傳播強調絕對者非人格特徵的假象宗(Māyāvāda)哲學，但就連他最後也勸人必須托庇於聖主奎師那的蓮花足。他說明，光是辯論並不能使人得到什麼。他承認，他用紛繁複雜的文法修辭對《韋丹塔-蘇塔》(Vedānta-sūtra,《吠檀陀經》)所作的解釋和宣講，在人死亡時並不能提供幫助。在死亡的緊要關頭，人必須吟誦哥文達(Govinda)的名字。這是所有偉大的超然主義者提出的忠告。很久很久以前，舒卡戴瓦．哥斯瓦米就說明了這同一個事實——人在死亡時必須記著納茹阿亞納(Nārāyaṇa)。這是所有靈性活動的本質。為了追求永恆的真理，帝王帕瑞克西特聆聽了有資格的舒卡戴瓦．哥斯瓦米朗誦的《聖典博伽瓦譚》。《聖典博伽瓦譚》的講述者和聆聽者，都靠同一個媒介得到了拯救。

第 43 節 कृष्णे स्वधामोपगते धर्मज्ञानादिभिः सह ।
कलौ नष्टदृशामेष पुराणार्कोऽधुनोदितः ॥४३॥

kṛṣṇe sva-dhāmopagate
dharma-jñānādibhiḥ saha
kalau naṣṭa-dṛśām eṣa
purāṇārko 'dhunoditaḥ

kṛṣṇe — 在奎師那的 / sva-dhāma — 自己的居所 / upagate — 回去以後 / dharma — 宗教 / jñāna — 知識 / ādibhiḥ — 結合一起 / saha — 與 / kalau — 在喀歷年代 / naṣṭa-dṛśām — 那些失去了遠見的人 / eṣaḥ —

所有這些 / purāṇa-arkaḥ — 像太陽一樣燦爛的往世書 / adhunā — 現在 / uditaḥ — 已經昇起來

譯文　這部《博伽梵往世書》如同光芒萬丈的太陽，就在主奎師那由宗教和知識等陪伴著離開地球回祂自己的住所後昇起。在喀歷年代中因愚昧的濃密黑暗而失去視野的人，將從這部往世書中得到光明。

要旨　聖主奎師那有祂自己的永恆住所(dhāma)；在那裡，祂由永恆的同伴陪伴著永恆地享受著那裡的一切。祂永恆的住所是祂內在能量的展示，而物質世界是祂外在能量的展示。當祂降臨物質世界時，祂用祂的內在能量(ātma-māyā)展示祂自己和祂隨身帶來的一切。至尊主在《博伽梵歌》中說，祂憑祂自己的力量(ātma-māyā)降臨。因此，祂的形象、名字、聲望、個人用品、住所等，都不是物質的產物。祂降臨是為了教化墮落的靈魂，重建祂親自製定的宗教原則。除了神本人，沒人能製定宗教原則。要麼是祂，要麼是祂授權了的合適人選，才能製定宗教原則。真正的宗教意味著瞭解神；瞭解我們與祂的關係，以及在與祂的關係中我們該履行的責任；瞭解我們離開這個物質軀體後的目的地是什麼。深陷在物質能量中的受制約的靈魂，根本不知道所有這些生命的原則，大多數人像動物一樣只知道吃、睡、恐懼和交配。他們打著宗教、知識或解脫的幌子所從事的，幾乎全都是感官享樂的活動。特別是現在這個紛爭的年代——喀歷年代(Kali-yuga)，人們就更加愚昧、無明。喀歷年代裡的人只不過是更高級一些的動物而已。他們沒有靈性知識，從不過神聖的宗教生活。他們是如此盲目，根本看不到任何超出精微的心念、智力或自我意識範疇之外的事物，但卻為他們在知識、科技和物質繁榮方面取得的進步而驕傲。他們完全不知道生命的最終目標，因此根本不在乎去冒在離開現有的軀體後會投生為狗或豬的生命危險。人格首神聖奎師那在喀歷年代將要開始前顯現在我們面前，幾乎在喀歷年代一開始就返回祂永恆的住所。當祂在這個世界時，祂通過祂的各種活動展示了一切。祂特別講述《博伽梵歌》，清除了所有僞宗教原則。在祂離開這個物質世界前，祂通過納茹阿達授權聖維亞薩戴瓦匯編《聖典博伽瓦譚》的信息。因此，對這個年代裡的盲目之人來說，《博伽梵歌》和《聖典博伽瓦譚》就像照明的火炬。換句話說，如果這個喀歷年代裡的人想要看到生命中的真正光明，他們必須只研讀這兩部著作。這樣才能實現他們生命的目標。《博伽梵歌》是學習《博伽瓦譚》前必學的預備課程。《聖典博伽瓦譚》是生命的至善——聖主奎師那本人的化身。所以，我們必須把《聖典博伽瓦譚》視爲是主奎師那的直接代表。能看《聖典博伽瓦譚》的人，就能看到聖主奎師那本人。兩者沒有區別。

第 44 節　तत्र कीर्तयतो विप्रा विप्रर्षेर्भूरितेजसः ।
अहं चाध्यगमं तत्र निविष्टस्तदनुग्रहात् ।
सोऽहं वः श्रावयिष्यामि यथाधीतं यथामति ॥४४॥

tatra kīrtayato viprā
viprarṣer bhūri-tejasaḥ
ahaṁ cādhyagamaṁ tatra
niviṣṭas tad-anugrahāt
so 'haṁ vaḥ śrāvayiṣyāmi
yathādhītaṁ yathā-mati

tatra — 那裡 / kīrtayataḥ — 在吟誦的時候 / viprāḥ — 布茹阿瑪納啊 / vipra-ṛṣeḥ — 從偉大的布茹阿瑪納聖哲 / bhūri — 偉大的 / tejasaḥ — 有力量的 / aham — 我 / ca — 也 / adhyagamam — 能夠瞭解 / tatra — 在聚會中 / niviṣṭaḥ — 因全神貫注 / tat-anugrahāt — 由他的仁慈 / saḥ — 那同一件事 / aham — 我 / vaḥ — 向你們 / śrāvayiṣyāmi — 將讓你們聽到 / yathā-adhītam yathā-mati — 至於我的覺悟

譯文　博學的布茹阿瑪納啊！舒卡戴瓦．哥斯瓦米在那裡(帝王帕瑞克西特等待死亡的地方) 朗誦《博伽瓦譚》時，我全神貫注地聆聽。因此，靠這位卓越、強大的聖人的仁慈，我學習了《博伽瓦譚》。現在，我將努力把我從他那裡學到的《博伽瓦譚》，以及我的領悟，照原樣講給你們聽。

要旨　人如果從舒卡戴瓦．哥斯瓦米那種覺悟了自我的偉大靈魂那裡聆聽《博伽瓦譚》，無疑就能直接看到聖主奎師那本人存在於《聖典博伽瓦譚》的字裡行間。但世上有一種人以朗誦《博伽瓦譚》爲手段賺錢，並用賺取的錢去花天酒地，尋歡作樂；我們絕對不能向那種冒牌貨去學習《博伽瓦譚》。與沈溺於性生活的人交往的人，無法學習《聖典博伽瓦譚》。那是學習《博伽瓦譚》的祕密。不僅如此，向那些用自己的世俗學識解釋《博伽瓦譚》內容的人學習，也不可能真正學懂《博伽瓦譚》。人如果真的想要在《博伽瓦譚》的字裡行間見到聖主奎師那，就必須從舒卡戴瓦．哥斯瓦米的代表那裡學習《博伽瓦譚》，而不是向其他人學習。這就是學習《聖典博伽瓦譚》的程序，沒有選擇可言。蘇塔．哥斯瓦米是舒卡戴瓦．哥斯瓦米的真正代表，因爲他要呈現他從偉大、博學的布茹阿瑪納(brāhmaṇa, 婆羅門)那裡接收的信息。舒卡戴瓦．哥斯瓦米講述他從他偉大的父親那裡聽到的《博伽瓦譚》；同樣，蘇塔．哥斯瓦米講述他從舒卡戴瓦．哥斯瓦米那裡聽到的《博伽瓦譚》。當然，光是聽並不足夠，人必須以正確的態度領悟聆聽到的內容。梵文"完美地傾聽(niviṣṭa)"的意思是說，蘇塔．哥斯瓦米用他的耳朵暢飲《博伽瓦譚》的果汁。那是接受《博伽瓦譚》的真正方法。人應該全神貫注地聆聽真正有資格的人的講述；這樣才能立刻領悟到主奎師那就在《博伽瓦譚》的每一頁中。這節詩裡談到了通曉《博伽瓦譚》的祕訣。心中不純潔的人，不可能全神貫注地聆聽。行爲不純潔的人，心不可能純潔。在從事吃、睡、防衛和交配這四項活動時不純潔的人，行爲不可能純潔。但無論如何，如果人能夠全神貫注地聆聽真正有資格的人朗誦《博伽瓦譚》，那他從一開始就能在《博伽瓦譚》的字裡行間看到聖主奎師那本人。

到此爲止，結束了巴克提韋丹塔對《聖典博伽瓦譚》第 1 篇第 3 章——“奎師那是所有化身的源頭”所作的闡釋。

第四章

聖納茹阿達的出現

第 1 節　　**व्यास उवाच**

इति ब्रुवाणं संस्तूय मुनीनां दीर्घसत्रिणाम् ।
वृद्धः कुलपतिः सूतं बह्वृचः शौनकोऽब्रवीत् ॥ १ ॥

vyāsa uvāca
iti bruvāṇaṁ saṁstūya
munīnāṁ dīrgha-satriṇām
vṛddhaḥ kula-patiḥ sūtaṁ
bahvṛcaḥ śaunako 'bravīt

vyāsaḥ — 維亞薩戴瓦 / uvāca — 說 / iti — 如此 / bruvāṇam — 講述 / saṁstūya — 恭賀 / munīnām — 偉大聖哲們的 / dīrgha — 長時間的 / satriṇām — 那些舉行祭祀儀式的人的 / vṛddhaḥ — 年長的 / kula-patiḥ — 集會中的長老 / sūtam — 向蘇塔．哥斯瓦米 / bahu-ṛcaḥ — 有學識的 / śaunakaḥ — 名叫紹納卡 / abravīt — 說

譯文　　**聖維亞薩戴瓦說，聆聽蘇塔．哥斯瓦米的一番話後，參加長時間祭祀儀式的、全體聖人中既年長又博學的領袖人物紹納卡．牟尼，恭賀蘇塔．哥斯瓦米道：**

要旨　　在博學之人的聚會中，當要向演講者說話表示恭賀時，恭賀者必須具備如下的資格：他必須是與會者的領袖、年長者，而且必須學識淵博。紹納卡(Śaunaka)聖哲具備所有這些資格；所以當聖蘇塔．哥斯瓦米(Sūta Gosvamī)表示想要把他從舒卡戴瓦．哥斯瓦米那裡聽到的《聖典博伽瓦譚》，以及他的領悟，照原樣講給與會者們聽時，紹納卡便起身恭賀蘇塔．哥斯瓦米。個人的領悟並非是指出於自負，企圖炫耀

自己比前輩靈性導師(ācārya)更有學問。人必須對前輩靈性導師有完全的信心，同時必須很好地領悟經典的內容，以便能在不同的情況下用適合當時情況的方式恰如其分地呈現它。而且，經典的原本目的必須保持，不應該從中擠出一些模糊不清的含義。爲了便於聽眾的理解，要以令人感興趣的方式呈現談論的主題。這才稱爲領悟。聚會者們的領袖人物紹納卡，僅僅通過演講者聖蘇塔·哥斯瓦米說“按照我的領悟(yathā-dhītaṁ yathā-mati)”一句，就可以判斷出蘇塔·哥斯瓦米的價值。正因爲如此，紹納卡十分高興地熱烈祝賀蘇塔·哥斯瓦米。博學的人不會想要去聽不忠實呈現前輩靈性導師所談內容的人說話。因此，在《聖典博伽瓦譚》被第二次朗誦的這個聚會上，講述者和聽眾都是真正有資格的。這應該是朗誦《聖典博伽瓦譚》的標準，以便毫無困難地達到真正的目的——認識主奎師那。除非這樣，否則爲達到其它目的去講述《聖典博伽瓦譚》，就只是在浪費講述者和聽眾的精力而已了。

第 2 節

शौनक उवाच
सूत सूत महाभाग वद नो वदतां वर ।
कथां भागवतीं पुण्यां यदाह भगवाञ्छुकः ॥ २ ॥

śaunaka uvāca
sūta sūta mahā-bhāga
vada no vadatāṁ vara
kathāṁ bhāgavatīṁ puṇyāṁ
yad āha bhagavāñ chukaḥ

śaunakaḥ — 紹納卡 / uvāca — 說 / sūta sūta — 蘇塔·哥斯瓦米啊 / mahā-bhāga — 最幸運的 / vada — 請說 / naḥ — 向我們 / vadatām — 那些能夠說話的人的 / vara — 尊敬的 / kathām — 訊息 / bhāgavatīm — 《博伽瓦譚》的 / puṇyām — 虔誠的 / yat — ……的 / āha — 說 / bhagavān — 極有力的 / śukaḥ — 聖舒卡戴瓦·哥斯瓦米

譯文　紹納卡說：蘇塔·哥斯瓦米啊！您是所有能講解和朗誦的人中最幸運、最受尊敬的人。請講述由卓越、有力的聖人舒卡戴瓦·哥斯瓦米所講解的《聖典博伽瓦譚》的虔誠信息。

要旨　紹納卡·哥斯瓦米和聚會的全體成員，都渴望聆聽蘇塔·哥斯瓦米講述《博伽瓦譚》的內容，所以紹納卡在這節詩裡再次滿懷欣喜地對蘇塔·哥斯瓦米致詞。聖人們不想聽那些爲達到自己的目的而用自己的方式去解釋《博伽瓦譚》的冒牌貨講經。那些所謂的《博伽瓦譚》背誦者，一般都是些以此爲職業賺錢的人，或者是些無法進入至尊人超然的個人活動的、所謂有學問的非人格神主義者。在這些人當中，非人格神主義者，會歪曲《博伽瓦譚》的意思去附合、支持非人格神主義的觀點；而以背誦《博伽瓦譚》爲職業賺錢的人，會立刻去背誦第十章，錯誤地解釋至尊主的娛樂活動中最機密的部份。這兩種人都不是朗誦《博伽瓦譚》的真正有資格的人。只有準備按照舒卡戴瓦·哥斯瓦米的講述呈現《博伽瓦譚》的人，以及準備聆聽舒卡戴瓦·哥斯瓦米和他的代表講述的人，才真正有資格參與對《聖典博伽瓦譚》的超然談論。

第 3 節　कस्मिन् युगे प्रवृत्तेयं स्थाने वा केन हेतुना ।
कुतः सञ्चोदितः कृष्णः कृतवान् संहितां मुनिः ॥३॥

kasmin yuge pravṛtteyaṁ
sthāne vā kena hetunā
kutaḥ sañcoditaḥ kṛṣṇaḥ
kṛtavān saṁhitāṁ muniḥ

kasmin — 在其中 / yuge — 期間 / pravṛttā — 開始 / iyam — 這 / sthāne — 在某地 / vā — 或 / kena — 以什麼 / hetunā — 緣由 / kutaḥ — 從那裡 / sañcoditaḥ — 受……的鼓舞 / kṛṣṇaḥ — 奎師那·兌帕亞納·維亞薩 / kṛtavān — 編纂 / saṁhitām — 韋達文獻 / muniḥ — 有學識的人

譯文　這信息是什麼時候、在什麼地方開始講解的？又為什麼要講解？偉大的聖人奎師那·兌帕亞納·維亞薩，是從哪裡得到編纂這部文獻的靈感的？

要旨　由於《聖典博伽瓦譚》是聖維亞薩戴瓦(Vyāsadeva)的特殊貢獻，博學的紹納卡·牟尼便在此問了許多問題。他知道，爲了便於智力欠佳的婦女、庶鐸(śūdras, 首陀羅)和再生者家中的墮落成員的理解，聖維亞薩戴瓦已經以多種方式解釋了韋達經(Vedas)的內容，甚至撰寫了長篇史詩《瑪哈巴茹阿特》(Mahābhārata)。然而，《聖典博伽瓦譚》超越所有上述的文獻，因爲其中沒有絲毫世俗的內容。所以，紹納卡聖人提出的問題很有智慧，而且關係重大。

第4節　तस्य पुत्रो महायोगी समदृङ् निर्विकल्पकः ।
एकान्तमतिरुन्निद्रो गूढो मूढ इवेयते ॥ ४ ॥

tasya putro mahā-yogī
　sama-dṛṅ nirvikalpakaḥ
ekānta-matir unnidro
　gūḍho mūḍha iveyate

tasya — 這 / putraḥ — 兒子 / mahā-yogī — 一位偉大的奉獻者 / sama-dṛk — 平等看待一切 / nirvikalpakaḥ — 絕對的一元論者 / ekānta-matiḥ — 心始終專注於一元論 / unnidraḥ — 超越無知 / gūḍhaḥ — 並不暴露 / mūḍhaḥ — 弱智 / iva — 像 / iyate — 看來像

譯文　他(維亞薩)兒子是偉大的奉獻者、平等看待一切的一元論者，他的心始終專注於一元論。他超脫世俗活動，但因為沒有顯露這一點，所以看起來像是個無知或弱智的人。

要旨 聖舒卡戴瓦·哥斯瓦米是解脫了的靈魂，所以始終保持警覺，不受錯覺能量的束縛。《博伽梵歌》中非常明確地解釋了這種警覺。解脫的靈魂和受制約的靈魂從事的活動不同：解脫的靈魂總是忙於爭取靈性的進步，而這在受制約的靈魂看來就像是在做夢。受制約的靈魂想象不了解脫的靈魂真正在做的事。當受制約的靈魂這樣做夢時，解脫的靈魂卻保持清醒。同樣，在解脫的靈魂看來，受制約的靈魂所從事的活動就像一場夢。受制約的靈魂和解脫的靈魂表面上看也許一樣，但其實他們所做的事情不同，注意力集中的點也總是不同。受制約的靈魂關心的是感官享樂，而解脫的靈魂關注的是自我覺悟。受制約的靈魂所專注的是物質，而解脫的靈魂對物質漠不關心。下面的詩中對這種漠不關心作了解釋。

第5節
दृष्ट्वानुयान्तमृषिमात्मजमप्यनग्नं
देव्यो ह्रिया परिदधुर्न सुतस्य चित्रम् ।
तद्वीक्ष्य पृच्छति मुनौ जगदुस्तवास्ति
स्त्रीपुम्भिदा न तु सुतस्य विविक्तदृष्टेः ॥५॥

dṛṣṭvānuyāntam ṛṣim ātmajam apy anagnaṁ
devyo hriyā paridadhur na sutasya citram
tad vīkṣya pṛcchati munau jagadus tavāsti
strī-pum-bhidā na tu sutasya vivikta-dṛṣṭeḥ

dṛṣṭvā — 看到 / anuyāntam — 跟隨著 / ṛṣim — 聖哲 / ātmajam — 他的兒子 / api — 雖然 / anagnam — 並不是裸體的 / devyaḥ — 美麗的少女 / hriyā — 由於羞怯 / paridadhuḥ — 遮蓋身體 / na — 不 / sutasya — 兒子的 / citram — 令人驚訝的 / tat vīkṣya — 看到 / pṛcchati — 詢問 / munau — 向聖哲(維亞薩) / jagaduḥ — 回答 / tava — 你的 / asti — 有 / strī-pum — 男性及女性 / bhidā — 分別 / na — 不 / tu — 但是 / sutasya — 兒子的 / vivikta — 淨化了 / dṛṣṭeḥ — 一個看某事物的人

譯文　正在裸浴的美麗少女們看到在後面追趕兒子的聖維亞薩戴瓦時，急忙用衣服遮蓋自己的身體，儘管聖維亞薩戴瓦本人並沒有裸體。但當他兒子經過時，她們卻沒這麼做。聖人詢問其中的緣由，少女們回答說，他兒子是純潔的，在看她們時根本沒區分男女間的差別。但聖人卻作此區分。

要旨　《博伽梵歌》第 5 章的第 18 節詩中說：博學的聖人用他靈性的視力，平等地看待母牛、狗和吃狗肉的人，以及博學、溫和的布茹阿瑪納(brāhmaṇa, 婆羅門)。聖舒卡戴瓦．已經達到那個境界。因此，他不區分男女；只看到眾生穿著不同的衣服。正如只要看一眼一個孩子的眼睛，就能明白他究竟有多麼單純；正在沐浴的女士們光是研究一下一個人的瞥視，就能明白他的想法。舒卡戴瓦．哥斯瓦米當年是個十六歲的少年，身體所有的部位都發育成熟了。他和正在沐浴的女士們當時都赤裸著身體。但由於舒卡戴瓦．哥斯瓦米超越了性關係，他看起來非常天真、單純。正沐浴的女士們憑她們特殊的能力，可以馬上意識到這一點，因此沒有太在意他。但當他父親經過時，女士們卻迅速穿上了衣服。聖維亞薩戴瓦扮演了居士的角色，所以儘管那些淑女們都可以當維亞薩戴瓦的女兒或孫女了，但她們還是在他出現時按照社會習俗作出了反應。居士必定區分男女，否則不可能是居士。人應該努力瞭解靈魂與物質軀體的區別，而不是男女的區別。人只要區分男女，就不該試圖成爲像舒卡戴瓦．哥斯瓦米那樣的托缽僧(sannyāsī)。至少從理論上講，人必須確信，生物既不是男性，也不是女性。靈魂外面穿的衣服由物質自然構成，用以吸引異性，使人深陷在物質存在中。解脫的靈魂超越這種反常的區別。他不對生物加以區分。對他來說，眾生都是靈性的。靈性視力的這種完美狀態稱爲解脫的狀態，而舒卡戴瓦．哥斯瓦米就達到了這種狀態。聖維亞薩戴瓦也處在超然的狀態中，但由於他是居士，爲了符合社會習俗，他沒有自稱自己是解脫的靈魂。

第 6 節　कथमालक्षितः पौरैः सम्प्राप्तः कुरुजाङ्गलान् ।
उन्मत्तमूकजडवद्विचरन् गजसाह्वये ॥ ६ ॥

katham ālakṣitaḥ pauraiḥ
sampraptaḥ kuru-jāṅgalān
unmatta-mūka-jaḍavad
vicaran gaja-sāhvaye

katham — 怎樣 / ālakṣitaḥ — 被認出 / pauraiḥ — 由市民 / samprāptaḥ — 達到 / kuru-jāṅgalān — 庫茹-湛嘎拉省 / unmatta — 瘋子 / mūka — 啞巴 / jaḍavat — 弱智 / vicaran — 遊蕩 / gaja-sāhvaye — 哈斯提納普爾

譯文　他(維亞薩的兒子舒卡戴瓦．哥斯瓦米) 像個瘋子、啞巴和白痴，在庫茹-湛嘎拉省內遊蕩後進入哈斯提納普爾城(德里)，城中的居民是怎麼認出他的？

要旨　現在的德里城之所以曾經被稱爲哈斯提納普爾(Hastināpura)，是因爲它是由哈斯提(Hastī)王興建的。舒卡戴瓦．哥斯瓦米離開他父母的家後，像個瘋子一樣在流浪，使城裡的居民很難瞭解他的崇高地位。因此，要知道一個人是不是聖人，不是靠看，而是靠聽。去找一個偉大的聖人(sādhu)，不是去看他，而是去聆聽他的話。一個人如果沒有準備聆聽偉大聖人的話，去找聖人就不會有所收益。舒卡戴瓦．哥斯瓦米是個可以講述至尊主的超然活動的偉大聖人。他講話的目的不是滿足普通市民的幻想。他的崇高地位是在講述《博伽瓦譚》的主題時被認出的。他從不會像一個魔術師那樣靠變戲法去騙人。他表面上看起來像個智力遲鈍、不能說話的瘋子，但其實卻是最崇高的超然人物。

第 7 節 कथं वा पाण्डवेयस्य राजर्षेर्मुनिना सह ।
संवादः समभूत्तात यत्रैषा सात्वती श्रुतिः ॥ ७ ॥

kathaṁ vā pāṇḍaveyasya
rājarṣer muninā saha
saṁvādaḥ samabhūt tāta
yatraiṣā sātvatī śrutiḥ

katham — 怎樣 / vā — 還有 / pāṇḍaveyasya — 潘杜的後裔(帕瑞克西特) / rājarṣeḥ — 一位聖賢國王的 / muninā — 與那位牟尼 / saha — 與 / saṁvādaḥ — 討論 / samabhūt — 發生 / tāta — 親愛的 / yatra — 于是 / eṣā — 像這樣 / sātvatī — 超然的 / śrutiḥ — 韋達經的精華

譯文 帕瑞克西特王與這位大聖人相遇，使他給君王吟唱這韋達經中極為超然的精華（《聖典博伽瓦譚》）成為可能，這事是如何發生的？

要旨 這節詩中說明《聖典博伽瓦譚》是韋達經的精華。它不是未經授權的人有時所說的，是“虛構出來的故事”。《聖典博伽瓦譚》又被稱為舒卡-薩密塔(Śuka-saṁhitā)，意思是博學、偉大的聖人舒卡戴瓦·哥斯瓦米吟誦的韋達讚歌。

第 8 節 स गोदोहनमात्रं हि गृहेषु गृहमेधिनाम् ।
अवेक्षते महाभागस्तीर्थीकुर्वंस्तदाश्रमम् ॥ ८ ॥

sa go-dohana-mātraṁ hi
gṛheṣu gṛha-medhinām
avekṣate mahā-bhāgas
tīrthī-kurvaṁs tad āśramam

saḥ — 他(舒卡戴瓦·哥斯瓦米) / go-dohana-mātram — 只有擠一次

牛奶那樣長的時間／hi — 肯定地／gṛheṣu — 在屋裡／gṛha-medhinām — 過家庭生活之人的／avekṣate — 等待／mahā-bhāgaḥ — 最幸運的／tīrthī — 朝聖／kurvan — 轉變成／tat āśramam — 居所

譯文　他(舒卡戴瓦·哥斯瓦米)在居士家門前停留的時間，通常不超過給一頭牛擠奶的時間。他這麼做僅僅是為了聖潔化那住所。

要旨　舒卡戴瓦·哥斯瓦米與帝王帕瑞克西特相遇，並解釋了《聖典博伽瓦譚》的主題。他到居士家去接受佈施，不會在任何居士家停留超過半小時(擠牛奶的時間)。他所光顧的那些居士家裡的人是幸運的，因爲他吉祥的出現聖潔化了他們的住所。所以，舒卡戴瓦·哥斯瓦米是處在超然狀態中的理想的傳教者。那些身處棄絕階層且奉獻一生傳揚首神信息的人，應該從他的活動中學習到：除了用超然的知識啓發居士，他們沒有必要與居士交往。向居士要求佈施的目的，是爲了聖潔化那居士的家。處在棄絕階層的人不應該被居士擁有的財富所吸引，因而對富人卑躬屈膝、曲意奉承。對一個身處棄絕階層的人來說，這比喝毒藥和自殺還要危險。

第 9 節　अभिमन्युसुतं सूत प्राहुर्भागवतोत्तमम् ।
तस्य जन्म महाश्चर्यं कर्माणि च गृणीहि नः ॥ ९ ॥

abhimanyu-sutaṁ sūta
prāhur bhāgavatottamam
tasya janma mahāścaryaṁ
karmāṇi ca gṛṇīhi naḥ

abhimanyu-sutam — 阿比曼紐之子／sūta — 蘇塔啊／prāhuḥ — 據說／bhāgavata-uttamam — 至尊主一流的奉獻者／tasya — 他的／

janma — 誕生 / mahā-āścaryam — 非常奇妙 / karmāṇi — 活動 / ca — 和 / gṛṇīhi — 請告訴 / naḥ — 我們

譯文 據說帕瑞克西特王是至尊主一流的奉獻者，他的出生和活動都很奇妙。請告訴我們有關他的事迹。

要旨 帕瑞克西特王的出生很奇妙，因爲他還在母親子宮中時就已經得到了人格首神聖奎師那的保護。他的活動也很奇妙，因爲他懲罰了想要殺死乳牛的喀歷(Kali)。屠殺乳牛意味著人類文明的結束。他要保護乳牛，使其免遭罪惡的重要代表人物的屠殺。他的死也很奇妙，因爲他在死前被告知了死期，而這對每一個凡人來說都是奇妙的事，使他可以通過坐在恆河岸邊聆聽至尊主超然的活動而爲自己的死做好準備。他在死前的每一天都聆聽《博伽瓦譚》，不吃不喝也不睡覺。所以，與他有關的一切都很奇妙，他的活動值得我們傾聽。這節詩就表達了聖人們想要聆聽有關他的一切細節的願望。

第 10 節 स सम्राट् कस्य वा हेतोः पाण्डूनां मानवर्धनः ।
प्रायोपविष्टो गङ्गायामनादृत्याधिराट्श्रियम् ॥१०॥

sa samrāṭ kasya vā hetoḥ
pāṇḍūnāṁ māna-vardhanaḥ
prāyopaviṣṭo gaṅgāyām
anādṛtyādhirāṭ-śriyam

saḥ — 他 / samrāṭ — 帝王 / kasya — 爲什麼 / vā — 或 / hetoḥ — 理由 / pāṇḍūnām — 潘杜之子的 / māna-vardhanaḥ — 一個使家庭富裕的人 / prāya-upaviṣṭaḥ — 坐著並斷食 / gaṅgāyām — 在恆河岸邊 / anādṛtya — 忽略了 / adhirāṭ — 得來的王國 / śriyam — 財富

譯文 他曾是偉大的帝王，擁有他得到的王國中的一切財富。他是那麼高貴，甚至使潘杜王朝的聲望得到進一步的提昇。他為什麼放棄一切，到恆河岸邊坐下，斷食直至死亡？

要旨 帕瑞克西特王曾是地球的帝王，統治疆域包括陸地和海洋，而且不需要任何努力、經歷任何麻煩就得到了這樣一個王國。他是從祖父尤帝士提爾王和其兄弟們那裡繼承王國的。此外，他把國家治理得很好，爲他祖父們的美名更增添了光彩。總之，無論是他的財富，還是他對國家的治理，都令人稱心如意。既然如此，他爲什麼要放棄這一切對他有利的條件，到恆河岸邊坐下，斷食直至死亡呢？這實在令人震驚，因此大家都渴望瞭解原因。

第11節 नमन्ति यत्पादनिकेतमात्मनः
शिवाय हानीय धनानि शत्रवः ।
कथं स वीरः श्रियमङ्ग दुस्त्यजां
युवैषतोत्स्रष्टुमहो सहासुभिः ॥११॥

namanti yat-pāda-niketam ātmanaḥ
śivāya hānīya dhanāni śatravaḥ
kathaṁ sa vīraḥ śriyam aṅga dustyajāṁ
yuvaiṣatotsraṣṭum aho sahāsubhiḥ

namanti — 頂禮 / yat-pāda — 他的足 / niketam — 之下 / ātmanaḥ — 自己的 / śivāya — 福利 / hānīya — 曾帶來 / dhanāni — 財富 / śatravaḥ — 敵人 / katham — 爲了什麼原因 / saḥ — 他 / vīraḥ — 英雄的 / śriyam — 財富 / aṅga — 蘇塔·哥斯瓦米啊 / dustyajām — 不能超越的 / yuvā — 正當壯年 / aiṣata — 想要 / utsraṣṭum — 放棄 / aho — 感嘆 / saha — 與 / asubhiḥ — 生命

譯文 他是如此非凡的帝王，以致他的敵人都拜倒在他腳下，為了切身利益交出他們的財富。他朝氣蓬勃、年輕力壯，擁有不可逾越的王者尊嚴。他為什麼要放弃這一切，甚至他的生命呢？

要旨 他生活中的一切都稱心如意。他相當年輕，有力量、有財產讓他可以享受生活，所以不存在退出活躍生活的理由。他是那麼強大有力，具有騎士風範，以致他的敵人都臣服在他腳下，向他頂禮，爲了切身的利益把所有的財產都交給他，因此徵收國稅毫無困難。帕瑞克西特王是個虔誠的君王。他征服了他的敵人們，所以整個王國一片繁榮昌盛，有足夠的牛奶、穀物和金屬，所有的河流和山脈都充滿了生機。所以，從物質的角度看，一切都令人滿意，不存在提早放棄他的王國和生命的問題。聖人們渴望聆聽這一切。

第 12 節 शिवाय लोकस्य भवाय भूतये
य उत्तमश्लोकपरायणा जनाः ।
जीवन्ति नात्मार्थमसौ पराश्रयं
मुमोच निर्विद्य कुतः कलेवरम् ॥१२॥

śivāya lokasya bhavāya bhūtaye
ya uttama-śloka-parāyaṇā janāḥ
jīvanti nātmārtham asau parāśrayaṁ
mumoca nirvidya kutaḥ kalevaram

śivāya — 福利 / lokasya — 所有生物的 / bhavāya — 爲了繁榮 / bhūtaye — 爲了經濟發展 / ye — 一個……的人 / uttama-śloka-parāyaṇāḥ — 獻身於人格首神的 / janāḥ — 人 / jīvanti — 活著 / na — 但不是 / ātma-artham — 自私的利益 / asau — 那 / para-āśrayam — 別人的庇護所 / mumoca — 放棄 / nirvidya — 毫無執著 / kutaḥ — 爲什麼原因 / kalevaram — 不免一死的軀體

譯文　那些把畢生獻給人格首神的人，只為他人的幸福、快樂和成長而活著。他們不為個人的利益而活。所以，儘管帝王(帕瑞克西特)並不依戀他在塵世間擁有的一切，但他怎麼能放棄他人賴以庇護的終有一死的軀體呢？

要旨　帕瑞克西特王是人格首神的奉獻者，因此是理想的君王和居士。至尊主的奉獻者自然擁有一切美好的品德。帕瑞克西特王就是這方面的典範。他毫不留戀他擁有的世間財富。但既然他是全面爲臣民謀福利的君王，他就總是爲大眾的各方面福利而忙碌，不僅要考慮他們的這一生，還有他們的來世。他不允許開設屠宰場或屠殺乳牛。他不是那種保護一種生物體，卻允許另一種生物體被殺的不公平的愚蠢統治者。他是至尊主的奉獻者，所以很清楚如何治理他的王國，以使居住在他國土上的人類、動物、植物等所有的生物體都快樂。他不是只關心個人私利的人。自私既是指以個人爲中心，也是指以個人爲中心的擴展。他兩者都不是。他所關心的是如何取悅至尊真理——人格首神。君王是至尊主的代表，所以君王所關注的內容必須是至尊主關心的事。至尊主想要所有的生物都服從祂，從而變得快樂。因此，君王關心的就是引領所有的臣民回到神的王國。爲了達到這一目的，應該把臣民們的活動安排得如此協調一致，使他們能在這一生結束時回歸家園、回到首神身邊去。在典範的君王管理下，王國充滿了財富。那時，人不需要吃動物。世上有大量的穀類食物、牛奶和蔬菜可供人類和動物食用，想吃多少，就有多少。如果所有的生物體都對食物和住所感到滿意，服從法律，生物體和生物體之間就不會互相打擾了。帝王帕瑞克西特是傑出的君王，所以在他統治期間，他國內的居民都很快樂。

第 13 節　तत्सर्वं नः समाचक्ष्व पृष्टो यदिह किञ्चन ।
मन्ये त्वां विषये वाचां स्नातमन्यत्र छान्दसात् ॥१३॥

tat sarvaṁ naḥ samācakṣva
pṛṣṭo yad iha kiñcana
manye tvāṁ viṣaye vācāṁ
snātam anyatra chāndasāt

tat — 那 / sarvam — 所有 / naḥ — 向我們 / samācakṣva — 清楚地解釋 / pṛṣṭaḥ — 詢問 / yat iha — 這裡 / kiñcana — 所有 / manye — 我們想 / tvām — 你 / viṣaye — 所有的題目 / vācām — 字的意思 / snātam — 完全通曉 / anyatra — 除了 / chāndasāt — 韋達經的一部份

譯文 我們知道，除了韋達經中的一部份學科外，您精通所有的知識，因此對我們剛剛提出的所有問題，您都能給予明確的解釋。

要旨 韋達經(Vedas)和往世書(Purāṇas)之間的區別，就像布茹阿瑪納(brāhmaṇa, 婆羅門)和博學的傳教者(parivrājakācāryas)之間的區別。布茹阿瑪納負責主持韋達經中提到的某些功利性的祭祀，博學的傳教者則向眾生傳播超然的知識。因此，博學的傳教者不總是精於吟誦韋達經中記載的曼陀(mantra)，那些曼陀是由負責主持韋達儀式的布茹阿瑪納按照曼陀的重音和韻律進行有系統的練習的。儘管如此，我們不應該認爲布茹阿瑪納比到處去傳播超然知識的傳教者更重要。他們兩者既一樣又有區別，因爲他們是以不同的方式達到同樣的目的。

韋達曼陀與往世書和史詩(Itihāsas)之間也沒有區別。按照聖吉瓦·哥斯瓦米(Jīva Gosvāmī)的說法，《瑪迪嚴迪納-施茹緹》中提到，《薩瑪》(Sāma,《娑摩》)、《阿塔爾瓦》(Atharva,《阿達婆》)、《瑞歌》(Ṛg,《梨俱》)、《亞諸爾》(Yajur,《耶柔》)，以及眾多的往世書、史詩和奧義書(Upaniṣads)等所有的韋達經典，都是從至尊生物的呼吸中流淌出來的。唯一的區別是，韋達曼陀幾乎都是以吟誦梵文"歐麼"(praṇava oṁkāra)爲開始，而這需要按韋達曼陀韻律發音去練習。但那並不意味著韋達曼陀比《聖典博伽瓦譚》更重要。相反，正如前面所說的，《聖典博伽瓦譚》是韋達經典之樹上成熟了的果實。不僅如此，最完美的解脫了的靈魂聖舒卡戴瓦·哥斯瓦米，雖然已經覺悟了自我，但卻全神貫注地學習《博伽瓦譚》。聖蘇塔·哥斯瓦米從舒卡戴瓦·哥斯瓦米那裡學習了《博伽瓦譚》，所以他的地位並不會因為不精通吟唱韋達曼陀而比布茹阿瑪納低。是否精通按韻律發音吟唱韋達曼陀，取決於是否多練，而不取決於是否有真正的覺悟。真正的覺悟比鸚鵡學舌般地重復發音更重要。

第 14 節

सूत उवाच
द्वापरे समनुप्राप्ते तृतीये युगपर्यये ।
जातः पराशराद्योगी वासव्यां कलया हरेः ॥१४॥

sūta uvāca
dvāpare samanuprāpte
tṛtīye yuga-paryaye
jātaḥ parāśarād yogī
vāsavyāṁ kalayā hareḥ

sūtaḥ — 蘇塔·哥斯瓦米 / uvāca — 說 / dvāpare — 在第二個年代 / samanuprāpte — ……開始時 / tṛtīye — 第三 / yuga — 年代 / paryaye — 代替 / jātaḥ — 孕育了 / parāśarāt — 由帕茹阿沙茹阿 / yogī — 偉大的聖哲 / vāsavyām — 在瓦蘇之女的子宮裡 / kalayā — 在完整擴展中 / hareḥ — 人格首神的

譯文　　蘇塔·哥斯瓦米說：當第三個年代先於第二個年代出現時，帕茹阿沙茹阿與瓦蘇的女兒薩提亞娃緹結合，生下了偉大的聖人維亞薩戴瓦。

要旨 地球上有按順序循環運行的四個年代，它們的前後順序分別是：薩提亞(Satya, 金)、杜瓦帕爾(Dvāpara, 銀)、特瑞塔(Tretā, 銅)和喀歷(Kali, 鐵)。但有時候會有兩個年代的出現順序顛倒的情況。外瓦斯瓦塔·瑪努統治期間，在四個年代循環運行的第二十八個循環中就出現了這種第二個年代和第三個年代順序顛倒的情況。在那個特殊的年代中，聖主奎師那親自降臨，而由於奎師那的降臨，那個年代中就出現一些特殊的變化。大聖人維亞薩戴瓦的母親是漁夫瓦蘇(Vasu)的女兒薩提亞娃緹(Satyavatī)，父親則是偉大的帕茹阿薩茹阿·牟尼(Parāśara Muni)。那是維亞薩戴瓦出生的歷史。每一個年代被分成三個時期，每一個時期被稱爲桑迪亞(sandhyā)。維亞薩戴瓦就顯現在那個特殊年代的第三個時期。

第 15 節 स कदाचित्सरस्वत्या उपस्पृश्य जलं शुचिः ।
विविक्त एक आसीन उदिते रविमण्डले ॥१५॥

sa kadācit sarasvatyā
upaspṛśya jalaṁ śuciḥ
vivikta eka āsīna
udite ravi-maṇḍale

saḥ — 他 / kadācit — 有一次 / sarasvatyāḥ — 在薩茹阿斯瓦緹河岸 / upaspṛśya — 在晨浴後 / jalam — 水 / śuciḥ — 淨化了 / vivikte — 專一 / ekaḥ — 單獨 / āsīnaḥ — 這樣坐下 / udite — 昇起 / ravi-maṇḍale — 太陽星球

譯文 一次，當太陽昇起時，他(維亞薩戴瓦)在薩茹阿斯瓦緹河中晨浴後，獨自坐下冥想。

要旨 在喜馬拉雅山脈的巴達瑞卡靈修區(Badarikāśrama)內流淌著薩茹阿斯瓦緹河(Sarasvatī)。這節詩裡說的地方，是聖維亞薩戴瓦在巴達瑞卡靈修區內居住的場所沙彌亞帕斯(Śamyāprāsa)。

第 16 節 परावरज्ञः स ऋषिः कालेनाव्यक्तरंहसा ।
युगधर्मव्यतिकरं प्राप्तं भुवि युगे युगे ॥१६॥

parāvara-jñaḥ sa ṛṣiḥ
kālenāvyakta-raṁhasā
yuga-dharma-vyatikaraṁ
prāptaṁ bhuvi yuge yuge

para-avara — 過去和將來 / jñaḥ — 一個知道……的人 / saḥ — 他 / ṛṣiḥ — 維亞薩戴瓦 / kālena — 隨著時間的流逝 / avyakta — 不展示的 / raṁhasā — 由偉大的力量 / yuga-dharma — 年代的活動 / vyatikaram — 不正常的現象 / prāptam — 積累了 / bhuvi — 在地球上 / yuge yuge — 不同的年代

譯文 大聖人維亞薩戴瓦看到年代責任的履行過程中出現了異常現象。由於時間造成的看不見的影響力，這現象在地球上的不同年代中都會發生。

要旨 像維亞薩戴瓦那樣的偉大聖人是解脫了的靈魂，能清楚地看到過去和將來。因此，他能看到未來喀歷年代中的異常現象。根據這一情況，他爲人民大眾做了安排，以便他們在喀歷這個充滿了愚昧黑暗的年代中能過一種可以取得靈性進步的生活。由於愚昧，人們無法正確估量生命的價值，得到靈性知識的啓明。

第 **17-18** 節 भौतिकानां च भावानां शक्तिह्रासं च तत्कृतम् ।
अश्रद्दधानान्निःसत्त्वान्दुर्मेधान् ह्रसितायुषः ॥१७॥
दुर्भगांश्च जनान् वीक्ष्य मुनिर्दिव्येन चक्षुषा ।
सर्ववर्णाश्रमाणां यद्दध्यौ हितममोघदृक् ॥१८॥

bhautikānāṁ ca bhāvānāṁ
śakti-hrāsaṁ ca tat-kṛtam
aśraddadhānān niḥsattvān
durmedhān hrasitāyuṣaḥ

durbhagāṁś ca janān vīkṣya
munir divyena cakṣuṣā
sarva-varṇāśramāṇāṁ yad
dadhyau hitam amogha-dṛk

bhautikānām ca — 還有一切由物質構成的事物的 / bhāvānām — 行動 / śakti-hrāsam ca — 和自然力量的衰退 / tat-kṛtam — 由那致使 / aśraddadhānān — 沒有信心的人 / niḥsattvān — 因為缺乏善心而不耐煩 / durmedhān — 愚笨的 / hrasita — 減少 / āyuṣaḥ — 壽命的 / durbhagān ca — 還有不幸的 / janān — 一般大眾 / vīkṣya — 看見 / muniḥ — 聖哲 / divyena — 由超然的 / cakṣuṣā — 視力 / sarva — 所有 / varṇa-āśramāṇām — 所有靈性階段和社會階層的 / yat — 什麼 / dadhyau — 沈思過 / hitam — 福利 / amogha-dṛk — 一個知識淵博的人

譯文　具備所有知識的大聖人能透過他的超然視力看到，由於年代的影響，物質的一切事物都在惡化。他還能看到，普通大衆不再信神；而且因為缺乏美德，他們變得不再有耐心，他們的壽命會縮短。鑒於此，他開始為處在社會各階層和生命各階段的人的福利而冥思苦想。

要旨　時間所具有的看不見的影響力極爲強大，會逐漸湮沒一切物質的事物。在四個年代循環中的最後一個年代——喀歷年代裡，一切物質事物的力量都會在時間的影響下逐漸減弱。在這個年代裡，大眾的物質軀體的壽命大大縮短，記憶力也很大程度地減弱了。物質的活動動力不足：大地不像在其它年代裡那樣生產同樣多的穀物；乳牛不像從前那樣提供大量的牛奶；蔬菜和水果的出產也少於從前。爲此，人和動物都沒有豐富的、有營養的食物可食。在這個年代裡，由於生活中有那麼多的需求，致使人的壽命縮短、記憶力降低、智力不足，彼此間充滿了虛僞和紛爭……

偉大的聖人維亞薩戴瓦透過他超然的視力能看到這一切。就像佔星家能看出一個人今後的命運，或者天文學家能預測日蝕和月蝕發生的時間，那些能透過經典看一切的解脫了的靈魂，可以預言人類將來的一切。他們通過靈修進步所獲得的尖銳目光，使他們能看到這一切。

這些超然主義者當然都是至尊主的奉獻者；他們一直忙碌地爲人民大眾的福利做貢獻。不同於那些看不到五分鐘後會發生什麼事情的所謂的政治領袖們，他們是人民大眾真正的朋友。這個年代中的人民大眾及他們所謂的領袖，全都是不幸的人。他們不相信靈性的知識，由於被喀歷年代的影響所左右，總是受各種疾病的打擾。例如：現代有那麼多肺結核病人和治療肺結核的醫院，但以前因爲時間沒有那麼不吉利，所以情況並非如此。聖維亞薩戴瓦的代表都無私地工作，一直忙於做一些安排，去幫助地位和生活階層各不相同的每一個人。然而，這個年代的不幸的人們，卻總是不願意與這樣的超然主義者們交流。最偉大的慈善家，是那些努力執行維亞薩、納茹阿達、瑪德瓦、柴坦亞、茹帕和薩茹阿斯瓦提等人物的使命的超然主義者。他們都是一樣的。每一個人的個性也許不同，但使命的目標一樣，那就是：拯救墮落的靈魂，使他們回歸家園、回歸首神。

第 19 節 चातुर्होत्रं कर्म शुद्धं प्रजानां वीक्ष्य वैदिकम् ।
व्यदधाद्यज्ञसन्तत्यै वेदमेकं चतुर्विधम् ॥१९॥

cātur-hotraṁ karma śuddhaṁ
prajānāṁ vīkṣya vaidikam
vyadadhād yajña-santatyai
vedam ekaṁ catur-vidham

cātuḥ — 四個 / hotram — 祭祀之火 / karma śuddham — 活動的淨化 / prajānām — 一般大眾的 / vīkṣya — 看過之後 / vaidikam — 按照韋達儀式 / vyadadhāt — 做成 / yajña — 祭祀 / santatyai — 爲了擴展 / vedam ekam — 只有一部韋達經 / catuḥ-vidham — 四個部份

譯文 他看到，韋達經中提到的祭祀是淨化人們活動的方法。爲了更便於給人們解釋知識，把程序精簡化，他把一部韋達經分成了四部。

要旨 以前只有一部名爲《亞諸爾》(Yajur)的韋達經，其中具體談到了四種類型的祭祀。但爲了淨化四個社會階層的職責，使祭祀更容易做，維亞薩戴瓦便把那一部韋達經分成了四部，分別稱爲《瑞歌》(Ṛg,《梨俱》)、《亞諸爾》(Yajur,《耶柔》)、《薩瑪》(Sāma,《娑摩》)和阿塔爾瓦(Atharva,《阿達婆》)。除這四部韋達經之外，還有被稱爲第五部韋達經的往世書(Purāṇas)——《瑪哈巴茹阿特》(Mahābhārata,《摩訶婆羅多》)和讚歌(Saṁhitās)等。聖維亞薩戴瓦和他的許多門徒都是歷史上的重要人物；他們對這個喀歷年代中的墮落靈魂非常仁慈，充滿同情。爲了讓墮落的靈魂更容易理解，《瑪哈巴茹阿特》和眾多的往世書通過講述有關的歷史事實來解釋四部韋達經的教導。所以，懷疑往世書和《瑪哈巴茹阿特》的權威性，說它們不屬韋達經的一部份是毫無意義的。《昌竇給亞奧義書》(Chāndogya Upaniṣad)第 7 篇第 1 章的第 4 節詩中，把眾所周知記載宇宙古史的往世書和《瑪哈巴茹阿特》說成是第五部韋達經。按照聖吉瓦．哥斯瓦米的說法，那才是查明啓示經典之不同價值的方法。

第 **20** 節　**ऋग्यजुःसामाथर्वाख्या वेदाश्चत्वार उद्धृताः ।**
इतिहासपुराणं च पञ्चमो वेद उच्यते ॥२०॥

ṛg-yajuḥ-sāmātharvākhyā
vedāś catvāra uddhṛtāḥ
itihāsa-purāṇaṁ ca
pañcamo veda ucyate

ṛg-yajuḥ-sāma-atharva-ākhyāḥ — 四部韋達經的名稱 / vedāḥ — 韋達經 / catvāraḥ — 四 / uddhṛtāḥ — 分成不同的部份 / itihāsa — 歷史記錄（《瑪哈巴茹阿特》）/ purāṇam ca — 及眾多往世書 / pañcamaḥ — 第五 / vedaḥ — 知識的本源 / ucyate — 被稱爲

譯文　知識的源頭(韋達經)被分成四部。往世書中記載的歷史事實和真實故事，被稱爲第五部韋達經。

第 **21** 節　**तत्रर्ग्वेदधरः पैलः सामगो जैमिनिः कविः ।**
वैशम्पायन एवैको निष्णातो यजुषामुत ॥२१॥

tatrarg-veda-dharaḥ pailaḥ
sāmago jaiminiḥ kaviḥ
vaiśampāyana evaiko
niṣṇāto yajuṣām uta

tatra — 隨即 / ṛg-veda-dharaḥ — 《瑞歌．韋達》的教授 / pailaḥ — 名叫培拉的聖哲 / sāma-gaḥ — 《薩瑪．韋達》的 / jaiminiḥ — 名叫齋彌

尼的聖哲 / kaviḥ — 資深的 / vaiśampāyanaḥ — 名叫外商帕亞納的聖哲 / eva — 只有 / ekaḥ — 單獨的 / niṣṇātaḥ — 精通於 / yajuṣām — 《亞諸爾．韋達》的 / uta — 光榮的

譯文 在韋達經被分成四部份後，聖人培拉成為《瑞歌．韋達》的教授，齊彌尼成為《薩瑪．韋達》的教授，外尚帕亞納則因教授《亞諸爾．韋達》而揚名於世。

要旨 爲了以不同的方式更詳細地解釋知識，不同的韋達經被托付給不同的學識淵博的學者去保管。

第 22 節 अथर्वाङ्गिरसामासीत्सुमन्तुर्दारुणो मुनिः ।
इतिहासपुराणानां पिता मे रोमहर्षणः ॥२२॥

atharvāṅgirasām āsīt
sumantur dāruṇo muniḥ
itihāsa-purāṇānāṁ
pitā me romaharṣaṇaḥ

atharva — 《阿塔爾瓦．韋達》/ aṅgirasām — 向聖哲安給茹阿 / āsīt — 受托付 / sumantuḥ — 也稱爲蘇曼圖．牟尼 / dāruṇaḥ — 專心致力於《阿塔爾瓦．韋達》/ muniḥ — 聖哲 / itihāsa-purāṇānām — 歷史記錄及往世書的 / pitā — 父親 / me — 我的 / romaharṣaṇaḥ — 聖哲柔瑪哈爾珊納

譯文 專心致力於實踐《阿塔爾瓦．韋達》教導的安給茹阿(蘇曼圖．牟尼)受托保管《阿塔爾瓦．韋達》。我父親柔瑪哈爾珊納，受托保管往世書和史記。

要旨 韋達讚歌(śruti-mantras)中說，嚴格遵守《阿塔爾瓦．韋達》中精密原則的安給茹阿．牟尼，是《阿塔爾瓦．韋達》追隨者們的領袖。

第 23 節 त एत ऋषयो वेदं स्वं स्वं व्यस्यन्ननेकधा ।
शिष्यैः प्रशिष्यैस्तच्छिष्यैर्वेदास्ते शाखिनोऽभवन् ॥२३॥

ta eta ṛṣayo vedaṁ
svaṁ svaṁ vyasyann anekadhā
śiṣyaiḥ praśiṣyais tac-chiṣyair
vedās te śākhino 'bhavan

te — 他們 / ete — 所有這些 / ṛṣayaḥ — 淵博的學者 / vedam — 各部韋達經 / svam svam — 就他們受委托的事宜 / vyasyan — 傳授 / anekadhā — 很多 / śiṣyaiḥ — 門徒 / praśiṣyaiḥ — 徒孫 / tat-śiṣyaiḥ — 曾徒孫 / vedāḥ te — 各部韋達經的追隨者 / śākhinaḥ — 各部門的 / abhavan — 因此成為

譯文 所有這些博學的學者都按照給他們的囑托，把韋達經傳給他們的衆多門徒、孫子輩的門徒，以及重孫輩的門徒，從而形成了韋達經的各個分支傳承。

要旨 韋達經是一切知識的源頭。無論是世俗知識還是超然的知識，世上沒有任何一種知識沒有記載在原始韋達經中。學識淵博、值得尊敬的大學者們把韋達經中記載的知識分成不同的部份，他們的追隨者後來又對分支性的知識加以詳細地闡述。換句話說，韋達知識被不同的師徒傳承分成不同的分支性知識，傳遍全世界。因此，沒人能說世上有超出韋達經記載的知識。

第 24 節 त एव वेदा दुर्मेधैर्धार्यन्ते पुरुषैर्यथा ।
एवं चकार भगवान् व्यासः कृपणवत्सलः ॥२४॥

ta eva vedā durmedhair
dhāryante puruṣair yathā
evaṁ cakāra bhagavān
vyāsaḥ kṛpaṇa-vatsalaḥ

te — 那 / eva — 肯定地 / vedāḥ — 知識之書 / durmedhaiḥ — 由智力欠佳的 / dhāryante — 能夠瞭解 / puruṣaiḥ — 由人 / yathā — 如……一樣 / evam — 因此 / cakāra — 編輯 / bhagavān — 強有力者 / vyāsaḥ — 大聖哲維亞薩 / kṛpaṇa-vatsalaḥ — 對無知的大眾很仁慈

譯文 就這樣，對無知大眾十分仁慈的大聖人維亞薩戴瓦，編輯了韋達經，以使智力欠佳的人更容易消化其中的知識。

要旨 韋達經原本是一部，這節詩裡解釋了把它分成許多部份的原因。一切知識的種子——韋達經，不是普通人所能輕易理解的。關於對韋達經的學習有一條嚴格的規定，即：一個人如果不是有資格的布茹阿瑪納(婆羅門)，不該試圖去學習韋達經。這條嚴格的規定被人們以太多種錯誤的方式加以詮釋。有一種人聲稱，只要出生在布茹阿瑪納家庭中，就有布茹阿瑪納的資格，而學習韋達經是布茹阿瑪納階層的專利。另一種人認為，對沒有出生在布茹阿瑪納家庭的其它階層的人來說，有關學習韋達經的嚴格規定不公平。但這兩種人都被誤導了。就連布茹阿瑪(Brahmā, 梵天)學習韋達經時，都要由至尊主給予解釋。這意味著，只有處在善良屬性層面上的人，才能理解韋達經的內容。受激情屬性和愚昧屬性控制的人，沒有能力理解韋達經的主題。韋達知識的最終目的是瞭解人格首神聖奎師那。這位人物很少能被那些受制於激情和愚昧屬性的人瞭解。在薩提亞年代，每個人都處在善良屬性的層面上。在杜瓦帕爾和特瑞塔年代，善良屬性逐漸減少，大眾普遍墮落。在現在這個喀歷年代中，善良屬性幾乎完全消失。爲了人們大眾的利益，強大有力且慈悲爲懷的聖人維亞薩戴瓦，把韋達經的知識分類加以整理，以便受制於激情和愚昧屬性的智力欠佳之人也都能遵循。這一點在下節詩中給予了解釋。

第 25 節 स्त्रीशूद्रद्विजबन्धूनां त्रयी न श्रुतिगोचरा ।
कर्मश्रेयसि मूढानां श्रेय एवं भवेदिह ।
इति भारतमाख्यानं कृपया मुनिना कृतम् ॥२५॥

strī-śūdra-dvijabandhūnāṁ
trayī na śruti-gocarā
karma-śreyasi mūḍhānāṁ
śreya evaṁ bhaved iha
iti bhāratam ākhyānaṁ
kṛpayā muninā kṛtam

strī — 女人 / śūdra — 勞動階層 / dvija-bandhūnām — 再生族的朋友的 / trayī — 三 / na — 不 / śruti-gocarā — 爲了瞭解 / karma — 在活動中 / śreyasi — 在福利 / mūḍhānām — 愚蠢人的 / śreyaḥ — 無上利益 / evam — 因此 / bhavet — 達成 / iha — 由此 / iti — 這樣想著 / bhāratam — 偉大的《瑪哈巴茹阿特》 / ākhyānam — 歷史事實 / kṛpayā — 由於極大的仁慈 / muninā — 由那聖哲 / kṛtam — 完成了

譯文 出於對大衆的同情，偉大的聖人認爲這樣做能使人達到生命的最高目標，于是又爲婦女、勞工和再生者的朋友編纂了名爲《瑪哈巴茹阿特》的史詩。

要旨 再生者的朋友，是那些出生在布茹阿瑪納、查垂亞(kṣatriya, 刹帝利)、外夏(vaiśya, 吠舍)或有靈性教養的家庭，但自己卻比祖先遜色的人。由於這樣的後代缺乏應有的淨化，所以得不到正式的承認。淨化活動甚至在孩子出生前就已經開始了，梵文稱授精的淨化程序爲嘎爾巴達納-薩麼斯卡爾(Garbhādhāna-saṁskāra)。沒有經過這種靈性計劃生育便出生的人，不被接受爲是真正的再生者家庭中的成員。在授精的淨化程序之後，還有其它的淨化程序，聖線授予儀式就是其中之一。這個儀式是在靈性啓迪時舉行的。只有在舉行過這個儀式後，一個人才有資格被稱爲再生者。第一次出生從授精的淨化儀式開始算起，第二次出生從受到靈性啓迪的時刻算起。能夠經歷這些重要淨化程序的人，才是真正的再生者。

如果父母沒有按照靈性計劃生育的程序做，而是出於激情去生孩子，他們的孩子就被稱爲再生者的朋友(dvija-bandhu)。這些再生者的朋友與生來智力欠佳的庶鐸(śūdra, 首陀羅)和婦女屬同一類人。庶鐸和婦女階層的人，除了要舉行結婚儀式，不需要經歷其它的淨化程序。

婦女、庶鐸和高階層人家中不合格的子孫等智力欠佳的人，不具備理解超然的韋達經的目的所必須具備的資格。《瑪哈巴茹阿特》就是爲他們準備的。《瑪哈巴茹阿特》要達到的目的，與韋達經要達到的目的一樣，因此其中記載了韋達經的概述——《博伽梵歌》。智力欠佳的人對故事比對哲學更感興趣，因此維亞薩戴瓦把聖主奎師那講述的《博伽梵歌》放在史詩《瑪哈巴茹阿特》中，以此方式呈現韋達經中的哲學。維亞薩戴瓦和主奎師那都處在超然的層面上，因此聯合起來做對這個年代的墮落靈魂有益的事。《博伽梵歌》是所有韋達知識的精華，是靈性知識的基礎，其中包含的知識與奧義書中所記載的知識一樣。韋丹塔(Vedānta, 吠檀陀)哲學所研究的主題是靈性的大學級課程。只有獲得靈性大學文憑後的碩士生，才能進入爲至尊主做奉愛服務的靈性領域。這是一門非凡的科學，教導這門科學的偉大教授，就是以聖主柴坦亞·瑪哈帕布形象降臨的至尊主本人。經祂授權的人，可以啓迪他人爲至尊主做超然的愛心服務。

第 26 節　एवं प्रवृत्तस्य सदा भूतानां श्रेयसि द्विजाः ।
सर्वात्मकेनापि यदा नातुष्यद् धृदयं ततः ॥२६॥

evaṁ pravṛttasya sadā
bhūtānāṁ śreyasi dvijāḥ
sarvātmakenāpi yadā
nātuṣyad dhṛdayaṁ tataḥ

evam — 因此 / pravṛttasya — 從事於……的人 / sadā — 總是 / bhūtānām — 生物的 / śreyasi — 在無上的利益中 / dvijāḥ — 再生者啊 / sarvātmakena api — 無論如何 / yadā — 當 / na — 不 / atuṣyat — 變得滿足 / hṛdayam — 心 / tataḥ — 在那時候

譯文　經過再生的衆布茹阿瑪納啊！他雖然爲全人類的福利而工作，但心中還是感到不滿足。

要旨　聖維亞薩戴瓦雖然爲人民大眾的全面福利準備了韋達知識典籍，但心中還是感到不滿足。按理說他會因爲自己所從事的這些活動而感到滿足，但他最後並不感到滿足。

第 27 節　नातिप्रसीदद् धृदयः सरस्वत्यास्तटे शुचौ ।
वितर्कयन् विविक्तस्थ इदं चोवाच धर्मवित् ॥२७॥

nātiprasīdad dhṛdayaḥ
sarasvatyās taṭe śucau
vitarkayan vivikta-stha
idaṁ covāca dharma-vit

na — 不 / atiprasīdat — 很滿意 / hṛdayaḥ — 心裡 / sarasvatyāḥ — 薩茹阿斯瓦緹河的 / taṭe — 在……河岸上 / śucau — 淨化了以後 / vitarkayan — 考慮到 / vivikta-sthaḥ — 獨處 / idam ca — 還有這 / uvāca — 說 / dharma-vit — 瞭解宗教的人

譯文 由於心中不滿，聖人立刻開始反省。他知道宗教的實質，于是心中對自己說：

要旨 聖人開始尋找心中不滿的原因。心中沒有感到滿足之前，永遠都不能說達到了完美境界。這種心靈的滿足只有在物質範疇之外的領域才能找到。

第 28-29 節 धृतव्रतेन हि मया छन्दांसि गुरवोऽग्नयः ।
मानिता निर्व्यलीकेन गृहीतं चानुशासनम् ॥२८॥
भारतव्यपदेशेन ह्याम्नायार्थश्च प्रदर्शितः ।
दृश्यते यत्र धर्मादि स्त्रीशूद्रादिभिरप्युत ॥२९॥

dhṛta-vratena hi mayā
chandāṁsi guravo 'gnayaḥ
mānitā nirvyalīkena
gṛhītaṁ cānuśāsanam

bhārata-vyapadeśena
hy āmnāyārthaś ca pradarśitaḥ
dṛśyate yatra dharmādi
strī-śūdrādibhir apy uta

dhṛta-vratena — 在一個嚴格紀律的誓言下 / hi — 肯定地 / mayā — 由我 / chandāṁsi — 韋達讚歌 / guravaḥ — 靈性導師們 / agnayaḥ — 祭祀之火 / mānitāḥ — 適當地崇拜 / nirvyalīkena — 沒有假裝 / gṛhītam ca — 也接受 / anuśāsanam — 傳統的紀律 / bhārata — 《瑪哈巴茹阿

特》/ vyapadeśena — 由……匯編 / hi — 肯定地 / āmnāya-arthaḥ — 師徒傳承的含義 / ca — 和 / pradarśitaḥ — 正確地解釋 / dṛśyate — 至於什麼是必要的 / yatra — 那裡 / dharma-ādiḥ — 宗教之路 / strī-śūdra-ādibhiḥ api — 即使由女人、庶鐸(勞工)等 / uta — 確實

譯文 我嚴格遵守戒律，謙遜地崇拜韋達經、靈性導師們和祭祀的聖壇。我也遵守規範守則，透過對就連婦女、庶鐸和其他人(再生者的朋友)都能藉以明了宗教之途的《瑪哈巴茹阿特》的解釋，指明了師徒傳承的重要性和意義。

要旨 不嚴格遵守戒律，進入真正的師徒傳承，人不可能理解韋達經的含義。想要瞭解韋達經含義的人，必須崇拜韋達經、靈性導師們和祭祀之火。爲了婦女、庶鐸(śūdra, 勞工)，以及布茹阿瑪納、查垂亞或外夏家庭中不合格的成員便於理解，《瑪哈巴茹阿特》中系統地呈現了韋達知識中所有複雜難懂之處。在這個年代裡，《瑪哈巴茹阿特》比原始韋達經更重要。

第 30 節 तथापि बत मे दैह्यो ह्यात्मा चैवात्मना विभुः ।
असम्पन्न इवाभाति ब्रह्मवर्चस्य सत्तमः ॥३०॥

tathāpi bata me daihyo
hy ātmā caivātmanā vibhuḥ
asampanna ivābhāti
brahma-varcasya sattamaḥ

tathāpi — 雖然 / bata — 缺點 / me — 我的 / daihyaḥ — 處於身體中 / hi — 肯定地 / ātmā — 生物 / ca — 和 / eva — 即使 / ātmanā — 我自己 / vibhuḥ — 足夠的 / asampannaḥ — 缺乏 / iva ābhāti — 看來是 / brahma-varcasya — 韋丹塔學者的 / sattamaḥ — 至尊

譯文 我雖然已經達成了韋達經的一切要求，但卻仍感到不圓滿。

要旨 聖維亞薩戴瓦無疑已經達成了韋達經的一切要求。被掩埋在物質中的生物，只有靠執行韋達經規定的活動才能得到淨化，但要達到最高的成就就是另一回事了。生物除非達到最高的成就，否則即使達到了韋達經的一切要求，也不可能處在超然的境界——生物的正常生存狀態。聖維亞薩戴瓦看來失去了解決問題的線索，因此心中感到不滿足。

第31節 किं वा भागवता धर्मा न प्रायेण निरूपिताः ।
प्रियाः परमहंसानां त एव ह्यच्युतप्रियाः ॥३१॥

kiṁ vā bhāgavatā dharmā
na prāyeṇa nirūpitāḥ
priyāḥ paramahaṁsānāṁ
ta eva hy acyuta-priyāḥ

kim vā — 或 / bhāgavatāḥ dharmāḥ — 生物的奉獻活動 / na — 不 / prāyeṇa — 差不多 / nirūpitāḥ — 指向 / priyāḥ — 親愛的 / paramahaṁsānām — 達到了完美境界的生物 / te eva — 那也是 / hi — 肯定地 / acyuta — 不會墮落的、不會犯錯的 / priyāḥ — 有吸引力的

譯文 這也許是因為我沒有特別指出為至尊主做奉愛服務這一點，而這是完美生物和永不犯錯的至尊主雙方都極為喜愛的。

要旨 在這節詩裡，聖維亞薩戴瓦自己說出了他感到不滿足的原因。他感到不滿足，是因為沒有指出為至尊主做奉愛服務，而不做服務不符合生物的原本狀態。人除非穩定地處在做奉愛服務的原本狀態中，

否則無論是至尊主還是生物本身都不可能完全感到滿足。當維亞薩戴瓦的靈性導師納茹阿達·牟尼來找他時，他剛好感受到了這一缺憾。對此，下一節詩進行了描述。

第 32 節 तस्यैवं खिलमात्मानं मन्यमानस्य खिद्यतः ।
कृष्णस्य नारदोऽभ्यागादाश्रमं प्रागुदाहृतम् ॥३२॥

tasyaivaṁ khilam ātmānaṁ
manyamānasya khidyataḥ
kṛṣṇasya nārado 'bhyāgād
āśramaṁ prāg udāhṛtam

tasya — 他的 / evam — 因此 / khilam — 較低的 / ātmānam — 靈魂 / manyamānasya — 在心裡想著 / khidyataḥ — 懊悔 / kṛṣṇasya — 奎師那·兌帕亞納·維亞薩的 / nāradaḥ abhyāgāt — 納茹阿達來到 / āśramam — 茅屋 / prāk — 以前 / udāhṛtam — 說

譯文 就在奎師那·兌帕亞納·維亞薩正為自己的不足之處感到遺憾時，納茹阿達到了前面提過的維亞薩戴瓦那間坐落在薩茹阿斯瓦緹河岸邊的小屋。

要旨 維亞薩戴瓦不是因爲缺乏知識而感到空虛。爲至尊主做純粹的奉愛服務稱爲巴嘎瓦塔-達爾瑪(Bhāgavata-dharma)，一元論者沒有機會進入這一領域。一元論者不被列入至尊天鵝(paramahaṁsa, 處在最完美的棄絕階層的人)的行列。《聖典博伽瓦譚》中充滿了對人格首神超然活動的描述。維亞薩戴瓦雖然是被授權了的神性人物，但還是因爲沒有在他的著作中正確地解釋至尊主的超然活動而感到不滿足。聖奎師那直接把靈感注入維亞薩戴瓦的心中，使他感到如上所述的缺憾。這節詩中明確表示，沒有爲至尊主做超然的愛心服務，一切就都是空的；但爲至尊主做超然服務，一切就都實實在在，而不需要額外從事功利性活動或憑經驗進行哲學思辨。

第 33 節 तमभिज्ञाय सहसा प्रत्युत्थायागतं मुनिः ।
पूजयामास विधिवन्नारदं सुरपूजितम् ॥३३॥

tam abhijñāya sahasā
pratyutthāyāgataṁ muniḥ
pūjayām āsa vidhivan
nāradaṁ sura-pūjitam

tam abhijñāya — 看到他(納茹阿達)到來的吉兆 / sahasā — 突然地 / pratyutthāya — 起身 / āgatam — 到達 / muniḥ — 維亞薩戴瓦 / pūjayām āsa — 崇拜 / vidhi-vat — 像對維迪(布茹阿瑪)一樣尊敬 / nāradam — 向納茹阿達 / sura-pūjitam — 被半神人崇拜

譯文 看到聖納茹阿達的吉祥到訪，聖維亞薩戴瓦恭敬地起身崇拜他，向尊敬創造者布茹阿瑪一樣尊敬他。

要旨 梵文維迪(vidhi)是指第一個被創造的生物體布茹阿瑪。他是韋達經的第一個學生兼教授。他從聖奎師那那裡學習韋達經，然後把韋達經教授給他的第一個學生納茹阿達。所以，在靈性的師徒傳承中，納茹阿達是第二位靈性導師。他是布茹阿瑪的代表，因此受到與所有規則(vidhis)的製定者布茹阿瑪同等的尊重。同樣，師徒傳承中所有其他的靈性導師，也都受到與第一位靈性導師同等的尊敬。

到此爲止，結束了巴克提韋丹塔對《聖典博伽瓦譚》第 1 篇第 4 章——“聖納茹阿達的出現”所作的闡釋。

第五章

聖納茹阿達就《聖典博伽瓦譚》給維亞薩戴瓦的指示

第1節

सूत उवाच
अथ तं सुखमासीन उपासीनं बृहच्छ्रवाः ।
देवर्षिः प्राह विप्रर्षिं वीणापाणिः स्मयन्निव ॥ १ ॥

sūta uvāca
atha taṁ sukham āsīna
upāsīnaṁ bṛhac-chravāḥ
devarṣiḥ prāha viprarṣiṁ
vīṇā-pāṇiḥ smayann iva

sūtaḥ — 蘇塔 / uvāca — 說 / atha — 因此 / tam — 他 / sukham āsīnaḥ — 舒適地坐著 / upāsīnam — 向一個坐在附近的人 / bṛhat-śravāḥ — 很受尊敬的 / devarṣiḥ — 半神人中的聖哲 / prāha — 說 / viprarṣim — 像布茹阿瑪納中的聖哲 / vīṇā-pāṇiḥ — 一個手持維那琴的人 / smayan iva — 明顯地笑著

譯文　蘇塔．哥斯瓦米說：半神人中的聖人(納茹阿達)輕鬆就座，微笑地對布茹阿瑪納中的聖人(維亞薩)說話。

要旨　納茹阿達之所以微笑，是因爲瞭解大聖人維亞薩戴瓦，以及使維亞薩戴瓦沮喪的原因。正如他將會逐漸解釋的，維亞薩戴瓦感到沮喪的原因是，沒有充分呈獻奉愛服務的科學。納茹阿達知道這個缺憾，而維亞薩的狀態也證實了這一點。

第2節
नारद उवाच
पाराशर्य महाभाग भवतः कच्चिदात्मना ।
परितुष्यति शारीर आत्मा मानस एव वा ॥ २ ॥

nārada uvāca
pārāśarya mahā-bhāga
bhavataḥ kaccid ātmanā
parituṣyati śārīra
ātmā mānasa eva vā

nāradaḥ — 納茹阿達 / uvāca — 說 / pārāśarya — 帕茹阿沙茹阿之子 / mahā-bhāga — 非常幸運的 / bhavataḥ — 你的 / kaccit — 如果是 / ātmanā — 通過覺悟自我 / parituṣyati — 會滿足 / śārīraḥ — 與身體認同 / ātmā — 自我 / mānasaḥ — 與心認同 / eva — 肯定地 / vā — 和

譯文 納茹阿達詢問帕茹阿沙茹阿的兒子維亞薩戴瓦道：把身心與自我認同並把身心當作覺悟自我的對象，你感到滿足嗎？

要旨 納茹阿達在此暗示維亞薩戴瓦感到沮喪的原因。作爲強大有力的聖人帕茹阿沙茹阿(Parāśara)的後代，維亞薩戴瓦出身高貴，而這不會是造成他沮喪的原因。作爲偉大父親的兒子，他不該把自我與軀體或心智相認同。缺乏知識的普通人可以把軀體當作自我，或者把心智當作自我，但維亞薩戴瓦不該這樣。人除非真正處在超越了物質軀體和心智的自我覺悟的狀態中，否則自然不會快樂。

第3節 जिज्ञासितं सुसम्पन्नमपि ते महदद्भुतम् ।
कृतवान् भारतं यस्त्वं सर्वार्थपरिबृंहितम् ॥ ३ ॥

jijñāsitaṁ susampannam
api te mahad-adbhutam
kṛtavān bhārataṁ yas tvaṁ
sarvārtha-paribṛṁhitam

jijñāsitam — 徹底詢問 / susampannam — 精通 / api — 雖然 / te — 你的 / mahat-adbhutam — 偉大及奇妙的 / kṛtavān — 預備了 / bhāratam — 《瑪哈巴茹阿特》 / yaḥ tvam — 你做了什麼 / sarva-artha — 包括一個接一個的韋達目標 / paribṛṁhitam — 詳細地解釋

譯文　你呈獻了一部精彩非凡的巨著《瑪哈巴茹阿特》，其中充滿了對一個接一個的韋達目標的詳細解釋，因此毫無疑問你的探索很全面，你的研究也很圓滿。

要旨　維亞薩戴瓦已經對韋達文獻作了詳細、徹底的研究，結果編纂出全面解釋韋達經的《瑪哈巴茹阿特》，所以他無疑不是因為缺乏知識而感到沮喪。

第 4 節　जिज्ञासितमधीतं च ब्रह्म यत्तत्सनातनम् ।
तथापि शोचस्यात्मानमकृतार्थ इव प्रभो ॥ ४ ॥

jijñāsitam adhītaṁ ca
brahma yat tat sanātanam
tathāpi śocasy ātmānam
akṛtārtha iva prabho

jijñāsitam — 完全清楚地考慮到 / adhītam — 得到的知識 / ca — 和 / brahma — 絕對者 / yat — 什麼 / tat — 那 / sanātanam — 永恆的 / tathāpi — 儘管這樣 / śocasi — 懊悔 / ātmānam — 向自我 / akṛta-arthaḥ — 未完成的 / iva — 像 / prabho — 先生

譯文　你已經充分描述了不具人格特徵的布茹阿曼(梵)，以及由此而來的知識。儘管如此，你卻感到沮喪，認為自己什麼都沒做，這是為什麼呢，我敬愛的先生？

要旨　維亞薩戴瓦編纂的《韋丹塔-蘇陀》(《布茹阿瑪-蘇陀》)，對絕對者的非人格特徵進行了詳細的描述，被視為是世上最高的哲學解釋。《韋丹塔-蘇陀》中談到了永恆這一主題，談論的方式極具學術性。所以，沒人會質疑維亞薩戴瓦所具有的超然學識。但他為什麼會認為自己失敗了呢？

第5節

व्यास उवाच
अस्त्येव मे सर्वमिदं त्वयोक्तं
तथापि नात्मा परितुष्यते मे ।
तन्मूलमव्यक्तमगाधबोधं
पृच्छामहे त्वात्मभवात्मभूतम् ॥ ५ ॥

vyāsa uvāca
asty eva me sarvam idaṁ tvayoktaṁ
tathāpi nātmā parituṣyate me
tan-mūlam avyaktam agādha-bodhaṁ
pṛcchāmahe tvātma-bhavātma-bhūtam

vyāsaḥ — 維亞薩 / uvāca — 說 / asti — 有 / eva — 肯定地 / me — 我的 / sarvam — 所有 / idam — 這 / tvayā — 由你 / uktam — 說 / tathāpi — 但仍然 / na — 不 / ātmā — 自我 / parituṣyate — 安慰 / me — 向我 / tat — 那個的 / mūlam — 根 / avyaktam — 沒有被察覺 / agādha-bodham — 有無限知識的人 / pṛcchāmahe — 詢問 / tvā — 向你 / ātma-bhava — 自我誕生的 / ātma-bhūtam — 後裔

譯文 聖維亞薩戴瓦說：您說的有關我的情況很準確。我雖然完成了上述的一切，但卻感受不到平靜和安慰。您是自生者(沒有塵世父母的布茹阿瑪)的後代，因此有無盡的知識，所以我請問您，我感到不滿的根源究竟是什麼？

要旨 在物質世界裡，所有的生物體都把自我與軀體或心智相認同，並非常專注於這種概念。正因爲如此，在物質世界裡散播的一切知識，都與軀體或心智有關，而那正是所有沮喪的根源。這一點並不總是被察覺到，即使是物質知識方面最博學的學者也很難看穿這一點。所以，要想解決所有沮喪的根本原因，最好去找一位像納茹阿達那樣的人物。下面解釋了爲什麼要這麼做。

第6節 स वै भवान् वेद समस्तगुह्य-
मुपासितो यत्पुरुषः पुराणः ।
परावरेशो मनसैव विश्वं
सृजत्यवत्यत्ति गुणैरसङ्गः ॥६॥

sa vai bhavān veda samasta-guhyam
upāsito yat puruṣaḥ purāṇaḥ
parāvareśo manasaiva viśvaṁ
sṛjaty avaty atti guṇair asaṅgaḥ

saḥ — 因此 / vai — 肯定地 / bhavān — 你自己 / veda — 知道 / samasta — 包括一切 / guhyam — 機密的 / upāsitaḥ — ……的奉獻者 / yat — 因爲 / puruṣaḥ — 人格首神 / purāṇaḥ — 最年長的 / parāvareśaḥ — 物質和靈性世界的控制者 / manasā — 心 / eva — 只有 / viśvam — 宇宙 / sṛjati — 創造 / avati atti — 毀滅 / guṇaiḥ — 由物質的品質 / asaṅgaḥ — 不執著於

譯文 我的導師！由於您崇拜物質世界的創造者和毀滅者，以及靈性世界的維繫者——超越物質自然三種屬性的至尊人格首神，您曉解所有神秘的事物。

要旨 一心一意爲至尊主做奉愛服務的人，是一切知識的象徵。至尊主的這樣一位奉獻者，因爲在爲至尊主做至善的奉愛服務，所以靠人格首神賦予的資格也變得完美。因此，相對於他所具有的神性財富來說，靠練神秘瑜伽所能得到的八種神秘力量(aṣṭa-siddhi)就太微不足道了。納茹阿達那樣的奉獻者能憑他靈性的完美成就奇妙地行事，而這是每一個人都想要獲得的能力。聖納茹阿達的地位雖然不能等同於人格首神的地位，但他卻是個百分之百完美的生物。

第7節 त्वं पर्यटन्नर्क इव त्रिलोकी-
मन्तश्चरो वायुरिवात्मसाक्षी ।
परावरे ब्रह्मणि धर्मतो व्रतैः
स्नातस्य मे न्यूनमलं विचक्ष्व ॥ ७ ॥

tvaṁ paryaṭann arka iva tri-lokīm
antaś-caro vāyur ivātma-sākṣī
parāvare brahmaṇi dharmato vrataiḥ
snātasya me nyūnam alaṁ vicakṣva

tvam — 閣下您 / paryaṭan — 旅行 / arkaḥ — 太陽 / iva — 像 / tri-lokīm — 三個世界 / antaḥ-caraḥ — 能夠進入每個人的心中 / vāyuḥ iva — 像無所不在的空氣那樣 / ātma — 覺悟了自我 / sākṣī — 見證人 / parāvare — 因果的事 / brahmaṇi — 在絕對真理中 / dharmataḥ — 在持戒的情況下 / vrataiḥ — 遵守誓言 / snātasya — 全神貫注於 / me — 我的 / nyūnam — 不足 / alam — 清楚地 / vicakṣva — 尋找出

譯文　您像太陽一樣能到三界中的任何地方去旅行，像空氣一樣能進入每個人的內心。正因為如此，您與無所不在的超靈一樣。所以，儘管我遵守誓言持戒，全神貫注於超然存在，但還是請幫我找出我的不足。

要旨　超然的覺悟、虔誠的活動、崇拜神像、施捨、慈悲、非暴力和在嚴格持戒的情況下學習經典，對人總是很有幫助。

第8節

श्रीनारद उवाच
भवतानुदितप्रायं यशो भगवतोऽमलम् ।
येनैवासौ न तुष्येत मन्ये तद्दर्शनं खिलम् ॥ ८ ॥

śrī-nārada uvāca
bhavatānudita-prāyaṁ
yaśo bhagavato 'malam
yenaivāsau na tuṣyeta
manye tad darśanaṁ khilam

śrī-nāradaḥ — 聖納茹阿達 / uvāca — 說 / bhavatā — 由你 / anudita-prāyam — 幾乎沒有稱讚 / yaśaḥ — 榮耀 / bhagavataḥ — 人格首神 / amalam — 沒有瑕疵的 / yena — 由那 / eva — 肯定地 / asau — 祂(人格首神) / na — 並不 / tuṣyeta — 感到喜悅 / manye — 我想 / tat — 那 / darśanam — 哲學 / khilam — 較低的

譯文　聖納茹阿達說：你並沒有傳播人格首神崇高、無瑕的榮耀。滿足不了至尊主超然感官的那種哲學，被視為是沒有價值的哲學。

要旨 個體靈魂與至尊靈魂(人格首神)之間的永恆關係，是永恆的僕人和永恆主人的關係。至尊主擴展出眾多的生物，以便接受那些生物的愛心服務，而只有這服務才能使至尊主和生物滿足。維亞薩戴瓦作爲學者編纂了那麼多韋達文獻，最後還編纂了韋丹塔哲學，但所有這些文獻都沒有直接讚美人格首神。枯燥的哲學思辨論著，如果沒有直接描述至尊主的榮耀，即使談論的是有關絕對者的超然主題，也沒有什麼吸引力。人格首神是超然覺悟中的最高目標。對絕對者的非人格布茹阿曼(梵)的覺悟和處在局部區域的超靈的覺悟所產生的超然快樂，少於對至尊人的榮耀的覺悟所產生的超然快樂。

維亞薩戴瓦是《韋丹塔-蘇陀》(《吠檀陀經》)的編纂者；儘管如此，他自己的心卻很亂。所以可以想象一下，在沒有作者維亞薩戴瓦本人解釋的情況下去閱讀和聆聽《韋丹塔-蘇陀》，能從中得到什麼樣的超然快樂？爲此，這節詩裡提到，需要由同一個作者以編纂《聖典博伽瓦譚》的方式解釋《韋丹塔-蘇陀》。

第 9 節

यथा धर्मादयश्चार्था मुनिवर्यानुकीर्तिताः ।
न तथा वासुदेवस्य महिमा ह्यनुवर्णितः ॥ ९ ॥

yathā dharmādayaś cārthā
muni-varyānukīrtitāḥ
na tathā vāsudevasya
mahimā hy anuvarṇitaḥ

yathā — 正如 / dharma-ādayaḥ — 所有四個宗教性行爲的原則 / ca — 和 / arthāḥ — 宗旨 / muni-varya — 由你自己——偉大的聖哲 / anukīrtitāḥ — 重複地描述 / na — 不 / tathā — 那樣 / vāsudevasya — 人格首神聖主奎師那 / mahimā — 榮耀 / hi — 肯定地 / anuvarṇitaḥ — 如此不斷地描述

譯文　偉大的聖人，你雖然以講述宗教活動為開始，詳盡地描述了人類的四項基本活動，但卻沒有描述至尊人物華蘇戴瓦的榮耀。

要旨　納茹阿達立刻宣布了他的快速判斷，那就是：維亞薩戴瓦在他編纂的眾多往世書中沒有重點描述至尊主的榮耀，而這正是他感到沮喪的根本原因。當然，維亞薩戴瓦在他的著作中描述了至尊主奎師那的榮耀，但沒有像談宗教活動、經濟發展、感官享樂和解脫那樣多。這四項活動顯然不如爲至尊主所做的奉愛服務。作爲經授權的學者，聖維亞薩戴瓦很清楚這之間的區別。儘管如此，他並沒有重點談論更好的活動——爲至尊主做奉愛服務，而是大量談論其它活動，多多少少浪費了他寶貴的時間。正因爲如此，他感到沮喪。這一點清楚地表明，不爲至尊主做奉愛服務，就沒人能感到實實在在的快樂。《博伽梵歌》中明確地談到了這個事實。

尋求解脫是從事宗教活動等四項活動中的最後一項活動；人在解脫後就會爲至尊主做純粹的奉愛服務。這個階段稱爲覺悟了自我(brahma-bhūta)的階段。達到這個覺悟了自我的階段後，人就滿足了。但滿足僅僅是超然快樂的開始。人應該通過在這個相對的世界裡達到保持中立和平等看待一切的境界，再向前不斷邁進。超越平等對待一切的境界後，人就穩定地爲至尊主做超然的愛心服務了。這是人格首神在《博伽梵歌》中的教導。最後，納茹阿達建議維亞薩戴瓦：爲了維持覺悟了自我的狀態，進而增加超然覺悟的程度，維亞薩戴瓦應該立刻熱切地重復描述奉愛服務之途。這麼做將消除他嚴重的沮喪情緒。

第 10 節　न यद्वचश्चित्रपदं हरेर्यशो
जगत्पवित्रं प्रगृणीत कर्हिचित् ।

तद्वायसं तीर्थमुशन्ति मानसा
न यत्र हंसा निरमन्त्युशिक्क्षयाः ॥१०॥

na yad vacaś citra-padaṁ harer yaśo
jagat-pavitraṁ pragṛṇīta karhicit
tad vāyasaṁ tīrtham uśanti mānasā
na yatra haṁsā niramanty uśik-kṣayāḥ

na — 不 / yat — 那 / vacaḥ — 言辭 / citra-padam — 裝飾 / hareḥ — 至尊主的 / yaśaḥ — 榮耀 / jagat — 宇宙 / pavitram — 聖化 / pragṛṇīta — 描述 / karhicit — 差不多沒有 / tat — 那 / vāyasam — 烏鴉 / tīrtham — 朝聖的地方 / uśanti — 想 / mānasāḥ — 聖潔的人 / na — 不 / yatra — 那裡 / haṁsāḥ — 完美的人 / niramanti — 取悅於 / uśik-kṣayāḥ — 那些住在超然居所的人

譯文 至尊主獨自一人就能使整個宇宙的氣氛神聖化，因此在品德高尚的人看來，那些沒有描述至尊主榮耀的言辭，就像烏鴉遊蕩的地方。絕對完美的人因為都住在超然的居所，所以從不到那裡去尋找快樂。

要旨 烏鴉和天鵝是兩類不同的飛禽，因爲牠們的心態不同。功利性活動者或受制於激情屬性的人，被比喻爲是烏鴉；相反，絕對完美的聖人被比喻爲是天鵝。烏鴉在垃圾堆中找尋快樂。同樣，受制於激情屬性的功利性活動者喜歡酒、女人和進行粗俗感官享樂的地方。天鵝不去烏鴉聚會的地方尋找快樂，而喜歡去自然景色優美的環境；那裡有點綴著絢麗多彩的蓮花的池塘，池塘中的水清澈見底。這就是天鵝與烏鴉這兩種飛禽的區別。

大自然安排不同的生物體有不同的心態，要使他們一樣是不可能的。

同樣道理，心態不同的人所喜歡的文學作品也不同。市場上充斥的文學作品幾乎都是有烏鴉般心態的人所喜歡的，其內容都是些圍繞感官話題的垃圾。那些內容通常被稱爲世俗的談論，都是與粗糙的肉身及精微的心念有關的話題。那些話題用經過修飾的語言加以敘述，充滿了世俗的明喻和隱喻。那些文學作品中雖然用盡花樣繁多的寫作手法，但卻從不讚美至尊主。那類詩歌、散文，無論談的內容是什麼，都被視爲是對死屍的粉飾。那種無生命的文學作品，被靈性僵死的人視爲是快樂的泉源，但被比作天鵝的靈性進步之人卻不喜歡看。那種受制於激情和愚昧屬性的文學作品在貼上不同的標簽後被販售；可是，由於它們無法滿足人的靈性渴望，天鵝般的靈性進步之人對它們不屑一顧。靈性進步之人總是自覺自願地爲至尊主做超然的奉愛服務，並始終保持這種靈性的水準，因此又被稱爲聖人(mānasa)。始終保持這種標準的靈修之人自然而然不再爲粗糙的軀體感官享樂而從事功利性活動，不再任由以自我爲中心的精微物質心智進行主觀推測。

對“著眼於感官享樂的物質進步”樂此不疲的文學家、科學家、世俗詩人、哲學家和政治家，都是受物質能量操縱的玩偶。他們喜歡在扔棄置物的垃圾堆中尋找快樂。按照施瑞達爾·斯瓦米的說法，那是嫖妓之人的快樂。

然而，掌握人類活動之精華的至尊天鵝們，都欣賞描述至尊主榮耀的文獻。

第 11 節　तद्वाग्विसर्गो जनताघविप्लवो
यस्मिन् प्रतिश्लोकमबद्धवत्यपि ।
नामान्यनन्तस्य यशोऽङ्कितानि यत्
शृण्वन्ति गायन्ति गृणन्ति साधवः ॥११॥

tad-vāg-visargo janatāgha-viplavo
yasmin prati-ślokam abaddhavaty api

nāmāny anantasya yaśo 'ṅkitāni yat
śṛṇvanti gāyanti gṛṇanti sādhavaḥ

tat — 那 / vāk — 言辭 / visargaḥ — 創造 / janatā — 一般大眾 / agha — 罪惡 / viplavaḥ — 革命性的 / yasmin — 在那 / prati-ślokam — 每一節詩 / abaddhavati — 寫作技巧不足 / api — 雖然 / nāmāni — 超然的名字等 / anantasya — 無限的至尊主的 / yaśaḥ — 榮耀 / aṅkitāni — 描述 / yat — 甚麼 / śṛṇvanti — 的確聆聽 / gāyanti — 吟誦、吟唱 / gṛṇanti — 確實接受 / sādhavaḥ — 誠實、淨化了的人

譯文 相反，充滿對無限的至尊主的名字、聲望、形象和娛樂活動等超然榮耀描述的文獻，卻是截然不同的創作。這種創作中隨處可見的超然話語，在這個世界誤導人的文明所導致的不虔誠生活中引起一場革命。這種超然的文獻，也許在寫作技巧上還存在著不足，但卻被極為真誠的純潔之人所接受、聆聽和吟唱。

要旨 “去粗取精、去僞存真”，是偉大的思想家的資格。經典說，智者應該從一罐毒液中提取甘露，應該接受甚至是從污濁的地方得到的金子，應該娶哪怕是出身卑賤但卻善良、賢慧的妻子，應該接受甚至是誕生在不可觸碰的家庭的人或老師所給予的有益教導。這些都是放之四海而皆準的倫理、道德指示。然而，一個神聖的人遠遠超出普通人的層面。他總是致力於讚美、宣揚至尊主，因爲傳播至尊主的聖名和聲望，可以淨化世界被污染的環境以及人們的心靈；大量出版宣傳《聖典博伽瓦譚》這樣的超然文獻，可以使人做事時頭腦清醒。當我寫《聖典博伽瓦譚》這節詩的評註時，印度正面臨一個危險的關頭。我們的鄰居朋友中國以軍國主義者的精神侵犯了印度邊境。我雖然對政治事宜不感興趣，但還是看到：很多世紀以來，中國和印度一直是和睦相處的；之

所以以前能夠和平共處，是因爲那時的人們都生活在有神意識的環境中。過去，地球上所有國家的人都敬畏神，而且心靈純潔、簡單，根本不需要政治外交。中國和印度兩國根本不需要因爲那片不太適合人居住的土地去爭吵，因此無疑更不必因爲這個問題去打仗。但由於我們談論過的“紛爭的喀歷年代的影響”，一個微小的刺激就能引起紛爭。紛爭的根源其實是這個年代污染的環境，而不是那些表面看來引起紛爭的原因。一部份人進行有計劃有步驟的宣傳，讓人們停止讚頌至尊主的名字和聲望，使整個環境被污染了。爲了改變這種狀況，極需要在全世界範圍內廣泛傳播《聖典博伽瓦譚》的信息。每一個有責任心的印度人，都應該向全世界傳播《聖典博伽瓦譚》的超然信息，以此爲全世界謀求最大的利益，帶給世人想要的和平。印度因爲忽視這項工作而沒有履行她該履行的責任，致使世上有那麼多的紛爭和煩惱。我們相信，世上的領袖人物如果能接受《聖典博伽瓦譚》的超然信息，他們的心無疑就會改變，而人民大眾自然就會以他們爲榜樣。人民大眾都是俗世政治家和人民領袖手中的工具。領袖的心一旦改變，世上的環境必將有根本的改變。我們知道：儘管我們呈獻這承載著超然訊息的非凡文獻，是爲了喚醒人民大眾的神意識，使整個世界環境靈性化，但我們誠懇的努力還面臨著許多困難。我們用差強人意的語言，特別是外語，去呈獻這部著作，無疑會存在許多缺陷。無論我們怎麼誠懇地努力以正確的文辭呈獻它，都還會有很多不足之處。但我們堅信，儘管我們呈獻的文獻會有很多缺陷，但其中談論的嚴肅主題將會受到重視；而且因爲我們誠懇地努力讚美全能的神，社會領袖們還是會接受它。房子起火時，住在房子裡的人會衝出去請鄰居幫忙滅火，即使鄰居也許是外國人，不懂火災受害者用以表達自己需求的語言，但講外文的鄰居還是會明白火災受害者的需求。在世界被污染的環境中傳播這《聖典博伽瓦譚》超然的信息，需要同樣的合作精神。畢竟，《聖典博伽瓦譚》是一門闡述靈性知識的科學；我們考慮的是技術、方法，而不是語言。世人如果理解了這部非凡文獻中的具體實踐方法，我們的努力就成功了。

當全世界的人從事太多的物質活動時，人與人之間或國與國之間爲一點小事就相互攻擊便不足爲奇了。這是喀歷(紛爭)年代的定律。整個環境已經被各種各樣的腐敗污染了，每一個人對此都很清楚。書的市場上泛濫著有害的文學作品，其中滿是鼓吹感官享樂的物質概念。許多國家都有政府委派的組織去檢查淫穢書刊。這意味著無論是政治領袖還是頭腦清醒的人，都不想有這種“文學作品”。但由於人們爲了感官享樂而想要它們，市場上的淫穢書刊便屢禁不止。人民大眾都喜歡閱讀(這是天性)，但他們的心被污染了，所以他們想讀那類刊物。在這種情況下，像《聖典博伽瓦譚》這種超然的文獻，不僅會減少大眾在骯髒思想的控制下所從事的活動，還將爲大眾提供精神食糧，滿足他們渴望閱讀有趣的文學作品的願望。正如黃疸病患者不喜歡吃冰糖，剛開始閱讀時，心靈被污染了的人可能不喜歡這部文獻；但我們應該知道，冰糖是治療黃疸病的唯一藥物。同樣道理，如果我們有計劃有步驟地宣傳、引導人民大眾閱讀《博伽梵歌》和《聖典博伽瓦譚》，這些文獻就會像冰糖治療黃疸病人一樣，醫治人們要感官享樂的疾病。當人們都開始喜歡這部文獻時，其它毒害社會的文獻就會自動銷聲匿跡。

因此我們堅信：由於《聖典博伽瓦譚》是仁慈地出現在這一章中的納茹阿達推薦的，人類社會的每一個成員都將會喜歡《聖典博伽瓦譚》，儘管我們用各國語言所呈現的這部巨著目前還有很多缺陷。

第 12 節 नैष्कर्म्यमप्यच्युतभाववर्जितं
न शोभते ज्ञानमलं निरञ्जनम् ।
कुतः पुनः शश्वदभद्रमीश्वरे
न चार्पितं कर्म यदप्यकारणम् ॥१२॥

naiṣkarmyam apy acyuta-bhāva-varjitaṁ
na śobhate jñānam alaṁ nirañjanam
kutaḥ punaḥ śaśvad abhadram īśvare
na cārpitaṁ karma yad apy akāraṇam

naiṣkarmyam — 自我覺悟，擺脫功利性活動的報應 / api — 雖然 / acyuta — 永不墜落、永不犯錯的至尊主 / bhāva — 概念 / varjitam — 缺乏 / na — 並不 / śobhate — 看好 / jñānam — 超然的知識 / alam — 逐漸 / nirañjanam — 毫無物質概念、污染 / kutaḥ — 那裡有 / punaḥ — 再次 / śaśvat — 總是 / abhadram — 要不得的、不吉祥的 / īśvare — 向至尊主 / na — 不 / ca — 和 / arpitam — 供奉 / karma — 功利性活動 / yat api — 甚麼是 / akāraṇam — 非業報性的

譯文　**有關覺悟自我的知識，如果不含永不墜落者(神)的概念，即使毫無物質性的內容也不好看。更不要說功利性活動了；這種本性短暫、一開始從事就會引起痛苦的活動，如果不用來為至尊主做奉愛服務，又有什麼用？**

要旨　如上所述，不僅那些不談至尊主超然榮耀的普通文學作品受到譴責，就連不談奉愛服務而只推測非人格布茹阿曼的韋達文獻也受到譴責。根據這節詩中提出的理由，就連對至尊主不具人格特徵的梵光進行思辨都受到譴責，更何談不是以奉愛服務爲目標的普通的功利性活動呢？這種思辨性的知識和功利性活動，不能引人到達完美的目的地。絕大多數世人所從事的功利性活動，從開始從事的那一刻起直到結束，始終會引起痛苦；惟有用它來爲至尊主做奉愛服務，才能有良好的收益。《博伽梵歌》中證實這一點說：要把功利性活動的結果貢獻出來爲至尊主服務，否則它將導致物質束縛。功利性活動真正的享受者是人格首神，因此當生物爲了感官享樂去從事它時，它就會成爲造成嚴重煩惱的根源。

第 13 節 अथो महाभाग भवानमोघदृक्
शुचिश्रवाः सत्यरतो धृतव्रतः ।
उरुक्रमस्याखिलबन्धमुक्तये
समाधिनानुस्मर तद्विचेष्टितम् ॥१३॥

atho mahā-bhāga bhavān amogha-dṛk
śuci-śravāḥ satya-rato dhṛta-vrataḥ
urukramasyākhila-bandha-muktaye
samādhinānusmara tad-viceṣṭitam

atho — 因此 / mahā-bhāga — 非常幸運的 / bhavān — 你自己 / amogha-dṛk — 完美的觀看者 / śuci — 沒有瑕疵的 / śravāḥ — 有名的 / satya-rataḥ — 接受了真實的誓言 / dhṛta-vrataḥ — 堅守靈性的品德 / urukramasya —從事著超自然活動的那一位(神)的 / akhila — 宇宙的 / bandha — 束縛 / muktaye — 爲了使解脫 / samādhinā — 靠全神貫注、神定 / anusmara — 多次地冥想後描述出來 / tat-viceṣṭitam — 至尊主的種種娛樂活動

譯文　維亞薩戴瓦啊！你的洞察力絕對完美，你的美名毫無瑕庇。你堅守誓言，保持真誠。正因為如此，你能夠全神貫注地冥想至尊主的娛樂活動，以解救普通大衆擺脫一切物質束縛。

要旨　一般人天生都喜歡閱讀文學作品。他們想要從權威那裡聆聽和閱讀一些他們不知道的事情，但他們的這種愛好被那些充滿了談論物質感官享樂話題的不適宜的文學作品所糟蹋。那種作品包括不同的世俗詩歌和哲學思辨論著，它們都或多或少地受錯覺能量(māyā)的影響，以感官享樂爲最高目標。那些作品雖然沒有真正的價值，但卻經過各種修辭手法的修飾，吸引智力欠佳的人的注意力。這些受到吸引的生物被

越來越深地捆綁在物質束縛中，世世代代沒有解脫的希望。作爲最優秀的外士納瓦(至尊主的奉獻者)，納茹阿達很同情這類垃圾文學的受害者，因此建議維亞薩戴瓦編纂超然的文獻；這種文獻不僅有吸引力，而且能真正使人擺脫所有的束縛。聖維亞薩戴瓦或他的代表因爲受到正確的訓練去看事物的真相，所以都勝任編纂超然文獻這一職責。聖維亞薩戴瓦和他的代表都因爲受到靈性啓發而思想純潔，因爲做奉愛服務而堅守諾言，都決心要拯救墜入物質活動泥潭的靈魂。墮落的靈魂都很急切地想要瞭解每天發生的新鮮事，而像維亞薩戴瓦或納茹阿達那樣的超然主義者可以爲這類熱心的大眾提供來自靈性世界的無數新聞。《博伽梵歌》中說，物質世界只不過是整個創造的一部份，而我們所生活其上的這個地球，只不過是整個物質世界的一個碎片而已。

全世界有成千上萬從事寫作的人；千百萬年來，他們爲大眾創作了成千上萬的文學作品。不幸的是，沒有一部作品給地球帶來和平與寧靜。這是因爲那些作品中沒有絲毫的靈性內容。爲此，我們特別推薦受苦的人類要學習韋達文獻，特別是《博伽梵歌》和《聖典博伽瓦譚》，以便能獲得想要的解脫，擺脫吞噬人的生命能量的物質文明痛苦。《博伽梵歌》是至尊主本人講述的信息，由維亞薩戴瓦記錄下來。《聖典博伽瓦譚》是對同一位至尊主奎師那所從事的超然活動的描述，本身就能夠滿足生物想要永久和平及擺脫痛苦的渴望。編纂《聖典博伽瓦譚》的目的，是爲了讓整個宇宙的眾生可以擺脫一切物質束縛，獲得徹底的解脫。只有像維亞薩戴瓦和他那些完全沈浸在爲至尊主做超然愛心服務中的真正代表，才能夠對至尊主的娛樂活動作這樣超然的敘述。至尊主的娛樂活動及其超然本質，只有在這樣的奉獻者做奉愛服務時才自動向他們展示出來；否則沒人能瞭解或描述至尊主的活動，哪怕人用許許多多年去思辨、去推測也無濟於事。《博伽瓦譚》中記載的一切都是那麼精確；這部五千年前編纂的非凡文獻中的所有預言，現在都在絲毫不差地發生著。所以，《博伽瓦譚》的作者維亞薩戴瓦能清楚地看到並瞭解過去、現在及未來發生的一切。像他這樣解脫了的人，不僅視力和知識是完美的，聆聽、思考、感受及其它感官活動也都是完美的。解脫了的人擁有完美的感官，而且只有具有完美感官的人才能侍奉感官的主人慧希凱施(Hṛṣīkeśa)——人格首神奎師那。因此，《聖典博伽瓦譚》是韋達經的編纂者——絕對完美的人物聖維亞薩戴瓦，對絕對完美的人格首神的完美描述。

第 14 節 ततोऽन्यथा किञ्चन यद्विवक्षतः
पृथग्दृशस्तत्कृतरूपनामभिः ।
न कर्हिचित्क्वापि च दुःस्थिता मति-
र्लभेत वाताहतनौरिवास्पदम् ॥१४॥

tato 'nyathā kiñcana yad vivakṣataḥ
pṛthag dṛśas tat-kṛta-rūpa-nāmabhiḥ
na karhicit kvāpi ca duḥsthitā matir
labheta vātāhata-naur ivāspadam

tataḥ — 從那 / anyathā — 之外 / kiñcana — 一些事物 / yat — 不論甚麼 / vivakṣataḥ — 想去描述 / pṛthak — 分別地 / dṛśaḥ — 視域 / tat-kṛta — 對那件事情的反應 / rūpa — 形狀 / nāmabhiḥ — 由名字 / na karhicit — 永不 / kvāpi — 任何 / ca — 和 / duḥsthitā matiḥ — 心神不定 / labheta — 得益 / vāta-āhata — 被風激起 / nauḥ — 船 / iva — 像 / āspadam — 地方

譯文　你想要描述的事物如果看來與至尊主沒有關係，就只會產生各種使人心躁動不安的形象、名字；猶如風吹小船，使其漂泊不定。

要旨　維亞薩戴瓦是所有韋達文獻的編纂者，他描述了以功利性活動、思辨知識、神秘瑜伽和奉愛服務等各種方式可以獲得的超然覺悟。除此之外，在他編纂的各種往世書中，他還推薦了對那麼多形象及名字各異的半神人的崇拜。結果是：大眾感到困惑，不知道該不該把他們的注意力集中在爲至尊主做服務上；他們總是感到心亂，不知道真正的覺悟自我的途徑究竟是哪一條。聖納茹阿達指出維亞薩戴瓦編纂的韋達文獻中存在這一缺陷，並強調要描述只與至尊主有關的一切。事實上，除了至尊主，世上沒有別的。至尊主展示出各種各樣的擴展。祂是整棵樹的根，是整個軀體的胃。把水澆到樹根上是給樹木澆水的正確方法；同樣，把胃填飽後，能量就會擴散到全身的每一個部位。所以，除了《博伽梵往世書》(Bhāgavata Purāṇa,《聖典博伽瓦譚》)，維亞薩戴瓦不該編纂其它往世書，因爲一絲一毫的偏離都會對自我覺悟造成浩劫性的破壞。如果絲毫的偏離都能造成如此浩劫，更不要說刻意談論並詳細描述與絕對真理人格首神無關的概念會造成什麼樣的後果了。崇拜半神人存在的最大缺陷，是這種崇拜造成了泛神論的概念，災難性地產生了許多宣傳有損於《博伽瓦譚》原則之教義的宗派；但只有《博伽瓦譚》的這些原則，才能給覺悟自我的人以精確的指導，使人通過懷著超然的愛做奉愛服務，覺悟到自我與人格首神的永恆關係。就有關這方面所舉的旋風吹動小船的例子非常恰當。泛神論者爲選擇崇拜對象而心思混亂，因此永遠不可能達到覺悟自我的完美境界。

第 15 節　जुगुप्सितं धर्मकृतेऽनुशासतः
स्वभावरक्तस्य महान् व्यतिक्रमः ।
यद्वाक्यतो धर्म इतीतरः स्थितो
न मन्यते तस्य निवारणं जनः ॥१५॥

jugupsitaṁ dharma-kṛte 'nuśāsataḥ
svabhāva-raktasya mahān vyatikramaḥ

yad-vākyato dharma itītaraḥ sthito
na manyate tasya nivāraṇaṁ janaḥ

jugupsitam — 的確受到譴責 / dharma-kṛte — 爲了宗教 / anuśāsataḥ — 指導 / svabhāva-raktasya — 很自然地傾向於 / mahān — 偉大的 / vyatikramaḥ — 沒有理由的 / yat-vākyataḥ — 在……的指示下 / dharmaḥ — 宗教 / iti — 這樣 / itaraḥ — 一般人 / sthitaḥ — 堅定於 / na — 並不 / manyate — 想 / tasya — ……的 / nivāraṇam — 禁止 / janaḥ — 他們

譯文 普通大衆自然都很喜歡享受，而你鼓勵他們以宗教的名義那麼做。這無疑受到譴責，而且極不理智。他們以你的教導爲指南，所以將把以宗教名義從事這種活動視爲理所當然，根本不在乎這麼做是被禁止的。

要旨 聖維亞薩戴瓦以推薦從事功利性活動爲基礎原則所編纂的《瑪哈巴茹阿特》等不同的韋達文獻，在這節詩裡遭到納茹阿達的譴責。一世復一世長時間地與物質接觸，使生物都有通過努力工作去主宰物質能量的自然傾向。他們不知道人生的責任是什麼。人的生命形式是掙脫錯覺能量鉗制的機會。韋達經的最終目的，是爲了讓人能回歸家園，回到首神身邊。在八百四十萬種生命形式中不停地旋轉輪迴，是被判刑的受制約靈魂所過的囚禁生活。人的生命形式是擺脫這種囚禁生活的機會，因此人唯一的工作是重建失去了的與神的關係。在這種情況下，人從不該被鼓勵打著宗教的幌子去制定感官享樂的計劃。人類精力的這種轉向，導致了被誤導的文明的發展。聖維亞薩戴瓦是被授權在《瑪哈巴茹阿特》等韋達文獻中對知識給予解釋的人，所以他以某種形式鼓勵感官享樂是在人們靈性進步的路途上設置巨大的障礙，因爲大眾不會自願退出把他們束縛在物質世界裡的物質活動。在人類文明的某個階段，當這種打著宗教的幌子(例如以祭祀的名義犧牲動物)從事物質活動的現象太過猖獗時，至尊主本人就化身爲佛陀(Buddha)前來否定韋達經的權威性，以阻止打著宗教的幌子進行動物祭祀的活動。納茹阿達預見到這種情況，所以譴責這種鼓勵人以宗教的名義進行感官享樂的文獻。吃肉的人之所以還繼續以宗教的名義在某個半神人或女神面前舉行動物祭祀，是因爲在韋達文獻的某些地方推薦了這種有條件限制的祭祀。推薦這種祭祀的目的本是爲了勸阻吃肉的人吃肉，但後來，這種宗教活動的宗旨逐漸被遺忘了，屠宰場變得很普遍。這是因爲愚蠢的物質主義者不想去聆聽有資格的人對韋達文獻的解釋。

韋達經中明確地說，靠辛苦工作、積累錢財，甚至是繁殖人口，永遠都不可能使人達到人生的完美境界；相反，人生的完美境界只有靠棄絕才能獲得。物質主義者不理會這一訓諭。按照他們的觀點，只有那些因爲有身體缺陷而沒能力養家糊口的人，或者家庭生活不成功的人，才會過所謂的棄絕生活。

當然，在像《瑪哈巴茹阿特》那樣的史記中，既有物質的話題，也有超然的主題。《博伽梵歌》就是《瑪哈巴茹阿特》的一個篇章。整部《瑪哈巴茹阿特》所表達的要旨，以《博伽梵歌》的最高教導爲總結，那就是：人應該放棄所有其它的從事，只全心全意地歸依主奎師那的蓮花足。但傾向物質生活的人，更受《瑪哈巴茹阿特》中記載的政治、經濟和慈善活動的吸引，而不是受《博伽梵歌》主題的吸引。納茹阿達直言責備維亞薩戴瓦的這種妥協精神，建議他直接表明人類生活的基本需求是認識自己與至尊主的永恆關係，並立刻歸依祂。

承受某種疾病痛苦的病人，幾乎總是想要吃一些醫生禁止他吃的東西。有經驗的醫生不會作出任何妥協，去讓病人吃哪怕一點點他根本不該吃的東西。《博伽梵歌》中說，不應該勸阻執著於功利性活動的人從事他的職業，因爲他有可能逐漸昇上覺悟自我的層面。這條訓示有時適用於那些只進行枯燥的哲學思辨而沒有靈性覺悟的人，但對於正在做奉愛服務的人就不需要這樣建議了。

第 16 節 विचक्षणोऽस्यार्हति वेदितुं विभो-
रनन्तपारस्य निवृत्तितः सुखम् ।
प्रवर्तमानस्य गुणैरनात्मन-
स्ततो भवान्दर्शय चेष्टितं विभोः ॥१६॥

vicakṣaṇo 'syārhati veditum vibhor
ananta-pārasya nivṛttitaḥ sukham
pravartamānasya guṇair anātmanas
tato bhavān darśaya ceṣṭitaṁ vibhoḥ

vicakṣaṇaḥ — 很擅長 / asya — 祂的 / arhati — 應得 / veditum — 瞭解 / vibhoḥ — 至尊主的 / ananta-pārasya — 無限者的 / nivṛttitaḥ — 退休 / sukham — 物質快樂 / pravartamānasya — 那些執著於 / guṇaiḥ — 由物質屬性 / anātmanaḥ — 缺乏關於靈性價值的知識 / tataḥ — 因此 / bhavān — 您閣下 / darśaya — 指明途徑 / ceṣṭitam — 活動 / vibhoḥ — 至尊主的

譯文 至尊主是無限的。只有經驗豐富、退出追求物質快樂之活動的人，才有資格瞭解靈性知識。所以，對那些因依戀物質而無法理解靈性知識的人，您閣下應該通過描述至尊主的超然活動，指給他們通向超然覺悟的路。

要旨 神學研究的主題是十分困難的主題，尤其當它牽涉到神的超然本性時更是如此。它不是依戀物質活動的人所能理解的主題。只有通過培養靈性知識而幾乎完全退出物質主義活動的經驗豐富之人，才能研究這門偉大的科學。《博伽梵歌》中明確地說，在千百萬人中，只有一個人有資格進入超然覺悟的範疇；而在上萬個這種有超然覺悟的人中，只有很少幾個人能理解專門把神作為一個人來研究的神學。正因為如此，納茹阿達建議維亞薩戴瓦通過直接描述至尊主的超然活動來闡述神的科學。維亞薩戴瓦本人就是精通這門科學的人，而且他不依戀物質享樂。因此，他是闡述這門神學的合適人選，他的兒子舒卡戴瓦·哥斯瓦米是接受這門科學的適合人選。

《聖典博伽瓦譚》是最高級的神學，因此能對一般大眾產生類似藥物的作用。這部文獻因為記載了至尊主的超然活動，所以與至尊主本人沒有區別。事實上，它是至尊主的文學化身。所以，普通大眾可以通過聆聽對至尊主活動的描述與至尊主接觸，逐漸治癒物質疾病。經驗豐富的奉獻者也可以根據具體的時間和環境，找到改變非奉獻者的各種方法。奉愛服務是強有力的活動，經驗豐富的奉獻者可以尋找合適的方法將其注入物質主義者們遲鈍的大腦中。奉獻者為侍奉至尊主所從事的這種超然活動，可以給物質主義者的愚蠢社會帶去新的生命。就如何用超然的知識改變物質主義者這方面，柴坦亞·瑪哈帕布和祂的追隨者們展示了專家的靈活與熟練。靠運用同樣的方法，我們可以給這個紛爭年代裡的物質主義者帶去和平的生活及超然的覺悟。

第 17 節　त्यक्त्वा स्वधर्मं चरणाम्बुजं हरे-
भजन्नपक्वोऽथ पतेत्ततो यदि ।
यत्र क्व वाभद्रमभूदमुष्य किं
को वार्थ आप्तोऽभजतां स्वधर्मतः ॥१७॥

tyaktvā sva-dharmaṁ caraṇāmbujaṁ harer
bhajann apakvo 'tha patet tato yadi
yatra kva vābhadram abhūd amuṣya kiṁ
ko vārtha āpto 'bhajatāṁ sva-dharmataḥ

tyaktvā — 拋棄了 / sva-dharmam — 自己的職責 / caraṇa-ambu-jam — 蓮花足 / hareḥ — 哈爾依(至尊主)的 / bhajan — 在做奉愛服務的過程中 / apakvaḥ — 未成熟 / atha — 爲了 / patet — 墮落 / tataḥ — 從那地方 / yadi — 如果 / yatra — 因此 / kva — 甚麼 / vā — 或(譏諷地) / abhadram — 不利的 / abhūt — 會發生 / amuṣya — 他的 / kim — 沒有事物 / kaḥ vā arthaḥ — 甚麼利益 / āptaḥ — 得到 / abhajatām — 非奉獻者的 / sva-dharmataḥ — 因爲履行職責

譯文 放棄俗世的職責轉而為至尊主做奉愛服務的人，在不成熟的階段也許間或會墮落，但那並不影響他最終獲得成功。然而一個非奉獻者，即使他全心全意履行他的職責，也不會有任何收獲。

要旨 就人類的責任而言，一個人一出生就要履行無數的責任；他不僅有對父母、家庭成員、社會、國家、人類、其它生物體、半神人等的責任，還有對偉大的哲學家、詩人、科學家等的責任。但經典中說，人可以放棄履行所有上述這些責任，全心全意地只爲至尊主服務。因此，人如果這樣做，而且圓滿地爲至尊主做奉愛服務，他的人生就成功了。但有時會發生這樣的情況，那就是：有人因一時的感情用事而爲至尊主服務，但長期下來，由於各種各樣的原因，他因不良的交往而從爲至尊主做服務的路途上退下來。歷史上發生過很多這樣的事件。帝王巴茹阿特(Bharata)因生前過於依戀一頭小鹿而被迫在來世投生爲一頭鹿。他在死時還想著那頭鹿，于是來世變成了一頭鹿，儘管在鹿的身體裡他沒有忘記前生發生的事情。同樣，祺陀凱圖(Citraketu)也因爲冒犯希瓦的蓮花足而從他原有的地位上墜落。但儘管如此，這節詩中還是強調，托庇於至尊主的蓮花足，即使不慎墜落，中斷了履行做奉愛服務的責任，他也永遠不會忘記至尊主的蓮花足。人只要爲至尊主做過一次奉愛服務，就可以在任何情況下都接續上這種服務。《博伽梵歌》中說，哪怕做一點點奉愛服務，都可以使人免於最可怕的危險處境。歷史上這樣的事例很多，阿佳米勒(Ajāmila)的例子就是其中之一。阿佳米勒人生的早期曾是奉獻者，但年輕時墮落了。然而，至尊主還是在他死的時候拯救了他。

第 18 節

तस्यैव हेतोः प्रयतेत कोविदो
　न लभ्यते यद् भ्रमतामुपर्यधः ।
तल्लभ्यते दुःखवदन्यतः सुखं
　कालेन सर्वत्र गभीररंहसा ॥१८॥

tasyaiva hetoḥ prayateta kovido
　na labhyate yad bhramatām upary adhaḥ
tal labhyate duḥkhavad anyataḥ sukhaṁ
　kālena sarvatra gabhīra-raṁhasā

tasya — 爲了那目的 / eva — 只是 / hetoḥ — 原因 / prayateta — 應該努力 / kovidaḥ — 一個有哲學頭腦的人 / na labhyate — 得不到 / yat — 甚麼 / bhramatām — 遊蕩 / upari adhaḥ — 從最高到最低下 / tat — 那 / labhyate — 能夠得到 / duḥkhavat — 像苦惱 / anyataḥ — 作爲過去活動的結果 / sukham — 感官享樂 / kālena — 在適當的時候 / sarvatra — 到處 / gabhīra — 精微的 / raṁhasā — 進步

譯文　眞正有智慧並有哲學傾向的人，應該只為最有意義的目標而努力。人即使從最高的星球(布茹阿瑪珞卡)遊蕩到最低的星球(帕塔拉珞卡)，也無法達到那目標。至於產自感官享受的快樂，它會在一定的時候自動到來，就像我們雖然都不希望受苦，但卻不可避免地會受苦一樣。

要旨 全世界的每一個人都在試圖通過各種努力獲得最大限度的感官享樂；有的人忙於做貿易、開工廠、賺錢、爭奪政治權利；有的人則從事經典推薦的功利性活動，希望來世到更高的星球上享受快樂。據經典記載：月亮上的居民靠喝一種名叫索瑪-茹阿薩(soma-rasa)的甘露使自己能更大限度地進行感官享樂；按經典的推薦，慷慨佈施可以上昇到偉大祖先居住的星球琵垂珞卡(Pitṛloka)去。所以感官享樂多種多樣，不是這一生享受就是等到來世再享受。有的人非常渴望在不從事虔誠活動的情況下就到月球或其它星球上去，于是試圖憑藉人造的機械設備去那些星球。但事實並不是他們想象的那樣。至尊者制定的法律是：按照生物從事的活動判定他屬於哪一個等級，可以住進哪一個星球。按照經典的規定：做善事可以使人享受出身良好、富有、受教育和身體健美等福報。我們看到，即使是這一生，人也可以靠虔誠地工作獲得良好的教育，或者變得富有。同樣，靠虔誠地活動，我們在來世也可以有這種令人嚮往的處境。如果事實不是這樣，我們也就不會看到在同一時間、同一地點出生的兩個人，境遇卻完全不同的情況了。這都是前世活動的結果造成的。然而，所有這些物質情況都不是持久的。按照我們自己做的事情，我們既可以被提昇到這個宇宙中最高等的布茹阿瑪星球去，也可以被貶到最低等的帕塔拉(Patala)星球去。有哲學傾向的人不該對這種易變的狀態感興趣，而應該爲進入永恆的世界而努力，在那裡過永恆、極樂、充滿知識的生活。他一旦到了那裡，就再也不會被迫回到這個物質世界裡的任何星球上去。物質生活的特點是有苦有樂，無論在最高等的布茹阿瑪星球上，還是在其它星球上，情況都是如此。無論是當半神人還是當豬狗，都得過這種苦樂混雜的生活，只不過苦樂的程度和質量不同而已。但是，沒人能擺脫生老病死的痛苦。同樣，每個人都有他注定該享受的快樂。沒人可以靠個人的努力增加或減少自己該得到的一切。而且，即使得到了，也可以再失去。所以，人不應該爲這種微不足道的事物浪費時間，而應該只爲回歸首神努力。這才是每一個人的人生使命。

第 19 節　न वै जनो जातु कथञ्चनाव्रजेन्
मुकुन्दसेव्यन्यवदङ्ग संसृतिम् ।
स्मरन्मुकुन्दाङ्घ्र्युपगूहनं पुन-
र्विहातुमिच्छेन्न रसग्रहो जनः ॥१९॥

na vai jano jātu kathañcanāvrajen
mukunda-sevy anyavad aṅga saṁsṛtim
smaran mukundāṅghry-upagūhanaṁ punar
vihātum icchen na rasa-graho janaḥ

na — 永不 / vai — 肯定地 / janaḥ — 一個人 / jātu — 在任何時候 / kathañcana — 設法地 / āvrajet — 不用經歷 / mukunda-sevī — 至尊主的奉獻者 / anyavat — 像其他人 / aṅga — 啊！我親愛的 / saṁsṛtim — 物質存在 / smaran — 記住 / mukunda-aṅghri — 至尊主的蓮花足 / upagūhanam — 擁抱 / punaḥ — 再次 / vihātum — 願意放棄 / icchet — 慾望 / na — 永不 / rasa-grahaḥ — 一個品嚐到甘美滋味的人 / janaḥ — 人

譯文　我親愛的維亞薩，主奎師那的奉獻者雖然有時會因為某種原因墮落，但必定不像其他人(功利性活動者等)那樣過物質生活，因為只要欣賞過一次至尊主蓮花足的美好，就會除了再三回味那欣喜若狂的感受外，什麼都做不了。

要旨　至尊主的奉獻者因爲體驗到主奎師那蓮花足的甜美(rasa-graha)，所以自然而然不再對物質存在中的活動感興趣。與那些總是傾向墮落的功利性活動者交往有可能使奉獻者墮落，歷史上這樣的例子很多。但奉獻者即使墮落了，也永遠不會與墮落的功利性活動者一樣。功利性活動者因他的業報而受苦；相反，奉獻者是由至尊主以懲罰的方式直接教育他。孤兒受的苦難與君王最愛的孩子所受的磨難不一樣。孤兒是沒人照顧他，所以真的很可憐；富貴之人最愛的兒子雖然看起來與孤兒一樣在受苦，但其實總是在他有能力的父親的監管下。至尊主的奉獻者因爲不良的交往，有時會模仿功利性活動者。功利性活動者想要主宰物質世界。同樣，初級奉獻者愚蠢地想要通過做奉愛服務累積一些物質力量。這種愚蠢的奉獻者有時會被至尊主親自置於困境；至尊主也許會出於對他的偏愛，拿走他所有的物質擁有。這樣一來，頭腦發昏的奉獻者便遭到他朋友和親戚的遺棄。憑至尊主的仁慈，遭遺棄的奉獻者頭腦清醒過來，重新回到做奉愛服務的路途上。

《博伽梵歌》中也說，像這樣墮落了的奉獻者，會得到一個機會，投生在品德崇高的布茹阿瑪納(婆羅門)家庭中，或著富有的商人家中。這種奉獻者不如那些遭到至尊主懲罰且似乎被置於絕境的奉獻者幸運。因至尊主的意願而被置於絕境的奉獻者，比投生在條件良好的家庭中的奉獻者更幸運。墮落了的奉獻者來世雖然出生在條件良好的家庭中，但因爲沒那麼幸運，所以有可能忘記至尊主的蓮花足。被置於絕境的奉獻者其實更幸運，因爲他認爲自己沒希望了，所以會趕快托庇於至尊主的蓮花足。

純粹的奉愛服務可以讓人品嚐到無與倫比的靈性甘美滋味，以致品嚐到那種滋味的奉獻者自然而然就對物質享樂失去了興趣。這是在做奉愛服務的過程中取得進步、通向完美的徵象。純粹的奉獻者始終銘記主奎師那的蓮花足，一刻都不忘記祂，即使以三個世界的全部財富爲代價與他交換，都不能使他忘記奎師那。

第 20 節 इदं हि विश्वं भगवानिवेतरो
यतो जगत्स्थाननिरोधसम्भवाः ।
तद्धि स्वयं वेद भवांस्तथापि ते
प्रादेशमात्रं भवतः प्रदर्शितम् ॥२०॥

idaṁ hi viśvaṁ bhagavān ivetaro
yato jagat-sthāna-nirodha-sambhavāḥ

tad dhi svayaṁ veda bhavāṁs tathāpi te
prādeśa-mātraṁ bhavataḥ pradarśitam

idam — 這 / hi — 所有 / viśvam — 宇宙 / bhagavān — 至尊主 / iva — 幾乎一樣 / itaraḥ — 有別於 / yataḥ — 由誰 / jagat — 各個世界 / sthāna — 存在 / nirodha — 毀滅 / sambhavāḥ — 創造 / tat hi — 所有有關的 / svayam — 親自 / veda — 知道 / bhavān — 您閣下 / tathā api — 仍然 / te — 向您 / prādeśa-mātram — 只是一個概要 / bhavataḥ — 向您 / pradarśitam — 解釋

譯文　人格首神至尊主雖然本身就是這宇宙，但卻離它很遠。這展示的宇宙在祂體內安息，由祂釋放出來，毀滅後又進入祂。您很清楚這一切。我說的只是概要而已。

要旨　對純粹奉獻者來說，穆昆達(Mukunda)——主奎師那，既具人格特徵，又不具人格特徵。不具人格特徵的宇宙展示也是穆昆達，因爲它來自穆昆達的能量。這就好比一棵樹：樹是一個整體，而葉子和樹枝是樹長出來的各個部份。樹的葉子和枝也都是樹，但樹本身既不是葉子，也不是樹枝。韋達經典中說，“整個宇宙創造不是別的，而是布茹阿曼(梵)”；這意思是，由於一切都源自至尊布茹阿曼，所以沒有什麼是獨立於祂而存在的。同樣，長在身體上的手和腿都稱爲身體，但身體作爲整體既不是手，也不是腿。至尊主的形象是由永恆、知識和美麗構成的超然形象。所以，至尊主能量的創造，也呈現著部份的永恆、知識和美麗。這使得在至尊主外在能量瑪亞控制下的受制約、被迷惑了的靈魂，深陷物質自然的羅網中。他們不知道一切的源頭——至尊主，因此把物質世界視爲一切。他們也不知道軀體的一部份——手和腿，如果與整個軀體分開，就不再是與軀體連在一起時的手和腿了。同樣道理，與爲至尊人格首神做超然的愛心服務截然分開的無神論文明，就像斷手、斷腿一樣。這樣的手和腿也許看起來還是手和腿，但已經起不到手和腿該起的作用了。至尊主的奉獻者維亞薩戴瓦很清楚這一點，所以納茹阿達進一步建議他更詳細地描述有關至尊主，以使受制約、被迷惑了的靈魂可以從他那裡學習，瞭解到至尊主是一切的始源。

按照韋達經典的說法，至尊主絕對強大有力，因此祂的至尊能量總是完美的，而且與祂一樣。靈性天空和物質天空，以及其中的一切存在，都分別產自至尊主的內在能量和外在能量。相比之下，外在能量較低等，而內在能量較高等。較高等的能量是生命力，因此她與至尊主本人完全一樣；外在能量因爲沒有生命力，所以與至尊主是部份相同。但是，這兩種能量既不比產生一切能量的至尊主偉大，也不可能與祂平等；這些能量始終在祂的控制下，恰似電能無論有多強大，都始終在電力工程師的控制下。

在人體和其他種類軀體中的生物，都是至尊主內在能量的產物，因此與至尊主也完全一樣。但生物永遠不可能與人格首神平等或高於祂。至尊主和眾生都是個體。生物在物質能量的幫助下也可以創造出一些東西，但他們中沒有誰的創造能與至尊主的創造相比。人類可以製造一個小小的玩具般的人造衛星，甚至把它投進外太空，但那並不意味著他們能製造出一個與漂浮在空中的地球或月亮一樣的星球來，而這些是至尊主創造的。只有知識貧乏的人才會聲稱自己與至尊主是平等的。但他們永遠不可能與至尊主平等。永遠不可能！人在達到十全十美的境界時，也許能獲得大部份與至尊主一樣的品質(最多至百分之七十八)，但永遠不可能與至尊主平等或高於祂。只有在病態的情況下，愚蠢的生物才會聲稱自己與至尊主一樣。有這種想法的人被錯覺能量所誤導。被誤導的靈魂必須承認至尊主的至高地位，同意爲祂做愛心服務。生物就是爲此而被創造出來的。不爲至尊主做奉愛服務，世界不可能有和平與平靜。納茹阿達建議聖維亞薩戴瓦在《聖典博伽瓦譚》中解釋這一點。《博伽梵歌》中也聲明這一點說，要全身心地歸依至尊主的蓮花足。這是完美的人唯一該做的事情。

第21節　त्वमात्मनात्मानमवेह्यमोघदृक्
परस्य पुंसः परमात्मनः कलाम् ।
अजं प्रजातं जगतः शिवाय तन्
महानुभावाभ्युदयोऽधिगण्यताम् ॥२१॥

tvam ātmanātmānam avehy amogha-dṛk
parasya puṁsaḥ paramātmanaḥ kalām
ajaṁ prajātaṁ jagataḥ śivāya tan
mahānubhāvābhyudayo 'dhigaṇyatām

tvam — 你自己 / ātmanā — 由你自己 / ātmānam — 超靈 / avehi — 找出 / amogha-dṛk — 一個具有完美視域的人 / parasya — 超然性的 / puṁsaḥ — 人格首神 / paramātmanaḥ — 至尊主的 / kalām — 完整部份 / ajam — 不經出生就存在 / prajātam — 出生了 / jagataḥ — 世界的 / śivāya — 爲了……的幸福 / tat — 那 / mahā-anubhāva — 至尊人格首神聖主奎師那的 / abhyudayaḥ — 娛樂活動 / adhigaṇya-tām — 栩栩如生地描述

譯文　您具備完美的視域。您作為至尊主的完整部份出現，所以您本人就很瞭解人格首神超靈。您雖然不經出生就存在，但為了全體人類的福利而出現在這個地球上。因此，請更生動地描述至尊人格首神聖奎師那超然的娛樂活動吧！

要旨　聖維亞薩戴瓦是經人格首神奎師那授權了的化身。祂出於沒有緣故的仁慈，降臨這個世界拯救墜落在此的靈魂。這些墜落下來的、健忘的靈魂，不為至尊主做超然的愛心服務。生物都是至尊主不可缺少的一部份，是至尊主永恆的僕人。因此，為了墮落靈魂的利益，維亞薩戴瓦有系統地編纂了所有的韋達文獻；墮落靈魂的責任是善用這些文獻，掙脫物質存在。儘管聖納茹阿達形式上是聖維亞薩戴瓦的靈性導師，但聖維亞薩戴瓦其實根本不需要靈性導師，因為他實質上是所有人的靈性導師。然而，由於他在做靈性導師(ācārya)的工作，他就必須以身作則教導我們一條原則，那就是：人必須有一個靈性導師，哪怕他是神本人。主奎師那、主茹阿瑪和主柴坦亞·瑪哈帕布，以及首神所有的化身，都接受正式的靈性導師，儘管他們超然的本質決定他們本來就具有所有的知識。為了引導大眾投靠主奎師那的蓮花足，主奎師那本人化身為維亞薩戴瓦來描述至尊主超然的娛樂活動。

第 22 節 इदं हि पुंसस्तपसः श्रुतस्य वा
स्विष्टस्य सूक्तस्य च बुद्धिदत्तयोः ।
अविच्युतोऽर्थः कविभिर्निरूपितो
यदुत्तमश्लोकगुणानुवर्णनम् ॥२२॥

idaṁ hi puṁsas tapasaḥ śrutasya vā
svisṭasya sūktasya ca buddhi-dattayoḥ
avicyuto 'rthaḥ kavibhir nirūpito
yad-uttamaśloka-guṇānuvarṇanam

idam — 這 / hi — 肯定地 / puṁsaḥ — 每一個人的 / tapasaḥ — 憑著苦修 / śrutasya — 憑著對韋達經的研究 / vā — 或 / svisṭasya — 祭祀 / sūktasya — 靈性教育 / ca — 和 / buddhi — 知識的培養 / dattayoḥ — 佈施 / avicyutaḥ — 絕無謬誤的 / arthaḥ — 利益 / kavibhiḥ — 通過公認有學識的人 / nirūpitaḥ — 結論 / yat — 甚麼 / uttamaśloka — 由精選的詩歌所描述的至尊主 / guṇa-anuvarṇanam — 對……的超然品質的描述

譯文　精選詩篇中對至尊主作了清楚的說明。博學之人明確斷言：苦修、研習韋達經、祭祀、吟誦讚美詩和佈施等培養知識的絕對效用，在對至尊主的超然描述中達到登峰造極的境界。

要旨　人的智力之所以高度發達，是爲了讓人學習藝術、科學、哲學、物理學、化學、心理學、經濟學和政治學等知識。靠培養這類知識，人類社會可以過上完美的生活。人類的這種完美生活以對至尊生物維施努的認識爲最高境界。爲此，韋達讚歌(śruti)中指示說，那些真正有學問的人，應該渴望爲主維施努服務。不幸的人迷戀維施努-瑪亞(viṣṇu-māyā)的外在美，完全不明白：完美的頂峰——覺悟自我，要靠維施努的仁慈。維施努-瑪亞的意思是感官享樂，感官享樂短暫而痛苦。陷在維施努-瑪亞羅網中的人，利用知識的進步進行感官享樂。納茹阿達·牟尼解釋說，宇宙中的一切都只不過是至尊主的各種能量的產物；至尊主用祂不可思議的力量啓動各種物質能量，使其相互作用創造出各種展示。所有的展示都來自至尊主的能量，依靠祂的能量，並在毀滅後進入祂體內。所以，沒有什麼是與至尊主不同的，但同時，至尊主總是不同於祂所創造的一切。

當先進的知識被用於爲至尊主服務時，整個程序就變得完整了。人格首神和祂超然的名字、形象、榮耀等，都與祂本人一樣。經典建議所有的聖人和至尊主的奉獻者，應該把藝術、科學、哲學、物理學、化學、心理學及其它所有種類的知識，全部只用於爲至尊主服務。藝術、文學、詩歌、繪畫藝術等都應該用來歌頌至尊主。小說家、詩人和著名的文學家，通常都是寫與感官享樂有關的主題，但如果他們能轉而爲至尊主服務，就可以用他們的才能描述至尊主超然的娛樂活動了。瓦勒彌克依(Vālmīki)是優秀的詩人，維亞薩戴瓦是非凡的作家，他們兩人把全副的精力用於描述至尊主的超然活動，並因此而永垂青史。同樣，科學和哲學也應該用於爲至尊主服務。爲感官享樂而寫些枯燥的思辨理論毫無益處。哲學和科學應該被用來證實至尊主的榮耀。進步之人渴望通過科學的手段瞭解絕對真理，因此優秀的科學家應該努力以科學爲基礎證明至尊主的存在。同樣，哲學性思辨應該被用來證實至尊真理有感情和感知力，是全能的。同樣，其它學科的知識也應該總是被用來爲至尊主服務。對此，《博伽梵歌》中也作了同樣的聲明。不用於爲至尊主服務的知識，只不過是無知。各種進步知識的真正用途應該是證實至尊主的榮耀，那才是真正重要的。把科學知識用於爲至尊主服務，以及所有類似的活動，都是對至尊主的讚頌(hari-kīrtana)。

第 23 節

अहं पुरातीतभवेऽभवं मुने
दास्यास्तु कस्याश्चन वेदवादिनाम् ।
निरूपितो बालक एव योगिनां
शुश्रूषणे प्रावृषि निर्विविक्षताम् ॥२३॥

ahaṁ purātīta-bhave 'bhavaṁ mune
dāsyās tu kasyāścana veda-vādinām
nirūpito bālaka eva yogināṁ
śuśrūṣaṇe prāvṛṣi nirvivikṣatām

aham — 我 / purā — 以前 / atīta-bhave — 在上一個週期 / abhavam — 變成 / mune — 牟尼啊 / dāsyāḥ — 奴僕的 / tu — 但是 / kasyāścana — 肯定 / veda-vādinām — 韋丹塔的追隨者 / nirūpitaḥ — 從事於 / bālakaḥ — 男僕 / eva — 只是 / yoginām — 奉獻者的 / śuśrūṣaṇe — 對……的服務 / prāvṛṣi — 雨季的四個月 / nirvivikṣatām — 居住在一起

譯文 牟尼啊！我在上一個創造週期內曾是一名女僕的兒子，她負責爲遵守韋丹塔原則的布茹阿瑪納服務。當他們在雨季的四個月間住在一起時，我服侍過他們。

要旨　在這節詩中，納茹阿達．牟尼簡短地講述了充滿奉愛服務氣氛的環境所產生的奇跡。他前世曾是一個地位低微的母親的兒子，沒有受過適當的教育。儘管如此，由於他把精力都用於爲至尊主服務，他獲得了永生。這就是奉愛服務的強大作用。生物是至尊主的邊緣能量，注定是被恰當地用於爲至尊主做超然愛心服務的。當生物沒有爲至尊主做服務時，他就處在瑪亞的迷惑中。因此，生物一旦停止感官享樂，轉而用所有的精力爲至尊主服務，瑪亞製造的錯覺就立刻消失了。納茹阿達．牟尼本人前生的例子清楚地表明，爲至尊主服務始於爲至尊主真正的僕人服務。至尊主說，爲祂的僕人服務，比爲祂本人服務還要好。爲奉獻者服務，比爲至尊主本人服務更可貴。所以，人應該選擇一位一直不斷地在爲至尊主服務的至尊主真正的僕人，拜他爲靈性導師，爲這位靈性導師服務。至尊主超越物質感官所能感知的範疇，而這樣一位靈性導師是讓人能看到至尊主的透明媒介。爲真正的靈性導師服務，至尊主就會按照服務者所做的服務，成比例地向服務者一直不斷地展示祂自己。用人的精力爲至尊主服務，是最終獲得解脫的通路。人一旦在真正的靈性導師的指導下爲至尊主做服務，整個宇宙創造就立刻變得與至尊主協調一致。經驗豐富的靈性導師通曉利用一切去讚美至尊主的藝術，因此在他的指導下，整個世界都可以憑藉至尊主僕人的神性恩典轉變成靈性的居所。

第 24 節　ते मय्यपेताखिलचापलेऽर्भके
दान्तेऽधृतक्रीडनकेऽनुवर्तिनि ।
चक्रुः कृपां यद्यपि तुल्यदर्शनाः
शुश्रूषमाणे मुनयोऽल्पभाषिणि ॥२४॥

te mayy apetākhila-cāpale ’rbhake
dānte ’dhṛta-krīḍanake ’nuvartini

cakruḥ kṛpāṁ yadyapi tulya-darśanāḥ
śuśrūṣamāṇe munayo 'lpa-bhāṣiṇi

te — 他們 / mayi — 向我 / apeta — 未曾經過 / akhila — 所有種類 / cāpale — 傾向 / arbhake — 向一個男孩 / dānte — 已控制了感官 / adhṛta-krīḍanake — 沒有運動的習慣 / anuvartini — 順從 / cakruḥ — 賜予 / kṛpām — 沒有緣故的仁慈 / yadyapi — 雖然 / tulya-darśanāḥ — 本性公正 / śuśrūṣamāṇe — 向有信心的人 / munayaḥ — 追隨韋丹塔的牟尼們 / alpa-bhāṣiṇi — 從不說廢話

譯文　儘管韋丹塔的追隨者們本性公正，不偏心，但他們還是出於他們沒有緣故的仁慈祝福了我。至於我，我當時很自制，雖然還是個男童，但卻不眷戀玩耍。此外，我並不淘氣，也從不說廢話。

要旨　至尊主在《博伽梵歌》中說，所有的韋達經都在追尋我。主柴坦亞說，韋達經中只談了三個主題，那就是：建立生物與人格首神的關係，做奉愛服務時履行相關的職責，從而達到最終的目的——回到首神身邊。正因爲如此，韋丹塔的追隨者們(vedānta-vādīs)，被說成是人格首神的純粹奉獻者。韋丹塔的追隨者們——巴克緹-韋丹塔(bhakti-vedāntas)，在傳播爲至尊主做奉愛服務的超然知識時始終不偏不倚。對他們來說，沒有人是敵人，也沒有人是朋友；沒有人受過教育，也沒有人未受過教育；沒有人是特別討人喜歡的，也沒有人是令人不快的。巴克緹-韋丹塔看到大眾都在浪費時間從事非真實的感官享樂事宜；他們要做的是，使無知大眾重建他們失去了的、與人格首神的關係。靠他們的努力，就連最健忘的靈魂也會覺醒，恢復過靈性生活。就這樣，在巴克緹-韋丹塔的啓發下，大眾逐漸在超然覺悟的路途上向前邁進。

所以，韋丹塔的追隨者們甚至在那個男孩變得完全自制且對兒童遊戲不感興趣之前就啓發了他。但在啓蒙他之前，他已經開始越來越多地遵守戒律，而遵守戒律對想要取得靈性進步的人來說是非常關鍵的。韋達社會的社會四階層和靈性四階段制度(varṇāśrama-dharma)，是真正的人類生活的開始。按照這一制度，男孩一到五歲，就會被送到靈性導師的靈修所(āśrama)去接受訓練，成爲過獨身禁慾生活的學生(brahmacārī)；在那裡，無論是君王的兒子，還是普通市民的兒子，都要有系統地接受遵守紀律的訓練。這種義務教育不僅是要爲國家培養良民，還要讓孩子作準備進一步過有利於靈性覺悟的生活。遵守社會四階層和靈性四階段制度的人的孩子，對不負責任的感官享樂生活一無所知。甚至在父親讓母親懷孕前，孩子就已經被注入了靈性的敏銳。父母要對孩子是否能成功地掙脫物質束縛負責任。這才是成功的計劃生育，生育能夠達到最高完美境界的孩子。不自制，不守戒律，不完全服從，就沒人能成功的執行靈性導師的指令；而不這樣做的人，不可能回到首神身邊。

第25節

उच्छिष्टलेपाननुमोदितो द्विजैः
　सकृत्स्म भुञ्जे तदपास्तकिल्बिषः ।
एवं प्रवृत्तस्य विशुद्धचेतस-
　स्तद्धर्म एवात्मरुचिः प्रजायते ॥२५॥

ucchiṣṭa-lepān anumodito dvijaiḥ
　sakṛt sma bhuñje tad-apāsta-kilbiṣaḥ
evaṁ pravṛttasya viśuddha-cetasas
　tad-dharma evātma-ruciḥ prajāyate

ucchiṣṭa-lepān — 剩餘的食物 / anumoditaḥ — 得到准許 / dvijaiḥ — 由追隨韋丹塔的布茹阿瑪納 / sakṛt — 有一次 / sma — 在過去 / bhuñje — 取得 / tat — 通過那行動 / apāsta — 消除 / kilbiṣaḥ — 一切罪惡 /

evam — 因此 / pravṛttasya — 從事於 / viśuddha-cetasaḥ — 一個內心潔淨的人 / tat — 那個別的 / dharmaḥ — 本性 / eva — 肯定地 / ātma-ruciḥ — 超然的吸引 / prajāyate — 被展示出來的

譯文 只有一次，經他們的允許，我吃了他們吃剩下的食物，而這樣做的結果是：我所有的罪惡立即被清除，我的心因而變得純淨。那時，超然主義者所獨有的本質開始吸引我。

要旨 純粹的奉愛服務像傳染病一樣具有很強的傳染性，但這種傳染是好的傳染。純粹的奉獻者清除了所有種類的罪。人格首神是最純潔的實體，人除非像至尊主一樣純潔，不沾染任何物質品質，否則不可能成爲至尊主的純粹奉獻者。上面談到過的巴克緹-韋丹塔是純粹的奉獻者，那男孩通過與他們接觸並吃過一次他們吃剩下的食物，便被“傳染”，具有了他們的品德。吃純粹奉獻者吃剩下的食物，甚至可以不必徵得那些奉獻者本人的同意。但是，世上也有僞裝的奉獻者，我們應該十分謹慎不要被他們蒙蔽。有很多事情會妨礙人進入爲至尊主做奉愛服務的領域。但與純粹的奉獻者聯誼，可以幫助初習奉獻者去除所有這些障礙，使自身越來越多地具有純粹奉獻者所具有的超然品德；而這意味著受人格首神的名字、形象、品質和娛樂活動等的吸引。被純粹奉獻者“傳染”而具有了他們的品德，意味著也發展出純粹奉獻者的愛好——喜歡一直不斷地聆聽人格首神的超然活動。這種超然的喜好可以立刻使所有的物質事物變得索然無味。正因爲如此，純粹的奉獻者根本不受物質活動的吸引。清除掉所有的罪惡或奉愛服務路途上的障礙後，人可以變得對奉愛服務感興趣；人可以變得穩定；人可以具有完美的品味；人可以具有超然的情感；最後，人可以處在爲至尊主做愛心服務的層面上。這每一個階段的成長，都要靠與純粹奉獻者的聯誼。這就是這節詩的要旨。

第 26 節　तत्रान्वहं कृष्णकथाः प्रगायता-
मनुग्रहेणाश्रृणवं मनोहराः ।
ताः श्रद्धया मेऽनुपदं विशृण्वतः
प्रियश्रवस्यङ्ग ममाभवद्रुचिः ॥२६॥

tatrānvahaṁ kṛṣṇa-kathāḥ pragāyatām
anugraheṇāśṛṇavaṁ manoharāḥ
tāḥ śraddhayā me 'nupadaṁ viśṛṇvataḥ
priyaśravasy aṅga mamābhavad ruciḥ

tatra — 因此 / anu — 每天 / aham — 我 / kṛṣṇa-kathāḥ — 對主奎師那種種活動的描述 / pragāyatām — 描述 / anugraheṇa — 沒有緣故的仁慈 / aśṛṇavam — 聆聽 / manaḥ-harāḥ — 有吸引力的 / tāḥ — 那些 / śraddhayā — 恭敬地 / me — 向我 / anupadam — 每一步 / viśṛṇvataḥ — 專心地聆聽 / priyaśravasi — 人格首神的 / aṅga — 維亞薩戴瓦啊 / mama — 我的 / abhavat — 這樣變成 / ruciḥ — 趣味

譯文　噢，維亞薩戴瓦，在那次聯誼中，憑藉那些偉大的韋丹塔主義者的仁慈，我能聆聽他們描述主奎師那魅力四射的活動。這樣聚精會神的傾聽，使我越來越喜愛聆聽有關人格首神的一切。

要旨　絕對人格首神主奎師那的魅力不只限於祂個人的形象特徵，還有祂超然的活動。絕對者，祂的名字、聲望、形象、娛樂活動、隨行人員和個人用品等一切都是絕對的。至尊主出於祂沒有緣故的仁慈降臨這個物質世界，以人類中的一員的角色展出祂各種各樣超然的娛樂活動，以使受祂吸引的人們能夠回歸首神。人類天生就喜歡聽歷史及對各種人物從事世俗活動的描述，但卻不知道，這樣的接觸只會使人浪費寶貴的時間，並深陷物質自然三種屬性而不可自拔。與其這樣浪費時間，不如把注意力轉移到至尊主超然的娛樂活動上，這樣做可以使人獲得靈性的成功。通過聆聽對至尊主娛樂活動的敘述，人直接與人格首神接觸上；而且，正如前面解釋過的，聆聽有關人格首神的一切，物質世界裡受制約的靈魂所積累的一切罪惡，都可以從內在連根拔除。這樣，清除了一切罪惡的聆聽者，就會逐漸擺脫物質執著，變得越來越受至尊主的吸引。納茹阿達·牟尼用他個人的體驗解釋了這一點。結論是：聆聽對至尊主的娛樂活動的描述，可以使人成爲至尊主的同伴之一。納茹阿達·牟尼獲得了永生、無盡的知識和無限的極樂；他可以不受限制地遊遍物質世界和靈性世界。聚精會神地聆聽真正的權威講述至尊主超然的娛樂活動，可以使我們達到人生最高的完美境界，就像納茹阿達在他的前世曾經聆聽純粹奉獻者(巴克緹-韋丹塔)的敘述一樣。在這個紛爭(喀歷)的年代裡，經典特別推薦了這個在與奉獻者聯誼的情況下聆聽的程序。

第 27 節

तस्मिंस्तदा लब्धरुचेर्महामते
प्रियश्रवस्यस्खलिता मतिर्मम ।
ययाहमेतत्सदसत्स्वमायया
पश्ये मयि ब्रह्मणि कल्पितं परे ॥२७॥

tasmiṁs tadā labdha-rucer mahā-mate
priyaśravasy askhalitā matir mama
yayāham etat sad-asat sva-māyayā
paśye mayi brahmaṇi kalpitaṁ pare

tasmin — 雖然是這樣 / tadā — 在那時 / labdha — 得到 /ruceḥ — 品味 / mahā-mate — 偉大的聖哲啊 / priyaśravasi — 對至尊主 / askhalitā matiḥ — 沒有中斷的注意力 / mama — 我的 / yayā — 由那 / aham — 我 / etat — 所有這些 / sat-asat — 粗糙及精微的 / sva-māyayā — 自己的

愚昧 / paśye — 看 / mayi — 在我之中 / brahmaṇi — 至尊者 / kalpitam — 被接受 / pare — 在超然性中

譯文　偉大的聖人啊！我一旦體驗到聆聽有關人格首神的美好滋味，從此便堅持不懈、全神貫注地傾聽有關祂的一切。隨著我的這一喜好不斷加劇，我認識到：至尊主和我都是超然的，僅僅是因為我太愚昧，我才誤以為粗糙和精微的覆蓋物包裹著我和至尊主。

要旨　所有的韋達文獻都把物質存在中的愚昧比喻爲是黑暗，把人格首神比作太陽。有光明的地方，不會有黑暗。至尊主與祂超然的娛樂活動沒有區別，因此聆聽對至尊主娛樂活動的描述，就是在與至尊主本人進行超然的接觸。與至高無上的光明結合，就會驅散所有的黑暗——愚昧。正是愚昧，才使得受制約的靈魂錯誤地以爲，自己與至尊主都是物質自然的產物。但事實上，人格首神和靈魂都是超然的，都與物質自然毫無關係。當愚昧被去除時，人就會清楚地認識到：除了人格首神，世上不存在別的。當人瞭解到粗糙和精微的軀體都來自人格首神時，這知識之光便允許人用它們來爲至尊主服務。粗糙的軀體應該被用於爲至尊主服務，例如：提水清洗神廟，或者向神像頂禮等。在廟裡崇拜至尊主(arcanā)的做法，可以使人用粗糙的軀體爲至尊主服務。同樣，精微的心應該被用於聆聽至尊主的超然娛樂活動並思考這一切，應該用於吟誦、吟唱祂的聖名等。所有這些活動都是超然的。除了這些活動，不應該用粗糙或精微的感官去從事其它活動。人只有以門徒的身份在靈性導師的指導下做了許許多多年的服務後，才能夠做到始終專注於從事這些超然的活動。然而，僅僅靠聆聽發展出的對人格首神的愛就具有強烈的效果，納茹阿達．牟尼的經歷便是一個證明。

第 28 節 इत्थं शरत्प्रावृषिकावृतू हरे-
विशृण्वतो मेऽनुसवं यशोऽमलम् ।
सङ्कीर्त्यमानं मुनिभिर्महात्मभि-
र्भक्तिः प्रवृत्तात्मरजस्तमोपहा ॥२८॥

itthaṁ śarat-prāvṛṣikāv ṛtū harer
viśṛṇvato me 'nusavaṁ yaśo 'malam
saṅkīrtyamānaṁ munibhir mahātmabhir
bhaktiḥ pravṛttātma-rajas-tamopahā

ittham — 因此 / śarat — 秋天 / prāvṛṣikau — 雨季 / ṛtū — 兩個季節 / hareḥ — 至尊主的 / viśṛṇvataḥ — 不斷地聆聽 / me — 我自己 / anusavam — 恆常地 / yaśaḥ amalam — 十足的榮耀 / saṅkīrtyamānam — 由……吟誦、吟唱 / munibhiḥ — 偉大的聖哲 / mahā-ātmabhiḥ — 偉大的靈魂 / bhaktiḥ — 奉愛服務 / pravṛttā — 開始流出 / ātma — 生物 / rajaḥ — 激情屬性 / tama — 愚昧屬性 / upahā — 消失

譯文 就這樣，在雨季和秋季這兩個季節中，我有機會聆聽那些靈魂高尚的聖人們一直不斷地歌唱主哈爾依的光輝榮耀。在我聆聽那些榮耀時，我的奉愛之情開始不停地湧流出來，洗清了包裹著我的激情和愚昧屬性。

要旨 爲至尊主做超然的愛心服務，是生物的本性。這種本性潛伏在每一個生物體的心中；與物質自然的激情和愚昧屬性接觸，使這一本性從無法追溯的時候起就被覆蓋住。如果靠至尊主和祂那些靈魂高尚的奉獻者的仁慈，人足夠幸運能與至尊主純粹的奉獻者接觸上，有機會聆聽至尊主的光輝榮耀，那他的奉愛服務之情無疑就會如河水般湧流出來。河水湧流直到大海；同樣，與純粹奉獻者接觸所湧流出的純粹的奉愛服務之情，直達最高的目標——對神超然的愛。這樣的奉愛服務之情

湧流不息，會無止境地不斷增強。奉愛服務之情湧流的力量是如此強大，以致所有的旁觀者都會擺脫激情屬性和愚昧屬性的影響。物質自然的這兩種屬性就這樣被去除，生物獲得解脫，恢復他原本的狀態。

第 29 節　तस्यैवं मेऽनुरक्तस्य प्रश्रितस्य हतैनसः ।
श्रद्दधानस्य बालस्य दान्तस्यानुचरस्य च ॥२९॥

tasyaivaṁ me 'nuraktasya
praśritasya hatainasaḥ
śraddadhānasya bālasya
dāntasyānucarasya ca

tasya — 他的 / evam — 因此 / me — 我的 / anuraktasya — 依戀他們 / praśritasya — 順從地 / hata — 擺脫 / enasaḥ — 罪惡 / śraddadhānasya — 具有信心的人的 / bālasya — 男孩子的 / dāntasya — 征服了 / anucarasya — 嚴格地遵守訓令 / ca — 和

譯文　我非常依戀那些聖人。由於我舉止溫順，我所有的罪惡都在為他們做服務的過程中被根除了。我對他們有堅定的信心。我控制感官，身心一致地嚴格按他們的教導做。

要旨　這節詩中談了有望昇爲純粹奉獻者的人必須具備的資格。這樣的人必須始終尋求純粹奉獻者的聯誼。人不應該被僞裝的奉獻者所誤導。他自己必須簡樸、坦率，溫順地接受純粹奉獻者的教導。純粹的奉獻者是完全歸依人格首神的靈魂。他知道人格首神是至高無上的擁有者，所有其他人都是人格首神的僕人。只有與純粹奉獻者聯誼，才能使人清除通過世俗交往所積累起來的一切罪惡。初級奉獻者必須忠心耿耿地爲純粹奉獻者服務，必須非常恭順、嚴格地遵守純粹奉獻者的訓令。這些都是下決心甚至要在這一生就取得靈性成功的奉獻者所具有的表現。

第 30 節 ज्ञानं गुह्यतमं यत्तत्साक्षाद्भगवतोदितम् ।
अन्ववोचन् गमिष्यन्तः कृपया दीनवत्सलाः ॥३०॥

jñānaṁ guhyatamaṁ yat tat
sākṣād bhagavatoditam
anvavocan gamiṣyantaḥ
kṛpayā dīna-vatsalāḥ

jñānam — 知識 / guhyatamam — 最機密的 / yat — 甚麼是 / tat — 那 / sākṣāt — 直接地 / bhagavatā uditam — 由至尊主本人提出 / anvavocan — 指示 / gamiṣyantaḥ — 離開的時候 / kṛpayā — 沒有緣故的仁慈 / dīna-vatsalāḥ — 那些對貧窮、謙虛者很仁慈的人

譯文 **那些對內心貧乏的靈魂極為仁慈的純粹奉獻者(巴克緹-韋丹塔)離開時，把人格首神本人教導的最機密的知識傳給了我。**

要旨 純粹的韋丹塔主義者——巴克緹．韋丹塔，完全按照至尊主本人的教導去教導追隨者們。在《博伽梵歌》和所有其它經典中，人格首神都明確地教導人應該只信奉至尊主。至尊主是一切的創造者、維繫者和毀滅者。整個展示了的創造憑至尊主的意願存在著；憑祂的意願，當所有的物質展示毀滅後，祂將與祂的全體隨員和生活設施留在祂永恆的住所中。創造前，祂在祂永恆的住所中；毀滅後，祂將繼續存在。因此，祂不是被創造的生物之一。祂是超然的。在《博伽梵歌》中，至尊主說：在距離祂教導阿爾諸納(Arjuna)時很久很久以前，祂把同樣的知識傳授給太陽神，但隨著時間的流逝，師徒傳承中斷，知識失傳了；由於阿爾諸納是祂理想的奉獻者和朋友，祂便把知識傳授給阿爾諸納。所以，至尊主的教導只有祂的奉獻者才能理解，其他人理解不了。不瞭解至尊主的超然形象的非人格神主義者，理解不了至尊主傳授

的這最機密的知識。這節詩中“最機密的知識”一詞意義重大，因爲有關奉愛服務的知識遠遠高於有關不具人格特徵的布茹阿曼(梵)的知識。梵文“格亞納麼(jñānam)”一詞的意思是“普通的知識”或任何一種知識。這種知識不斷發展直到上昇爲有關非人格布茹阿曼的知識。在這個基礎上，如果加入奉愛的內容，這知識就會發展上昇到有關超靈(Paramātmā)的知識，也就是無所不在的首神的知識。這知識比有關布茹阿曼的知識要機密。但當這種知識進入純粹奉愛服務的領域，就到達了超然知識最機密的部份，被稱爲最機密的知識。至尊主把這最機密的知識傳授給布茹阿瑪(Brahmā, 梵天)、阿爾諸納和烏達瓦(Uddhava)等人。

第 31 節　येनैवाहं भगवतो वासुदेवस्य वेधसः ।
मायानुभावमविदं येन गच्छन्ति तत्पदम् ॥३१॥

yenaivāhaṁ bhagavato
vāsudevasya vedhasaḥ
māyānubhāvam avidaṁ
yena gacchanti tat-padam

yena — 由那 / eva — 肯定地 / aham — 我 / bhagavataḥ — 人格首神的 / vāsudevasya — 聖主奎師那的 / vedhasaḥ — 至尊創造者的 / māyā — 能量 / anubhāvam — 影響 / avidam — 容易瞭解 / yena — 由那 / gacchanti — 他們去 / tat-padam — 在至尊主的蓮花足下

譯文　憑藉那機密的知識，我能夠明了萬物的創造者、維繫者和毀滅者聖主奎師那的能量所起的作用。瞭解這一切，人便可以回到至尊主身邊，與祂相見。

要旨　憑奉愛服務或說最機密的知識，人很容易就可以明白至尊主的各種能量是如何運作的。祂的能量的一部份(低等能量)展現爲物質世界，另一部份(高等能量)展現爲靈性世界；而介於高、低等能量之間的中間能量，則展現爲要麼侍奉低等能量，要麼侍奉高等能量的個體生物。侍奉物質能量(低等能量)的生物爲了生存和快樂而苦苦奮鬥，但物質世界裡的快樂感覺只不過是一種錯覺。相反，在靈性能量範疇中的生物，都直接爲至尊主服務，過著永恆、全知和永遠快樂的生活。至尊主在《博伽梵歌》中說，祂希望深陷在物質能量王國中的所有受制約的靈魂，都能停止從事物質活動，從而回到祂身邊。這是知識中最機密的部份。但這部份知識只有純粹的奉獻者才能明白，也只有這樣的奉獻者才能進入神的王國，看到祂本人，侍奉祂本人。納茹阿達就是一個具體的典範；他獲得了永恆的知識和永恆的極樂。獲得成功的方法和途徑對所有的人都是公開的，唯一的條件是：要以納茹阿達・牟尼爲榜樣去做。按照韋達讚歌(śruti)的教導，至尊主有無限的能量(祂沒有努力就有的)，上面已經用三個主要的名稱描述了這些能量。

第 32 節 एतत्संसूचितं ब्रह्मंस्तापत्रयचिकित्सितम् ।
यदीश्वरे भगवति कर्म ब्रह्मणि भावितम् ॥३२॥

etat saṁsūcitaṁ brahmaṁs
tāpa-traya-cikitsitam
yad īśvare bhagavati
karma brahmaṇi bhāvitam

etat — 這樣多 / saṁsūcitam — 由有學識的人決定 / brahman — 布茹阿瑪納-維亞薩啊 / tāpa-traya — 三類痛苦 / cikitsitam — 解救的措施 / yat — 甚麼 / īśvare — 至尊的控制者 / bhagavati — 像人格首神 / karma — 個人的規定活動 / brahmaṇi — 向那偉大的 / bhāvitam — 奉獻

譯文 布茹阿瑪納-維亞薩戴瓦啊！有學問的人斷言，去除一切煩惱與痛苦的最佳方法，是奉獻個人的一切活動，來為至尊人格首神聖主奎師那服務。

要旨　聖納茹阿達・牟尼親自體驗到，獲得解脫或說擺脫一切痛苦生活的最可行、最實際的方法是：恭順地聆聽真正的權威講述至尊主超然的活動。這是真正有效的方法。整個物質存在充滿了痛苦。這些痛苦主要分三種，與自己的身心有關的痛苦，自然災害造成的痛苦，以及由其他生物體造成的痛苦。愚蠢的人用他們的小腦瓜杜撰出許多去除三種苦的方法。整個世界都在爲擺脫這些痛苦而苦苦奮鬥，但人們不知道：如果沒有至尊主的批准，任何計劃或去除痛苦的方法都不能真正給世人帶來想要的和平與平靜。沒有至尊主的允許，任何醫療手段都無法治愈病人。沒有至尊主的允許，再好的船也不能保障人能平安地渡過河流或海洋。我們應該清楚：至尊主是最後的評審官，所以我們必須努力爭取至尊主的仁慈，以便去除成功路途上的一切障礙，獲得最後的成功。至尊主無所不在、無所不能、無所不知。好與壞的一切，最終都要由祂批准。因此，我們應該學習用我們的行動去爭取至尊主的仁慈。無論我們接受祂非人格布茹阿曼(梵)的特徵，接受祂是處在局部區域的超靈，還是承認祂是至尊人格首神，我們必須學習把我們的活動用於爲至尊主做服務。我們的身份並不重要：人必須獻出一切爲至尊主服務。如果一個人是博學的學者、科學家、哲學家或詩人，他就應該用他的所學來證實至尊主的至尊地位；努力從生活的方方面面去研究至尊主的能量，而不要誹謗祂、試圖成爲祂，或者只積累了一些不完整的知識就想去取代祂的地位。如果一個人是行政官員、戰士或政治家，他就應該用治國能力或政治家的才能建立至尊主的至尊地位，像聖阿爾諸納一樣，爲至尊主而戰。偉大的戰士阿爾諸納一開始拒絕作戰，但當至尊主說服他那場戰爭必須要打時，聖阿爾諸納就改變了自己的決定，爲至尊主而戰了。同樣，如果一個人是商人、企業家、農業家，那他就應該爲滿足至尊主去花他辛苦賺得的錢，始終想著：他所積累的錢都是至尊主的財產。錢財被認爲是幸運女神拉珂施蜜(Lakṣmī)，而至尊主納茹阿亞納

(Nārāyaṇa)是拉珂施蜜的丈夫。努力讓拉珂施蜜爲主納茹阿亞納服務並快樂地生活。這就是在生活的方方面面認識至尊主的方式。畢竟，最好的是從所有的物質活動中擺脫出來，全神貫注地聆聽至尊主超然的娛樂活動。但是，如果沒有這樣的機會，人就應該利用自己特別喜愛的一切爲至尊主做服務。這才是獲得和平與平靜的方法。這節詩中的梵文“由有學識的人決定(saṁsūcitam)”一詞也非常重要。人千萬不要以爲納茹阿達的覺悟只是孩子的想象。事實並非如此。他的覺悟也是經驗豐富、博學的學者所得出的認識。這就是“由有學識的人決定”一詞的真正含義。

第 33 節 आमयो यश्च भूतानां जायते येन सुव्रत ।
तदेव ह्यामयं द्रव्यं न पुनाति चिकित्सितम् ॥३३॥

āmayo yaś ca bhūtānāṁ
jāyate yena suvrata
tad eva hy āmayaṁ dravyaṁ
na punāti cikitsitam

āmayaḥ — 疾病 / yaḥ ca — 無論甚麼 / bhūtānām — 生物的 / jāyate — 變得可能 / yena — 靠 / suvrata — 善良的靈魂啊 / tat — 那 / eva — 非常 / hi — 肯定地 / āmayam — 疾病 / dravyam — 事物 / na — 不是嗎 / punāti — 醫治 / cikitsitam — 用來治療

譯文 虔誠的靈魂啊！引起一種疾病的事物不是也可以用來醫治那疾病嗎？

要旨 經驗豐富的醫生用飲食療法治療他的病人。例如：奶製品有時會引起腸功能紊亂，但同樣的牛奶一旦轉變成酸奶(優酪乳)，再混合一些有治療作用的原料，就能解決腸功能紊亂的問題。同樣道理，靠從事物質活動無法減輕物質存在的三種苦。必須把這樣的活動靈性化；

正如鐵塊被放到火上燒後，具有了火的燃燒、灼熱性質。同樣，所有的事物一旦被用於爲至尊主服務，事物的性質就立刻發生了變化。這是取得靈性成功的秘訣。我們不應該試圖主宰物質自然，也不應該排斥物質事物。在不利的情況下盡力而爲的最佳做法是：用一切爲至尊靈性生物服務。一切都來自至尊靈魂，祂憑祂不可思議的力量可以把靈性轉變成物質，把物質轉變成靈性。因此，憑至尊主的恩典，所謂的物質事物可以立刻轉變成靈性力量。這種轉變所需要的條件是，用所謂的物質爲至尊靈魂服務。那就是治療我們的物質疾病，把我們提昇到沒有痛苦、悲傷和恐懼的靈性層面去的方法。當一切這樣被用來爲至尊主服務時，我們就可以體驗到，除了至尊布茹阿曼(梵)，世上沒有別的。這樣，我們就領悟了韋達讚歌中說的“一切都是布茹阿曼”了。

第 34 節　**एवं नृणां क्रियायोगाः सर्वे संसृतिहेतवः ।**
त एवात्मविनाशाय कल्पन्ते कल्पिताः परे ॥३४॥

evaṁ nṛṇāṁ kriyā-yogāḥ
sarve saṁsṛti-hetavaḥ
ta evātma-vināśāya
kalpante kalpitāḥ pare

evam — 因此 / nṛṇām — 人類的 / kriyā-yogāḥ — 一切活動 / sarve — 一切事物 / saṁsṛti — 物質存在 / hetavaḥ — 原由 / te — 那 / eva — 肯定地 / ātma — 工作之樹 / vināśāya — 殺戮 / kalpante — 成爲有資格 / kalpitāḥ — 奉獻 / pare — 向超然性

譯文　因此，人一旦奉獻自己所有的活動為至尊主做服務，那些曾經使他長期受束縛的活動就成了“工作之樹”的摧毀者。

要旨 生物在物質世界中永恆從事的功利性活動，無疑已經根深蒂固，所以在《博伽梵歌》中被比喻爲是榕樹。靈魂只要還有享受工作結果的傾向，就不得不按照他從事活動的性質，從一個軀體輪迴到另一個軀體中。人們必須把享受的傾向轉變成爲至尊主的使命服務的願望，而人一旦這樣做，他的活動就轉變成活動瑜伽(karma-yoga)，即：通過從事符合他本性的活動，使他能夠達到靈性完美境界的方法。這節詩中的梵文"工作之樹(ātma)"，指的是所有的功利性活動。結論是：當所有的功利性活動和其它活動的結果，都被貢獻出來爲至尊主服務時，所從事的活動就不會產生進一步的報應，就會逐漸發展成超然的奉愛服務。這種活動不僅完全砍斷工作之榕樹的根，而且還將把這種活動的從事者帶到至尊主的蓮花足旁。

結論是：人首先必須尋求與那些不僅精通韋丹塔(吠檀多)，還是覺悟了自我的靈魂，是人格首神聖主奎師那的純粹奉獻者的神聖之人聯誼。在與他們聯誼的過程中，初級奉獻者必須全心全意地親自爲他們做愛心服務。這樣的服務態度將使偉大的靈魂更願意把他們的仁慈賜予服務者，即：把純粹奉獻者所有的超然品質都灌注給初級奉獻者。逐漸地，這會使人培養出對聆聽至尊主超然的娛樂活動的強烈依戀之情，而這樣的聆聽使他能夠明白粗糙軀體和精微軀體的本質，瞭解超越它們之上的純粹靈魂的知識，以及他本人與人格首神——至尊靈魂的永恆關係。一旦明確了這種永恆的關係，爲至尊主所做的純粹的奉愛服務，就會逐漸發展成對人格首神的完整知識，這知識超越對人格首神的非人格布茹阿曼和處在局部區域的超靈的認識。正如《博伽梵歌》中聲明的，練這種與至尊人相連的瑜伽(puruṣottama-yoga)，可以使人甚至在現有的這個軀體中就能達到完美，以最高的百分比展現出至尊主的美好品質。這些都是與純粹奉獻者聯誼後逐漸發展出來的。

第 35 節　यदत्र क्रियते कर्म भगवत्परितोषणम् ।
ज्ञानं यत्तदधीनं हि भक्तियोगसमन्वितम् ॥३५॥

yad atra kriyate karma
bhagavat-paritoṣaṇam
jñānaṁ yat tad adhīnaṁ hi
bhakti-yoga-samanvitam

yat — 任何 / atra — 在此生或在這個世界 / kriyate — 做 / karma — 工作 / bhagavat — 向人格首神 / paritoṣaṇam — ……的滿足 / jñānam — 知識 / yat tat — 被稱爲 / adhīnam — 依靠 / hi — 肯定地 / bhakti-yoga — 奉愛服務 / samanvitam — 與……吻合

譯文　在這一生為實現至尊主的使命而做的工作，稱為奉愛瑜伽——為至尊主所做的超然愛心服務；知識將伴隨著做服務而到來。

要旨　人們普遍的觀念是：根據經典的指導從事功利性活動，就足以使人獲得靈性覺悟所需要的超然知識了。奉愛瑜伽(bhakti-yoga)——爲至尊主所做的超然愛心服務，被視爲是另一種形式的功利性活動(karma)。但事實上，奉愛瑜伽超越功利性活動和哲學思辨(jñāna)。奉愛瑜伽不依賴哲學思辨或功利性活動；相反，哲學思辨和功利性活動依賴奉愛瑜伽。聖納茹阿達之所以向維亞薩特別推薦活動瑜伽(kriyā-yoga 或 karma-yoga)，是因爲滿足至尊主才是一切的關鍵。至尊主不想讓祂的孩子們——眾生，受物質生存中的三種苦。祂想要他們都回到祂身邊，與祂生活在一起。然而，回歸首神意味著，人必須清除物質沾染。所以，當活動是用來滿足至尊主時，從事活動的人就逐漸去除物質影響而得到淨化。這種淨化的意思是，獲得靈性的知識。因此，是否能獲得超然知識取決於爲滿足至尊主所從事的活動(karma)。其它不含奉愛瑜伽的內容，不以滿足至尊主爲原則的知識，不能引導人回歸神的王國，甚至不能使人獲得解脫。有關這一點，這同一章的第 12 節詩中已經作了解釋(naiṣkarmyam apy acyuta-bhāva-varjitam)。結論是：正如《博伽梵歌》所證實的，爲至尊主做純粹的奉愛服務，特別是聆聽和歌唱至尊主超然榮耀的的奉獻者，靠至尊主的神恩，獲得靈性的啓明。

第 36 節 कुर्वाणा यत्र कर्माणि भगवच्छिक्षयासकृत् ।
गृणन्ति गुणनामानि कृष्णस्यानुस्मरन्ति च ॥३६॥

kurvāṇā yatra karmāṇi
bhagavac-chikṣayāsakṛt
gṛṇanti guṇa-nāmāni
kṛṣṇasyānusmaranti ca

kurvāṇāḥ — 在執行……的時候 / yatra — 隨即 / karmāṇi — 責任 / bhagavat — 人格首神 / śikṣayā — 由……的意旨 / asakṛt — 不斷地 / gṛṇanti — 採取 / guṇa — 品質 / nāmāni — 名字 / kṛṣṇasya — 奎師那的 / anusmaranti — 不停地記著 / ca — 和

譯文 遵照至尊人格首神聖主奎師那的命令履行責任，人就是始終在記著奎師那的名字和特質。

要旨 至尊主經驗豐富的奉獻者，能夠這樣過他的一生，即：在從事各種有益於這一生或下一生的職責時，一直不斷地銘記至尊主的名字、聲望和特質等。《博伽梵歌》中明確說明至尊主的命令是：人在生活的各個領域中應該只爲至尊主而工作。在生活的各個領域裡，至尊主都應該是主人。按照韋達制度，在任何情況下，甚至在崇拜天帝因鐸

(Indra)、布茹阿瑪(Brahmā)、薩茹阿斯瓦緹(Sarasvatī)和甘內什(Gaṇeśa)等半神人的儀式上，都必須有維施努的代表作爲祭祀的控制力量(yajñeśvara)在場。經典推薦，爲了達到不同的目的可以崇拜不同的半神人，但要使祭祀起到正確的作用，必須有維施努在場。

除了這些韋達儀式，就連在我們的日常生活(例如我們的居士事務、生意或職業)中，我們都必須總想著，必須把所有活動的結果都獻給至尊享受者——主奎師那。在《博伽梵歌》中，至尊主聲明祂本人是一切的最高享受者，所有星球的至尊擁有者和全體生物的朋友。除了聖主奎師那，沒人能聲稱自己是至尊主創造中的一切的擁有者。純粹的奉獻者始終銘記著這一點，一直不斷地反復歌頌至尊主超然的名字、聲望和特質，而這意味著他一直不斷地與至尊主有接觸。至尊主與祂的名字、聲望等沒有區別，因此與祂的名字、聲望等接觸，意味著一直不斷地與至尊主本人接觸。

我們必須把收入的一大部份——不少於百分之五十，用於執行主奎師那的命令。爲了這個原因，我們不僅應該貢獻我們賺得的利潤，還必須向他人傳播這教義，因爲這也是至尊主的命令。至尊主明確地說，祂最珍愛那些始終忙於在全世界宣傳祂的名字和聲望的人。對物質世界的科學性發現，也同樣可以用於完成祂的命令。祂想要《博伽梵歌》的信息在祂的奉獻者中間傳揚。在沒有積累從事苦修、佈施、受教育之功德的人中間傳播《博伽梵歌》的信息極爲困難，因此我們必須努力先把不願意聆聽這一信息的人轉變成至尊主的奉獻者。就如何能夠做到這一點，主柴坦亞教給我們一個非常簡單的方法。祂通過唱歌、跳舞和提供餐飲去傳播至尊主的信息。因此，我們收入的百分之五十應該用於這個目的。在這個紛爭的墮落年代裡，只要社會上的領導人和富有之人同意用他們收入的百分之五十，按照聖主柴坦亞·瑪哈帕布的教導去爲至尊主服務，就足以把這個混亂的地獄般的世界，轉變成至尊主的超然居所了。這一點是毫無疑問的。沒有人會拒絕參加可以欣賞優美歌聲、曼妙舞姿並品嚐美味餐飲的盛大聚會。所有的人都會參加這樣的盛大聚會，每一個人都無疑會親身感受至尊主的超然存在；而光是這樣，就足以幫助參加聚會的人與至尊主接觸，從而通過靈性的覺悟淨化自己。成功地舉行這種靈性聚會的唯一條件是：必須要在一位純粹的奉獻者的指導下舉行。這樣的奉獻者完全清除了一切世俗慾望，完全停止從事功利性活動，以及對至尊主的本質進行枯燥的哲學思辨。沒有人需要去探索至尊主的本質。在《博伽梵歌》和所有其它的韋達文獻中，至尊主本人已經專門作了講解。我們只要按照至尊主的指示全盤接受就夠了。那將帶領我們走上通向完美的路。人們可以繼續保持他的現狀；尤其在這個困難重重的年代裡，人不一定非要改變他的現狀。唯一的條件是：人必須改掉為了要變得與神一樣而進行枯燥思辨的習慣。去除這種驕傲自大的虛榮心後，人就可以非常謙恭地從一位真正的奉獻者(上面談論過他們的資格)的口中，接受至尊主在《博伽梵歌》或《博伽瓦譚》裡給予的指示了。毫無疑問，那將使一切都得到圓滿的結局。

第 37 節 ॐ नमो भगवते तुभ्यं वासुदेवाय धीमहि ।
प्रद्युम्नायानिरुद्धाय नमः सङ्कर्षणाय च ॥३७॥

oṁ namo bhagavate tubhyaṁ
vāsudevāya dhīmahi
pradyumnāyāniruddhāya
namaḥ saṅkarṣaṇāya ca

oṁ — 吟誦、吟唱至尊主超然榮耀的標記 / namaḥ — 向至尊主頂拜 / bhagavate — 向人格首神 / tubhyam — 向您 / vāsudevāya — 向瓦蘇戴瓦之子——至尊主 / dhīmahi — 讓我們吟誦、吟唱 / pradyumnāya, aniruddhāya and saṅkarṣaṇāya — 華蘇戴瓦所有完整的擴展 / namaḥ — 尊敬地頂拜 / ca — 和

譯文　讓我們都來歌唱華蘇戴瓦，以及祂的完整擴展帕杜麼納、阿尼如達和商卡爾珊的榮耀。

要旨　按照經典《潘查茹阿陀》(Pañcarātra)的解釋，納茹阿亞納是華蘇戴瓦(Vāsudeva)、商卡爾珊 (Saṅkarṣaṇa)、帕杜麼納(Pradyumna)和阿尼如達(Aniruddha)等所有首神擴展的源頭。上述這四位首神的擴展以聖主奎師那的副官著稱，祂們站的位置是：華蘇戴瓦在左，商卡爾珊在右，帕杜麼納在商卡爾珊的右邊，阿尼如達在華蘇戴瓦的左邊。

這節詩是以梵音歐麼(oṁkāra praṇava)爲開始，以迪瑪黑(dhīmahi)爲結尾的超然的韋達讚歌或曼陀(mantra)。

它要說明的是：任何活動，無論是功利性活動，還是經驗主義者的哲學思辨，如果最終目的不是要獲得對至尊主的超然覺悟，就被認爲是毫無用處的。爲此，納茹阿達以他自己對至尊主與生物通過奉愛活動的漸進程序發展親密關係的體驗，解釋了純粹奉愛服務的本質。這種通過奉愛服務發展親密關係的漸進程序，以最終獲得對至尊主的愛爲頂峰；而這種以各種超然的關係(rasa)所品嚐的對至尊主的愛，梵文稱爲普瑞瑪(premā)。世上也有人混合了功利性活動或經驗主義的哲學思辨去做這種奉愛服務。

現在，這首由三十三個字母組成的讚歌，解釋了以紹納卡(Śaunaka)爲首的大聖人們就“蘇塔依靠靈性導師們獲得的成就”一事提出的問題。這首讚歌稱呼了四位神明——至尊主與祂的完整擴展。控制者是聖主奎師那，其他的完整擴展是祂的副官。教導的最機密部份是：人應該一直不斷地歌頌和銘記至尊人格首神聖主奎師那，以及華蘇戴瓦、商卡爾珊、帕杜麼納和阿尼如達等祂不同的完整擴展的榮耀。這些擴展是維施努範疇(viṣṇu-tattva)或能量範疇(śakti-tattvas)等所有其他真理的始源。

第38節 इति मूर्त्यभिधानेन मन्त्रमूर्तिममूर्तिकम् ।
यजते यज्ञपुरुषं स सम्यग्दर्शनः पुमान् ॥३८॥

iti mūrty-abhidhānena
mantra-mūrtim amūrtikam
yajate yajña-puruṣaṁ
sa samyag darśanaḥ pumān

iti — 因此 / mūrti — 表現形式 / abhidhānena — 以聲音 / mantra-mūrtim — 超然聲音的代表形象 / amūrtikam — 沒有物質形象的至尊主 / yajate — 崇拜 / yajña — 維施努 / puruṣam — 人格首神 / saḥ — 只有他 / samyak — 圓滿的 / darśanaḥ — 一個已經看到的人 / pumān — 人

譯文　誰以超然的聲音表現形式崇拜沒有物質形象的至尊人格首神維施努，誰就是真正看到了真相。

要旨　我們現有的感官都由物質元素製成，對於領悟主維施努的超然形象來說都是有缺陷的。為此，我們靠吟誦、吟唱的超然方式，透過聲音振盪去崇拜祂。任何超越我們有缺陷的感官所能感知的範疇的事物，都可以靠聲音振盪完全認識到。我們可以通過傾聽從遠處傳來的聲音察覺到發出聲音之人的存在。如果從物質方面這是可行的，那麼靈性方面為什麼不可行呢？這種體驗不是對不具人格特徵的事物模糊不清的體驗，而是對擁有永恆、極樂和知識形象的、超然的人格首神的真實體驗。

在名為《阿瑪茹阿-寇沙》(Amara-kośa)的梵文辭典中，梵文穆爾緹(mūrti)一詞有“形象”和“困難”這兩個意思。因此，靈性導師聖維施瓦納特·查夸瓦爾提·塔庫爾(Viśvanātha Cakravartī Ṭhākura)，解釋梵文阿穆爾緹卡麼(amūrtikam)一詞的意思是“沒有困難”。至尊主充滿永恆、快樂和知識的超然形象，可以被我們原本的靈性感官感知到；而吟誦、吟唱神聖的超然聲音——曼陀(mantras)，可以使我們的靈性感官重新啟動。我們應該從真正的靈性導師這一透明的中介那裡接收這樣的聲音，應該在靈性導師的指導下練習吟誦、吟唱。那將逐漸引領我們越來越靠近至尊主。經授權並得到公認的潘查茹阿特瑞卡(pāñcarātrika)系統中，推薦了這個崇拜的方法。潘查茹阿特瑞卡中記載了做超然的奉愛服務最權威的規範守則。沒有這些規範守則的幫助，人接近不了至尊主；當然，要接近至尊主不可能靠枯燥的哲學思辨。潘查茹阿特瑞卡系統不但適合在這個紛爭的年代裡用，而且非常實用。在這個年代裡，潘查茹阿特瑞卡比韋丹塔(吠檀多)還重要。

第 39 節　इमं स्वनिगमं ब्रह्मन्नवेत्य मदनुष्ठितम् ।
अदान्मे ज्ञानमैश्वर्यं स्वस्मिन् भावं च केशवः ॥३९॥

imaṁ sva-nigamaṁ brahmann
avetya mad-anuṣṭhitam
adān me jñānam aiśvaryaṁ
svasmin bhāvaṁ ca keśavaḥ

imam — 因此 / sva-nigamam — 與至尊人格首神有關的韋達經的機密知識 / brahman — 布茹阿瑪納啊(維亞薩) / avetya — 清楚地知道 / mat — 由我 / anuṣṭhitam — 執行 / adāt — 賜予我 / me — 我 / jñānam — 超然知識 / aiśvaryam — 財富 / svasmin — 個人的 / bhāvam — 親密的愛 / ca — 和 / keśavaḥ — 主奎師那

譯文　啊，布茹阿瑪納！就這樣，至尊主奎師那首先賜予我韋達經機密部份中教導的超然知識，然後是靈性的財富，接著是為祂做的親密的愛心服務。

要旨 靠超然的聲音振盪與至尊主交流，無異於與聖主奎師那本人交流。那是接近至尊主的絕對完美的方法。吟誦、吟唱聖名時，人很有可能對聖名作出十種冒犯，而這是因執著於物質概念所致。在不作出這些冒犯的情況下與至尊主進行純潔的接觸，可以使奉獻者超越物質層面，理解韋達文獻的內在含義，包括至尊主在超然王國中的存在等內容。當奉獻者對靈性導師和至尊主有堅定不變的信心時，至尊主就會逐漸向奉獻者揭示祂自己。這以後，至尊主就會賜予奉獻者八種神秘力量。最後，至尊主把奉獻者接受為祂個人的隨從，通過靈性導師這一代理讓奉獻者為至尊主做特殊的服務。相對於展示潛藏在自己體內的神秘力量，純粹的奉獻者更喜歡為至尊主做服務。聖納茹阿達用自己的個人經驗解釋了所有這些；人可以通過完美地吟誦、吟唱至尊主的聖名，獲得聖納茹阿達所獲得的一切能力。任何人只要是從師徒傳承中接受納茹阿達的代表所傳授的超然聲音振盪，就可以不受限制地吟誦、吟唱。

第 40 節 त्वमप्यदभ्रश्रुत विश्रुतं विभोः
समाप्यते येन विदां बुभुत्सितम् ।
प्राख्याहि दुःखैर्मुहुरर्दितात्मनां
सङ्क्लेशनिर्वाणमुशन्ति नान्यथा ॥४०॥

tvam apy adabhra-śruta viśrutaṁ vibhoḥ
samāpyate yena vidāṁ bubhutsitam
prākhyāhi duḥkhair muhur arditātmanāṁ
saṅkleśa-nirvāṇam uśanti nānyathā

tvam — 您 / api — 還有 / adabhra — 偉大的 / śruta — 韋達文獻 / viśrutam — 也聽到 / vibhoḥ — 全能的 / samāpyate — 滿足 / yena — 由那 / vidām — 有學識的人的 / bubhutsitam — 總是想學習超然知識的人 / prākhyāhi — 描述 / duḥkhaiḥ — 由種種痛苦 / muhuḥ — 總是 /

ardita-ātmanām — 受苦的眾生 / saṅkleśa — 受苦 / nirvāṇam — 減輕 / uśanti na — 擺脫不了 / anyathā — 用其它方法

譯文　您精通淵博的韋達經知識，瞭解全能的至尊主的活動，因此請描述它們。這樣做將滿足大學者們的渴望，同時減輕始終在承受物質煎熬的普通大眾的痛苦。事實上，除此之外，沒有其它方法可以使人擺脫這樣的痛苦。

要旨　聖納茹阿達憑他的實際體驗明確斷言：解決物質活動存在的一切問題的最佳方法是，廣泛傳播至尊主的超然榮耀。世上有四種虔誠的人，有四種邪惡的人；四種虔誠的人承認全能的神的權威，因此當這些虔誠的人(1)身陷困境時，(2)需要金錢時，(3)尋求知識時，以及(4)越來越想更多地瞭解有關神的一切時，就會自然而然地托庇於至尊主。所以，納茹阿達建議維亞薩戴瓦，用他已經獲得的淵博的韋達知識去廣泛傳播神的超然知識。

邪惡的人也分四類，他們分別是：(1)全神貫注於功利性活動的進展，從而受制於隨之而來的痛苦的人；(2)沈溺於爲感官享樂而爲非作歹並爲此受苦的人；(3)有淵博的物質方面的知識，但卻因意識不到要承認全能的神的權威而受苦的人，以及(4)儘管始終處在困境中，但就是不信神，並且故意仇恨神的名字的人。

聖納茹阿達建議維亞薩戴瓦描述至尊主的榮耀，以利益上述所有虔誠和邪惡的八種人。由此可見，《聖典博伽瓦譚》並不是爲某一類人或某一個宗派的人編纂，而是爲真正關心自己的幸福，想要獲得內心平靜的真誠靈魂編纂的。

到此爲止，結束了巴克提韋丹塔對《聖典博伽瓦譚》第 1 篇第 5 章——“納茹阿達就《聖典博伽瓦譚》給維亞薩戴瓦的指示”所作的闡釋。

第六章

納茹阿達和維亞薩戴瓦間的對話

第1節

सूत उवाच
एवं निशम्य भगवान्देवर्षेर्जन्म कर्म च ।
भूयः पप्रच्छ तं ब्रह्मन् व्यासः सत्यवतीसुतः ॥१॥

sūta uvāca
evaṁ niśamya bhagavān
devarṣer janma karma ca
bhūyaḥ papraccha taṁ brahman
vyāsaḥ satyavatī-sutaḥ

sūtaḥ uvāca — 蘇塔說 / evam — 這樣 / niśamya — 聽著 / bhagavān — 神有力的化身 / devarṣeḥ — 半神人中偉大的聖哲的 / janma — 誕生 / karma — 活動 / ca — 和 / bhūyaḥ — 再次 / papraccha — 要求 / tam — 他 / brahman — 眾布茹阿瑪納啊 / vyāsaḥ — 維亞薩戴瓦 / satyavatī-sutaḥ — 薩提亞娃緹之子

譯文　蘇塔說：眾布茹阿瑪納啊！薩緹亞娃緹的兒子、神的化身維亞薩戴瓦，聆聽了聖納茹阿達的出生和活動後，提出這樣的問題。

要旨　維亞薩戴瓦想要進一步瞭解納茹阿達所達到的完美境界，所以想更多地瞭解他。在這一章中，納茹阿達將描述他怎麼能在全神貫注地冥想至尊主的超然形象時短暫地看到了至尊主，以及後來在看不到至尊主，感到與祂分離的情況下有多痛苦。

第2節 व्यास उवाच
भिक्षुभिर्विप्रवसिते विज्ञानादेष्टृभिस्तव ।
वर्तमानो वयस्याद्ये ततः किमकरोद्भवान् ॥ २ ॥

vyāsa uvāca
bhikṣubhir vipravasite
vijñānādeṣṭṛbhis tava
vartamāno vayasy ādye
tataḥ kim akarod bhavān

vyāsaḥ uvāca — 聖維亞薩戴瓦說 / bhikṣubhiḥ — 由偉大的托鉢僧 / vipravasite — 去了其它地方之後 / vijñāna — 有關超然領域的科學知識 / ādeṣṭṛbhiḥ — 那些給予教導的人 / tava — 您的 / vartamānaḥ — 現在的 / vayasi — 壽命 / ādye — 在開始之前 / tataḥ — 在那以後 / kim — 甚麼 / akarot — 做 / bhavān — 您閣下

譯文　聖維亞薩戴瓦問：那些在您(納茹阿達)的前生教導您超然的科學知識的偉大聖人們離開您後，您都做了些什麼？

要旨　維亞薩戴瓦是納茹阿達的門徒，因此他很自然地渴望瞭解納茹阿達接受靈性導師們的啓迪後做了什麼。他要向納茹阿達學習，以達到同樣的生命完美境界。這種向靈性導師詢問的願望，是進步路途上必不可少的的因素。梵文術語稱這種詢問的程序是“對超然職責的詢問(sad-dharma-pṛcchā)”。

第3節 स्वायम्भुव कया वृत्त्या वर्तितं ते परं वयः ।
कथं चेदमुदस्राक्षीः काले प्राप्ते कलेवरम् ॥ ३ ॥

svāyambhuva kayā vṛttyā
vartitaṁ te paraṁ vayaḥ

kathaṁ cedam udasrākṣīḥ
kāle prāpte kalevaram

svāyambhuva — 布茹阿瑪之子啊 / kayā — 在甚麼情況下 / vṛttyā — 職業 / vartitam — 過 / te — 您 / param — 在被啓迪後 / vayaḥ — 壽命 / katham — 怎樣 / ca — 和 / idam — 這 / udasrākṣīḥ — 您離開 / kāle — 在適當的時候 / prāpte — 得到了 / kalevaram — 身體

譯文 布茹阿瑪的兒子啊！您得到啓蒙後怎樣度過您的餘生？您離開原先那個身體後是如何得到現在這個身體的？

要旨 納茹阿達．牟尼前生只是個普通女僕的兒子，所以他怎能如此完美地轉變成有永恆、極樂和知識的靈性身體這一點無疑非常重要。維亞薩戴瓦想要他描述真相，以滿足大家的求知慾。

第 4 節 प्राक्कल्पविषयामेतां स्मृतिं ते मुनिसत्तम ।
न ह्येष व्यवधात्काल एष सर्वनिराकृतिः ॥ ४ ॥

prāk-kalpa-viṣayām etāṁ
smṛtiṁ te muni-sattama
na hy eṣa vyavadhāt kāla
eṣa sarva-nirākṛtiḥ

prāk — 之前 / kalpa — 布茹阿瑪一天的時間 / viṣayām — 論題 / etām — 所有這些 / smṛtim — 記憶 / te — 您的 / muni-sattama — 偉大的聖哲啊 / na — 不 / hi — 肯定地 / eṣaḥ — 所有這些 / vyavadhāt — 有任何分別 / kālaḥ — 時間 / eṣaḥ — 所有這些 / sarva — 所有 / nirākṛtiḥ — 毀滅

譯文　偉大的聖人啊！既然時間會摧毀一切，怎麼我們現在談論的這件發生在布茹阿瑪今天以前的事情，還那麼清晰地留在您的記憶中，沒有隨時間的流逝而被淡忘呢？

要旨　正如靈魂即使在物質軀體毀滅後也不毀滅，靈性的意識也不被毀滅。納茹阿達甚至在前一個創造週期(kalpa)裡他所具有的軀體中，就培養了這一靈性意識。"物質軀體意識"的意思是指，靈性意識通過物質軀體這一媒介表達。這樣表達出的意識低等、可毀滅，而且是扭曲的。但是，靈性層面上的意識是高等意識，而且就是靈魂本身，因此永不毀滅。

第5節

नारद उवाच
भिक्षुभिर्विप्रवसिते विज्ञानादेष्टृभिर्मम ।
वर्तमानो वयस्याद्ये तत एतदकारषम् ॥ ५ ॥

nārada uvāca
bhikṣubhir vipravasite
vijñānādeṣṭṛbhir mama
vartamāno vayasy ādye
tata etad akāraṣam

nāradaḥ uvāca — 聖納茹阿達說 / bhikṣubhiḥ — 由偉大的聖哲們 / vipravasite — 去了別的地方後 / vijñāna — 科學化的靈性知識 / ādeṣṭṛbhiḥ — 那些向我傳授的 / mama — 我的 / vartamānaḥ — 現在 / vayasi ādye — 在這一生之前 / tataḥ — 此後 / etat — 這樣多 / akāraṣam — 執行

譯文　聖納茹阿達說：把超然的科學知識傳授給我的大聖人們啓程去了其它地方，我則開始以如下的方式生活。

要旨　在納茹阿達的前生，偉大的聖人們仁慈地給他灌輸了靈性的知識。這使他的生活發生了明顯的變化，儘管他當時只是一個五歲的男孩。那是被真正的靈性導師啓迪後，可以看到的重要徵象。與奉獻者的真正聯誼，使人的生活朝靈性覺悟的方向快速轉化。在這一章中，納茹阿達·牟尼將一一解釋這種變化是怎麼在他的前生發生的。

第 6 節　　एकात्मजा मे जननी योषिन्मूढा च किङ्करी ।
मय्यात्मजेऽनन्यगतौ चक्रे स्नेहानुबन्धनम् ॥ ६ ॥

ekātmajā me jananī
　yoṣin mūḍhā ca kiṅkarī
mayy ātmaje 'nanya-gatau
　cakre snehānubandhanam

eka-ātmajā — 只有一個兒子 / me — 我的 / jananī — 母親 / yoṣit — 婦女 / mūḍhā — 愚蠢的 / ca — 和 / kiṅkarī — 女僕 / mayi — 向我 / ātmaje — 因爲是她的後裔 / ananya-gatau — 一個再無其它地方可以被保護的人 / cakre — 做 / sneha-anubandhanam — 親情綑綁

譯文　我那當女僕的母親是個單純的婦女；我作為她的獨子，除了她沒有別人給予我保護，所以她用她全副的精力保護我，用她的愛緊緊地綁住我。

第 7 節　　सास्वतन्त्रा न कल्पासीद्योगक्षेमं ममेच्छती ।
ईशस्य हि वशे लोको योषा दारुमयी यथा ॥ ७ ॥

sāsvatantrā na kalpāsīd
　yoga-kṣemaṁ mamecchatī
īśasya hi vaśe loko
　yoṣā dārumayī yathā

sā — 她 / asvatantrā — 依靠 / na — 不 / kalpā — 能夠 / āsīt — 是 / yoga-kṣemam — 維持 / mama — 我的 / icchatī — 雖然想要 / īśasya — 天意的 / hi — 爲了 / vaśe — 在……的控制下 / lokaḥ — 每一個人 / yoṣā — 玩偶 / dāru-mayī — 木做的 / yathā — 就像

譯文　她希望好好地養育我，但因為並不是獨立的，所以沒有能力為我做任何事。整個世界都完全在至尊主的控制下，因此每個人都像木偶大師手中的木偶一樣。

第 8 節　अहं च तद्ब्रह्मकुले ऊषिवांस्तदुपेक्षया।
दिग्देशकालाव्युत्पन्नो बालकः पञ्चहायनः ॥८॥

aham ca tad-brahma-kule
ūṣivāṁs tad-upekṣayā
dig-deśa-kālāvyutpanno
bālakaḥ pañca-hāyanaḥ

aham — 我 / ca — 還有 / tat — 那 / brahma-kule — 在布茹阿瑪納的學校 / ūṣivān — 居住 / tat — 她的 / upekṣayā — 因爲依靠 / dik-deśa — 方向及國家 / kāla — 時間 / avyutpannaḥ — 並沒有經驗 / bālakaḥ — 只是兒童 / pañca — 五 / hāyanaḥ — 歲

譯文　我五歲時住在一所布茹阿瑪納學校裡。我依賴母親的愛，對其它地方一無所知。

第 9 節　एकदा निर्गतां गेहाद् दुहन्तीं निशि गां पथि।
सर्पोऽदशत्पदा स्पृष्टः कृपणां कालचोदितः ॥९॥

ekadā nirgatāṁ gehād
duhantīṁ niśi gāṁ pathi
sarpo 'daśat padā spṛṣṭaḥ
kṛpaṇāṁ kāla-coditaḥ

ekadā — 有一次 / nirgatām — 出去了 / gehāt — 從家裡 / duhantīm — 爲了擠牛奶 / niśi — 在晚上 / gām — 母牛 / pathi — 在路上 / sarpaḥ — 蛇 / adaśat — 被咬 / padā — 腿上 / spṛṣṭaḥ — 這樣被打擊 / kṛpaṇām — 可憐的婦人 / kāla-coditaḥ — 被至尊的時間所影響

譯文　一天，我那可憐的母親夜晚出去擠牛奶，在至尊時間的影響下，被毒蛇在腿上咬了一口。

要旨　那是神用以把真誠的靈魂拉近祂的方法。可憐的男孩只有愛他的母親在照顧他，但至尊主爲了把他完全置於自己仁慈的照顧下，還是憑至尊意願把他母親帶走了。

第 10 節　तदा तदहमीशस्य भक्तानां शमभीप्सतः ।
अनुग्रहं मन्यमानः प्रातिष्ठं दिशमुत्तराम् ॥१०॥

tadā tad aham īśasya
bhaktānāṁ śam abhīpsataḥ
anugrahaṁ manyamānaḥ
prātiṣṭhaṁ diśam uttarām

tadā — 那時候 / tat — 那 / aham — 我 / īśasya — 至尊主的 / bhaktānām — 奉獻者的 / śam — 慈悲 / abhīpsataḥ — 想要 / anugraham — 特別的祝福 / manyamānaḥ — 那樣想 / prātiṣṭham — 離開後 / diśam uttarām — 向北方

譯文 我把這視為是至尊主特殊的仁慈，而至尊主永遠會祝福祂的奉獻者。這樣想著，我便啓程向北方進發。

要旨 至尊主親密的奉獻者在自己前進的每一個階段中，都看到是至尊主在指導、在祝福。從世俗的角度看是古怪或困難的事，被奉獻者視爲是至尊主的特殊仁慈。世俗的成功與繁榮是一種物質的發燒狀態；憑至尊主的恩典，這種物質發燒的熱度被逐漸降低，靈性的健康一步一步在恢復。世人誤解這一點。

第 11 節 स्फीताञ्जनपदांस्तत्र पुरग्रामव्रजाकरान् ।
खेटखर्वटवाटीश्च वनान्युपवनानि च ॥११॥

sphītāñ janapadāṁs tatra
pura-grāma-vrajākarān
kheṭa-kharvaṭa-vāṭīś ca
vanāny upavanāni ca

sphītān — 非常繁盛 / jana-padān — 大都市 / tatra — 那裡 / pura — 城市 / grāma — 鄉村 / vraja — 大農場 / ākarān — 礦場 / kheṭa — 農地 / kharvaṭa — 山谷 / vāṭīḥ — 花園 / ca — 和 / vanāni — 森林 / upavanāni — 苗圃 / ca — 和

譯文 一路上，我經過許多繁華的大都市，以及城鎮、鄉村、畜牧場、礦山、農田、溪谷、花園、苗圃和原始森林。

要旨 人類所從事的農耕、採礦、養殖和園藝等活動，古往今來從未變過；甚至從上一個創造週期到現在這個創造週期，這同一些活動始終在進行，即使到下一個創造週期也不會變。千百萬年之後，在自然法律的控制下，另一個創造週期一開始，宇宙的歷史就會以幾乎完全同樣的方式重演。世俗的學者們把寶貴的時間浪費在挖掘出土文物的考古活動上，而不去內省生命必不可少的需求。聖納茹阿達・牟尼雖然只是個孩子，但自從受到激勵，過靈修生活後，就再也沒有浪費過一分一秒去想方設法賺錢，哪怕是走過城鎮、鄉村、礦山和工廠，也絲毫沒有分心。他一直不斷地向靈性解放的目標前進。《聖典博伽瓦譚》這部超然的文獻所記錄的是，精選出的千百萬年來所發生的最重要的歷史。

第 12 節　चित्रधातुविचित्राद्रीनिभभग्नभुजद्रुमान् ।
जलाशयाञ्छिवजलान्नलिनीः सुरसेविताः ।
चित्रस्वनैः पत्ररथैर्विभ्रमद् भ्रमरश्रियः ॥१२॥

citra-dhātu-vicitrādrīn
ibha-bhagna-bhuja-drumān
jalāśayāñ chiva-jalān
nalinīḥ sura-sevitāḥ
citra-svanaiḥ patra-rathair
vibhramad bhramara-śriyaḥ

citra-dhātu — 像黃金、銀、銅等貴重金屬 / vicitra — 多種多樣的 / adrīn — 山與山丘 / ibha-bhagna — 被巨大的大象所折斷 / bhuja — 枝幹 / drumān — 樹 / jalāśayān śiva — 使健康的 / jalān — 水塘 / nalinīḥ — 蓮花 / sura-sevitāḥ — 天堂上的居民都想要的 / citra-svanaiḥ — 令人心情愉快 / patra-rathaiḥ — 由鳥 / vibhramat — 困惑的 / bhramara-śriyaḥ — 被雄蜂裝飾

譯文　我走過丘陵和蘊藏著豐富的金、銀、銅等各種礦物的高山，經過大片如仙境般長滿了美麗蓮花的水塘，蓮花上空飛舞著陶醉的蜜蜂和歌喉婉轉的鳥兒。

第 13 節 नलवेणुशरस्तन्बकुशकीचकगह्वरम् ।
एक एवातियातोऽहमद्राक्षं विपिनं महत् ।
घोरं प्रतिभयाकारं व्यालोलूकशिवाजिरम् ॥१३॥

nala-veṇu-śaras-tanba-
kuśa-kīcaka-gahvaram
eka evātiyāto 'ham
adrākṣaṁ vipinaṁ mahat
ghoraṁ pratibhayākāraṁ
vyālolūka-śivājiram

nala — 管子 / veṇu — 竹 / śaraḥ — 欄 / tanba — 充滿 / kuśa — 尖的草 / kīcaka — 雜草 / gahvaram — 山洞 / ekaḥ — 單獨 / eva — 只有 / atiyātaḥ — 很難經過 / aham — 我 / adrākṣam — 探訪 / vipinam — 濃密的森林 / mahat — 龐大的 / ghoram — 恐怖的 / pratibhaya-ākāram — 危險的 / vyāla — 蛇 / ulūka — 貓頭鷹 / śiva — 胡狼 / ajiram — 活動場所

譯文 接著，我又獨自穿越大片大片難以獨自穿越的燈芯草叢、竹林、蘆葦叢、銳利如刀鋒的草叢、野草叢和許多山洞。我還曾留宿在黑暗、可怕且危險的密林深處，而那裡是毒蛇、貓頭鷹和豺狼遊戲的庭園。

要旨 托缽僧(parivrājakācārya)的職責是，獨自走遍所有的森林、山丘、城鎮、村莊等，體驗神的創造的多樣化，以獲得對神的信心和精神力量，同時用神的信息啓蒙當地的居民。托缽僧(sannyāsī)有責任無所畏懼地歷盡一切艱難險阻。這個年代最典型的托缽僧是主柴坦亞；祂以同樣的方式穿越中印度的密林，甚至教化了老虎、狗熊、蛇、鹿、大象和許多其他叢林動物。在這個喀歷年代裡，一般人不允許進入棄絕階層(sannyāsa)。爲了欺騙大眾而穿上托缽僧服裝的人，不同於原先典型的托缽僧。當托缽僧的人應該發誓完全停止社會交際，畢生只爲至尊主服務。換衣服只是外在形式。主柴坦亞沒有接受托缽僧的名字，而這個喀歷年代裡的所謂的托缽僧，也應該像主柴坦亞學習，不改變自己過去的名字。在這個年代裡，聆聽和反復吟誦、吟唱至尊主的神聖榮耀這項奉愛服務，受到強烈的推薦。發誓出家的人，不需要模仿納茹阿達或主柴坦亞那樣的托缽僧，而只需要坐在一處聖地，用他所有的時間和精力聆聽並反復吟誦溫達文(Vṛndāvana)六位哥斯瓦米等偉大的靈性導師留下的神聖典籍。

第 14 節　**परिश्रान्तेन्द्रियात्माहं तृट्परीतो बुभुक्षितः ।**
स्नात्वा पीत्वा ह्रदे नद्या उपस्पृष्टो गतश्रमः ॥१४॥

pariśrāntendriyātmāhaṁ
tṛṭ-parīto bubhukṣitaḥ
snātvā pītvā hrade nadyā
upaspṛṣṭo gata-śramaḥ

pariśrānta — 疲倦 / indriya — 身體的 / ātmā — 心理上 / aham — 我 / tṛṭ-parītaḥ — 因爲口渴 / bubhukṣitaḥ — 飢餓 / snātvā — 沐浴 / pītvā — 喝了一些水 / hrade — 在湖裡 / nadyāḥ — 一條河 / upaspṛṣṭaḥ — 接觸 / gata — 得到解除 / śramaḥ — 疲勞

譯文　這樣的旅行使我身心疲憊。我又渴又餓，于是便在河塘中沐浴、喝水。與水的接觸，使我恢復了精力。

要旨　雲遊四方的托缽僧在口渴、饑餓的情況下，可以憑藉大自然的饋贈滿足這些身體的需要，而不必到居士的門前去行乞。因此，他們去居士家不是爲了乞討，而是給居士們以靈性的啓發。

第 **15** 節 तस्मिन्निर्मनुजेऽरण्ये पिप्पलोपस्थ आश्रितः ।
आत्मनात्मानमात्मस्थं यथाश्रुतमचिन्तयम् ॥१५॥

tasmin nirmanuje 'raṇye
pippalopastha āśritaḥ
ātmanātmānam ātmasthaṁ
yathā-śrutam acintayam

tasmin — 在那 / nirmanuje — 沒有人類居住 / araṇye — 在森林 / pippala — 榕樹 / upasthe — 坐在它下面 / āśritaḥ — 求庇護於 / ātmanā — 用智慧 / ātmānam — 超靈 / ātma-stham — 處於我自己之內 / yathā-śrutam — 如我從解脫了的靈魂那裡所聽聞的一樣 / acintayam — 想過

譯文　那以後，在一個渺無人跡的森林中的一棵榕樹的樹蔭下，我按照從解脫的靈魂們那裡學到的知識，運用自己的智慧開始冥想處在心中的超靈。

要旨　人不應該隨心所欲地冥想；而應該在真正的靈性導師這一透明媒介的指導下，認真學習權威經典教導的冥想科學，正確地運用自己受過訓練的智力，冥想住在每一個生物體心中的超靈。只有按靈性導師的命令爲至尊主做愛心服務的奉獻者，才能穩定地培養這樣的意識。聖納茹阿達接觸了真正的靈性導師，真誠地爲他們做服務，從而得到真正的啓迪。隨後，他開始冥想。

第 **16** 節 ध्यायतश्चरणाम्भोजं भावनिर्जितचेतसा ।
औत्कण्ठ्याश्रुकलाक्षस्य हृद्यासीन्मे शनैर्हरिः ॥१६॥

dhyāyataś caraṇāmbhojaṁ
bhāva-nirjita-cetasā

autkaṇṭhyāśru-kalākṣasya
hṛdy āsīn me śanair hariḥ

dhyāyataḥ — 這樣冥想著 / caraṇa-ambhojam — 處在局部區域的人格首神的蓮花足 / bhāva-nirjita — 心被對至尊主超然的愛所轉變 / cetasā — 所有心智活動(思想、感受和意願) / autkaṇṭhya — 熱心 / aśrukala — 流下淚水 / akṣasya — 眼睛的 / hṛdi — 在我心裡 / āsīt — 出現 / me — 我的 / śanaiḥ — 沒有延誤 / hariḥ — 人格首神

譯文 對至尊主超然的愛轉化了我的心，我一旦開始用它去冥想人格首神的蓮花足，淚水便奪眶而出，人格首神奎師那也立刻出現在我的心蓮上。

要旨 這節詩中的梵文“巴瓦(bhāva)”一詞非常重要。人有了對至尊主超然的情感之後，就達到了巴瓦的階段。最初的階段是喜歡至尊主，梵文稱爲刷達(śraddhā)；爲了增強對至尊主的喜愛之情，人必須與至尊主的純粹奉獻者聯誼。第三個階段是練習遵守奉愛服務的規範守則。這將消除所有的疑慮，去除個人所有妨礙在奉愛服務路途上進步的缺點。

當所有的疑慮和個人的缺點都被清除後，人就對超然事物有了穩定的信心，以及越來越多的欣賞。這個階段使人受到至尊主的吸引，而這以後就是巴瓦——純粹愛神的前一個階段。上述所有不同的階段，都是發展對神超然的愛的不同階段。人心中一旦充滿了對神超然的愛之後，就會感到與神強烈的離別之情，同時出現八種如癡如醉的徵象。在這種情況下，流淚是奉獻者很自然的反應。由於聖納茹阿達．牟尼在他前生離開家後很快達到那個階段，他用他發展了的、沒有絲毫物質沾染的靈性感官真正看到至尊主的出現，是絕對可能的。

第 **17** 節　प्रेमातिभरनिर्भिन्नपुलकाङ्गोऽतिनिर्वृतः ।
आनन्दसम्प्लवे लीनो नापश्यमुभयं मुने ॥१७॥

premātibhara-nirbhinna-
pulakāṅgo 'tinirvṛtaḥ
ānanda-samplave līno
nāpaśyam ubhayaṁ mune

premā — 愛 / atibhara — 極度的 / nirbhinna — 特別出色的 / pulaka — 快樂的感覺 / aṅgaḥ — 不同的身體部份 / ati-nirvṛtaḥ — 因爲完全被淹沒 / ānanda — 狂喜 / samplave — 在……的海洋 / līnaḥ — 沈浸 / na — 不 / apaśyam — 能夠看 / ubhayam — 兩者 / mune — 維阿薩戴瓦啊

譯文　維亞薩戴瓦啊！那時，極度快樂的情感淹沒了我，使我身體的每一個部份都各自充滿了活力。沈浸在如癡如醉海洋中的我，看不到自己，也看不見至尊主了。

要旨　靈性的快樂感覺和強烈的如癡如醉狀態，是世俗的感覺和情感所無法比擬的，因此要描述這種感覺和情感非常困難。我們只能從聖納茹阿達・牟尼的話語裡稍微體會一下這種如癡如醉的狀態。身體的每一個部份或感官都有它具體的作用。看到至尊主後，所有的感官就都被完全激發起來爲至尊主服務，因爲在解脫的狀態中，感官變得完全適合爲至尊主服務。正因爲如此，在那種超然的如癡如醉狀態中，所有的感官都各自充滿活力地侍奉至尊主。在這樣的情況下，納茹阿達・牟尼渾然忘我，變得既看不到自己，也看不見至尊主了。

第 **18** 節　रूपं भगवतो यत्तन्मनःकान्तं शुचापहम् ।
अपश्यन् सहसोत्तस्थे वैक्लव्याद् दुर्मना इव ॥१८॥

rūpaṁ bhagavato yat tan
manaḥ-kāntaṁ śucāpaham
apaśyan sahasottasthe
vaiklavyād durmanā iva

rūpam — 形象 / bhagavataḥ — 人格首神的 / yat — 如這樣的 / tat — 那 / manaḥ — 心的 / kāntam — 如它所欲的 / śuca-apaham — 消除絕望情緒 / apaśyan — 沒有看 / sahasā — 突然間 / uttasthe — 起來 / vaiklavyāt — 受到騷擾 / durmanāḥ — 失去了嚮往以久的珍愛對象 / iva — 像它本來的

譯文　至尊主原本的超然形象使人感到心滿意足，且立即去除人的一切焦慮和絕望情緒。一旦看不見至尊主的那個形象，我立即像人失去嚮往以久的珍愛對象那樣心緒不寧，從地上彈跳了起來。

要旨　納茹阿達．牟尼親身體會到，至尊主不是沒有形象的。但祂的形象與我們在物質世界裡看到的所有的形象都完全不同。我們這一生中會看到物質世界裡的各種形象，但沒有一個形象能讓我們感到心滿意足，也沒有一個形象能去除我們心中的不安。這些都是至尊主超然形象的特徵，人只要看過一次那形象，就不會對任何事物感到滿足了；除了至尊主的超然形象外，物質世界裡再也沒有什麼形象能滿足觀看者了。說至尊主沒有形象或不具人格特徵的意思是：祂沒有物質的形象，也不像任何物質世界裡的人物。

作爲與形象超然的至尊主有著永恆關係的靈性生物，我們一世復一世地追尋至尊主那超然的形象，從沒有對物質世界裡的任何形象感到徹底的心滿意足過。納茹阿達．牟尼看到了至尊主那超然的形象，但只是一瞬間而已；當他再也看不到那形象時，他變得心緒不寧，突然站立起來，去尋找那形象。其實，我們一生復一生所追求的，正是納茹阿達．

牟尼所得到的。因此，至尊主的形象突然消失後，對他來說無疑是巨大的打擊。

第 19 節 दिदृक्षुस्तदहं भूयः प्रणिधाय मनो हृदि ।
वीक्षमाणोऽपि नापश्यमवितृप्त इवातुरः ॥१९॥

didṛkṣus tad ahaṁ bhūyaḥ
praṇidhāya mano hṛdi
vīkṣamāṇo 'pi nāpaśyam
avitṛpta ivāturaḥ

didṛkṣuḥ — 想看 / tat — 那 / aham — 我 / bhūyaḥ — 再次 / praṇidhāya — 集中注意力後 / manaḥ — 心神 / hṛdi — 在心中 / vīkṣamāṇaḥ — 等著看 / api — 儘管 / na — 永不 / apaśyam — 看到祂 / avitṛptaḥ — 沒有得到滿足 / iva — 像 / āturaḥ — 悲傷

譯文 我希望能再看到至尊主的那個超然形象，但無論我怎麼全神貫注地努力，急切地要在心中再看那形象，我都再也看不到祂了。不能實現重見祂的願望，使我悲傷不已。

要旨 沒有機械的方式可以使人看到至尊主的形象。要看到至尊主的形象，得完全依靠至尊主沒有緣故的仁慈。正如我們不能要求太陽按我們喜歡的時間昇起，我們也不能要求至尊主出現在我們眼前。太陽按照自己的規律昇起在東方，至尊主出於祂沒有緣故的仁慈自願出現。我們應該耐心地等待那個時刻，同時繼續履行為至尊主做奉愛服務的責任。納茹阿達．牟尼以為可以按他第一次努力並獲得成功的同一種機械的方式做，就可以再次見到至尊主，但儘管他盡了自己最大的努力，也沒能獲得第二次的成功。至尊主完全不受制於任何義務。只有純粹的奉愛之情才能綁住祂。我們用我們的物質感官既看不到祂，也感知不到祂。當奉獻者在完全依靠祂的仁慈的情況下真誠爲祂做奉愛服務，讓祂滿意和高興時，祂也許就會自願出現在奉獻者眼前。

第 20 節　एवं यतन्तं विजने मामाहागोचरो गिराम् ।
गम्भीरश्लक्ष्णया वाचा शुचः प्रशमयन्निव ॥२०॥

evaṁ yatantaṁ vijane
mām āhāgocaro girām
gambhīra-ślakṣṇayā vācā
śucaḥ praśamayann iva

evam — 如此 / yatantam — 嘗試 / vijane — 在孤獨的地方 / mām — 像我 / āha — 說 / agocaraḥ — 超越物質聲音的範圍 / girām — 言辭 / gambhīra — 沈重的 / ślakṣṇayā — 悅耳的 / vācā — 言詞 / śucaḥ — 苦惱 / praśamayan — 減緩 / iva — 像

譯文　用世俗言語根本無法形容的超然人格首神，看到我在那人跡罕至的地方努力嘗試，便用莊嚴、悅耳的言辭對我說話，以減輕我心中的悲傷。

要旨　韋達經中說，神是世俗的言語和智力所無法攀及的。儘管如此，靠祂沒有緣故的仁慈，人可以用適合的感官聆聽祂或講述祂。這就是神不可思議的能力所在。得到祂仁慈的人可以聆聽祂。至尊主對納茹阿達．牟尼非常滿意，所以給他注入所需要的力量，以使他能聽到至尊主講話。然而，其他處在練習按規範守則做奉愛服務階段中的人，不可能直接感知到至尊主的接觸。那是納茹阿達得到的特殊禮物。他聽到至尊主悅耳的話語時，與至尊主分離的悲傷之情得到一定程度的緩解。深深地愛著神的奉獻者始終感受著離別的痛苦，因此一直處在超然的如癡如醉狀態中。

第 **21** 節 हन्तास्मिञ्जन्मनि भवान्मा मां द्रष्टुमिहार्हति ।
अविपक्वकषायाणां दुर्दर्शोऽहं कुयोगिनाम् ॥२१॥

hantāsmiñ janmani bhavān
mā māṁ draṣṭum ihārhati
avipakva-kaṣāyāṇāṁ
durdarśo 'haṁ kuyogināṁ

hanta — 納茹阿達啊 / asmin — 這 / janmani — 壽命 / bhavān — 你自己 / mā — 不 / mām — 我 / draṣṭum — 看 / iha — 這裡 / arhati — 值得 / avipakva — 未成熟的 / kaṣāyāṇām — 物質的污穢 / durdarśaḥ — 很難被看見 / aham — 我 / kuyoginām — 服務不圓滿

譯文 納茹阿達啊(至尊主說)！很遺憾你在你這一生期間再也看不到我了。為我做服務沒有達到成熟的階段，沒有澈底擺脫一切物質污染的人，很難看到我。

要旨 人格首神在《博伽梵歌》中被描述爲是最純淨、至高無上的絕對真理。祂身上沒有絲毫物質污染的痕跡，因此哪怕有絲毫物質污染的人都接近不了祂。當人至少去除了激情和愚昧這兩種物質屬性後，真正的奉愛服務才正式開始；而這兩種屬性被去除後所展現的徵像是，人不再有物質享樂的慾望(kāma)和貪念(lobha)。這就是說，人必須去除感官享樂的慾望和貪慾。儘管和諧的屬性是善良屬性，但要完全清除所有的物質污染意味著連善良屬性的影響也要擺脫。獨自到森林中去尋找神，被視爲是受善良屬性的影響。人可以爲了達到靈性的完美離家出走到森林去，但並不意味著就能在森林裡見到至尊主。人必須完全去除所有的物質依戀，處在超然的層面上；而惟有做到這一點，才能幫助奉獻者有機會直接與人格首神接觸。最佳的方法是：人應該住在至尊主的超然形象受到崇拜的地方。至尊主的廟宇是超然的地方，而森林是從物質角度看屬於受善良屬性影響的居住地。初級奉獻者總是被建議要崇拜至尊主的神像(arcanā)，而不是到森林裡去尋找至尊主。奉愛服務始於崇拜至尊主的神像，而這一程序比去森林要好。聖納茹阿達．牟尼在現在這一生中絲毫沒有物質渴望，僅僅他的臨在就能把任何地方轉變爲靈性世界外琨塔(Vaikuṇṭha)，像他這樣純潔的人都沒有去森林。他從一個地方旅行到另一個地方，教化普通人、半神人、克伊納爾(Kinnaras)、歌仙(Gandharvas) 、聖人、牟尼等，把他們轉變爲至尊主的奉獻者。由於他的努力，帕拉德．瑪哈茹阿佳(Prahlāda Mahārāja)、杜茹瓦．瑪哈茹阿佳(Dhruva Mahārāja)和許多其他奉獻者都在爲至尊主做奉愛服務。因此，至尊主純粹的奉獻者，都以納茹阿達和帕拉德這樣偉大的奉獻者爲榜樣，用全部的時間以吟誦、吟唱(kīrtana)的形式讚美至尊主。這樣的傳教方式超越所有的物質屬性。

第 22 節 सकृद्यद्दर्शितं रूपमेतत्कामाय तेऽनघ ।
मत्कामः शनकैः साधु सर्वान्मुञ्चति हृच्छयान् ॥२२॥

sakṛd yad darśitaṁ rūpam
etat kāmāya te 'nagha
mat-kāmaḥ śanakaiḥ sādhu
sarvān muñcati hṛc-chayān

sakṛt — 只有一次 / yat — 那 / darśitam — 展示 / rūpam — 形象 / etat — 這是 / kāmāya — 爲了渴求 / te — 你的 / anagha — 有德性的人啊 / mat — 我的 / kāmaḥ — 慾望 / śanakaiḥ — 透過增加 / sādhuḥ — 奉獻者 / sarvān — 所有 / muñcati — 放棄 / hṛt-śayān — 物質慾望

譯文　善良正直的人啊！你只看到我本人一次，而這只是爲了讓你增强想要見我的願望，因爲你越渴望見到我，你的物質慾望就去除得越澈底。

要旨 生物不可能沒有願望。他不是無生命的石頭。他必須思考、感受和有意願，換句話說是必須活動。但如果他的思考、感受和願望是物質的(以自我爲中心的)，他就受束縛；相反，當他的所思所想、所感受和願望的都是爲至尊主服務時，他就逐漸擺脫所有的束縛。人越爲至尊主做超然的愛心服務，就越渴望做更多的服務。這是神性服務的超然本質。物質性的服務會使人感到厭煩，但爲至尊主所做的靈性服務，既不會讓人感到厭煩，也不會有結束的時候。人可以不斷地增強他對爲至尊主做超然的愛心服務的渴望，但從不會有厭煩或到頭的感覺。按照至尊主的指導熱情地爲至尊主做服務，可以使人體驗到至尊主超然的臨在。因此，看至尊主意味著爲祂做服務，因爲祂本人和祂的服務沒有區別。真誠的奉獻者應該繼續真誠地爲至尊主做服務，至尊主將給予適當的指導，讓奉獻者知道在哪裡、怎樣爲祂做服務。納茹阿達沒有物質慾望，但至尊主在這節詩中用話語指導他，以增強他對至尊主的熱愛。

第 23 節 सत्सेवयादीर्घयापि जाता मयि दृढा मतिः ।
हित्वावद्यमिमं लोकं गन्ता मज्जनतामसि ॥२३॥

sat-sevayādīrghayāpi
jātā mayi dṛḍhā matiḥ
hitvāvadyam imaṁ lokaṁ
gantā maj-janatām asi

sat-sevayā — 透過對絕對真理的服務 / adīrghayā — 幾天 / api — 即使 / jātā — 到達了 / mayi — 向我 / dṛḍhā — 堅定的 / matiḥ — 智慧 / hitvā — 放棄 / avadyam — 可悲的 / imam — 這個 / lokam — 眾多物質世界 / gantā — 前往 / mat-janatām — 我的同伴 / asi — 成爲

譯文 爲絕對眞理服務，哪怕是短短的幾天，奉獻者都會得到智慧，從而能夠全神貫注於我。這必然使他在離開這個可悲的物質世界後，到靈性世界成為我的同伴。

要旨 爲絕對真理服務意味著，在真正的靈性導師指導下爲絕對的人格首神服務。靈性導師是至尊主與初習奉獻者之間透明的媒介。初習奉獻者沒有能力靠他不完美的物質感官所具有的力量靠近絕對的人格首神，因此在靈性導師的指導下，他受到訓練爲至尊主做超然的服務。靠這樣的訓練，哪怕是幾天，初習奉獻者也會得到做這種超然服務的智慧，使他擺脫物質世界的長期囚禁，晉昇到超然的世界，在神的王國中成爲至尊主的解脫了的同伴。

第 24 節 मतिर्मयि निबद्धेयं न विपद्येत कर्हिचित् ।
प्रजासर्गनिरोधेऽपि स्मृतिश्च मदनुग्रहात् ॥२४॥

matir mayi nibaddheyaṁ
na vipadyeta karhicit
prajā-sarga-nirodhe 'pi
smṛtiś ca mad-anugrahāt

matiḥ — 智慧 / mayi — 對我奉獻 / nibaddhā — 從事於 / iyam — 這 / na — 永不 / vipadyeta — 分離 / karhicit — 在任何時間 / prajā — 生物 / sarga — 在創造的時候 / nirodhe — 以及在毀滅的時候 / api — 即使 / smṛtiḥ — 記憶 / ca — 和 / mat — 我的 / anugrahāt — 由……的恩惠

譯文 用來為我做奉愛服務的智慧任何時候都不會被削弱。憑藉我的仁慈，即使在創造和毀滅時，你的記憶都不會中斷。

要旨 爲人格首神做奉愛服務永遠都不會是徒勞無功的。由於人格首神是永恆的，應用在爲祂做服務過程中的智慧或與之有關的任何事物也都是永恆的。《博伽梵歌》中說，為人格首神所作的這種超然的服務，一生復一生不斷積累，當奉獻者完全成熟時，他所做的奉愛服務總計起來使他有資格進入與人格首神直接交往的範疇。為神所做的服務的這種積累，永遠都不會失去，相反會不斷增加，直到奉獻者變得完全成熟。

第 25 節 एतावदुक्त्वोपरराम तन्महद्
भूतं नभोलिङ्गमलिङ्गमीश्वरम् ।
अहं च तस्मै महतां महीयसे
शीर्ष्णावनामं विदधेऽनुकम्पितः ॥२५॥

etāvad uktvopararāma tan mahad
bhūtaṁ nabho-liṅgam aliṅgam īśvaram
ahaṁ ca tasmai mahatāṁ mahīyase
śīrṣṇāvanāmaṁ vidadhe 'nukampitaḥ

etāvat — 因此 / uktvā — 說 / upararāma — 停止 / tat — 那 / mahat — 偉大的 / bhūtam — 奇妙的 / nabhaḥ-liṅgam — 用聲音人格化 / aliṅgam — 用眼睛看不到 / īśvaram — 至尊權威 / aham — 我 / ca — 還有 / tasmai — 向祂 / mahatām — 偉大的 / mahīyase — 向被稱頌的 / śīrṣṇā — 用頭 / avanāmam — 頂拜 / vidadhe — 執行 / anukampitaḥ — 因為受祂恩惠

譯文　說完這番話，那位用眼睛看不到而以聲音出現的無比神奇的至尊權威便不再說話。我滿懷感恩之情，向祂恭恭敬敬地頂禮。

要旨　看不到人格首神而只聽到祂的聲音，與看到祂本人是一樣的。人格首神透過祂的呼吸產出四部韋達經(Vedas)，通過韋達經的超然聲音被看到、被悟到。同樣，《博伽梵歌》是至尊主的聲音代表，與祂本人沒有區別。結論是：通過堅持不懈地吟誦、吟唱超然的聲音，可以看到和聽到至尊主。

第 26 節　नामान्यनन्तस्य हतत्रपः पठन्
गुह्यानि भद्राणि कृतानि च स्मरन् ।
गां पर्यटंस्तुष्टमना गतस्पृहः
कालं प्रतीक्षन् विमदो विमत्सरः ॥२६॥

nāmāny anantasya hata-trapaḥ paṭhan
guhyāni bhadrāṇi kṛtāni ca smaran
gāṁ paryaṭaṁs tuṣṭa-manā gata-spṛhaḥ
kālaṁ pratīkṣan vimado vimatsaraḥ

nāmāni — 聖名、名望等 / anantasya — 無限者的 / hata-trapaḥ — 不理會物質世界的所有儀式 / paṭhan — 通過朗誦及重複地閱讀等 / guhyāni — 神祕的 / bhadrāṇi — 絕對吉祥有益 / kṛtāni — 活動 / ca — 和 / smaran — 不斷地記著 / gām — 在地球上 / paryaṭan — 到處旅遊 / tuṣṭa-manāḥ — 完全的滿足 / gata-spṛhaḥ — 完全擺脫一切物質慾望 / kālam — 時間 / pratīkṣan — 等候 / vimadaḥ — 沒有驕傲 / vimatsaraḥ — 沒有妒忌

譯文　接下來，我開始不斷重復歌唱至尊主的聖名和聲望，而不理會物質世界的任何禮節、儀式。對至尊主超然的娛樂活動的這種歌唱和記憶，絕對吉祥有益。我一邊這樣做，一邊週遊世界，心中沒有嫉妒和驕傲，只有澈底的滿足感。

要旨　就這樣，納茹阿達．牟尼用他個人的例子，概括性地解釋了至尊主真誠的奉獻者的生活。這樣的奉獻者在得到至尊主或祂真正的代表的啓迪後，不但自己非常認真地吟誦、吟唱至尊主的榮耀，還週遊

世界，使其他人也能聽到至尊主的榮耀。這樣的奉獻者對物質所得沒有興趣。他們只有一個願望，那就是：回歸首神。這個願望在他們離開物質軀體後就會實現。他們因爲有人生的最高目標——回歸首神，所以從不嫉妒任何人，也不會因爲有資格回歸首神而驕傲自大。他們唯一要做的是歌唱和銘記至尊主的聖名、形象和娛樂活動，並按照個人的能力，爲他人的福利而不求任何物質所得地去傳播神的信息。

第 27 節 एवं कृष्णमतेर्ब्रह्मन्नासक्तस्यामलात्मनः ।
कालः प्रादुरभूत्काले तडित्सौदामनी यथा ॥२७॥

evaṁ kṛṣṇa-mater brahman
nāsaktasyāmalātmanaḥ
kālaḥ prādurabhūt kāle
taḍit saudāmanī yathā

evam — 這樣 / kṛṣṇa-mateḥ — 全心全意想著奎師那的人 / brahman — 維阿薩戴瓦啊 / na — 不 / āsaktasya — 一個執著的人的 / amala-ātmanaḥ — 完全擺脫一切物質污染的人的 / kālaḥ — 死亡 / prādurabhūt — 出現 / kāle — 在適當的時間 / taḍit — 閃電 / saudāmanī — 照明 / yathā — 正如

譯文 就這樣，布茹阿瑪納-維亞薩戴瓦啊！在死亡來臨時，全神貫注地想著奎師那的我，因為徹底清除了物質污染而不再有任何執著，所以如閃電與發光同時發生一樣在死亡時獲得了新生。

要旨 全神貫注地想著奎師那，意味著清除物質污垢或渴望。正如一個非常富有的人，不會渴望得到微不足道的小東西；主奎師那的奉獻者因爲必定能回到神的王國，在那裡過上永恆、充滿知識和快樂的生活，所以自然不會渴望得到像玩偶或影子一樣沒有永恆價值且微不足道的物質事物。這就是靈性上富有之人所表現出的徵象。在適當的時候，當純粹的奉獻者完全準備好後，就會突然以死亡的形式更換身體。對一個純粹的奉獻者來說，這種變化就像閃電與電光同時發生一樣。那就是說，憑藉至尊者的意願，奉獻者離開他的物質軀體的同時，發展出一個靈性的身體。即使在死亡之前，純粹的奉獻者已經不受物質的影響，因爲他的身體像在火中燒過的鐵變得通紅且具有燃燒性一樣，已經被靈性化了。

第 28 節　प्रयुज्यमाने मयि तां शुद्धां भागवतीं तनुम् ।
आरब्धकर्मनिर्वाणो न्यपतत्पाञ्चभौतिकः ॥२८॥

prayujyamāne mayi tāṁ
śuddhāṁ bhāgavatīṁ tanum
ārabdha-karma-nirvāṇo
nyapatat pāñca-bhautikaḥ

prayujyamāne — 因爲得到賞賜 / mayi — 給我 / tām — 那 / śuddhām — 超然的 / bhāgavatīm — 適宜與人格首神交往 / tanum — 身體 / ārabdha — 得到 / karma — 功利性活動 / nirvāṇaḥ — 終止了 / nyapatat — 離開 / pāñca-bhautikaḥ — 由五種物質元素組成的身體

譯文　我離開由五種物質元素構成的軀體，獲賜一個適合與人格首神交往聯誼的超然身體，從而終止了活動（卡爾瑪）的一切報應。

要旨　納茹阿達被人格首神告知，他將獲得一個適合與至尊主交往的超然身體；而他一離開物質軀體就得到了靈性的身體。這個超然的身體沒有物質特點，而是具有三種基本的超然品質，那就是：永恆，免於物質屬性的影響，沒有功利性活動的反應。物質軀體因爲缺乏這三種品質而不斷受苦。奉獻者一旦開始爲至尊主做奉愛服務，他的身體就立刻充滿超然的品質。超然的奉愛服務的影響，就像磁鐵碰到鐵所產生的影響。因此，更換身體意味著物質自然三種屬性不再對純粹的奉獻者產生影響。啓示經典中記載了許多這樣的例子。杜茹瓦·瑪哈茹阿佳、帕拉德·瑪哈茹阿佳，以及許多其他的奉獻者，都能以他們當時有的身體面對面地看到人格首神。這意味著，那些奉獻者的身體實質已經從物質的轉爲靈性的了。那是經授權的哥斯瓦米們(Gosvāmīs)通過權威經典所表明的看法。《布茹阿瑪-薩密塔》(Brahma-saṁhitā)中說，從一種叫做因鐸-勾帕(indra-gopa)的細菌開始，直到偉大的天帝因鐸，所有的生物體都受制於業報定律，因自己的活動而受苦或享樂。只有奉獻者才能憑藉至尊權威人格首神沒有緣故的仁慈，免於這種反應。

第 29 節 कल्पान्त इदमादाय शयानेऽम्भस्युदन्वतः ।
शिशयिषोरनुप्राणं विविशेऽन्तरहं विभोः ॥२९॥

kalpānta idam ādāya
śayāne 'mbhasy udanvataḥ
śiśayiṣor anuprāṇaṁ
viviśe 'ntar ahaṁ vibhoḥ

kalpa-ante — 在布茹阿瑪的一天之末 / idam — 這 / ādāya — 全部拿 / śayāne — 躺下來 / ambhasi — 在原因海洋中 / udanvataḥ — 毀滅 / śiśayiṣoḥ — 人格首神(納茹阿亞納)的躺下 / anuprāṇam — 呼吸 / viviśe — 進入 / antaḥ — 裡面 / aham — 我 / vibhoḥ — 主布茹阿瑪的

譯文 當一個創造週期結束，人格首神納茹阿亞納在毀滅之水中躺下時，布茹阿瑪與所有的創造元素一起進入祂體內，我也隨祂的呼吸進入祂體內。

要旨　納茹阿達以布茹阿瑪的兒子聞名，就像主奎師那以瓦蘇戴瓦的兒子聞名一樣。人格首神和祂的解脫了的奉獻者納茹阿達等，都以同樣的方式在物質世界裡顯現。正如《博伽梵歌》中所說，至尊主的出生與活動都是超然的。因此，按照權威的意見，納茹阿達顯現為布茹阿瑪的兒子，也是超然的娛樂活動。他顯現與隱跡的方式基本上與至尊主的一樣。所以，作為靈性生物，至尊主與祂的奉獻者同時既一樣又不同。他們同屬於超然的範疇。

第 30 節　सहस्रयुगपर्यन्ते उत्थायेदं सिसृक्षतः ।
मरीचिमिश्रा ऋषयः प्राणेभ्योऽहं च जज्ञिरे ॥३०॥

sahasra-yuga-paryante
utthāyedaṁ sisṛkṣataḥ
marīci-miśrā ṛṣayaḥ
prāṇebhyo 'haṁ ca jajñire

sahasra — 一千 / yuga — 四百三十萬年 / paryante — 在那段時間的末期 / utthāya — 期限已到 / idam — 這 / sisṛkṣataḥ — 想再次創造 / marīci-miśrāḥ — 像瑪瑞祺的聖哲 / ṛṣayaḥ — 所有的聖人 / prāṇebhyaḥ — 來自祂的感官 / aham — 我 / ca — 和 / jajñire — 出現

譯文　**四十三億太陽年後，當布茹阿瑪醒過來，按至尊主的意願重新創造時，瑪瑞祺、安給茹阿、阿特瑞等所有的聖人，就從至尊主的超然身體被創造出來，我也和他們一起顯現。**

要旨　布茹阿瑪生命的一個白天的長度，是四十三億二千萬太陽年。他的夜晚是同樣的長度。《博伽梵歌》中也這樣說。當布茹阿瑪的夜晚來臨時，他以瑜伽睡眠(yoga-nidrā)的方式在他父親嘎爾博達卡沙依．維施努(Garbhodakaśāyī Viṣṇu)體內休息。等他睡了四十三億二千萬太陽年後，他這個代理就再一次按照至尊主的意願重新創造。這時，所有偉大的聖人(ṛṣis)就再一次從至尊主超然身體的不同部位顯現出來，納茹阿達也隨他們一同顯現。這意味著納茹阿達以同一個超然的身體顯現，就像一個人睡覺後醒來，身體沒換一樣。聖納茹阿達可以永恆地自由進出全能者創造的各個領域，無論是超然的還是物質的創造領域。他的身體是超然的，沒有身體與靈魂之別，不像受制約的靈魂那樣；他以他這種超然的身體顯現和隱跡。

第 31 節 अन्तर्बहिश्च लोकांस्त्रीन् पर्येम्यस्कन्दितव्रतः ।
अनुग्रहान्महाविष्णोरविघातगतिः क्वचित् ॥३१॥

antar bahiś ca lokāṁs trīn
paryemy askandita-vrataḥ
anugrahān mahā-viṣṇor
avighāta-gatiḥ kvacit

antaḥ — 在超然的世界裡 / bahiḥ — 在物質世界裡 / ca — 和 / lokān — 眾多星球 / trīn — 三個部份 / paryemi — 旅遊 / askandita — 沒有中斷的 / vrataḥ — 誓言 / anugrahāt — 靠沒有緣故的仁慈 / mahā-viṣṇoḥ — 瑪哈．維施努(原因之洋維施努)的 / avighāta — 沒有限制地 / gatiḥ — 進口 / kvacit — 在任何時間

譯文　從那以後，憑藉全能的維施努的恩典，我不受限制地在超然世界和物質三界中遨遊。我之所以能這樣，是因為我堅持不懈、從不間斷地為至尊主做奉愛服務。

要旨　正如《博伽梵歌》中聲明的，物質範疇分三個區域：高等

星系(ūrdhva-loka)、中等星系(madhya-loka)和低等星系(adho-loka)。在最高的星球——布茹阿瑪珞卡(Brahmaloka)之上，是宇宙的物質覆蓋層。在宇宙覆蓋層之上是無限擴展的靈性天空，其中有無數自放光明的外琨塔星球，上面住著神本人和祂的同伴——永恆解脫的靈魂。聖納茹阿達·牟尼能不受限制地自由進出所有這些物質星球和靈性星球，就像全能的至尊主可以隨意去祂創造中的任何地方一樣。在物質世界裡，生物受善良、激情和愚昧這三種物質自然屬性的影響。但聖納茹阿達·牟尼超越所有這些物質屬性，因此可以不受限制地隨處旅遊。他是解脫了的太空人。主維施努沒有緣故的仁慈無以倫比，而這樣的仁慈只有依靠至尊主恩典的奉獻者才能感受到。正因爲如此，奉獻者從不墜落，但功利性活動者和哲學思辨者等物質主義者，卻會因他們各自所受的自然屬性的影響而被迫墜落。詩中所提到的其他聖人，不能像納茹阿達那樣進入超然的世界。《尼爾星哈往世書》(Nṛsiṁha Purāṇa)中揭露了這一真相。像瑪瑞祺(Marīci)那樣的聖人是功利性活動方面的權威，而薩納卡(Sanaka)和薩納坦(Sanātana)那樣的聖人是哲學思辨方面的權威。但是，聖納茹阿達·牟尼是爲至尊主做超然的奉愛服務方面最優秀的權威。所有爲至尊主做奉愛服務的偉大權威，都追隨納茹阿達·牟尼，遵守《納茹阿達奉愛經》(Nārada-bhakti-sūtra)中的教導，因此至尊主所有的奉獻者都無疑具有進入神的王國外琨塔的資格。

第 32 節　देवदत्तामिमां वीणां स्वरब्रह्मविभूषिताम् ।
मूर्च्छयित्वा हरिकथां गायमानश्चराम्यहम् ॥३२॥

deva-dattām imāṁ vīṇāṁ
svara-brahma-vibhūṣitām
mūrcchayitvā hari-kathāṁ
gāyamānaś carāmy aham

deva — 至尊人格首神(聖主奎師那) / dattām — 由……贈送的 / imām — 這 / vīṇām — 一種弦樂器 / svara — 旋律 / brahma — 超然的 / vibhūṣitām — 有……的裝飾 / mūrcchayitvā — 振動 / hari-kathām — 超然訊息 / gāyamānaḥ — 不斷地歌唱 / carāmi — 遨遊 / aham — 我

譯文 我就這樣彈奏著這把名叫維那琴的樂器，一直不斷地唱著至尊主的超然榮耀遨遊世界，而這把發出超然聲音的維那琴是主奎師那賜給我的。

要旨 《林嘎往世書》(Liṅga Purāṇa)中描述了聖主奎師那親手送給納茹阿達的、名叫維納的弦樂器，聖吉瓦．哥斯瓦米(Jīva Gosvāmī)也確認了這一點。這個超然的樂器與聖奎師那和納茹阿達一樣，因爲他們都屬同一個超然的範疇。納茹阿達的那個樂器發出的聲音振盪不可能是物質的，因此用那個樂器所傳播的至尊主的榮耀及娛樂活動也是超然的，沒有絲毫物質的缺陷。梵文"沙(ṣaḍja)、瑞(ṛṣabha)、嘎(gāndhāra)、瑪(madhyama)、帕(pañcama)、達(dhaivata)和尼(niṣāda)"這七個音樂音節也是超然的，應該特別用來作超然的歌曲。作爲至尊主純粹的奉獻者，聖納茹阿達戴瓦始終在用至尊主送他的樂器歌唱至尊主的超然榮耀，報答至尊主的恩典，因此永遠不會從他崇高的地位墜落下來。以聖納茹阿達．牟尼爲榜樣，物質世界裡的覺悟了自我的靈魂們也正確運用上述的音節爲至尊主服務，一直不斷地歌唱至尊主的榮耀。《博伽梵歌》中確認說，這些偉大的靈魂唯一做的事情，就是一直不斷地歌唱至尊主的榮耀。

第 33 節 प्रगायतः स्ववीर्याणि तीर्थपादः प्रियश्रवाः ।
आहूत इव मे शीघ्रं दर्शनं याति चेतसि ॥३३॥

pragāyataḥ sva-vīryāṇi
tīrtha-pādaḥ priya-śravāḥ
āhūta iva me śīghraṁ
darśanaṁ yāti cetasi

pragāyataḥ — 這樣地吟唱 / sva-vīryāṇi — 自己的活動 / tīrtha-pādaḥ — 一切德行及聖潔都源自其蓮花足的至尊主 / priya-śravāḥ — 悅耳的 / āhūtaḥ — 叫 / iva — 就像 / me — 對我 / śīghram — 很快 / darśanam — 景象 / yāti — 出現 / cetasi — 在心座上

譯文　我一旦開始歌唱至尊主奎師那神聖的活動，其榮耀和活動聽來令人愉快的至尊主，就會像受到邀請一樣，立刻出現在我心中的寶座上。

要旨　絕對的人格首神跟祂超然的名字、形象、娛樂活動和與之有關的聲音振盪沒有區別。純粹的奉獻者一旦開始以聆聽、吟誦(吟唱)和記憶至尊主的名字、聲望及活動的形式做純粹的奉愛服務，至尊主就會立即通過靈性的電視把祂的影像投射到純粹奉獻者的心鏡上，讓純粹奉獻者超然的眼睛能看到祂。因此，通過爲至尊主做超然的愛心服務與至尊主連接著的純粹奉獻者，可以每時每刻感受到至尊主的存在。每個人都喜歡聽他人講述自己的光榮，這是很自然的心理狀態，是天性；作爲一個個體人物, 至尊主毫不例外也有這樣的心理特點。個體靈魂展現的所有心理特徵，都只不過是絕對的至尊主所具有的心理特徵的反射而已。唯一的區別是: 至尊主是最偉大的人物，祂所從事的一切活動都是絕對的。所以，如果至尊主喜歡祂純粹的奉獻者歌唱祂的榮耀，那也沒什麼可令人驚訝的。既然祂是絕對的，祂就能以祂的榮耀體現祂自己；祂的榮耀與祂本人沒有區別。聖納茹阿達歌唱至尊主的榮耀不是爲了個人的利益，而是因爲至尊主本人與祂的榮耀一樣，歌頌祂的榮耀就如同看到祂本人一樣。

第 34 節 एतद्ध्यातुरचित्तानां मात्रास्पर्शेच्छया मुहुः ।
भवसिन्धुप्लवो दृष्टो हरिचर्यानुवर्णनम् ॥३४॥

etad dhy ātura-cittānāṁ
mātrā-sparśecchayā muhuḥ
bhava-sindhu-plavo dṛṣṭo
hari-caryānuvarṇanam

etat — 這 / hi — 肯定地 / ātura-cittānām — 那些心中始終充滿著憂慮的人的 / mātrā — 感官享樂的對象 / sparśa — 感官 / icchayā — 由慾望 / muhuḥ — 總是 / bhava-sindhu — 無知的海洋 / plavaḥ — 船 / dṛṣṭaḥ — 經驗到 / hari-carya — 人格首神哈爾依的活動 / anuvarṇanam — 不停地吟誦、吟唱

譯文 我個人的體會是：靠不斷歌唱人格首神的超然活動這條最適合的船，那些因為想用感官去接觸感官對象而充滿焦慮和擔憂的人，都能跨越無知的海洋。

要旨 生物的特徵是，他一刻都不能不活動；他必須做些什麼，想些什麼或講些什麼。物質主義者一般是思考和談論能滿足他們感官的主題。但如果他們的思考和談論是在外在錯覺能量的影響下進行的，那麼這種感官享樂活動就不會給他們任何真正的滿足。相反，從事這種活動的人會變得滿心煩惱和焦慮。這稱為“那不是的(māyā)”，即：把不能給予他們滿足的對象當作是可以給予滿足的對象。為此，納茹阿達·牟尼談他的個人體會說：對這種忙於感官享樂的沮喪之人來說，一直不斷地歌唱至尊主的活動才會使他滿足。因此唯一要做的就是改變談論的主題。沒人能阻止生物的思考活動，以及感受、意願或工作。但人如果真想要獲得快樂，就必須改變自己思考、感受、意願和工作的內容。與

其談論一個垂死之人的政治活動，不如談論至尊主本人的管理活動。與其欣賞電影明星的活動，不如把注意力轉移到至尊主與祂永恆的同伴牧牛姑娘(gopīs)和幸運女神拉珂施蜜(Lakṣmīs)所從事的活動上。全能的人格首神出於祂沒有緣故的仁慈降臨地球，從事與世人所從事的活動幾乎一樣但同時又是非凡的活動。祂之所以能做到這一點，是因爲祂全能。祂這麼做是爲了所有受制約的靈魂，以使他們能把注意力轉向超然存在。這樣做，受制約的靈魂就會逐漸昇上超然的層面，輕易跨越無知的海洋——一切痛苦的根源。這是聖納茹阿達．牟尼等權威根據個人體驗所作的說明。如果我們開始追隨偉大的聖人——至尊主最愛的奉獻者，我們也可以有同樣的體驗。

第 35 節　**यमादिभिर्योगपथैः कामलोभहतो मुहुः ।**
मुकुन्दसेवया यद्वत्तथात्माद्धा न शाम्यति ॥३५॥

yamādibhir yoga-pathaiḥ
kāma-lobha-hato muhuḥ
mukunda-sevayā yadvat
tathātmāddhā na śāmyati

yama-ādibhiḥ — 通過練習自制的程序 / yoga-pathaiḥ — 靠練瑜伽(鍛練軀體，培養神通以達到神聖階段) / kāma — 感官享樂的慾望 / lobha — 對感官滿足的貪婪 / hataḥ — 制止 / muhuḥ — 總是 / mukunda — 人格首神 / sevayā — 由服務 / yadvat — 原樣的 / tathā — 像那 / ātmā — 靈魂 / addhā — 徹底 / na — 並不 / śāmyati — 滿足

譯文　練瑜伽確實可以達到抑制感官的效果，使人可以不再受慾望和渴求的干擾，但這並不足以滿足靈魂，因為真正的滿足感來自為人格首神做奉愛服務。

要旨 練瑜伽的目的是控制感官。靠按照神秘瑜伽的程序練習身體的坐姿，以及思考、感受 、願望、全神貫注地冥想，最後融入超然存在，可以使人控制住感官。感官被視爲是毒蛇，而瑜伽練習正是控制毒蛇的方法。然而，納茹阿達·牟尼卻推薦了另一個控制感官的程序，那就是：爲人格首神穆昆達(Mukunda)做超然的愛心服務。他憑他的經驗說，爲至尊主做奉愛比用機械的方法控制感官影響力更強，更實際。在爲主穆昆達做奉愛服務的過程中，感官被超然地運用，因此就沒有機會被用於感官享樂了。感官需要做事，而用非自然的方法去抑制它們根本不起作用，因爲一旦有享受的機會，如毒蛇般的感官就會立刻鑽空子。歷史上有許多這方面的實例，例如：維施瓦彌陀·牟尼(Viśvāmitra Muni)就因梅娜卡的美麗而墮落。相反，儘管穿戴漂亮的瑪亞半夜去誘惑塔庫爾·哈爾依達斯(Ṭhākura Haridāsa)，但卻沒能使偉大的奉獻者塔庫爾·哈爾依達斯落入她的圈套。

關鍵在於：沒有爲至尊主做奉愛服務，無論是瑜伽系統還是枯燥的哲學思辨都不可能使人獲得人生最高的成功。爲至尊主所做的不摻雜絲毫功利性活動、神秘瑜伽或哲學思辨色彩的純粹奉愛服務，是覺悟自我最佳的方法。這種純粹的奉愛服務本質是超然的，瑜伽和思辨系統都沒有奉愛服務重要。當超然的奉愛服務與其它次要的程序混在一起時，它就不再是超然的，而被稱爲混合型奉愛服務。《聖典博伽瓦譚》的作者聖維亞薩戴瓦，將在這部著作中逐一地闡述超然的覺悟程序，以及混合的覺悟程序。

第 36 節 सर्वं तदिदमाख्यातं यत्पृष्टोऽहं त्वयानघ ।
जन्मकर्मरहस्यं मे भवतश्चात्मतोषणम् ॥३६॥

sarvaṁ tad idam ākhyātaṁ
yat pṛṣṭo 'haṁ tvayānagha

janma-karma-rahasyaṁ me
bhavataś cātma-toṣaṇam

sarvam — 所有 / tat — 那 / idam — 這 / ākhyātam — 描述 / yat — 無論甚麼 / pṛṣṭaḥ — 詢問 / aham — 我自己 / tvayā — 由你 / anagha — 沒有任何罪惡 / janma — 誕生 / karma — 活動 / rahasyam — 神祕 / me — 我的 / bhavataḥ — 你的 / ca — 和 / ātma — 自我 / toṣaṇam — 滿足

譯文　維亞薩戴瓦啊！您免於一切罪惡，為此我應您的請求給您解釋了我的出生和為覺悟自我而從事的活動。所有這些也都有助於您個人的滿足。

要旨　爲回答維亞薩戴瓦的詢問，滿足他的好奇心，納茹阿達・牟尼充分解釋了奉愛活動的整個程序，從開始階段一直到超然的階段，無一遺漏。他解釋了怎樣靠超然的聯誼獲得奉愛服務的種子，怎樣靠聆聽聖人的話語逐漸使奉愛服務的種子發芽、成長。這樣聆聽的結果是，人不再對世俗世界感興趣，以至就連小孩子在得到他母親(唯一照顧他的親人)的死訊後，都能把那視爲是神的祝福，並立刻抓住機會去尋找至尊主。儘管沒人能用世俗的眼睛看到至尊主，但至尊主還是賜予他真誠渴望見至尊主一面的願望。納茹阿達還解釋了怎樣做純粹的奉愛服務，可以使人擺脫積累起來的功利性活動的報應；解釋了他的物質身體是怎麼轉變成靈性軀體的。只有靈性的身體才能進入至尊主的靈性王國；而除了純粹的奉獻者，沒人有資格進入神的王國。納茹阿達・牟尼本人對超然覺悟的全部奧秘有充分的體驗，因此聆聽像他那樣的權威所說的話，可以使人對奉愛生活有所瞭解，而這些即使在最初的韋達經中也幾乎沒有記載。韋達經(Vedas)和奧義書(Upaniṣads)中只有對奉愛生活這部份內容的暗示而已，並沒有直接的解釋。正因爲如此，《聖典博伽瓦譚》被公認爲是韋達文獻之樹上的成熟了的果實。

第37節

सूत उवाच
एवं सम्भाष्य भगवान्नारदो वासवीसुतम् ।
आमन्त्र्य वीणां रणयन् ययौ यादृच्छिको मुनिः ॥३७॥

sūta uvāca
evaṁ sambhāṣya bhagavān
nārado vāsavī-sutam
āmantrya vīṇāṁ raṇayan
yayau yādṛcchiko muniḥ

sūtaḥ — 蘇塔·哥斯瓦米 / uvāca — 說 / evam — 因此 / sambhāṣya —對……說 / bhagavān — 超然而有力量的 / nāradaḥ — 納茹阿達·牟尼 / vāsavī — 名叫瓦薩薇(薩提亞瓦緹) / sutam — 兒子 / āmantrya — 邀請 / vīṇām — 琴 / raṇayan — 震動 / yayau — 走去 / yādṛcchikaḥ — 任意地 / muniḥ — 聖哲

譯文 蘇塔·哥斯瓦米說：聖納茹阿達·牟尼對維亞薩戴瓦說了這番話後，便彈著他的維那琴離開，按他的自由意願繼續他的旅程。

要旨 每一個生物都渴望徹底自由，因爲那是他超然的本性。這種自由只有通過爲至尊主做超然的服務才能得到。受至尊主外在能量的迷惑，眾生都認爲自己是自由的，但實際卻受自然法律的束縛。受制約的靈魂甚至在這個地球上都不能自由地從一個地方到另一個地方，更不要說從一個星球到另一個星球了。但像納茹阿達那樣一直不斷在歌唱著至尊主榮耀的絕對自由的靈魂，卻能夠不僅在地球上到處旅行，在宇宙中隨意穿梭，還能到靈性世界的任何地方去。他的自由與至尊主的自由一樣，對此我們也只能想象其自由是無限的。他憑他的自由意願到處旅行，而並不是因爲某種原因、出於某種義務而被迫旅行；當然，也沒人能阻止他自由自在的旅行。同樣道理，超然的奉愛服務系統也是不受控制的。某個人在遵守了各種各樣的規範守則後也許培養了對至尊主的愛，但也許沒有。同樣，與奉獻者的聯誼也不受控制。有的人也許幸運地得到了這種聯誼，但有的人也許做了成千上萬的努力也沒能得到。因此，在奉愛服務的領域中，自由是主軸。沒有自由就談不上做奉愛服務。投靠、服從至尊主，並不意味著失去了自由。透過靈性導師這一透明的媒介投靠至尊主，就可以獲得完全的自由。

第 38 節　अहो देवर्षिर्धन्योऽयं यत्कीर्तिं शार्ङ्गधन्वनः ।
गायन्माद्यन्निदं तन्त्र्या रमयत्यातुरं जगत् ॥३८॥

aho devarṣir dhanyo 'yaṁ
yat-kīrtiṁ śārṅgadhanvanaḥ
gāyan mādyann idaṁ tantryā
ramayaty āturaṁ jagat

aho — 所有的榮耀歸予 / devarṣiḥ — 神中的聖哲 / dhanyaḥ — 所有功能 / ayam yat — 誰 / kīrtim — 榮耀 / śārṅga-dhanvanaḥ — 人格首神的 / gāyan — 吟唱 / mādyan — 以……爲樂 / idam — 這 / tantryā — 用樂器 / ramayati — 使快樂 / āturam — 痛苦的 / jagat — 世界

譯文　所有的光榮和成就歸於聖納茹阿達・牟尼，因為他讚美人格首神的活動，他這麼做時不僅自己高興，也使宇宙中所有痛苦的靈魂快樂。

要旨　納茹阿達・牟尼彈奏著他的樂器歌頌至尊主超然的活動，以解救在物質宇宙中受苦的眾生。在物質宇宙中，沒有誰是快樂的，眾生所感受的快樂只不過是瑪亞所給予的錯覺。至尊主的錯覺能量是如此強大，就連躺在骯髒的糞便上的豬都感到自己是快樂的。在物質世界裡，沒人能真正快樂。納茹阿達・牟尼爲了啓發在宇宙中受苦的眾生而到處旅行。這位偉大的聖人的使命是讓受制約的靈魂回歸家園，回到首神身邊，而這也是以他爲榜樣的真正奉獻者的使命。

到此爲止，結束了巴克提韋丹塔對《聖典博伽瓦譚》第 1 篇第 6 章——“納茹阿達和維亞薩戴瓦間的對話”所作的闡釋。

第七章

朵納的兒子受懲罰

第1節

शौनक उवाच
निर्गते नारदे सूत भगवान् बादरायणः ।
श्रुतवांस्तदभिप्रेतं ततः किमकरोद्विभुः ॥१॥

śaunaka uvāca
nirgate nārade sūta
bhagavān bādarāyaṇaḥ
śrutavāṁs tad-abhipretaṁ
tataḥ kim akarod vibhuḥ

śaunakaḥ — 聖紹納卡 / uvāca — 說 / nirgate — 去了 / nārade — 納茹阿達・牟尼 / sūta — 蘇塔啊 / bhagavān —具有超然力量的人 / bāda-rāyaṇaḥ — 維亞薩戴瓦 / śrutavān — 聽到的人 / tat — 他的 / abhipretam —心中的願望 / tataḥ — 此後 / kim — 甚麼 / akarot — 他做 / vibhuḥ — 偉大的

譯文　聖人紹納卡詢問道：蘇塔啊！偉大而又超然有力的維亞薩戴瓦聽了聖納茹阿達・牟尼講述的一切。那麼在納茹阿達離開後，維亞薩戴瓦都做了什麼呢？

要旨　《聖典博伽瓦譚》從這一章開始正式講述它第一次被講述的歷史。這一章中主要講述帕瑞克西特王在他母親的子宮中神奇獲救的事。引發這件事的是朵納・阿查爾亞(Ācārya Droṇa)的兒子朵尼(Drauṇi)——阿施瓦塔瑪(Aśvatthāmā)。他趁朵帕蒂(Draupadī)的五個兒子熟睡之際殺死了他們，爲此受到阿爾諸納(Arjuna)的懲罰。聖維亞薩戴瓦在著手編纂《聖典博伽瓦譚》之前，通過進入奉愛瑜伽的神性恍惚狀態，瞭解了事情發展的全部真相。

第2節

सूत उवाच
ब्रह्मनद्यां सरस्वत्यामाश्रमः पश्चिमे तटे ।
शम्याप्रास इति प्रोक्त ऋषीणां सत्रवर्धनः ॥ २॥

sūta uvāca
brahma-nadyāṁ sarasvatyām
āśramaḥ paścime taṭe
śamyāprāsa iti prokta
ṛṣīṇāṁ satra-vardhanaḥ

sūtaḥ — 聖蘇塔 / uvāca — 說 / brahma-nadyām — 與韋達經、布茹阿瑪納、聖人及至尊主直接有關的河岸邊 / sarasvatyām — 薩茹阿斯瓦緹 / āśramaḥ — 爲打坐冥想而設的茅屋 / paścime — 在西面的 / taṭe — 河岸 / śamyāprāsaḥ — 名爲沙彌亞帕斯的地方 / iti — 這樣 / proktaḥ — 據說 / ṛṣīṇām — 聖哲們的 / satra-vardhanaḥ — 那給活動增添活力的

譯文 **聖蘇塔說：在與韋達經有著緊密聯繫的薩茹阿斯瓦緹河的西岸，有個名叫沙彌亞帕薩的地方。在那個給聖人們的超然活動增添活力的地方，坐落著一個專供冥想用的小屋。**

要旨 合適的地方和環境對提高靈性的知識水平來說無疑是必需的。位於薩茹阿斯瓦緹(Sarasvatī)河西岸的地方，尤其適合幫助人達成這一目的。在那裡的一個名叫沙彌亞帕薩(Śamyāprāsa)的地方，坐落著維亞薩戴瓦的靈修所(āśrama)。聖維亞薩戴瓦是個居士，但他住的地方卻被稱爲靈修所。這是因爲，靈修所是指時刻以靈修爲首要任務的居住

地，所以不分居住其中的人是居士還是托缽僧。韋達社會中的社會四階層和靈性四階段制度(varṇāśrama)規定，人生的每一個階段都是一個靈修階段(āśrama)。這意味著：人生的每一個階段都是爲了發展靈性意識；無論是過獨身禁慾生活的學生(brahmacārī)、居士(gṛhastha)、逐漸退出家庭生活的人(vānaprastha)，還是托缽僧(sannyāsī)，其人生使命都一樣，即：認識至尊者。因此從靈修的角度講，不存在誰比誰重要或次要的問題。區別在於：棄絕的形式不同。托缽僧們是因爲他們的棄絕形式而受到尊敬。

第 3 節　　तस्मिन् स्व आश्रमे व्यासो बदरीषण्डमण्डिते ।
आसीनोऽप उपस्पृश्य प्रणिदध्यौ मनः स्वयम् ॥ ३ ॥

tasmin sva āśrame vyāso
badarī-ṣaṇḍa-maṇḍite
āsīno 'pa upaspṛśya
praṇidadhyau manaḥ svayam

tasmin — 在那(修行地) / sve — 自己的 / āśrame — 在茅屋裡 / vyāsaḥ — 維亞薩戴瓦 / badarī — 漿果 / ṣaṇḍa — 樹 / maṇḍite — 圍繞著 / āsīnaḥ — 坐在 / apaḥ upaspṛśya — 碰到水 / praṇidadhyau — 集中 / manaḥ — 注意力 / svayam — 他自己

譯文　　那個周圍長滿漿果樹的小屋，是聖維亞薩戴瓦的靈修所。維亞薩戴瓦用水淨化自己後，便在自己的靈修所中坐下來打坐冥想。

要旨　　維亞薩戴瓦遵從他靈性導師聖納茹阿達·牟尼的訓令，在他超然的靈修所中全神貫注地冥想。

第 4 節 भक्तियोगेन मनसि सम्यक्प्रणिहितेऽमले ।
अपश्यत्पुरुषं पूर्णं मायां च तदपाश्रयम् ॥ ४ ॥

bhakti-yogena manasi
samyak praṇihite 'male
apaśyat puruṣaṁ pūrṇaṁ
māyāṁ ca tad-apāśrayam

bhakti — 奉愛服務 / yogena — 靠連起來的程序 / manasi — 心念 / samyak — 完美的 / praṇihite — 從事及堅定於 / amale — 沒有任何物質 / apaśyat — 見了 / puruṣam — 人格首神 / pūrṇam — 絕對的 / māyām — 能量 / ca — 還有 / tat — 祂的 / apāśrayam — 在完全控制下

譯文 接著，他集中自己的心念，全神貫注地用它做奉愛服務(奉愛瑜伽)，心中沒有絲毫的物質慾念。以此方式，他看到了絕對的人格首神，以及完全在祂控制下的祂的外在能量。

要旨 只有按照奉愛服務的連接程序去做，才有可能看清絕對真理。這一點在《博伽梵歌》中也得到證實。人只有按照奉愛服務的程序去做，才能對絕對真理人格首神有完美的認識；而憑藉這樣完美的知識，人就可以進入神的王國。對至尊神不具人格特徵的梵光(Brahman)或處在局部區域的超靈(Paramātmā)的認識，是對絕對者的不完美的認識，不能使人進入神的王國。聖納茹阿達建議聖維亞薩戴瓦全神貫注於對人格首神及祂的活動的超然冥想。梵光不是絕對真理的全部，沒有體現祂的全貌，因此聖維亞薩戴瓦沒有把注意力放在那上面。人格首神才是絕對真理的全貌，《博伽梵歌》第 7 章的第 19 節詩對此這樣確認說：人格首神是一切原因的起因(vāsudevaḥ sarvam iti)。奧義書中也證實說：人格首神華蘇戴瓦(Vāsudeva)被不具人格特徵、金色燦爛的灼熱梵光籠罩著(hiraṇmayena pātreṇa)；只有當至尊主仁慈地移開那由梵光構成的帷幕，我們才能看到這位絕對者真正的面貌。這節詩中把絕對者描述爲是菩茹沙(puruṣa)——人。韋達文獻中有那麼多地方提到絕對的人格首神，《博伽梵歌》中更證實這位菩茹沙是永恆的第一人。絕對的人格首神是完美的人。這位至尊人有各種各樣的能量，其中內在能量、外在能量和邊緣能量尤其重要。這節詩裡提到的能量是外在能量；這一點在後面描述的她的活動中將給予清楚地證實。絕對人的內在能量始終與絕對人在一起，就像月光與月亮在一起一樣。外在能量使生物處在愚昧的黑暗中，因此被比喻爲是黑暗。這節詩中的梵文“在完全的控制下(apāśrayam)”一詞說明，至尊主的這個能量完全受祂的控制。至尊主的內在能量(更高的能量)也稱爲瑪亞(māyā)，但那是靈性的瑪亞，是在絕對的區域內展示的能量。當人完全托庇於這個內在能量時，物質愚昧的黑暗就立刻被驅散。就連那些穩定地處在神性恍惚狀態中的人(ātmārāma)，都托庇於這個瑪亞——內在能量。奉愛服務(奉愛瑜伽)，是內在能量的職責，因此在內在能量所管轄的領域中沒有物質能量(低等能量)的存身之處。這就像在靈性光芒的照射下黑暗無處藏身一樣。這種內在能量甚至高於覺悟非人格梵的概念所獲得的靈性快樂。《博伽梵歌》中說，不具人格特徵的梵光也是從絕對的人格首神聖奎師那身上放射出來的。正如後面的詩將要解釋的，至尊人(parama-puruṣa)非聖奎師那本人莫屬。

第 5 節

यया सम्मोहितो जीव आत्मानं त्रिगुणात्मकम् ।
परोऽपि मनुतेऽनर्थं तत्कृतं चाभिपद्यते ॥ ५ ॥

yayā sammohito jīva
ātmānaṁ tri-guṇātmakam
paro 'pi manute 'narthaṁ
tat-kṛtaṁ cābhipadyate

yayā — 由誰 / sammohitaḥ — 迷惑了 / jīvaḥ — 生物 / ātmānam — 自我 / tri-guṇa-ātmakam — 被三種自然屬性制約、或是一種物質的產物 / paraḥ — 超然的 / api — 儘管 / manute — 認爲是理所當然的 / anartham — 不需要的事物 / tat — 由那 / kṛtam ca — 反應 / abhipadyate — 因此而經歷

譯文 由於這一外在能量，生物雖然本質上超越物質自然的三種屬性，但卻以為自己是物質的產物，所以要經受物質的痛苦。

要旨 這節詩和下一節詩中指出了導致物質主義者痛苦的根源，解決問題的方式，以及最終可以達到的完美境界。原本超然的生物現在被囚禁在物質的牢籠中，遭到物質能量的關押，因此以爲自己是物質的產物。由於這種非神聖的接觸，純粹的靈性生物在物質自然的控制下承受物質的痛苦，誤認爲自己是物質的產物。這意味著：在受物質制約的情況下，他以現在這種扭曲的方式思考、感受和願望，對他來說是不自然的。他原本有他正常的思考、感受和願望的方式。生物在他原本的狀態下並不是沒有思考、感受和願望的權利及能力。《博伽梵歌》中證實說，受制約的靈魂的真正的知識現在被愚昧遮蓋了。爲此，這裡駁斥了"生物是絕對的非人格梵"的理論。那是不可能的，因爲生物在他不受制約的原本狀態中有他自己的思考方式。他現在這種受制約的狀態是由外在能量的影響所致，而這意味著當至尊主離開時，錯覺能量採取了主動。至尊主不希望生物受外在能量的影響。外在能量清楚這一事實，但還是承擔起吃力不討好的任務，用她的迷惑力把健忘的靈魂置於錯覺的影響下。至尊主並不干涉錯覺能量的這一任務，因爲錯覺能量做的這項工作也是改造受制約的靈魂所必需的。深愛孩子的父親雖然並不喜歡讓其他人懲罰他的孩子，但爲了糾正他那些不服從的孩子，他還是讓非常嚴格的人來監管他們。儘管如此，絕對深愛孩子的全能父親同時也想要

拯救受制約的靈魂，使他們擺脫錯覺能量的鉗制。國王把違抗命令的臣民放進監獄，但有時，想要拯救犯人的國王也會親自去監獄，請求犯人改邪歸正，使犯人重獲自由。同樣，至尊主從祂的王國降臨到錯覺能量控制的王國中，以講述《博伽梵歌》的形式親自解救受制約的靈魂。在《博伽梵歌》中，祂本人建議說：儘管錯覺能量很難戰勝，但投靠至尊主的蓮花足的人卻因至尊主發布命令而被釋放。這個歸依程序是使人擺脫錯覺能量之迷惑的方法。靠聯誼的影響，人可以完成這個歸依程序。正因爲如此，至尊主建議說，通過聆聽對至尊者有真正認識的聖人的講話，人開始爲至尊主做超然的奉愛服務。受制約的靈魂對聆聽有關至尊主的一切產生興趣，而只有靠這樣的聆聽，他對至尊主才能逐漸由尊敬上昇到熱愛，最後至依戀。這一切都是靠投靠、服從的歸依程序達成的。至尊主在這節詩中又通過祂的化身維亞薩戴瓦建議了這一點。這意味著，至尊主以兩種方式教化受制約的靈魂，一種方式是通過祂的外在能量給予懲罰，另一種方式是祂本人以內在和外在靈性導師的形式給予指引。在每一個生物體的心中，至尊主以超靈(Paramātmā)的身份成爲靈性導師；從外在，祂以經典、聖人和啓迪靈性導師的形式當受制約靈魂的靈性導師。這在下一節詩中有更明確的解釋。

韋達經典《克納奧義書》(Kena Upaniṣad)在談到半神人的控制力量時證實說，錯覺能量受至尊主本人的控制。這裡也清楚地說明，外在能量本人控制著物質世界裡的眾生。受外在能量控制的生物所具有的狀態，不是他的原本狀態。儘管如此，《聖典博伽瓦譚》的說明清楚地顯示，在完美的生物人格首神面前，這同樣的外在能量地位低下。外在能量(錯覺能量)只能管理物質世界裡的生物；甚至接近不了完美的生物——至尊主。因此，認爲至尊主因爲受錯覺能量的迷惑而成爲普通生物的想法，純粹是想象而已。如果生物與至尊主屬於同一個範疇，維亞薩戴瓦自然會看到這一點；而且也就不存在被迷惑的生物受物質痛苦的問題了，因爲至尊生物是全知、從不受迷惑的。一元論者爲了把至尊主和生物放在同一個範疇內，進行了太多的肆無忌憚的想象。至尊主如果與生物是一樣的，那祂所從事的娛樂活動就將是錯覺能量的展示，聖舒卡戴瓦．哥斯瓦米也就不會不辭辛勞地傳播有關祂超然的娛樂活動的知識了。

對在瑪亞控制下受苦的人類來說，《聖典博伽瓦譚》是最好的治療藥物。聖維亞薩戴瓦先診斷出受制約靈魂的真正疾病，即：被外在能量所迷惑。換句話說，他看到受制約靈魂的疾病和生病的原因，但也看到了凌駕於外在(錯覺)能量的至尊完美生物。下一節詩建議了治療方法。至尊人格首神和生物在質上無疑是一樣的，但至尊主是錯覺能量的控制者，而生物則被錯覺能量所控制。所以說，至尊主與生物既一樣，同時又有區別。這節詩闡明的另一個要點是：至尊主與生物的關係是永恆、超然的，否則至尊主就不會操心來教化受制約的靈魂，要把他們救出瑪亞的牽制了。同樣，受制約的靈魂也需要喚醒他對至尊主自然的愛，而那是生物所能達到的最高的完美境界。《聖典博伽瓦譚》醫治受制約的靈魂，以使其達到生命的那個境界。

第 6 節 अनर्थोपशमं साक्षाद्भक्तियोगमधोक्षजे ।
लोकस्याजानतो विद्वांश्चक्रे सात्वतसंहिताम् ॥ ६ ॥

anarthopaśamaṁ sākṣād
bhakti-yogam adhokṣaje
lokasyājānato vidvāṁś
cakre sātvata-saṁhitām

anartha — 那些多餘的事物 / upaśamam — 減緩 / sākṣāt — 直接地 / bhakti-yogam — 奉愛服務的聯繫程序 / adhokṣaje — 向超然性 / lokasya — 一般大眾的 / ajānataḥ — 那些不知道的 / vidvān — 極有學識的 / cakre — 編纂 / sātvata — 與至尊真理有關的 / saṁhitām — 韋達文獻

譯文　　生物所受的不必受的物質痛苦，可以通過做奉愛服務與超然的至尊主連接得到緩解，但絕大多數人不知道這一點。為此，博學的維亞薩戴瓦編纂了講述有關至尊真理的這部韋達文獻。

要旨　　聖維亞薩戴瓦看到了絕對完美的人格首神。這節詩及前面的詩所作的說明表示，人格首神作爲整體也包括祂不可缺少的部份。因此，維亞薩戴瓦看到了至尊主的不同能量，其中包括內在能量、邊緣能量和外在能量。他還看到至尊主的各個完整擴展，以及完整擴展的不同化身。不僅如此，他還清楚地看到受制約的靈魂在至尊主外在能量的迷惑下所受的本不需要受的痛苦。最後，他看到了治癒受制約靈魂的方法——奉愛服務。奉愛服務是一門非凡的超然科學，它以聆聽和吟誦(吟唱)至尊人格首神的名字、形象和榮耀等爲開端。要喚醒沈睡在心中的對首神的愛，並不依靠聆聽和吟誦、吟唱的機械程序，而完全只依靠至尊主沒有緣故的仁慈。當奉獻者真誠的努力使至尊主完全滿意時，至尊主就會賜予奉獻者爲祂做超然愛心服務的機會。儘管如此，如果我們按照規定的聆聽和吟誦、吟唱方式做，也會感到我們所受的本不需要受的物質存在的痛苦頓時減輕了。要緩解這種物質影響，並不需要培養超然的知識。相反，只有爲最高的覺悟目標至尊真理服務才能獲得超然的知識。

第 7 節　　यस्यां वै श्रूयमाणायां कृष्णे परमपूरुषे ।
भक्तिरुत्पद्यते पुंसः शोकमोहभयापहा ॥ ७ ॥

yasyāṁ vai śrūyamāṇāyāṁ
kṛṣṇe parama-pūruṣe
bhaktir utpadyate puṁsaḥ
śoka-moha-bhayāpahā

yasyām — 這部韋達文獻 / vai — 肯定地 / śrūyamāṇāyām — 只要聆聽 / kṛṣṇe — 向主奎師那 / parama — 至尊 / pūruṣe — 向人格首神 / bhaktiḥ — 奉愛服務的情感 / utpadyate — 湧流 / puṁsaḥ — 生物的 / śoka — 悲傷 / moha — 虛幻 / bhaya — 恐懼 / apahā — 那會熄滅的

譯文 **光是用耳朵聆聽這韋達文獻，就會生出為至尊人格首神聖主奎師那做奉愛服務的情感，從而立刻熄滅哀傷、錯覺和害怕的火焰。**

要旨 人體上有各種各樣的感官，其中耳朵是感知力最強的感官。這個感官甚至在人熟睡時都工作。人在清醒時可以用他的手抵御敵人的攻擊，但熟睡時就只能靠耳朵保護自己了。就有關擺脫物質痛苦，達到生命最高的完美境界這一點，這節詩中談到了聆聽的重要性。每一個人都時刻感受著悲哀的情緒；人因爲一直在追求海市蜃樓般的幻象，所以總是害怕假想中的敵人。這些都是物質疾病的主要病癥。這節詩中明確提示，光靠聆聽《聖典博伽瓦譚》的信息，人就產生對至尊人格首神聖奎師那的依戀之情；而一旦有了這種感情，物質疾病的病癥也就消失了。聖維亞薩戴瓦看到了絕對完美的人格首神，而這節詩中明確說明絕對完美的人格首神就是聖奎師那。

奉愛服務最後的結果是發展出對至尊人真正的愛。男人和女人的關係中經常會用到的“愛”這個詞，是說明主奎師那和生物之間關係的唯一最恰當的詞。《博伽梵歌》中把生物稱爲帕奎緹(prakṛti)，而梵文帕奎緹是陰性受詞——女性。至尊主始終被描述爲是至高無上的男人(parama-puruṣa)，至尊主與生物之間的感情類似男人與女人的感情。因此，“對首神的愛”這一說法非常恰當。

懷著愛心爲至尊主做奉愛服務，以聆聽有關至尊主的一切爲開端。至尊主本人與聆聽有關衪的主題沒有區別。至尊主在所有的方面都是絕對的，所以祂本人及聆聽與祂有關的一切之間沒有分別。聆聽有關祂的一切，意味著藉由超然的聲音振盪立刻與祂接觸上。超然的聲音功效十分強大，以致可以立刻清除上述所有的物質影響。正如前面談到的，與物質的接觸使生物產生錯覺，把物質軀體的短暫囚禁視為是永恆不變的事實。在這種錯覺的影響下，備受各種假象迷惑的生物，經歷各種各樣的生命形式。即使在最高的人體生命階段，這同樣的錯覺也會以許多"主義"的形式遍布各處，割裂生物與至尊主的愛的關係，從而也分裂人與人之間的愛的關係。聆聽《聖典博伽瓦譚》所講述的超然主題，可以使人去除這種物質主義的錯誤概念。只有這樣，人類社會中才會真正開始有政治家們所熱切渴望並為之努力的和平。政治家們希望人與人之間、國家與國家之間能和平共處，但同時，由於太想主宰物質世界裡的一切，製造了很多的假象和恐懼。正因為如此，政治家們的和平會議並不能給人類社會帶來真正的和平。惟有靠聆聽《聖典博伽瓦譚》中講述的與至尊人格首神聖奎師那有關的主題，才能給人類社會帶來真正的和平。愚蠢的從政者們也許幾百年、幾百年一直不斷地召開各種和平會議及政府首腦會議，但永遠都不會取得成功。除非我們重建我們失去了的與奎師那的關係，否則把物質軀體當作自我的錯覺會繼續戰勝我們，世界仍將彌漫著恐懼與擔憂。至於說至尊人格首神就是聖奎師那是否是事實這一點，不僅啓示經典中列舉了成千上萬的證據，住在溫達文(Vṛndāvana)、納瓦兌帕(Navadvīpa)和普瑞(Purī)等地的奉獻者也通過個人體驗提供了成千上萬的證據。甚至在梵文《考穆迪》(Kaumudī)詞典中，列出奎師那的同義詞是：雅首達(Yaśodā)的兒子，以及至尊人格首神帕茹阿布茹阿曼(Parabrahman)。結論是：僅僅靠聆聽《聖典博伽瓦譚》這部韋達典籍，人可以與至尊人格首神聖奎師那直接接觸上，從而超越塵世的痛苦、錯覺和恐懼，達到生命最高的完美境界。這些是真正以服從的態度聆聽和閱讀《聖典博伽瓦譚》所得到的具體結果。

第 8 節 स संहितां भागवतीं कृत्वानुक्रम्य चात्मजम् ।
शुकमध्यापयामास निवृत्तिनिरतं मुनिः ॥ ८ ॥

sa saṁhitāṁ bhāgavatīṁ
kṛtvānukramya cātma-jam
śukam adhyāpayām āsa
nivṛtti-nirataṁ muniḥ

saḥ — 那 / saṁhitām — 韋達文獻 / bhāgavatīm — 與人格首神有關 / kṛtvā — 做了 / anukramya — 經過改正和重寫 / ca — 和 / ātma-jam — 他自己的兒子 / śukam — 舒卡戴瓦．哥斯瓦米 / adhyāpayām āsa — 教導 / nivṛtti — 自我覺悟的途徑 / niratam — 從事於 / muniḥ — 聖哲

譯文 偉大的聖人維亞薩戴瓦編纂、修訂《聖典博伽瓦譚》後，把它傳授給兒子——已經在從事覺悟自我活動的聖舒卡戴瓦．哥斯瓦米。

要旨 《聖典博伽瓦譚》是作者對他編纂的《布茹阿瑪-蘇陀》(Brahma-sūtras)所進行的自然評註。《布茹阿瑪-蘇陀》——《韋丹塔-蘇陀》(Vedānta-sūtra,《吠檀多經》)，是爲那些已經在從事覺悟自我活動的人編纂的；而《聖典博伽瓦譚》的編纂方式及內容，則可以使人光是聆聽其中的主題就立即走上覺悟自我的路途。儘管這部巨著是專門爲全身心從事覺悟自我活動的人(paramahaṁsas)編纂的，但其中的話語甚至深入追逐塵世名利之人的心。追逐塵世名利的人都在忙於感官享樂，但就連這樣的人也將從這部韋達文獻中找到治癒他們的物質疾病的方法。舒卡戴瓦．哥斯瓦米從一出生就是解脫了的靈魂，他父親又教授他《聖典博伽瓦譚》。儘管世俗學者們對《聖典博伽瓦譚》編纂的年代有不同的看法，但從這部巨著記載的內容看，無疑就會清楚：它在主奎師那起

程返回靈性世界后，帕瑞克西特(Parīkṣit)王離世前就編纂完成了。當帕瑞克西特王作爲整個地球(Bhārata-varṣa)的君王統治全世界時，他處罰了喀歷(Kali)年代的人格化身。按照啓示經典及佔星術推算，喀歷年代從五千年前開始。因此，《聖典博伽瓦譚》至少是在五千年前編纂完成的。長篇史詩《瑪哈巴茹阿特》(Mahābhārata,《摩訶婆羅多》)在《聖典博伽瓦譚》之前編纂完成，眾多的往世書(Purāṇas)則先於《瑪哈巴茹阿特》完成。這是對各部韋達文獻編纂完成的時間所作的判斷。按照納茹阿達的指示，維亞薩戴瓦編纂《聖典博伽瓦譚》時，在進行細節性描述前先給出了整部著作的概要。《聖典博伽瓦譚》是棄絕之途(nivṛtti-mārga)的科學，而享樂之途(pravṛtti-mārga)受到納茹阿達的譴責。受制約的靈魂自然受到享樂之途的吸引。《聖典博伽瓦譚》中的論題可以治癒人類的物質主義疾病，或者說，完全終止物質存在的痛苦。

第9節

शौनक उवाच
स वै निवृत्तिनिरतः सर्वत्रोपेक्षको मुनिः ।
कस्य वा बृहतीमेतामात्मारामः समभ्यसत् ॥ ९ ॥

śaunaka uvāca
sa vai nivṛtti-nirataḥ
sarvatropekṣako muniḥ
kasya vā bṛhatīm etām
ātmārāmaḥ samabhyasat

śaunakaḥ uvāca — 聖紹納卡說 / saḥ — 他 / vai — 當然 / nivṛtti — 在自我覺悟的路途上 / nirataḥ — 總是從事於 / sarvatra — 在各方面 / upekṣakaḥ — 不關心的 / muniḥ — 聖人 / kasya — 爲了甚麼原因 / vā — 或 / bṛhatīm — 龐大的 / etām — 這 / ātmārāmaḥ — 一個自我取悅的人 / samabhyasat — 經過研究

譯文 聖紹納卡問蘇塔．哥斯瓦米道：聖舒卡戴瓦．哥斯瓦米已經穩定地走在覺悟自我的路途上，因此從自我獲得了快樂。那他為什麼還要不辭辛勞地學習這部卷帙浩繁的文獻呢？

要旨 普通人所能達到的生命最高的完美境界是：停止物質活動，穩定地走覺悟自我的路。從感官享樂的活動中獲取快樂的人，以及專注於與物質軀體有關的福利事業的人，都稱爲功利性活動者(karmīs)。在千百萬這樣的功利性活動者當中，也許會有一個人靠覺悟自我成爲從靈性自我獲得快樂的人——阿特瑪茹阿瑪(ātmārāma)。梵文阿特瑪(ātmā)的意思是"自我"，阿茹阿瑪(ārāma)的意思是"取得快樂"。每一個人都在尋找最高的快樂，但每一個人的快樂標準並不一樣。因此，功利性活動者的快樂標準，不同於從靈性自我獲得快樂的人的快樂標準。從靈性自我獲得快樂的人與物質享樂者在各個方面都完全不同。聖舒卡戴瓦．哥斯瓦米已經達到了從靈性自我獲得快樂的境界，但他還是不辭辛勞地研究非凡的文獻《聖典博伽瓦譚》，並樂此不疲。這意味著，甚至對那些從靈性自我獲得快樂並已經學習了所有其它韋達知識的人來說，《聖典博伽瓦譚》都是更高的學習內容——研究生的學習內容。

第10節

सूत उवाच
आत्मारामाश्च मुनयो निर्ग्रन्था अप्युरुक्रमे ।
कुर्वन्त्यहैतुकीं भक्तिमित्थम्भूतगुणो हरिः ॥१०॥

sūta uvāca
ātmārāmāś ca munayo
nirgranthā apy urukrame
kurvanty ahaitukīṁ bhaktim
ittham-bhūta-guṇo hariḥ

sūtaḥ uvāca — 蘇塔．哥斯瓦米說 / ātmārāmāḥ — 那些滿足於阿特

瑪(一般指靈性的自我)的人 / ca — 還有 / munayaḥ — 聖哲們 / nirgranthāḥ — 擺脫一切束縛 / api — 雖然 / urukrame — 向偉大的冒險家 / kurvanti — 做 / ahaitukīm — 純真的 / bhaktim — 奉愛服務 / ittham-bhūta — 這樣神氣的 / guṇaḥ — 品質 / hariḥ — 至尊主的

譯文 蘇塔·哥斯瓦米回答道：所有滿足於靈性自我的人(阿特瑪茹阿瑪)，特別是穩定地走在覺悟自我路途上的人，雖然擺脫了各種各樣的物質束縛，但都渴望為人格首神做純粹的奉愛服務。這意味著至尊主擁有超然的特質，所以能吸引所有的人，包括解脫的靈魂。

要旨 聖主柴坦亞·瑪哈帕布給祂首要的奉獻者聖薩納坦·哥斯瓦米，生動地解釋了這節有關阿特瑪茹阿瑪(atmārāma)的詩。祂指出這節詩中有十一個重要的梵文詞：(1)從靈性自我獲得快樂的人(ātmārāma)，(2) 聖哲賢人(munayaḥ)，(3)不受束縛(nirgrantha)，(4)儘管(api)，(5)也(ca)，(6)向偉大的冒險家(urukrama)，(7)做(kurvanti)，(8)純粹的(ahaitukīm)，(9) 奉愛服務(bhaktim)，(10) 如此奇妙的特質(ittham-bhūta-guṇaḥ)，以及(11)至尊主的(hariḥ)。按照梵文詞典《維施瓦-帕卡沙》(Viśva-prakāśa)的記載，從靈性自我獲得快樂的人(ātmā)一詞還有其它七個意思，它們分別是：(1)絕對真理(Brahman)，(2)軀體，(3)心，(4)努力，(5)忍耐，(6)智慧，以及(7)個人習慣。

聖哲賢人(munayaḥ)一詞是指(1)那些富有思想的人，(2)嚴肅和沈默的人，(3)禁慾主義者(4)堅持不懈的人，(5)托缽僧，(6)智者，以及(7)聖人。

不受束縛(nirgrantha)一詞梵文的其它意思是：(1)擺脫無知的人，(2)與經典訓令無關的人，或者說是沒有義務遵守道德倫理學、哲學、心理學和形而上學等方面的啓示經典及韋達經中提到的規範守則的人(換句話說，白痴、文盲和頑童等，不需要遵守規範守則)。(3)一位富翁，以及(4)極度貧窮的人。

按照《沙佈達-寇沙》(Śabda-kośa)詞典的記錄，用梵文前綴“尼(ni)”有“(1)必然、(2)計算、(3)建築、(4)禁止的”意思，而用“格冉塔(grantha)”一詞有財富、論題和詞匯等意思。

向偉大的冒險家(urukrama)一詞指的是“活動很光榮的人”，其中梵文“夸瑪(krama)”的意思是“步伐”。向偉大的冒險家(urukrama)一詞特別指至尊主的化身瓦瑪納(Vāmana)，祂跨出跨度無法估量的步伐橫跨了整個宇宙。主維施努極爲強大，祂的活動十分光榮：祂用祂的內在能量創造了靈性世界，用祂的外在能量創造了物質世界；祂憑藉祂無所不在的特性，作爲至尊真理遍布各處，但同時又憑藉祂的個人特徵，永恆地住在祂超然的居所哥珞卡·溫達文(Goloka Vṛndāvana)，在那裡從事各種各樣超然的娛樂活動。祂的活動無與倫比；因此，向偉大的冒險家(urukrama)一詞只適用於祂。

按照梵文語法，“做(kurvanti)”一詞是指爲某人做事情。因此，它的意思是聖哲賢人(munayaḥ)爲至尊主做奉愛服務。他們不是爲個人的利益，而是爲取悅至尊主(Urukrama)做服務。

梵文“黑圖(hetu)”的意思是“原因的”。有許多原因可以使人感官享樂，它們主要可以分爲幾大類，那就是：物質享樂、神秘力量和解脫。這些都是文明程度較高之人所嚮往的。談到物質享樂，世上有數不勝數的物質享樂，物質主義者因爲受錯覺能量的迷惑，所以渴望越來越多地進行享樂。物質享樂的種類數之不盡，而物質宇宙中沒有一個人能一樣不少地享盡所有的享樂。至於神秘力量，它們共有八種，例如：形體變得最微小，變得沒有重量，得到自己想要的一切，主宰物質自然，控制其他生物，創造飄浮在空中的星球，等等。《博伽瓦譚》中提到了所有這些神秘力量。至於解脫，經典中說有五種形式。

純粹奉獻的意思是：為至尊主做服務，而不想獲得上述提到的種種個人利益。這種不帶絲毫自私自利動機的純粹奉獻者，能完全滿足強大的人格首神聖奎師那。

為至尊主所做的純粹奉愛服務有不同的上昇階段。在物質領域中練習做奉愛服務有八十一種形式，而在這樣的活動之上，是一種超然的奉愛服務練習，按規範守則做奉愛服務，梵文稱作薩達納-巴克緹(sādhana-bhakti)。當人不帶絲毫自私自利的動機練習薩達納-巴克緹變得成熟，產生出對至尊主超然的愛時，為至尊主所做的超然的愛心服務就開始逐漸發展，經歷九種漸進階段，它們分別是：依戀、愛、深愛、感情、關係密切、忠誠、追隨、如癡如醉和強烈的離別之情。

還沒有實際做奉愛服務的奉獻者對至尊主的依戀，發展上昇到對神有超然的愛的階段。至尊主活躍的僕人所具有的依戀，發展上昇到忠誠的階段；而與至尊主有朋友關係的奉獻者對至尊主的依戀發展上昇到追隨的階段，對至尊主有父母之情的奉獻者對至尊主的依戀，也發展上昇到同樣的階段。以情侶之愛愛著至尊主的奉獻者，從如癡如醉的階段發展上昇到有強烈的離別之情的階段。這些是為至尊主做純粹的奉愛服務所展現出的一些特徵。

按照經典《哈爾依-巴克緹-蘇竇達亞》(Hari-bhakti-sudhodaya)的說法，梵文“如此奇妙的(ittham-bhūta)”的含義是“十足的極樂”。通過覺悟非人格梵(Brahman)所感受到的超然極樂，被比喻為是牛蹄印的凹陷中存留的那麼一點可憐的水。然而，看到人格首神所感受到的極樂卻是汪洋大海，無與倫比。聖主奎師那本人的形象極有魅力，其中包括了所有的吸引力、所有的極樂和所有的情感(rasas)。這些吸引力是如此的強，以致沒人再對物質享樂、神秘力量和解脫感興趣。這一聲明不需要用所謂合乎邏輯的論據來支持，人的本性使其自然受聖主奎師那的特質的吸引。我們必須清楚地瞭解，至尊主的特質與世俗特性沒有絲毫關係。至尊主所有的特質都充滿極樂、知識和永恆。至尊主有無數的特質，一個人受至尊主的一種特質的吸引，而同時另一個人受祂的另一種特質的吸引。

例如：薩納卡(Sanaka)、薩納坦(Sanātana)、薩南達(Sananda)和薩納特-庫瑪爾(Sanat-kumāra)這四位獨身禁慾的奉獻者、偉大的聖人，就被供奉在至尊主蓮花足上的混合了檀香槳的鮮花及圖拉西(tulasī)葉子的芳香所吸引；而舒卡戴瓦・哥斯瓦米則受至尊主超然的娛樂活動的吸引。舒卡戴瓦・哥斯瓦米已經處在解脫的狀態中，但還是受至尊主的娛樂活動的吸引。這證明，至尊主的娛樂活動的性質不是物質的。同樣道理，年輕的牧牛姑娘們受至尊主的身體特徵的吸引，而茹珂蜜妮(Rukminī)則通過聆聽至尊主的榮耀受到祂的吸引。主奎師那甚至使幸運女神對祂念念不忘。所有的少女都特別受祂的吸引，魂牽夢縈地想著祂，年長的女士則以深情的母愛時刻牽掛著祂。所有的男子也深受祂的吸引，把祂視爲主人和朋友。

梵文“哈爾依(hari)”包含很多意思，但最主要的意思是：祂(至尊主)戰勝一切不吉祥的事物；通過賜予奉獻者對祂純粹、超然的愛，帶走奉獻者的心。在極爲痛苦的時候思念至尊主，可以使人擺脫各種各樣的痛苦和焦慮。至尊主會把純粹奉獻者在奉愛服務路途上的一切障礙逐一去除掉，使得奉獻者有能力專注地做聆聽和吟誦、吟唱等九種奉愛服務。

至尊主憑藉祂個人的超然相貌和特質，吸引了純粹奉獻者的全部注意力，使純粹奉獻者們都一心扑在祂身上。正因爲主奎師那的魅力是如此強大，以致奉獻者不渴求通過從事宗教活動所得到的四種結果。這些都是至尊主超然的相貌和特質所具有的吸引力。在這節詩的十一個重要梵文詞中的“儘管(api)”和“也(ca)”這兩個詞，使其它詞的意思無限增強。按照梵文語法，梵文“儘管(api)”一詞有七個同義詞。

這樣解釋這節詩中的每一個梵文詞後，人就可以看到主奎師那所具備的無數超然品質，而這些超然品質深深地吸引了純粹奉獻者的心。

第 11 節 हरेर्गुणाक्षिप्तमतिर्भगवान् बादरायणिः ।
अध्यगान्महदाख्यानं नित्यं विष्णुजनप्रियः ॥११॥

harer guṇākṣipta-matir
bhagavān bādarāyaṇiḥ
adhyagān mahad ākhyānaṁ
nityaṁ viṣṇu-jana-priyaḥ

hareḥ — 人格首神哈爾依的 / guṇa — 超然的品質 / ākṣipta — 專注於 / matiḥ — 心 / bhagavān — 強有力的 / bādarāyaṇiḥ — 維亞薩戴瓦之子 / adhyagāt — 經過研究 / mahat — 偉大的 / ākhyānam — 描述 / nityam — 有規律地 / viṣṇu-jana — 至尊主的奉獻者 / priyaḥ — 所愛的

譯文　聖維亞薩戴瓦的兒子聖舒卡戴瓦．哥斯瓦米，不僅超然有力，而且備受至尊主奉獻者的喜愛。他學習了這優美的敘事詩篇(《聖典博伽瓦譚》)。

要旨　按照《布茹阿瑪-外瓦爾塔往世書》(Brahma-vaivarta Purāṇa)的記載，聖舒卡戴瓦．哥斯瓦米甚至在他母親的子宮中就已經是解脫了的靈魂。聖維亞薩戴瓦知道這孩子出生後不會留在家裡，于是便給他講述了《博伽瓦譚》的概要，以使他能喜愛至尊主所從事的超然活動。舒卡戴瓦．哥斯瓦米出生後，通過親口朗誦《博伽瓦譚》的詩文更深入瞭解了其中的主題。

關鍵在於：解脫的靈魂一般都有要與至尊整體合一的一元論觀點，都喜愛至尊者不具人格特徵的梵光(Brahman)；但與維亞薩戴瓦那樣的純粹奉獻者聯誼後，就連這種解脫了的靈魂都深受至尊主的超然特質的吸引。依靠聖納茹阿達的仁慈，聖維亞薩戴瓦能夠講述《聖典博伽瓦譚》這部偉大的敘事詩；而依靠聖維亞薩戴瓦的仁慈，聖舒卡戴瓦．哥斯瓦米能夠理解它的內涵。至尊主的超然特質是那麼有魅力，甚至使聖舒卡戴瓦．哥斯瓦米不再全神貫注於至尊主的非人格特徵，而是深受至尊主本人從事的活動的吸引。

事實上，他拋棄絕對者不具人格特徵的概念，心想他花那麼多時間把心思專注在至尊者的非人格特徵上，只不過是在浪費自己的時間而已。換句話說，他感受到專注於至尊主的個人特徵所得到的快樂，遠遠超過專注於非人格特徵所得到的快樂。從那時起，不僅他本人變得非常喜愛至尊主的奉獻者(viṣṇu-janas)，至尊主的奉獻者也非常喜愛他。至尊主的奉獻者們不願意抹殺生物的個體性，而希望成為至尊主的隨身僕人。正因為如此，他們不怎麼喜歡非人格神主義者。同樣，想要與至尊者合一的非人格神主義者，也無法估量至尊主的奉獻者的價值。所以，從無法追溯的年代起，這兩類超然主義者就時常成為對手。換句話說，由於他們對至尊者的認識不同，一個是最終對至尊者本人的認識，一個是對至尊者的非人格特徵的覺悟，他們彼此疏遠對方。因此看起來，聖舒卡戴瓦．哥斯瓦米也曾經不喜歡至尊主的奉獻者，但自從他自己成為充滿奉愛之情的奉獻者後，他總希望得到至尊主奉獻者的超然聯誼；而自從他成為按照《博伽瓦譚》教導去做的奉獻者(Bhāgavata)後，至尊主的奉獻者們也非常喜歡他的聯誼。就這樣，父子二人原先都精通布茹阿曼(Brahman, 梵)的超然知識，而後來兩人都變得全神貫注於至尊主的個人特質。關於舒卡戴瓦．哥斯瓦米是怎麼受《博伽瓦譚》內容吸引的這一點，這節詩作了全面的回答。

第 12 節 परीक्षितोऽथ राजर्षेर्जन्मकर्मविलापनम् ।
संस्थां च पाण्डुपुत्राणां वक्ष्ये कृष्णकथोदयम् ॥१२॥

parīkṣito 'tha rājarṣer
janma-karma-vilāpanam
saṁsthāṁ ca pāṇḍu-putrāṇāṁ
vakṣye kṛṣṇa-kathodayam

parīkṣitaḥ — 帕瑞克西特王 / atha — 因此 / rājarṣeḥ — 國王中的聖人的 / janma — 誕生 / karma — 活動 / vilāpanam — 救贖 / saṁsthām — 退出塵世 / ca — 和 / pāṇḍu-putrāṇām — 潘杜諸子的 / vakṣye — 我將會說 / kṛṣṇa-kathā-udayam — 那引起對至尊人格首神奎師那之超然的描述

譯文 蘇塔．哥斯瓦米接著對以紹納卡爲首的聖人們說：我現在要開始背誦這一對主奎師那的超然敘述，對君王中的聖哲帕瑞克西特王的出生、活動和獲救等主題的敘述，以及對潘杜之子退出塵世的敘述。

要旨 主奎師那對墜落了的靈魂是這樣仁慈，以致親自化身降臨到各種不同的物種中，參加他們的日常活動。任何與記載至尊主的活動有關的歷史，無論其古遠還是近代，都被視爲是對至尊主的超然描述。往世書(Purāṇas)和《瑪哈巴茹阿特》(Mahābhārata)等韋達經的補充文獻，如果沒有記載有關奎師那的內容，都只不過是故事或史實；但只要其中記載了有關奎師那的內容，它們就變得超然；當我們聆聽或閱讀這些文獻時，我們立刻變得與至尊主有了超然的聯繫。《聖典博伽瓦譚》也是往世書，但這部往世書所具有的特殊意義在於：至尊主的活動是敘述的中心，而不是對歷史事實的補充。正因爲如此，聖主柴坦亞．瑪哈帕布評論《聖典博伽瓦譚》是毫無瑕疵的往世書。有一類智力欠佳的所謂《博伽梵往世書》(Bhāgavata Purāṇa)的愛好者；他們想要立刻去欣賞這部《聖典博伽瓦譚》第十篇敘述的至尊主從事的活動，而不去首先理解前面篇章的內容。他們錯誤地認爲前面的篇章都沒有描述奎師那，因此便愚蠢地直接閱讀第十篇。這節詩中特別告訴這些讀者，《聖典博伽瓦譚》的其它篇章與第十篇一樣重要。在沒有完全理解其它九篇的主旨之前，人不該嘗試去觸碰第十篇的內容。奎師那與祂純粹的奉獻者潘達瓦五兄弟等，在同一個層面上。在所有的關係中(rasas)，奎師那總是與祂的奉獻者在一起，而像潘達瓦五兄弟那樣的純粹奉獻者也不會在沒有奎師那的情況下獨自存在。奉獻者和至尊主永遠連接在一起，他們彼此是不可分的。因此，有關他們的話題也都屬於奎師那話題(kṛṣṇa-kathā)的範疇。

第 13-14 節 यदा मृधे कौरवसृञ्जयानां
वीरेष्वथो वीरगतिं गतेषु ।
वृकोदराविद्धगदाभिमर्श-
भग्नोरुदण्डे धृतराष्ट्रपुत्रे ॥१३॥
भर्तुः प्रियं द्रौणिरिति स्म पश्यन्
कृष्णासुतानां स्वपतां शिरांसि ।
उपाहरद्विप्रियमेव तस्य
जुगुप्सितं कर्म विगर्हयन्ति ॥१४॥

yadā mṛdhe kaurava-sṛñjayānāṁ
vīreṣv atho vīra-gatiṁ gateṣu
vṛkodarāviddha-gadābhimarśa-
bhagnoru-daṇḍe dhṛtarāṣṭra-putre

bhartuḥ priyaṁ drauṇir iti sma paśyan
kṛṣṇā-sutānāṁ svapatāṁ śirāṁsi
upāharad vipriyam eva tasya
jugupsitaṁ karma vigarhayanti

yadā — 當 / mṛdhe — 在戰場上 / kaurava — 兌塔瓦施陀那一派 / sṛñjayānām — 潘達瓦兄弟那一派 / vīreṣu — 戰士的 / atho — 因此 / vīra-gatim — 戰士們應達到的目的地 / gateṣu — 達到了 / vṛkodara — 彼瑪

(潘達瓦兄弟中的二哥) / āviddha — 被打 / gadā — 被棒打 / abhimarśa — 悲傷 / bhagna — 斷了 / uru-daṇḍe — 脊椎神經 / dhṛtarāṣṭra-putre — 兌塔瓦施陀之子 / bhartuḥ — 主人的 / priyam — 取悅 / drauṇiḥ — 朵納查爾亞之子 / iti — 這樣 / sma — 將會 / paśyan — 看見 / kṛṣṇā — 朵帕蒂 / sutānām — 兒子們的 / svapatām — 睡覺的時候 / śirāṁsi — 頭顱 / upāharat — 作爲戰利品 / vipriyam — 取悅 / eva — 像 / tasya — 他的 / jugupsitam — 罪大惡極的 / karma — 行動 / vigarhayanti — 不讚同

譯文　當考茹阿瓦和潘達瓦兩個陣營中的戰將都被殺死在庫茹柴陀戰場上，而戰死的戰將們都到達他們所應去的目的地時，當兌塔瓦施陀的兒子杜尤丹因脊柱被波瑪森納的大頭棒打斷而哀嘆失敗時，朵納查爾亞的兒子(阿施瓦塔瑪)趁朵帕蒂的五個兒子熟睡之際砍下他們的頭，把那些首級當作戰利品帶給他的主人杜尤丹，愚蠢地以為他主人會為此而高興。然而，杜尤丹非但一點兒都不高興，反而譴責那可憎的行為。

要旨　《聖典博伽瓦譚》中談論的有關聖主奎師那的活動的超然話題，以敘述庫茹柴陀(Kurukṣetra)戰爭的結局爲開始，而至尊主本人就是在庫茹柴陀戰場講述《博伽梵歌》時介紹了祂自己。正因爲如此，《博伽梵歌》和《聖典博伽瓦譚》中談論的，都是有關主奎師那的超然話題。《博伽梵歌》是奎師那話題(kṛṣṇa-kathā)，因爲它是由至尊主本人講述的；《聖典博伽瓦譚》也是奎師那話題，因爲它講述了有關奎師那。主柴坦亞希望每一個人都瞭解這兩種奎師那話題。聖主柴坦亞．瑪哈帕布是扮演了奎師那的奉獻者的奎師那本人，因此講述主奎師那和講述聖奎師那．柴坦亞．瑪哈帕布的經典完全一樣。主柴坦亞希望所有出生在印度的人，都能認真理解這樣的奎師那話題，並在完全領悟後向全世界的每一個人去傳播這超然的信息。那將給生病的世界帶來想要的和平與繁榮。

第 15 節 माता शिशूनां निधनं सुतानां
निशम्य घोरं परितप्यमाना ।
तदारुदद्वाष्पकलाकुलाक्षी
तां सान्त्वयन्नाह किरीटमाली ॥१५॥

mātā śiśūnāṁ nidhanaṁ sutānāṁ
niśamya ghoraṁ paritapyamānā
tadārudad vāṣpa-kalākulākṣī
tāṁ sāntvayann āha kirīṭamālī

mātā — 母親 / śiśūnām — 兒童的 / nidhanam — 屠殺 / sutānām — 兒子們的 / niśamya — 聽到後 / ghoram — 恐怖的 / paritapyamānā — 哀悼 / tadā — 在那時 / arudat — 開始哭泣 / vāṣpa-kala-ākula-akṣī — 淚流滿面 / tām — 她 / sāntvayan — 撫慰 / āha — 說 / kirīṭamālī — 阿爾諸納

譯文 潘達瓦兄弟五個兒子的母親朵帕蒂，聽到兒子被殘殺的消息後失聲痛哭、淚如泉湧。為了安撫她的喪子之痛，阿爾諸納這樣對她說：

第 16 節 तदा शुचस्ते प्रमृजामि भद्रे
यद् ब्रह्मबन्धोः शिर आततायिनः ।
गाण्डीवमुक्तैर्विशिखैरुपाहरे
त्वाक्रम्य यत्स्नास्यसि दग्धपुत्रा ॥१६॥

tadā śucas te pramṛjāmi bhadre
yad brahma-bandhoḥ śira ātatāyinaḥ

gāṇḍīva-muktair viśikhair upāhare
tvākramya yat snāsyasi dagdha-putrā

tadā — 只在那時候 / śucaḥ — 在悲傷的哭泣 / te — 你的 / pramṛjāmi — 將擦 / bhadre — 溫柔的夫人啊 / yat — 當 / brahma-bandhoḥ — 一個墮落了的布茹阿瑪納的 / śiraḥ — 頭顱 / ātatāyinaḥ — 侵略者的 / gāṇḍīva-muktaiḥ — 由名叫甘迪瓦的弓箭射出 / viśikhaiḥ — 由箭 / upāhare — 會獻給你 / tvā — 你自己 / ākramya — 站在它上面 / yat — 那 / snāsyasi — 沐浴 / dagdha-putrā — 在將兒子燒成灰燼後

譯文　高貴的夫人啊！等我用我的甘迪瓦弓射出利箭，射下那布茹阿瑪納的頭顱，並把它拿來獻給你時，我再來幫你擦眼淚，撫慰你。這樣，等你火化了你兒子的身體後，你就可以站在他的首級上沐浴了。

要旨　縱火燒屋，下毒，突然用致命的武器進行攻擊，搶劫財物或侵佔農田，以及引誘他人之妻：這樣的敵人被稱爲侵犯者。這樣的侵犯者，無論他是布茹阿瑪納(brāhmaṇa, 婆羅門)還是所謂的布茹阿瑪納的兒子，在任何情況下都必須受到懲罰。當阿爾諸納(Arjuna)發誓要斬去名叫阿施瓦塔瑪(Aśvatthāmā)的侵犯者的首級時，他很清楚阿施瓦塔瑪是布茹阿瑪納的兒子，但由於這個所謂的布茹阿瑪納的行爲就像個屠夫，他理應受到這樣的懲罰。而且，殺死布茹阿瑪納的這種被證明是惡棍的兒子，根本不存在罪惡的問題。

第 17 節　इति प्रियां वल्गुविचित्रजल्पैः
स सान्त्वयित्वाच्युतमित्रसूतः ।
अन्वाद्रवद्दंशित उग्रधन्वा
कपिध्वजो गुरुपुत्रं रथेन ॥१७॥

iti priyāṁ valgu-vicitra-jalpaiḥ
sa sāntvayitvācyuta-mitra-sūtaḥ
anvādravad daṁśita ugra-dhanvā
kapi-dhvajo guru-putraṁ rathena

iti — 這樣 / priyām — 向親愛的 / valgu — 甜蜜的 / vicitra — 各式各樣的 / jalpaiḥ — 用聲明 / saḥ — 他 / sāntvayitvā — 滿足 / acyuta-mitra-sūtaḥ — 阿爾諸納——由永不墮落、永遠正確的至尊主作爲朋友及車夫指導 / anvādravat — 追趕 / daṁśitaḥ — 有盔甲保護 / ugra-dhanvā — 裝備有威力強大的武器 / kapi-dhvajaḥ — 阿爾諸納 / guru-putram — 武術老師的兒子 / rathena — 上了戰車

譯文　用這番聲明使親愛的夫人感到滿意後，由絕對正確的至尊主以朋友及馬車御者身份指引著的阿爾諸納，便穿上盔甲，帶上威力強大的武器，登上他的戰車，去追趕他武術老師的兒子阿施瓦塔瑪。

第 18 節　तमापतन्तं स विलक्ष्य दूरात्
कुमारहोद्विग्नमना रथेन ।
पराद्रवत्प्राणपरीप्सुरुर्व्यां
यावद्गमं रुद्रभयाद्यथा कः ॥१८॥

tam āpatantaṁ sa vilakṣya dūrāt
kumāra-hodvigna-manā rathena
parādravat prāṇa-parīpsur urvyāṁ
yāvad-gamaṁ rudra-bhayād yathā kaḥ

tam — 他 / āpatantam — 來勢洶洶 / saḥ — 他 / vilakṣya — 看見 / dūrāt — 從遠處 / kumāra-hā — 殺害王子的人 / udvigna-manāḥ — 心煩意亂 / rathena — 在戰車上 / parādravat — 逃跑 / prāṇa — 生命 /

parīpsuḥ — 爲了保護 / urvyām — 以極快的速度 / yāvat-gamam — 他逃走 / rudra-bhayāt — 因爲對希瓦神的恐懼 / yathā — 像 / kaḥ — 布茹阿瑪(或arkah — 太陽神)

譯文　謀殺王子們的兇手阿施瓦塔瑪，看到阿爾諸納以極快的速度從很遠的地方朝他衝來，便倉皇跳上他的戰車拼命奔逃，就像布茹阿瑪有一次因害怕希瓦而奔逃一樣。

要旨　梵文“喀哈(kaḥ)”和“阿爾喀哈(arkaḥ)”在眾多的往世書中出現過兩次。梵文“喀哈(kaḥ)”一詞指的是布茹阿瑪(Brahmā)。他有一次深受他女兒魅力的吸引，竟然開始追她。布茹阿瑪的行爲觸怒了希瓦(Śiva)，希瓦便用他的三叉戟去打布茹阿瑪。布茹阿瑪倉皇逃命。至於梵文“阿爾喀哈(arkaḥ)”一詞，在《瓦瑪納往世書》(Vāmana Purāṇa)中出現過一次。這部往世書中記載到：有個名叫維丟瑪利(Vidyunmālī)的惡魔擁有一架用黃金打造、光芒四射的飛機；他駕著那架飛機到了太陽的背面，那架飛機的強烈光芒使夜晚消失了。太陽神對此非常生氣，于是用他致命的光線熔化了那架飛機。這激怒了希瓦，希瓦便攻擊太陽神。太陽神趕快逃跑，最後掉在喀西(Kāśī)一地。喀西又稱瓦爾納西(Vārāṇasī, 舊稱貝拿樂斯)，此地以珞拉爾喀(Lolārka)聞名於世。

第 19 節　यदाशरणमात्मानमैक्षत श्रान्तवाजिनम् ।
अस्त्रं ब्रह्मशिरो मेने आत्मत्राणं द्विजात्मजः ॥१९॥

yadāśaraṇam ātmānam
aikṣata śrānta-vājinam
astraṁ brahma-śiro mene
ātma-trāṇaṁ dvijātmajaḥ

yadā — 當 / aśaraṇam — 沒有別的保護了 / ātmānam — 他自己 /

aikṣata — 看見 / śrānta-vājinam — 馬匹疲倦了 / astram — 武器 / brahma-śiraḥ — 最高或終極的(核武器) / mene — 運用了 / ātma-trāṇam — 爲了保護自己 / dvija-ātma-jaḥ — 布茹阿瑪納的兒子

譯文 布茹阿瑪納的兒子(阿施瓦塔瑪)看到他的馬匹都累了時，心想，要想保住自己的命，就只得用最有力的武器——核武器(布茹阿瑪斯陀)了。

要旨 只有在毫無選擇的最後關頭，才能使用名叫布茹阿瑪斯陀(brahmāstra)的核武器。這節詩中的梵文“布茹阿瑪納的兒子(dvijātma-jaḥ)”一詞非常重要，因爲阿施瓦塔瑪雖然是朵納查爾亞(Droṇācārya)的兒子，但卻不完全是個夠資格的布茹阿瑪納。最有智慧的人被稱爲布茹阿瑪納，布茹阿瑪納不是個世襲的稱號。阿施瓦塔瑪以前又被稱爲布茹阿瑪-般杜(brahma-bandhu)，意思是布茹阿瑪納的朋友。作爲布茹阿瑪納的朋友，並不意味著憑資格他是個布茹阿瑪納。布茹阿瑪納的朋友或兒子，只有在完全具備資格時才能被稱爲布茹阿瑪納，否則不能。由於阿施瓦塔瑪的決定非常幼稚，所以這節詩有意稱他爲是布茹阿瑪納的兒子。

第 20 節 अथोपस्पृश्य सलिलं सन्दधे तत्समाहितः ।
अजानन्नपि संहारं प्राणकृच्छ्र उपस्थिते ॥२०॥

athopaspṛśya salilaṁ
sandadhe tat samāhitaḥ
ajānann api saṁhāraṁ
prāṇa-kṛcchra upasthite

atha — 因此 / upaspṛśya — 聖潔地接觸 / salilam — 水 / sandadhe — 吟誦讚歌 / tat — 那 / samāhitaḥ — 聚精會神 / ajānan — 沒有認識 /

api — 雖然 / saṁhāram — 收回 / prāṇa-kṛcchre — 生命危在旦夕 / upasthite — 這樣的處境

譯文　由於他的生命受到威脅，他便在並不知道如何收回那種核武器的情況下，就開始觸碰水聖化自己，然後全神貫注地吟誦發射核武器的聖詩。

要旨　物質活動的精微形式所產生的效力比粗糙形式所產生的效力要強大得多。物質活動的這種精微形式是通過聲音淨化發生作用的。這節詩中描述的靠吟誦聖詩發射核武器的方法，採用的就是這種方法。

第 21 節　ततः प्रादुष्कृतं तेजः प्रचण्डं सर्वतो दिशम् ।
प्राणापदमभिप्रेक्ष्य विष्णुं जिष्णुरुवाच ह ॥२१॥

tataḥ prāduṣkṛtaṁ tejaḥ
pracaṇḍaṁ sarvato diśam
prāṇāpadam abhiprekṣya
viṣṇuṁ jiṣṇur uvāca ha

tataḥ — 此後 / prāduṣkṛtam — 散播 / tejaḥ — 光芒 / pracaṇḍam — 兇猛的 / sarvataḥ — 全面的 / diśam — 方向 / prāṇa-āpadam — 影響生命 / abhiprekṣya — 觀察到 / viṣṇum — 向至尊主 / jiṣṇuḥ — 阿爾諸納 / uvāca — 說 / ha — 在過去

譯文　隨即，一道耀眼的光芒照亮了四面八方。它是那麼強烈，以致阿爾諸納認為自己已經危在旦夕，于是便對主奎師那說。

第22節

अर्जुन उवाच
कृष्ण कृष्ण महाबाहो भक्तानामभयङ्कर ।
त्वमेको दह्यमानानामपवर्गोऽसि संसृतेः ॥२२॥

arjuna uvāca
kṛṣṇa kṛṣṇa mahā-bāho
bhaktānām abhayaṅkara
tvam eko dahyamānānām
apavargo 'si saṁsṛteḥ

arjunaḥ uvāca — 阿爾諸納說 / kṛṣṇa — 主奎師那啊 / kṛṣṇa — 主奎師那啊 / mahā-bāho — 全能者 / bhaktānām — 奉獻者的 / abhayaṅkara — 消除恐懼 / tvam — 您 / ekaḥ — 單獨 / dahyamānānām — 那些受苦的人 / apavargaḥ — 解脫的途徑 / asi — 是 / saṁsṛteḥ — 在物質性的種種痛苦中

譯文 **阿爾諸納說：我的主奎師那啊！您是全能的人格首神。您的各種能量沒有極限。所以，只有您能把勇氣注入您奉獻者的心中。每一個遭受物質痛苦烈焰燒灼的人，都只能在您這裡找到解脫的途徑。**

要旨 阿爾諸納很清楚聖主奎師那的超然特質，因爲他和奎師那在庫茹柴陀戰場上並肩作戰時已經體驗過了。正因爲如此，阿爾諸納對主奎師那的評價具有權威性。奎師那全能，尤其能讓祂的奉獻者變得無所畏懼。因爲有至尊主的保護，所以至尊主的奉獻者從沒有恐懼。物質存在有時被比喻爲是森林裡燃起的熊熊大火，而只有聖主奎師那的仁慈才能撲滅那烈火。靈性導師是至尊主的仁慈的代表。因此，被物質存在的烈焰燒灼著的人，可以通過覺悟了自我的靈性導師這一透明的媒介，蒙受至尊主的仁慈之雨。靈性導師可以用他的言語深入受苦之人的心，爲其注入能撲滅物質存在大火的超然知識。

第 23 節 त्वमाद्यः पुरुषः साक्षादीश्वरः प्रकृतेः परः ।
मायां व्युदस्य चिच्छक्त्या कैवल्ये स्थित आत्मनि ॥२३॥

tvam ādyaḥ puruṣaḥ sākṣād
īśvaraḥ prakṛteḥ paraḥ
māyāṁ vyudasya cic-chaktyā
kaivalye sthita ātmani

tvam ādyaḥ — 您是最初的 / puruṣaḥ — 享受者 / sākṣāt — 直接 / īśvaraḥ — 控制者 / prakṛteḥ — 物質自然的 / paraḥ — 超然的 / māyām — 物質能量 / vyudasya — 一個把……扔在一邊的人 / cit-śaktyā — 憑藉內在能量 / kaivalye — 在純潔永恆的知識和快樂中 / sthitaḥ — 置於 / ātmani — 自我

譯文 您是擴展自己遍布整個創造的第一位人格首神，您超越物質能量。您用您的靈性力量去除物質能量的影響。您永遠處在永恆極樂的狀態中，充滿超然的知識。

要旨 至尊主在《博伽梵歌》中聲明，投靠至尊主蓮花足的人，可以擺脫無知的鉗制。奎師那恰似太陽，而瑪亞或物質存在就像黑暗；陽光所到之處，黑暗或愚昧立刻消失。這節詩中推薦了擺脫愚昧世界的最佳方法。這節詩中稱主奎師那爲第一位人格首神，其他的人格首神都是祂擴展出來的。無所不在的主維施努，是主奎師那的完整擴展。聖主奎師那擴展出無數的首神形象、生物，以及各種能量；但祂是存在中的第一位至尊主，一切都來自祂。在物質世界裡體驗到的至尊主無所不在的特質，也是至尊主的部份展示。因此，超靈也包含在祂體內。祂是絕對的人格首神。祂遠離物質創造，所以與物質展示的作用與反作用毫無關係。黑暗是太陽的反面表現，因此黑暗的存在有賴於太陽的存在。然而，有太陽的地方就沒有黑暗的蹤跡。正如太陽只充滿光明，遠離物質存在的至尊人格首神充滿極樂。祂不僅充滿極樂，而且還充滿超然的多樣化。超然存在根本不是靜態的，而是豐富多彩、充滿活力的展現。祂不同於由物質自然三種屬性所構成的錯綜複雜的物質自然。祂是至尊者(parama)，因此是絕對的。祂有各種各樣的能量，祂用不同的能量創造、維繫和毀滅物質世界。然而，在祂自己的住所，一切都是永恆和絕對的。世界不是由能量或強有力的代理自行管理，而是由強大的全能者用所有的能量管理著。

第 24 節 स एव जीवलोकस्य मायामोहितचेतसः ।
विधत्से स्वेन वीर्येण श्रेयो धर्मादिलक्षणम् ॥२४॥

sa eva jīva-lokasya
māyā-mohita-cetasaḥ
vidhatse svena vīryeṇa
śreyo dharmādi-lakṣaṇam

saḥ — 那超然性 / eva — 肯定地 / jīva-lokasya — 受制約的生物的 / māyā-mohita — 被錯覺能量迷惑 / cetasaḥ — 內心 / vidhatse — 執行 / svena — 由您自己 / vīryeṇa — 影響 / śreyaḥ — 至善 / dharma-ādi — 解脫的四項原則 / lakṣaṇam — 以……爲特徵

譯文 **然而，您雖然超越物質範疇，但卻為了受制約靈魂的最高利益而賜予他們以宗教為開始，以解脫為結束的四項活動的結果。**

要旨 人格首神聖奎師那出於祂沒有緣故的仁慈，在不受物質自然屬性影響的情況下降臨這個展示了的世界。祂永恆地超出物質展示之外。祂出於沒有緣故的仁慈降臨，只是爲了教化被錯覺能量迷惑了的墮落靈魂。他們受物質能量的侵害，想要利用各種錯誤的藉口去享受她，儘管從本質上講，他們根本無法享受。生物永恆是至尊主的僕人，當他忘記自己的地位，想要享受物質世界時，他實際上就在錯覺的影響下了。至尊主降臨這個世界，就是要鏟除這種錯誤的感官享樂概念，教化受制約的靈魂，使他們回到首神身邊。那就是至尊主對墮落靈魂所展現的絕對仁慈。

第 25 節　तथायं चावतारस्ते भुवो भारजिहीर्षया ।
स्वानां चानन्यभावानामनुध्यानाय चासकृत् ॥२५॥

tathāyaṁ cāvatāras te
bhuvo bhāra-jihīrṣayā
svānāṁ cānanya-bhāvānām
anudhyānāya cāsakṛt

tathā — 如此 / ayam — 這 / ca — 和 / avatāraḥ — 化身 / te — 您的 / bhuvaḥ — 物質世界的 / bhāra — 負擔 / jihīrṣayā — 移去 / svānām — 朋友們的 / ca ananya-bhāvānām — 專一的奉獻者的 / anudhyānāya — 為了不斷地回憶 / ca — 和 / asakṛt — 充分滿足

譯文　為此，您化身降臨，以消除世界的負擔，幫助您的朋友，特別是那些一直全神貫注冥想您的忠心耿耿的奉獻者。

要旨　看起來至尊主偏向祂的奉獻者。每一個生物都與至尊主有關。祂雖然平等對待每一個生物，但還是更傾向祂自己的人和奉獻者。至尊主是所有生物的父親，因此沒人能是祂的父親。在祂從事的超然娛樂活動中，祂的奉獻者扮演祂的家屬、親戚。但這是祂超然的娛樂活動，與物質世界裡的父親等親人概念毫無關係。正如上面談過的，至尊主超越物質自然屬性，因此在奉愛服務中所具有的祂的家人和親戚等關係與物質世界中的關係截然不同。

第 26 節 किमिदं स्वित्कुतो वेति देवदेव न वेद्म्यहम् ।
सर्वतो मुखमायाति तेजः परमदारुणम् ॥२६॥

kim idaṁ svit kuto veti
deva-deva na vedmy aham
sarvato mukham āyāti
tejaḥ parama-dāruṇam

kim — 甚麼 / idam — 這 / svit — 來 / kutaḥ — 從那裡 / vā iti — 或 / deva-deva — 一切主人的主人 / na — 不 / vedmi — 我知道 / aham — 我 / sarvataḥ — 四周 / mukham — 方向 / āyāti — 來自 / tejaḥ — 光芒 / parama — 非常 / dāruṇam — 危險

譯文 衆神之神啊！這危險的光芒怎麼會射向四面八方？它來自何方？我對它一無所知。

要旨 任何呈獻在人格首神面前的東西，都應該先恭恭敬敬地祈禱後再獻給祂。那是標準的做法。聖阿爾諸納雖然是至尊主親密的朋友，但爲了給大眾樹立榜樣，還是按標準方法做。

第27節 श्रीभगवानुवाच
वेत्थेदं द्रोणपुत्रस्य ब्राह्ममस्त्रं प्रदर्शितम् ।
नैवासौ वेद संहारं प्राणबाध उपस्थिते ॥२७॥

śrī-bhagavān uvāca
vetthedaṁ droṇa-putrasya
brāhmam astraṁ pradarśitam
naivāsau veda saṁhāraṁ
prāṇa-bādha upasthite

śrī-bhagavān — 至尊人格首神 / uvāca — 說 / vettha — 從我而知

道 / idam — 這 / droṇa-putrasya — 朵納之子的 / brāhmam astram — 梵(核子)武器的讚歌 / pradarśitam — 展示 / na — 不 / eva — 即使 / asau — 他 / veda — 知道 / saṁhāram — 收回 / prāṇa-bādhe — 生命的滅絕 / upasthite — 危在旦夕

譯文　至尊人格首神說：我告訴你，這是朵納兒子的所為。他發射了布茹阿瑪斯陀(核武器)，但不知道如何收回那強烈的光芒。他害怕死亡的威脅，因此在絕望的情形下做了這件事。

要旨　布茹阿瑪斯陀(brahmāstra)類似現代運用原子能製造的核武器。它產生類似核武器產生的無法忍受的熱，但區別在於：原子彈是粗糙型的核武器，而布茹阿瑪斯陀是通過吟唱聖詩產生的精微型武器。那是一門不同的科學，在過去的年代中，生活在地球(Bhārata-varṣa)的人運用了這門科學。這門吟唱聖詩的精微科學也是物質性的，但還是有待現代物質科學家去瞭解。精微的物質科學不是靈性的，但卻與更精微的靈性方法有著直接的關聯。聖詩的吟誦者知道如何運用武器，也知道如何收回它。那是門完整的知識。但朵納查爾亞(Droṇācārya)的兒子只知道用這門精微的科學發射武器，卻不知道如何收回它。他只是因為害怕正在逼近的死亡就貿然使用了這種武器，所以這一行為不僅不恰當，而且還是違反宗教原則的。作為布茹阿瑪納的兒子，他不應該犯那麼多錯誤。就因為他這種惡劣的玩忽職守的行為，他受到至尊主本人的懲罰。

第 28 節　न ह्यस्यान्यतमं किञ्चिदस्त्रं प्रत्यवकर्शनम् ।
जहाख्रतेज उन्नद्धमस्त्रज्ञो ह्यस्त्रतेजसा ॥२८॥

na hy asyānyatamaṁ kiñcid
astraṁ pratyavakarśanam

jahy astra-teja unnaddham
astra-jño hy astra-tejasā

na — 不 / hi — 肯定地 / asya — 它的 / anyatamam — 其他 / kiñcit — 任何事 / astram — 武器 / prati — 反擊 / avakarśanam — 反應性的 / jahi — 壓制它 / astra-tejaḥ — 這武器的光芒 / unnaddham — 非常有力的 / astra-jñaḥ — 軍事科學專家 / hi — 理所當然 / astra-tejasā — 靠你武器的影響

譯文 阿爾諸納啊！只有用另一個布茹阿瑪斯陀才能對抗他發射的這個布茹阿瑪斯陀。既然你精通軍事科學，你就用你的武器的力量去抑制那個布茹阿瑪斯陀的威力吧。

要旨 對原子彈來說，現在還沒有發現能與之抗衡，抵消其影響的武器。但靠精微科學的作用，布茹阿瑪斯陀的效應能被抵消掉；在那個時代，精通軍事科學的人知道具體的方法。朵納查爾亞的兒子不知道製造抗衡武器的技術，因此奎師那要求阿爾諸納用他的武器的力量去抵消那個布茹阿瑪斯陀的作用。

第29節 सूत उवाच
श्रुत्वा भगवता प्रोक्तं फाल्गुनः परवीरहा ।
स्पृष्ट्वापस्तं परिक्रम्य ब्राह्मं ब्राह्मास्त्रं सन्दधे ॥२९॥

sūta uvāca
śrutvā bhagavatā proktaṁ
phālgunaḥ para-vīra-hā
spṛṣṭvāpas taṁ parikramya
brāhmaṁ brāhmāstraṁ sandadhe

sūtaḥ — 蘇塔·哥斯瓦米 / uvāca — 說 / śrutvā — 聽到後 /

bhagavatā — 由人格首神 / proktam — 說甚麼 / phālgunaḥ — 阿爾諸納的另外一個名字 / para-vīra-hā — 殺戮敵對戰士的人 / spṛṣṭvā — 觸碰到後 / āpaḥ — 水 / tam — 祂 / parikramya — 繞拜著 / brāhmam — 至尊主 / brāhma-astram — 至尊的武器 / sandadhe — 按照……行事

譯文　聖蘇塔・哥斯瓦米說：聽了人格首神的指示後，阿爾諸納觸碰水來淨化自己並繞拜主奎師那，接著便發射了他的布茹阿瑪斯陀，以對抗另一個布茹阿瑪斯陀。

第 30 節　संहत्यान्योन्यमुभयोस्तेजसी शरसंवृते ।
आवृत्य रोदसी खं च ववृधातेऽर्कवह्निवत् ॥३०॥

saṁhatyānyonyam ubhayos
tejasī śara-saṁvṛte
āvṛtya rodasī khaṁ ca
vavṛdhāte 'rka-vahnivat

saṁhatya — 由……的會合 / anyonyam — 各自 / ubhayoḥ — 兩者的 / tejasī — 光芒 / śara — 武器 / saṁvṛte — 遮蓋 / āvṛtya — 遮蓋 / rodasī — 整個天空 / khaṁ ca — 還有外太空 / vavṛdhāte — 增加 / arka — 太陽 / vahni-vat — 像火一樣

譯文　當兩個布茹阿瑪斯陀的光芒會合在一起時，出現了一個如太陽般巨大的火圈。這個火圈籠罩了整個天空，以及其間的眾多星球。

要旨　一個布茹阿瑪斯陀放射出的光芒所產生的熱，相當於宇宙毀滅時太陽發出的灼熱。原子能的輻射熱與布茹阿瑪斯陀產生的熱相比微不足道。原子彈的爆炸，最多可以炸毀一個地球，但布茹阿瑪斯陀所產生的熱，卻可以摧毀整個宇宙環境，因此被比喻爲是宇宙毀滅時的熱。

第 31 節 दृष्ट्वास्त्रतेजस्तु तयोस्त्रीँल्लोकान् प्रदहन्महत् ।
दह्यमानाः प्रजाः सर्वाः सांवर्तकममंसत ॥३१॥

dṛṣṭvāstra-tejas tu tayos
trīl lokān pradahan mahat
dahyamānāḥ prajāḥ sarvāḥ
sāṁvartakam amaṁsata

dṛṣṭvā — 看了 / astra — 武器 / tejaḥ — 熱力 / tu — 但是 / tayoḥ — 兩者的 / trīn — 三個 / lokān — 星球 / pradahat — 燃燒 / mahat — 很厲害 / dahyamānāḥ — 熾熱 / prajāḥ — 生物 / sarvāḥ — 到處 / sāṁvarta-kam — 在宇宙被毀滅時的那種摧毀性的火焰的名字 / amaṁsata — 開始想

譯文 上、中、下三個世界內所有的居民都被兩個布茹阿瑪斯陀會合後產生的熱力烤焦了。這使大家都想起了毀滅時的桑瓦爾塔卡烈火。

要旨 三個世界是指宇宙中的上、中、下三個星系。儘管兩個布茹阿瑪斯陀武器是在這個地球被發射出來，但它們會合後所產生的熱卻籠罩了整個宇宙，使宇宙中不同星系上的眾生都感到了過度的熱，將其比作是宇宙毀滅時的桑瓦爾塔卡(sāṁvartaka)烈火。從這節詩可以看出，沒有一個星球上沒有生物體；這與智力欠佳的物質主義者的想象不一樣。

第 32 節 प्रजोपद्रवमालक्ष्य लोकव्यतिकरं च तम् ।
मतं च वासुदेवस्य सञ्जहारार्जुनो द्वयम् ॥३२॥

prajopadravam ālakṣya
　loka-vyatikaraṁ ca tam
mataṁ ca vāsudevasya
　sañjahārārjuno dvayam

prajā — 大眾 / upadravam — 紛擾 / ālakṣya — 看見了以後 / loka — 星球 / vyatikaram — 毀滅 / ca — 和 / tam — 那 / matam ca — 以及意見 / vāsudevasya — 華蘇戴瓦(聖主奎師那)的 / sañjahāra — 收回 / arjunaḥ — 阿爾諸納 / dvayam — 兩種武器

譯文　看到這一切對大衆的危害，以及衆星球所面臨的毀滅，阿爾諸納立刻按主奎師那的心願同時收回了兩個布茹阿斯陀。

要旨　對現代原子彈爆炸可以毀滅整個世界的推測，只不過是幼稚的想象。首先，原子能的力量沒有強大到足以毀滅整個世界。其次，所有的一切最終都取決於至尊主的至尊意願，因爲沒有祂的旨意或批准，沒有什麼能被建立起來或被毀滅。認爲自然法律是最強大的想法很愚蠢。正如《博伽梵歌》中所證實的，物質自然法律在至尊主的指揮下運作。至尊主在《博伽梵歌》中說，物質自然在祂的監督下工作。世界毀滅與否是憑至尊主的意願，而不是渺小的政治家們的幻象。聖主奎師那想要收回朵納查爾亞的兒子及阿爾諸納發射的武器，阿爾諸納就立刻執行祂的命令。同樣，全能的至尊主有許多代理；由於祂的旨意，人只能按照祂的意願行事。

第 33 節　तत आसाद्य तरसा दारुणं गौतमीसुतम् ।
बबन्धामर्षताम्राक्षः पशुं रशनया यथा ॥३३॥

tata āsādya tarasā
　dāruṇaṁ gautamī-sutam

babandhāmarṣa-tāmrākṣaḥ
paśuṁ raśanayā yathā

tataḥ — 隨著 / āsādya — 逮捕 / tarasā — 巧妙地 / dāruṇam — 危險的 / gautamī-sutam — 高塔彌之子 / babandha — 綁起 / amarṣa — 憤怒的 / tāmra-akṣaḥ — 那紅銅般的眼睛 / paśum — 動物 / raśanayā — 用繩索 / yathā — 就好像

譯文 憤怒之火把阿爾諸納的雙眼燒得像通紅的銅球。他圓睜怒目，敏捷地上前抓住高塔彌的兒子，用繩子把他像捆綁動物一樣綁了起來。

要旨 阿施瓦塔瑪的母親奎琵(Kṛpī)出生在高塔瑪(Gautama)的家庭中。這節詩的重點是，阿爾諸納抓住阿施瓦塔瑪後，像綁動物一樣用繩子把他捆綁了起來。按照施瑞達爾·斯瓦米(Śrīdhara Svāmī)的說法，阿爾諸納有義務(dharma)把這個布茹阿瑪納的兒子像抓動物一樣地抓起來。施瑞達爾·斯瓦米的這一提議，在後面聖奎師那的說明中也得到了確認。阿施瓦塔瑪雖然是朵納查爾亞和奎琵的親生兒子，但他任憑自己墮落，從事低劣的活動，因此不把他視爲布茹阿瑪納，而像動物一樣對待他是恰當的。

第34節 शिबिराय निनीषन्तं रज्ज्वा बद्ध्वा रिपुं बलात् ।
प्राहार्जुनं प्रकुपितो भगवानम्बुजेक्षणः ॥३४॥

śibirāya ninīṣantaṁ
rajjvā baddhvā ripuṁ balāt
prāhārjunaṁ prakupito
bhagavān ambujekṣaṇaḥ

śibirāya — 在去軍營的途中 / ninīṣantam — 帶他去的時候 / rajjvā — 用繩索 / baddhvā — 綁著 / ripum — 敵人 / balāt — 用武力 / prāha — 說 / arjunam — 向阿爾諸納 / prakupitaḥ — 在心情憤怒的狀態中 / bhagavān — 人格首神 / ambuja-īkṣaṇaḥ — 用祂蓮花般的眼睛看

譯文　　捆好阿施瓦塔瑪後，阿爾諸納準備把他帶回軍營。人格首神聖奎師那用蓮花般的眼睛看著憤怒的阿爾諸納，開口對他說話。

要旨　　阿爾諸納和聖主奎師那兩人在此被描述爲是都很憤怒，但阿爾諸納的眼睛像通紅的銅球，而至尊主的眼睛卻像蓮花。這意味著：阿爾諸納的憤怒心情與至尊主的憤怒不在同一個層面上。至尊主是超然的，因此在任何狀態下都是絕對的。祂的憤怒不同於在物質自然屬性控制下的受制約靈魂的憤怒。由於祂絕對，祂的憤怒和高興是一樣的。祂的憤怒並不是在物質自然三種屬性的控制下展示的。那只是祂的心向著祂的奉獻者的表現，祂的超然本性即是如此。因此，即使祂憤怒，祂憤怒的對象也得到祝福。祂在任何情況下都不變。

第 35 節　　मैनं पार्थार्हसि त्रातुं ब्रह्मबन्धुमिमं जहि ।
योऽसावनागसः सुप्तानवधीन्निशि बालकान् ॥३५॥

mainaṁ pārthārhasi trātuṁ
brahma-bandhum imaṁ jahi
yo 'sāv anāgasaḥ suptān
avadhīn niśi bālakān

mā enam — 永不向他 / pārtha — 阿爾諸納啊 / arhasi — 應該 /

trātum — 釋放 / brahma-bandhum — 一位布茹阿瑪納的親戚 / imam — 他 / jahi — 殺 / yaḥ — (有的)他 / asau — 那些 / anāgasaḥ — 沒有錯誤的 / suptān — 在睡覺的時候 / avadhīt — 殺 / niśi — 在晚上 / bālakān — 男孩

譯文 聖主奎師那說：阿爾諸納啊！這個布茹阿瑪納的親屬(布茹阿瑪-般杜)趁無辜的男孩熟睡之際殺死了他們，你千萬不要仁慈地放過他。

要旨 梵文"布茹阿瑪納的親屬(brahma-bandhu)"一詞意義重大。一個人出生在布茹阿瑪納(婆羅門)的家庭中，但卻沒有布茹阿瑪納的資格；這樣的人被稱爲布茹阿瑪納的親屬，而不被稱爲布茹阿瑪納。高等法院法官的兒子不是高等法官，但因爲他是可尊敬的法官的親人而稱他爲"高等法官的兒子"是可以的。因此，光憑出生，人並不就是高等法院的法官。同樣道理，成爲一名布茹阿瑪納不是光靠出身，而是憑成爲布茹阿瑪納所必須具備的資格。正如高等法院的法官一職要由有資格的人來承擔，布茹阿瑪納的地位也只有具備資格後才能獲得。經典(śāstra)的教導是：一個有優秀品質的人即使沒有出生在布茹阿瑪納的家庭中，也應該被接受爲是布茹阿瑪納；同樣，一個出生在布茹阿瑪納家庭中的人如果不具備布茹阿瑪納的品質，就必須被視爲是"非布茹阿瑪納"，或者用更好的詞來形容是布茹阿瑪納的親屬。一切宗教原則和韋達經的最高權威聖主奎師那，親自指出這些區別。祂將在後面的詩篇中解釋爲什麼要把阿施瓦塔瑪稱爲布茹阿瑪納的親屬。

第 36 節 मत्तं प्रमत्तमुन्मत्तं सुप्तं बालं स्त्रियं जडम् ।
प्रपन्नं विरथं भीतं न रिपुं हन्ति धर्मवित् ॥३६॥

mattaṁ pramattam unmattaṁ
suptaṁ bālaṁ striyaṁ jaḍam
prapannaṁ virathaṁ bhītaṁ
na ripuṁ hanti dharma-vit

mattam — 不注意的 / pramattam — 酒醉的 / unmattam — 神智不健全的 / suptam — 睡眠中的 / bālam — 男孩 / striyam — 婦人 / jaḍam — 愚蠢的 / prapannam — 投降了的 / viratham — 一個失去了戰車的人 / bhītam — 恐懼 / na — 不 / ripum — 敵人 / hanti — 殺戮 / dharma-vit — 一個懂得種種宗教原則的人

譯文 知道宗教原則的人，既不會趁對手沒注意、酒醉、精神錯亂、睡覺、恐懼或沒有戰車的時候殺死對手，也不會殺婦女、兒童、白痴或已投降的靈魂。

要旨 瞭解宗教原則的戰士從不會去殺投降了的敵人。以前的戰爭不是以感官享樂爲目的，而是依據宗教原則而戰。正如詩中提到的，戰士從不會去殺死一個喝醉了、睡著了……的敵人。這些是符合宗教原則的戰爭所具有的一些規定。以前的戰爭從不是由自私的政治領袖憑他的喜好發動的；它是以宗教原則爲基礎進行，其中沒有任何邪惡的因素。以宗教原則爲基礎執行的暴力，比所謂的非暴力要強得多。

第 37 節 स्वप्राणान् यः परप्राणैः प्रपुष्णात्यघृणः खलः ।
तद्वधस्तस्य हि श्रेयो यद्दोषाद्यात्यधः पुमान् ॥३७॥

sva-prāṇān yaḥ para-prāṇaiḥ
prapuṣṇāty aghṛṇaḥ khalaḥ
tad-vadhas tasya hi śreyo
yad-doṣād yāty adhaḥ pumān

sva-prāṇān — 自己的生命 / yaḥ — 誰 / para-prāṇaiḥ — 以犧牲他人生命 / prapuṣṇāti — 適當地維持 / aghṛṇaḥ — 無恥的 / khalaḥ — 卑鄙的 / tat-vadhaḥ — 殺他 / tasya — 他的 / hi — 肯定地 / śreyaḥ — 幸福 / yat — 由那 / doṣāt — 因爲過錯 / yāti — 去 / adhaḥ — 往下 / pumān — 一個人

譯文 以犧牲他人生命爲代價苟活著的殘忍、卑鄙之徒，理應被處死。這麼做對他本人有好處，否則他會因他的所作所為而墜落。

要旨 殺人償命是對那些以犧牲他人性命爲代價活著的無恥、殘暴之徒的懲罰。從倫理道德的角度考慮所作出的“通過判死刑懲罰罪犯”的決策，是爲了拯救這種殘忍的人不至於下地獄。國家判殺人犯以死刑對殺人犯有好處，因爲他來生就不必爲謀殺行爲而受苦了。對殺人犯來說，死刑已經是對他的最輕的懲罰了，韋達經典的補充文獻(smṛti-śāstra)中說：國王如果按殺人償命的原則懲罰殺人犯，就可以清除罪犯所有的罪惡，以致於他們有可能昇入天堂星球。按照公民法規及宗教原則的偉大權威瑪努(Manu)的說法，就連殺死動物的人都被視爲是謀殺者，因爲對首要責任是使自己具備回歸首神的資格的文明人來說，動物的肉不是該吃的食物。他說，在殺死一個動物的行爲中，有一夥罪犯共謀犯罪，他們會像共謀殺人的一夥罪犯一樣受到懲罰。因此，在殺動物的行爲中，允許殺動物、親手殺動物、賣被殺動物的肉、烹煮肉食、經營肉製品及吃這種烹煮過的肉食的人，都會受到自然法律的懲罰。儘管物質科學不斷進步，但卻沒人能創造出一個生物體，所以沒人有權利憑自己的異想天開去殺任何生物體。對肉食者來說，經典批准他們只能在舉行過動物祭祀後吃。這樣的認可是爲了限制開設屠宰場，而不是鼓勵殺動物。經典中所允許的動物祭祀，對祭祀中被獻祭的動物和吃動物肉的人兩者都有好處。對在祭祀中被獻祭的動物的好處是：於祭壇中被獻祭的動物在祭祀後立刻得到提昇，獲得人體。通過獻祭動物吃動物肉的人所得到的好處是：避免犯更嚴重的罪(吃由屠殺場屠宰動物得到的肉；屠宰場是制造社會、國家及人民大眾所有苦難的可怕場所)。物質世界本身就是個永遠充滿焦慮的地方，而鼓勵屠宰動物使整個環境越來越多地受到戰爭、瘟疫、饑荒和許多其它災難的污染。

第 38 節 प्रतिश्रुतं च भवता पाञ्चाल्यै शृण्वतो मम ।
आहरिष्ये शिरस्तस्य यस्ते मानिनि पुत्रहा ॥३८॥

pratiśrutaṁ ca bhavatā
pāñcālyai śṛṇvato mama
āhariṣye śiras tasya
yas te mānini putra-hā

pratiśrutam — 答應了 / ca — 和 / bhavatā — 由你 / pāñcālyai — 向國王潘查拉的女兒(朵帕蒂) / śṛṇvataḥ — 被聽到 / mama — 由我親自 / āhariṣye — 我必須帶 / śiraḥ — 頭 / tasya — 他的 / yaḥ — 誰 / te — 你的 / mānini — 考慮 / putra-hā — 你兒子的兇手

譯文　再者說，我親耳聽到你對朵帕蒂承諾，你會把殺她兒子的兇手的首級帶給她。

第 39 節 तदसौ वध्यतां पाप आतताय्यात्मबन्धुहा ।
भर्तुश्च विप्रियं वीर कृतवान् कुलपांसनः ॥३९॥

tad asau vadhyatāṁ pāpa
ātatāyy ātma-bandhu-hā
bhartuś ca vipriyaṁ vīra
kṛtavān kula-pāṁsanaḥ

tat — 因此 / asau — 這個人 / vadhyatām — 會被殺 / pāpaḥ — 罪惡者 / ātatāyī — 攻擊者 / ātma — 自己 / bandhu-hā — 兒子的殺害者 / bhartuḥ — 主人的 / ca — 還有 / vipriyam — 並沒有滿足 / vīra — 戰士啊 / kṛtavān — 已經做完……的人 / kula-pāṁsanaḥ — 家裡的渣滓

譯文 **這人是殺死你家人的暗殺者。不僅如此，他還引起他主人的不滿。他是他家族的渣滓。馬上處死他！**

要旨 這節詩中譴責朵納查爾亞(Droṇācārya)的兒子是他家族的渣滓。朵納查爾亞的英名受到世人的敬仰。儘管他加入了敵人的陣營，潘達瓦(Pāṇḍavas)五兄弟對他始終很尊敬，阿爾諸納在戰爭正式開打前甚至還向他行禮。那樣做並沒有什麼不對的。然而，朵納查爾亞的兒子阿施瓦塔瑪，卻通過做出經再生的高等階層人士永遠都不會做的事，使自己從他所在的階層墜落下來。阿施瓦塔瑪殺死朵帕蒂的五個正在熟睡的兒子，犯了殺人罪。他這麼做使他的主人杜尤丹非常不滿，杜尤丹永遠都不會同意他去殺潘達瓦兄弟那五個正在熟睡中的兒子。這意味著：阿施瓦塔瑪成了攻擊阿爾諸納家庭成員的攻擊者，因此應該受到阿爾諸納的懲罰。經典中說：在沒有預先通知的情況下攻擊他人，從背後攻擊殺死他人，縱火燒他人的房屋，以及綁架他人的妻子，都要被判處死刑。奎師那提醒阿爾諸納所有這些事實，讓他加以考慮，做該做的事情。

第40節 सूत उवाच

एवं परीक्षता धर्मं पार्थः कृष्णेन चोदितः ।
नैच्छद्धन्तुं गुरुसुतं यद्यप्यात्महनं महान् ॥४०॥

sūta uvāca
evaṁ parīkṣatā dharmaṁ
pārthaḥ kṛṣṇena coditaḥ

naicchad dhantuṁ guru-sutaṁ
yadyapy ātma-hanaṁ mahān

sūtaḥ — 蘇塔・哥斯瓦米 / uvāca — 說 / evam — 這 / parīkṣatā — 被檢驗 / dharmam — 在責任問題上 / pārthaḥ — 聖阿爾諸納 / kṛṣṇena — 由主奎師那 / coditaḥ — 被鼓勵 / na aicchat — 不喜歡 / hantum — 去殺 / guru-sutam — 他老師的兒子 / yadyapi — 雖然 / ātma-hanam — 兒子的兇手 / mahān — 非常偉大

譯文 蘇塔・哥斯瓦米說：儘管奎師那為檢驗阿爾諸納的宗教責任感，鼓勵阿爾諸納處死朵納查爾亞的兒子，儘管阿施瓦塔瑪是謀殺阿爾諸納家人的可憎兇手，但偉大的靈魂阿爾諸納還是不願意殺阿施瓦塔瑪。

要旨 阿爾諸納無疑是偉大的靈魂，這一點在此也得到了證明。至尊主在這裡親自鼓勵阿爾諸納殺了朵納的兒子，但阿爾諸納卻認爲應該赦免他偉大的老師的兒子阿施瓦塔瑪，因爲阿施瓦塔瑪雖然是個不稱職的兒子，而且異想天開地做出各種對任何人都沒好處的可憎的事，但他畢竟是朵納查爾亞的兒子。

聖主奎師那表面上鼓勵阿爾諸納殺死阿施瓦塔瑪，只是爲了檢驗阿爾諸納的責任感。並不是阿爾諸納不瞭解他該履行的業務，也不是聖主奎師那不知道阿爾諸納的責任感。但聖主奎師那經常只是爲了強調責任感的重要性而檢驗祂許多的純粹奉獻者。牧牛姑娘(gopīs)們受到這樣的檢驗，帕拉德・瑪哈茹阿佳(Prahlāda Mahārāja)也受到這樣的檢驗。所有純粹的奉獻者都在各個方面成功地經受了至尊主的檢驗。

第 41 節 अथोपेत्य स्वशिबिरं गोविन्दप्रियसारथिः ।
न्यवेदयत्तं प्रियायै शोचन्त्या आत्मजान् हतान् ॥४१॥

athopetya sva-śibiraṁ
govinda-priya-sārathiḥ
nyavedayat taṁ priyāyai
śocantyā ātma-jān hatān

atha — 此後 / upetya — 達到了 / sva — 自己的 / śibiram — 陣營 / govinda — 滿足感官的人(聖主奎師那) / priya — 親切 / sārathiḥ — 戰車夫 / nyavedayat — 交托給 / tam — 他 / priyāyai — 向親愛的 / śocantyai — 爲……哀悼 / ātma-jān — 自己的兒子們 / hatān — 被謀殺

譯文 回到自己的軍營後，阿爾諸納與他的朋友兼戰車御者(聖奎師那)一起，把殺人犯帶到心愛的妻子面前，他妻子當時正爲兒子被謀害而傷心欲絕地痛哭不已。

要旨 阿爾諸納與奎師那的超然關係，是最親密的朋友關係。在《博伽梵歌》中，至尊主本人親自聲明，阿爾諸納是祂最親密的朋友。每一個生物都以某種充滿深情的關係與至尊主相連，要麼當祂的僕人，要麼當祂的朋友、父母或配偶。因此，每一個生物，只要他全心全意地想要與至尊主在一起，並爲此而認真地按奉愛瑜伽的程序做，他就能在靈性世界裡享受與至尊主在一起的快樂。

第 42 節 तथाहृतं पशुवत्पाशबद्ध-
मवाङ्मुखं कर्मजुगुप्सितेन ।
निरीक्ष्य कृष्णापकृतं गुरोः सुतं
वामस्वभावा कृपया ननाम च ॥४२॥

tathāhṛtaṁ paśuvat pāśa-baddham
avāṅ-mukhaṁ karma-jugupsitena
nirīkṣya kṛṣṇāpakṛtaṁ guroḥ sutaṁ
vāma-svabhāvā kṛpayā nanāma ca

tathā — 因此 / āhṛtam — 帶入 / paśu-vat — 像一頭動物 / pāśa-baddham — 用繩子綁起 / avāk-mukham — 並沒有說話 / karma — 活動 / jugupsitena — 因爲罪大惡極 / nirīkṣya — 看見 / kṛṣṇā — 朵帕蒂 / apakṛtam — 行爲卑鄙的人 / guroḥ — 老師 / sutam — 兒子 / vāma — 美麗的 / svabhāvā — 本性 / kṛpayā — 由於同情心 / nanāma — 頂拜 / ca — 和

譯文　聖蘇塔·哥斯瓦米說：朵帕蒂看到阿施瓦塔瑪像動物一樣被五花大綁起來，並因爲當了最可耻的暗殺者而沈默著。出於女性的天性，以及她善良、端莊的本性，她向阿施瓦塔瑪表示了對布茹阿瑪納的敬意。

要旨　阿施瓦塔瑪受到至尊主本人的譴責，並被阿爾諸納當作罪犯一樣對待，而不是當作布茹阿瑪納(brāhmaṇa, 婆羅門)或老師的兒子那樣對待。然而，當他被帶到聖朵帕蒂面前時，儘管朵帕蒂因她兒子被謀殺而悲傷，儘管凶手被帶到她面前，她卻不能不向凶手表示對布茹阿瑪納或布茹阿瑪納的兒子該表示的尊敬。這是由她女性的溫和本性所致。女人總的來說不比男孩強，因此沒有像男人那樣具有分辨力。阿施瓦塔瑪用實際行動證實自己是朵納查爾亞或布茹阿瑪納不稱職的兒子，並因此而受到最高權威聖主奎師那的譴責。儘管如此，性格溫和的女子卻還是不自覺地向這種人表示敬意。

迄今爲止，無論一個出身於布茹阿瑪納家庭的人(brahma-bandhu)有多麼墮落和可憎，印度家庭中的婦女還會向他表示對布茹阿瑪納的適當敬意。但是，男人們已經開始反對在良好的布茹阿瑪納家庭中出生，但本人行爲卻不如庶鐸(śūdra, 首陀羅)的那種人。

這節詩中特別用了“生性溫柔、和善(vāma-svabhāvā)”一句。善良的男人或女人很容易接受任何事情，智者卻不這樣。但無論如何，我們不該只是為了做一個和善的人而放棄我們的判斷力和識別力。我們必須有良好的判斷力，能判斷事物的是非曲直。我們不該聽從婦女的溫和本性而去接受名不副實的人或事物。心腸柔軟的婦女也許會向阿施瓦塔瑪表示敬意，但那並不意味著他是個名副其實的布茹阿瑪納。

第 43 節 उवाच चासहन्त्यस्य बन्धनानयनं सती ।
मुच्यतां मुच्यतामेष ब्राह्मणो नितरां गुरुः ॥४३॥

uvāca cāsahanty asya
bandhanānayanaṁ satī
mucyatāṁ mucyatām eṣa
brāhmaṇo nitarāṁ guruḥ

uvāca — 說 / ca — 和 / asahantī — 對她來說是不能容忍的 / asya — 他的 / bandhana — 因為受束縛 / ānayanam — 帶給他 / satī — 貞節的婦人 / mucyatām mucyatām — 就釋放了他 / eṣaḥ — 這 / brāhmaṇaḥ — 一位布茹阿瑪納 / nitarām — 我們的 / guruḥ — 老師

譯文 她不能容忍看到阿施瓦塔瑪被用繩子捆綁著，所以作為虔誠的女士，她說道：放開他，他是布茹阿瑪納——我們的靈性導師。

要旨 阿施瓦塔瑪被帶到朵帕蒂面前時，朵帕蒂不能容忍看到一個布茹阿瑪納像罪犯一樣被抓起來，帶到她面前，尤其是那個布茹阿瑪納還是老師的兒子。

阿爾諸納清楚地知道阿施瓦塔瑪是朵納查爾亞的兒子，但還是把他抓了起來。奎師那也很清楚阿施瓦塔瑪的身份，但他們兩人並沒有因為考慮到他是布茹阿瑪納的兒子，就不譴責他這個殺人犯。按照啓示經典的教導，如果一個老師或靈性導師用他自己的言行證實他不稱職，他就該遭到拒絕。靈性導師(guru)又被稱爲阿查爾亞(ācārya)，即：吸收了所有啓示經典(śāstras)的精華並以身作則幫助他的門徒按照經典的教導去實踐的人。阿施瓦塔瑪沒有履行布茹阿瑪納或老師的職責，不配享有布茹阿瑪納的崇高地位，因此遭到拒絕。考慮到這一點，聖主奎師那或阿爾諸納有權譴責阿施瓦塔瑪。但就朵帕蒂這樣的淑女而言，她不是從經典的角度考慮問題，而是從習俗的角度考慮問題。按照習俗，阿施瓦塔瑪受到與他父親同等的尊敬。之所以這樣，是僅僅由於感情用事，人們通常會把布茹阿瑪納的兒子視爲是真正的布茹阿瑪納。但布茹阿瑪納和布茹阿瑪納的兒子是有區別的。應該按照一個人的資格評判他是否是布茹阿瑪納，而不該僅僅因爲某人是布茹阿瑪納的兒子，就認爲他是布茹阿瑪納。

但朵帕蒂並不考慮這些，而是希望立刻給阿施瓦塔瑪鬆綁。那是由她美好的情操所致。這意味著，至尊主的奉獻者能忍受所有個人的苦難，但卻從不會對他人不仁不義，哪怕對敵人也不會。這些都是至尊主的純粹奉獻者的特徵。

第 44 節　**सरहस्यो धनुर्वेदः सविसर्गोपसंयमः ।**
अस्त्रग्रामश्च भवता शिक्षितो यदनुग्रहात् ॥४४॥

sarahasyo dhanur-vedaḥ
savisargopasaṁyamaḥ
astra-grāmaś ca bhavatā
śikṣito yad-anugrahāt

sa-rahasyaḥ — 機密的 / dhanuḥ-vedaḥ — 使用弓箭的知識 / sa-visarga — 發射 / upasaṁyamaḥ — 控制 / astra — 武器 / grāmaḥ — 所有種類 / ca — 和 / bhavatā — 由你自己 / śikṣitaḥ — 學習 / yat — 由誰 / anugrahāt — ……的仁慈

譯文　靠朵納老師的仁慈，你才學會了射箭的武功和控制武器的秘訣。

要旨　朵納查爾亞向阿爾諸納傳授了包括靠韋達讚歌發射和控制武器等所有機密在內的軍事科學(Dhanur-veda)。低等的軍事技術有賴於有形的武器，但比那更精微的技術是邊吟誦韋達讚歌(mantra)邊射箭所制造的強大威力，那種威力比機關槍或原子彈等低等的物質武器要強大得多。那種對武器的控制是靠韋達讚歌——聲音的超然科學。《茹阿瑪亞納》(Rāmāyaṇa,《羅摩衍那》)中說，聖主茹阿瑪的父親達沙茹阿塔王(Mahārāja Daśaratha)曾經僅僅憑聲音控制箭。他可以在根本不看目標的情況下，就只是靠聽聲音射中目標。這是比現代低等的軍事武器更精微的軍事技術。朵納查爾亞把這一切都傳授給了阿爾諸納；爲此，朵帕蒂希望阿爾諸納對朵納查爾亞心存感激。在朵納查爾亞離開人世的情況下，他的兒子就是他的代表。這是淑女朵帕蒂的看法。人們也許爭論說，朵納查爾亞作爲嚴格的布茹阿瑪納爲什麼要去傳授軍事科學。對這個問題的回答是：布茹阿瑪納應該成爲老師，不管他教授的是那一門知識。有學問的布茹阿瑪納應該當老師、祭司和接受布佈施的人。名副其實的布茹阿瑪納被授權從事這樣的職業。

第 45 節　स एष भगवान्द्रोणः प्रजारूपेण वर्तते ।
तस्यात्मनोऽर्धं पत्न्यास्ते नान्वगाद्वीरसूः कृपी ॥४५॥

sa eṣa bhagavān droṇaḥ
prajā-rūpeṇa vartate
tasyātmano 'rdhaṁ patny āste
nānvagād vīrasūḥ kṛpī

saḥ — 他 / eṣaḥ — 當然地 / bhagavān — 至尊主 / droṇaḥ — 朵納查爾亞 / prajā-rūpeṇa — 以他的兒子阿施瓦塔瑪的形象 / vartate — 存在

著 / tasya — 他的 / ātmanaḥ — 身體的 / ardham — 一半 / patnī — 妻子 / āste — 活著的 / na — 不 / anvagāt — 經歷 / vīrasūḥ — 有兒子在 / kṛpī — 奎帕查爾亞的妹妹

譯文 他(朵納查爾亞)無疑以他兒子爲代表繼續存在著。他妻子奎琵因爲有兒子，所以才沒有走進火化他丈夫的火中(薩提)。

要旨 朵納查爾亞的妻子奎帕(Kṛpī)是奎帕查爾亞的妹妹。啓示經典中說，作爲丈夫的配偶，忠貞的妻子如果沒有生育後代，就有權選擇自願隨丈夫一起去死。朵納查爾亞的妻子之所以沒有這麼做，是因爲她有了兒子——她丈夫的代表。一個婦女如果跟她丈夫生的兒子還活著，那她就不算是真正的寡婦，而只是名義上的寡婦。因此，無論如何阿施瓦塔瑪是朵納查爾亞的代表，殺阿施瓦塔瑪就等同於殺朵納查爾亞。這就是朵帕蒂反對殺阿施瓦塔瑪的論點。

第 46 節

तद्धर्मज्ञ महाभाग भवद्भिर्गौरवं कुलम् ।
वृजिनं नार्हति प्राप्तुं पूज्यं वन्द्यमभीक्ष्णशः ॥४६॥

tad dharmajña mahā-bhāga
bhavadbhir gauravaṁ kulam
vṛjinaṁ nārhati prāptuṁ
pūjyaṁ vandyam abhīkṣṇaśaḥ

tat — 因此 / dharma-jña — 一個明白宗教原則的人 / mahā-bhāga — 最幸運的 / bhavadbhiḥ — 由你自己 / gauravam — 頌揚了 / kulam — 家庭 / vṛjinam — 那痛苦的 / na — 不 / arhati — 値得 / prāptum — 爲了得到 / pūjyam — 値得崇拜的 / vandyam — 値得尊敬的 / abhīkṣṇaśaḥ — 總是

譯文　曉解宗教原則的最幸運的人啊！使永遠值得尊敬和崇拜的光榮家庭中的成員悲傷，對你沒有好處。

要旨　對一個值得尊敬的家庭的一點點侮辱，都足以造成不幸。因此，有教養的人應該始終小心對待值得崇拜的家庭中的成員。

第 47 節　मा रोदीदस्य जननी गौतमी पतिदेवता ।
यथाहं मृतवत्सार्ता रोदिम्यश्रुमुखी मुहुः ॥४७॥

mā rodīd asya jananī
gautamī pati-devatā
yathāhaṁ mṛta-vatsārtā
rodimy aśru-mukhī muhuḥ

mā — 並不 / rodīt — 使哭泣 / asya — 他的 / jananī — 母親 / gautamī — 朵納的妻子 / pati-devatā — 貞潔的 / yathā — 如有 / aham — 我自己 / mṛta-vatsā — 一位孩子已死的人 / ārtā — 痛苦地 / rodimi — 哭泣 / aśru-mukhī — 淚眼汪汪 / muhuḥ — 不停地

譯文　我的夫君，不要讓朵納老師的妻子像我一樣哭泣。我因兒子們的死而悲痛欲絕。她不必像我一樣不停地哀哭。

要旨　像聖朵帕蒂那樣有同情心的善良女士，無論是從母愛的角度考慮，還是從尊重朵納查爾亞的妻子的角度考慮，都不願意讓朵納查爾亞的妻子也經受喪子之痛。

第 48 節　यैः कोपितं ब्रह्मकुलं राजन्यैरजितात्मभिः ।
तत्कुलं प्रदहत्याशु सानुबन्धं शुचार्पितम् ॥४८॥

yaiḥ kopitaṁ brahma-kulaṁ
rājanyair ajitātmabhiḥ
tat kulaṁ pradahaty āśu
sānubandhaṁ śucārpitam

yaiḥ — 由那些 / kopitam — 激怒了 / brahma-kulam — 布茹阿瑪納階層 / rājanyaiḥ — 由行政階層 / ajita — 不受限制的 / ātmabhiḥ — 自己 / tat — 那 / kulam — 家庭 / pradahati — 被燒成灰燼 / āśu — 在很短時間內 / sa-anubandham — 與家庭成員一起 / śucā-arpitam — 造成悲傷

譯文 如果統治者不控制自己的感官，冒犯布茹阿瑪納，激怒了他們，他們的怒火就會燒毀整個皇族，造成全體皇室成員的悲傷。

要旨 人類社會中的布茹阿瑪納階層從靈性角度劃分屬於高等階層，而負責行政管理的君王階層，以及商人階層和勞工階層都低於布茹阿瑪納階層。這些較低階層的成員總是很尊敬布茹阿瑪納階層的成員，及來自這種高等家庭的成員。

第49節

सूत उवाच
धर्म्यं न्याय्यं सकरुणं निर्व्यलीकं समं महत् ।
राजा धर्मसुतो राज्ञ्याः प्रत्यनन्दद्वचो द्विजाः ॥४९॥

sūta uvāca
dharmyaṁ nyāyyaṁ sakaruṇaṁ
nirvyalīkaṁ samaṁ mahat
rājā dharma-suto rājñyāḥ
pratyanandad vaco dvijāḥ

sūtaḥ uvāca — 蘇塔·哥斯瓦米說 / dharmyam — 符合宗教原則 /

nyāyyam — 公正 / sa-karuṇam — 充滿慈悲 / nirvyalīkam — 在宗教上沒有欺騙 / samam — 平等 / mahat — 光榮的 / rājā — 國王 / dharma-sutaḥ — 兒子 / rājñyāḥ — 由王后 / pratyanandat — 支持 / vacaḥ — 說法 / dvijāḥ — 布茹阿瑪納啊

譯文 蘇塔・哥斯瓦米說：眾布茹阿瑪納啊！尤帝士提爾王完全支持王后根據宗教原則所作的聲明，認為它理由充分、莊嚴、慈悲為懷、公正且發自肺腑。

要旨 尤帝士提爾王(Mahārāja Yudhiṣṭhira)是閻羅王(Yamarāja)或稱達瑪茹阿佳(Dharmarāja)的兒子。他完全支持朵帕蒂王后要求阿爾諸納釋放阿施瓦塔瑪所說的一番話。人不該容忍他人侮辱高貴家庭的成員。阿爾諸納是從朵納查爾亞那裡學到軍事科學的，因此他和家人都對朵納查爾亞的家人心存感激。如果對這樣一個有恩於自己的家庭以怨報德，從道德的角度看是極不道德的。朵納查爾亞的妻子是朵納查爾亞這位偉大靈魂的另一半，因此滿懷同情地對待她，絕不應該把她置於失去兒子的悲傷境地。這就是同情。朵帕蒂的一番聲明絕非口是心非，而是根據她的親身體驗說出來的，所以讓人感到很公正。沒有生過孩子的婦女無法理解母親的悲傷。朵帕蒂本人曾是母親，因此對奎琵將會感到的悲傷程度估計得十分準確。她要對偉大家庭的成員表示適當的尊敬這一點值得頌揚。

第 50 節 नकुलः सहदेवश्च युयुधानो धनञ्जयः ।
भगवान्देवकीपुत्रो ये चान्ये याश्च योषितः ॥५०॥

nakulaḥ sahadevaś ca
yuyudhāno dhanañjayaḥ

bhagavān devakī-putro
ye cānye yāś ca yoṣitaḥ

nakulaḥ — 納庫拉 / sahadevaḥ — 薩哈戴瓦 / ca — 和 / yuyudhānaḥ — 薩提亞克依 / dhanañjayaḥ — 阿爾諸納 / bhagavān — 人格首神 / devakī-putraḥ — 黛瓦克伊之子——聖主奎師那 / ye — 那些 / ca — 和 / anye — 其他人 / yāḥ — 那些 / ca — 和 / yoṣitaḥ — 女士們

譯文　納庫拉和薩哈戴瓦(尤帝士提爾王的兩個弟弟)，薩提亞克依和阿爾諸納，黛瓦克伊的兒子聖主奎師那，以及女士們和其他人，都一致讚同君王的看法。

第 51 節　तत्राहामर्षितो भीमस्तस्य श्रेयान् वधः स्मृतः । न भर्तुर्नात्मनश्चार्थे योऽहन् सुप्तान् शिशून् वृथा ॥५१॥

tatrāhāmarṣito bhīmas
tasya śreyān vadhaḥ smṛtaḥ
na bhartur nātmanaś cārthe
yo 'han suptān śiśūn vṛthā

tatra — 隨著 / āha — 說 / amarṣitaḥ — 在憤怒的情緒中 / bhīmaḥ — 彼瑪 / tasya — 他的 / śreyān — 終極的好處 / vadhaḥ — 殺 / smṛtaḥ — 記錄 / na — 不 / bhartuḥ — 主人的 / na — 不 / ātmanaḥ — 他自己本身的 / ca — 和 / arthe — 爲了那原因 / yaḥ — 誰 / ahan — 殺 / suptān — 睡眠 / śiśūn — 孩子 / vṛthā — 沒有目的

譯文　但彼瑪不同意大家的意見。他認為這個罪犯僅僅因為憤怒就去謀殺熟睡著的孩子，作出不論是對他自己還是對他主人都沒有益處的事，因此建議處死他。

第 52 節 निशम्य भीमगदितं द्रौपद्याश्च चतुर्भुजः ।
आलोक्य वदनं सख्युरिदमाह हसन्निव ॥५२॥

niśamya bhīma-gaditaṁ
draupadyāś ca catur-bhujaḥ
ālokya vadanaṁ sakhyur
idam āha hasann iva

niśamya — 剛聽過後 / bhīma — 彼瑪 / gaditam — 說 / draupadyāḥ — 朵帕蒂的 / ca — 和 / catuḥ-bhujaḥ — 四隻手的人(人格首神) / ālokya — 看了以後 / vadanam — 面孔 / sakhyuḥ — 祂朋友的 / idam — 這 / āha — 說 / hasan — 微笑 / iva — 好像

譯文 人格首神查圖爾布佳(有四隻手臂的那一位)，聽了彼瑪、朵帕蒂和其他人的意見，看了他親愛的朋友阿爾諸納的臉色後，微笑著開口說話了。

要旨 聖主奎師那有兩隻手臂，爲什麼在這節詩中被稱爲有四隻手臂的人呢？對此，施瑞達爾·斯瓦米作出了解釋。就有關是否殺死阿施瓦塔瑪這一點，彼瑪和朵帕蒂各持己見。彼瑪要立刻殺死他，而朵帕蒂要讓他活著。我們可以想象一下，當彼瑪準備殺死阿施瓦塔瑪時，朵帕蒂阻止他會是什麼情形。爲了要勸阻他們兩人，至尊主展示出另外兩隻手臂。至尊主聖奎師那原本只展示兩隻手臂，但在祂的納茹阿亞納形象中，祂展示了四隻手臂。祂以祂的納茹阿亞納形象與奉獻者一起住在靈性天空中眾多的外琨塔(Vaikuṇṭha)星球上，同時以祂原本的聖奎師那形象住在離外琨塔星球很遠很遠的奎師那珞卡(Kṛṣṇaloka)星球上。爲此，如果聖奎師那被稱爲查圖爾布佳(caturbhujaḥ, 有四隻手臂的那一位)並不矛盾。若是有需要，祂可以展示出千百萬的手臂，就像祂展示宇宙形象(viśva-rūpa)給阿爾諸納看一樣。所以，能展示千百萬手臂的人，在情況需要時自然也可以展示四隻手臂。

當阿爾諸納爲如何處理阿施瓦塔瑪而感到茫然不知所措時，聖主奎師那作爲阿爾諸納極爲親密的朋友，微笑著挺身而出解決問題。

第53-54節

श्रीभगवानुवाच
ब्रह्मबन्धुर्न हन्तव्य आततायी वधार्हणः ।
मयैवोभयमाम्नातं परिपाह्यनुशासनम् ॥५३॥
कुरु प्रतिश्रुतं सत्यं यत्तत्सान्त्वयता प्रियाम् ।
प्रियं च भीमसेनस्य पाञ्चाल्या मह्यमेव च ॥५४॥

śrī-bhagavān uvāca
brahma-bandhur na hantavya
ātatāyī vadhārhaṇaḥ
mayaivobhayam āmnātaṁ
paripāhy anuśāsanam

kuru pratiśrutaṁ satyaṁ
yat tat sāntvayatā priyām
priyaṁ ca bhīmasenasya
pāñcālyā mahyam eva ca

śrī-bhagavān — 人格首神 / uvāca — 說 / brahma-bandhuḥ — 布茹阿瑪納的親屬 / na — 不 / hantavyaḥ — 被殺 / ātatāyī — 攻擊者 / vadha-arhaṇaḥ — 應該被殺 / mayā — 由我 / eva — 肯定地 / ubhayam — 兩者 / āmnātam — 按照權威的規定來描述 / paripāhi — 只是執行 / anuśā-sanam — 規律 / kuru — 只要遵守 / pratiśrutam — 正如由……承諾 / satyam — 真理 / yat tat — 那 / sāntvayatā — 當安撫……的時候 / priyām — 親愛的妻子 / priyam — 滿足 / ca — 還有 / bhīmasenasya — 聖彼瑪的 / pāñcālyāḥ — 朵帕蒂的 / mahyam — 也向我 / eva — 肯定地 / ca — 和

譯文　人格首神聖奎師那對阿爾諸納說：布茹阿瑪納的朋友不該被殺，但如果他是侵犯者，就必須被處死。所有這些規則都記在經典中，你應該以經典為依據行事。你既要實現你對妻子的承諾，也必須令彼瑪和我滿意。

要旨　阿爾諸納之所以感到茫然不知所措，是因為在有關阿施瓦塔瑪該殺該留的問題上，不同的人引證不同的經典依據提出了不同的見解。阿施瓦塔瑪既是布茹阿瑪納不稱職的兒子(brahma-bandhu)，又是侵犯者。作為布茹阿瑪納不稱職的兒子，他不該被殺，但按照瑪努(Manu)的規定：一個侵犯者，哪怕他是布茹阿瑪納(更不用說是布茹阿瑪納不稱職的兒子)都該被處死。朵納查爾亞毫無疑問是真正的布茹阿瑪納，他因為在戰場上作戰而被殺死。阿施瓦塔瑪雖然是侵犯者，但卻沒有拿任何戰鬥武器。經典規定是：不能殺一個沒有武器或戰車的侵犯者。上述這一切無疑令人困惑。除此之外，阿爾諸納不但必須遵守之前為安慰朵帕蒂曾作出的承諾，也必須讓建議殺死阿施瓦塔瑪的彼瑪和奎師那感到滿意。面對擺在阿爾諸納面前的這種進退兩難的局面，奎師那給出了解決的方法。

第55節　सूत उवाच
अर्जुनः सहसाज्ञाय हरेर्हार्दमथासिना ।
मणिं जहार मूर्धन्यं द्विजस्य सहमूर्धजम् ॥५५॥

sūta uvāca
arjunaḥ sahasājñāya
harer hārdam athāsinā
maṇiṁ jahāra mūrdhanyaṁ
dvijasya saha-mūrdhajam

sūtaḥ — 蘇塔・哥斯瓦米 / uvāca — 說 / arjunaḥ — 阿爾諸納 /

sahasā — 就在那時 / ājñāya — 知道它 / hareḥ — 至尊主的 / hārdam — 動機 / atha — 因此 / asinā — 用劍 / maṇim — 珠寶 / jahāra — 割下 / mūr-dhanyam — 頭上的 / dvijasya — 再生族的 / saha — 與 / mūrdhajam — 頭髮

譯文 對於主奎師那給這種模棱兩可的命令所要達到的目的，阿爾諸納心知肚明，于是用他的寶刀把阿施瓦塔瑪頭上的頭髮和所戴的珠寶首飾都割了下來。

要旨 不同的人所發出的彼此矛盾的命令，使人無所適從。爲此，阿爾諸納用他敏銳的智慧找到了一個折衷的解決辦法。他割下阿施瓦塔瑪戴在頭上的珠寶首飾。這既如同割下他的頭，但同時又爲達到所有具體的目的而留下了他的一條命。這節詩中說阿施瓦塔瑪是經過再生的人。他確實是經過再生的人，但卻從他的地位上墜落，因此受到恰當的懲罰。

第 56 節 विमुच्य रशनाबद्धं बालहत्याहतप्रभम् ।
तेजसा मणिना हीनं शिबिरान्निरयापयत् ॥५६॥

vimucya raśanā-baddhaṁ
bāla-hatyā-hata-prabham
tejasā maṇinā hīnaṁ
śibirān nirayāpayat

vimucya — 在釋放他以後 / raśanā-baddham — 從繩索的束縛 / bāla-hatyā — 殺戮兒童 / hata-prabham — 喪失身體的光澤 / tejasā — 力量的 / maṇinā — 因爲珠寶 / hīnam — 被奪去 / śibirāt — 在軍營中 / nirayāpayat — 趕他出去

譯文　阿施瓦塔瑪因為犯了謀殺無辜孩子的罪，身體已經是暗淡無光了，頭上再一失去珠寶，就變得更加無力。他就這樣被鬆綁，趕出了軍營的帳篷。

要旨　這樣被羞辱後，丟盡了臉的阿施瓦塔瑪被主奎師那和阿爾諸納運用智慧殺死又沒有被殺。

第 57 節　वपनं द्रविणादानं स्थानान्निर्यापणं तथा ।
एष हि ब्रह्मबन्धूनां वधो नान्योऽस्ति दैहिकः ॥५७॥

vapanaṁ draviṇādānaṁ
sthānān niryāpaṇaṁ tathā
eṣa hi brahma-bandhūnāṁ
vadho nānyo 'sti daihikaḥ

vapanam — 剪去頭髮 / draviṇa — 財富 / adānam — 沒收了 / sthānāt — 從住所 / niryāpaṇam — 驅逐 / tathā — 還有 / eṣaḥ — 所有這些 / hi — 肯定地 / brahma-bandhūnām — 一位布茹阿瑪納親屬的 / vadhaḥ — 殺 / na — 不 / anyaḥ — 任何其它方法 / asti — 有 / daihikaḥ — 有關身體的事情

譯文　削去他的頭髮，剝奪他的財產，把他從他的居住地趕走，是經典規定對布茹阿瑪納親屬的懲罰。經典沒有關於殺布茹阿瑪納軀體的指令。

第 58 節　पुत्रशोकातुराः सर्वे पाण्डवाः सह कृष्णया ।
स्वानां मृतानां यत्कृत्यं चक्रुर्निर्हरणादिकम् ॥५८॥

putra-śokāturāḥ sarve
pāṇḍavāḥ saha kṛṣṇayā
svānāṁ mṛtānāṁ yat kṛtyaṁ
cakrur nirharaṇādikam

putra — 兒子 / śoka — 喪失親人之痛 / āturāḥ — 不勝悲傷 / sarve — 所有他們 / pāṇḍavāḥ — 潘杜的兒子們 / saha — 與 / kṛṣṇayā — 與朵帕蒂 / svānām — 親屬的 / mṛtānām — 死者的 / yat — 甚麼 / kṛtyam — 應該要做 / cakruḥ — 執行 / nirharaṇa-ādikam — 可以承擔的

譯文　那以後，沈浸在悲痛中的潘杜之子和朵帕蒂，為他們親屬的屍體舉行了相關的儀式。

到此為止，結束了巴克提韋丹塔對《聖典博伽瓦譚》第 1 篇第 7 章——“朵納的兒子受懲罰”所作的闡釋。

第八章

琨緹王后的祈禱及帕瑞克西特的獲救

第1節

सूत उवाच
अथ ते सम्परेतानां स्वानामुदकमिच्छताम् ।
दातुं सकृष्णा गङ्गायां पुरस्कृत्य ययुः स्त्रियः ॥१॥

sūta uvāca
atha te samparetānāṁ
svānām udakam icchatām
dātuṁ sakṛṣṇā gaṅgāyāṁ
puraskṛtya yayuḥ striyaḥ

sūtaḥ uvāca — 蘇塔說 / atha — 因此 / te — 潘達瓦兄弟 / samparetā-nām — 死的 / svānām — 親屬的 / udakam — 水 / icchatām — 願意有 / dātum — 遞交 / sa-kṛṣṇāḥ — 與朵帕蒂一起 / gaṅgāyām — 在恆河上 / puraskṛtya — 放在前面 / yayuḥ — 走 / striyaḥ — 婦女

譯文　蘇塔．哥斯瓦米說：那以後，潘達瓦兄弟想要按親屬的願望去為他們供奉水，于是便與朵帕蒂一起前往恆河。女士們都走在前面。

要旨　迄今爲止，家裡有人死去時到恆河或其它聖河去沐浴，仍是印度社會不變的習俗：爲了死者的利益，家裡的每一個成員都要把一整罐恆河水倒入恆河；在去恆河的路上，女士們走在長長的隊伍前列。潘達瓦五兄弟也遵循這條有五千多年歷史的規定。主奎師那作爲潘達瓦兄弟的表兄弟，也是家庭成員之一。

第 2 節 ते निनीयोदकं सर्वे विलप्य च भृशं पुनः ।
आप्लुता हरिपादाब्जरजःपूतसरिज्जले ॥ २ ॥

te ninīyodakaṁ sarve
vilapya ca bhṛśaṁ punaḥ
āplutā hari-pādābja-
rajaḥ-pūta-sarij-jale

te — 他們所有人 / ninīya — 已供奉 / udakam — 水 / sarve — 他們每一個人 / vilapya — 哀痛了 / ca — 和 / bhṛśam — 充分的 / punaḥ — 再次 / āplutāḥ — 沐浴 / hari-pādābja — 至尊主的蓮花足 / rajaḥ — 塵埃 / pūta — 淨化了 / sarit — 恆河的 / jale — 在水中

譯文　他們懷著悲痛的心情供奉了足量的恆河水之後，自己也去恆河中沐浴。恆河之水因為混合了至尊主蓮花足上的塵土而變得神聖。

第 3 節 तत्रासीनं कुरुपतिं धृतराष्ट्रं सहानुजम् ।
गान्धारीं पुत्रशोकार्तां पृथां कृष्णां च माधवः ॥ ३ ॥

tatrāsīnaṁ kuru-patiṁ
dhṛtarāṣṭraṁ sahānujam
gāndhārīṁ putra-śokārtāṁ
pṛthāṁ kṛṣṇāṁ ca mādhavaḥ

tatra — 那裡 / āsīnam — 正坐著 / kuru-patim — 庫茹之王 / dhṛtarāṣṭram — 兌塔瓦施陀 / saha-anujam — 和他的弟弟們 / gāndhārīm — 甘妲瑞 / putra — 兒子 / śoka-artām —因喪失親人而悲傷不已 / pṛthām — 琨緹 / kṛṣṇām — 朵帕蒂 / ca — 和 / mādhavaḥ — 聖主奎師那

譯文 庫茹之王尤帝士提爾與他的弟弟們，以及兌塔瓦施陀、甘妲瑞、琨緹和朵帕蒂，都悲痛欲絕地坐在那裡，主奎師那也在場。

要旨 庫茹柴陀戰爭是家庭成員之間的戰爭，因此所有受到影響的人都是同一個大家族的人，其中有尤帝士提爾王和他的兄弟，以及琨緹(Kuntī)、朵帕蒂、蘇芭朵(Subhadrā)、兌塔瓦施陀、甘妲瑞(Gāndhārī)和她的兒媳婦等。所有重要人物的屍體之間都有著某種血緣關係，因此家庭的不幸是共同的。作爲潘達瓦兄弟的表兄弟、琨緹的姪子、蘇芭朵的哥哥，主奎師那也是家庭中的一份子，所以同情他們所有的人。爲此，祂開始適度地安慰他們。

第 4 節 सान्त्वयामास मुनिभिर्हतबन्धूञ्शुचार्पितान् ।
भूतेषु कालस्य गतिं दर्शयन्न प्रतिक्रियाम् ॥ ४ ॥

sāntvayām āsa munibhir
hata-bandhūñ śucārpitān
bhūteṣu kālasya gatiṁ
darśayan na pratikriyām

sāntvayām āsa — 撫慰 / munibhiḥ — 和在場的牟尼 / hata-bandhūn — 失去朋友與親戚的人 / śucārpitān — 都受到震驚、影響 / bhūteṣu — 向生物 / kālasya — 全能者的至高無上的法律的 / gatim — 反作用 / darśayan — 用實例說明 / na — 不 / pratikriyām — 補救措施

譯文 奎師那和衆多的牟尼開始引用全能的神所制定的嚴格法律，以及它們在生物體身上所起的作用，安慰那些被整個事件所震驚及受到影響的人。

要旨 在至尊人格首神的命令下，沒有一個生物能修改大自然嚴格的法律。生物永恆受全能的至尊主的管制。至尊主制定了所有的法律和秩序，這些法律和秩序通常被稱爲達爾瑪(dharma)或宗教。沒人能制定宗教準則。真正的宗教是遵守至尊主的命令，而至尊主在《博伽梵歌》中明確說明了祂的命令。所有的人都應該只聽從祂或祂的命令。這將使人獲得物質和靈性的全面快樂。我們只要還在物質世界裡，我們的責任就是聽從至尊主的命令。如果靠至尊主的恩典，我們擺脫了物質世界的鉗制，那麼在解脫的狀態下，我們也是繼續爲至尊主做超然的愛心服務。我們在物質狀態中時，因爲沒有靈性的眼光，所以既看不到自己，也看不到至尊主。然而，我們一旦擺脫了物質的影響，回復我們原本的靈性形象，我們就不但能看到自己，也能面對面地看到至尊主。梵文穆克提(Mukti)的意思是：在放棄了物質的生命概念後，回復人原本的靈性狀態。人體生命就是爲讓人爭取這種靈性自由而設的。不幸的是：在物質錯覺能量的影響下，我們把這種極爲短暫的污染生活當作是我們永恆的存在，從而被所謂的國家、家庭、土地、孩子、妻子、社團、錢財等擁有所迷惑，而這些都只不過是錯覺能量(māyā)製造的虛幻產物。在錯覺能量的控制下，我們不斷爭鬥，以保護這些非真實的財產。培養靈性的知識可以使我們認識到：我們與所有這些物質事物根本沒有關係。于是，我們立刻不再有物質執著。與至尊主的奉獻者交往、聯誼，使人立刻去除物質存在的焦慮。至尊主的奉獻者有能力把超然的聲音注入困惑的心靈深處，從而使人實際擺脫一切悲傷和錯覺。這是使那些受嚴格的物質法律反作用影響的人平靜下來的簡易方法。嚴格的物質法律的反作用，以生、老、病、死的形式展現出來，而這些是物質存在無法解決的問題。戰爭的受害者——庫茹家族的成員，爲親屬的死而悲傷，至尊主運用知識去安撫他們。

第 5 節　साधयित्वाजातशत्रोः स्वं राज्यं कितवैर्हृतम् ।
घातयित्वासतो राज्ञः कचस्पर्शक्षतायुषः ॥५॥

sādhayitvājāta-śatroḥ
svaṁ rājyaṁ kitavair hṛtam
ghātayitvāsato rājñaḥ
kaca-sparśa-kṣatāyuṣaḥ

sādhayitvā — 執行 / ajāta-śatroḥ — 對沒有敵人的人的 / svam rājyam — 自己的王國 / kitavaiḥ — 由聰明的人的(杜尤丹及其黨羽) / hṛtam — 篡奪 / ghātayitvā — 殺死了 / asataḥ — 肆無忌憚的 / rājñaḥ — 屬於王后的 / kaca — 髮束 / sparśa — 曾粗暴地抓 / kṣata — 縮短了 / āyuṣaḥ — 由壽命

譯文　聰明的杜尤丹和他的黨羽，狡詐地篡奪了沒有敵人的尤帝士提爾王的王位。至尊主仁慈地幫尤帝士提爾收復了他的王國，殺了所有與杜尤丹結盟的不義君王。其他人也死了，他們的壽命因粗暴地拉扯朵帕蒂王后的頭髮而縮短。

要旨　在輝煌的日子裡，也就是在喀歷年代到來之前的日子裡，布茹阿瑪納、乳牛、婦女、孩子和老人，都受到妥善的保護。

一、對布茹阿瑪納的保護，可以維持社會四階層和靈性四階段制度(varṇāśrama)——靈性生活最科學的文化。

二、對乳牛的保護，使人類社會能夠得到最神奇、超自然的食物——牛奶。牛奶滋養腦組織細胞，使其更好地理解生命的更高目標。

三、對婦女的保護使社會保持純潔，從而使我們能夠生育優秀的後代，過平靜、安定、上進的生活。

四、對孩子的保護給予人體生命以最佳的機會，使靈魂可以爲擺脫物質束縛鋪設道路。這種對孩子的保護，始於父母爲生孩子而在交媾前按照“淨化子宮的程序(garbhādhāna-saṁskāra)”進行淨化的那一天。那是純潔生活的開始。

五、對老人的保護，給予他們機會，讓他們爲死後更好的生活做準備。

上述這套完整的觀點所基於的目標是：使人有一個成功的人生，不受經過修飾的貓狗文明的影響。經典禁止殺害上述的無辜生物，因爲哪怕是侮辱他們，都會使人縮短壽命。在喀歷年代裡，他們沒有受到妥善的保護。正因爲如此，現代人口的壽命變得相當短。《博伽梵歌》中說，當婦女因爲得不到保護而變得不再貞節時，就會生下要不得的後代(varṇa-saṅkara)。侮辱一位貞節的婦女意味著縮短壽命。杜尤丹(Duryodhana)的弟弟杜沙森(Duḥśāsana)這個無賴，因爲侮辱了理想的貞節女士朵帕蒂而最終失去了性命。上面介紹的這些，是至尊主制定的嚴格法律的一部份。

第 6 節 याजयित्वाश्वमेधैस्तं त्रिभिरुत्तमकल्पकैः ।
तद्यशः पावनं दिक्षु शतमन्योरिवातनोत् ॥ ६ ॥

yājayitvāśvamedhais taṁ
tribhir uttama-kalpakaiḥ
tad-yaśaḥ pāvanaṁ dikṣu
śata-manyor ivātanot

yājayitvā — 靠舉行 / aśvamedhaiḥ — 獻祭一匹馬的祭祀 / tam — 他(尤帝士提爾王) / tribhiḥ — 三個 / uttama — 最好的 / kalpakaiḥ — 由有能力的祭司舉行，具備適當的材料 / tat — ……的 / yaśaḥ — 名聲 / pāvanam — 高潔的 / dikṣu — 所有的方向 / śata-manyoḥ — 曾舉行過一

百次這種祭祀的因鐸 / iva — 像 / atanot — 傳播

譯文　聖主奎師那讓尤帝士提爾王圓滿地舉辦了三場馬祭(阿施瓦梅達-雅格亞)。這使他的美名如舉辦了一百場馬祭的因鐸一樣傳遍四方。

要旨　這節詩是對今後描述尤帝士提爾王舉辦的馬祭(Aśvamedha-yajña)所作的序言。把尤帝士提爾王與天帝相比意義重大。儘管天帝比尤帝士提爾王富有百萬倍，但尤帝士提爾王的名望卻絕不比天帝弱。這其中的原因在於：尤帝士提爾王是至尊主純粹的奉獻者；憑藉至尊主的恩典，尤帝士提爾王才會與天帝齊名，儘管他只舉行了三場馬祭，而天帝舉行過一百場馬祭。那是至尊主的奉獻者所具有的特權。至尊主平等對待眾生，但至尊主的奉獻者比其他人更光榮，因爲他永遠與絕對偉大的人物有接觸。陽光普照，但還是有些地方永遠處在黑暗中。這並不是太陽所致，相反取決於接受者的接受力。同樣，至尊主永遠把仁慈平等地給予眾生，但只有祂純粹的奉獻者才能得到祂所有的仁慈。

第 7 節　आमन्त्र्य पाण्डुपुत्रांश्च शैनेयोद्धवसंयुतः ।
द्वैपायनादिभिर्विप्रैः पूजितैः प्रतिपूजितः ॥ ७ ॥

āmantrya pāṇḍu-putrāṁś ca
śaineyoddhava-saṁyutaḥ
dvaipāyanādibhir vipraiḥ
pūjitaiḥ pratipūjitaḥ

āmantrya — 正邀請 / pāṇḍu-putrān — 潘杜的所有兒子 / ca — 也 / śaineya — 薩提亞克依 / uddhava — 烏達瓦 / saṁyutaḥ — 曾陪同 / dvaipāyana-ādibhiḥ — 由像維亞薩戴瓦這樣的聖哲 / vipraiḥ — 由布茹阿瑪納 / pūjitaiḥ — 正受敬拜 / pratipūjitaḥ — 至尊主也同樣回應

譯文　聖主奎師那受到以維亞薩戴瓦為首的眾布茹阿瑪納的崇拜後，也回禮致敬。隨後，祂邀約了潘杜的兒子們，準備啓程回府。

要旨　聖主奎師那表面上是個查錘亞(kṣatriya, 刹帝利)，不被布茹阿瑪納(brāhmaṇa, 婆羅門)所崇拜。但當時在場的、以維亞薩戴瓦爲首的布茹阿瑪納，都知道祂是人格首神，因此都崇拜祂。至尊主向他們回禮只是爲了尊重社會秩序，即：查錘亞要服從布茹阿瑪納階層的人。儘管聖主奎師那作爲至尊主受到各界人士的崇敬，但祂行爲處事從不違背社會四階層的規定。至尊主刻意遵守所有這些社會慣例，好讓其他人今後能以祂爲榜樣。

第 8 節　गन्तुं कृतमतिर्ब्रह्मन्द्वारकां रथमास्थितः ।
उपलेभेऽभिधावन्तीमुत्तरां भयविह्वलाम् ॥ ८ ॥

gantuṁ kṛtamatir brahman
dvārakāṁ ratham āsthitaḥ
upalebhe 'bhidhāvantīm
uttarāṁ bhaya-vihvalām

gantum — 正想要出發 / kṛtamatiḥ — 已經決定 / brahman — 布茹阿瑪納呀 / dvārakām — 向著杜瓦爾卡 / ratham — 在戰車上 / āsthitaḥ — 坐著 / upalebhe — 見過 / abhidhāvantīm — 匆匆地來 / uttarām — 烏塔茹阿 / bhaya-vihvalām — 因害怕

譯文　祂剛坐上自己的戰車要向杜瓦爾卡進發，便看到烏塔茹阿驚恐萬狀、匆匆忙忙地向祂跑來。

要旨 潘達瓦兄弟家的全體成員都完全依靠至尊主的保護，所以至尊主在任何情況下都保護他們。至尊主保護所有的生物，但完全依靠祂的人，受到祂的特別照顧。父親對格外依賴他的小兒子給予更多的關心。

第9節

उत्तरोवाच
पाहि पाहि महायोगिन्देवदेव जगत्पते ।
नान्यं त्वदभयं पश्ये यत्र मृत्युः परस्परम् ॥ ९ ॥

uttarovāca
pāhi pāhi mahā-yogin
deva-deva jagat-pate
nānyaṁ tvad abhayaṁ paśye
yatra mṛtyuḥ parasparam

uttarā uvāca — 烏塔茹阿說 / pāhi pāhi — 保護，保護 / mahā-yogin — 最偉大的神秘主義者 / deva-deva — 受崇拜的人中最值得崇拜的人 / jagat-pate — 宇宙之主啊 / na — 不 / anyam — 任何其他人 / tvat — 比你 / abhayam — 無畏 / paśye — 我確實看見 / yatra — 有……的所在 / mṛtyuḥ — 死亡 / parasparam — 在二元性的世界裡

譯文 烏塔茹阿說：啊！衆神之神，宇宙之主！您是最偉大的神秘主義者。請保護我，除您之外，再沒有誰能救我擺脫這相對世界中的死亡的鉗制了。

要旨 這個物質世界是二元性的世界，與絕對區域的同一性形成對比。二元性的世界由物質和靈性組成，而絕對世界完全靈性，沒有絲

毫的物質屬性。在二元性的世界裡，每一個人都錯誤地想要成爲世界的主人。但在絕對的世界裡，至尊主絕對是主人，所有其他人無疑都是祂的僕人。在二元性的世界裡，每一個人都嫉妒其他人，由於物質和靈性的相對存在，死亡是不可避免的。對歸依的靈魂來說，至尊主是他不再有恐懼的唯一依靠。人除非投靠在至尊主的蓮花足下，否則無法拯救自己擺脫物質世界裡死亡的鉗制。

第 **10** 節　**अभिद्रवति मामीश शरस्तप्तायसो विभो ।**
कामं दहतु मां नाथ मा मे गर्भो निपात्यताम् ॥१०॥

abhidravati mām īśa
śaras taptāyaso vibho
kāmaṁ dahatu māṁ nātha
mā me garbho nipātyatām

abhidravati — 朝向……而來 / mām — 我 / īśa — 至尊主啊 / śaraḥ — 箭 / tapta — 火紅的 / ayasaḥ — 鐵 / vibho — 偉大的人啊 / kāmam — 慾望 / dahatu — 讓它燃燒 / mām — 我 / nātha — 保護者啊 / mā — 不要 / me — 我的 / garbhaḥ — 胎兒 / nipātyatām — 流產

譯文　**我的主啊！您是全能的。一枝火一般的鐵箭正急速朝我射來。我的至尊主，如果您願意，就讓它燒毀我個人吧，但請不要讓它燒到我的胎兒，造成流產。我的主，請幫幫我！**

要旨　這件事發生在烏塔茹阿(Uttarā)的丈夫阿比曼紐(Abhimanyu)死後。阿比曼紐的遺孀烏塔茹阿當時還很年輕，儘管她本想隨他丈夫而去，但因爲她懷孕了，至尊主的偉大奉獻者帕瑞克西特王(Mahārāja Parīkṣit)就躺在她的子宮中，所以她有責任保護胎兒。孩子的母親承擔著給予孩子一切保護的巨大責任；因此，烏塔茹阿對主奎師那坦誠相告時沒有感到難爲情。烏塔茹阿是優秀君王的女兒、大英雄的妻子、偉大奉獻者的學生，後來又成爲卓越君王的母親。她在所有方面都是幸運的。

第11節

सूत उवाच
उपधार्य वचस्तस्या भगवान् भक्तवत्सलः ।
अपाण्डवमिदं कर्तुं द्रौणेरस्त्रमबुध्यत ॥११॥

sūta uvāca
upadhārya vacas tasyā
bhagavān bhakta-vatsalaḥ
apāṇḍavam idaṁ kartuṁ
drauṇer astram abudhyata

sūtaḥ uvāca — 蘇塔・哥斯瓦米說 / upadhārya — 耐心地聽她說話 / vacaḥ — 話語 / tasyāḥ — 她 / bhagavān — 人格首神的 / bhakta-vatsalaḥ — 極愛其奉獻者的祂 / apāṇḍavam — 沒有潘達瓦兄弟後裔的存在 / idam — 這 / kartum — 做 / drauṇeḥ — 朵納查爾亞的兒子的 / astram — 武器 / abudhyata — 明白了

譯文　蘇塔・哥斯瓦米說：永遠深愛其奉獻者的聖主奎師那，耐心聽了烏塔茹阿的話後，立刻明白：朵納查爾亞的兒子阿施瓦塔瑪發射了布茹阿瑪斯陀，以扼殺潘達瓦家族的最後一個傳人。

要旨　至尊主雖然在任何方面都不偏不倚，但還是更傾向於祂的奉獻者，因爲這對眾生的福利是必不可少的。潘達瓦家庭是奉獻者的家庭，所以至尊主想要他們統治世界。那就是祂摧毀杜尤丹一伙的統治，建立尤帝士提爾王統治的原因。爲此，祂也要保護躺在母親子宮中的帕瑞克西特王。祂不希望看到世上沒有潘達瓦家族——理想的奉獻者家族。

第12節 तर्ह्येवाथ मुनिश्रेष्ठ पाण्डवाः पञ्च सायकान् ।
आत्मनोऽभिमुखान्दीप्तानालक्ष्यास्त्राण्युपाददुः ॥१२॥

tarhy evātha muni-śreṣṭha
pāṇḍavāḥ pañca sāyakān
ātmano 'bhimukhān dīptān
ālakṣyāstrāṇy upādaduḥ

tarhi — 于是 / eva — 也 / atha — 因此 / muni-śreṣṭha — 牟尼中的領袖人物啊 / pāṇḍavāḥ — 潘杜諸子 / pañca — 五位 / sāyakān — 武器 / ātmanaḥ — 自己 / abhimukhān — 朝向 / dīptān — 耀眼的 / ālakṣya — 正看見它 / astrāṇi — 武器 / upādaduḥ — 拿起

譯文 大思想家中的領袖(紹納卡)啊！看到耀眼的布茹阿瑪斯陀逼近他們，潘達瓦五兄弟各自拿起了自己的武器。

要旨 布茹阿瑪斯陀(brahmāstras)比核武器要精良得多。阿施瓦塔瑪發射布茹阿瑪斯陀只是爲了殺死以尤帝士提爾王爲首的帕達瓦五兄弟，以及他們那個正躺在烏塔茹阿子宮中的唯一的孫子。因此，布茹阿瑪斯陀比原子武器更有效、更精密，不像原子彈那樣盲目。原子彈一旦被發射出去後，它們不區分哪一個是要攻擊的目標，哪一個不是。原子彈的目標不精確，所以傷害的大部份是與目標不相干的人或物。布茹阿瑪斯陀不像原子彈。它設定的目標精確，並且直奔目標而去，不會傷害目標以外的人或物。

第13節 व्यसनं वीक्ष्य तत्तेषामनन्यविषयात्मनाम् ।
सुदर्शनेन स्वास्त्रेण स्वानां रक्षां व्यधाद्विभुः ॥१३॥

vyasanaṁ vīkṣya tat teṣām
ananya-viṣayātmanām

sudarśanena svāstreṇa
svānāṁ rakṣāṁ vyadhād vibhuḥ

vyasanam — 巨大的危險 / vīkṣya — 觀察到 / tat — 那 / teṣām — 他們的 / ananya — 無其它 / viṣaya — 手段 / ātmanām — 于是有意…… / sudarśanena — 靠至尊主奎師那的飛輪 / sva-astreṇa — 由武器 / svānām — 祂自己的奉獻者的 / rakṣām — 保護 / vyadhāt — 曾做 / vibhuḥ — 全能者

譯文 **全能的人格首神聖奎師那，看到巨大的危險正降臨在把自己完全交付給祂的純粹奉獻者身上，便立刻舉起祂的蘇達爾珊飛輪保護他們。**

要旨 阿施瓦塔瑪發射的最高級的武器布茹阿瑪斯陀類似核武器，但比核武器更炙熱，有更多的輻射能。布茹阿瑪斯陀作爲更精微的聲音產物，其實是更精微的科學產物；那更精微的聲音振盪，靠吟誦記載在韋達經(Vedas)中的讚歌(mantra)發出。這種武器的另一個先進之處在於：它不像核武器那樣目標不精確；它可以在不傷害其他人或物的情況下直奔目標而去。阿施瓦塔瑪發射這種武器只是爲了殺死潘杜(Pāṇḍu)家族中剩下的男性成員。從某種意義上說，這種武器比原子彈更危險，因爲它能穿透被保護得最好的地方，而絕不會錯失目標。聖主奎師那瞭解這一切，因此立刻拿起自己的武器，保護那些只依靠祂保護的奉獻者。在《博伽梵歌》中，至尊主明確聲明說：祂的奉獻者永遠都不會被毀滅；而且，祂按照奉獻者爲祂做奉愛服務的質量或程度作出回應。這節詩中“完全依靠至尊主的保護(ananya-viṣayātmanām)”一句很重要。潘達瓦兄弟們雖然各各都是偉大的戰將，但卻完全依靠至尊主的保護。至尊主根本不會把最偉大的戰士放在眼裡，祂可以在瞬間消滅他們。當至尊主看到潘達瓦兄弟沒有時間對抗阿施瓦塔瑪發射的布茹阿瑪斯陀時，祂立刻拿起自己的武器，甚至不惜冒著打破自己誓言的風險。儘管庫茹柴陀戰爭幾乎已經結束，但按照祂所發的誓言，祂不應該拿起自己的武器。然而，處理危機情況比遵守誓言更重要。祂有個更著名的名字是“巴克塔-瓦特薩拉(bhakta-vatsala)”，意思是“祂奉獻者的愛人”。相比之下，祂更願意繼續當祂奉獻者的愛人，而不是從不打破誓言的塵世道德家。

第 14 節　अन्तःस्थः सर्वभूतानामात्मा योगेश्वरो हरिः ।
स्वमाययावृणोद्गर्भं वैराट्याः कुरुतन्तवे ॥१४॥

antaḥsthaḥ sarva-bhūtānām
ātmā yogeśvaro hariḥ
sva-māyayāvṛṇod garbhaṁ
vairāṭyāḥ kuru-tantave

antaḥsthaḥ — 處在裡面 / sarva — 所有 / bhūtānām — 生物的 / ātmā — 靈魂 / yoga-īśvaraḥ — 一切神祕主義的主人 / hariḥ — 至尊主 / sva-māyayā — 靠個人的能量 / āvṛṇot — 曾覆蓋 / garbham — 胎兒 / vairāṭyāḥ — 烏塔茹阿的 / kuru-tantave — 為了庫茹王的後裔

譯文　神秘力量的至尊主人聖奎師那，作為超靈處在每個生物體的心中。為了保護庫茹王朝的後裔，祂用祂個人的能量裹住烏塔茹阿的胎兒。

要旨　神秘力量的至尊主人可以以祂的完整擴展——超靈，同時處在每一個生物體的心中，甚至每一個原子中。所以，祂通過在烏塔茹阿子宮內裹住帕瑞克西特王救了他，保住了潘杜王的後代，也是庫茹王的後代。兌塔瓦施陀和潘杜都是庫茹王的後代，他們的兒子自然也都是庫茹王的後代，因此通常都被稱為庫茹族人。但是，當要強調兌塔瓦施陀的兒子和潘杜之子的區別時，兌塔瓦施陀的兒子就被稱爲庫茹族，而潘杜的兒子則被稱爲潘達瓦。由於兌塔瓦施陀的兒子和孫子都在庫茹柴陀戰場上戰死了，庫王王朝最後的男性後裔就被稱爲是庫茹族的後裔。

第 15 節　**यद्यप्यस्त्रं ब्रह्मशिरस्त्वमोघं चाप्रतिक्रियम् ।**
वैष्णवं तेज आसाद्य समशाम्यद्भृगूद्वह ॥१५॥

yadyapy astraṁ brahma-śiras
tv amoghaṁ cāpratikriyam
vaiṣṇavaṁ teja āsādya
samaśāmyad bhṛgūdvaha

yadyapi — 雖然 / astram — 武器 / brahma-śiraḥ — 至高無上的 / tu — 但是 / amogham — 沒有制止 / ca — 和 / apratikriyam — 勢不可擋 / vaiṣṇavam — 和維施努有關 / tejaḥ — 力量 / āsādya — 面對 / samaśāmyat — 使……失效 / bhṛgu-udvaha — 布瑞古家族的光榮啊

譯文　紹納卡啊！阿施瓦塔瑪發射的威力無比强大的布茹阿瑪斯陀，雖然勢如破竹般地衝過來，可一旦面對維施努(主奎師那)的力量，便受到挫折，力量化爲烏有。

要旨　《博伽梵歌》中說，光芒萬丈的超然梵光(brahmajyoti)是聖主奎師那放射出的。換句話說，這稱爲布茹阿瑪-忒佳(brahma-tejas)的燦爛光芒不是別的，而是至尊主身體的光芒，就像太陽光是太陽球體發出的光芒一樣。阿施瓦塔瑪發射的布茹阿瑪斯陀也是如此；儘管從物質的層面上看它勢不可當，但實際上它無法超越至尊主的至尊力量。阿施瓦塔瑪發射的、稱爲布茹阿瑪斯陀的武器，被至尊主用祂自己的能量中和並擊退。換句話說，至尊主並沒有等待他人的幫助，因爲祂是絕對者。

第 16 節 मा मंस्था ह्येतदाश्चर्यं सर्वाश्चर्यमयेऽच्युते ।
य इदं मायया देव्या सृजत्यवति हन्त्यजः ॥१६॥

mā maṁsthā hy etad āścaryaṁ
sarvāścaryamaye 'cyute
ya idaṁ māyayā devyā
sṛjaty avati hanty ajaḥ

mā — 別 / maṁsthāḥ — 認爲 / hi — 當然 / etat — 這一切 / āścaryam — 奇妙的 / sarva — 所有 / āścarya-maye — 在絕對神祕的 / acyute — 永不墮落、絕對正確的 / yaḥ — ……的他 / idam — 這個(創造) / māyayā — 靠祂的能力 / devyā — 超然的 / sṛjati — 創造 / avati — 維持 / hanti — 消滅 / ajaḥ — 不經出生就存在

譯文　啊！梵布茹阿瑪納！千萬別以為這在永不失敗的人格首神的神秘活動中是什麼特別神奇的事。祂雖然不經出生就存在，但卻靠祂本人超然的能量維繫和毀滅物質的一切。

要旨　對生物體的小腦袋瓜來說，至尊主的活動永遠是不可思議的。對至尊主而言，沒有什麼是不可能；但祂所有的活動對我們而言卻是奇妙無比，所以祂總是超乎我們想象的極限。至尊主是絕對全能、絕對完美的人格首神。至尊主是百分之百的完美，而納茹阿亞納(Nārāyaṇa)、布茹阿瑪(Brahmā)、希瓦(Śiva)等其他人物，以及半神人和其他生物體，則只擁有至尊主這種完美的不同百分比。沒人與祂平等或比祂偉大。祂無與倫比。

第 17 節 ब्रह्मतेजोविनिर्मुक्तैरात्मजैः सह कृष्णया ।
प्रयाणाभिमुखं कृष्णमिदमाह पृथा सती ॥१७॥

brahma-tejo-vinirmuktair
ātmajaiḥ saha kṛṣṇayā
prayāṇābhimukhaṁ kṛṣṇam
idam āha pṛthā satī

brahma-tejaḥ — 布茹阿瑪斯陀的輻射 / vinirmuktaiḥ — 從……被救出 / ātma-jaiḥ — 和她的兒子一起 / saha — 和……一起 / kṛṣṇayā — 朵帕蒂 / prayāṇa — 出發 / abhimukham — 朝向 / kṛṣṇam — 向主奎師那 / idam — 這 / āha — 說 / pṛthā — 琨緹 / satī — 貞潔的，獻身於侍奉至尊主

譯文　從布茹阿瑪斯陀輻射線造成的威脅中被救出後，至尊主忠貞的奉獻者琨緹，以及她的五個兒子和朵帕緹，都在至尊主啓程回府時對祂傾吐各自的心聲。

要旨　琨緹(Kuntī)對聖主奎師那忠誠、熱愛，所以在這節詩中被稱爲“忠貞的(satī)”。她將在下面向主奎師那祈禱時表達她的心聲。在遇到危險時，至尊主忠貞的奉獻者只會向至尊主求救，而不會去找其他生物體或半神人。這始終是潘達瓦全家的獨特之處。他們的心中只有奎師那，他們只托庇於奎師那；正因爲如此，至尊主也總是在所有的方面、所有的情況下幫助他們。那就是至尊主超然的本性。祂根據奉獻者對祂的依靠程度給予相應的回應。所以，人不該尋求半神人或其他不完美的生物體的幫助，而應該向有能力拯救祂的奉獻者的主奎師那尋求所有的幫助。即使忠貞的奉獻者從不要求至尊主的幫助，至尊主還是出於祂自己的意願，永遠渴望幫助祂的奉獻者。

第 18 節　कुन्त्युवाच
नमस्ये पुरुषं त्वाद्यमीश्वरं प्रकृतेः परम् ।
अलक्ष्यं सर्वभूतानामन्तर्बहिरवस्थितम् ॥१८॥

kunty uvāca
namasye puruṣaṁ tvādyam
īśvaraṁ prakṛteḥ param
alakṣyaṁ sarva-bhūtānām
antar bahir avasthitam

kuntī uvāca — 聖琨緹說 / namasye — 讓我頂禮 / puruṣam — 至尊人 / tvā — 您 / ādyam — 最初的 / īśvaram — 控制者 / prakṛteḥ — 物質宇宙的 / param — 超出 / alakṣyam — 不可見的人 / sarva — 所有 / bhūtānām — 生物的 / antaḥ — 在裡面 / bahiḥ — 在……外面 / avasthitam — 存在

譯文 聖琨緹說：啊，奎師那！我向您頂禮，因為您是存在中的第一人，不受物質世界特質的影響。您雖然存在於萬物的內部和外在，但人們卻看不見您。

要旨 儘管奎師那在扮演聖琨緹黛薇的姪子，但聖琨緹黛薇很清楚奎師那是存在中的第一位人格首神。像她這樣一位有知識的女士，不可能犯向她姪子頂禮的錯誤。因此，她稱奎師那是超越物質宇宙的最初人物(puruṣa)。儘管所有的生物也都是超然的，但他們既不是最初的，也不是永無錯誤的。生物容易墜落受物質自然的鉗制，但至尊主從不會這樣。正因爲如此，韋達經典《喀塔奧義書》第 2 篇第 2 章的第 13 節詩中，說祂是全體生物的領袖(nityo nityānāṁ cetanaś cetanānām)。祂還被稱爲伊士瓦爾(īśvara)——控制者。生物或像月亮神昌鐸(Candra)和太陽神蘇爾亞(Sūrya)那樣的半神人，也都在某種程度上是控制者(īśvara)，但他們都不是至高無上的控制者。

奎師那是帕茹阿梅刷爾(parameśvara)——超靈。祂既在內又在外。祂雖然作爲聖琨緹的姪子出現在琨緹面前，但也在她和每一個生物體的體內。在《博伽梵歌》第 15 章的第 15 節詩中，至尊主說：“我在眾生的心中。記憶、知識和遺忘都來自我。研究韋達經的目的是要知道我。事實上，我是韋丹塔的撰稿人、韋達經的知悉者。” 琨緹王后斷言：至尊主雖然同時存在於眾生的體內和體外，但卻不被人所看見。可以說，至尊主對普通人來說是個謎。琨緹王后個人的體會是：主奎師那雖然在她面前，但也進入烏塔茹阿的子宮內，拯救她的胎兒，使胎兒免遭阿施瓦塔瑪發射的布茹阿瑪斯陀的攻擊。琨緹本人對聖奎師那是無所不在還是處在局部區域這一點感到迷惑。事實上，祂兩者都是，但祂不像那些不歸依祂的人揭示自己；祂保留這個權利。這層遮擋祂的幃幕就是至尊主的錯覺能量，稱爲瑪亞。這種能量控制造反的靈魂那有限的視力。對此，下文將給予解釋。

第 19 節　**मायाजवनिकाच्छन्नमज्ञाधोक्षजमव्ययम् ।**
न लक्ष्यसे मूढदृशा नटो नाट्यधरो यथा ॥१९॥

māyā-javanikācchannam
ajñādhokṣajam avyayam
na lakṣyase mūḍha-dṛśā
naṭo nāṭyadharo yathā

māyā — 迷惑的 / javanikā — 幕 / ācchannam — 被……覆蓋 / ajñā — 愚昧的 / adhokṣajam — 超越物質概念的範圍(超然的) / avyayam — 無缺陷的、無過失的 / na — 不 / lakṣyase — 曾觀察 / mūḍha-dṛśā — 由愚蠢的觀察者 / naṭaḥ — 藝術家 / nāṭya-dharaḥ — 打扮的演員 / yathā — 像

譯文　您永無缺點、從不犯錯。您用迷惑能量的幃幕遮住自己，超出生物有限的感官所感知的範疇。愚蠢的觀察者看不到您，正如經喬裝打扮後的演員，使人認不出其眞面目。

要旨 在《博伽梵歌》中，聖主奎師那說：智力欠佳的人誤把祂當作是與我們一樣的普通人，因此輕視祂。在這節詩中，琨緹王后也證實了這一點。抗拒至尊主權威的人，是智力欠佳的人。經典中稱這樣的人是惡魔(asura)。惡魔認識不到至尊主的權威。當至尊主本人以茹阿瑪(Rāma)、尼爾星哈(Nṛsiṁha)、瓦茹阿哈(Varāha)或祂奎師那的原本形象降臨我們中間時，祂從事了那麼多人類根本無法想象的神奇活動。正如我們在這部巨著的第十篇中會看到的，聖主奎師那甚至在祂還是躺在母親懷中的嬰兒時就已經展示了人類所無法想象的活動。女巫菩坦娜(Pūtanā)把塗抹了毒藥的乳頭塞進主奎師那的嘴裡，企圖以此方式殺死祂時，卻反而被祂殺死了。至尊主像普通嬰兒一樣吮吸菩坦娜乳房的同時，也吸取了她的生命。同樣，祂在還是幼兒時，就為了保護溫達文(Vṛndāvana)的居民舉起了哥瓦爾丹山(Govardhana)，彷彿舉起一把小玩具傘，而且一站就是七天七夜。至尊主的這些超然活動，都記載在往世書(Purāṇas)、史詩(Itihāsas)和奧義書(Upaniṣads)等權威的韋達經典中。祂藉由《博伽梵歌》的形式宣講了精彩的教導。祂完美地扮演了英雄、居士、老師和棄絕者等角色，充分展現了祂的非凡能力。維亞薩(Vyāsa)、戴瓦拉(Devala)、阿西塔(Asita)、納茹阿達(Nārada)、瑪德瓦(Madhva)、商卡爾(Śaṅkara)、茹阿瑪努佳(Rāmānuja)、聖柴坦亞．瑪哈帕布(Caitanya Mahāprabhu)、吉瓦．哥斯瓦米(Jīva Gosvāmī)、維施瓦納特．查夸瓦爾提(Viśvanātha Cakravartī)、巴克提希丹塔．薩茹阿斯瓦提(Bhaktisiddhānta Sarasvatī)等權威人物，以及這個傳承中的其他權威，都公認聖主奎師那是至尊人格首神。祂本人也在啓示經典中多次聲明自己的地位，但儘管如此，就是有那麼一種心態邪惡的人總是不願意承認主奎師那是至高無上的絕對真理。這一部份是由於他們缺乏知識，一部份是因為他們過去和現在所從事的罪惡活動使他們變得頑固不化。這種人即使當聖主奎師那到他們面前時，他們也認不出祂、不承認祂。此外，太依賴自己有缺陷的感官的人也無法正確瞭解至尊主；現代科學家就屬於這種人，他們想憑他們做實驗得到的知識瞭解一切。然而，靠不完美的實驗性知識，不可能瞭解至尊人。祂在這節詩中被描述爲是“超越實驗性知識的範疇(adhokṣaja)”。我們所有的感官都有缺陷，但卻聲稱我們可以觀察到一切。然而我們必須承認，我們只能在特定的物質條件下觀察到有些事物，而這也是不受我們控制的。至尊主超越我們感官知覺的察知力。琨緹王后承認受制約靈魂的這一不足之處，尤其是智力欠佳的婦女們的缺陷。對智力欠佳的人來說，必須要有神廟、清真寺或教堂等讓他們開始認識至尊主的權威，並在這樣的聖地中聆聽權威人士講述有關祂的知識。對智力欠佳的人來說，靈性生活的這一開端非常重要，因此只有愚蠢的人才會極力反對興建這種提高大眾靈性品質的崇拜場所。對智力欠佳的人來說，在神廟、清真寺或教堂裡向至尊主的權威頂禮致敬，與高級奉獻者通過爲祂做服務冥想祂一樣有益。

第 20 節　**तथा परमहंसानां मुनीनाममलात्मनाम् ।**
भक्तियोगविधानार्थं कथं पश्येम हि स्त्रियः ॥२०॥

tathā paramahaṁsānāṁ
　munīnām amalātmanām
bhakti-yoga-vidhānārthaṁ
　kathaṁ paśyema hi striyaḥ

tathā — 除此之外 / paramahaṁsānām — 高等的超然主義者 / munīnām — 偉大的哲學家或心智思辨家 / amala-ātmanām — 有能力區別靈性和物質的人 / bhakti-yoga — 奉愛服務的科學 / vidhāna-artham — 爲了執行 / katham — 如何 / paśyema — 能夠觀察 / hi — 肯定地 / striyaḥ — 婦女

譯文　進步的超然主義者和心智思辨者，因爲能分清物質與靈性的差別而得到淨化。您親自降臨，將奉愛服務的超然科學植入他們心中。然而，我們女人該如何完美地瞭解您呢？

要旨 就連最偉大的哲學家也無法真正瞭解至尊主。奧義書中說，至尊真理——絕對的人格首神，超越最偉大的哲學家所思想的能力範圍。偉大的學者或腦力最強的腦子也無法瞭解祂。只有靠祂的仁慈，人才能瞭解祂。沒有接收到祂的仁慈的人也許會年復一年地思考有關祂，但還是瞭解不了祂。這一事實被扮演單純的婦女角色的琨緹王后所證實。婦女通常沒有能力向哲學家那樣去思索，但她們因為立刻就相信至尊主的至高無上性和全能，毫不猶豫地向至尊主致敬，所以得到了至尊主的祝福。至尊主極為仁慈，祂並不是只對偉大的哲學家才施以特殊的恩典；祂還看人們的目的是否真誠。正因為如此，在任何宗教活動中，通常都能看到有大量的婦女參加。在每一個國家的每一個宗教團體中都可以看到，婦女比男人對宗教更感興趣。因單純而更容易接受至尊主的權威，比炫耀偽善的宗教熱情更有效。

第 21 節 कृष्णाय वासुदेवाय देवकीनन्दनाय च ।
नन्दगोपकुमाराय गोविन्दाय नमो नमः ॥२१॥

kṛṣṇāya vāsudevāya
devakī-nandanāya ca
nanda-gopa-kumārāya
govindāya namo namaḥ

kṛṣṇāya — 至尊主 / vāsudevāya — 向著瓦蘇戴瓦的兒子 / devakī-nandanāya — 向著黛瓦克伊的兒子 / ca — 和 / nanda-gopa — 南達與牧牛人 / kumārāya — 向著他們的兒子 / govindāya — 向著能使母牛與感官快樂的至尊人格首神 / namaḥ — 謙恭地頂禮 / namaḥ — 頂拜

譯文　因此，讓我恭恭敬敬地頂拜至尊主——瓦蘇戴瓦的兒子、黛瓦克伊的喜悅、南達和溫達文其他牧牛人的兒郎，您使乳牛和感官生氣勃勃。

要旨　這樣一位憑物質資格無法接近的至尊主，爲了向祂的純粹奉獻者表示特殊的仁慈，消滅數目劇增的邪惡之徒，出於沒有緣故的無限仁慈，以祂的原本形象降臨地球。在至尊主降臨到地球的所有化身中，琨緹王后最喜愛主奎師那的形象，因爲這個形象更容易讓人接近。至尊主化身茹阿瑪降臨時，從小到大都一直是君王的兒子；但祂以奎師那的形象降臨時，儘管也是君王的兒子，但在顯現後立刻離開親生父母(瓦蘇戴瓦王和黛瓦克伊王后)的懷抱，去到雅首達媽媽的懷中，並在神聖的布阿佳布彌(Vrajabhūmi)一地扮演了普通牧牛童的角色。布阿佳布彌(Vrajabhūmi)因爲祂在那裡從事童年時的娛樂活動而變得更爲神聖。因此，主奎師那比主茹阿瑪更仁慈。毫無疑問，奎師那對琨緹的哥哥瓦蘇戴瓦及其家人都非常仁慈。祂如果沒有當瓦蘇戴瓦和黛瓦克伊的兒子，琨緹王后就不可能稱祂爲姪子，也不可能懷著深情的母愛對祂說話了。但是，南達(Nanda)和雅首達(Yaśodā)更幸運，因爲他們能欣賞到至尊主孩提時的娛樂活動，那些活動比祂的任何其它娛樂活動都更有魅力。奎師那在布阿佳布彌時所從事的孩提娛樂活動無與倫比，是祂在祂原本的住所奎師那珞卡中從事的永恆活動的再現。《布茹阿瑪-薩密塔》第 5 章的第 29 節詩中描述說：“奎師那珞卡是遍地布滿點金石的地方(cintāmaṇi-dhāma)。”聖主奎師那與祂所有超然的隨員和設施一起降臨到布阿佳布彌。聖柴坦亞·瑪哈帕布對此確認說：沒人比布阿佳布彌的居民，特別是那些爲滿足主奎師那而獻出一切的牧牛姑娘更幸運。奎師那與南達和雅首達一起從事的娛樂活動，以及祂與牧牛人，特別是牧牛童和乳牛一起從事的娛樂活動，使祂被稱爲哥文達(Govinda)。主奎師那作爲哥文達更偏愛布茹阿瑪納(婆羅門)和乳牛，由此顯示出：人類的繁榮更有賴於布茹阿瑪納文化和對乳牛的保護。缺乏這兩者的地方，永遠不會令主奎師那滿意。

第 22 節 नमः पङ्कजनाभाय नमः पङ्कजमालिने।
नमः पङ्कजनेत्राय नमस्ते पङ्कजाङ्घ्रये ॥२२॥

namaḥ paṅkaja-nābhāya
namaḥ paṅkaja-māline
namaḥ paṅkaja-netrāya
namas te paṅkajāṅghraye

namaḥ — 恭敬地頂拜 / paṅkaja-nābhāya — 向腹部有一個蓮花狀凹陷的至尊主 / namaḥ — 頂拜 / paṅkaja-māline — 一個始終以蓮花花環裝飾自己的人 / namaḥ — 頂拜 / paṅkaja-netrāya — 一個目光如蓮花一樣清涼的人 / namaḥ te — 頂拜 / paṅkaja-aṅghraye — 向腳底鐫刻著蓮花的您(因此被說成有著蓮花足)

譯文 主啊！讓我恭恭敬敬地頂拜您。您的腹部有一處蓮花狀凹記，您始終用蓮花花環作裝飾，您的瞥視如蓮花般清涼，您的雙腳鐫刻著朵朵蓮花。

要旨 這節詩中描述的是人格首神的靈性身體上所具有的一些特殊標記，這些標記使祂的身體有別於所有其它的軀體。這些都是至尊主身上的特徵。至尊主也許會顯現爲我們中的一員，但祂特殊的身體特徵使祂永遠有別於我們。聖琨緹說她自己因爲是女人，所以沒有資格看至尊主。她之所以這樣說，是因爲婦女、勞工階層人士(śūdras)和社會中三個高級階層人士所生養的惡劣的後代(dvija-bandhus)，沒有足夠的智慧理解與至尊絕對真理的靈性名字、聲望、特質和形象等有關的超然主題。這些人雖然沒有能力理解有關至尊主的靈性題旨，但卻能看到至尊主的神像形象(arcā-vigraha)。至尊主以神像的形式降臨物質世界，就是爲了給予包括婦女、勞工階層人士和社會前三個階層的墮落後裔在內的所有墮落靈魂表示仁慈。由於墮落的靈魂只能看到物質的事物，至尊主便作爲嘎爾博達卡沙依·維施努(Garbhodakaśāyī Viṣṇu)屈尊進入無數宇宙中的每一個宇宙。從嘎爾博達卡沙依·維施努超然的腹部中央的蓮花狀的凹陷處，長出一枝蓮花，宇宙中的第一位生物體布茹阿瑪就誕生在那上面。爲此，至尊主被稱爲潘卡佳納比(Paṅkajanābhi)。主潘卡佳納比接受人們用各種物質元素製成神像的超然形象(arcā-vigraha)，這些形象分別是：心中的形象、用木頭雕刻的形象、用土塑造的形象、用金屬鑄造的形象、用寶石制成的形象、用顏料畫的形象、在沙子上繪制的形象等。至尊主的所有這些形象永遠用蓮花花環裝扮著。在至尊主的廟裡中，崇拜氣氛寧靜，吸引那些總是忙於物質爭鬥、內心焦灼不安的非奉獻者。冥想者崇拜至尊主在心中的形象。至尊主甚至對婦女、勞工階層人士和高等階層人士生養的墮落後代也很仁慈，只要他們同意去神廟崇拜爲他們而設的神的各種形象就好。這些拜訪神廟的人，並非知識貧乏的人所說的偶像崇拜者。所有偉大的靈性導師(ācārya)在各地興建這樣的神廟，是爲了利益智力欠佳的人。婦女及實際上屬於勞工階層或更低等階層的人，不應該擺出一副已經超越神廟崇拜階段的樣子。看至尊主時，應該從至尊主的蓮花足看起，然後逐漸向上，逐一看至尊主的腿部、腰部、胸部和臉龐。在沒有習慣於看至尊主的蓮花足前，人不該試圖直接去看至尊主的臉龐。聖琨緹作爲至尊主的姑媽，在看奎師那時並沒有從至尊主的蓮花足看起，因爲這樣做也許會使至尊主感到難爲情。所以，爲了避免至尊主感到尷尬，琨緹黛薇便從至尊主的蓮花足以上的部位看起，即：從至尊主的腰部，逐漸向上直到臉龐，然後再向下到至尊主的蓮花足。她做的一切都很妥當。

第 23 節 यथा हृषीकेश खलेन देवकी
कंसेन रुद्धातिचिरं शुचार्पिता।
विमोचिताहं च सहात्मजा विभो
त्वयैव नाथेन मुहुर्विपद्गणात् ॥२३॥

yathā hṛṣīkeśa khalena devakī
kaṁsena ruddhāticiraṁ śucārpitā
vimocitāhaṁ ca sahātmajā vibho
tvayaiva nāthena muhur vipad-gaṇāt

yathā — 如是 / hṛṣīkeśa — 感官的主人 / khalena — 被妒嫉的人 / devakī — 黛瓦克伊(主奎師那的母親) / kaṁsena — 被康薩王 / ruddhā — 拘禁 / ati-ciram — 一段很長的時間 / śuca-arpitā — 苦惱 / vimocitā — 被釋放 / aham ca — 以及我本人 / saha-ātma-jā — 和我的小孩子們 / vibho — 偉大的人啊 / tvayā eva — 被閣下 / nāthena — 作爲保護者 / muhuḥ — 不斷地 / vipat-gaṇāt — 從種種的危險中

譯文　啊！慧希凱施，感官之主，所有主人的主人。您解放了您母親黛瓦克伊，她曾被邪惡的康薩王長期關押，過著痛苦的生活。您也解救了我和我的孩子，使我們脫離了一連串的危險。

要旨　邪惡的康薩王(Kaṁsa)害怕被黛瓦克伊的第八個兒子(奎師那)殺死，于是便把奎師那的母親、他自己的妹妹黛瓦克伊，與她丈夫瓦蘇戴瓦一起關進了監獄。他把黛瓦克伊在生奎師那之前生的所有的兒子都殺死了，但奎師那被轉移到祂的養父南達王的家中，所以逃脫了這個屠殺孩子的劊子手的魔掌。琨緹黛薇跟她的孩子們也得到拯救，擺脫了一系列的危險。然而，琨緹黛薇得到了主奎師那更多的恩典，因爲主奎師那並沒有解救黛瓦克伊的其他孩子，但卻救了琨緹黛薇的孩子們。

祂之所以這麼做，是因爲黛瓦克伊的丈夫瓦蘇戴瓦還活著，而琨緹黛薇卻是個寡婦，除了奎師那沒人可以幫助她。結論是：奎師那會給處在更危險境地的奉獻者更多的幫助。祂有時把祂的奉獻者置於這種危險的境地，因爲在那種情況下，無可奈何的奉獻者會變得更依戀祂。奉獻者越依戀至尊主，就會取得越大的成功。

第 24 節 विषान्महाग्नेः पुरुषाददर्शना-
दसत्सभाया वनवासकृच्छ्रतः ।
मृधे मृधेऽनेकमहारथास्त्रतो
द्रौण्यस्त्रतश्चास्म हरेऽभिरक्षिताः ॥२४॥

viṣān mahāgneḥ puruṣāda-darśanād
asat-sabhāyā vana-vāsa-kṛcchrataḥ
mṛdhe mṛdhe 'neka-mahārathāstrato
drauṇy-astrataś cāsma hare 'bhirakṣitāḥ

viṣāt — 免於受毒害 / mahā-agneḥ — 從大火中 / puruṣa-ada — 食人者 / darśanāt — 憑戰鬥 / asat — 邪惡的 / sabhāyāḥ — 集會 / vana-vāsa — 被流放到森林裡 / kṛcchrataḥ — 苦楚 / mṛdhe mṛdhe — 一次又一次的戰鬥 / aneka — 許多的 / mahā-ratha — 偉大的武將 / astrataḥ — 武器 / drauṇi — 朵納查爾亞的兒子 / astrataḥ — 從武器 / ca — 和 / āsma — 表示過去的意思 / hare — 我的主啊 / abhirakṣitāḥ — 完全被保護

譯文 親愛的奎師那，主啊！您把我們從下毒的糕餅、熊熊烈火、食人生番、邪惡的家族聚會、苦難重重的森林流亡生活，以及赫赫武將相鏖戰的戰場中救下。現在，您再次搭救我們，使我們免遭阿施瓦塔瑪武器的傷害。

要旨 這節詩中列舉了琨緹黛薇與她的兒子們所遭受的危難。黛瓦克伊有一次被她邪惡的哥哥置於困境，其它時候都很好。但琨緹黛薇和她的兒子們一年復一年地被置於一個又一個的困境中。為爭奪王國的統治權，杜尤丹和他的黨羽把琨緹的兒子們不斷置於困境中，而每一次至尊主都救他們脫離險境。一次，彼瑪被安排吃下有毒的糕餅；一次，他們被送進用蟲膠蓋的房子，並遭到縱火。另一次，朵帕蒂被拖到眾人面前，差一點被剝光衣服，在邪惡的庫茹家族成員的面前遭到羞辱。至尊主為朵帕蒂提供了無限長的衣料，使杜尤丹及其黨羽沒能看到她的裸體。同樣，當他們被流放到森林中時，彼瑪必須與名叫黑丁巴(Hiḍimbā)的食人魔打鬥，但至尊主救了他。事情並沒有就此結束。在經歷了所有這些苦難後，庫茹柴陀大戰開打了；阿爾諸納必須與朵納、彼士瑪(Bhīṣma)和卡爾納(Karṇa)等偉大的戰將，以及所有強大有力的戰士作戰。最後，甚至在一切都結束時，朵納查爾亞的兒子還要發射布茹阿瑪斯陀來殺害烏塔茹阿肚子裡的孩子，而至尊主拯救了庫茹族倖存下來的唯一後代帕瑞克西特王。

第 25 節 विपदः सन्तु ताः शश्वत्तत्र तत्र जगद्गुरो ।
भवतो दर्शनं यत्स्यादपुनर्भवदर्शनम् ॥२५॥

vipadaḥ santu tāḥ śaśvat
tatra tatra jagad-guro
bhavato darśanaṁ yat syād
apunar bhava-darśanam

vipadaḥ — 災難／santu — 讓事情發生／tāḥ — 所有／śaśvat — 再三／tatra — 那兒／tatra — 與那兒／jagat-guro — 宇宙之主啊／bhavataḥ — 您的／darśanam — 遇見／yat — ……的／syāt — 是／apunaḥ — 不再／bhava-darśanam — 看到重複不斷的生死

譯文　我願所有那些災難能一再到來，好讓我們能一次又一次地見到您，因為見到您意味著我們不用再面對生死輪迴。

要旨　概括說來，從事過一些虔誠活動的苦惱之人、貧窮之人、有智慧的人和好奇愛問的人，會崇拜或開始崇拜至尊主。其他一味從事罪惡活動的人，無論其身份地位如何，都因爲被錯覺能量誤導而無法接近至尊主。當災難降臨時，虔誠的人就會毫不猶豫地托庇於至尊主的蓮花足。時刻銘記至尊主的蓮花足，意味著爲擺脫生死做準備。因此，我們歡迎所謂災難的降臨，因爲災難給我們想起至尊主的機會，而想起至尊主就意味著解脫。

至尊主的蓮花足被視爲是用來跨越無知海洋的最合適的船隻。托庇於至尊主蓮花足的人，獲得解脫就像抬腿跨過牛犢的蹄子踩在地上形成的蹄窪一樣容易。這樣的人適合住在至尊主的居所，他們與步步危機的地方毫無關係。

在《博伽梵歌》中，至尊主說：這個物質世界是災難重重的危險地帶。智力欠佳的人不知道這個地方的本質就是災難重重，因此還忙著制定計劃要解決那些災難。他們對至尊主的住所一無所知；那裡充滿極樂，絲毫沒有災難的蹤跡。在物質世界裡，無論環境如何，災難都是要發生的，所以明智之人應該不受塵世災難的打擾。在忍受各種各樣不可避免的災難時，我們應該不斷提高我們的靈性覺悟，因爲這是人生的使命。靈魂超越所有的物質災難，因此所謂的災難是假的。一個人也許在夢中看到老虎正吞吃他，而他會爲這場災難而哭喊。但事實上並沒有老虎，也沒有痛苦；他所經歷的只是一場夢而已。同樣道理，我們生活中的所有災難都是夢。人如果足夠幸運，能經奉愛服務與至尊主接上關係，他就贏得了一切。通過九種奉愛服務中的任何一種服務與至尊主接觸上，都永遠是在回歸首神的路途上向前邁出的一步。

第 26 節 जन्मैश्वर्यश्रुतश्रीभिरेधमानमदः पुमान् ।
नैवार्हत्यभिधातुं वै त्वामकिञ्चनगोचरम् ॥२६॥

janmaiśvarya-śruta-śrībhir
edhamāna-madaḥ pumān
naivārhaty abhidhātuṁ vai
tvām akiñcana-gocaram

janma — 出生 / aiśvarya — 財富 / śruta — 教育 / śrībhiḥ — 具有美 / edhamāna — 日益增加地 / madaḥ — 陶醉於 / pumān — 人類 / na — 永不 / eva — 永遠 / arhati — 應得 / abhidhātum — 懷著感情地對……說話 / vai — 肯定地 / tvām — 您 / akiñcana-gocaram — 使在物質上貧困潦倒的人容易接近的人

譯文　我的主，儘管您平易近人，但只有徹底厭倦物質生活的人才會接近您。那些正在物質旅途上奮力向前，試圖憑尊貴的出身、萬貫家財、高等教育和美麗的外貌在社會上出人頭地的人，不會誠心誠意地接近您。

要旨　物質上的成就意味著出身高貴，擁有萬慣家財，受過教育和具有吸引人的外貌。所有的物質主義者都瘋狂地追求這些物質財富，而擁有這些被認爲是物質文明進步。但擁有所有這些物質資產的結果是：人陶醉於這種短暫的擁有，變得驕傲自滿，無法滿懷深情地呼喚至尊主的聖名：“啊，哥文達！啊，奎師那！”經典中說，呼喚一次至尊主的聖名所能清除的罪比所能犯的還要多。這就是呼喚至尊主的聖名的力量。經典的這一聲明不含絲毫夸張的成份。事實上，儘管至尊主的聖名有如此巨大的能量，但呼喚至尊主的聖名也要講求質量。它取決於呼喚時的感情。無助的人能充滿感情地呼喚至尊主的聖名，但物質上躊躇滿志的人儘管呼喚同樣的聖名，但卻不會太真誠。驕傲自大的物質主義者偶爾也會說至尊主的聖名，但卻無法深情地呼喚祂。因此可以說，具有出身高貴、富有、受過高等教育和外形美麗這四種物質成就的人，沒有資格取得靈性的進步。包裹純粹靈性靈魂的物質是外相，就像發燒是身體有病的外在表現。一般的做法是降燒，而不是亂治，使熱度更高。我們時常會看到，在靈性上取得進步的人，在物質上變貧困了。這種變化不會使靈性進步的人受到打擊。換句話說，就像退燒是病情好轉的表現，靈修後在物質上變得貧困也是好現象。物質陶醉使人對生命的目標越來越迷茫，而降低物質陶醉應該是人生的原則。完全被迷惑的人根本沒有資格進入神的王國。

第 27 節　नमोऽकिञ्चनवित्ताय निवृत्तगुणवृत्तये ।
आत्मारामाय शान्ताय कैवल्यपतये नमः ॥२७॥

namo 'kiñcana-vittāya
nivṛtta-guṇa-vṛttaye
ātmārāmāya śāntāya
kaivalya-pataye namaḥ

namaḥ — 向您頂拜 / akiñcana-vittāya — 向物質上窮困潦倒之人的財富 / nivṛtta — 完全超然物質屬性的影響 / guṇa — 物質屬性 / vṛttaye — 情愛 / ātma-ārāmāya — 自給自足者 / śāntāya — 最溫和的 / kaivalya-pataye — 一元論者之主 / namaḥ — 頂禮

譯文　我虔誠地頂拜您——物質上窮困潦倒之人的財富。您不介入物質自然屬性相互間的作用與反作用。您自給自足，因而最和藹可親，是一元論者的主人。

要旨　生物體一旦一無所有便完蛋了。因此實際說來，生物體不可能真正棄絕。生物體放棄某種事物，是爲了獲得更有價值的另一種事物。學生改掉他的孩子氣，是爲了獲得更好的教育。僕人放棄他手頭的工作，是爲了換一份更好的工作。同樣，奉獻者不追求塵世裡的一切，並非是一無所求，而是爲了追求靈性上實實在在的事物。聖茹帕·哥斯瓦米(Rūpa Gosvāmī)、薩納坦·哥斯瓦米(Sanātana Gosvāmī)和聖茹阿古納特·達斯·哥斯瓦米(Raghunātha dāsa Gosvāmī)，以及其他一些人，爲了能侍奉至尊主而放棄了他們塵世的榮華富貴。從世俗的角度看，他們都是當時了不起的大人物。茹帕和薩納坦兩位哥斯瓦米曾是孟加拉政府的大臣，聖茹阿古納特·達斯·哥斯瓦米是當時印度的一個大地主的兒子。但是，他們放棄當時所擁有的一切，以獲得比那些更高級的東西。奉獻者在物質上一般都很貧窮，但他們在至尊主的蓮花足下有一塊極其秘密的寶地。關於聖薩納坦·哥斯瓦米，流傳著這樣一段佳話。他有塊點金石，但卻把它遺棄在一堆垃圾裡。有個窮人撿到了這塊點金石，但後來卻想不通爲什麼這麼珍貴的寶石會被放在這種人們不屑一顧的角落。于是，他請求薩納坦·哥斯瓦米給他最有價値的東西。薩納坦·哥斯瓦米給了他至尊主的聖名。梵文“阿克因查納(Akiñcana)”一詞的意思是，“沒有物質東西可給的人”。真正的奉獻者——瑪哈特瑪(mahātmā)，不給他人物質的東西，因爲他本人已經放棄了一切物質所有。然而，他能把至尊人格首神這最有價値的財富送給人，因爲至尊人格首神是真正的奉獻者唯一擁有的財富。薩納坦·哥斯瓦米並沒有把他扔在垃圾堆裡的那塊點金石當作財富看待，否則他就不會把它扔在那種地方了。舉這個特殊的例子是爲了讓初級奉獻者們明白：追求物質財富和要求取得靈性進步，是水火不相容的兩件事。除非人能夠看到萬事萬物因爲與至尊主相連而全都是靈性的，否則他必須始終分清物質和靈性。儘管像薩納坦·哥斯瓦米那樣的靈性導師自己能看清一切都是靈性的，但因爲我們沒有這種靈性的視覺，他便爲我們樹立學習的榜樣。

物質視野的擴大或物質文明的進步，是靈性進步路途上巨大的絆腳石。這種物質進步，把生物捆綁在帶著各種痛苦的物質軀體中。這種物質進步梵文稱爲阿納爾塔(anartha)——不該要的東西。事實的確如此。在現代物質文明社會中，人們花很多錢買一隻口紅和帶著物質化的生命概念生產出的許許多多不該要的東西。由於人把注意力分散在那麼多不該要的東西上，浪費了自己的精力，以致不能獲得靈性覺悟，而靈性覺悟才是人類最根本的需要。企圖登上月球是浪費精力的另一個例子，因爲即便登上月球，也解決不了生命問題。至尊主的奉獻者被稱爲阿克因查納，因爲他們幾乎沒有什麼物質資產。這些物質資產都是物質自然三種屬性的產物。它們阻止靈性能量，因此我們擁有這種物質自然的產物越少，就越有機會取得靈性上的進步。

至尊人格首神與物質活動沒有直接的聯繫。祂的一切活動，包括展示在這個物質世界裡的，都是靈性的，不受物質自然各種屬性的影響。至尊主在《博伽梵歌》中說：祂的一切活動，甚至包括祂在物質世界裡的顯現和隱跡都是超然的；完美地瞭解這一點的人，將不再投生於這個物質世界，而是回歸首神。

追求物質享受並想主宰物質自然就會導致物質疾病。追求物質享樂是物質自然三種屬性相互作用的結果，無論是至尊主還是奉獻者都不屑於這種不真實的享樂。因此，梵文稱至尊主和祂的奉獻者是“超越物質自然屬性相互作用的人(nivṛtta-guṇa-vṛtti)”。完美的“超越物質自然屬性相互作用的人”是至尊主，因爲祂從不爲物質自然屬性所吸引。然而生物有受物質自然屬性吸引的傾向，其中一些被騙入物質自然編織的、誘人的假象羅網中。

由於至尊主爲奉獻者所擁有，奉獻者相應地也爲至尊主所擁有，因此奉獻者無疑超越物質自然屬性。這是理所當然的。這種純粹的奉獻者完全不同於那些爲減輕痛苦、改變貧困狀態或因好奇和思辨而接近至尊主的非純粹奉獻者。純粹奉獻者與至尊主超然地相互依戀著。對於其他人，至尊主並沒有什麼要與之交流的，所以祂又稱爲阿特瑪茹阿瑪(ātmārāma)——自給自足的。作爲自給自足的祂，祂是所有想要與祂合一的一元論者的主人。這種一元論者融入至尊主身體放射出的梵光(brahmajyoti)，而奉獻者則加入至尊主超然的娛樂活動。我們永遠都不要把這些娛樂活動誤認爲是物質的。

第 28 節 मन्ये त्वां कालमीशानमनादिनिधनं विभुम् ।
समं चरन्तं सर्वत्र भूतानां यन्मिथः कलिः ॥२८॥

manye tvāṁ kālam īśānam
anādi-nidhanaṁ vibhum
samaṁ carantaṁ sarvatra
bhūtānāṁ yan mithaḥ kaliḥ

manye — 我認爲 / tvām — 您閣下 / kālam — 永恆的時間 / īśānam — 至尊主 / anādi-nidhanam — 無始無終 / vibhum — 無所不在 / samam — 平等施與仁慈 / carantam — 分配 / sarvatra — 到處 / bhūtānām — 生物的 / yat mithaḥ — 通過交往 / kaliḥ — 不和

譯文 我的主，我認為您是永恆的時間、至尊控制者；您永恆存在，沒有開始和結束；您無所不在。您對衆生一視同仁，平等施與仁慈。生物體之間的不和，起源於他們相互間的交際往來。

要旨 琨緹黛薇知道奎師那既不是她姪子，也不是她娘家的一個普通成員。她清楚地知道：奎師那是以超靈(Paramātmā)的形式居住在每一個個體生物心中的、存在中的第一位至尊主。超靈的另一個名字叫卡拉(kāla)——永恆的時間。永恆的時間見證著我們所從事的一切好與壞的活動，並相應地決定給我們什麼樣的報應。說我們不知道自己爲什麼受苦是沒用的。我們也許忘了我們從事過的、導致我們現在受苦的罪惡活動，但必須記住：超靈一直陪伴著我們，因此知道過去、現在和未來的一切。由於主奎師那的超靈形象決定一切活動和報應，所以祂還是至尊控制者。沒有祂的允許，就連小草都不能晃動。生物被賜予他們應得的自由，如果誤用得到的自由，就會受苦。至尊主的奉獻者不誤用他們的自由，所以是至尊主的好孩子。其他誤用自由的人，被置於永恆時間所指定的各種痛苦中。時間爲受制約的靈魂提供快樂和痛苦。一切都由永恆的時間事先決定好了。正如痛苦不求自來，快樂也會不請自到，因爲早都由時間決定好了。所以，沒有誰是至尊主的敵人或朋友，大家都在按自己命中注定的結果享受快樂或承受痛苦。個體生物的命運，是在他與其他個體交往的過程中形成的。這個物質世界裡的每一個生物都想主宰物質自然，因此在至尊主的監督下造就自己的命運。至尊主無所不在，所以能看到每個生物的活動。而由於至尊主永恆存在，沒有開始和結束，祂又被稱爲永恆的時間——卡拉。

第 29 節　**न वेद कश्चिद्भगवंश्चिकीर्षितं**
तवेहमानस्य नृणां विडम्बनम् ।
न यस्य कश्चिद्दयितोऽस्ति कर्हिचिद्
द्वेष्यश्च यस्मिन् विषमा मतिर्नृणाम् ॥२९॥

na veda kaścid bhagavaṁś cikīrṣitaṁ
tavehamānasya nṛṇāṁ viḍambanam
na yasya kaścid dayito 'sti karhicid
dveṣyaś ca yasmin viṣamā matir nṛṇām

na — 並不 / veda — 知道 / kaścit — 任何人 / bhagavan — 主啊 / cikīrṣitam — 娛樂活動 / tava — 您的 / īhamānasya — 和世人一樣 / nṛṇām — 一般人的 / viḍambanam — 誤導的 / na — 決不 / yasya — 祂的 / kaścit — 任何人 / dayitaḥ — 偏愛的對象 / asti — 有 / karhicit — 任何地方 / dveṣyaḥ — 妒嫉的對象 / ca — 和 / yasmin — 向祂 / viṣamā — 偏心 / matiḥ — 概念 / nṛṇām — 人們的

譯文　主啊，沒人能理解您超然的娛樂活動；它們看似人類所為，因此使人誤解。您不偏袒誰，也不嫉妒誰，人們只是憑猜測認為您偏心。

要旨　至尊主向墮落的靈魂平均分配祂的仁慈。祂不敵視任何人。至尊人格首神扮演人類的角色令人困惑。祂從事的娛樂活動看上去恰似人類所爲，但實際上是超然的，沒有絲毫物質污染。毫無疑問，大家都知道祂袒護祂純粹的奉獻者，但其實就像陽光普照萬物，祂從不偏袒任何人。靠利用陽光，就連石頭有時也提高了它的價值。然而，儘管陽光強烈地照射著，可瞎子卻看不見。黑暗和光明是截然相反的兩個概念，但這並不表示太陽在分配其光芒時有所偏重。陽光普照萬物，可萬物的接受能力卻不一樣。愚蠢的人認爲，做奉愛服務就是向至尊主獻媚邀寵。但事實上，爲至尊主做超然愛心服務的純粹奉獻者們並非一群生意人。商業機構爲客人提供服務以換取利潤，純粹的奉獻者侍奉至尊主卻不是爲了做這種交易。正因爲如此，至尊主把全部的仁慈都賜給他們。痛苦的人、貧窮的人、好問的人或哲學家們，爲了達到某種目的暫時與至尊主聯繫，等目的一達到就不再理會祂了。正在受苦的人如果虔誠，就會祈求至尊主讓他脫離困難；但在絕大多數情況下，痛苦一結束，他就不再與至尊主聯繫了。至尊主向他展示仁慈，可他不願意接受。這就是純粹奉獻者和混雜型奉獻者之間的區別。完全反對爲至尊主做奉愛服務的人，正處在絕望無助的黑暗中；只在需要時祈求至尊主幫助的人，部份地領受了至尊主的仁慈；而全心全意爲至尊主服務的人，則領受到至尊主全部的仁慈。這種在接受至尊主的仁慈時所顯出的不公平與接受者有關，而不是絕對仁慈的至尊主有什麼偏心。

當至尊主憑祂絕對仁慈的能量降臨這個物質世界時，祂扮演了人的角色，讓人看起來祂只袒護祂的奉獻者，但真相並非如此。儘管表面上看祂有偏心，但祂實際上是平均分配祂的仁慈。在庫茹柴陀戰場上，所有戰死在至尊主面前的將士，無論有無資格解脫，都獲得了解脫。死在至尊主面前可以使離開軀體的靈魂得到淨化，消除一切惡報，從而在超然之所的某個地方獲得一席之地。無論如何，人只要曬太陽，就必定能通過吸收熱量和照射紫外線獲得所需要的益處。因此結論是：至尊主永遠都不偏心。大眾認爲祂偏心是一種誤解。

第 30 節　जन्म कर्म च विश्वात्मन्नजस्याकर्तुरात्मनः ।
तिर्यङ्नृषिषु यादःसु तदत्यन्तविडम्बनम् ॥३०॥

janma karma ca viśvātmann
ajasyākartur ātmanaḥ
tiryaṅ-nṝṣiṣu yādaḥsu
tad atyanta-viḍambanam

janma — 在 / karma — 活動 / ca — 與 / viśva-ātman — 宇宙的靈魂啊 / ajasya —不經出生就存在者的 / akartuḥ — 不活動者的 / ātmanaḥ — 生命能力的 / tiryak — 動物 / nṛ — 人 / ṛṣiṣu — 在聖者當中 / yādaḥsu — 在水中 / tat — 那 / atyanta — 真實的 / viḍambanam — 令人困惑的

譯文　宇宙之魂啊！這當然令人困惑：您雖然不活動，但卻在工作；您雖然是生命力，不經出生就存在，但卻誕生在這世上。您本人親自降臨在動物、人類、聖哲和水生物中。這一切實在令人困惑。

要旨　至尊主超然的娛樂活動不僅令人困惑，而且看起來還自相矛盾。換句話說，對人類有限的思維能力而言，祂的活動都是不可思議的。儘管至尊主是無所不在、遍布各處的超靈，但祂卻以雄豬等動物形象，茹阿瑪和奎師那等人類形象，納茹阿亞納等聖人(ṛṣi)形象，以及魚等水生物形象顯現。可是，經典又說祂不經出生就存在，祂不需要做任何事。韋達讚歌(śruti mantra)中說，至尊梵不需要做任何事；沒有誰與祂平等或比祂偉大；祂擁有多種能量，憑祂那些自動展現的知識、力量和活動，一切就都被辦妥了。所有這些聲明都清楚地證明：對我們有限的思維能力來說，至尊主的活動、形象和行爲都是不可思議的；由於祂不可思議地有力，一切對祂來說都是有可能的。因此，沒有誰能準確地估計祂，祂的一舉一動都讓普通人感到困惑。人們無法通過韋達知識瞭解祂，但卻可以透過祂純粹的奉獻者輕易就瞭解祂，因爲他們與祂關係密切。奉獻者明白：儘管祂在動物中顯現，但祂既不是動物、不屬於人類、聖人，也不是一條魚；祂在所有的情況下都永遠是至高無上的至尊主。

第 31 節 गोप्याददे त्वयि कृतागसि दाम तावद्
या ते दशाश्रुकलिलाञ्जनसम्भ्रमाक्षम् ।
वक्त्रं निनीय भयभावनया स्थितस्य
सा मां विमोहयति भीरपि यद्बिभेति ॥३१॥

gopy ādade tvayi kṛtāgasi dāma tāvad
yā te daśāśru-kalilāñjana-sambhramākṣam
vaktraṁ ninīya bhaya-bhāvanayā sthitasya
sā māṁ vimohayati bhīr api yad bibheti

gopī — 牧牛女(雅首達) / ādade — 拿起來 / tvayi — 在您的……上 / kṛtāgasi — 製造騷亂(因爲打破奶油罐) / dāma — 繩索 / tāvat — 在那時 / yā — 那……的事物 / te — 您的 / daśā — 情況 / aśru-kalila — 滿面淚水 / añjana — 藥膏 / sambhrama — 不安 / akṣam — 眼睛 / vaktram — 臉 / ninīya — 向下的 / bhaya-bhāvanayā — 以恐懼 / sthitasya — 情況的 / sā — 那個 / mām — 我 / vimohayati — 迷惑 / bhīḥ api — 甚至恐懼的人格化身 / yat — 誰 / bibheti — 害怕

譯文 親愛的奎師那，您犯錯時雅首達拿出繩子來綁您，您驚恐萬狀地眨著眼，淚珠撲簌簌地往下掉，洗刷著塗在您眼周的黑眼膏。儘管恐懼的人格化身懼怕您，但您當時卻害怕了。您的這一表現令我困惑。

要旨　這節詩裡說的是至尊主的娛樂活動給人造成的另一個困惑。正如前面解釋的，至尊主在任何情況下都是至高無上的。這節詩裡敘述的是，祂作爲至尊者的同時，又在祂純粹的奉獻者面前充當了一個玩偶的具體事例。至尊主的純粹奉獻者出於對祂純粹的愛爲祂服務；他們在做這種奉愛服務時會忘了至尊主的地位。當至尊主的奉獻者不是懷著敬仰心，而純粹是出於發自內心的愛而爲至尊主服務時，至尊主會更喜歡接受他們所做的愛心服務。奉獻者一般都是懷著敬仰的心態崇拜至尊主，但當他們出於純粹的愛，認爲至尊主比自己更弱時，至尊主心裡更高興。至尊主在祂原本的住所哥珞卡・溫達文(Goloka Vṛndāvana)中，就是在這種狀態下與祂的奉獻者進行愛的交流並從事娛樂活動的。奎師那的朋友認爲祂是他們中的一員，對祂並沒有敬仰之心。祂的父母(他們都是純粹的奉獻者)只把祂當作是自己的小孩子。至尊主在接受父母的處罰時，比聽韋達經中的讚歌還要高興。同樣，未婚妻們的責備在祂耳裡比韋達讚歌還動聽。至尊主到這個物質世界來展示祂在超然的王國哥珞卡・溫達文所從事的娛樂活動，以吸引普通大眾時，祂扮演了“雅首達的養子”的角色，向雅首達展現了獨一無二的服從態度。至尊主在從事那些天真的兒童娛樂活動時，常常打破雅首達媽媽存放黃油(butter)的罐子糟蹋黃油，或者把黃油分給祂的朋友和玩伴，包括著名的溫達文猴子，讓牠們也體會到祂的慷慨大方。雅首達媽媽看到這一切後，出於對至尊主純粹的愛，決定要假裝懲罰一下她這個超然的兒子。她像家庭主婦們通常做的那樣，拿出繩子威脅至尊主說要把祂綁起來。至尊主看到雅首達媽媽手裡拿著繩子，便低下頭哭了起來，淚珠洗刷塗在祂美麗的眼睛周圍的黑眼膏後，順著臉頰滾落下來。琨緹黛薇崇拜至尊主的這一情態，因爲她知道至尊主至高無上的地位。至尊主雖然經常使恐懼的人格化身膽寒，但卻害怕她母親以普通的方式懲罰祂。琨緹知道奎師那崇高的地位，而雅首達卻不知道。因此說，雅首達的地位比琨緹還要高。雅首達得到至尊主當她的孩子，至尊主使她徹底忘了她的孩子就是至尊主本人。雅首達媽媽如果知道至尊主的崇高地位，就不會毫不猶豫地要懲罰祂了。然而，至尊主使雅首達徹底忘了這一事實，因爲祂想在深愛著祂的雅首達面前完全展示祂的稚氣。雅首達媽媽和奎師那之間的愛的交流十分自然，琨緹回憶起這一情景時感到困惑，所以只有讚美至尊主奎師那作爲兒子所表現出的超然的愛，同時間接地讚美雅首達那獨一無二的愛的地位，因爲她甚至能把全能的至尊主當作她的兒子加以控制。

第 32 節 केचिदाहुरजं जातं पुण्यश्लोकस्य कीर्तये ।
यदोः प्रियस्यान्ववाये मलयस्येव चन्दनम् ॥३२॥

kecid āhur ajaṁ jātaṁ
puṇya-ślokasya kīrtaye
yadoḥ priyasyānvavāye
malayasyeva candanam

kecit — 有人 / āhuḥ — 說 / ajam — 不經出生就存在者 / jātam — 出生 / puṇya-ślokasya — 偉大虔誠的國王的 / kīrtaye — 爲了使增添光輝 / yadoḥ — 雅杜王的 / priyasya — 親愛的人的 / anvavāye — 在……的家族裡 / malayasya — 馬來亞山 / iva — 就像 / candanam — 檀香樹

譯文　有人說，您——不經出生就存在的人，降臨是爲了表彰虔誠的君王，有人說您降生是爲了取悅您最鍾愛的奉獻者之一——雅杜王。您顯現在他的家族，猶如檀香樹生長在馬來亞山。

要旨　至尊主在這個物質世界裡顯現實在令人困惑不解，于是有關這位不經出生就存在者降生的事便眾說紛紜、莫衷一是。至尊主在

《博伽梵歌》中說，祂雖然是一切創造的主人，而且不經出生就存在，但還是出生在這個物質世界裡。因此，我們不能否認這位不經出生就存在者降生於物質世界這件事，因爲祂本人對此給予了證實。但有關祂降生的原因，人們還有不同的看法。對此，《博伽梵歌》聲明說：祂靠祂自己的內在能量降臨，目的是爲了重建宗教原則，保護虔誠者，消滅邪惡者。這便是不經出生就存在者顯現的使命。儘管如此，有人還是說至尊主來到這個物質世界是爲了表彰虔誠的尤帝士提爾王。爲全世界的利益著想，聖主奎師那當然想要確立潘達瓦兄弟的政權。虔誠的君王當政時，人民就會幸福、快樂；邪惡的君王當政時，人民就會受苦受難。在喀歷年代裡，大多數統治者都是邪惡的，人民因此一直不快樂。在民主制度下，不虔誠的民眾自己選舉出他們中的代表來統治他們，所以他們不能爲他們的不快樂而譴責任何人。納拉・瑪哈茹阿佳(Mahārāja Nala)也是一位著名的賢明君主，但他與主奎師那沒有聯繫。因此，主奎師那必然會表彰尤帝士提爾王，同時也通過降生在雅杜王朝(Yadu)，給雅杜王以榮譽。至尊主被稱爲雅達瓦(Yādava)、雅杜維茹阿(Yaduvīra)和雅杜南丹(Yadunandana)，儘管祂從不受這些名稱的束縛。祂就像生長在馬來亞(Malaya)山上的檀香樹。樹木在任何地方都可以生長，但由於檀香樹絕大多數生長在馬來亞山區，檀香木這個名字便與馬來亞山有了聯繫。所以結論是：至尊主就像太陽一樣永遠是不經出生就存在的，但卻如太陽每天從東方地平線上昇起般地顯現。正如太陽從不屬於東方地平線，至尊主也不是任何人的兒子，而是萬物的父親。

第 33 節 अपरे वसुदेवस्य देवक्यां याचितोऽभ्यगात् ।
अजस्त्वमस्य क्षेमाय वधाय च सुरद्विषाम् ॥३३॥

apare vasudevasya
devakyāṁ yācito 'bhyagāt

ajas tvam asya kṣemāya
vadhāya ca sura-dviṣām

apare — 其他人 / vasudevasya — 瓦蘇戴瓦的 / devakyām — 黛瓦克伊的 / yācitaḥ — 被祈求 / abhyagāt — 誕生 / ajaḥ — 不經出生就存在 / tvam — 您是 / asya — 他的 / kṣemāya — 爲了造福 / vadhāya — 爲了殺戮的目的 / ca — 與 / sura-dviṣām — 妒嫉半神人的人的

譯文 有人說，由於瓦蘇戴瓦和黛瓦克伊一起向您祈禱，您便以他們兒子的身份降生。您無疑是不經出生就存在的，但卻為了他們的幸福而降生，同時消滅嫉妒半神人的人。

要旨 經典中說，瓦蘇戴瓦和黛瓦克伊在他們的前世分別叫蘇塔帕(Sutapā)和普瑞施妮(Pṛśni)，曾經爲了讓至尊主當他們的兒子而進行嚴格的苦修；結果，至尊主以他們的兒子的身份顯現了。《博伽梵歌》中聲明：爲了全世界人民的利益，爲了消滅物質主義無神論者——阿蘇茹阿(asura)，至尊主降臨世上。

第 34 節 भारावतारणायान्ये भुवो नाव इवोदधौ ।
सीदन्त्या भूरिभारेण जातो ह्यात्मभुवार्थितः ॥३४॥

bhārāvatāraṇāyānye
bhuvo nāva ivodadhau
sīdantyā bhūri-bhāreṇa
jāto hy ātma-bhuvārthitaḥ

bhāra-avatāraṇāya — 只爲了減輕世界的重擔 / anye — 其他人 / bhuvaḥ — 世界的 / nāvaḥ — 船 / iva — 像 / udadhau — 在海上 / sīdantyāḥ — 受苦 / bhūri — 非常 / bhāreṇa — 因爲重擔 / jātaḥ — 您誕生 / hi — 肯定的 / ātma-bhuvā — 由布茹阿瑪 / arthitaḥ — 被祈求

譯文　還有人說，這世界承受了太多的傷害，彷彿海上超載的船隻；您兒子布茹阿瑪爲此向您祈禱，您于是前來減輕不幸。

要旨　創造後第一個出生的生物布茹阿瑪(Brahmā)，是納茹阿亞納(Nārāyaṇa)的親生兒子。納茹阿亞納作爲嘎爾博達卡沙依．維施努(Garbhodakaśāyī Viṣṇu)，首先進入物質宇宙。沒有靈性的接觸，物質無法創造。這一原理從創造開始便是如此。至尊靈魂進入宇宙，第一個生物體布茹阿瑪就出生在從維施努超然的腹部長出的一朵蓮花上。爲此，維施努被稱爲帕德瑪納巴(Padmanābha)。布茹阿瑪被稱爲阿特瑪-布(ātma-bhū)，因爲他父親在根本沒有與拉珂施蜜母親接觸的情況下直接生下了他。拉珂施蜜就在納茹阿亞納的身邊爲祂做服務，但納茹阿亞納還是在甚至沒有觸碰拉珂施蜜的情況下生出了布茹阿瑪。那就是至尊主全能的一次展現。以爲納茹阿亞納與其他生物一樣的人，應該從這件事當中學到一課。納茹阿亞納不是普通的生物；祂是人格首神本人，祂超然的身體的每一個部份的每一個感官，都具有其它所有感官的力量。普通生物體要靠性交生孩子，如果命中注定沒有孩子，他也沒有辦法。但納茹阿亞納作爲全能者，不受任何條件的束縛。祂完整獨立，憑祂的各種力量獨自輕鬆、完美地做每一件事情。布茹阿瑪是至尊父親的親生兒子，並不曾被放進一個母親的子宮，因此被稱爲阿特瑪．布。布茹阿瑪負責對宇宙內部作進一步的創造，間接地展示全能者的能量。在宇宙的暈圈中，有個名叫施維塔兌帕(Śvetadvīpa)的超然星球，上面住著至尊主的超靈展示——祺柔達卡沙依．維施努(Kṣīrodakaśāyī Viṣṇu)。負責管理宇宙事物的半神人一旦遇到解決不了的困難時，就會去找布茹阿瑪解決；如果布茹阿瑪也束手無策時，他就會向祺柔達卡沙依．維施努祈禱，求祂化身前來並賜予解決問題的方法。當康薩(Kaṁsa)等惡魔統治地球時，地球不堪惡魔們的惡行所造成的重負，于是上述問題便出現了。布茹阿瑪與其他半神人一起到祺柔達卡海岸邊祈禱，結果被告知:

奎師那將作爲瓦蘇戴瓦和黛瓦克伊的兒子降臨。所以有人說，由於布茹阿瑪的祈禱，至尊主顯現了。

第 35 節 भवेऽस्मिन् क्लिश्यमानानामविद्याकामकर्मभिः ।
श्रवणस्मरणार्हाणि करिष्यन्निति केचन ॥३५॥

bhave 'smin kliśyamānānām
avidyā-kāma-karmabhiḥ
śravaṇa-smaraṇārhāṇi
kariṣyann iti kecana

bhave — 在物質的創造中 / asmin — 這 / kliśyamānānām — 受苦的人的 / avidyā — 無知 / kāma — 慾望 / karmabhiḥ — 通過從事功利性活動 / śravaṇa — 聽見 / smaraṇa — 記得 / arhāṇi — 崇拜 / kariṣyan — 有機會履行 / iti — 因此 / kecana — 其他人

譯文　但其他人卻說，您顯現是爲了恢復聆聽、記憶和崇拜等各項奉愛服務，以使歷盡物質痛苦的受制約的靈魂從中受益，獲得解脫。

要旨　至尊主在《博伽梵歌》中聲明：祂爲了重建宗教之途而在每個年代顯現。宗教之途是至尊主親自制定的，沒人能另闢蹊徑，但某些野心家卻把自創宗教作爲一種時髦來追趕。真正的宗教是把至尊主接受爲至高無上的權威，然後懷著發自內心的愛爲祂服務。生物自然就有做服務的傾向，因爲創造他的目的就在於此。生物唯一要行使的職責，就是爲至尊主服務。至尊主至高無上，生物從屬於祂。因此，生物的職責就是爲祂做服務。不幸的是：被假象迷惑的生物因爲錯誤的認識而受物質慾望的驅使，成了感官的僕人。這種物質慾望被稱爲愚昧(avidyā)。受這種慾望的驅使，生物制定出以扭曲的性生活爲中心的種種物質享樂計劃，從而被至尊主指揮著在各個星球上的各種軀體中輪迴，被捆綁在生與死的枷鎖中。他除非超越愚昧，否則不可能擺脫物質生活的三重苦難。這是物質自然的法律。

然而，由於至尊主對受苦的靈魂極爲仁慈，其仁慈程度超出靈魂的期望，因此祂出於沒有緣故的仁慈，來到受苦的靈魂面前，重建奉愛服務的原則。這些原則包括：聆聽、吟誦(吟唱)、記憶、服務、崇拜、祈禱，以及與神合作、投靠祂。無論是全部做這些服務，或選擇其中的一項去做，都有助於受制約的靈魂去除愚昧，從而擺脫受外在能量的迷惑所造成的物質痛苦。這一特殊的仁慈，是至尊主以柴坦亞．瑪哈帕布這一形象顯現後賜予生物的。

第 36 節

शृण्वन्ति गायन्ति गृणन्त्यभीक्ष्णशः
स्मरन्ति नन्दन्ति तवेहितं जनाः ।
त एव पश्यन्त्यचिरेण तावकं
भवप्रवाहोपरमं पदाम्बुजम् ॥३६॥

śṛṇvanti gāyanti gṛṇanty abhīkṣṇaśaḥ
smaranti nandanti tavehitaṁ janāḥ
ta eva paśyanty acireṇa tāvakaṁ
bhava-pravāhoparamaṁ padāmbujam

śṛṇvanti — 聆聽 / gāyanti — 吟唱 / gṛṇanti — 取 / abhīkṣṇaśaḥ — 不斷地 / smaranti — 記得 / nandanti — 取樂 / tava — 您的 / īhitam — 活動 / janāḥ — 一般人 / te — 他們 / eva — 肯定地 / paśyanti — 能看見 / acireṇa — 很快 / tāvakam — 您的 / bhava-pravāha — 如不息的川流般重復出生 / uparamam — 中止 / pada-ambujam — 蓮花足

譯文　奎師那啊！誰不斷聆聽、吟誦(吟唱)、複述您超然的活動，或在他人這樣做時感到高興，誰無疑就能很快看到您那雙能終止生死輪迴的蓮花足。

要旨　我們現在的視覺受條件限制，看不到聖主奎師那。要想看到祂，就必須靠過一種與現在截然不同、對首神充滿真愛的生活，來改變現有的視覺。當聖奎師那親臨地球時，並非每個人都能認出祂是至尊人格首神。像茹阿瓦納(Rāvaṇa)、黑冉亞卡希普(Hiraṇyakaśipu)、康薩、佳爾桑達(Jarāsandha)、錫舒帕勒(Śiśupāla)那樣的物質主義者，雖然靠物質所得成了大人物，但當至尊主降臨時卻認不出祂。因此，即使至尊主來到我們面前，如果我們不具備看祂所必須有的視覺，我們也看不見祂。要具備這一必須有的資格，只能通過做奉愛服務，而奉愛服務的第一項，就是從正確的來源聆聽有關奎師那的一切。《博伽梵歌》是聞名世界的受歡迎的文獻之一，廣爲大眾聆聽、吟誦和複述。然而，人們有時體驗到，儘管他們做了聆聽一類的奉愛服務，但卻沒有與至尊主面對面地相見。究其原因：奉愛服務的第一項——聆聽(śravaṇa)，非常重要；如果從正確的來源聆聽，見效就非常快。然而，人們一般都是從未經授權的人那裡聆聽。這種未經授權的人也許有很高的學歷，但因爲並不遵守奉愛服務的原則，所以從他們那裡聆聽純粹是浪費時間。他們有時爲了達到個人的目的，便迎合社會潮流去解釋經典中的經文。因此，人應該先選擇一位真正有資格的講授者，然後聽他講解。只要完美地執行了聆聽的程序，其它各個程序就會自動得到完美地執行。

至尊主從事各種各樣的超然活動，只要我們從正確的來源聆聽，那麼每一個超然活動都能給予我們想要得到的結果。《博伽瓦譚》(Bhāgavatam)中描述的至尊主的活動，以祂與潘達瓦兄弟的交往爲開始，其中談了許多祂與惡魔及其他人物打交道的娛樂活動；第十篇講述了祂與祂的情人——牧牛姑娘，以及祂與杜瓦爾卡的妻子們之間純潔、高尚的交流。至尊主是絕對的，因此祂從事的每一項活動都具有同樣的超然本質。然而，從未經授權的人那裡聆聽《博伽瓦譚》的人們，有時會更喜歡聽至尊主與牧牛姑娘們交往的事。聆聽者的這一傾向說明他們有色慾，因此真正有資格的講述者在講述至尊主與牧牛姑娘交往的事情時，絕不會讓人產生邪念。無論是聆聽《聖典博伽瓦譚》還是聆聽其它經典，人都應該從開篇開始聆聽對至尊主的描述，這將幫助聆聽者通過循序漸進的過程臻達完美的境界。所以，人不應該以爲至尊主與牧牛姑娘的交往比祂與潘達瓦兄弟的交往重要。我們必須時刻記住：至尊主永遠超越一切世俗的執著。在以上提到的至尊主從事的各種活動中，祂在所有的情況下都超越世人。而聆聽有關祂、祂的奉獻者或對手的活動，對人的靈性生活大有裨益。編纂韋達經(Vedas)和往世書等文獻的目的，是爲了幫助我們恢復失去的與至尊主的關係。因此，聆聽所有這些經典非常重要。

第 37 節 **अप्यद्य नस्त्वं स्वकृतेहित प्रभो**
जिहाससि स्वित्सुहृदोऽनुजीविनः ।
येषां न चान्यद्भवतः पदाम्बुजात्
परायणं राजसु योजितांहसाम् ॥३७॥

apy adya nas tvaṁ sva-kṛtehita prabho
jihāsasi svit suhṛdo 'nujīvinaḥ
yeṣāṁ na cānyad bhavataḥ padāmbujāt
parāyaṇaṁ rājasu yojitāṁhasām

api — 如果 / adya — 今天 / naḥ — 我們 / tvam — 您 / sva-kṛta — 自我履行 / īhita — 所有的義務 / prabho — 我的主啊 / jihāsasi — 放棄 / svit — 可能 / suhṛdaḥ — 親密的朋友們 / anujīvinaḥ — 依賴……的憐憫 / yeṣām — ……人的 / na — 也不 / ca — 與 / anyat — 任何其他人 / bhavataḥ — 您的 / pada-ambujāt — 從蓮花足 / parāyaṇam — 依賴的 / rājasu — 向諸王 / yojita — 從事於 / aṁhasām — 敵意

譯文 我的主啊！您履行了您所有的職責。您今天就要離開我們嗎？在目前各路諸侯都與我們反目，我們除了仰仗您的仁慈不能指望其他人保護時，您要離我們而去嗎？

要旨 潘達瓦兄弟是最幸運的，因爲他們能有幸完全依靠至尊主的仁慈。在物質世界裡，靠其他人的仁慈是最不幸的表現。然而，由於我們與至尊主之間有著超然的關係，如果我們能完全依靠祂，我們將是最幸運的。“要完全獨立”的想法是產生物質疾病的根源。但嚴酷的物質自然並不允許我們獨立。人們把他們爲擺脫嚴格的自然法律控制所進行的錯誤嘗試，當作是“靠科學實驗獲得知識的方法”。從遠古時代惡魔茹阿瓦納(Rāvaṇa)想架設一條直登天堂的梯子開始，到如今這個年代人們想戰勝物質自然法則，企圖靠電子和機械的力量接近遙遠的星系，整個物質世界都在這種錯誤地爲擺脫自然法律控制而努力的基礎上運行。然而，人類文明的最高目標是：在至尊主的引導下努力工作，變得完全依靠祂。完美文明的最高成就是：勤奮地工作，但同時又完全依靠至尊主。潘達瓦兄弟是達到這一文明標準的最佳典範。毫無疑問，他們完全仰賴聖主奎師那的祝福，但同時又不是懶惰的寄生蟲。儘管論人品，論從事的活動，他們都是出類拔萃的，但他們仍然時時刻刻尋求至尊主的仁慈，因爲他們知道：從屬、依靠至尊主是生物原本的地位。因此，生命之完美在於順從至尊主的意願，而不是在物質世界裡的虛假獨立。那些努力“不依靠”至尊主的人，被稱爲阿納塔(anātha)——不受保護的人，而完全順從至尊主意願的人被稱爲薩納塔(sanātha)——有人保護的人。所以，我們必須努力成爲有人保護的人，以便在物質存在的不利情況中始終得到保護。物質自然的迷惑作用，使我們忘了物質的生存環境是最糟糕、最混亂的。爲此，《博伽梵歌》第 7 章的第 19 節詩給我們指明了方向。詩中說，經過許許多多次生死後，幸運的人認識到真相，即：華蘇戴瓦——奎師那就是一切，徹底投靠祂是最佳的生活方式。偉大的靈魂(mahātmā)就是這樣做的。潘達瓦家中所有的人都是處在居士生活階段的偉大靈魂，其中尤帝士提爾王是這些偉大靈魂的領袖，王后琨緹黛薇是母親。因此，《博伽梵歌》和所有的往世書 (Purāṇas)，尤其是《博伽梵往世書》(Bhāgavata Purāṇa)，都不可避免地與潘達瓦這一家偉大的靈魂的生活史連在了一起。對他們而言，與至尊主分離就像魚儿離開了水。所以，聖琨緹黛薇感到這分離猶如晴天霹靂，這位王后所有的祈禱都是爲了試圖說服至尊主留下來與他們在一起。庫茹柴陀戰爭結束後，儘管與潘達瓦兄弟爲敵的君王都被消滅掉了，但那些人的兒子和孫子還在與潘達瓦兄弟打交道。事實上，不僅潘達瓦兄弟被置於充滿敵意的環境中，我們所有的人都始終在這樣的環境中。因此，最佳的生活方式是變得完全順從至尊主的意願，從而克服物質生存中的一切困難。

第 38 節　के वयं नामरूपाभ्यां यदुभिः सह पाण्डवाः ।
भवतोऽदर्शनं यर्हि हृषीकाणामिवेशितुः ॥३८॥

ke vayaṁ nāma-rūpābhyāṁ
yadubhiḥ saha pāṇḍavāḥ
bhavato 'darśanaṁ yarhi
hṛṣīkāṇām iveśituḥ

ke — ……的人 / vayam — 我們 / nāma-rūpābhyām — 沒有聲望與才能 / yadubhiḥ — 和雅杜兄弟 / saha — 與……在一起 / pāṇḍavāḥ — 與潘達瓦兄弟 / bhavataḥ — 您的 / adarśanam — 缺席 / yarhi — 好像 / hṛṣīkāṇām — 感官的 / iva — 像 / īśituḥ — 生物的

譯文　正如某個軀體的名望將隨著其中生命之魂的離開而煙消雲散，如果您不守護我們，我們所有的名望和活動就會立即與潘達瓦兄弟和雅杜王朝一起結束。

要旨 琨緹黛薇很清楚：潘達瓦兄弟之所以能生存下來，完全是因爲聖主奎師那的仁慈。正如沒有意識的指揮，軀體的感官就只是廢物一堆，儘管雅杜王朝無疑是偉大的聯合王朝，在偉大的君主、道德的人格化身尤帝士提爾的帶領下，潘達瓦兄弟也無疑樹立了崇高的威望，但如果沒有主奎師那的指引，他們將全都化爲烏有。誰都不應該驕傲地以爲自己是在沒有至尊主支持、指引的情況下，贏得威信和力量的。生物永遠不是獨立的，而他最終依靠的對象就是至尊主本人。因此，即使我們靠我們擁有的物質知識發明出各種抵抗物質自然法律的東西，但如果沒有至尊主的指導，無論這一切發明有多麼強大、堅固，都將以失敗而告終。

第 39 節 नेयं शोभिष्यते तत्र यथेदानीं गदाधर ।
त्वत्पदैरङ्किता भाति स्वलक्षणविलक्षितैः ॥३९॥

neyaṁ śobhiṣyate tatra
yathedānīṁ gadādhara
tvat-padair aṅkitā bhāti
sva-lakṣaṇa-vilakṣitaiḥ

na — 不 / iyam — 我們這個國度的土地 / śobhiṣyate — 將會顯得很美麗 / tatra — 那時 / yathā — 就像它現在的樣子 / idānīm — 如何 / gadādhara — 奎師那啊 / tvat — 您的 / padaiḥ — 由腳 / aṅkitā — 有記號的 / bhāti — 燦爛 / sva-lakṣaṇa — 您自己的標識 / vilakṣitaiḥ — 因爲印有

譯文 嘎達達爾(奎師那)啊！我們的王國現在因為大地上印有您蓮花足的足跡而美麗輝煌。但您離開後，這美景將不復存在。

要旨　至尊主的蓮花足上有些特殊的標記使祂有別於眾人。祂的足底有旗幟、霹靂、趕象棒、傘、蓮花和飛輪等標記。當至尊主行走在大地上時，這些標記便印在大地柔軟的泥土上。因此，當聖主奎師那住在潘達瓦兄弟的王國哈斯提納普爾(Hastināpura)時，哈斯提納普爾大地上便印上了這些標記。這些吉祥的標記把潘達瓦兄弟的王國點綴得異常華美。琨緹黛薇說出至尊主具有這些與眾不同的標記，生怕至尊主離開後有不吉祥的事情發生。

第 40 節　इमे जनपदाः स्वृद्धाः सुपक्कौषधिवीरुधः ।
वनाद्रिनद्युदन्वन्तो ह्येधन्ते तव वीक्षितैः ॥४०॥

ime jana-padāḥ svṛddhāḥ
supakvauṣadhi-vīrudhaḥ
vanādri-nady-udanvanto
hy edhante tava vīkṣitaiḥ

ime — 所有這些 / jana-padāḥ — 城市與鄉鎮 / svṛddhāḥ — 曾繁榮 / supakva — 自然 / auṣadhi — 草本植物 / vīrudhaḥ — 蔬菜 / vana — 森林 / adri — 山 / nadī — 河 / udanvantaḥ — 海 / hi — 當然地 / edhante — 正增加 / tava — 由你 / vīkṣitaiḥ — 看見

譯文　**百草茂盛，五穀豐登，樹上果實累累，河水暢流不止，山中遍布礦藏，海裡資源豐富，城市和鄉村處處呈現一派繁榮景象。這一切都是您掃視的結果。**

要旨　人類社會的繁榮靠大自然的賜予，而不靠龐大的工業企業。龐大的工業企業是無神論文明的產物，導致人類喪失崇高的生活目標。儘管工業發展使少數人靠剝削過上了奢侈的生活，但我們越多地建設這種令人煩惱的工業，榨取人類的活力，普通大眾就會越不滿，社會就會越動蕩。大自然的禮物，包括穀物、蔬菜、水果、河流，以及蘊藏著礦物和寶石的山脈，滿是珍珠的海洋，都是至尊主命令給予的。按照至尊主的旨意，物質自然有時大量提供，有時減少提供這些物產。物質自然的法律是：人類可以利用大自然給予的這些神聖禮物安居樂業，過繁榮的生活，不受想主宰物質自然的剝削動機的迷惑。我們越是想滿足自己隨心所欲的享樂慾望，並企圖爲達到這一目的而剝削物質自然，就會被這種剝削企圖所帶來的報應束縛得越緊。既然我們有足夠的穀物、水果、蔬菜和草藥，我們爲什麼還要開設屠宰場，殺害可憐的動物呢？人如果有足夠的穀物和蔬菜吃，根本沒有必要殺害動物。河水灌溉田地，而地裡長出的一切遠多於我們的所需。山脈出產礦物，海裡出產珠寶。人類文明中既然已經有足夠的穀物、礦物、珠寶、水和牛奶等，我們爲什麼還要以一些不幸之人的勞動爲代價，尋求發展可怕的工業呢？然而，我們只有靠至尊主的仁慈才能得到大自然的這些禮物。所以，我們需要做的是服從至尊主的法律，通過做奉愛服務達到人生的完美境界。琨緹黛薇的祈禱就指出了這一點。她希望至尊主賜予他們仁慈，以便靠祂的恩典維持大自然的富足。

第 41 節 अथ विश्वेश विश्वात्मन् विश्वमूर्ते स्वकेषु मे ।
स्नेहपाशमिमं छिन्धि दृढं पाण्डुषु वृष्णिषु ॥४१॥

atha viśveśa viśvātman
viśva-mūrte svakeṣu me
sneha-pāśam imaṁ chindhi
dṛḍhaṁ pāṇḍuṣu vṛṣṇiṣu

atha — 所以 / viśva-īśa — 宇宙的主啊 / viśva-ātman — 宇宙的靈魂啊 / viśva-mūrte — 宇宙的人格形象啊 / svakeṣu — 向我的族人 / me —

我的 / sneha-pāśam — 情感的結 / imam — 這個 / chindhi — 割斷 / dṛḍham — 深的 / pāṇḍuṣu — 爲了潘達瓦兄弟 / vṛṣṇiṣu — 也爲了維施尼家族

譯文　啊，宇宙之主，宇宙之魂！宇宙的人格形象啊！因此，請斬斷我對潘達瓦和維施尼等親人所具有的親情之結吧！

要旨　至尊主純粹的奉獻者羞於向至尊主請求任何有關個人利益的事，但居士有時受親情捆綁，迫不得已請求至尊主的幫助。聖琨緹黛薇瞭解這一事實，因此祈求至尊主斬斷她對潘達瓦兄弟和維施尼(Vṛṣṇi)等親人的情感給她帶來的束縛。潘達瓦兄弟是她兒子，維施尼家族是她娘家的親人。奎師那與這兩家人都很親近。這兩家人都是依靠著至尊主的奉獻者，都需要至尊主的幫助。聖琨緹黛薇希望聖主奎師那一直與她兒子潘達瓦兄弟在一起，但這樣一來，她娘家就會得不到至尊主的恩惠。這些偏心攪得琨緹心亂如麻，因此她想斬斷親情之結。

純粹的奉獻者斬斷他與家人間狹隘的感情束縛，以便爲所有遺忘了至尊主的靈魂的利益而在更大的範圍內做更多的奉愛服務。有關這方面的典範是追隨主柴坦亞的六位哥斯瓦米(Gosvāmī)。他們六位都來自上流社會中最有學問和教養的富貴人家，但爲了普通大眾的利益，他們離開他們舒適的家庭去當了托缽僧。斬斷所有的親情，意味著拓展活動的領域。做不到這一點的人，不能作有資格的布茹阿瑪納(婆羅門)、君王、大眾領袖或至尊主的奉獻者。人格首神在當一位理想的君王時，曾樹立了這樣的榜樣。當至尊主以聖茹阿瑪禪鐸(Rāmacandra)顯現世上時，曾斬斷了對祂心愛的妻子的感情，展示了作爲理想君王的品格。

像布茹阿瑪納、奉獻者、君王或公眾領袖這樣的人物，在履行他們的規定職責時必須胸襟開闊。聖琨緹黛薇瞭解這一事實，因此爲內心的脆弱而向至尊主祈禱，請求祂幫助自己擺脫這種親情的束縛。她通過稱至尊主爲宇宙之主、宇宙之魂，指出至尊主是萬能的，能斬斷牢固的親情之結。因此，至尊主對內心脆弱的奉獻者特別喜愛時，就會通過祂全能的能量安排某種情況，迫使那奉獻者打破親情，使那奉獻者變得完全依靠祂，從而掃清了那個奉獻者回歸首神的道路。

第 42 節 त्वयि मेऽनन्यविषया मतिर्मधुपतेऽसकृत् ।
रतिमुद्वहतादद्धा गङ्गेवौघमुदन्वति ॥४२॥

tvayi me 'nanya-viṣayā
matir madhu-pate 'sakṛt
ratim udvahatād addhā
gaṅgevaugham udanvati

tvayi — 向您 / me — 我的 / ananya-viṣayā — 無攙雜的 / matiḥ — 注意力 / madhu-pate — 瑪杜的主人啊 / asakṛt — 連續不斷地 / ratim — 吸引力 / udvahatāt — 能溢出 / addhā — 直接地 / gaṅgā — 恆河 / iva — 像 / ogham — 流動 / udanvati — 下到海裡

譯文 啊，瑪杜的主人！正如恆河之水滔滔不絕湧流入海，請讓我始終把注意力集中在您這裡，永不轉向他人吧！

要旨 當人把注意力完全集中在爲至尊主做超然的愛心服務時，他便達到了做純粹奉愛服務的完美境界。斬斷所有其它的感情，並不是說要否定對某人的感情等這些比較細膩的情感。這是不可能的事。無論是誰，作爲生物，他必定對他人有感情，因爲這是生命的徵象。慾望、憤怒、渴求和感情等這些生命的徵象，是無法消除的。唯一能改變的是它們所針對的對象。慾望是無法打消的，但在做奉愛服務時，慾望就從“想進行感官享樂”轉變爲“只想爲至尊主做服務”了。對家庭、社會、國家等對象的所謂的情感，都包含有不同程度的感官享樂成份。當這種慾望轉變爲想去滿足至尊主時，它就叫做奉愛服務。

在《博伽梵歌》中我們看到：阿爾諸納爲了滿足自己的願望，不想與他的堂兄弟等親戚作戰，但當他聆聽了至尊主教導的《博伽梵歌》後，他改變了自己的想法，決定爲至尊主服務。這麼做使他本人成爲至尊主的一位大名鼎鼎的奉獻者。所有的經典都宣布：阿爾諸納通過以朋友的身份爲至尊主服務，達到了靈性上的完美。儘管還是有戰爭，有友誼，有阿爾諸納，有奎師那，但阿爾諸納卻通過做奉愛服務變了一個人。正因爲如此，琨緹在祈禱中指出：要改變活動的性質。聖琨緹想全心全意地爲至尊主服務，而這就是她祈禱的內容。這種純粹的奉愛是生命的最高目標。我們常常把注意力分散到其它一些非神聖或不是爲至尊主服務的計劃上。當我們改變計劃要爲至尊主服務時，也就是說，當感官因爲用於爲至尊主服務而得到淨化時，活動就被稱爲是純粹的奉愛服務。聖琨緹黛薇希望達到這種完美的境界，並爲此向至尊主祈禱。

琨緹黛薇對潘達瓦兄弟和維施尼家族的情感屬於奉愛服務的範疇，因爲爲至尊主服務和爲奉獻者服務是完全一樣的。有時，爲奉獻者服務比爲至尊主服務還有價值。但琨緹黛薇此時對潘達瓦兄弟和維施尼家族的情感是出於家庭關係的緣故。這種由於物質關係而產生的情感之結是不實在的，是瑪亞(māyā)，因爲與軀體和心念有關的關係是受外在能量的影響產生的。靈魂間的關係，也就是建立在與至尊靈魂相連的基礎上的關係，才是真正的關係。琨緹黛薇說要斬斷與家庭的關係，意思是斬斷建立在皮肉基礎上的關係。這種建立在皮肉基礎上的關係導致物質束縛，但靈魂之間的關係使人解脫。靈魂與靈魂之間的關係可以通過與超靈的關係這一媒介來建立。在黑暗中看不到真相，但在陽光下就能看到太陽和所有在黑暗中看不到的一切。這就是奉愛服務的方法。

第 43 節　श्रीकृष्ण कृष्णसख वृष्ण्यृषभावनिध्रुग्-
राजन्यवंशदहनानपवर्गवीर्य ।

गोविन्द गोद्विजसुरार्तिहरावतार
योगेश्वराखिलगुरो भगवन्नमस्ते ॥४३॥

śrī-kṛṣṇa kṛṣṇa-sakha vṛṣny-ṛṣabhāvani-dhrug-
rājanya-vaṁśa-dahanānapavarga-vīrya
govinda go-dvija-surārti-harāvatāra
yogeśvarākhila-guro bhagavan namas te

śrī-kṛṣṇa — 聖主奎師那啊 / kṛṣṇa-sakha — 阿爾諸納的朋友啊 / vṛṣṇi — 維施尼的後裔啊 / ṛṣabha — 首領啊 / avani — 地球 / dhruk — 叛逆的 / rājanya-vaṁśa — 眾王的王朝 / dahana — 消滅者啊 / anapavarga — 沒有退化 / vīrya — 英勇行爲 / govinda — 哥珞卡居所的擁有者啊 / go — 乳牛的 / dvija — 布茹阿瑪納 / sura — 半神人 / arti-hara — 爲了去除痛苦 / avatāra — 降臨下來的至尊主啊 / yoga-īśvara — 一切神秘力量的主人啊 / akhila — 宇宙的 / guro — 導師啊 / bhagavan — 所有財富的擁有者啊 / namaḥ te — 向您恭敬地頂拜

譯文 啊，奎師那！阿爾諸納的朋友！維施尼王朝後裔的領袖！您摧毀了危害地球的政治團體。您高超的本領永不減弱。您是超然居所的主人，降臨世上是爲了去除乳牛、布茹阿瑪納和奉獻者的痛苦。您擁有一切神秘力量，是整個宇宙的導師。您是萬能的神，我虔敬地向您頂禮膜拜。

要旨 聖琨緹黛薇在此對至尊主奎師那作了概括性的總結。萬能的至尊主有祂永恆、超然的住所；祂在那裡照看蘇茹阿碧(surabhi)乳牛，成千上萬的幸運女神在祂身邊侍奉著祂。祂降臨物質世界是爲了教導祂的奉獻者，同時消滅危害地球的各種政治團體，以及玩忽職守、不好好管理國家的君王。儘管祂用祂無限的能量進行創造、維繫和毀滅，但祂傑出的才能和所具有的能力卻始終如一，從沒有絲毫減退。乳牛、布茹阿瑪納和祂的奉獻者，永遠是祂特別關注的對象，因爲他們對造福眾生起著極爲重要的作用。

第 44 節

सूत उवाच
पृथयेत्थं कलपदैः परिणूताखिलोदयः ।
मन्दं जहास वैकुण्ठो मोहयन्निव मायया ॥४४॥

sūta uvāca
pṛthayetthaṁ kala-padaiḥ
pariṇūtākhilodayaḥ
mandaṁ jahāsa vaikuṇṭho
mohayann iva māyayā

sūtaḥ uvāca — 蘇塔說 / pṛthayā — 靠普瑞塔(琨緹) / ittham — 這個 / kala-padaiḥ — 被精選的話 / pariṇūta — 被崇拜 / akhila — 宇宙的 / udayaḥ — 榮耀 / mandam — 柔和地 / jahāsa — 微笑 / vaikuṇṭhaḥ — 至尊主 / mohayan — 令人神魂顛倒的 / iva — 像 / māyayā — 祂的神祕力量

譯文　蘇塔・哥斯瓦米說：至尊主邊傾聽琨緹黛薇對祂的字斟句酌的讚美禱告，邊和善地微笑著。那微笑與祂的神秘力量一樣迷人。

要旨　經典中說，世上所具有的迷人的一切，都是至尊主的代表。試圖主宰物質世界的受制約的靈魂，對至尊主的神秘力量著迷。至尊主的奉獻者也深受至尊主的吸引，但他們著迷的內容與受制約的靈魂不同；他們被至尊主的榮耀和至尊主對他們的祝福所吸引。正如電能以各種方式工作，至尊主的能量以各種形式展現。聖琨緹黛薇對至尊主的祈禱中所提到的祂的榮耀，只是祂榮耀的一小部份。祂所有的奉獻者，都是以那種字斟句酌的讚美方式崇拜祂。爲此，至尊主又稱爲“被人們以超然的讚歌所讚頌的至尊主”——烏塔瑪詩珞卡(Uttamaśloka)。儘管用所有精挑細選的語言都不足以形容至尊主的榮耀，但至尊主聽了這樣的祈禱還是感到滿意，就像正在咿呀學語的孩子對父親說話時即使語不成句，也會令父親滿意一樣。梵文“瑪亞”一詞，既用於指“迷惑”，也用來指“仁慈”。在這節詩中，“瑪亞”一詞是指至尊主對琨緹黛薇的仁慈。

第 45 節 तां बाढमित्युपामन्त्र्य प्रविश्य गजसाह्वयम् ।
स्त्रियश्च स्वपुरं यास्यन् प्रेम्णा राज्ञा निवारितः ॥४५॥

tāṁ bāḍham ity upāmantrya
praviśya gajasāhvayam
striyaś ca sva-puraṁ yāsyan
premṇā rājñā nivāritaḥ

tām — 那一切 / bāḍham — 接受 / iti — 因此 / upāmantrya — 接著通知 / praviśya — 進入 / gajasāhvayam — 哈斯提納普爾的皇宮 / striyaḥ ca — 別的女士們 / sva-puram — 自己的住宅 / yāsyan — 正要前往……之時 / premṇā — 深情地 / rājñā — 被國王 / nivāritaḥ — 攔住

譯文 接受了聖琨緹的禱告後，至尊主進入哈斯提納普爾的宮殿向其他女士告別；但就在準備動身時，尤帝士提爾王又攔住祂，深情地挽留祂。

要旨 至尊主一旦決定啓程回杜瓦爾卡(Dvārakā)，沒人能讓祂留在哈斯提納普爾。但尤帝士提爾王請求至尊主再多住幾天，至尊主就立刻答應了。這表明，至尊主無法拒絕尤帝士提爾王的愛的力量。除了愛心服務，沒有什麼能征服全能的神。全能的神在所有的方面都是完全獨立的，但祂甘心情願地要回報祂純粹的奉獻者對祂的愛。

第 46 節　व्यासाद्यैरीश्वरेहाज्ञैः कृष्णेनाद्भुतकर्मणा ।
प्रबोधितोऽपीतिहासैर्नाबुध्यत शुचार्पितः ॥४६॥

vyāsādyair īśvarehājñaiḥ
kṛṣṇenādbhuta-karmaṇā
prabodhito 'pītihāsair
nābudhyata śucārpitaḥ

vyāsa-ādyaiḥ — 由維亞薩爲首的大聖人 / īśvara — 全能的神 / īhā — 靠……的意志 / jñaiḥ — 被有學識的人 / kṛṣṇena — 被奎師那本身 / adbhuta-karmaṇā — 被履行所有超人工作的人 / prabodhitaḥ — 被安撫 / api — 雖然 / itihāsaiḥ — 由來自歷史的種種證據 / na — 不 / abudhyata — 滿意 / śucā arpitaḥ — 悲傷

譯文　**尤帝士提爾王是那麼悲傷，就連以維亞薩為首的偉大聖人們的教導和從事超人活動的主奎師那的教導，以及所有的歷史證明，都無法說服、安慰他。**

要旨　虔誠的尤帝士提爾王因爲在庫茹柴陀戰爭中殺死了千百萬人而感到羞愧難當，尤其是因爲這場戰爭是爲了使他奪回王位。杜尤丹當時坐上了王位，而且把國家管理得不錯，從這方面說並不需要戰爭。但是，基於公正、合法等原則，尤帝士提爾必須坐上王位，取代杜尤丹。所有的政治鬥爭都圍繞著這一點在進行，而全世界所有的君王和居民都卷入了這場堂兄弟間的戰爭。主奎師那當時也在，祂站在尤帝士提爾王一邊。《瑪哈巴茹阿特》(Mahābhārata,《摩訶婆羅多》)開篇第 20

節詩中說：在歷時十八天的庫茹柴陀戰爭中，有六百四十萬人被殺死在戰場上，有幾十萬人失蹤。這實際上是五千年來最大規模的戰爭了。

這場僅僅是爲了立尤帝士提爾・瑪哈茹阿佳(Mahārāja Yudhiṣṭhira)爲王而進行的大規模屠殺，使他本人羞愧難當。爲此，他試圖用維亞薩等偉大的聖人及至尊主本人提出的歷史證據說服自己：既然要打仗的原因是正義的，那麼這場仗本身也是正義的。儘管當時最偉大的人物都這樣開導尤帝士提爾王，但他並不滿意。這節詩中說奎師那是從事超人活動的至尊主，但在這件事情上，無論是祂還是維亞薩都不能說服尤帝士提爾王。這是否意味著奎師那作爲一個從事超人活動的活動者失敗了呢？不是，當然不是。對這一點的解釋是：至尊主作爲處在尤帝士提爾王和維亞薩心中的超靈——伊士瓦爾(īśvara)，因爲是按照祂自己的願望在行事，所以從事了更超人的活動。作爲尤帝士提爾王心中的超靈，祂沒有讓君王被維亞薩和包括祂自己在內的其他人說服，因爲祂想要讓君王聆聽祂的另一個偉大的奉獻者——將要死去的彼士瑪戴瓦(Bhīṣmadeva)的教導。至尊主想讓偉大的戰將彼士瑪戴瓦在他臨終時看到祂本人，看到如今已登上王位的、最心愛的孫子尤帝士提爾王等人……從而平靜地離開這個物質存在。彼士瑪戴瓦根本不願意與失去了父親的潘達瓦兄弟作戰，他們是他最心愛的孫子。但查垂亞(kṣatriya, 沙帝利)也是對自己很嚴格的人；由於杜尤丹在贍養他，他被迫站在杜尤丹一邊。除此之外，至尊主還希望尤帝士提爾王聽了彼士瑪戴瓦的話語後感到安慰，這樣世人就會看到：彼士瑪戴瓦所具有的知識勝過所有其他人，包括至尊主本人。

第47節 आह राजा धर्मसुतश्चिन्तयन् सुहृदां वधम् ।
प्राकृतेनात्मना विप्राः स्नेहमोहवशं गतः ॥४७॥

āha rājā dharma-sutaś
cintayan suhṛdāṁ vadham

prākṛtenātmanā viprāḥ
sneha-moha-vaśaṁ gataḥ

āha — 說 / rājā — 尤帝士提爾王 / dharma-sutaḥ — 達爾瑪(閻羅王)之子 / cintayan — 想到 / suhṛdām — 朋友們的 / vadham — 殺害 / prākṛtena — 僅憑著物質的概念 / ātmanā — 靠著自己 / viprāḥ — 布茹阿瑪納啊 / sneha — 情感 / moha — 迷惘 / vaśam — 被帶走 / gataḥ — 離去

譯文　朋友們的死，使達爾瑪的兒子尤帝士提爾王像普通的物質主義者一樣悲痛欲絕。聖人們啊！就這樣，被感情蒙蔽的他開始說話了。

要旨　儘管誰也沒想到尤帝士提爾王會變得像普通人那樣悲傷，但由於至尊主的意願，他卻因塵世的情感而迷惑了(就像阿爾諸納顯得迷惑一樣)。洞察一切的人清楚：生物超越生命的物質概念，他既不是軀體，也不是心智。普通人從軀體的角度判斷什麼是暴力，什麼是非暴力，但那是一種錯誤的看法。每個人都有義務履行自己的規定職責。查垂亞必須爲正義的原因而戰，無論對方是誰。在這樣履行職責時，人不該因爲摧毀物質軀體而心神不安，物質軀體只不過是充滿活力的靈魂所穿的外衣而已。尤帝士提爾王很清楚這些道理，但至尊主卻使他變得像個普通人一樣迷惑；這背後的計劃是：至尊主要讓彼士瑪教導君王，就像祂親自教導阿爾諸納一樣。

第 48 節　अहो मे पश्यताज्ञानं हृदि रूढं दुरात्मनः ।
पारक्यस्यैव देहस्य बह्व्यो मेऽक्षौहिणीर्हताः ॥४८॥

aho me paśyatājñānaṁ
hṛdi rūḍhaṁ durātmanaḥ

pārakyasyaiva dehasya
bahvyo me 'kṣauhiṇīr hatāḥ

aho — 啊 / me — 我的 / paśyata — 瞧瞧 / ajñānam — 無知 / hṛdi — 在心中 / rūḍham — 處於 / durātmanaḥ — 罪人的 / pārakyasya — 本該用來造福他人的 / eva — 肯定地 / dehasya — 身體的 / bahvyaḥ — 許許多多的 / me — 被我 / akṣauhiṇīḥ — 軍事方陣 / hatāḥ — 殺害了

譯文 **(尤帝士提爾王說)：唉，我是罪大惡極的人！看看我這顆充滿愚昧的心吧！這本該用來造福他人的軀體，已經殺了許許多多軍事方陣的人。**

要旨 一個包含有二萬一千八百七十輛戰車、二萬一千八百七十頭大象、十萬九千三百五十個步兵和六萬五千六百一十個騎兵的軍事方陣，梵文稱爲阿克掃黑尼(akṣauhiṇī)。這樣的軍事方陣，在庫茹柴陀戰爭中被摧毀了許許多多。作爲世上最虔誠的君王，尤帝士提爾王認爲自己應該對殺死這麼多生物體負責，因爲這場戰爭是爲了使他恢復王位而打的。然而，這個軀體本是爲他人的利益而存在的。當這個軀體中有生命存在時，這個軀體應該用來爲他人服務；當生命力離開這個軀體時，這個軀體就該被狗、豺狼或蛆吃掉。尤帝士提爾王之所以感到難過，是因爲：爲了這麼一個短暫的軀體，竟然造成了這麼大規模的殺戮。

第 49 節 **बालद्विजसुहृन्मित्रपितृभ्रातृगुरुद्रुहः ।
न मे स्यान्निरयान्मोक्षो ह्यपि वर्षायुतायुतैः ॥४९॥**

bāla-dvija-suhṛn-mitra-
pitṛ-bhrātṛ-guru-druhaḥ
na me syān nirayān mokṣo
hy api varṣāyutāyutaiḥ

bāla — 男孩們 / dvi-ja — 再生者 / suhṛt — 祝福者 / mitra — 朋友們 / pitṛ — 父母 / bhrātṛ — 兄弟們 / guru — 導師 / druhaḥ — 殺了的人 / na — 永遠 / me — 我的 / syāt — 將有 / nirayāt — 來自地獄 / mokṣaḥ — 解脫 / hi — 肯定地 / api — 雖然 / varṣa — 歲月 / ayuta — 數百萬 / āyutaiḥ — 增添

譯文　我殺了衆多的少年、布茹阿瑪納、祝願者、朋友、父母、導師和兄弟。所有這些罪惡使我哪怕活上幾百萬年，也解除不了等待我的下地獄的命運。

要旨　毫無疑問，無論何時，只要有戰爭爆發，就有對少年、布茹阿瑪納和婦女等眾多無辜之人的大量殺戮，而殺戮這些無辜的人被認爲是最大的罪惡。他們都是無辜的生物體，在任何情況下都不允許殺害他們。這是經典的規定。尤帝士提爾王知道所發生的這些大規模的殺戮。同樣，在雙方的陣營中都有朋友、父輩之人和老師，而他們都被殺死了。只是想一想這樣的殺戮，就使尤帝士提爾王毛骨悚然。因此，他認爲自己會在地獄中住上億萬年。

第 50 節　नैनो राज्ञः प्रजाभर्तुर्धर्मयुद्धे वधो द्विषाम् ।
इति मे न तु बोधाय कल्पते शासनं वचः ॥५०॥

naino rājñaḥ prajā-bhartur
dharma-yuddhe vadho dviṣām
iti me na tu bodhāya
kalpate śāsanaṁ vacaḥ

na — 永不 / enaḥ — 罪惡 / rājñaḥ — 國王的 / prajā-bhartuḥ — 國民生活的維護者的 / dharma — 爲了正當的原因 / yuddhe — 在戰鬥中 / vadhaḥ — 殺 / dviṣām — 敵人的 / iti — 這一切 / me — 對我 / na — 永

不 / tu — 但是 / bodhāya — 爲了滿足 / kalpate — 他們負責行政管理事宜 / śāsanam — 指令 / vacaḥ — ……的話語

譯文 對一個君王來說，爲了正義的原因，爲保衛自己的臣民而殺是無罪的。但經典的這條指令不適用於我。

要旨 尤帝士提爾王認爲，在他沒有參與王國管理的情況下，杜尤丹把王國治理得很好，並沒有傷害任何臣民；僅僅是爲了他個人從杜尤丹手中獲得王國，就引起了這場大屠殺，殺死了那麼多生物體。這場屠殺並非由管理國家引起，而是爲了實現自己的野心。爲此，他認爲他該承擔這一切罪惡。

第 51 節 स्त्रीणां मद्धतबन्धूनां द्रोहो योऽसाविहोत्थितः ।
कर्मभिर्गृहमेधीयैर्नाहं कल्पो व्यपोहितुम् ॥५१॥

strīṇāṁ mad-dhata-bandhūnāṁ
droho yo 'sāv ihotthitaḥ
karmabhir gṛhamedhīyair
nāhaṁ kalpo vyapohitum

strīṇām — 婦女的 / mat — 由我 / hata-bandhūnām — 被殺的朋友們的 / drohaḥ — 敵意 / yaḥ — 那 / asau — 所有那一切 / iha — 藉此 / utthitaḥ — 積累了 / karmabhiḥ — 由於工作 / gṛhamedhīyaiḥ — 被從事物質福利工作的人 / na — 永不 / aham — 我 / kalpaḥ — 能夠期待 / vyapohitum — 恢復相同的情況

譯文 我殺了那麼多婦女的親人，爲此所引發的敵意不是從事物質福利工作所能消除的。

要旨　梵文“貴哈梅迪(gṛhamedhī)”是指那些只是爲了獲得物質成功而從事福利事業的人。這種物質成功有時受罪惡活動的束縛，因爲物質主義者在履行物質職責時必定會犯罪，即使並非故意，也不可避免。韋達經(Vedas)中介紹了幾種可以去除這種惡報的祭祀。韋達經中說，舉行馬祭(Aśvamedha-yajña)可以使人擺脫甚至是殺布茹阿瑪納的罪(brahma-hatyā)。

尤帝士提爾王雖然舉行過這種馬祭，但還是認爲，即使舉行這種祭祀也無法消除他所犯的滔天大罪。打仗時，無論是丈夫、兄弟，還是父親、兒子，都要上戰場，而當他們被殺死時，新的敵意又產生了。這種不斷積累的業報，哪怕舉行上千次的馬祭也無法予以抵消。

活動(karma)就是這樣進行的；它同時產生一種行動和另一種反應，因此不斷增加物質活動的鎖鏈，把從事活動的人捆綁在物質世界中。對如何糾正這種情況，《博伽梵歌》第 9 章的第 27-28 節詩中建議說：只有爲至尊主服務時，這種業與報的鎖鏈才會中斷。庫茹柴陀戰爭實際上是按照至尊主聖奎師那的意願開打的，從奎師那說的話中可以清楚看到，僅僅是祂的意願使然，尤帝士提爾才會被扶上哈斯提納普爾的王位。鑒於潘達瓦兄弟只不過是在執行至尊主的命令，事實上沒有罪惡可以觸碰他們。至於那些爲個人的利益而宣戰的人，他們必須承擔戰爭所造成的一切後果。

第 52 節　यथा पङ्केन पङ्काम्भः सुरया वा सुराकृतम् ।
भूतहत्यां तथैवैकां न यज्ञैर्मार्ष्टुमर्हति ॥५२॥

yathā paṅkena paṅkāmbhaḥ
surayā vā surākṛtam
bhūta-hatyāṁ tathaivaikāṁ
na yajñair mārṣṭum arhati

yathā — 儘量 / paṅkena — 由污泥 / paṅka-ambhaḥ — 混雜著污泥的水 / surayā — 用酒 / vā — 或者 / surākṛtam — 接觸酒而造成的不潔 / bhūta-hatyām — 殺死動物 / tathā — 就像 / eva — 肯定地 / ekām — 一(個) / na — 永不 / yajñaiḥ — 通過舉行規定的祭祀 / mārṣṭum — 抵消 / arhati — 是值得的

譯文　**正如無法透過泥漿過濾泥水，不可能用酒清洗酒瓶，通過獻祭動物也不可能抵銷殺人的罪行。**

要旨　馬祭(Aśvamedha-yajña)或牛祭(Gomedha-yajña)，是在祭祀中要獻祭一匹馬或一頭公牛的祭祀。當然，這樣的祭祀並非是爲了傷害動物。主柴坦亞(Caitanya)說，在這種祭祀的祭壇被獻祭的動物，會得到一個新的、年輕的身體。那只是爲了證明韋達經中的讚歌的效力。當眾正確地吟唱韋達經中的讚歌，舉行祭祀的人無疑可以消除其惡報。這個虛僞、紛爭的年代裡因爲沒有能主持這類祭祀的經驗豐富的布茹阿瑪納，所以不可能完美地舉行這類祭祀。爲此，尤帝士提爾王暗示了在這個喀歷(Kali)年代裡所該舉行的祭祀。在這個喀歷年代裡，唯一被推薦該舉行的祭祀，是聖主柴坦亞．瑪哈帕布所發動的歌頌至尊主的聖名的祭祀(hari-nāma-yajña)。但是，我們不該一邊爲了自己的享受殺害動物，一邊試圖靠參加歌頌至尊主的聖名的祭祀抵消殺害動物的惡報。至尊主的奉獻者永遠不會爲了個人的利益去傷害動物，但當接到至尊主的命令時(像至尊主命令阿爾諸納那樣)，也不會不去履行查垂亞的職責。因此，只要按照至尊主的意願做一切就是最好的。世上只有奉獻者才能這麼做。

到此爲止，結束了巴克提韋丹塔對《聖典博伽瓦譚》第 1 篇第 8 章——“琨緹王后的祈禱及帕瑞克西特的獲救”所作的闡釋。

第九章

彼士瑪戴瓦在主奎師那面前過世

第 **1** 節

सूत उवाच
इति भीतः प्रजाद्रोहात्सर्वधर्मविवित्सया ।
ततो विनशनं प्रागाद्यत्र देवव्रतोऽपतत् ॥ १ ॥

sūta uvāca
iti bhītaḥ prajā-drohāt
sarva-dharma-vivitsayā
tato vinaśanaṁ prāgād
yatra deva-vrato 'patat

sūtaḥ uvāca — 聖蘇塔・哥斯瓦米說 / iti — 於是 / bhītaḥ — 懼怕 / prajā-drohāt — 由於殺害臣民 / sarva — 所有 / dharma — 宗教活動 / vivitsayā — 爲了理解 / tataḥ — 之後 / vinaśanam — 發生戰鬥的場所 / prāgāt — 他去了 / yatra — 那裡 / deva-vrataḥ — 彼士瑪戴瓦 / apatat — 躺下準備死亡

譯文 蘇塔・哥斯瓦米說：因爲害怕在庫茹柴陀戰場上殺了那麼多人所造成的惡果，尤帝士提爾王啓程前往發生大屠殺的現場。那裡，彼士瑪戴瓦正躺在箭床上處於即將離世之際。

要旨 在這第九章中，如聖主奎師那所願，彼士瑪戴瓦(Bhīṣmadeva)將就有關規定職責的主題教導尤帝士提爾王(Yudhiṣṭhira)。不僅如此，彼士瑪戴瓦還會在即將離開這個有死亡的世界前向至尊主作最後的禱告，從而不再進一步受物質束縛。彼士瑪戴瓦被賦予力量，可以按照他的願望離開他的物質軀體，躺在箭床上是他自己選擇要這麼做的。這位非凡的戰將離開世界的這種方法，吸引了當時全宇宙精英的注意力，他們都聚集在那裡向他表示對他的愛戴、敬意和對這位偉大靈魂的深情厚意。

第 2 節　तदा ते भ्रातरः सर्वे सदश्वैः स्वर्णभूषितैः ।
अन्वगच्छन् रथैर्विप्रा व्यासधौम्यादयस्तथा ॥ २ ॥

tadā te bhrātaraḥ sarve
sadaśvaiḥ svarṇa-bhūṣitaiḥ
anvagacchan rathair viprā
vyāsa-dhaumyādayas tathā

tadā — 在那時 / te — 他們大家 / bhrātaraḥ — 兄弟們 / sarve — 全在一起 / sat-aśvaiḥ — 由最好的馬匹拉著 / svarṇa — 黃金 / bhūṣitaiḥ — 由……裝飾著 / anvagacchan — 接連跟著 / rathaiḥ — 坐著戰車 / viprāḥ — 布茹阿瑪納啊 / vyāsa — 聖哲維亞薩 / dhaumya — 道彌亞 / ādayaḥ — 和其他人 / tathā — 也

譯文　尤帝士提爾王所有的兄弟都坐在由佩戴著金飾的一流駿馬所拉著的漂亮戰車上跟著他。隨他們同行的還有維亞薩、道彌亞(潘達瓦兄弟家博學的家庭祭司)等聖人和其他人。

第 3 節　भगवानपि विप्रर्षे रथेन सधनञ्जयः ।
स तैर्व्यरोचत नृपः कुवेर इव गुह्यकैः ॥ ३ ॥

bhagavān api viprarṣe
rathena sa-dhanañjayaḥ
sa tair vyarocata nṛpaḥ
kuvera iva guhyakaiḥ

bhagavān — 人格首神(聖奎師那) / api — 也 / vipra-ṛṣe — 布茹阿瑪納中的聖人啊 / rathena — 坐著戰車 / sa-dhanañjayaḥ — 和財富的征服者(阿爾諸納)一起 / saḥ — 祂 / taiḥ — 由他們 / vyarocata — 顯得極其高貴氣派 / nṛpaḥ — 那位國王(尤帝士提爾) / kuvera — 半神人的司庫(庫維爾) / iva — 像……一樣 / guhyakaiḥ — 被稱爲古亞卡人的同游者

譯文　布茹阿瑪納中的聖人啊！人格首神聖主奎師那與阿爾諸納同坐一輛戰車也隨隊同行。這陣勢把尤帝士提爾王襯托得非常高貴，如同庫維爾被他的同伴(古亞卡)們簇擁著一般。

要旨　聖主奎師那希望潘達瓦兄弟(Pāṇḍavas)以最高統治者的身份出現在彼士瑪戴瓦的面前，好讓他在臨終前看到他們很幸福。庫維爾(Kuvera)是最富有的半神人，這節詩中形容尤帝士提爾王看上去像他一樣，因爲聖主奎師那一行人所組成的陣容與尤帝士提爾王的王威十分相稱。

第 4 節　दृष्ट्वा निपतितं भूमौ दिवश्च्युतमिवामरम् ।
प्रणेमुः पाण्डवा भीष्मं सानुगाः सह चक्रिणा ॥ ४ ॥

dṛṣṭvā nipatitaṁ bhūmau
divaś cyutam ivāmaram
praṇemuḥ pāṇḍavā bhīṣmaṁ
sānugāḥ saha cakriṇā

dṛṣṭvā — 這樣看到 / nipatitam — 躺下 / bhūmau — 在地上 / divaḥ — 來自天空 / cyutam — 落下 / iva — 像…… / amaram — 半神人 / praṇemuḥ — 頂禮 / pāṇḍavāḥ — 潘杜的兒子 / bhīṣmam — 向著彼士瑪 / sa-anugāḥ — 和弟弟們在一起 / saha — 也和……在一起 / cakriṇā — 至尊主(手持飛輪)

譯文 看到他(彼士瑪) 像從天上掉下來的半神人般躺在地上，尤帝士提爾王和他的弟弟們，以及主奎師那都向他頂禮。

要旨 儘管主奎師那既是尤帝士提爾王的堂弟，又是阿爾諸納的密友，但潘達瓦兄弟全家都知道主奎師那是至尊人格首神。至尊主雖然很清楚自已的至尊地位，但始終按照人類習俗行事，因此也彷彿祂就是尤帝士提爾王的一個弟弟般向臨終前的彼士瑪戴瓦頂禮。

第5節 तत्र ब्रह्मर्षयः सर्वे देवर्षयश्च सत्तम ।
राजर्षयश्च तत्रासन्द्रष्टुं भरतपुङ्गवम् ॥ ५ ॥

tatra brahmarṣayaḥ sarve
devarṣayaś ca sattama
rājarṣayaś ca tatrāsan
draṣṭuṁ bharata-puṅgavam

tatra — 那兒 / brahma-ṛṣayaḥ — 布茹阿瑪納中的聖人 / sarve — 所有 / deva-ṛṣayaḥ — 半神人中的聖哲 / ca — 與 / sattama — 處在善良屬性層面上 / rāja-ṛṣayaḥ — 諸王間的聖人 / ca — 與 / tatra — 在那地方 / āsan — 曾出現 / draṣṭum — 正要看 / bharata — 巴茹阿特的後裔 / puṅgavam — ……的首領

譯文 為了看一眼巴茹阿特王後裔中的領袖(彼士瑪)，宇宙中所有處在善良屬性層面上的偉大靈魂，包括半神人中的聖人、布茹阿瑪納和君王們，都聚集在他周圍。

要旨 梵文"聖人(ṛṣis)"是指那些靠靈性成就達到完美的人。所有的人，無論是君王還是托缽僧，都能獲得這樣的靈性成就。彼士瑪戴瓦本人即是一位布茹阿瑪納聖人，又是巴茹阿特王(Bharata)的後裔中的領袖人物。在場所有的聖人都處在善良屬性的層面上，他們聚集在現場，聆聽偉大的戰將臨終前要說的話。

第 6-7 節 पर्वतो नारदो धौम्यो भगवान् बादरायणः ।
बृहदश्वो भरद्वाजः सशिष्यो रेणुकासुतः ॥ ६ ॥
वसिष्ठ इन्द्रप्रमदस्त्रितो गृत्समदोऽसितः ।
कक्षीवान् गौतमोऽत्रिश्च कौशिकोऽथ सुदर्शनः ॥ ७ ॥

parvato nārado dhaumyo
bhagavān bādarāyaṇaḥ
bṛhadaśvo bharadvājaḥ
saśiṣyo reṇukā-sutaḥ

vasiṣṭha indrapramadas
trito gṛtsamado 'sitaḥ
kakṣīvān gautamo 'triś ca
kauśiko 'tha sudarśanaḥ

parvataḥ — 帕爾瓦塔·牟尼 / nāradaḥ — 納茹阿達·牟尼 / dhaumyaḥ — 道彌亞 / bhagavān — 首神的化身 / bādarāyaṇaḥ — 維亞薩戴瓦 / bṛhadaśvaḥ — 比爾哈達刷 / bharadvājaḥ — 巴爾杜瓦佳 / saśiṣyaḥ — 和門徒在一起 / reṇukā-sutaḥ — 帕茹阿舒茹阿瑪 / vasiṣṭhaḥ — 瓦希施塔 / indrapramadaḥ — 因鐸帕瑪德 / tritaḥ — 特瑞塔 / gṛtsamadaḥ — 貴嚓瑪達 / asitaḥ — 阿西塔 / kakṣīvān — 卡爾西宛 / gautamaḥ — 高塔瑪 / atriḥ — 阿特瑞 / ca — 與 / kauśikaḥ — 考希卡 / atha — 與…… / sudarśanaḥ — 蘇達爾珊

譯文　在場的有：帕爾瓦塔·牟尼、納茹阿達、道彌亞、神的化身維亞薩、畢爾哈達刷、巴爾杜瓦佳和帕茹阿舒茹阿瑪及他們的門徒，還有瓦希施塔、因鐸帕瑪德、特瑞塔、貴嚓瑪達、阿西塔、卡克西宛、高塔瑪、阿特瑞、考希卡和蘇達爾珊等所有的聖人。

要旨 帕爾瓦塔．牟尼(Parvata Muni)：他被認爲是遠古的聖人之一。他幾乎始終與納茹阿達．牟尼(Nārada Muni)在一起。他們都是不用任何物質的交通工具就能在空中旅行的太空人。帕爾瓦塔．牟尼像納茹阿達．牟尼一樣，也是半神人中偉大的聖人(devarṣi)。他與納茹阿達．牟尼一起出席了帕瑞克西特王的兒子佳納美佳亞王(Janamejaya)舉行的祭祀儀式。這場祭祀的目的是要殺死世上所有的蛇。帕爾瓦塔．牟尼和納茹阿達．牟尼又都被稱爲歌仙(Gandharvas)，因爲他們可以邊在空中遨遊，邊歌唱至尊主的榮耀。由於他們能在空中飛行，他們在空中看到了朵帕蒂(Draupadī)的選夫大會(svayaṁvara)。像納茹阿達．牟尼一樣，帕爾瓦塔．牟尼也經常去參觀天帝因鐸(Indra)的皇家聚會。作爲歌仙，他有時去參觀重要的半神人之一庫維爾(Kuvera)的皇家聚會。納茹阿達．牟尼和帕爾瓦塔．牟尼有一次與遜佳亞王(Sṛñjaya)的女兒產生了一些問題。遜佳亞得到帕爾瓦塔．牟尼的祝福，有了一個兒子。

納茹阿達．牟尼：他不可避免地與往世書(Purāṇas)的敘述有著千絲萬縷的聯繫。《博伽瓦譚》對他進行了描述。在他的前世，他是一個女僕的兒子，但憑藉與純粹奉獻者的良好聯誼，他受啓蒙開始做奉愛服務；在來世，他成爲無與倫比的完美之人。《瑪哈巴茹阿特》(《摩訶婆羅多》)中多處提到他的名字。他是半神人中的首要聖人。他是布茹阿瑪(Brahmājī)的兒子及門生；從他開始，布茹阿瑪的師徒傳承一直延續下來。他啓迪了帕拉德．瑪哈茹阿佳(Prahlāda Mahārāja)和杜茹瓦．瑪哈茹阿佳(Dhruva Mahārāja)，並使許多人物成爲至尊主著名的奉獻者。他甚至啓迪了韋達文獻的作者維亞薩戴瓦，維亞薩戴瓦啓迪了瑪德瓦查爾亞(Madhvācārya)。從那以後，包括高迪亞傳承(Gauḍīya-sampradāya)在內的瑪德瓦傳承(Madhva-sampradāya)便傳遍了整個宇宙。聖柴坦亞．瑪哈帕布屬於這個瑪德瓦傳承，因此布茹阿瑪、納茹阿達．牟尼、維亞薩戴瓦，一直到瑪德瓦、柴坦亞和溫達文的六位哥斯瓦米(Gosvāmī)，都屬於這同一個師徒傳承。從無法追溯的年代起，納茹阿達教導了許許多多的君王。在《博伽瓦譚》中我們可以看到：當帕拉德·瑪哈茹阿佳還在他母親的腹中時，納茹阿達就開始教導他。納茹阿達還教導了奎師那的父親瓦蘇戴瓦(Vasudeva)，以及尤帝士提爾王。

道彌亞：他是在烏特考查卡聖地(Utkocaka Tīrtha)從事嚴酷苦行的偉大聖人，被指定爲潘達瓦王室的王家祭司。在潘達瓦兄弟舉行的許多次盛大的宗教儀式(saṁskāra)中，他都擔任主祭司的職責。他主持了每一個潘達瓦與朵帕蒂舉行的訂婚儀式。他甚至在潘達瓦五兄弟被流放期間就出現在他們身邊，時常在他們困惑時根據情況給予他們忠告。他教他們隱姓埋名地生活了一年；那時，潘達瓦兄弟們嚴格地遵循了他的教導。在庫茹柴陀戰爭後舉行的喪葬儀式中，他的名字也被提起過。《瑪哈巴茹阿特》的阿努沙散篇(Anuṣāsana-parva)第 127 章的第 15-16 節詩中說，他十分精心地給予尤帝士提爾王以宗教方面的訓導。他實際上非常適合當居士家的祭司，因爲他可以指引潘達瓦兄弟走正確的宗教之途。家庭祭司專門負責指導處在不同社會階層中的居士正確地履行各自的職責(āśrama-dharma)。家庭祭司與靈性導師幾乎沒有區別。聖哲賢人及布茹阿瑪納的職責即是如此。

維亞薩戴瓦(**Vyāsadeva**)：他被稱爲奎師那、奎師那-兌帕亞納(Kṛṣṇa-dvaipāyana)、兌帕亞納、薩提亞娃緹-蘇塔(Satyavatī-suta)、帕茹阿沙爾亞(Pārāśarya)、帕茹阿沙爾特瑪佳(Parāśarātmaja)、巴達茹阿亞納(Bādarāyaṇa)和維戴夫亞薩(Vedavyāsa)等。他是薩提亞娃緹在嫁給彼士瑪戴瓦的父親商坦努(Śantanu)王之前，與偉大的聖人帕茹阿沙茹阿(Parāśara)生的兒子。他是至尊主納茹阿亞納(Nārāyaṇa)的一個強大的化身，他把偉大的知識傳遍了全世界。正因爲如此，在吟誦韋達文獻，特別是往世書之前，要向維亞薩戴瓦致敬。舒卡戴瓦·哥斯瓦米是他的兒子，外商帕亞納(Vaiśampāyana)等聖人是他的門徒，負責保管、傳播韋達經的不同部份。他是偉大的史詩《瑪哈巴茹阿特》及非凡、超然的文獻《博伽瓦譚》的作者。他還編纂了《布茹阿瑪-蘇陀》(Brahma-sūtras)——《韋丹塔-蘇陀》(Vedānta-sūtra,《吠檀多經》)，或者又稱《巴達茹阿亞納-蘇陀》(Bādarāyaṇa-sūtras)。憑藉嚴格的苦行，他成爲聖人中最受尊敬的作者。當他爲了喀歷年代中的大眾的利益，想要把偉大的史詩《瑪哈帕茹阿特》記錄下來時，他感到需要有一位記錄速度非常快的速記員能把他口述的內容記下來。聽從布茹阿瑪的命令，甘內什負責把維亞薩戴瓦口述的內容記錄下來，但條件是：維亞薩戴瓦一刻都不能停止口述。就這樣，維亞薩戴瓦和甘內什共同努力完成了《瑪哈巴茹阿特》的編纂工作。

維亞薩戴瓦，在他母親——後來嫁給桑坦努王的薩提亞娃緹的命令下，以及桑坦努王與第一位妻子恆河生的長子彼士瑪戴瓦的請求下，生了兌塔瓦施陀(Dhṛtarāṣṭra)、潘杜(Pāṇḍu)和維杜茹阿(Vidura)這三個傑出的兒子。《瑪哈巴茹阿特》是庫茹柴陀戰爭結束，所有的瑪哈巴茹阿特英雄都戰死沙場後，維亞薩戴瓦編纂的。在帕瑞克西特王的兒子佳納美佳亞王舉行的王室聚會中，《瑪哈巴茹阿特》第一次被講述出來。

畢爾哈達刷(**Bṛhadaśva**)：他是古代的聖人，曾經與尤帝士提爾王見過幾次面。他第一次與尤帝士提爾王見面是在卡米亞文(Kāmyavana)。這位聖人講述了納拉王(Nala)的歷史。當時，還有一個人也叫畢爾哈達刷，他是依克施瓦庫(Ikṣvāku)王朝的子孫(《瑪哈巴茹阿特》森林篇209.4-5)。

巴爾杜瓦佳(**Bharadvāja**)：他是七位聖人(ṛṣi)中的一位，曾經出席了阿爾諸納的誕生典禮。這位強有力的聖人有時會在恆河岸邊從事嚴酷的苦行，他設在帕亞嘎聖地(Prayāgadhāma)的靈修所至今仍非常著名。據經典記載，這位聖人有一次在恆河中沐浴時看見了一位美麗的天堂社交女郎貴塔祺(Ghṛtacī)，不自覺地排出了精液。他把精液存放在一個土制的罐子裡，結果朵納誕生了。所以，朵納查爾亞是巴爾杜瓦佳·牟尼的兒子。另外一些人說，朵納查爾亞的父親不是七位聖人之一，而是布茹阿瑪的優秀的奉獻者。他有一次去找朵納查爾亞，要求他停止庫茹柴陀戰爭。

帕茹阿舒茹阿瑪(**Paraśurāma**)：他是偉大的聖人佳瑪達格尼亞(Maharṣi Jamadagni)和聖瑞努卡(Reṇukā)的兒子，所以也被稱爲瑞努卡蘇塔(Reṇukāsuta)。他是神的強有力的化身之一，曾經殺戮查垂亞(kṣatriya, 剎帝利)階層的人共達二十一次。他用那些查垂亞的血滿足了他的祖先們的靈魂。他從查垂亞的手中奪取了整個地球的統治權後，把它佈施給了喀夏帕・牟尼(Kaśyapa)。後來，他到瑪亨鐸・帕爾瓦特(Mahendra Parvata)從事嚴酷的苦行。帕茹阿舒茹阿瑪把軍事科學(Dhanur-veda)傳授給朵納查爾亞，因爲朵納查爾亞是布茹阿瑪納(婆羅門)。他出席了尤帝士提爾王的加冕典禮，與其他偉大的聖人們一起主持了這場盛大的宗教儀式。

帕茹阿舒茹阿瑪的壽命是那麼長，以致在不同的年代中分別遇到了茹阿瑪和奎師那。他與茹阿瑪比武，但承認奎師那是至尊人格首神。當他看到阿爾諸納與奎師那在一起時，他稱讚了阿爾諸納。當安芭(Ambā)想要嫁給彼士瑪戴瓦，而彼士瑪戴瓦拒絕娶安芭爲妻時，安芭遇到了帕茹阿舒茹阿瑪；在安芭的請求下，帕茹阿舒茹阿瑪要求彼士瑪戴瓦娶安芭爲妻。儘管帕茹阿舒茹阿瑪是彼士瑪戴瓦的靈性導師之一，但彼士瑪戴瓦還是拒絕了他的要求。當彼士瑪戴瓦不理會帕茹阿舒茹阿瑪的警告時，帕茹阿舒茹阿瑪與彼士瑪戴瓦對打，戰鬥非常激烈。最後，帕茹阿舒茹阿瑪對彼士瑪戴瓦感到滿意，祝福他成爲世上最偉大的戰將。

瓦希施塔(**Vasiṣṭha**)：他是布茹阿瑪納中十分著名的聖人，以神聖的布茹阿瑪納-瓦希施塔戴瓦(Brahmarṣi Vasiṣṭhadeva)聞名於世。在史詩《茹阿瑪亞納》(Rāmāyaṇa,《羅摩衍納》)和《瑪哈巴茹阿特》記載的時代中，他都是十分突出的人物。他主持了人格首神茹阿瑪的加冕典禮；他也出現在庫茹柴陀戰場上。他可以去所有高等和低等的星球，在黑冉亞卡希普(Hiraṇyakaśipu)的那段歷史中也出現了他的名字。他和維施瓦彌陀(Viśvāmitra)的關係十分緊張。維施瓦彌陀想要瓦希施塔·牟尼的如願牛卡瑪戴努(kāmadhenu)，瓦希施塔拒絕了維施瓦彌陀的要求。爲此，維施瓦彌陀殺了瓦希施塔的一百個兒子。作爲理想的布茹阿瑪納，瓦希施塔容忍了維施瓦彌陀對他的嘲笑、辱罵。一次，由於不堪忍受維施瓦彌陀的折磨，他試圖自殺，但無論怎麼做都無法成功。他從山頂上向下跳，但他落下碰到的那些石頭變成了一堆棉花，救了他。他跳進大海，但海浪把他沖到岸上。他跳進河水中，但河水也把他沖到岸邊。就這樣，他爲自殺所做的一切努力都以失敗告終。他是七大聖人之一，也是著名的恆星阿冉妲緹(Arundhatī)的丈夫。

因鐸帕瑪德(Indrapramada)：另一位著名的聖人。

特瑞塔(Trita)：他是生物體的祖先高塔瑪(Gautama)的三個兒子中的第三個兒子，他的兩個兄弟分別稱爲艾卡特(Ekat)和兌塔(Dvita)。他們都是偉大的聖人，嚴格遵守宗教原則。靠嚴格的苦修，他們晉昇到布茹阿瑪居住的星球布茹阿瑪珞卡上。一次，特瑞塔·牟尼掉進一口井中。他是許多祭祀的組織者，因此作爲偉大的聖人之一，他也在彼士瑪戴瓦臨終前去向他表示敬意。他是住在瓦茹納星球(Varuṇaloka)上的七位聖人之一。他來自西方世界，極有可能是歐洲的那些國家。那時，整個世界的文化都是韋達文化。

貴嚓瑪達(Gṛtsamada)：他是天堂王國中的一位聖人，是天帝因鐸的密友，與畢爾哈斯帕提(Bṛhaspati)一樣偉大。他曾經出席尤帝士提爾王舉行的皇家聚會，也到過彼士瑪戴瓦去世的地方。有時，他給尤帝士提爾王解釋主希瓦(Śiva)的榮耀。他是維塔哈維亞(Vitahavya)的兒子，外形很像因鐸，以致因鐸的敵人有時誤把他當作因鐸去抓他。他是《瑞歌-韋達》(Ṛg-veda)的傑出學者，所以備受布茹阿瑪納階層的崇敬。他過獨身禁慾的生活，在各個方面都很有力量。

阿西塔(Asita)：有一位君王與他同名，但這節詩裡提到的阿西塔是當時一位強大有力的聖人阿西塔・戴瓦拉(Asita Devala)。他給他父親解釋了《瑪哈巴茹阿特》中的一百五十萬節詩。他是參加佳納美佳亞王舉行的蛇祭祀的成員之一，也與其他偉大的聖人一起出席了尤帝士提爾王的加冕典禮。他在安佳娜(Añjana)山丘上曾經教導過尤帝士提爾王。他也是主希瓦的奉獻者之一。

卡克西宛(**Kakṣīvān**)：他是高塔瑪・牟尼的一個兒子，是偉大的聖人昌達考希卡(Candakausika)的父親。他是尤帝士提爾王的議會中的一名議員。

阿特瑞(**Atri**)：阿特瑞・牟尼是一位偉大的布茹阿瑪納聖人，是布茹阿瑪的心念生出的兒子之一。布茹阿瑪極爲強大有力，以致只憑思想就可以生出兒子。他的這些兒子被稱爲心念之子(mānasa-putra)。布茹阿瑪有七個經由思想生出的兒子，在這七位偉大的布茹阿瑪納聖人中，阿特瑞就是其中的一員。偉大的帕柴塔(Pracetā)們就出生在他的家中。阿特瑞・牟尼有兩個查垂亞兒子都成了君王。阿爾塔瑪王(Arthama)就是其中之一。他被視爲是世上二十一位生物體祖先(prajāpati)之一。他妻子的名字叫阿娜蘇雅(Anasūyā)。在帕瑞克西特王舉行的所有盛大的祭祀中，阿特瑞都給予幫助。

考希卡(**Kauśika**)：他是尤帝士提爾王的王室議會中的永久議員。他有時會遇到主奎師那。世上有幾位其他的聖人與他同名。

蘇達爾珊(**Sudarśana**)：這個被人格首神(維施努或奎師那)當作私人武器的飛輪，極爲強大有力，比布茹阿瑪納斯陀(brahmāstra)或其它同種類的毀滅性武器還要威力強大。有些韋達文獻中說，是火神(Agnideva)把這件武器送給了聖奎師那，但事實上，這武器是至尊主永恆攜帶的武器。火神把這件武器送給奎師那，就如同茹克瑪(Rukma)把茹克蜜妮(Rukmiṇī)嫁給至尊主一樣。至尊主接受祂的奉獻者送給祂的禮物，儘管這些禮物本就永恆地屬於祂。《瑪哈巴茹阿特》第一篇中對蘇達爾珊這件武器有極爲詳盡的描述。聖主奎師那用這件武器殺了始終與祂爲敵的錫舒帕勒(Śiśupāla)，還殺死了沙勒瓦(Śālva)。有時，祂讓祂的朋友阿爾諸納用這件武器殺他的敵人(《瑪哈巴茹阿特》維茹阿塔篇 56.3)。

第 8 節 अन्ये च मुनयो ब्रह्मन् ब्रह्मरातादयोऽमलाः ।
शिष्यैरुपेता आजग्मुः कश्यपाङ्गिरसादयः ॥ ८ ॥

anye ca munayo brahman
brahmarātādayo 'malāḥ
śiṣyair upetā ājagmuḥ
kaśyapāṅgirasādayaḥ

anye — 許多其他人 / ca — 也 / munayaḥ — 眾聖人 / brahman — 眾布茹阿瑪納啊 / brahmarāta — 舒卡戴瓦．哥斯瓦米 / ādayaḥ — 和其他類似的人 / amalāḥ — 完全淨化了 / śiṣyaiḥ — 由門徒 / upetāḥ — 伴隨 / ājagmuḥ — 到達 / kaśyapa — 喀夏帕 / āṅgirasa — 安給茹阿薩 / ādayaḥ — 其他人

譯文　舒卡戴瓦．哥斯瓦米、喀夏帕和安給茹阿薩等許多其他淨化了的靈魂，也由他們各自的門徒陪伴著到了現場。

要旨　舒卡戴瓦．哥斯瓦米(**Śukadeva Gosvāmī**)——布茹阿瑪茹阿塔(**Brahmarāta**)：他是聖維亞薩戴瓦著名的兒子和門徒。聖維亞薩戴瓦先傳授給他《瑪哈巴茹阿特》，然後是《聖典博伽瓦譚》(Śrīmad-Bhāgavatam)。舒卡戴瓦．哥斯瓦米在歌仙(Gandharvas)、夜叉(Yakṣas)和吃人魔(Rākṣasas)的議會上，背誦了《瑪哈巴茹阿特》的一百四十萬節詩，在帕瑞克西特王面前第一次背誦了《聖典博伽瓦譚》。他從他偉大的父親那裡認真、仔細地學習了所有的韋達文獻，憑藉廣博的有關宗教原則的知識成爲徹底淨化了的靈魂。從《瑪哈巴茹阿特》聚會堂篇(Sabhā-parva)第4章的第11節詩中可以瞭解到，他出席了尤帝士提爾王的

王室會議，出現在帕瑞克西特王斷食的現場。作爲聖維亞薩戴瓦的真誠弟子，他向他父親詳細詢問了有關宗教原則和靈性價值標準的問題，而他偉大的父親通過給他講解各種內容滿足了他；這些內容包括：通過練習可以使人到達靈性王國的瑜伽(yoga)體系；功利性活動與經驗主義知識之間的區別；獲得靈性覺悟的方法；學生生活、居士生活、退休生活和棄絕生活這四個生活階段 (āśramas)的知識；至尊人格首神至高無上的地位；面對面與至尊主相見的程序；接受知識的適合人選；有關五種元素的知識；智力獨一無二的地位；物質自然和生物之間的意識差別；覺悟了自我的靈魂所具有的表現；物質軀體的運作原理；物質自然屬性的影響所具有的徵象；永恆的慾望之樹，以及心理活動。舒卡戴瓦·哥斯瓦米經他父親和納茹阿達的許可，有時會去太陽星球。《瑪哈巴茹阿特》和平篇(Śānti-parva)第332節詩中，描述了他在太空旅行的情況。他最後到達了超然的區域。他的其它名字分別是，阿冉內亞(Araṇeya)、阿茹尼蘇塔 (Aruṇisuta) 、外亞薩克伊 (Vaiyāsaki) 和維亞薩特瑪佳 (Vyāsātmaja)。

喀夏帕(Kaśyapa)：他是生物體的祖先之一，是瑪瑞祺的兒子、生物體祖先達克沙(Dakṣa)的女婿。他是巨鳥嘎茹達(Garuḍa)的父親，而嘎茹達被允許吃的食物是大象和烏龜。喀夏帕娶了生物體的祖先達克沙的十三個女兒，她們的名字分別是：阿迪緹(Aditi)、迪緹(Diti)、妲努(Danu)、喀氏塔(Kāṣṭhā)、阿瑞氏塔(Ariṣṭā)、蘇茹阿薩(Surasā)、伊拉(Ilā)、牟妮(Muni)、考若妲娃莎(Krodhavaśā)、塔麼茹阿(Tāmrā)、蘇茹阿碧(Surabhi)、薩茹阿瑪(Saramā)和緹彌(Timi)。喀夏帕與他的那些妻子生了許許多多孩子，既有半神人，也有惡魔。他與他的第一個妻子阿迪緹一起生了十二位阿迪提亞(Āditya)，其中一位就是首神的化身瓦瑪納(Vāmana)。偉大的聖人喀夏帕在阿爾諸納出生時也出現過。他接受帕茹阿舒茹阿瑪佈施給他的整個世界，後來要求帕茹阿舒茹阿瑪離開世俗世界。他的另一個名字是阿瑞施塔內彌(Ariṣṭanemi)。他生活在宇宙的北部。

安給茹阿薩(Āṅgirasa)：他是偉大的聖人安給茹阿(Maharṣi Aṅgirā)的兒子，以半神人的祭司畢爾哈斯帕提(Bṛhaspati)著稱。據經典中記載，朵納查爾亞是他的部份化身。蘇夸查爾亞(Śukrācārya)是惡魔們的靈性導師，畢爾哈斯帕提向他挑戰。畢爾哈斯帕提的兒子是喀查(Kaca)。他把火武器先送給了巴爾杜瓦佳·牟尼(Bharadvāja Muni)。他與他的妻子——著名的恆星昌朵瑪西(Candramāsī)，一起生了火神等六個兒子。他可以在空中旅行，所以甚至能進入布茹阿瑪珞卡和因鐸珞卡。他向天帝因鐸提議要征服惡魔。一次，他詛咒了因鐸，使他在地球上當了一頭豬，而且不願意返回天堂。這就是錯覺能量的魔力所在。就連一頭豬都不願意捨棄牠在地球上的擁有，去換取天堂王國。畢爾哈斯帕是不同的星球上的居民的宗教導師。

第 9 節　तान् समेतान्महाभागानुपलभ्य वसूत्तमः ।
पूजयामास धर्मज्ञो देशकालविभागवित् ॥ ९ ॥

tān sametān mahā-bhāgān
upalabhya vasūttamaḥ
pūjayām āsa dharma-jño
deśa-kāla-vibhāgavit

tān — 他們大家 / sametān — 聚一起 / mahā-bhāgān — 都極有能力的 / upalabhya — 接待了 / vasu-uttamaḥ — 瓦蘇當中最好的一位(彼士瑪戴瓦) / pūjayām āsa — 歡迎了 / dharma-jñaḥ — 一個知道宗教原則的人 / deśa — 地方 / kāla — 時間 / vibhāga-vit — 一個懂得適應時間和地點的人

譯文　八位瓦蘇中最優秀的波士瑪戴瓦，歡迎聚集在現場的所有偉大而強有力的聖人們，因為他明瞭在不同時間和地點中的一切宗教原則。

要旨　宗教權威們十分清楚如何根據不同的時間和地點調整宗教原則。所有偉大的靈性導師(ācāryas)、傳教士或世上的改革者，都通過根據時間和地點調整宗教原則來執行他們的使命。世上不同的區域有不同的氣候和風土人情；人如果必須履行傳播至尊主使命的職責，就必須能熟練地根據時間和地點調整行事的方式。彼士瑪戴瓦是傳播奉愛服務文化的十二位偉大權威中的一位，所以能夠恰到好處地迎接每一位在他臨終前從宇宙各地聚集到那裡的強有力的聖人。他當然無法像往常那樣迎接大家，因爲他當時既不在自己家中，身體狀況又不好。但他意識清醒，因此可以用甜美的話語表達他由衷的欣賞和感謝，熱情接待每一位到訪者。人可以用身、口、意履行他的職責。彼士瑪戴瓦很清楚如何正確地運用他的身、口、意，所以儘管他不能起身迎接大家，但並不妨礙他迎接大家。

第 10 節　कृष्णं च तत्प्रभावज्ञ आसीनं जगदीश्वरम् ।
हृदिस्थं पूजयामास माययोपात्तविग्रहम् ॥१०॥

kṛṣṇaṁ ca tat-prabhāva-jña
āsīnaṁ jagad-īśvaram
hṛdi-sthaṁ pūjayām āsa
māyayopātta-vigraham

kṛṣṇam — 向主奎師那 / ca — 也 / tat — 祂的 / prabhāva-jñaḥ — 知道榮耀的人(彼士瑪) / āsīnam — 正坐著 / jagat-īśvaram — 宇宙的主 / hṛdi-stham — 處在心中 / pūjayām āsa — 曾崇拜 / māyayā — 靠內在的力量 / upātta — 曾展示 / vigraham — 形象

譯文　主奎師那雖然處在每一個生物體的心中，但還是通過祂的內在能量在衆人面前展現祂的超然形象。這位至尊主就坐在波士瑪戴瓦面前。波士瑪戴瓦知道祂的榮耀，因此以恰當的方式崇拜了祂。

要旨 至尊主以祂同時出現在每一個地方展現了祂的全能。祂雖然永不離開祂永恆的居所哥珞卡．溫達文(Goloka Vṛndāvana)，但卻同時處在每一個生物體的心中，甚至每一個微小得讓人無法看見的原子內。當祂在物質世界裡展示祂永恆的超然形象時，祂透過祂的內在能量這麼做。祂的外在能量，也就是物質能量，與祂的永恆形象毫無關係。聖彼士瑪戴瓦知道這一切真相，因此以恰當的方式崇拜祂。

第 11 節 पाण्डुपुत्रानुपासीनान् प्रश्रयप्रेमसङ्गतान् ।
अभ्याचष्टानुरागाश्रैरन्धीभूतेन चक्षुषा ॥११॥

pāṇḍu-putrān upāsīnān
praśraya-prema-saṅgatān
abhyācaṣṭānurāgāśrair
andhībhūtena cakṣuṣā

pāṇḍu — 尤帝士提爾與眾兄弟的先父 / putrān — ……的兒子 / upāsīnān — 正靜靜地坐在附近 / praśraya — 被壓倒 / prema — 深情地 / saṅgatān — 已匯集 / abhyācaṣṭa — 道賀 / anurāga — 感動地 / aśraiḥ — 歡喜的淚 / andhībhūtena — 沈浸在 / cakṣuṣā — 用他的雙眼

譯文 潘杜王的兒子們沈默地坐在波士瑪戴瓦身邊，為祖父不久於人世而悲傷不已。看到這情形，波士瑪戴瓦深情地向他們道賀。他沈浸在疼愛孫子的情感中，眼裡含著歡喜的淚。

要旨 潘杜王(Mahārāja Pāṇḍu)離開人世時，祂的兒子還都是小孩子，所以自然要在年長的王室成員，特別是彼士瑪戴瓦的愛護下長大成人。潘達瓦兄弟長大成人後，被奸詐的杜尤丹及其同伙所騙；彼士瑪戴瓦雖然知道潘達瓦兄弟是無辜的，無端地被置於困境中，但卻出於政治考量而不能站在潘達瓦兄弟一邊。偉大的戰將兼祖父彼士瑪戴瓦，在他人生的最後時刻，看到以尤帝士提爾王爲首的他這些最崇高的孫子們高貴地坐在他身邊，情不自禁地流下了愛的淚水。他回憶起他這些最虔誠的孫子所經受過的巨大磨難。當然，尤帝士提爾終於登上王位，代替了杜尤丹，這使他極爲滿意，于是開始向他們道賀。

第 12 節　अहो कष्टमहोऽन्याय्यं यद्यूयं धर्मनन्दनाः ।
जीवितुं नार्हथ क्लिष्टं विप्रधर्माच्युताश्रयाः ॥१२॥

aho kaṣṭam aho 'nyāyyaṁ
yad yūyaṁ dharma-nandanāḥ
jīvituṁ nārhatha kliṣṭaṁ
vipra-dharmācyutāśrayāḥ

aho — 呀 / kaṣṭam — 多可怕的苦難 / aho — 呀 / anyāyyam — 多不公平的待遇 / yat — 因爲 / yūyam — 你們這些善良的靈魂 / dharma-nandanāḥ — 宗教人格化身的兒子們 / jīvitum — 一直活者 / na — 永不 / arhatha — 應得的 / kliṣṭam — 痛苦 / vipra — 布茹阿瑪納 / dharma — 虔誠 / acyuta — 神 / āśrayāḥ — 受保護

譯文　彼士瑪戴瓦說：唉，作為宗教人格化身的兒子，你們這些善良的靈魂受了多可怕的罪，多不公平的待遇啊！在那種苦難的情形下，你們本來是活不下去的，但布茹阿瑪納、神和宗教都在保護你們。

要旨　庫茹柴陀戰爭中的大規模殺戮使尤帝士提爾王內心備受煎熬。彼士瑪戴瓦能理解這一點，所以一開口就說尤帝士提爾王所受過的罪多麼可怕。尤帝士提爾王被不公平地置於困境，而庫茹柴陀戰爭之所以開打，就是為了對抗這種不公。因此，他不該為這場大規模的殺戮而悔恨不已。彼士瑪戴瓦尤其想指出，布茹阿瑪納、至尊主和宗教原則都保護他們。他們只要受到這三者的保護，就沒有理由感到沮喪。所以，彼士瑪戴瓦鼓勵尤帝士提爾王打消他的沮喪情緒。無論生活多麼艱難，人只要完全按照至尊主的意願行事，在真正的布茹阿瑪納和至尊主的奉獻者(Vaiṣṇavas)指導下嚴格遵守宗教原則，就沒有理由沮喪。彼士瑪戴瓦作為傳播奉愛服務文化的十二位偉大權威中的一位，想要向潘達瓦兄弟強調這個重點。

第 13 節

संस्थितेऽतिरथे पाण्डौ पृथा बालप्रजा वधूः ।
युष्मत्कृते बहून् क्लेशान् प्राप्ता तोकवती मुहुः ॥१३॥

saṁsthite 'tirathe pāṇḍau
pṛthā bāla-prajā vadhūḥ
yuṣmat-kṛte bahūn kleśān
prāptā tokavatī muhuḥ

saṁsthite — 死後 / ati-rathe — 偉大的將軍的 / pāṇḍau — 潘杜 / pṛthā — 琨緹 / bāla-prajā — 有年幼的小孩 / vadhūḥ — 我的媳婦 / yuṣmat-kṛte — 為了你 / bahūn — 多方面對 / kleśān — 苦惱 / prāptā — 經歷過 / toka-vatī — 儘管有了成年的男孩 / muhuḥ — 不斷地

譯文 至於我的兒媳婦琨緹，自從大將軍潘杜死後，就立刻成了帶著許多孩子的寡婦，因此吃了很多苦。而且，在你們成長的過程中，你們的所作所為也給她帶去了很多麻煩。

要旨 琨緹黛薇經受的痛苦更令人痛惜。年輕守寡並要在王室中把孩子撫養成人，使她承受了巨大的痛苦。她的孩子長大成人後，他們的所作所爲使她繼續受苦。所以，她一直不斷地在受苦。這意味著：天意注定她要受苦。對此，人必須忍受，泰然處之。

第 14 節　सर्वं कालकृतं मन्ये भवतां च यदप्रियम् ।
सपालो यद्वशे लोको वायोरिव घनावलिः ॥१४॥

sarvaṁ kāla-kṛtaṁ manye
bhavatāṁ ca yad-apriyam
sapālo yad-vaśe loko
vāyor iva ghanāvaliḥ

sarvam — 這一切 / kāla-kṛtam — 不可避免的時間所造成的 / manye — 我認爲 / bhavatām ca — 也爲了你們 / yat — 無論什麼 / apriyam — 可憎的 / sa-pālaḥ — 和統治者一起 / yat-vaśe — 在那個時間主宰之下 / lokaḥ — 在每一個星球上的每一個人 / vāyoḥ — 風攜帶著 / iva — 如 / ghana-āvaliḥ — 雲帶

譯文　依我看，這一切都是由不可避免的時間造成的。正如風攜帶雲朵，每個星球上的每個生物體都受時間的控制。

要旨　正如每一個星球上的一切事物都受時間的控制，宇宙中所有的空間都受時間的控制。如同空氣的力量攜帶著雲朵，所有巨大的星球，包括太陽在內，都被空氣的力量所控制。同樣，不可避免的時間(kāla)，甚至控制著空氣的活動及其它元素。萬事萬物都被至尊時間所控制，而時間是至尊主在物質世界裡的強有力的代表。所以，尤帝士提爾不該爲時間不可思議的活動而感到難過。每一個人，只要他還在物質世界中，就必須承受時間的作用和反作用。尤帝士提爾不該認爲他在前世犯了罪，所以要在這一生承受苦果。就連最虔誠的人都不得不在物質自然環境中受苦。但虔誠的人因爲在真正的布茹阿瑪納和至尊主的奉獻者的指導下遵守宗教原則，所以始終對至尊主很忠誠。人應該畢生在布茹阿瑪納和至尊主的奉獻者的指導下遵守宗教原則，而不該受永恆時間的惡作劇的打擾。就連這個宇宙中的最高控制者布茹阿瑪，都得受時間的控制；所以，我們不該因爲在真正遵守宗教原則的情況下仍受到時間的控制而感到心不甘，情不願。

第 15 節 यत्र धर्मसुतो राजा गदापाणिर्वृकोदरः ।
कृष्णोऽस्त्री गाण्डिवं चापं सुहृत्कृष्णस्ततो विपत् ॥१५॥

yatra dharma-suto rājā
gadā-pāṇir vṛkodaraḥ
kṛṣṇo 'strī gāṇḍivaṁ cāpaṁ
suhṛt kṛṣṇas tato vipat

yatra — 有的地方 / dharma-sutaḥ — 達爾瑪茹阿佳的兒子 / rājā — 國王 / gadā-pāṇiḥ — 他手中握著強有力的大頭棒 / vṛkodaraḥ — 彼瑪 / kṛṣṇaḥ — 阿爾諸納 / astrī — 攜帶武器的人 / gāṇḍivam — 甘迪瓦 / cāpam — 弓 / suhṛt — 祝福者 / kṛṣṇaḥ — 人格首神主奎師那 / tataḥ — 其 / vipat — 挫折

譯文 不可避免的時間所產生的影響有多奇妙啊！它是不可逆轉的；否則，既然有宗教之神的兒子尤帝士提爾王、使用大頭棒的偉大戰將彼瑪、運用全能武器甘迪瓦的卓越弓箭手阿爾諸納在，尤其是有親自保佑潘達瓦兄弟的至尊主在，怎麼還會發生那麼多不幸的事情？

要旨 就物質或靈性的資源而言，潘達瓦兄弟什麼都不缺。物質上，他們裝備精良，因爲有彼瑪(Bhīma)和阿爾諸納兩位偉大的戰將在。靈性上，君王本身就是宗教的象徵。最重要的是：人格首神聖主奎師那作爲祝福者，親自關心他們的事情。儘管如此，潘達瓦兄弟還是遇到那麼多的挫折。儘管有虔誠活動的力量、人格的力量、精通管理的能力和強有力的武器，而且一切都在主奎師那的直接監督下，潘達瓦兄弟仍然遭遇重重困難。對此唯一的解釋，是不可思議的時間(kāla)的影響所致。時間與至尊主本人一樣，所以時間的影響表明了至尊主本人的難以理解的意願。當事情超出任何人的控制時，根本沒必要感到悲傷。

第 16 節　न ह्यस्य कर्हिचिद्राजन् पुमान् वेद विधित्सितम् ।
यद्विजिज्ञासया युक्ता मुह्यन्ति कवयोऽपि हि ॥१६॥

na hy asya karhicid rājan
　pumān veda vidhitsitam
yad vijijñāsayā yuktā
　muhyanti kavayo ’pi hi

na — 永不 / hi — 肯定地 / asya — 祂的 / karhicit — 無論什麼 / rājan — 君王啊 / pumān — 任何人 / veda — 知道 / vidhitsitam — 計劃 / yat — ……的那個 / vijijñāsayā — 尋根究底地詢問 / yuktāḥ — 從事於 / muhyanti — 困惑的 / kavayaḥ — 偉大的哲學家 / api — 甚至 / hi — 肯定地

譯文　君王啊！沒人瞭解至尊主(聖奎師那)的計劃，就連尋根究底的大哲學家們都感到困惑。

要旨　尤帝士提爾王在迷惑的情況下所認爲的“是自己從事過的罪惡活動招致了痛苦”等想法，被偉大的權威彼士瑪(十二位傳播奉愛服務文化的權威人士之一)完全否定了。彼士瑪要讓尤帝士提爾王銘記一點，那就是：從無法追溯的時候起，從沒有誰，包括像希瓦和布茹阿瑪那樣的半神人在內，能夠弄清至尊主的真正計劃。所以我們又能明白什麼呢？去探詢它都是多餘的。就連聖人們在哲學方面尋根究底地探詢，都無法查明至尊主的計劃。最好的做法是：完全順從至尊主的指令。潘達瓦兄弟所受的痛苦根本不是他們過去的行爲所導致的。至尊主必須執行祂要重建真、善、美的王國的計劃，而祂的奉獻者短暫地受苦，是爲了讓美德戰勝邪惡。彼士瑪戴瓦雖然在打仗時站在與尤帝士提爾王爲敵的一方，但無疑很高興看到美德獲勝，看到尤帝士提爾王登上了王位。至尊主想要世人看到：不論邪惡的一方有何等人才，邪惡終究無法戰勝美德，所以就連像彼士瑪那樣偉大的鬥士因爲站在錯誤的一邊，也無法贏得庫茹柴陀戰爭。彼士瑪戴瓦本是至尊主傑出的奉獻者，但至尊主的旨意令他選擇站在與潘達瓦兄弟敵對的一方作戰。

第 17 節　तस्मादिदं दैवतन्त्रं व्यवस्य भरतर्षभ ।
तस्यानुविहितोऽनाथा नाथ पाहि प्रजाः प्रभो ॥१७॥

tasmād idaṁ daiva-tantraṁ
vyavasya bharatarṣabha
tasyānuvihito 'nāthā
nātha pāhi prajāḥ prabho

tasmāt — 因此 / idam — 這個 / daiva-tantram — 只是命運的魅力 / vyavasya — 確定 / bharata-ṛṣabha — 巴茹阿特後裔中最優秀的人 / tasya — 由祂 / anuvihitaḥ — 如……希望的 / anāthāḥ — 無助的 / nātha — 主人啊 / pāhi — 照顧 / prajāḥ — 臣民的 / prabho — 主啊

譯文　巴茹阿特後裔中最優秀的人(尤帝士提爾)啊！因此我斷言，這一切都是至尊主計劃的一部份。接受至尊主不可思議的計劃，你就必須按其行事。我的君主，你現在既然是被指定的統治者，就應該立刻去照顧那些感到絕望無助的臣民。

要旨　俗話說，家庭主婦通過教導自己的女兒來教導兒媳婦。同樣道理，至尊主通過教導祂的奉獻者來教導世人。奉獻者無需特意向至尊主學習什麼新東西，因為至尊主始終在真誠的奉獻者的內心給予教導。所以無論何時，每當至尊主安排一場教導奉獻者的演出，其實都是為了教導智力欠佳的人，《博伽梵歌》就是一例。因此，奉獻者的責任是：心甘情願地接受至尊主所安排的苦難，把它們視為是祝福。彼士瑪戴瓦勸潘達瓦兄弟盡快承擔管理國家的重任，不要猶豫。庫茹柴陀戰爭使可憐的人們失去了保護，他們在等待尤帝士提爾王就任。至尊主純粹的奉獻者把苦難視為是至尊主賜予的恩惠。既然至尊主是絕對的，苦難與恩惠之間就沒有世俗的區別。

第 18 節　एष वै भगवान् साक्षादाद्यो नारायणः पुमान् ।
मोहयन्मायया लोकं गूढश्चरति वृष्णिषु ॥१८॥

eṣa vai bhagavān sākṣād
ādyo nārāyaṇaḥ pumān
mohayan māyayā lokaṁ
gūḍhaś carati vṛṣṇiṣu

eṣaḥ — 這個 / vai — 積極地 / bhagavān — 人格首神 / sākṣāt — 原始的 / ādyaḥ — 第一位 / nārāyaṇaḥ — (躺在水面上的)至尊主 / pumān — 至高無上的享樂者 / mohayan — 令人困惑的 / māyayā — 靠祂自己創造的能量 / lokam — 眾星球 / gūḍhaḥ — 不可思議的 / carati — 移動 / vṛṣṇiṣu — 在維施尼家族中

譯文　這位聖奎師那不是別人，正是不可思議的最初的人格首神。祂雖然是首位納茹阿亞納——至尊享樂者，但卻像我們中的一員那樣生活在維施尼王的後裔間，用祂自己創造的能量迷惑我們。

要旨　獲取知識的韋達方法是向權威詢問。要完美地獲得韋達知識，必須透過師徒傳承從從權威那裡接受。與智力欠佳的人所曲解的完全相反，韋達知識從不是教條。有關誰是孩子的父親這樣機密的信息，只有母親是權威，只有她才能證實。所以，權威並非教條。有關這一事實，《博伽梵歌》第4章的第2節詩中給予了證實。從權威那裡接受知識的系統才是完美的學習系統。全世界都把這一系統接受爲是真正的學習系統，只有不誠實的辯論者才會予以否定。例如：現代太空船在空中飛行，當科學家們說這些航天器到達了月亮的另一邊時，人們盲目地相信這些故事，因爲他們已經把現代科學家接受爲是權威了。權威們說什麼，大眾就相信什麼。但至於韋達經典所記載的事實，他們被告知不要相信。他們即使接受了其中的內容，也會給予不同的解釋。每一個人都想對韋達知識有直接的認識，但卻都愚蠢地否定它。可是，有關太空遊一事，他們聽什麼就信什麼。這意味著，被誤導的人只相信一個權威——科學家們，但卻拒絕把韋達經視爲權威。這結果是：人們越來越墮落。

這節詩是一位權威說，聖奎師那是最初的人格首神、第一位納茹阿亞納。就連商卡爾阿查爾亞那樣的非人格神主義者，都在他對《博伽梵歌》的評註一開始就說：人格首神納茹阿亞納，超越物質的創造。這個宇宙是物質創造之一，但納茹阿亞納超越這樣的物質創造。

在精通奉愛服務文化這門超然知識的十二位權威中(mahājanas)，彼士瑪戴瓦是其中的一位。他對聖主奎師那是存在中的第一位人格首神這一事實的證實，也得到了非人格神主義者商卡爾的確認。所有其他的靈性導師們(ācāryas)，也都證實了這節詩中的聲明，因此我們沒有理由不承認聖主奎師那是最初的人格首神。彼士瑪戴瓦說，聖奎師那是第一位納茹阿亞納。就有關這一點，布茹阿瑪在《博伽瓦譚》第 10 篇第 14 章的第 14 節詩中也給予了證實。靈性世界(Vaikuṇṭha)中有無數的納茹阿亞納，祂們都是人格首神，都是最初的人格首神聖奎師那的完整擴展。

存在中的第一位至尊主聖奎師那首先擴展出巴拉戴瓦(Baladeva)的形象，巴拉戴瓦擴展出許許多多其他的形象，如：桑卡爾珊(Saṅkarṣaṇa)、帕杜麼納(Pradyumna)、阿尼如達(Aniruddha)、華蘇戴瓦(Vāsudeva)、納茹阿亞納(Nārāyaṇa)、菩茹沙(Puruṣa)、茹阿瑪(Rāma)和尼爾星哈(Nṛsiṁha)。所有這些擴展都同樣屬於維施努範疇(viṣṇu-tattva)，而聖奎師那是所有完整擴展的源頭。因此，祂是至尊人格首神。祂是物質世界的創造者，所有外琨塔(Vaikuṇṭha)星球上的主宰神明納茹阿亞納。正因爲如此，祂在人類中的活動也讓人感到迷惑。所以，至尊主在《博伽梵歌》中說，愚蠢的人不知道祂活動的錯綜複雜性，以爲祂只不過是人類中的一員。

聖奎師那的內在和外在這兩種能量對第三種能量——邊緣能量的作用，是導致人對祂感到迷惑的原因。生物是祂的邊緣能量的擴展，因此有時受內在能量的迷惑，有時受外在能量的迷惑。憑充滿活力的內在能量，聖奎師那擴展出無數的納茹阿亞納，在超然的世界裡接受生物超然的愛心服務，與他們進行愛心交流。通過祂內在能量的有力擴展，祂化身到這個物質世界的人類、動物或半神人中，重建那些被祂的外在能量迷惑、生活在不同物種中的生物遺忘了的與祂的關係。然而，像彼士瑪那樣偉大的權威人士，憑藉至尊主的仁慈而沒有被祂的外在能量所迷惑。

第 19 節　अस्यानुभावं भगवान् वेद गुह्यतमं शिवः ।
देवर्षिर्नारदः साक्षाद्भगवान् कपिलो नृप ॥१९॥

asyānubhāvaṁ bhagavān
veda guhyatamaṁ śivaḥ
devarṣir nāradaḥ sākṣād
bhagavān kapilo nṛpa

asya — 祂的 / anubhāvam — 榮耀 / bhagavān — 最強有力者 / veda — 知道 / guhya-tamam — 親密地 / śivaḥ — 主希瓦 / deva-ṛṣiḥ — 半

神人間偉大的聖哲 / nāradaḥ — 納茹阿達 / sākṣāt — 直接地 / bhagavān — 人格首神 / kapilaḥ — 卡皮拉 / nṛpa — 君王啊

譯文 君王啊！主希瓦、半神人中的聖人納茹阿達及首神的化身卡皮拉，都因為與祂直接交往而十分瞭解祂的榮耀。

要旨 至尊主的純粹奉獻者都是透過不同的超然愛心服務而十分瞭解至尊主榮耀的人(budha)。由於至尊主有無數完整擴展的形象，懷著不同的情感忙於爲至尊主做服務的奉獻者也數不勝數。儘管彼士瑪戴瓦在這節詩中只提到了至尊主的三位重要的奉獻者的名字，但實際上共有十二位極爲瞭解至尊主榮耀的偉大奉獻者，他們是：布茹阿瑪、納茹阿達、希瓦、庫瑪爾兄弟(Kumāras)、卡皮拉(Kapila)、瑪努(Manu)、帕拉德(Prahlāda)、彼士瑪、佳納卡(Janaka)、舒卡戴瓦・哥斯瓦米、巴利・瑪哈茹阿佳(Bali Mahārāja)和閻羅王(Yamarāja)。現代偉大的靈性導師(ācārya)之一聖維施瓦納特・查夸瓦爾提・塔庫爾(Śrīla Viśvanātha Cakravartī Ṭhākura)解釋說，奉獻者最初欣賞到至尊主的榮耀(anubhāva)時，會出現流汗、顫抖、哭泣、流淚、發疹等狂喜的徵兆，這些徵兆在奉獻者進一步深入瞭解至尊主的榮耀時會越來越明顯。對巴瓦(bhāva)的這種不同的領會，於雅首達用繩子捆綁至尊主時在雅首達與至尊主之間進行，於至尊主駕馭阿爾諸納的戰車時在奎師那與阿爾諸納之間進行。至尊主的這些榮耀是當祂在祂的奉獻者面前扮演從屬的角色時展示的，那是至尊主榮耀的另一個特徵。舒卡戴瓦・哥斯瓦米和庫瑪爾兄弟雖然處在超然的狀態中，但卻因巴瓦的另一個特徵而轉變，轉變成至尊主的純粹奉獻者。至尊主讓奉獻者所承受的苦難，造成了至尊主與奉獻者之間的另一種超然情感(bhāva)的交流。至尊主說：“我把我的奉獻者置於困境，使奉獻者在與我交流超然的情感(巴瓦)時變得更純潔。”把奉獻者置於物質困境，是使其擺脫錯覺性物質關係所必需的。物質的關係建立在交換物質享樂的基礎上，而物質享樂主要取決於物質資源。因此，當至尊主收回奉獻者的物質資源時，奉獻者就會把全部的注意力轉向爲至尊主做超然的愛心服務。這樣，至尊主便把墜落的靈魂救出了物質存在的困境。至尊主給予祂的奉獻者的苦難，不同於從事罪惡活動所引起的苦果。布茹阿瑪、希瓦、納茹阿達、卡皮拉、庫瑪爾兄弟和彼士瑪等上述偉大的權威(mahājana)，最清楚至尊主的這些榮耀；只有靠他們的恩典，我們才能夠對至尊主的這些榮耀有所理解。

第 20 節　यं मन्यसे मातुलेयं प्रियं मित्रं सुहृत्तमम् । अकरोः सचिवं दूतं सौहृदादथ सारथिम् ॥२०॥

yaṁ manyase mātuleyaṁ
priyaṁ mitraṁ suhṛttamam
akaroḥ sacivaṁ dūtaṁ
sauhṛdād atha sārathim

yam — 這個人 / manyase — 你認爲 / mātuleyam — 表兄弟 / priyam — 很親密 / mitram — 朋友 / suhṛt-tamam — 熱心的祝福者 / akaroḥ — 曾履行 / sacivam — 顧問 / dūtam — 信使 / sauhṛdāt — 善意地 / atha — 因此 / sārathim — 駕馭戰車的人

譯文　君王啊！你因爲無知而以爲聖奎師那是你的表弟、親密的朋友、祝福者、顧問、使者、恩人等等。但祂其實就是人格首神本人。

要旨　聖主奎師那雖然表現得像是潘達瓦兄弟的表兄弟、兄弟、朋友、祝福者、顧問、使者、恩人，等等，但實際上是至尊人格首神。出於祂沒有緣故的仁慈及對祂純粹奉獻者的喜愛，祂爲他們做各種各樣的服務，但那並不意味著祂作爲絕對之人的地位改變了。認爲祂是普通人，是十足的愚昧。

第 21 節 सर्वात्मनः समदृशो ह्यद्वयस्यानहङ्कृतेः ।
तत्कृतं मतिवैषम्यं निरवद्यस्य न क्वचित् ॥२१॥

sarvātmanaḥ sama-dṛśo
hy advayasyānahaṅkṛteḥ
tat-kṛtaṁ mati-vaiṣamyaṁ
niravadyasya na kvacit

sarva-ātmanaḥ — 存在於每個人的心中的人 / sama-dṛśaḥ — 對眾生平等仁慈的人 / hi — 肯定地 / advayasya — 絕對者的 / anahaṅkṛteḥ — 不與物質的假我認同 / tat-kṛtam — 祂所做的一切 / mati — 意識 / vaiṣamyam — 區別心 / niravadyasya — 擺脫了所有的執著 / na — 永不 / kvacit — 在任何階段

譯文　作為絕對的人格首神，祂處在衆生的心中。祂對衆生平等仁慈，沒有分別心，沒有假我，因此無論做什麼，都不會有物質缺陷。祂永遠平靜。

要旨　至尊主是絕對的，所以沒有什麼有別於祂。祂是凱瓦利亞(kaivalya)，世上除祂之外沒有別的。萬事萬物以及眾生都是祂能量的展示，因此祂憑著祂那些與祂沒有區別的能量遍布各處。太陽與普照大地的陽光及光芒中的每一個光粒子同屬一體。同樣，至尊主用祂的各種能量遍布各處。祂是超靈(Paramātmā)，作爲至尊的指引者處在每一個生物體的心中；所以，祂已經是眾生的戰車御者和顧問了。正因爲如此，當祂爲阿爾諸納駕馭馬車時，祂崇高的地位並沒有任何改變。只有奉愛服務才能使至尊主願意扮演戰車御者的角色，這就是奉愛服務的力量。由於祂是絕對靈性的，與物質的生命概念毫無關係，所以祂的活動沒有高低之分。作爲絕對的人格首神，祂沒有假我，因此既不會與任何有別於祂的事物認同，也不會以相對性的觀點看待一切。所以，祂在給祂純粹的奉獻者駕馭戰車時，並沒有低人一等的感覺。只有純粹的奉獻者才能使溫柔親切的至尊主為他做服務，這是純粹奉獻者的光榮。

第 22 節　तथाप्येकान्तभक्तेषु पश्य भूपानुकम्पितम् ।
यन्मेऽसूंस्त्यजतः साक्षात्कृष्णो दर्शनमागतः ॥२२॥

tathāpy ekānta-bhakteṣu
paśya bhūpānukampitam
yan me 'sūṁs tyajataḥ sākṣāt
kṛṣṇo darśanam āgataḥ

tathāpi — 仍然 / ekānta — 忠心耿耿的 / bhakteṣu — 向奉獻者 / paśya — 看這裡 / bhū-pa — 國王啊 / anukampitam — 多麼有同情心的 / yat — ……的 / me — 我的 / asūn — 生命 / tyajataḥ — 正結束 / sākṣāt — 直接地 / kṛṣṇaḥ — 人格首神 / darśanam — 以我的看法 / āgataḥ — 仁慈地到來

譯文　儘管祂同樣仁慈地對待每一個生物體，但因為我是祂忠心耿耿的僕人，祂還是在我即將離世前來到我面前。

要旨　至尊主——絕對的人格首神聖奎師那，雖然平等對待眾生，但還是更傾向於祂純粹的奉獻者；祂純粹的奉獻者全心投靠、服從祂，知道只有祂才是保護者和主人。永恆生活的自然狀態是，每一個生物都堅信至尊主才是保護者、朋友和主人。全能者按祂的意願把生物造就成只有完全依靠祂時才感到最快樂。

與此相反的傾向造成墮落。生物有這種因誤以為自己可以完全獨立地主宰物質世界而墮落的傾向。假我是造成一切痛苦的根源。人必須在任何情況下都把注意力集中於至尊主。

主奎師那之所以在彼士瑪戴瓦臨終前來到他面前，是因爲他是主奎師那堅定的奉獻者。至尊主當了阿爾諸納的表兄弟，因此阿爾諸納與奎師那還有些“軀體方面的關係”，但彼士瑪與奎師那並沒有那種“軀體關係”。那麼，把奎師那吸引到他身邊的原因就是靈魂與至尊主的親密關係了。儘管如此，由於“軀體關係”很自然並令人高興，所以至尊主在被稱爲南達·瑪哈茹阿佳(Mahārāja Nanda)的兒子、雅首達的兒子及茹阿妲茹阿妮的愛人時感到更高興。這種因與至尊主有“軀體關係”而有的親和力，是通過愛心服務與至尊主交流的另一個特徵。彼士瑪戴瓦意識到這種甜美的超然情感，所以喜歡稱至尊主爲維佳亞-薩卡(Vijaya-Sakha)、帕爾塔-薩卡(Pārtha-Sakha)等，這些稱呼與南達-南丹(Nanda-nandana)或雅首達-南丹(Yaśodā-nandana)完全一樣。建立我們與至尊主超然的甜美關係的最佳方式，是通過至尊主認識的奉獻者去接近祂。我們不該試圖直接與至尊主建立關係；在我們與至尊主之間，必須有一位光明正大、經驗豐富的中間人，指引我們走正確的道路。

第 23 節 भक्त्यावेश्य मनो यस्मिन् वाचा यन्नाम कीर्तयन् ।
त्यजन् कलेवरं योगी मुच्यते कामकर्मभिः ॥२३॥

bhaktyāveśya mano yasmin
vācā yan-nāma kīrtayan
tyajan kalevaraṁ yogī
mucyate kāma-karmabhiḥ

bhaktyā — 以誠摯的心關注 / āveśya — 冥想 / manaḥ — 心 / yasmin — ……的 / vācā — 以言語 / yat — 奎師那 / nāma — 聖名 / kīrtayan — 通過吟誦、吟唱 / tyajan — 正離去 / kalevaram — 這物質軀體 / yogī — 奉獻者 / mucyate — 獲得解脫 / kāma-karmabhiḥ — 從功利性活動

譯文　對那些殷勤地做奉愛服務、冥想祂、歌唱祂聖名的奉獻者，人格首神會在他們離開物質軀體時出現在他們心中，把他們從功利性活動的捆綁中釋放出來。

要旨　瑜伽(yoga)是使人把注意力從其他的人、事、物上收回，只全神貫注於至尊主的方法。事實上，這樣的全神貫注稱爲薩瑪迪(samādhi)——全心全意地爲至尊主服務，全神貫注於爲至尊主服務的人被稱爲瑜伽師(yogī)。至尊主的這樣一位瑜伽師奉獻者，一天二十四小時都在爲至尊主服務，以致他全副的注意力都集中在爲至尊主做的九種奉愛服務上。這九種奉愛服務分別是：聆聽、吟誦(吟唱)、記憶、崇拜、祈禱、成爲自願做服務的僕人、執行至尊主的命令、與至尊主建立友好的關係，以及獻出自己的一切爲至尊主服務。正如《博伽梵歌》在談論有關薩瑪迪的最高完美階段時所解釋的，通過這樣練瑜伽——透過爲至尊主服務與至尊主相連，就可以使至尊主欣賞做服務的奉獻者。至尊主稱這種罕見的奉獻者是最優秀的瑜伽師。這樣一位完美的瑜伽師憑藉至尊主的神性恩典，能夠在具有完美意識的情況下，把他的注意力完全集中在至尊主身上。這樣，通過在離開軀體前吟誦、吟唱至尊主的聖名，瑜伽師立刻被至尊主的內在能量轉到靈性世界其中的一個永恆星球上去，那裡根本沒有物質生活及隨之而產生的痛苦。在物質存在中，生物不得不根據他所從事的功利性活動，一生復一生地承受物質存在的三種苦。這樣的物質生活完全是由物質慾望造成的。爲至尊主做奉愛服務不會抹殺生物天生的願望，而是把它們用於奉愛服務這一正確的事業中。這樣做淨化慾望，使人有資格被轉入靈性天空。彼士瑪戴瓦所談的其實是奉愛瑜伽；他很幸運在離開他的物質軀體前，能有至尊主直接來到他面前。所以，他在下面的詩中表達了他希望至尊主留在他眼前的願望。

第 24 節 स देवदेवो भगवान् प्रतीक्षतां
कलेवरं यावदिदं हिनोम्यहम् ।
प्रसन्नहासारुणलोचनोल्लसन्-
मुखाम्बुजो ध्यानपथश्चतुर्भुजः ॥२४॥

sa deva-devo bhagavān pratīkṣatām
kalevaraṁ yāvad idaṁ hinomy aham
prasanna-hāsāruṇa-locanollasan-
mukhāmbujo dhyāna-pathaś catur-bhujaḥ

saḥ — 祂 / deva-devaḥ — 眾神中的至尊神 / bhagavān — 人格首神 / pratīkṣatām — 仁慈地等著 / kalevaram — 軀體 / yāvat — 只要 / idam — 這個(物質軀體) / hinomi — 可以離開 / aham — 我 / prasanna — 快樂的 / hāsa — 微笑著 / aruṇa-locana — 像初生太陽般紅的雙眼 / ullasat — 美麗地裝飾 / mukha-ambujaḥ — 祂的蓮花臉 / dhyāna-pathaḥ — 在我冥想的路途上 / catur-bhujaḥ — 納茹阿亞納的四臂形象(彼士瑪崇拜的形象)

譯文 我的至尊主有著四隻手臂，以及裝飾俊美的蓮花臉龐和像初生太陽般紅的雙眼。祂微笑著，願祂在我離開這個物質軀體時能仁慈地等待我！

要旨 彼士瑪戴瓦很清楚主奎師那是最初的納茹阿亞納。他所崇拜的神像是四臂的納茹阿亞納，但他知道，四臂的納茹阿亞納是主奎師那的完整擴展。他間接地提出，他希望聖主奎師那展示四臂納茹阿亞納的形象。外士納瓦的行爲舉止總是很謙卑。儘管彼士瑪戴瓦在離開他的物質軀體後百分之百能到靈性世界的外琨塔星球去，但作爲謙卑的外士納瓦，他考慮他離開現有的軀體後有可能再也看不到至尊主了，所以還是希望在死亡時可以看著至尊主美麗的臉龐。儘管至尊主已經保證祂純粹的奉獻者會進入祂的居所，但外士納瓦從不驕傲自大。彼士瑪戴瓦在此說：“只要我還沒有離開這個軀體。”這意味著：大將軍會按照他自己的意願離開軀體，而不是被自然法律強迫著離開軀體。他是那麼強大，以致能在他的軀體中想留多長時間就留多長時間。他是從他的父親那裡得到這個祝福的。他希望至尊主以四臂的納茹阿亞納形象留在他面前，以使他能把注意力完全集中於至尊主，在那樣冥想時處在狂喜的狀態中；這樣，他的心也許會在想念至尊主的過程中得到淨化。如此一來，他就不在乎離開現有的軀體後會去哪裡了。純粹的奉獻者並不是很渴望回到神的王國去。他完全聽從至尊主的善意。即使至尊主想要他去地獄，他也同樣感到滿意。純粹的奉獻者所懷有的唯一願望是：無論發生什麼情況，他都能集中注意力思念至尊主的蓮花足。彼士瑪戴瓦唯一想要的是：他能全神貫注地思念至尊主，並在這種情況下離開世界。這是純粹奉獻者追求的最高目標。

第 25 節

सूत उवाच
युधिष्ठिरस्तदाकर्ण्य शयानं शरपञ्जरे ।
अपृच्छद्विविधान्धर्मानृषीणां चानुशृण्वताम् ॥२५॥

sūta uvāca
yudhiṣṭhiras tad ākarṇya
śayānaṁ śara-pañjare
apṛcchad vividhān dharmān
ṛṣīṇāṁ cānuśṛṇvatām

sūtaḥ uvāca — 聖蘇塔・哥斯瓦米說過 / yudhiṣṭhiraḥ — 尤帝士提爾王 / tat — 那 / ākarṇya — 聆聽 / śayānam — 躺下 / śara-pañjare — 在箭床上 / apṛcchat — 問了 / vividhān — 種種 / dharmān — 職務 / ṛṣīṇām — 聖人們的 / ca — 與 / anuśṛṇvatām — 聆聽了……之後

譯文 蘇塔·哥斯瓦米說：聽了彼士瑪戴瓦所說的哀婉動人的一番話，尤帝士提爾王當著所有在場的大聖人，詢問他有關各種宗教責任的基本原則。

要旨 彼士瑪戴瓦以那樣哀婉動人的語氣說話，使尤帝士提爾王確信他很快就要離開這個世界了。尤帝士提爾受到聖主奎師那的啓發要向彼士瑪戴瓦詢問有關宗教的原則。聖主奎師那從內心啓示尤帝士提爾王，讓他當著在場的眾多聖人的面詢問彼士瑪戴瓦，以此表明：彼士瑪戴瓦那樣的至尊主的奉獻者，雖然表面上像追名逐利的人一樣生活著，但實際上優於許多偉大的聖人，甚至維亞薩戴瓦。另一個要點是：彼士瑪戴瓦那時躺在死亡的箭床上，而且在那種狀態下承受著巨大的痛苦，人們本不該在那時問他任何問題；但聖主奎師那想要向世人證明，祂純粹的奉獻者憑藉靈性的啓明，身心的狀態永遠是健全的，因此在任何情況下都可以完美地解釋正確的生活方式。尤帝士提爾也更願意通過詢問彼士瑪戴瓦來解決他的問題，而不是詢問在場的那些表面上看比彼士瑪戴瓦更有學問的人。這一切都是手持飛輪的聖主奎師那的安排，祂要確立祂的奉獻者的光榮。父親喜歡看到兒子變得比自己更出名。至尊主強調說明，祂的奉獻者比祂本人更值得崇拜。

第 26 節 पुरुषस्वभावविहितान् यथावर्णं यथाश्रमम् ।
वैराग्यरागोपाधिभ्यामाम्नातोभयलक्षणान् ॥२६॥

puruṣa-sva-bhāva-vihitān
yathā-varṇaṁ yathāśramam
vairāgya-rāgopādhibhyām
āmnātobhaya-lakṣaṇān

puruṣa — 人類／sva-bhāva — 靠他自己所得到的品性／vihitān — 規定的／yathā — 依照／varṇam — 社會階層的區分／yathā — 依照／

āśramam — 靈性階段 / vairāgya — 不執著 / rāga — 執著 / upādhibhyām — 在這些稱謂當中 / āmnāta — 系統地 / ubhaya — 兩者 / lakṣaṇān — 徵象

譯文 為了回答尤帝士提爾王的問題，彼士瑪戴瓦首先闡明了根據個人資格所劃分的各個社會階層和靈性階段，接著有系統地分析描述了超脫與執著這兩者的影響和作用。

要旨 至尊主本人制定的人類社會的四個階層和人生的四個階段(《博伽梵歌》4.13)，是為了使每一個人都可以增加超然的品質，以便能逐漸覺悟到自己的靈性身份，從而為擺脫物質束縛(受制約的生活)而行事。有關這個主題內容，幾乎所有的往世書(Purāṇas)中都以同樣的精神給予了闡述；在《瑪哈巴茹阿特》和平篇(Śānti-parva)中，從第16章開始，彼士瑪戴瓦給予了更精心的描述。

至尊主為文明人制定的社會四階層和靈性四階段制度(varṇāśrama-dharma)，是為了訓練人，使其能夠成功地結束其人生。追求覺悟自我的生活，不同於只忙於吃、睡、憂慮和交配的低等動物生活。彼士瑪戴瓦忠告所有的人應該具備九種資格，那就是：(1)不憤怒，(2)不說謊，(3)平等分配財富，(4)寬恕，(5)只與自己的合法妻子生孩子，(6)保持心靈純潔、身體乾淨，(7)不對他人懷有敵意，(8)生活簡樸、思想單純，以及(9)贍養僕人或部下。不具備上述這九種基本品質的人，根本稱不上是文明人。除此之外，所有的韋達經典中都談到，為了履行各自的規定職責，知識份子(brāhmaṇa)、管理人員、商人和勞工階層人士，必須具備特定的資格。對知識份子來說，控制感官是最基本的資格。它以倫理、道德為基礎。即使是與自己的合法妻子都不該放縱性生活，而必須加以控制。這樣，家庭計劃生育自然就得到了執行。知識份子如果不按照韋達生活方式生活，就會使他的優秀資格受到損害。這意味著，他必須認真學習韋達文獻，特別是《聖典博伽瓦譚》和《博伽梵歌》。要學習這些韋達知識，人必須去找一位在全心全意做奉愛服務的人。這個人絕對不做經典(śāstra)中禁止的事情。一個抽煙、喝酒的人絕不能當老師。在現代教育體系中，學校在評價老師的資格時不再考慮他的道德生活。正因爲如此，現代教育的結果是，以那麼多的方式誤用高等智力。

經典特別忠告管理國家的人員(kṣatriya)要給予佈施，在任何情況下都不要接受佈施。現代社會中的行政官員爲了政治活動而籌募捐款，但從不以任何方式給國民以佈施，完全違背經典的教導。管理階層人士必須精通經典，但絕不該去當職業教師。國家的管理者應該用他們的力量去殺盜賊、流氓、進行黑市交易的人等所有的社會不良份子，而不該自命是非暴力者，爲此而下地獄。當阿爾諸納在庫茹柴陀戰場上想要當一個非暴力的懦夫時，主奎師那嚴厲地批評了他。至尊主因爲阿爾諸納宣布想要以非暴力的方式解決問題而把他降到不文明的人的層面。國家的統治者必須親自接受軍事教育的培訓。不應該僅僅憑選票的票數，讓一個懦夫坐上總統的寶座。過去的君王都具有俠義的品格、騎士的風範。所以，應該通過定期訓練國家的統治者如何履行君王的規定職責來維持君主體制。在有戰鬥的時候，君王或總統絕不該在沒有被敵人打傷的情況下返家。現代所謂的國王從不親臨戰場，但卻非常精通增加不必要的軍事力量，以贏得虛假的榮譽。當國家被一幫商人和勞工所掌控時，政府機構就全部被污染了。

經典特別忠告商人們(vaiśyas)要保護乳牛。對乳牛的保護意味著增加酸奶(優酪乳)和黃油等奶製品的產量。發展農業和分配糧食，是受韋達知識教育的商人們的首要職責。他們受訓練要給予佈施。正如國家管理人員被委以保護國民的責任，商人們被委以保護動物的責任。永遠都不該殺害動物。殺害動物是野蠻社會的徵象。農作物、水果和牛奶是適合人類的食物，而且數量充足。人類社會應該更注重對動物的保護。勞工在工業企業中工作是對他的生產力的誤用。各種各樣的工廠並不能生產大米、小麥、穀物、牛奶、水果和蔬菜等人類賴以維生的必需品。用機器生產出的產品只會使有既得利益的少數人以越來越不自然的生活方式生活，同時卻使千百萬人忍饑挨餓、生活不安定。這不該是文明的標準。

勞工階層的人(śūdra)智力欠佳，所以不該獨立自主。他們應該真誠地爲人類社會其他三個高等階層的人士服務。勞工階層的人光是靠爲高等階層的人服務，就可以獲得日常生活的一切必需品。經典特別指示，勞工階層的人從不該有銀行存款。他們一旦積累了錢財，就會誤用這些錢財去從事喝酒、亂性和賭博等罪惡的活動。這些罪惡活動使整個人口的素質下降到比勞工階層的人的素質還要低的程度。高等階層的人士應該始終照顧勞工階層的人的生活，應該給他們提供用過的舊衣服。勞工階層的人在他的主人老弱病殘時不該離開他的主人，而主人應該讓僕人在各個方面都感到滿足。在讓僕人作出任何貢獻之前，必須先爲他提供豐盛的食物及足夠的衣服，讓他感到滿足。在這個年代裡，人們花費幾百萬、幾百萬的錢舉行各種各樣的盛大宴會，但窮苦的勞工們卻沒有足夠的食物吃，得不到施捨和衣服等。勞工們爲此而不滿，使社會動蕩不安。

可以說，社會四階層和靈性四階段制度是覺悟自我路途上的循序漸進的程序，兩者相互依賴。靈性四階段制度(āśrama-dharma)的主要目的，是喚醒人的知識，使人變得不執著。獨身禁慾的學生生活階段(brahmacārī āśrama)是靈性生活的訓練階段。在這個階段中，人受到教育，知道這個物質世界不是生物真正的家園；被物質捆綁住的受制約的靈魂，是物質世界裡的囚犯，所以覺悟自我是人生的最高目標。整個靈性四階段制度的目的，是爲了讓人變得超脫。不能培養這種超脫精神的人，被允許去過培養同樣超脫精神的家庭生活。培養了超脫精神的人可以立即進入第四個階段——棄絕階段，只靠佈施過活；不積累錢財，只是爲最終覺悟自我而維持生命。居士生活爲仍然依戀物質生活的人而設，逐漸退出家庭生活的階段 (vānaprastha)和托缽僧的生活(sannyāsa)是爲那些不再依戀物質生活的人而設的。獨身禁慾的學生生活階段專爲訓練超脫與不超脫的人而設。

第 27 節 दानधर्मान् राजधर्मान्मोक्षधर्मान् विभागशः ।
स्त्रीधर्मान् भगवद्धर्मान् समासव्यासयोगतः ॥२७॥

dāna-dharmān rāja-dharmān
mokṣa-dharmān vibhāgaśaḥ
strī-dharmān bhagavad-dharmān
samāsa-vyāsa-yogataḥ

dāna-dharmān — 施捨 / rāja-dharmān — 君王的國事活動 / mokṣa-dharmān — 爲了解脫的行動 / vibhāgaśaḥ — 依區分 / strī-dharmān — 婦女的職務 / bhagavat-dharmān — 奉獻者的行動 / samāsa — 一般地 / vyāsa — 明白地 / yogataḥ — 依靠

譯文　隨後，他分別解釋了佈施活動、君王的國事活動及爲獲得拯救而從事的活動，並簡潔、全面地講述了婦女和奉獻者的職責。

要旨　佈施是居士的主要職責之一，居士應該準備把他辛苦賺來的錢的百分之五十佈施出去。過獨身禁慾生活的學生(brahmacārī)應該做祭祀，居士應該佈施，逐漸退出家庭生活的人或進入棄絕階層的人應該從事苦行。這些是走覺悟自我之路的人，在人生的不同階段所該承擔的責任。在獨身禁慾的學生生活階段，人得到足夠的訓練，以致能瞭解整個世界都屬於人格首神，都是至尊主的資產。所以，沒人能聲稱擁有這個世界裡的任何東西。爲此，在允許性享樂的居士生活階段，人必須給那些爲至尊主服務的人或項目佈施。至尊主是能量的源頭，每一個人的能量都來自至尊主，或者說是從至尊主那裡借來的。正因爲如此，必須以爲至尊主做超然的愛心服務的形式，把用這種能量從事活動所得到的結果還給至尊主。河水來自大海蒸發形成的雲所下的雨，所以最終還要流回大海；同樣道理，我們的能量借自至尊的源頭——至尊主的能量，最終必須把它還給至尊主。這樣做才是完美地運用我們的能量的方式。因此，在《博伽梵歌》第9章的第27節詩中，至尊主說：我們無論做什麼，吃什麼，供奉或施捨什麼，從事什麼苦行，都必須把它們當作給至尊主的供奉去做。那才是運用我們借來的能量的正確方式。當我們以那種方式去運用我們的能量時，我們的能量就去除了物質缺陷的沾染，變得純淨；我們重新具備資格，恢復過我們原本自然的生活——爲至尊主服務的生活。

有關君王的國事活動(Rāja-dharma)是一門重要的科學，它不同於現代社會中爲得到和鞏固政治權利所進行的外交活動。過去，君王都要受系統的培訓，以變得寬宏、慷慨，而不是只會當一個征收稅款的人。他們受到訓練，爲造福國民而舉行各種各樣的祭祀。領導王國中的全體居民(prajās)獲得解脫，是君王必須承擔的重大責任。父親、靈性導師和一國之君，必須承擔起領導他們所照顧的對象走最終擺脫生老病死之路的責任。當他們正確地履行這些首要的責任時，就不需要“人民當家做主的人民政府”了。在現代社會中，人們一般是通過操縱選舉獲得政府職位，但他們從未受過訓練如何當政，而且並不是每個人都可以當管理者。在這種情況下，沒受過訓練的行政官員雖然主觀上想讓被他管理的人在各方面都感到幸福，但結果卻把事情搞得一團糟。另一方面，這些沒受過訓練的行政官員逐漸變成流氓和賊，不斷增加稅收，以維持一個在各方面都起不到好作用的不穩定的政府。事實上，有資格的布茹阿瑪納所該履行的職責之一，就是按照《瑪努法典》(Manu-saṁhitā)和帕茹阿沙爾所著的《宗教職責典籍》(Dharma-śāstras)等經典的教導指導君王，正確地管理國家。理想的君王是人民大眾的典範，如果君王虔誠、具有騎士風範、寬宏、慷慨，國民就會服從他。這樣的君王絕不是以犧牲國民的利益為代價沈溺於感官享樂的懶人，而是始終保持警醒，隨時準備殺死盜賊和土匪。虔誠的君王絕不會以非暴力(ahiṁsā)的名義，愚蠢地對盜賊和土匪表示寬容。對盜賊和土匪要採取殺一儆百的方式，以便將來沒人再膽敢以有組織的形式從事這樣的惡行。這些盜賊和土匪永遠都不該參與國家的管理。不幸的是，現代政府中滿是這樣的人。

過去的稅收法很簡單，不存在強迫和侵佔的問題。君王有權要求國民上繳其資產的四分之一，國民對此永遠都不該懷有怨恨之心。虔誠的君王及宗教的和諧，可以使大自然賜予足夠的財富，包括：穀物、水果、鮮花、絲綢、棉花、牛奶、寶石和礦物等，因此沒人會從物質的角度感到不快樂。國民因耕種農田和飼養動物而富有，所以有足夠的穀物、水果和牛奶，根本不需要電影院和酒吧等非自然的生活設施，也不需要品種過於繁多的肥皂和化妝品。

在過去的年代裡，君王必須看到人類有限的精力得到正確的運用。人的精力根本不是讓人用來從事動物所從事的活動，而是讓人用來覺悟自我的。政府的職能就是專門幫助人實現覺悟自我的目的；為此，一國之君必須正確選擇內閣成員，而不是以選票為依據來組閣。部長、大臣、軍隊指揮官，甚至普通的士兵，都應該根據其個人的能力來挑選。在這些人上任之前，君王必須仔細觀察他們各自的能力或資格。君王尤其關注那些獻出一切傳播靈性知識的人(tapasvīs)不被忽視。過去的君王們很清楚，至尊人格首神從不容忍對祂純粹奉獻者的任何侮辱。這種獻出一切傳播靈性知識的人得到領導者的信任，就連流氓和盜賊都從不敢違抗這種人的命令。對於王國中未受過教育的人、無力照顧自己的人及寡婦，君王會給予特殊的保護。國家的防御系統在敵人來犯之前就已經設置妥當。征收稅款的程序很簡單，但那些錢不是讓人用來浪費，而是為了增加國庫中的儲備金。戰士從世界各地招募而來，並受到訓練承擔特殊的責任。

談到獲得拯救，人必須征服物質享樂的慾望、憤怒、不正當的慾望、貪婪和迷惑。要想不再憤怒，人應該學習寬恕。要想去除不正當的慾望，人不應該爲感官享樂而制定計劃。靠靈修，人可以征服睡眠。僅僅靠忍受，人就可以征服慾望和貪婪。要想免受各種疾病的打擾，人必須控制自己的飲食。靠自制，人可以消除不切實際的希望。回避與不良份子的交往，可以節省很多錢。練瑜伽(yoga)可以使人控制食慾；瞭解這個世界是短暫的，可以使人去除一身的俗氣。頭昏眼花可以靠清晨早起來調治，沒有必要的爭論可以靠查明真相來回避。深沈與沈默可以避免饒舌，勇敢使人去除恐懼。注重自我修養，可以使人獲得完善的知識。要想真正獲得拯救，人必須去除物質享樂的慾望、貪婪、憤怒、幻想等。

就婦女階層而言，她們被認爲是激發男人的動力。所以，婦女比男人更有力。強大的凱撒受古埃及豔后克婁巴特拉的控制。這種強有力的女士都很害羞。因此，害羞對女士來說極爲重要。這個控制的閥門一旦失去，女人就會因爲通姦行爲給社會造成浩劫。通姦意味著在全世界生產要不得的孩子(varṇa-saṅkara)。

彼士瑪戴瓦給予的最高教導內容，是取悅至尊主的程序。我們都是至尊主永恆的僕人，當我們忘記我們本性中的這個重要部份時，我們便被置於受制約的物質生活狀態中。取悅至尊主的簡單程序(特別對居士而言)，是在家裡安置至尊主的神像。人可以一方面全神貫注於侍奉神像，一方面繼續從事日常工作。在家崇拜神像，爲奉獻者服務，聆聽《聖典博伽瓦譚》，住在聖地和吟誦(吟唱)至尊主的聖名，都是些花費不多但可以取悅至尊主的奉愛服務。以上這些就是彼士瑪戴瓦祖父給他的孫子講解的內容。

第 28 節　धर्मार्थकाममोक्षांश्च सहोपायान् यथा मुने ।
नानाख्यानेतिहासेषु वर्णयामास तत्त्ववित् ॥२८॥

dharmārtha-kāma-mokṣāṁś ca
sahopāyān yathā mune
nānākhyānetihāseṣu
varṇayām āsa tattvavit

dharma — 職責 / artha — 經濟發展 / kāma — 慾望的滿足 / mokṣān — 終極的解脫 / ca — 和 / saha — 以及 / upāyān — 手段 / yathā — 如實地 / mune — 聖哲啊 / nānā — 各式各樣的 / ākhyāna — 靠引證歷史實例 / itihāseṣu — 各種歷史裡 / varṇayām āsa — 描述 / tattva-vit — 認識真裡的人

譯文 他因為對史實非常瞭解，所以接下來又引用歷史實例描述了人在不同的生命階段所該履行的責任。

要旨 往世書(Purāṇas)、《瑪哈巴茹阿特》和《茹阿瑪亞納》(Rāmāyaṇa,《羅摩衍那》)等韋達文獻中所談到的事件，雖然沒有按時間的前後順序排列，但都是對發生在過去的真實歷史的敘述。這些對普通人來說有教育意義的歷史事實，沒有按時間的先後順序排列分類；而且，它們不但發生在不同的星球上，甚至發生在不同的宇宙中。正因為如此，對這些歷史事實的描述有時超越三維空間的範疇。我們唯一要做的是接受這些事件中的歷史教訓，儘管經典中記載的一些事情超出我們的理解範圍。彼士瑪戴瓦給尤帝士提爾王講述這些事件，以回答他提出的各種問題。

第 29 節 धर्मं प्रवदतस्तस्य स कालः प्रत्युपस्थितः ।
यो योगिनश्छन्दमृत्योर्वाञ्छितस्तूत्तरायणः ॥२९॥

dharmaṁ pravadatas tasya
sa kālaḥ pratyupasthitaḥ

yo yoginaś chanda-mṛtyor
vāñchitas tūttarāyaṇaḥ

dharmam — 職責 / pravadataḥ — 描述時 / tasya — 他的 / saḥ — ……的 / kālaḥ — 時間 / pratyupasthitaḥ — 恰好顯現 / yaḥ — 也就是 / yoginaḥ — 對於神秘主義者 / chanda-mṛtyoḥ — 可以選擇死亡時間的人的 / vāñchitaḥ — 渴望 / tu — 但是 / uttarāyaṇaḥ —太陽運行在北方時

譯文　就在彼士瑪戴瓦講述規定職責時，太陽運行到了北半球。可以控制自己的死亡時間的神秘主義者們，都期待著這一時刻。

要旨　高級瑜伽師(yogīs)或稱神秘主義者，可以按照他們自己的意願在合適的時間離開物質軀體，到他們想去的適合的星球去。《博伽梵歌》第8章的第24節詩中說：在火神的影響下，當太陽在北方運行的時刻，完全按照至尊主的願望行事的覺悟了自我的靈魂，通常可以離開物質軀體，到靈性天空去。據韋達經中記載，這些時間被認爲是離開軀體的吉祥時刻，完成了系統瑜伽(yoga)練習的富有經驗的神秘主義者，就會充分利用這些時刻離開軀體。瑜伽的完美境界意味著，達到了能夠按自己的意願離開物質軀體的這一超凡狀態。瑜伽師還能夠在不借助物質交通工具的情況下，在轉眼間到任何他想去的星球去。瑜伽師可以在很短的時間內到達物質世界裡最高的星系，這對於物質主義者來說是不可能的事情。對他們來說，到最高的星球去要以時速幾百萬英里的速度走上幾百萬年才可以。這是一門不同的科學，而彼士瑪戴瓦很清楚如何運用這門科學。他一直等待著離開他的物質軀體最適合的時刻；就在他教導他高尚的孫子潘達瓦兄弟時，離開物質軀體的黃金時刻到了。因此，在崇高的聖主奎師那、虔誠的潘達瓦兄弟和以人格首神的化身維亞薩爲首的大聖人們面前，他作準備離開他的物質軀體。

第 30 節 तदोपसंहृत्य गिरः सहस्रणी-
विमुक्तसङ्गं मन आदिपूरुषे ।
कृष्णे लसत्पीतपटे चतुर्भुजे
पुरः स्थितेऽमीलितदृग्व्यधारयत् ॥३०॥

tadopasaṁhṛtya giraḥ sahasraṇīr
vimukta-saṅgaṁ mana ādi-pūruṣe
kṛṣṇe lasat-pīta-paṭe catur-bhuje
puraḥ sthite 'mīlita-dṛg vyadhārayat

tadā — 在那時 / upasaṁhṛtya — 正在收回 / giraḥ — 演說 / sahasra-ṇīḥ — (精通數千種科學與藝術的)彼士瑪戴瓦 / vimukta-saṅgam — 徹底擺脫了一切束縛的 / manaḥ — 心 / ādi-pūruṣe — 向原始的人格首神 / kṛṣṇe — 向奎師那 / lasat-pīta-paṭe — 身著黃衣 / catur-bhuje — 向原始的四臂納茹阿亞納 / puraḥ — 就在……前面 / sthite — 站著 / amīlita — 睜大的 / dṛk — 目光 / vyadhārayat — 牢牢地

譯文　因此，這位曾用數千種方法談論過各種主題，在千萬個戰場上奮戰過，保護過千百萬人的人物，停止了他的講述。徹底擺脫了一切束縛的他，收回心念，集中注意力，圓睜雙目緊緊盯著站在他面前、身著閃亮黃衫的四臂至尊人格首神聖奎師那。

要旨　彼士瑪戴瓦在離開他的物質軀體的重要時刻，就有關人體生命的重要作用方面樹立了光輝的榜樣。人死亡時受什麼內容吸引，那內容就是他來生的開始。正因爲如此，如果人全神貫注於思念至尊主聖奎師那，那他無疑就會回到首神的身邊。對此，《博伽梵歌》第8章的第5-15節詩都證實說：

在死亡時銘記著我離開軀體的人，立即獲得我的本質。這是毫無疑問的。(第 5 節)

琨緹的兒子啊！人在離開軀體時無論記起什麼情形，就必會到達那情景。(第 6 節)

因此，阿爾諸納，你應該總以奎師那的形象想著我，同時繼續履行你打仗的規定職責。把你的活動獻給我，把心和智力固定在我身上，你無疑必將到我那裡去。(第 7 節)

帕爾塔啊！誰冥想作爲至尊人格首神的我，始終用心銘記我，不偏離正途，誰就必然到我那裡去。(第 8 節)

應該冥想至尊人是全知、最老的，是主宰，比最小的還小，是萬物的維繫者，超越所有的物質概念，不可思議，永遠是一個人。祂像太陽一樣光芒萬丈。祂是超然的，在物質自然之外。(第 9 節)

死亡時把生命之氣固定在兩眉間，並用瑜伽的力量全神貫注、滿懷熱愛之情地記著至尊主，就必將到至尊人格首神那裡去。(第 10 節)

精通韋達經的人、發"歐麼卡爾(oṁkāra)"音的人和屬於棄絕階層的偉大聖人，進入布茹阿曼(Brahman, 梵)。想達到這種完美境界的人禁慾。我現在就給你簡單扼要地解釋這個使人獲救的程序。(第 11 節)

瑜伽的狀態是脫離感官活動的狀態。關閉所有的感官之門，把注意力固定在心中，把生命之氣集中在頭頂，使自己穩定地處在瑜伽的狀態中。(第 12 節)

人處在這種瑜伽狀態中後，念出神聖的音節歐麼(oṁ)——至高無上的字母組合，如果此時想著至尊人格首神離開自己的軀體，就必將到達靈性星球。(第 13 節)

普瑞塔的兒子啊！對毫不偏離地總記著我的人來說，我是容易得到的，因爲他一直不斷地爲我做奉愛服務。(第 14 節)

偉大的靈魂——熱愛著我的瑜伽師，到我那裡後永不重返這個充滿痛苦的短暫世界，因爲他們達到了最高的完美境界。(第 15 節)

聖彼士瑪戴瓦達到了按照意願離開他的軀體的完美境界；十分幸運的是：他專注的對象——至尊主奎師那，在他死亡時親自來到他面前。所以，他睜大雙眼，目不轉睛地注視著至尊主。出於發自內心的愛，他長久以來一直渴望見到聖奎師那。由於他是純粹的奉獻者，他幾乎不需要按照瑜伽程序中的各種細節去做。簡單的奉愛瑜伽(bhakti-yoga)足以使他達到完美。因此，彼士瑪戴瓦熱切地希望看到主奎師那本人——最可愛的對象。靠至尊主的恩典，聖彼士瑪戴瓦在他停止呼吸的最後時刻獲得了這個機會。

第 **31** 節 विशुद्धया धारणया हताशुभ-
स्तदीक्षयैवाशु गतायुधश्रमः ।
निवृत्तसर्वेन्द्रियवृत्तिविभ्रम-
स्तुष्टाव जन्यं विसृजञ्जनार्दनम् ॥३१॥

viśuddhayā dhāraṇayā hatāśubhas
tad-īkṣayaivāśu gatā-yudha-śramaḥ
nivṛtta-sarvendriya-vṛtti-vibhramas
tuṣṭāva janyaṁ visṛjañ janārdanam

viśuddhayā — 靠淨化了的 / dhāraṇayā — 冥想 / hata-aśubhaḥ — 減輕了物質存在不吉祥的人 / tat — 祂 / īkṣayā — 注視 / eva — 僅僅 / āśu — 立即 / gatā — 離開了 / yudha — 來自箭的 / śramaḥ — 疲勞 / nivṛtta — 停止了 / sarva — 所有 / indriya — 感官 / vṛtti — 活動 / vibhramaḥ — 多方從事 / tuṣṭāva — 他禱告了 / janyam — 物質的軀體 / visṛjan — 離開……之際 / janārdanam — 向生物的控制者

譯文　靠毫無雜念地冥想、注視聖主奎師那，他立即擺脫了所有物質的不吉祥，從箭傷造成的身體痛苦中解脫出來。就這樣，他感官的一切外在活動都立刻停止下來。他在離開他的物質軀體時向衆生的控制者祈禱。

要旨　物質軀體是物質能量所給予的禮物，術語稱爲錯覺。靈魂之所以與物質軀體認同，是因爲遺忘了他與至尊主的永恆關係。對像彼士瑪戴瓦那樣的至尊主的純粹奉獻者來說，至尊主一旦到面前，這種錯覺馬上就被去除了。主奎師那恰似太陽，而錯覺——外在的物質能量，就像黑暗。有太陽在，黑暗就無立足之處。所以，至尊主一旦到彼士瑪戴瓦面前，彼士瑪戴瓦所受到的一切物質污染都被徹底清除乾淨，從而能夠停止不純潔的感官與物質相連所從事的活動，處在超然的狀態中。靈魂原本是純潔的，感官也如此；物質的污染使感官扮演了不完美、不純潔的角色。重新與至純的主奎師那取得聯繫後，感官再次變得純潔，不再有物質的污染。至尊主的臨在，使彼士瑪戴瓦在離開物質軀體前達到了所有這些超然的狀態。至尊主是一切眾生的控制者和恩人：這是所有韋達經的定論。《喀塔奧義書》(Kaṭha Upaniṣad)中說：在全體永恆的生物中，祂是至高無上的永恆生物。祂獨自一人提供了所有種類的生物體所需要的一切(nityo nityānāṁ cetanaś cetanānām eko bahūnāṁ yo vidadhāti kāmān / tam ātma-sthaṁ ye 'nupaśyanti dhīrās teṣāṁ śāntiḥ śāśvatī netareṣām)。因此，祂也爲祂偉大的奉獻者聖彼士瑪戴瓦提供了滿足他超然願望的一切便利條件。聖彼士瑪戴瓦開始祈禱如下。

第 32 節

श्रीभीष्म उवाच
इति मतिरुपकल्पिता वितृष्णा
भगवति सात्वतपुङ्गवे विभूम्नि ।
स्वसुखमुपगते क्वचिद्विहर्तुं
प्रकृतिमुपेयुषि यद्भवप्रवाहः ॥३२॥

śrī-bhīṣma uvāca
iti matir upakalpitā vitṛṣṇā
bhagavati sātvata-puṅgave vibhūmni
sva-sukham upagate kvacid vihartuṁ
prakṛtim upeyuṣi yad-bhava-pravāhaḥ

śrī-bhīṣmaḥ uvāca — 聖彼士瑪戴瓦說 / iti — 這樣 / matiḥ — 思想、感覺和意願 / upakalpitā — 集中於 / vitṛṣṇā — 毫無感官的慾望 / bhagavati — 向人格首神 / sātvata-puṅgave — 向奉獻者的領袖 / vibhūmni — 向偉大者 / sva-sukham — 在自我中找到的滿足 / upagate — 向已經達到它的祂 / kvacit — 有時候 / vihartum — 出自超然的喜悅 / prakṛtim — 在物質世界裡 / upeyuṣi — 確實接受它 / yat-bhava — 來自祂……創造 / pravāhaḥ — 創造與毀滅

譯文　　波士瑪戴瓦說：讓我此刻把我的思想、感情和意願集中於絕對有力的聖主奎師那身上，它們那麼長時間都在忙於不同的主題和規定職責。主奎師那永遠是自給自足、自我滿足的，但作為奉獻者的領袖，祂有時會降臨到祂所創造的物質世界享受超然的快樂。

要旨　　由於彼士瑪戴瓦是政治家、庫茹(Kuru)王朝的首腦、偉大的將軍和查垂亞(kṣatriya)的領袖，他要思考太多事情，他的思想、感情和意願被分散在許多不同的人事物上。此刻，爲了獲得純粹的奉愛服務，他要把思想、感情和意願的全部力量都投放在至尊生物主奎師那身上。這節詩把主奎師那描述爲是奉獻者的領袖、全能者。主奎師那雖然是存在中的第一位人格首神，但卻親自降臨地球，把奉愛服務的恩惠賜予祂純粹的奉獻者。祂有時作爲主奎師那親自降臨，有時以主柴坦亞的形象降臨。兩者都是純粹奉獻者的領袖。至尊主純粹的奉獻者除了想侍奉至尊主，沒有其它願望，因而被稱爲沙特瓦塔(sātvata)。至尊主是這

些沙特瓦塔的領袖。彼士瑪戴瓦除了想侍奉至尊主，沒有其它願望。人除非清除了所有種類的物質慾望，否則至尊主不會成爲他的領袖。人不可能完全去除慾望，只可以淨化慾望。就有關這一點，至尊主本人在《博伽梵歌》中證實說，對於一直以愛心侍奉祂的純粹奉獻者，祂在他們的內心給予教導。這種教導不是爲了任何物質的目的，而是使人回歸家園，回到首神身邊(《博伽梵歌》10.10)。對想要主宰物質自然的普通人而言，至尊主不僅允許他們那麼做，而且還見證他們的活動，但卻從不給這種非奉獻者有關回歸首神的教導。至尊主就這樣以不同的方式，與不同的生物——奉獻者和非奉獻者打交道。正如一國之君同時統治著犯人和自由的國民這兩種人，至尊主是所有生物的領袖。然而，至尊主對待奉獻者和非奉獻者的方式不同。非奉獻者從不想從至尊主那裡得到任何指示，所以至尊主就對他們保持沈默，儘管祂見證著他們所有的活動，給予他們該得到的好或壞的結果。至尊主的奉獻者超越這種物質的好壞。他們在超然之途上不斷向前，根本不想要任何物質的東西。奉獻者也知道聖奎師那是最初的納茹阿亞納，因爲聖主奎師那通過祂的完整擴展顯現爲一切物質創造的源頭卡冉諾達卡沙依・維施努(Kāraṇodakaśāyī Viṣṇu)。至尊主也想與祂純粹的奉獻者聯誼，所以僅僅是爲了他們，祂降臨到地球上與他們同樂。至尊主按照祂自己的意願到來，而不是受物質自然的制約被迫下來。正因爲如此，這節詩中把祂描述爲是全能者(vibhu)，祂從不受物質自然法律的制約。

第 33 節　त्रिभुवनकमनं तमालवर्णं
रविकरगौरवराम्बरं दधाने ।
वपुरलककुलावृताननाब्जं
विजयसखे रतिरस्तु मेऽनवद्या ॥३३॥

tri-bhuvana-kamanaṁ tamāla-varṇaṁ
ravi-kara-gaura-varāmbaraṁ dadhāne

vapur alaka-kulāvṛtānanābjaṁ
vijaya-sakhe ratir astu me 'navadyā

tri-bhuvana — 三類星球 / kamanam — 最可取的 / tamāla-varṇam — 像青藍色的塔茂樹一樣 / ravi-kara — 太陽光 / gaura — 金黃色 / varām-baram — 閃亮的衣裳 / dadhāne — 穿著……的人 / vapuḥ — 軀體 / alaka-kula-āvṛta — 塗著檀香漿的 / anana-abjam — 蓮花般的臉龐 / vijaya-sakhe — 向阿爾諸納的朋友 / ratiḥ astu — 願祂成爲吸引我的對象 / me — 我的 / anavadyā — 不求功利性結果的慾望

譯文　聖奎師那是阿爾諸納的密友。祂以有著像塔茂樹一樣微藍色的超然身體來到這個地球，祂的身體吸引了三個(上、中、下)星系中的每一個生物體。願祂閃亮的黃色衣衫和祂那塗著檀香漿的蓮花臉，成爲吸引我的對象。願我不再渴求功利性成果。

要旨　當聖奎師那降臨到地球上時，祂是憑祂本人的內在快樂能量這樣做的。上、中、下三個星系(三界)中的居民，都渴望看到祂超然身體富有魅力的特徵。宇宙中沒有任何一個地方的生物體，具有主奎師那身上的那些美麗特徵。所以，祂超然的身體與任何物質的創造都沒有關係。這節詩中描述阿爾諸納是勝者，奎師那是阿爾諸納親密的朋友。在經歷了庫茹柴陀戰爭後，彼士瑪戴瓦躺在箭床上正在回憶主奎師那爲阿爾諸納駕馭戰車時所穿的衣服。當阿爾諸納與彼士瑪戴瓦搏鬥時，奎師那穿著的閃亮衣服吸引了彼士瑪的注意力。在這節詩中，他間接地讚賞他所謂的敵人阿爾諸納有至尊主當朋友。由於有至尊主作朋友，阿爾諸納永遠是勝者。至尊主喜歡別人把祂和那些以不同的超然關係與祂相連的奉獻者連在一起稱呼，所以彼士瑪戴瓦抓住這個機會把奎師那稱爲阿爾諸納的朋友(vijaya-sakha)。當至尊主奎師那爲阿爾諸納駕馭戰車時，陽光照射在至尊主的衣服上反射出的美麗色彩，使彼士瑪戴瓦永生難忘。作爲一名偉大的戰將，他以騎士的心態體驗與奎師那的關係。不同的奉獻者以不同的情感(rasas)與至尊主建立不同的超然關係，並各自在最高的如癡如醉狀態中津津有味地體驗著他與至尊主的交流。智力欠佳的世俗之人想要表現自己與至尊主有超然的關係，于是造作地模仿布阿佳聖地(Vrajadhāma)的少女們，想要立刻體驗與至尊主的親密的愛侶關係。他們只不過是基於世俗之人的心態去表演這種廉價的與至尊主的關係，因爲真正體驗過與至尊主的愛侶關係的人，不可能依戀那些甚至受到世俗道德觀譴責的世俗情侶關係。個體靈魂與至尊主的永恆關係是逐步發展起來的。靈魂與至尊主有五種主要的關係，不同的靈魂可以與至尊主真正建立其中的任何一種關係，而這並不會使真正的奉獻者在超然的程度上有任何區別。彼士瑪戴瓦就是這方面的一個具體範例，我們應該非常小心如何看待這位偉大的將軍與至尊主的超然關係。

第 34 節 युधि तुरगरजोविधूम्रविष्वक्-
कचलुलितश्रमवार्यलङ्कृतास्ये ।
मम निशितशरैर्विभिद्यमान-
त्वचि विलसत्कवचेऽस्तु कृष्ण आत्मा ॥३४॥

yudhi turaga-rajo-vidhūmra-viṣvak-
kaca-lulita-śramavāry-alaṅkṛtāsye
mama niśita-śarair vibhidyamāna-
tvaci vilasat-kavace 'stu kṛṣṇa ātmā

yudhi — 在戰場上 / turaga — 馬 / rajaḥ — 塵土 / vidhūmra — 變成灰色 / viṣvak — 揮動 / kaca — 頭髮 / lulita — 散開 / śramavāri — 汗 / alaṅkṛta — 裝飾著 / āsye — 向著臉 / mama — 我的 / niśita — 尖銳的 / śaraiḥ — 被箭 / vibhidyamāna — 被……刺穿 / tvaci — 在皮膚裡 /

vilasat — 享受 / kavace — 保護盔甲 / astu — 願 / kṛṣṇe — 向聖主奎師那 / ātmā —心

譯文 在戰場上(聖奎師那出於友誼爲阿爾諸納服務的地方)，主奎師那柔順的頭髮被馬蹄揚起的塵土染成了灰色；駕馭著戰車的祂，臉上掛著成串的汗珠。所有這些裝飾，襯托著我的利箭在祂身上製造的傷口，使祂極爲享受。讓我全神貫注於聖奎師那。

要旨 奎師那的絕對形象由永恆、極樂和知識構成。至尊主與個體生物有五種主要的關係，它們是：中立的關係(śānta)、主僕關係(dāsya)、朋友關係(sakhya)、父母子女的關係(vātsalya)和愛侶的關係(mādhurya)。當人以這五種主要關係中的一種爲至尊主做超然的愛心服務時，只要是出於真正的愛而做，至尊主就會親切地予以接受。聖彼士瑪戴瓦是以僕人對主人的關係爲至尊主做服務的偉大奉獻者。因此，他把利箭射向至尊主超然的身體，與其他奉獻者把柔軟的玫瑰花拋向至尊主一樣，都是在崇拜至尊主。

彼士瑪戴瓦看來好像是在爲攻擊至尊主而後悔；但事實上，至尊主的超然身體一點兒都沒有疼的感覺。祂的身體不是物質的。祂本人與祂的身體沒有區別，且完全是靈性的。靈魂永遠不會被刺穿、燒傷、吹乾或沾濕，《博伽梵歌》中對此給予了生動的解釋。就有關這一點，《斯勘達往世書》(Skanda Purāṇa)也聲明說，靈魂永遠不會被污染、永遠不會被毀滅。他既不會有痛苦，也不會乾枯。當主維施努化身來到我們面前時，祂顯得像是受制約的靈魂之一，被關在物質的牢籠中，但這只是爲了迷惑那些始終想要殺死至尊主的無神論者(asuras)。他們甚至在至尊主剛一顯現時就想殺死祂。康薩(Kaṁsa)想要殺奎師那(Kṛṣṇa)，茹阿瓦納(Rāvaṇa)想要殺茹阿瑪(Rāma)。愚蠢的他們不知道真相，不知道至尊主永遠不可能被殺死，靈魂永不毀滅。

正因爲如此，彼士瑪戴瓦用利箭去射主奎師那的身體這一行爲，使不信神的非奉獻者迷惑。然而，奉獻者們——解脫了的靈魂，不會爲此感到困惑。

彼士瑪戴瓦非常欣賞至尊主絕對仁慈的態度。這是因爲：儘管在戰場上彼士瑪戴瓦用向至尊主發射利箭的方式阻撓至尊主，但至尊主並沒有撇下阿爾諸納不管；儘管彼士瑪戴瓦這樣不友好地對待至尊主，但至尊主並沒有在彼士瑪戴瓦臨終前不願意來看他。在這一場景中，彼士瑪的悔過與至尊主的仁慈態度都是獨一無二的。

就有關這一點，對至尊主懷有情侶之愛的奉獻者、偉大的靈性導師(ācārya)聖維施瓦納塔．查夸瓦爾提．塔庫爾給予了非常特殊的評論。他說：彼士瑪戴瓦用利箭在至尊主身上刺出傷口所造成的刺痛，就像強烈的性慾致使至尊主的未婚妻去咬至尊主所造成的刺痛那樣令至尊主高興。由異性造成的這種刺痛永遠都不會被視爲是敵意的表現，即使身上真有了傷口也無所謂。所以，至尊主與祂純粹的奉獻者聖彼士瑪戴瓦之間爲交流超然的快樂所進行的打鬥，根本不是世俗的。此外，既然至尊主的身體與至尊主本人沒有區別，所以在絕對的身體上是不可能有傷口的。利箭在至尊主身上造成的所謂傷口，只會使普通人誤解，但稍微瞭解一點絕對知識的人會明白彼士瑪戴瓦與至尊主以騎士間的關係所進行的超然交流。彼士瑪戴瓦的利箭在至尊主身上所造成的傷口，使至尊主十分快樂。這節詩中的“被刺破(vibhidyamāna)”一詞非常重要，因爲至尊主的皮膚與至尊主本人沒有區別。我們的皮膚不同於我們的靈魂，所以對我們來說“被刺破(vibhidyamāna)”一詞到很合適。超然的極樂種類繁多，物質世界中的各種活動只不過是超然極樂扭曲了的倒影。物質世界中的一切在質上都是物質的，所以充滿了缺陷；相反，在絕對的區域內，一切在質上都是絕對的，因此在多種多樣的享樂中不存在缺陷。至尊主享受祂偉大的奉獻者彼士瑪戴瓦給祂身上制造的傷口，而彼士瑪戴瓦因爲是以騎士的心態當至尊主的奉獻者，所以他的注意力集中在有著傷口的奎師那身上。

第 35 節 सपदि सखिवचो निशम्य मध्ये
निजपरयोर्बलयो रथं निवेश्य ।
स्थितवति परसैनिकायुरक्ष्णा
हृतवति पार्थसखे रतिर्ममास्तु ॥३५॥

sapadi sakhi-vaco niśamya madhye
nija-parayor balayo rathaṁ niveśya
sthitavati para-sainikāyur akṣṇā
hṛtavati pārtha-sakhe ratir mamāstu

sapadi — 在戰場上 / sakhi-vacaḥ — 朋友的命令 / niśamya — 聆聽後 / madhye — 在中間 / nija — 祂自己的 / parayoḥ — 和對方 / balayoḥ — 力量 / ratham — 戰車 / niveśya — 進入了 / sthitavati — 正留在那裡時 / parasainika — 對方戰士的 / āyuḥ — 壽命 / akṣṇā — 靠看 / hṛtavati — 減少……的行動 / pārtha — 普瑞塔(琨緹)的兒子阿爾諸納 / sakhe — 向著朋友 / ratiḥ — 親密的關係 / mama — 我的 / astu — 讓發生

譯文 在庫茹柴陀戰場上，聖主奎師那聽從祂朋友的命令，把車駛入阿爾諸納的軍陣和杜尤丹的軍陣間。與此同時，用祂仁慈的掃視，縮短了對方陣營中戰將的壽命。僅僅通過看敵軍，祂就做妥了這件事。讓我把注意力集中在那位奎師那身上。

要旨 《博伽梵歌》第1章的第21-25節詩中描述說，阿爾諸納命令永不犯錯的聖主奎師那把他的戰車駕馭到兩軍陣前。他要求至尊主把車停在那裡，讓他仔細觀察他在戰場上要面對的敵人。至尊主接到命令後，立刻遵命行事，就像一個普通的戰車御者一樣。至尊主指出對方陣營中所有重要的人物說："這是彼士瑪，這是朵納"，等等。至尊主作爲至高無上的生物，從不是任何人的供應商，也不會聽命於任何人，不管那人是誰。但出於祂沒有緣故的仁慈及對祂純粹奉獻者的愛，祂有時會像一個隨時待命的僕人一樣執行祂的奉獻者的命令。正如父親很樂意按他小寶貝的話去做，執行奉獻者的命令使至尊主很高興。這種事情只有在彼此有著純潔、超然的愛的至尊主與祂的奉獻者之間才會發生，彼士瑪戴瓦很清楚這一事實。正因爲如此，他稱至尊主爲阿爾諸納的朋友。

至尊主用祂仁慈的掃視縮短了對方陣營中的戰士的壽命。據經典記載，在庫茹柴陀戰場上戰死的鬥士，因爲在死亡時親眼看到了至尊主，所以都獲得了解脫。因此，祂縮短阿爾諸納的敵人的壽命，並不意味著祂偏袒阿爾諸納。事實上，祂對對方陣營的戰士和將領極爲仁慈，因爲那些人在家普普通通地死去並不能獲得解脫。在庫茹柴陀戰爭中，他們有機會在死亡時看到至尊主，從而擺脫了物質生活。所以，至尊主是至善至美的，祂無論做什麼，都是爲了每一個人的利益而做。表面上看，祂是爲了祂親密的朋友阿爾諸納獲得勝利而做，但其實也是爲了阿爾諸納的敵人的利益著想。這些都是至尊主的超然活動；瞭解這一點的人，無論是誰，也都會在離開現有的這個物質軀體後得到解脫。在任何情況下，至尊主都不會犯錯，因爲祂是絕對的，在所有的時候都絕對的好。

第 36 節　व्यवहितपृतनामुखं निरीक्ष्य
स्वजनवधाद्विमुखस्य दोषबुद्ध्या ।
कुमतिमहरदात्मविद्यया य-
श्चरणरतिः परमस्य तस्य मेऽस्तु ॥३६॥

vyavahita-pṛtanā-mukhaṁ nirīkṣya
sva-jana-vadhād vimukhasya doṣa-buddhyā

kumatim aharad ātma-vidyayā yaś
carana-ratiḥ paramasya tasya me 'stu

vyavahita — 在稍遠的地方站著 / pṛtanā — 戰士 / mukham — 臉 / nirīkṣya — 通過觀看 / sva-jana — 親屬 / vadhāt — 來自殺戮的行動 / vimukhasya — 不情願的人 / doṣa-buddhyā — 由沾染的智力 / kumatim — 貧乏的知識 / aharat — 清除了 / ātma-vidyayā — 靠超然的知識 / yaḥ — ……的祂 / caraṇa — 向雙腳 / ratiḥ — 吸引力 / paramasya — 至尊者的 / tasya — 為了祂 / me — 我的 / astu — 讓發生

譯文 **當阿爾諸納似乎因為察看戰場上站在他面前的戰士和將領而被愚昧蒙蔽時，至尊主通過傳授他超然的知識清除了他的愚昧。願祂的蓮花足永遠吸引著我。**

要旨 在戰場上，君王和指揮官都站在戰士們的前面。這是戰爭真正的規矩。過去的君王和指揮官與現代所謂的總統或國防部部長保護自己的方式不同，他們不會在可憐的戰士或雇佣兵與敵人面對面地作戰時自己躲在家裡。這也許是現代民主政體的規定，但在真正的君主政體時代，君王們不是在不考慮其資格的情況下靠選舉選出的懦夫。正如從庫茹柴陀戰場上看到的，朵納、彼士瑪、阿爾諸納和杜尤丹等雙方陣營的指揮官們都沒有在睡覺，都在身先士卒、沖鋒陷陣，而戰場則是選在遠離民眾居住的地方。這意味著無辜的民眾一點兒都不受爭奪王位的敵對雙方的戰鬥的影響。民眾也根本不看戰鬥中究竟發生了什麼事。他們只管把他們收入的四分之一上繳給統治者，無論統治者是阿爾諸納還是杜尤丹。在庫茹柴陀戰場上，敵對雙方的將領們都面對面地對峙著，阿爾諸納看到他們後感到巨大的憐憫，悲嘆為了奪回王位而必須在戰場上殺死自己家族的男性成員。他根本不害怕杜尤丹編排的龐大的軍事方陣；然而，作爲至尊主仁慈的奉獻者，放棄塵世的事物對他來說是很自然的事，所以他決定不爲擁有塵世的事物而作戰。但這麼想是因爲缺乏知識，所以這節詩中說他的智力被蒙蔽了。他的智力在任何時候都不可能真正被蒙蔽，因爲正如《博伽梵歌》第4章中明確指出的，他是至尊主的奉獻者，而且始終與至尊主在一起。阿爾諸納的智力表面上看是被蒙蔽了；因爲如果不是這樣，至尊主就不會爲所有被錯誤的物質軀體概念污染、在物質世界中受束縛的靈魂宣講《博伽梵歌》的教導了。向物質世界裡的受制約的靈魂宣講《博伽梵歌》，是爲了使他們擺脫靈魂與軀體認同的錯誤概念，重建靈魂與至尊主的永恆關係。有關至尊主本人的超然知識(ātma-vidyā)，是至尊主爲全宇宙所有生物的利益講述的。

第 37 節

स्वनिगममपहाय मत्प्रतिज्ञा-
मृतमधिकर्तुमवप्लुतो रथस्थः ।
धृतरथचरणोऽभ्ययाच्चलद्गु-
र्हरिरिव हन्तुमिभं गतोत्तरीयः ॥३७॥

sva-nigamam apahāya mat-pratijñām
ṛtam adhikartum avapluto rathasthaḥ
dhṛta-ratha-caraṇo 'bhyayāc caladgur
harir iva hantum ibhaṁ gatottarīyaḥ

sva-nigamam — 自己的信譽 / apahāya — 爲了打破 / mat-pratijñām — 我自己的諾言 / ṛtam — 事實的 / adhi — 更 / kartum — 爲了做它 / avaplutaḥ — 下來 / ratha-sthaḥ — 從戰車 / dhṛta — 拾起 / ratha — 戰車 / caraṇaḥ — 輪子 / abhyayāt — 匆忙地去 / caladguḥ — 踏著土地 / hariḥ — 獅子 / iva — 如…… / hantum — 要殺害 / ibham — 象 / gata — 擱在一旁 / uttarīyaḥ — 外衣

譯文 為了讓我實現諾言，祂打破自己的誓言，從戰車上下來，拿起車輪衝向我，彷彿一頭去殺大象的獅子。祂甚至把祂的外衣扔在地上。

要旨 在庫茹柴陀戰場上的戰鬥既是按照軍事原則在進行，但同時雙方也以朋友之間體育競賽的精神在交戰。杜尤丹指責彼士瑪戴瓦因爲對阿爾諸納有父親般的感情，所以不願意殺死阿爾諸納。查垂亞(剎帝利)不能容忍他人就有關作戰原則的事情侮辱自己。因此，彼士瑪戴瓦承諾將在第二天用那些爲殺死潘達瓦兄弟而特製的武器殺死他們。杜尤丹聽了彼士瑪戴瓦的承諾後非常滿意，他親自保管那些在第二天戰鬥中要用的箭。看到主奎師那用計使阿爾諸納從杜尤丹那裡取箭，彼士瑪戴瓦明白這是主奎師那設的一個圈套。爲此，彼士瑪戴瓦發誓要讓奎師那在第二天的戰鬥中親自拿起武器，否則祂的朋友阿爾諸納就會被殺死。在第二天的戰鬥中，彼士瑪戴瓦作戰時凶猛異常，頻頻置阿爾諸納和奎師那於困境中。阿爾諸納險些被打敗；當時的情況格外危險，他就要被彼士瑪戴瓦殺死了。那時，主奎師那想以使彼士瑪的誓言成真的方式來取悅祂的這位奉獻者；祂把祂奉獻者的誓言成真看得比祂自己的誓言成真更重要，所以祂打破了自己的誓言。祂在庫茹柴陀戰爭開始前曾發誓，祂在戰爭期間不會拿任何武器，不會爲交戰雙方的任何一方動用祂本人的力量。但是，爲了保護阿爾諸納，祂從戰車上下來，拿起戰車的車輪，憤怒地急速衝向彼士瑪戴瓦，恰似一頭獅子去殺一頭大象。祂把外衣扔在地上，但因爲狂怒竟不知道自己把外衣扔了。看到這情景，彼士瑪戴瓦立刻放下自己的武器，站在那裡等著他心愛的主奎師那去殺他。那一天的戰鬥就在那一刻結束了，主奎師那救了阿爾諸納。事實上，由於有奎師那本人在戰車上，阿爾諸納是不可能被殺的，但因爲彼士瑪戴瓦想要看主奎師那爲了救祂朋友而拿起武器，至尊主便制造了讓阿爾諸納危在旦夕的這一局面。主奎師那站在彼士瑪戴瓦面前，讓他看到他的諾言實現了，奎師那親自拿起了武器——車輪。

第 38 節　शितविशिखहतो विशीर्णदंशः
क्षतजपरिप्लुत आततायिनो मे ।
प्रसभमभिससार मद्वधार्थं
स भवतु मे भगवान् गतिर्मुकुन्दः ॥३८॥

śita-viśikha-hato viśīrṇa-daṁśaḥ
kṣataja-paripluta ātatāyino me
prasabham abhisasāra mad-vadhārthaṁ
sa bhavatu me bhagavān gatir mukundaḥ

śita — 尖銳的 / viśikha — 箭 / hataḥ — 被……所傷 / viśīrṇa-daṁśaḥ — 支離破碎的盾牌 / kṣataja — 由創傷 / pariplutaḥ — 血跡斑斑 / ātatāyinaḥ — 偉大的侵略者 / me — 我的 / prasabham — 憤怒地 / abhisasāra — 開始前進 / mat-vadha-artham — 為了殺我 / saḥ — 祂 / bhavatu — 變成 / me — 我的 / bhagavān — 人格首神 / gatiḥ — 目的地 / mukundaḥ — 賜予解脫的人

譯文　願祂——賜予解脫的人格首神聖主奎師那，成為我最終的目標。祂在戰場上向我衝來，像是因為我的利箭弄傷祂使祂憤怒。祂的盾牌支離破碎，傷口使祂的身體血跡斑斑。

要旨　主奎師那在庫茹柴陀戰場上與彼士瑪戴瓦打交道的方式耐人尋味，因為聖主奎師那的行為表面上看起來是偏向阿爾諸納，對彼士瑪戴瓦懷有敵意；但實際上，祂所做的一切都是為了特意向祂偉大的奉獻者彼士瑪戴瓦表示特殊的偏愛。在這一交流中令人驚奇的特點是，奉獻者可以通過扮演至尊主的敵人的角色取悅至尊主。作為絕對者，至尊主甚至可以接受祂純粹的奉獻者以敵人的角色為祂做的服務。至尊主既不可能有任何敵人，所謂的敵人也不可能傷害到祂，因為祂是不可戰勝的(ajita)。儘管如此，當祂純粹的奉獻者像對待敵人一樣地打祂，或者以長者的身份訓斥祂時(雖然沒人能比至尊主優越)，祂從中獲取快樂。這些都是至尊主與奉獻者之間進行的超然交流。那些對純粹的奉愛服務一無所知的人，無法看透這種交往的奧秘。彼士瑪戴瓦扮演了一個英勇戰將的角色，他故意用箭刺破至尊主的身體，讓普通人用他們的眼睛看到至尊主受傷了，但其實這一切都是爲了迷惑非奉獻者。絕對靈性的身體不可能受傷，奉獻者也不可能成爲至尊主的敵人。否則，彼士瑪戴瓦不可能希望這位至尊主奎師那成爲他生命最終的目標。彼士瑪戴瓦倘若真是至尊主的敵人，主奎師那甚至不用動一下就可以消滅他，而不需要滿身是傷、血跡斑斑地來到彼士瑪戴瓦面前。祂之所以這樣做，是因爲祂的戰士奉獻者想要看祂那點綴著由純粹奉獻者製造的傷口的超然美麗的身體。這是至尊主與祂的僕人之間交流超然情感(rasa)的方式。這種交流更增添了至尊主和祂的奉獻者的光輝。當至尊主衝向彼士瑪戴瓦時，阿爾諸納阻止祂，這使祂非常生氣；但儘管阿爾諸納阻止祂，祂還是像奔向自己的愛人那樣不顧一切地繼續衝向彼士瑪戴瓦。表面看起來，祂像是決心要殺死彼士瑪戴瓦，但實際上是要取悅這位偉大的奉獻者。毫無疑問，至尊主是一切受制約靈魂的拯救者。非人格神主義者想要從祂那裡得到拯救，祂總是滿足他們的願望，賜予他們解脫。但是，彼士瑪戴瓦在此渴望看至尊主本人的形象。所有純粹的奉獻者都渴望這一點。

第 39 節 विजयरथकुटुम्ब आत्ततोत्रे
धृतहयरश्मिनि तच्छ्रियेक्षणीये ।
भगवति रतिरस्तु मे मुमूर्षो-
र्यमिह निरीक्ष्य हता गताः स्वरूपम् ॥३९॥

vijaya-ratha-kuṭumba ātta-totre
dhṛta-haya-raśmini tac-chriyekṣaṇīye

bhagavati ratir astu me mumūrṣor
yam iha nirīkṣya hatā gatāḥ sva-rūpam

vijaya — 阿爾諸納 / ratha — 戰車 / kuṭumbe — 冒所有危險保護的對象 / ātta-totre — 右手中的鞭子 / dhṛta-haya — 控制馬匹 / raśmini — 繩索 / tat-śriyā — 俊美地站著 / īkṣaṇīye — 注視 / bhagavati — 向著人格首神 / ratiḥ astu — 讓我的吸引力 / me — 我的 / mumūrṣoḥ — 將死之人 / yam — 祂 / iha — 在這世界裡 / nirīkṣya — 通過看 / hatāḥ — 已死的人 / gatāḥ — 獲得 / sva-rūpam — 原本形象

譯文　　在死亡的時刻，讓我最終受人格首神聖奎師那的吸引。我全神貫注於阿爾諸納的戰車御者；祂右手揮舞馬鞭，左手緊握繮繩，想盡辦法謹慎護衛著阿爾諸納的戰車。那些在庫茹柴陀戰場上看到祂的人，死後恢復他們原本的形象。

要旨　　純粹的奉獻者通過爲至尊主做愛心服務與祂超然相連，所以時時刻刻都看到祂的臨在。這種純粹的奉獻者片刻都忘不了至尊主。這稱爲全神貫注。神秘主義者(瑜伽師)努力靠控制感官不從事其它活動而把注意力集中於超靈，從而最後達到薩瑪迪(samādhi)——全神貫注的狀態。奉獻者靠一直不斷地記憶至尊主的個人形象、聖名、聲望、娛樂活動等，更容易達到全神貫注的狀態——薩瑪迪。因此，練神秘瑜伽的瑜伽師所達到的全神貫注狀態，與奉獻者達到的全神貫注狀態不在一個層面上。練神秘瑜伽的瑜伽師的全神貫注狀態是機械的、沒有感情的，而純粹的奉獻者自然而然、發自內心地深愛著至尊主，沒有絲毫個人動機。彼士瑪戴瓦是純粹的奉獻者，作爲軍隊的元帥，他始終銘記至尊主在戰場上當阿爾諸納的戰車御者(Pārtha-sārathi)的形象。因此，至尊主當阿爾諸納戰車御者的娛樂活動也是永恆的。至尊主的娛樂活動，從祂降生在康薩的監獄中開始，直到最後毀滅雅杜王朝以及祂的隱跡(mausala-līlā)，一個接一個在所有的宇宙中進行著，恰似時鐘的指針從一個點移向另一個點。在這些娛樂活動中，潘達瓦兄弟和彼士瑪等與祂有關係的人物，都一直是祂永恆的同伴。所以，彼士瑪戴瓦永遠都不會忘記至尊主作爲阿爾諸納戰車御者的俊美形象，而這個形象就連阿爾諸納都看不到。打仗時，阿爾諸納站在他俊美的戰車御者身後，而彼士瑪戴瓦正好在至尊主的前面。彼士瑪戴瓦比阿爾諸納更多地欣賞到了至尊主在戰鬥中的形象。

靠至尊主沒有緣故的仁慈，在庫茹柴陀戰場上戰死的全體戰士和將領，因爲在死亡時面對至尊主，看到了祂的形象，所以死後都得到了他們原本的、與至尊主一樣的靈性形象。受制約的靈魂一直在輪迴圈中週而復始地旋轉，從水生物的軀體，上至布茹阿瑪的軀體；這些軀體都是瑪亞的產物，都是物質自然根據其活動所給予受制約靈魂的。受制約的靈魂的物質形體都是他們的外衣，當受制約的靈魂擺脫物質能量的鉗制時，他就恢復他原本的形象。非人格神主義者想要到至尊主不具人格特徵的梵光中去，但那個環境根本不適合至尊主不可缺少的一部份——充滿活力的靈魂。所以，非人格神主義者會再次墜落，得到物質的形體；這些形體對靈魂來說都是人造的。按照靈魂的原本狀態，至尊主的奉獻者要麼在外琨塔，要麼在哥珞卡，重獲像至尊主那樣的四臂或兩臂的靈性形象。這種百分之百靈性的形象，是靈魂原本的形象(svarūpa)。正如彼士瑪戴瓦所證實的，在庫茹柴陀戰場上作戰的雙方陣營中的眾生，死後都重獲他們原本的靈性形象。所以，聖主奎師那並不是只對潘達瓦兄弟仁慈；祂也把仁慈給予對方陣營中的人，因爲他們都獲得了同樣的結果。彼士瑪戴瓦作爲至尊主永恆的同伴，雖然其地位在任何情況下都保證不會改變，但他還是想得到與他人同樣的利益。那就是他向至尊主祈禱的內容。結論是：任何生物無論是在內心還是從外在看著人格首神死去，都會重獲他原本的靈性形象(svarūpa)，而那是生命最高的完美境界。

第 40 節　ललितगतिविलासवल्गुहास-
प्रणयनिरीक्षणकल्पितोरुमानाः ।
कृतमनुकृतवत्य उन्मदान्धाः
प्रकृतिमगन् किल यस्य गोपवध्वः ॥४०॥

lalita-gati-vilāsa-valguhāsa-
praṇaya-nirīkṣaṇa-kalpitorumānāḥ
kṛta-manu-kṛta-vatya unmadāndhāḥ
prakṛtim agan kila yasya gopa-vadhvaḥ

lalita — 有吸引力的 / gati — 動作 / vilāsa — 迷人的行爲 / valguhāsa — 甜蜜的微笑 / praṇaya — 深情地 / nirīkṣaṇa — 觀看 / kalpita — 心態 / urumānāḥ — 高度讚揚 / kṛta-manu-kṛta-vatyaḥ — 在模仿各種活動中 / unmada-andhāḥ — 欣喜若狂地 / prakṛtim — 特徵 / agan — 經歷了 / kila — 肯定地 / yasya — ……的 / gopa-vadhvaḥ — 牧牛姑娘

譯文　讓我全神貫注於聖主奎師那，祂愛的舉動和微笑吸引著布阿佳聖地的少女們(牧牛姑娘)。少女們模仿至尊主獨特的姿態和動作(祂從跳茹阿薩舞的現場離開後)。

要旨　布阿佳布彌(Vrajabhūmi)的少女們，與至尊主共舞，懷著愛侶之情擁抱祂，向祂戲謔微笑，充滿愛意地看著祂，藉由這種愛心服務所產生的強烈的如癡如醉情感，達到了與至尊主平等的境界。至尊主與阿爾諸納的關係無疑值得彼士瑪戴瓦那樣的奉獻者讚賞，但至尊主與牧牛姑娘們(gopīs)的關係更值得讚賞，因爲她們的奉愛服務更純潔。靠至尊主的恩典，阿爾諸納足夠幸運地得到至尊主以當他的戰車御者的方式爲他做的兄弟般的服務，但至尊主並沒有賜給阿爾諸納與祂同等的力量。然而，牧牛姑娘們通過與至尊主平等交流變得幾乎與至尊主一樣。彼士瑪在他人生的最後時刻，以祈禱的方式表達了他想要記住牧牛姑娘並得到她們仁慈的渴望。至尊主更高興聽到祂純粹的奉獻者受到讚美，所以彼士瑪戴瓦不僅歌頌當時最吸引他注意的阿爾諸納與奎師那的關係，還回憶起那些通過爲至尊主做愛心服務而獲得獨一無二機會的牧牛姑娘們。牧牛姑娘們與至尊主的平等關係，永遠都不該被誤解爲是像非人格神主義者獲得的融入至尊主(sāyujya)的解脫一樣。愛侶的利益是共同的，所以不分彼此，在愛的心醉神迷的完美狀態中結合爲一體。

第 **41** 節 **मुनिगणनृपवर्यसङ्कुलेऽन्तः-**
सदसि युधिष्ठिरराजसूय एषाम् ।
अर्हणमुपपेद ईक्षणीयो
मम दृशिगोचर एष आविरात्मा ॥४१॥

muni-gaṇa-nṛpa-varya-saṅkule 'ntaḥ-
sadasi yudhiṣṭhira-rājasūya eṣām
arhaṇam upapeda īkṣaṇīyo
mama dṛśi-gocara eṣa āvir ātmā

muni-gaṇa — 偉大而博學的聖哲 / nṛpa-varya — 偉大的統治者 / saṅkule — 在……的盛大集會中 / antaḥ-sadasi — 會議 / yudhiṣṭhira — 尤帝士提爾皇帝的 / rāja-sūye — 皇家舉行的祭祀 / eṣām — 所有偉大的精英份子的 / arhaṇam — 恭敬地禮拜 / upapeda — 接受了 / īkṣaṇīyaḥ — 吸引力的對象 / mama — 我的 / dṛśi — 視覺 / gocaraḥ — 在……的視線內 / eṣaḥ āviḥ — 親自出現 / ātmā — 靈魂

譯文　在尤帝士提爾王舉行的茹阿佳蘇亞祭祀現場，聚集了世上最多的精英、王室成員和博學的知識份子。在那盛大的聚會上，聖主奎師那作為最高貴的人格首神，受到與會者的崇拜。我當時也在場；為使我的注意力集中在至尊主身上，我回憶起這件事。

要旨　在庫茹柴陀戰爭發生前，尤帝士提爾王舉行了盛大的茹阿佳蘇亞(Rājasūya)祭祀。在過去，身爲世界皇帝的人爲證明他擁有的皇權的權勢，會派一匹表示挑戰的馬走遍全世界，宣告他的至高地位，任何諸侯或國王都有權接受挑戰，或者以無言的方式服從這個皇帝。接受挑戰的諸侯或國王必須與皇帝作戰，憑勝利建立自己的至高地位。被打敗的挑戰者必須犧牲他的生命，把自己統治的地盤讓給獲勝的國王或統治者。所以，尤帝士提爾王也向全世界派了這樣的挑戰馬匹，當時全世界所有的諸侯和國王都承認尤帝士提爾王作爲世界皇帝的統治地位。那之後，在尤帝士提爾王統治下的各個統治者，都受到邀請來參加尤帝士提爾王舉行的盛大的茹阿佳蘇亞祭祀。舉行這種盛大的祭祀要花費上億美金，對小國的國王來說不是一件容易的事。這樣的祭祀儀式因爲花銷太大，技術要求太高，所以在現在這個喀歷年代中無法舉行。此外，在這個年代裡根本找不到主持這種儀式的經驗豐富、足夠純潔的祭司。

世界各國的君王及學識淵博的大聖人們，接到邀請後從世界各地趕來，聚集在尤帝士提爾王的首都。所有的知識份子，包括大哲學家、宗教家、醫師、科學家和所有偉大的聖人，都受到邀請。那就是說：在過去的年代中，布茹阿瑪納(brāhmaṇas, 婆羅門)和查垂亞(kṣatriyas, 剎帝利)是社會中的最高領導人，他們都受到邀請參加這個盛大儀式。外夏(vaiśyas, 吠舍)和庶朵(śūdras, 首陀羅)不是社會中的重要因素，所以這裡沒有談到他們。由於現代社會活動的改變，人的重要性根據職業地位也改變了。

在那次盛大的聚會中，聖主奎師那是眾人矚目的焦點。所有的人都想要見主奎師那，都想要謙卑地向至尊主致敬。彼士瑪戴瓦記住了所有這一切，而且非常高興他所崇拜的至尊主——人格首神，此刻就以祂原本的形象站在他面前。冥想至尊主意味著冥想祂的活動、形象、娛樂時光、名字和聲望。這樣做比冥想想象出的至尊主的非人格特徵要容易得多。《博伽梵歌》第 12 章的第 5 節詩中清楚地說：冥想至尊主的非人格特徵非常困難。這麼做很少得到值得要的結果，所以基本上不算冥想，或者說是在浪費時間。然而，至尊主的奉獻者冥想至尊主的真實形象和娛樂活動，因此很容易接近至尊主。對此，《博伽梵歌》第 12 章的第 9 節詩也給予了說明。至尊主與祂超然的活動沒有分別。這節詩(śloka)中也指出，當聖主奎師那真正出現在人們面前時，特別是在庫茹柴陀戰爭中，雖然不是所有的人都承認祂是至尊人格首神，但卻都承認祂是當時最偉大的人物。關鍵是：把過世的非常偉大的人當作神崇拜是錯誤的，因爲人死後不可能成爲神。人也不應該把人格首神當作一個普通人，即使祂本人降臨地球時扮演人類的角色也不應該。這兩種看法都是錯誤的。人變神或神變人的擬人論，對主奎師那來說絕對不適用。

第 42 節 तमिममहमजं शरीरभाजां
हृदि हृदि धिष्ठितमात्मकल्पितानाम् ।
प्रतिदृशमिव नैकधार्कमेकं
समधिगतोऽस्मि विधूतभेदमोहः ॥४२॥

tam imam aham ajaṁ śarīra-bhājāṁ
hṛdi hṛdi dhiṣṭhitam ātma-kalpitānām
pratidṛśam iva naikadhārkam ekaṁ
samadhi-gato 'smi vidhūta-bheda-mohaḥ

tam — 那位人格首神 / imam — 現在在我面前 / aham — 我 / ajam — 不經出生就存在者 / śarīra-bhājām — 受制約靈魂的 / hṛdi — 在心中 / hṛdi — 在心中 / dhiṣṭhitam — 位於 / ātma — 超靈 / kalpitānām — 思辨者的 / pratidṛśam — 四面八方 / iva — 正如 / na ekadhā — 不是某一個 / arkam — 太陽 / ekam — 只有一個 / samadhi-gataḥ asmi — 我已進入全神貫注的冥想狀態 / vidhūta — 擺脫 / bheda-mohaḥ — 二元論的誤解

譯文　我現在可以全神貫注地冥想在我面前的聖奎師那——獨一無二的至尊主，因為就有關祂處在每個人的心中，甚至心智思辨者心中這一事實，我已超越了二元性的錯誤概念。祂在每個生物體的心中。對太陽的感知雖然各異，但太陽只有一個。

要旨　絕對的至尊人格首神只有一位，那就是聖主奎師那。但是，祂用祂不可思議的能量擴展出祂的各種擴展和部份的擴展。對祂不可思議的能量一無所知，就會導致具有相對的概念。在《博伽梵歌》第9章的11節詩中，至尊主說：只有愚蠢的人才會把祂當作普通人。這種愚蠢的人不知道祂不可思議的能量。正如太陽出現在全世界每一個人的面前，至尊主憑祂不可思議的能量處在每一個生物體的心中。至尊主的超靈(Paramātmā)形象，是祂的完整擴展的擴展。祂用祂不可思議的能量擴展出無數的超靈，處在每一個生物體的心中，祂也通過擴展祂本人發出的燦爛光芒形成光芒萬丈的梵光(brahmajyoti)。《布茹阿瑪-薩密塔》(Brahma-saṁhitā)中說，梵光是祂本人發出的燦爛光芒。因此，祂與祂本人發出的燦爛梵光，以及祂的完整擴展超靈之間沒有區別。不知道這一真相的智力欠佳之人，認爲梵光和超靈與聖奎師那不同。這種二元性的錯誤概念已經從彼士瑪戴瓦的心中被完全清除掉了；他現在很滿意他終於知道了聖主奎師那無所不在、遍布一切的事實。只有偉大的奉獻者(mahātmā)才能獲得這樣的啓明，正如《博伽梵歌》第7章的第19節詩中所說：華蘇戴瓦(Vāsudeva)處在一切之中，華蘇戴瓦就是一切，除祂之外沒有別的存在。奉愛服務藝術的偉大權威彼士瑪戴瓦在此證實，華蘇戴瓦——聖主奎師那，是最早存在的至尊人；無論是初習者還是純粹的奉獻者都必須努力遵循他的教導。這就是奉愛瑜伽傳承的方式。

彼士瑪戴瓦崇拜的對象是爲阿爾諸納駕馭戰車(Pārtha-sārathi)的聖

主奎師那；牧牛姑娘們崇拜的對象是，最有魅力的夏瑪遜達爾(Śyāma-sundara)——住在溫達文的同一位奎師那。智力欠佳的學者們有時錯誤地認爲，溫達文的奎師那與在庫茹柴陀戰鬥中駕馭阿爾諸納戰車的奎師那是兩個不同的人物。但彼士瑪戴瓦完全去除了這一錯誤的概念。就連非人格神主義者追求的目標——不具人格特徵的梵光(奎師那身體放射出的光芒)也是奎師那，瑜伽師追求的超靈也是奎師那。奎師那既是梵光，也是處在局部區域的超靈，但在梵光或超靈中找不到奎師那或與奎師那的甜美關係。奎師那具有人格特徵的形象既是阿爾諸納的戰車御者，又是溫達文的夏瑪遜達爾，但祂本人既不在梵光中，也不在超靈中。像彼士瑪戴瓦那樣的偉大靈魂(mahātmās)，瞭解聖主奎師那所有這些不同的特徵，因此在知道祂是一切特徵的源頭的情況下崇拜祂。

第 43 節

सूत उवाच
कृष्ण एवं भगवति मनोवाग्दृष्टिवृत्तिभिः ।
आत्मन्यात्मानमावेश्य सोऽन्तःश्वास उपारमत् ॥४३॥

sūta uvāca
kṛṣṇa evaṁ bhagavati
mano-vāg-dṛṣṭi-vṛttibhiḥ
ātmany ātmānam āveśya
so 'ntaḥśvāsa upāramat

sūtaḥ uvāca — 蘇塔・哥斯瓦米說 / kṛṣṇe — 至尊人格首神主奎師那 / evam — 唯一的 / bhagavati — 向著祂 / manaḥ — 用心智 / vāk — 言詞 / dṛṣṭi — 視覺 / vṛttibhiḥ — 活動 / ātmani — 向著超靈 / ātmānam — 生物 / āveśya — 融入了 / saḥ — 他 / antaḥ-śvāsaḥ — 吸入 / upāramat — 變得沈默

譯文　　蘇塔．哥斯瓦米說：彼士瑪戴瓦就這樣用他的心念、話語、視力和行動，把自己融入超靈——至尊人格首神聖主奎師那。隨後，他沈默下來，停止了呼吸。

要旨　　彼士瑪戴瓦在離開他的物質軀體時所達到的境界，梵文術語稱爲“無二元性的全神貫注狀態(nirvikalpa-samādhi)”，因爲他完全投入地想著至尊主，回憶祂的各種活動。祂歌頌至尊主的榮耀，用眼睛看著在他面前的至尊主本人。就這樣，他把所有的感官活動都集中於至尊主，毫不分心。這是最完美的狀態，練習做奉愛服務的人都能達到這種狀態。爲至尊主所做的奉愛服務分九種，它們分別是：(1)聆聽，(2)吟誦、吟唱，(3)記憶，(4)侍奉至尊主的蓮花足，(5)崇拜，(6)祈禱，(7)執行命令，(8)與至尊主交朋友，以及(9)完全歸依。做這九種奉愛服務或其中的一種服務，都同樣能獲得最高的結果，但做這些服務時必須要在至尊主有經驗的奉獻者的指導下堅持不懈地努力。第一項奉愛服務——聆聽，是所有服務中最重要的服務，因此聆聽《博伽梵歌》，以及之後聆聽《聖典博伽瓦譚》，是想要在人生的最後階段達到像彼士瑪戴瓦那種境界的認真靈修之人所必須做的服務。彼士瑪戴瓦在死亡時達到的獨特境界，即使在主奎師那沒有親自出現的情況下也能達到。至尊主在《博伽梵歌》中講述的話語，以及《聖典博伽瓦譚》中的字字句句，與至尊主本人沒有區別。它們是至尊主的聲音化身，人可以充分利用它們，以使自己達到聖彼士瑪戴瓦的境界。每一個人或動物都必然會在一定的時刻死亡，但像彼士瑪戴瓦那樣死去的人達到完美的境界，被自然法律強迫死去的人則無異於動物。那就是人與動物的區別。生命的人體形式是專門爲了讓人死得像彼士瑪戴瓦一樣。

第 44 節　　सम्पद्यमानमाज्ञाय भीष्मं ब्रह्मणि निष्कले ।
सर्वे बभूवुस्ते तूष्णीं वयांसीव दिनात्यये ॥४४॥

sampadyamānam ājñāya
bhīṣmaṁ brahmaṇi niṣkale
sarve babhūvus te tūṣṇīṁ
vayāṁsīva dinātyaye

sampadyamānam — 已融入 / ājñāya — 知道這件事之後 / bhīṣmam — 關於聖彼士瑪戴瓦 / brahmaṇi — 進入至高無上的絕對真理 / niṣkale — 無限制的 / sarve — 所有出席的 / babhūvuḥ te — 他們都變得 / tūṣṇīm — 沈默 / vayāṁsi iva — 像鳥一樣 / dina-atyaye — 日暮時分

譯文 得知彼士瑪戴瓦融入至尊絕對者的無限永恆存在後，在場所有的人都靜默不語，像鳥兒在一天結束時那樣沈默。

要旨 “進入或融入至尊絕對者的無限永恆存在”的意思是：進入生物原本的家園。每一個生物都是絕對人格首神不可缺少的一部份，因此與至尊主以主僕的關係永恆地連在一起。正如機器的各個零部件都爲整台機器服務，至尊主不可缺少的各個部份都爲至尊主服務。機器的任何一個零件從整台機器上掉落下來後，就再也不重要了。同樣，絕對者的任何一個不可缺少的部份一旦不再爲祂做服務，就變得毫無價值。這個物質世界裡的生物都是從至尊整體上掉下來的碎片部份，他們不再像原先沒有掉下來時那麼重要了。然而，有更多與至尊整體結合在一起的生物是永恆解脫的。至尊主的物質能量稱爲杜爾嘎-沙克提(Durgā-śakti)，是監獄的負責人，負責監管從整體脫落的部份，讓他們在物質自然法律的控制下過受制約的生活。生物一旦意識到這一事實，要爲回歸家園、回歸首神而努力時，就開始有了靈性的渴望。這種靈性的渴望使人詢問與布茹阿曼(梵) 有關的一切(brahma-jijñāsā)。這種詢問要想獲得成功，就要依靠知識、棄絕和爲至尊主做奉愛服務。知識(jñāna)的意思是，瞭解至尊者——與布茹阿瑪有關的一切。棄絕的意思是斷絕物質的情感，而奉愛服務是通過按一定的程序練習來恢復生物的原本狀態。成功地使自己具備進入絕對者領域之資格的生物，被分別稱爲思辨家(jñānīs)、瑜伽師(yogīs)和奉獻者(bhaktas)。思辨家和瑜伽師進入至尊者放射的不具人格特徵的光芒中，而奉獻者進入稱爲外琨塔(Vaikuṇṭha)的靈性星球。至尊主作爲納茹阿亞納統治著這些靈性星球，住在那裡的健康、不受制約的生物們，以僕人、朋友、父母及愛侶的身份爲至尊主做愛心服務。在那裡，不受制約的生物在完全自由的情況下與至尊主一起享受生活。然而，持非人格神主義觀點的思辨家和瑜伽師進入外琨塔星球放射出的不具人格特徵的強光中。外琨塔星球都像太陽一樣是自放光明的，外琨塔星球放射的光芒稱爲梵光(brahmajyoti)。梵光照射的範圍無邊無際，物質世界只不過是這梵光中被遮蔽的一小部份而已。這種遮蔽是短暫的，因此是一種假象。

靈性區域中有數不勝數的外琨塔星球；作爲至尊主的純粹奉獻者，彼士瑪戴瓦進入其中的一個外琨塔星球，在那裡至尊主以阿爾諸納戰車御者(Pārtha-sārathi)的永恆形象統治著不受制約的生物，而那些生物一直不斷地在爲至尊主做服務。彼士瑪戴瓦的例子展現了使至尊主和奉獻者緊密結合在一起的愛的情感。彼士瑪戴瓦從沒有忘記過至尊主作爲阿爾諸納戰車御者的超然形象；當彼士瑪戴瓦離開塵世前往超然世界的時候，至尊主親自出現在他面前。那是生命的最高完美境界。

第 45 節 तत्र दुन्दुभयो नेदुर्देवमानववादिताः ।
शशंसुः साधवो राज्ञां खात्पेतुः पुष्पवृष्टयः ॥४५॥

tatra dundubhayo nedur
deva-mānava-vāditāḥ
śaśaṁsuḥ sādhavo rājñāṁ
khāt petuḥ puṣpa-vṛṣṭayaḥ

tatra — 此後 / dundubhayaḥ — 鼓 / neduḥ — 敲響了 / deva — 來自其它星球的半神人 / mānava — 來自所有國家的人 / vāditāḥ — 被……打 / śaśaṁsuḥ — 讚美 / sādhavaḥ — 正直的 / rājñām — 因皇室 / khāt — 來自天空 / petuḥ — 開始降落 / puṣpa-vṛṣṭayaḥ — 花雨

譯文 那以後，人和半神人們開始充滿敬意地敲響了鼓，正直的君王們向他表示敬意，天空灑下花雨。

要旨 彼士瑪戴瓦受到人類和半神人們的敬重。人類居住在地球及名叫布爾(Bhūr)和布瓦爾(Bhuvar)等其它與地球類似的一組星球上，半神人們則住在天堂星球(Svar)上，大家都知道彼士瑪戴瓦是一位偉大的戰將，是至尊主的奉獻者。儘管他是人類中的一員，但作爲奉愛服務文化的十二位權威(mahājana)之一，他與布茹阿瑪、納茹阿達和希瓦在同一個層面上。人只有在達到了靈性的完美境界後，才有可能獲得與偉大的半神人一樣的資格。因此，彼士瑪戴瓦聞名全宇宙。在他那個時代，星際旅行是靠更精微的方法，而不是用機械製造的太空船的無效努力。當居住在遙遠的星球上的居民聽到彼士瑪戴瓦離開塵世的消息時，那些高等星球上的居民，以及地球上的居民，都紛紛向他拋灑鮮花，以示對這位死去的偉大人物的敬仰。天堂灑下花雨是得到偉大的半神人們承認的一個標誌，我們永遠都不該把這一現象與裝飾死屍作比較。彼士瑪戴瓦的軀體由於承載了靈性的覺悟，已經失去了它的物質性；正如鐵與火接觸後變得通紅，他的軀體已經被靈性化了。因此，徹底覺悟了自我的靈魂的軀體，不再是物質的。對這樣的靈性軀體要舉行特殊的儀式加以安置。然而，人們永遠都不該模仿這種對彼士瑪戴瓦表示敬意和承認的方式，給所有的普通人也舉行所謂的佳央緹(jayantī)儀式，把舉行這種儀式當作是一種時髦的做法。按照公認的權威經典記載，給一個普通人舉行這種佳央緹儀式，無論這個人從物質的角度看地位有多高，都是對至尊主的一種冒犯。原因是：只有在至尊主在地球上顯現的那一天才舉行佳央緹儀式。彼士瑪戴瓦生前的活動極爲獨特，他離開塵世回歸神的王國的方式也是獨一無二的。

第 46 節 तस्य निर्हरणादीनि सम्परेतस्य भार्गव ।
युधिष्ठिरः कारयित्वा मुहूर्तं दुःखितोऽभवत् ॥४६॥

tasya nirharaṇādīni
samparetasya bhārgava
yudhiṣṭhiraḥ kārayitvā
muhūrtaṁ duḥkhito 'bhavat

tasya — 他的 / nirharaṇa-ādīni — 葬儀 / samparetasya — 死屍的 / bhārgava — 布瑞古的後裔啊 / yudhiṣṭhiraḥ — 尤帝士提爾．瑪哈茹阿佳 / kārayitvā — 舉行了 / muhūrtam —暫時地 / duḥkhitaḥ — 抱歉 / abhavat — 變得

譯文 布瑞古的後裔(紹納卡)啊！為彼士瑪戴瓦的屍體舉行過葬禮後，悲痛之情再一次穿過尤帝士提爾王的心頭。

要旨 對尤帝士提爾王來說，彼士瑪戴瓦不僅是最了不起的家長，還是優秀的哲學家，是他和他的弟弟及母親的好朋友。自從以尤帝士提爾王爲首的潘達瓦五兄弟的父親潘杜王(Mahārāja Pāṇḍu)死後，彼士瑪戴瓦就成了潘達瓦兄弟最親的祖父，並且負責照顧成了寡婦的兒媳婦琨緹黛薇。儘管尤帝士提爾王的伯父兌塔瓦施陀王(Dhṛtarāṣṭra)也在照顧潘達瓦兄弟，但他更偏愛他的以杜尤丹爲首的一百個兒子。最後，他們組成了一個龐大的組織，陰謀篡奪失去父親的潘達瓦五兄弟所合法繼承的哈斯提納普爾(Hastināpura)王國。他們在宏大的王宮中不斷卑鄙地實施著一連串的大陰謀，最後把潘達瓦五兄弟流放到了一片茫茫的荒野上。彼士瑪戴瓦始終都真誠地同情他們，是他們的祝福者、祖父、朋

友，對尤帝士提爾王來說更是哲學家，直到他生命的最後一刻。看到尤帝士提爾王登上王位，他非常快樂地死去。要不是爲了等待這一天，他早就離開他的物質身體，而不會忍受巨大的痛苦看著潘達瓦五兄弟受那些不該受的苦了。他只是在等待尤帝士提爾王登上王位的這一天，因爲他堅信：有聖主奎師那的保護，潘杜的兒子們最終會贏得庫茹柴陀戰爭。作爲至尊主的奉獻者，他知道至尊主的奉獻者任何時候都不可能被打敗。尤帝士提爾王很清楚彼士瑪戴瓦對他們的所有這些美好的祝願，所以彼士瑪戴瓦離開後，他必然會感到巨大的別離之情。他是因爲與這位偉大的靈魂分開而難過，並不是爲彼士瑪戴瓦放棄其物質軀體而難過。儘管彼士瑪戴瓦是解脫了的靈魂，但爲他舉行葬禮是必需履行的責任。既然彼士瑪戴瓦沒有後代，那麼尤帝士提爾王作爲長孫就成了爲他舉行葬禮最合適的人選。由家族中一個與彼士瑪戴瓦同樣偉大的後代負責爲他這樣一位偉大的人物作最後的宗教儀式和祈禱，是彼士瑪戴瓦得到的巨大的恩惠。

第 47 節 तुष्टुवुर्मुनयो हृष्टाः कृष्णं तद्गुह्यनामभिः ।
ततस्ते कृष्णहृदयाः स्वाश्रमान् प्रययुः पुनः ॥४७॥

tuṣṭuvur munayo hṛṣṭāḥ
  kṛṣṇaṁ tad-guhya-nāmabhiḥ
tatas te kṛṣṇa-hṛdayāḥ
  svāśramān prayayuḥ punaḥ

tuṣṭuvuḥ — 滿足 / munayaḥ — 以維亞薩戴瓦爲首的大聖人們 / hṛṣṭāḥ — 大家都快樂 / kṛṣṇam — 向主奎師那——人格首神 / tat — 祂的 / guhya — 機密的 / nāmabhiḥ — 靠祂的聖名等 / tataḥ — 然後 / te — 他們 / kṛṣṇa-hṛdayāḥ — 內心一直惦記主奎師那的人們 / sva-āśramān — 朝他們各自的靈修所 / prayayuḥ — 返回 / punaḥ — 再次

譯文　接下來，全體偉大的聖人通過吟唱機密的韋達讚歌崇拜在場的聖主奎師那，然後返回各自的隱居所，把聖主奎師那永遠留在心中。

要旨　至尊主的奉獻者永遠在至尊主的心中，至尊主也永遠在祂的奉獻者的心中。這就是至尊主與祂的奉獻者之間甜美的關係。出於對至尊主純真的熱愛和忠誠，奉獻者們時時刻刻在自己的心中看到至尊主；至尊主也是如此，儘管世上沒有需要祂做的事，祂也沒有任何渴求，但祂總是爲照顧祂奉獻者的利益而忙碌。就普通的生物而言，有大自然的法律在掌管他們的活動與報應；但至尊主總是掛念著要把祂的奉獻者引到正確的路途上，所以奉獻者由至尊主親自照管。不僅如此，至尊主也心甘情願讓祂的奉獻者來照顧祂。以維亞薩戴瓦爲首的全體聖人，都是至尊主的奉獻者，因此他們在葬禮結束後吟唱韋達讚歌，以取悅親臨現場的至尊主。所有的韋達讚歌都是爲了取悅主奎師那而吟唱給祂聽的。對此，《博伽梵歌》第15章的第15節詩證實說：所有的韋達經(Vedas)、奧義書(Upaniṣads)和《韋丹塔》(Vedānta)等，都只是在追尋祂，所有的讚歌都只是爲了讚美祂。所以，聖人們做的正符合這一目的。接著，他們愉快地啓程返回各自的隱居所。

第 48 節　ततो युधिष्ठिरो गत्वा सहकृष्णो गजाह्वयम् ।
पितरं सान्त्वयामास गान्धारीं च तपस्विनीम् ॥४८॥

tato yudhiṣṭhiro gatvā
saha-kṛṣṇo gajāhvayam
pitaraṁ sāntvayām āsa
gāndhārīṁ ca tapasvinīm

tataḥ — 然後 / yudhiṣṭhiraḥ — 尤帝士提爾·瑪哈茹阿佳 / gatvā — 去那裡 / saha — 伴隨 / kṛṣṇaḥ — 至尊主 / gajāhvayam — 在名爲嘎佳瓦

亞·哈斯提納普爾的首都裡 / pitaram — 對他的伯父(兌塔瓦施陀) / sāntvayām āsa — 安慰了 / gāndhārīm — 兌塔瓦施陀的妻子 / ca — 和 / tapasvinīm — 苦行的夫人

譯文 **聖人們離開後，尤帝士提爾王在聖主奎師那的陪伴下，立刻返回他的首都哈斯提納普爾，安撫他的伯父和苦行的伯母甘妲瑞。**

要旨 杜尤丹及其兄弟的父母兌塔瓦施陀和甘妲瑞(Gāndhārī)，是尤帝士提爾王的伯父和伯母。庫茹柴陀戰爭後，這對著名的夫妻失去了他們所有的兒子和孫子，由尤帝士提爾王照顧。痛失所有的兒孫使他們在巨大的痛苦中度日如年，過著近乎是苦行者的禁慾生活。兌塔瓦施陀的伯父彼士瑪戴瓦死亡的消息，對這對昔日的國王和王后來說是又一個沉重的打擊，所以他們需要尤帝士提爾王的安慰。尤帝士提爾王意識到自己的責任，于是立刻匆匆忙忙地與主奎師那一起到他們那裡去，用溫和的話語安慰因痛失親人而悲傷不已的兌塔瓦施陀。

甘妲瑞雖然以忠貞的妻子和慈愛的母親的身份度過她的一生，但其實是位強有力的苦行者。據經典記載，甘妲瑞因爲丈夫目盲而自願蓋住了自己的眼睛。妻子的責任是百分之百地追隨丈夫。甘妲瑞是如此忠於她的丈夫，即使他永遠看不見，她也跟著他。她的所作所爲顯示出她是個了不起的苦行者。此外，她所經受的沈重的打擊，是她的一百個兒子和她的孫子全部被殺死，這種痛苦對一個婦女來說無疑是太難以承受的。然而，她就像一個苦行者一樣承受所有這些痛苦。甘妲瑞雖然是婦女，但從品格的角度看，她與彼士瑪戴瓦一樣偉大。她和她丈夫都是《瑪哈巴茹阿特》中的重要人物。

第 49 節 पित्रा चानुमतो राजा वासुदेवानुमोदितः ।
चकार राज्यं धर्मेण पितृपैतामहं विभुः ॥४९॥

pitrā cānumato rājā
vāsudevānumoditaḥ
cakāra rājyaṁ dharmeṇa
pitṛ-paitāmahaṁ vibhuḥ

pitrā — 靠他的伯父兌塔瓦施陀 / ca — 和 / anumataḥ — 得到他的認可 / rājā — 尤帝士提爾王 / vāsudeva-anumoditaḥ — 經主奎師那首肯 / cakāra — 執行了 / rājyam — 王國 / dharmeṇa — 依從治國的國家法律和王室原則 / pitṛ — 父親 / paitāmaham — 祖先 / vibhuḥ — 和……一樣偉大

譯文　這以後，偉大、虔誠的尤帝士提爾王，便開始根據經他伯父認可、聖主奎師那首肯的國家法律及王室原則，在他的王國中嚴格地行使君權。

要旨　尤帝士提爾王不僅僅是個征收稅金的人。他始終清楚他作爲君王所該履行的職責，這職責不亞於父親或靈性導師的職責。君王必須從社會、政治、經濟及靈性提昇等所有的方面照顧臣民的福利。君王必須知道，人生是爲了使關在籠中的靈魂擺脫受物質環境制約的境況。因此，他的職責是看到臣民們從各方面得到良好的照顧，最後達到擺脫物質束縛的最高完美境界。

尤帝士提爾王嚴格遵守這些原則，這些在下一章中就會看到。他不僅遵守原則，而且所做的都得到他那位精通政治事務的伯父的批准，以及《博伽梵歌》哲學的講述者聖主奎師那的確認。

尤帝士提爾王是一位理想的君王，而在像他那樣受過訓練的君王管理下的君主制，顯然是最佳的政體，優於現代由人民當家作主的共和政體或人民政府。人民大眾，特別是在這個喀歷年代中的人，都是出身最低賤的庶朵(śūdra, 首陀羅)，都沒受過良好的訓練，都很不幸，而且所有的交往和聯誼都對自己有百害而無一利。他們不知道人生的最高目標，因此選舉時所投的票毫無價值，而經這種不負責任的選舉選出的人，根本無法像尤帝士提爾王那樣承擔起照顧國民的重任。

到此爲止，結束了巴克提韋丹塔對《聖典博伽瓦譚》第 1 篇第 9 章——“彼士瑪戴瓦在主奎師那面前過世”所作的闡釋。

聖帕布帕德小傳

聖恩 A.C.巴克提韋丹塔・斯瓦米・帕布帕德於一八九六年在印度德加爾各達顯世。

一九二二年，帕布帕德在加爾各達首次與他的靈性導師聖巴克提希丹塔・薩茹阿斯瓦提・哥斯瓦米會面。巴克提希丹塔・薩茹阿斯瓦提作爲一位傑出的宗教學者，在他的一生中創建了六十四所名爲高迪亞・瑪特的傳播韋達文化的機構。巴克提希丹塔非常喜愛這位受過教育的年輕人，於是便說服他獻身於傳播韋達知識。帕布帕德成了巴克提希丹塔・薩茹阿斯瓦提的學生，並於十一年後(一九三三年)在阿拉哈巴接受了他的啓迪，正式成爲他的門徒。

在他們第一次會面時，巴克提希丹塔・薩茹阿斯瓦提曾要求帕布帕德用英語去傳播韋達知識。爲此，帕布帕德在隨後的日子裡用英文翻譯、評註了《博伽梵歌》，參加高迪亞・瑪特的傳教工作，並在一九四四年獨自創辦了英語“回歸首神”雙月刊雜誌。他自己編輯，打出原稿，校樣，甚至逐本贈送、售賣，爲維持雜誌的出版艱苦奮鬥。“回歸首神”雜誌自創刊後從未停刊，目前在西方正由他的門徒用三十多種語言繼續出版著。

高迪亞・外士納瓦協會對帕布帕德的哲學造詣及奉愛精神推崇備至，於一九四七年授予他巴克提韋丹塔的稱號。

一九五零年，聖帕布帕德在他五十四歲時退出家庭生活，以便用更多的時間進行研究和寫作。他到了聖地溫達文，住在歷史上著名的中世紀神廟——茹阿妲・妲摩妲爾廟，過著簡樸的生活。在那裡，他花了好幾年的時間進行寫作和深入的研究工作。

一九五九年，聖帕布帕德在茹阿妲・達摩達爾廟接受薩尼亞希(托缽僧)稱號，進入棄絕階層。接著，他開始翻譯、評註含有一萬八千節詩的卷帙浩繁的《聖典博伽瓦譚》(《博伽梵往世書》)。這是他生活中的一部傑作。他還撰寫了《簡易的星際旅行》。

聖帕布帕德在出版了三篇《聖典博伽瓦譚》後，於一九六五年九月去了美國，以完成他靈性導師交給他的使命。在隨後的歲月裡，他寫下的權威性翻譯、評註和對有關印度哲學及宗教經典作品的綜合研究論文，共有六十多冊。

聖帕布帕德乘貨輪第一次到紐約時，幾乎身無分文。僅僅一年後，他便克服巨大的困難，於一九六六年七月建立了國際奎師那意識協會。在一九七七年十一月十四日他離世前，他一直指導著協會，看著它成長為一個在全世界有超過一百所靈修所、學校、神廟、研究機構和集體農莊的聯合體。

一九六八年，聖帕布帕德在美國加利福尼亞州的一個山坡上創辦了新溫達文——實驗性韋達社區。新溫達文成了一個繁榮的、有超過二千英畝土地的集體農莊。新溫達文的成功激勵了聖帕布帕德的門徒。他們在美國和其它國家相繼成立了幾個同樣的集體農莊。

一九七二年，聖帕布帕德通過在美國德克薩斯州的達拉斯市創辦靈性導師學校，把韋達制度的初級和中級教育引介給西方社會。從那以後，在他的監督、指導下，他的門徒在美國和世界其它地區開設了同樣的兒童學校，其主要的教育中心設在印度的溫達文。

聖帕布帕德還促成了幾個規模宏大的國際文化中心在印度的興建。坐落在印度西孟加拉聖瑪亞普爾的中心，是計劃中的靈性城市。這是一個雄心勃勃的計劃，需要許多年才能實現、完成。在印度的溫達文有宏偉的奎師那·巴拉茹阿瑪廟宇、國際賓館、聖帕布帕德紀念館和博物館，在孟買有文化和教育主中心。別的中心計劃建在印度其它十二個重要地區。

然而，聖帕布帕德最重要的貢獻是他的書籍。這些書籍因其深刻、清晰、具權威性而受到學術界的高度敬重，並在爲數眾多的學院裡被當作典範性的教科書使用。他的著作以五十多種語言翻譯出版。於一九七二年成立的巴帝維丹達書籍信托基金會，負責出版聖帕布帕德翻譯、評註、撰寫的書籍。它目前已成爲世上最大的、出版有關印度宗教及哲學書籍的出版機構。

聖帕布帕德不顧自己年事已高，僅僅在十二年裡就進行了十四次環球旅行，走遍六大洲不斷演講。儘管旅程安排得如此緊湊，聖帕布帕德仍翻譯、評註、撰寫了大量的書籍。他的著作構成了一個名副其實的韋達哲學、宗教、文學和文化的圖書館。

參考書籍

聖帕布帕德是根據公認的權威經典寫作《聖典博伽瓦譚》要旨的，以下是他引用過的經典名稱：

《博伽梵歌》	(Bhagavad-gītā)
《布茹阿曼達往世書》	(Brahmāṇḍa Purāṇa)
《布茹阿瑪往世書》	(Brahma Purāṇa)
《布茹阿瑪-薩密塔》	(Brahma-saṁhitā)
《布茹阿瑪-蘇陀》(《韋丹塔-蘇陀》)	(Brahma-sūtra)
《布茹阿瑪-外瓦爾塔往世書》	(Brahma-vaivarta Purāṇa)
《偉大的納茹阿迪亞往世書》	(Bṛhan-nāradīya Purāṇa)
《昌竇給亞奧義書》	(Chāndogya Upaniṣad)
《哈爾依-巴克提-蘇竇達亞》	(Hari-bhakti-sudhodaya)
《哈爾依-巴克提-維拉斯》	(Hari-bhakti-vilāsa)
《至尊主聖名的甘露語法書》	(Hari-nāmāmṛta-vyākaraṇa)
《至尊奧義書》	(Īśopaniṣad)
《喀塔奧義書》	(Kaṭha Upaniṣad)
《考穆迪詞典》	(Kaumudī dictionary)
《瑪典迪納-施茹緹》	(Mādhyandina-śruti)
《瑪哈巴茹阿特》(《摩訶婆羅多》)	(Mahābhārata)
《瑪努法典》	(Manu-smṛti)
《瑪茨亞往世書》	(Matsya Purāṇa)
《尼爾星哈往世書》	(Narasiṁha Purāṇa)
《蓮花往世書》	(Padma Purāṇa)
《茹阿瑪亞納》(《羅摩衍那》)	(Rāmāyana)
《沙佈達-寇沙詞典》	(Śabda-kośa dictionary)
《薩瑪-韋達往世書》	(Sāma-veda Upaniṣad)
《斯康達往世書》	(Skanda Purāṇa)
《聖典博伽瓦譚》	(Śrīmad-Bhāgavatam)
眾多的奧義書	(Upaniṣads)
《瓦瑪納往世書》	(Vāmana Purāṇa)
《瓦茹阿哈往世書》	(Varāha Purāṇa)
《外雅維亞・坦陀》	(Vāyavīya Tantra)
韋達經	(Vedas)
《韋丹塔-蘇陀》	(Vedānta-sūtra)
《維施努往世書》	(Viṣṇu Purāṇa)

詞表

-A-

Ācārya — 以身作則，爲整個人類樹立靈修榜樣的靈性導師。

Adhidaivic powers — 至尊主委派給半神人管理宇宙行政事務的職責，例如：控制雨、風和太陽等。

Ahiṁsā — 非暴力。

Akṣauhiṇī — 一個包含有二萬一千八百七十輛戰車、二萬一千八百七十頭大象、十萬九千三百五十個步兵和六萬五千六百一十個騎兵的軍事方陣。

Anna-prāśana — 第一次給孩子餵食五穀的儀式；十種淨化儀式中的一種。

Ārati — 迎接和崇拜至尊人格首神的一種儀式。在這個儀式中要一邊吟唱至尊主的聖名，一邊搖鈴，一邊向至尊主供奉香，點燃用純淨黃油做燈芯的油燈和用樟腦爲燃料的燈，以及供奉盛在海螺中的水、一塊精美的手帕、芬芳的鮮花、牛尾毛做的拂塵和孔雀羽毛扇。

Arcanā — 崇拜神像的奉愛程序。

Artha — 經濟發展。

Āsana — 瑜伽練習中的一種坐姿。

Āśrama — 一生中四個靈性階段中的其中一個階段，它們分別是：獨身禁慾的學生生活階段、居士階段、逐漸退出家庭生活階段和出家當托缽僧的完全棄絕階段。

Asura — 無神論者、十足的物質主義者等不按經典原則做事的惡魔；嫉妒神，無視至高無上的絕對真理，反對爲至尊主奎師那服務的人。

Aśvamedha-yajña — 韋達經中推薦的馬祭。

Avatāra — 至尊主降臨到物質世界裡的化身。

-B-

Bhagavad-gītā — 《博伽梵歌》，至尊主奎師那與祂的奉獻者阿爾諸納在一場大戰即將開始前的談話，其中詳細地解釋說，奉愛服務既是最重要的靈修方法，也是最高級的靈性完美境界。

Bhāgavata — 與至尊主巴嘎萬(Bhagavān)有關的一切，特別是至尊主的奉獻者和經典《聖典博伽瓦譚》。

Bhāgavata-dharma — 爲至尊主做奉愛服務的科學；至尊主頒布的宗教原則。

Bhāgavata-saptāha — 由那些以朗誦《聖典博伽瓦譚》爲職業賺錢的人組織的七天朗誦《聖典博伽瓦譚》的活動。

Bhakta — 至尊主的奉獻者。

Bhakti — 爲至尊主所做的奉愛服務。

Bhaktivedāntas — 通過做奉愛服務覺悟了韋達經結論的進步的超然主義者。

Bhakti-yoga — 通過做奉愛服務與至尊主相連的方法。

Bhāva — 對神具有如癡如醉的愛的初步階段。

Brahmacarya — 獨身禁慾的學生生活，韋達制度中人生的第一個靈性階段。

Brahma-tajas — 布茹阿瑪納（婆羅門）的力量。

Brahman — 絕對真理，特別指絕對真理不具人格特徵的方面。

brāhmaṇa — 婆羅門，知識份子及祭司階層。韋達社會制度中的最高階層。

Brahmānanda — 覺悟了至尊主的靈性光芒後所感到的快樂。

Brahmarṣi — 一個稱呼，意思是“布茹阿瑪納(婆羅門)中的聖人”。

Brahmāstra — 通過吟誦曼陀生產出的核武器。

-C-

Caṇḍāla — 不可觸碰或低於韋達社會中四社會階層人士的人；吃狗肉的人。

-D-

Daridra-nārāyaṇa — 意思是“貧窮、可憐的納茹阿亞納”；假象宗人士把所用的一個冒犯性的梵文詞，把至尊主與可憐的窮人放在同一個層面上。

Devarśi — 一個稱呼，意思是“半神人中的聖人”。

Dharma — 宗教原則，人的天職，尤其指每一個靈魂的服務本性。

Dhyāna — 冥想瑜伽。

-E-

Ekādaśī — 用來增加對奎師那的想念的特殊日子，是滿月和新月後的第十一天。經典規定在這一天禁食穀類和豆類。

-G-

Gandharvas — 半神人中的歌手和音樂家。

Garbhādhāna-saṁskāra — 父母在懷孩子前所舉行的一種韋達淨化儀式。

Goloka Vṛndāvana (Kṛṣṇaloka) — 最高的靈性星球，主奎師那的私人住所。

Gopīs — 奎師那的牧牛姑娘朋友，是祂最順從、最親密的奉獻者。

Gosvāmī — 控制了心和感官的人；對進入棄絕階層的托缽僧的稱呼。

Gṛhastha — 按經典的規定過有節制的居士生活的人；韋達靈性生活的第二個階段。

Guṇa-avatāras — 物質自然三種屬性的掌管神明維施努、布茹阿瑪和希瓦。

Guru — 靈性導師。

-H-

Hare Kṛṣṇa mantra — 請看Mahā-mantra。

Harināma-yajña — 經典中推薦的這個年代的祭祀，聚眾歌唱至尊主的聖名。

Haṭha-yoga — 爲了達到淨化和控制感官的目的所進行的身體姿勢和呼吸的練習。

-I-

Itihāsa — 史記。

-J-

Jīva-tattva — 個體生物，至尊主的微粒部份。

Jñāna — 知識。

Jñāna-kāṇḍa — 韋達經中包含布茹阿曼(梵)知識或說靈性知識的那一部份。

-K-

Kaivalya — 融入至尊主放射的靈性光芒中的非人格解脫。

Kali-yuga — “紛爭、僞善的年代”，是大週期循環中的第四個年代，也是最後一個年代，從五千年前開始。

Kalpa — 布茹阿瑪的一個白天，地球的四十三億二千萬年。

Kāma — 貪慾；想要滿足自己的感官的欲望。

Kāmadhenu — 靈性世界中的靈性的乳牛，可以生產無限量的牛奶。

Karatālas — 在集體吟唱至尊主聖名時手中拿著的用以敲擊伴奏的鐃鈸。

Karma — 物質、功利性的活動及其報應。

Karmī — 從事功利性活動的人；物質主義者。

Kīrtana — 吟唱至尊主的聖名並讚美至尊主的奉愛服務程序。

Kṛṣnaloka — 參看Goloka Vṛndāvana。

Kṣatriya — 戰士或管理者；韋達社會的第二個階層。

-L-

Lakṣmī — 幸運女神，至尊主納茹阿亞納永恆的伴侶。

Līlā-avatāras — 至尊主降臨物質世界從事靈性的娛樂活動的無數化身。

Loka — 星球。

-M-

Mahā-mantra — 爲得到拯救而吟誦、吟唱的偉大的曼陀：

哈瑞-奎師那　哈瑞-奎師那　奎師那-奎師那　哈瑞-哈瑞
哈瑞-茹阿瑪　哈瑞-茹阿瑪　茹阿瑪-茹阿瑪　哈瑞-哈瑞

Mahā-ratha — 可以獨自對抗一萬個對手的強有力的戰將。

Mahājanas — 覺悟了自我的偉大靈魂，奎師那意識科學的權威人士。

Mahat-tattva — 原初的物質能量整體，展示了的物質世界的源頭。

Mahātmā — 偉大的靈魂，主奎師那崇高的奉獻者。

Mantra — 超然的聲音振盪或韋達讚歌，它們可以使人擺脫心中的錯覺。

Mathurā — 主奎師那的住所及五千年前顯現的地方，溫達文就在那一區域內。主奎師那在溫達文從事過孩提時期的娛樂活動後，又回到那裡。

Māyā — 至尊主的低等、錯覺能量，負責統治這個物質創造並迷惑生物，使其遺忘自己與奎師那的關係。

Mayāvādī — 持非人格神哲學觀念的人。他們以爲絕對真理最終沒有形象，個體生物與神是平等的。

Mokṣa — 擺脫物質的束縛。

Mṛdaṅga — 用黏土製做的鼓，在集體吟唱神的聖名時作伴奏用。

Muni — 聖人。

-N-

Nirguṇa — 沒有物質屬性。

Nivṛtti-mārga — 通向解脫的棄絕之途。

-P-

Pañcarātra — 韋達文獻，講述奉獻者在這個年代裡崇拜神像的方法。

Paṇḍta — 學者。

Parakīya — 已婚的女子與她情人的關係；特指溫達文的少女與奎師那的關係。

Paramahaṁsa — 至尊主那些如天鵝般最高級的奉獻者；托缽僧的最高階段。

Parameśara — 至高無上的控制者——主奎師那。

Paramparā — 師徒傳承，靈性知識經由傳承中有資格的靈性導師傳遞下來。

Prāṇāyāma — 瑜伽練習，特別是八部瑜伽練習(aṣṭāṅga-yoga)中所用的控制呼吸方法。

Prasādam — 主奎師那的仁慈；以愛心供奉給至尊主後被靈性化了的食物或其它東西。

Pravṛtti-mārga — 按照韋達經典的規定進行感官享樂的途徑。

Purāṇs — 韋達經的十八部補充文獻，歷史典籍。

Puruṣa-avatāras — 至尊主爲創造物質宇宙所擴展出的三個主要的維施努化身。

-R-

Rājarṣi — 偉大聖潔的君王。

Rājasūya-yajña — 尤帝士提爾王舉行、主奎師那參加的盛大祭祀儀式。

Rāma-rājya — 以至尊主的完美君王化身茹阿瑪禪鐸爲榜樣所建立的理想的韋達王國。

Rāsa-līlā — 奎師那與祂最高級、最信賴的僕人——布阿佳布彌的牧牛姑娘之間，所進行的最純潔、靈性的愛的交流。

Ṛṣi — 聖人。

-S-

Sac-cid-ānanda-vigraha — 至尊主的永恆、極樂、充滿知識的超然形象。

Sādhu — 聖潔的人。

Śālagrāma-śilā — 至尊主以石頭的形象顯現的神像化身。

Sampradāya — 師徒傳承，也指傳統的追隨者。

Saṁskāra — 從懷孕到死亡所舉行的一個接一個的韋達淨化儀式，以達到淨化人生的目的。

Saṅātana-dharma — 眾生永恆的職責或宗教——為至尊主做奉愛服務。

Saṅkīrtana — 聚眾或集體讚美至尊主奎師那，特別是用吟唱至尊主的聖名的方法。

Sannyāsa — 韋達靈性生活中的第四個階段；棄絕的生活。

Śāstra — 像韋達經典那樣的啓示經典。

Sāyujya — 融入至尊主的靈性光芒(的解脫)。

Smṛti — 啓示經典，作為韋達經和奧義書這些原始韋達經典(śruti)的補充文獻。

Soma-rasa — 高等星球上的半神人們可以喝到的一種延長壽命的飲料。

Śravaṇam kīrtanaṁ viṣṇoḥ — 聆聽和吟誦、吟唱有關主奎師那——維施努的一切的奉愛方法。

Śruti — 經由聆聽得到的知識；至尊主直接給予的原始韋達文獻，包括韋達經和奧義書(Upaniṣads)。

Śūdra — 韋達社會制度中第四階層的人——為其它階層做服務的勞動者。

Śūdrāṇī — 為其它階層做服務的人(Śūdra)的妻子。

Surabhi cows — 靈性世界中的靈性乳牛，提供無限量的牛奶。

Svāmī — 控制住自己的感官和心念的人；對托缽僧這種棄絕的人的稱呼。

Svargaloka — 物質世界裡的天堂星球。

Svayaṁvara — 允許公主挑選丈夫的儀式。

-T-

Tapasya — 苦修；爲了取得靈性進步自願承受某種物質的不便。

Tilaka — 奉獻者用聖泥在前額和身體的其它部位所畫的標誌。

Tulasī — 主奎師那所珍愛且祂的奉獻者都崇拜的一種神聖的植物。

-V-

Vaikuṇṭha — 靈性世界，在那裡沒有焦慮。

Vaiṣṇava — 至尊主維施努(Viṣṇu, 奎師那)的奉獻者。

Vaiṣyas — 韋達社會制度中的第三階層的人，即：農場主和商人。

Vānaprastha — 退出家庭生活的人，韋達靈性生活的第三個階段。

Varṇa — 韋達社會制度中的四個階層，由人所從事的工作性質和受哪一種物質屬性影響所區分。請看Brāhmaṇa，Kṣatriya，Vaiśya，Śūdra。

Varṇā-saṅkara — 在沒有遵守韋達宗教原則的情況下懷孕生下的孩子，因此是要不得的後代。

Varṇāśrama-dharma — 韋達社會制度中的四個社會階層和四個靈性階段。請看Varṇa和Āśrama。

Vedānta — 聖維亞薩戴瓦撰寫的《韋丹塔-蘇陀》哲學，其中包含了韋達哲學知識的結論性概述，表明主奎師那是最高的目標。

Vedas — 由主奎師那最先講述的原始啓示經典。

Virāṭ-rupa — 至尊主的宇宙形象。

Viṣṇu — 至尊人格首神爲了創造和維繫物質宇宙而擴展出的四臂形象。

Viṣṇu-tattva — 首神的地位或種類。用來指至尊主的主要擴展的詞。

Vṛndāvana — 奎師那永恆的住所，祂在那裡完全展示了祂甜美的品質；這個地球上的一個村莊，至尊主奎師那五千年前在那裡演出了祂孩提時的娛樂活動。

Vyāsadeva — 主奎師那的文學化身，爲人類編纂了韋達經(Vedas) 、往世書(Purāṇas)、《韋丹塔·蘇陀》(Vedānta-sūtra)和《瑪哈巴茹阿特》(Mahābhārata)等韋達文獻。

-Y-

Yajña — 韋達祭祀；也是一切祭祀的目的和享受者至尊主的名字，意思是祭祀的人格體現。

Yātrā — 一次旅行，一個旅程。

Yoga-nidrā — 主維施努的神秘睡眠。

Yogī — 以某種方法努力與至尊者相連的超然主義者。

Yuga-avatāras — 至尊主分別在四個年代中顯現的四個化身，爲每一個年代中的人規定適合他們靈性覺悟的靈修方法。

Yugas — 計算宇宙壽命的年代，四個年代循環往復。

-Z-

Zamindār — 富有的地主。

梵文發音指導

人們歷來用不同的字母來代表梵文，但在印度被最廣泛采用的是戴瓦納嘎瑞(devanāgarī)字母。戴瓦納嘎瑞的意思是，半神人的城市文字。戴瓦納嘎瑞共含有48個字母；13元音，35輔音。古代的梵文語法家根據方便、實用的語言學原則，把這些字母加以排列，其排列順序被所有的現代語言學者所接受。本書所用的拉丁語字母拼音系統，50年以來一直被語言學家所采用。

元音

अ a　आ ā　इ i　ई ī　उ u　ऊ ū　ऋ ṛ

ॠ ṝ　ऌ ḷ　ए e　ऐ ai　ओ o　औ au

輔音

喉音　：	क ka	ख kha	ग ga	घ gha	ङ ṅa
顎音　：	च ca	छ cha	ज ja	झ jha	ञ ña
卷舌音：	ट ṭa	ठ ṭha	ड ḍa	ढ ḍha	ण ṇa
齒音　：	त ta	थ tha	द da	ध dha	न na
唇音　：	प pa	फ pha	ब ba	भ bha	म ma

半元音：　य ya　र ra　ल la　व va

絲音　：　श śa　ष ṣa　स sa

送氣音：　ह ha　　　鼻後音(anusvāra)：ं ṁ

無聲音(visarga)：ः ḥ　　　省字號(avagraha)：ऽ

數詞

०-0　१-1　२-2　३-3　४-4　५-5　६-6　७-7　८-8　९-9

輔音後元音的寫法如下：

ा ā　ि i　ी ī　ु u　ू ū　ृ ṛ　ॄ ṝ　े e　ै ai　ो o　ौ au

例如：क ka　का kā　कि ki　की kī　कु ku　कू kū
कृ kṛ　कॄ kṝ　के ke　कै kai　को ko　कौ kau

一般來說當輔音是兩個或兩個以上一起時有特殊的寫法，例如：क्ष kṣa त्र tra。

在輔音後沒有標出元音時，應該當作有元音a來念。

當出現符號(्)時，表示沒有元音，例如：क्。

元音發音如下：

a　—如英語but中的u
ā　—如英語far的a而兩倍長於a
ai　—如英語aisle中的ai
au　—如英語how中的ow
e　—如英語they中的e
i　—如英語pin中的i
ī　—如英語pique中的i而兩倍長於i
ḷ　—如lree
o　—如英語go中的o
ṛ　—如英語rim中的ri
ṝ　—如英語reed中的ree而兩倍長於ṛ
u　—如英語push中的u
ū　—如英語rule中的u而兩倍長於u

輔音發音如下：

喉音

k　—如英語kite中的i
kh　—如英語Eckhart中的kh
g　—如英語give中的g
gh　—如英語dig-hard中的g-h
ṅ　—如英語sing中的ng

唇音

p　—如英語pine中的p
ph　—如英語up-hill中的p-h
b　—如英語bird中的b
bh　—如英語rub-hard中的b-h
m　—如英語mother中的m

卷舌音

ṭ —如英語tub中的t

ṭh —如英語light-heart中的t-h

ḍ —如英語dove中的d

ḍh—如英語red-hot中的d-h

ṇ —如英語sing中的n

顎音

c —如英語chair中的ch

ch —如英語staunch-heart中的ch-h

j —如英語joy中的j

jh —如英語hedgehog中的dgeh

ñ —如英語canyon中的n

齒音

t —如英語tub中的t

th —如英語light-heart中的t-h

d —如英語dove中的d

dh—如英語red-hot中的d-h

n —如英語nut中的n

半元音

y —如英語yes中的y

r —如英語run中的r

l —如英語light中的l

v —如英語vine中的v

絲音

ś —如德語sprechen中的s

ṣ —如英語shine中的sh

s —如英語sun中的s

送氣音

h —如英語home中的h

鼻後音(anusvāra)

ṁ —如法語bon中的n

無聲音(visarga)

ḥ —字尾的h音（aḥ發音如aha；iḥ 發音如ihi）

梵文音節的聲調沒有明顯的起伏，在一行中字與字之間也沒有間單，有的只是一個音節接著一個音節連綿不斷地連接。有的音節短，有的音節長，而長音節的長度是短音節的爾倍。長音節含有長元音(ā,ai,au,e,ī,o,ṝ,ū)或短元音後加一個以上的輔音(包括ḥ和ṁ)。絲音輔音——後面帶h的輔音，只算單輔音。